Rudolf Leonhard

In derselben Nacht
Das Traumbuch des Exils

Rudolf Leonhard

In derselben Nacht
Das Traumbuch des Exils

Herausgegeben
von Steffen Mensching

Aufbau-Verlag

Mit 9 Abbildungen

Die Arbeit des Herausgebers wurde von der Stiftung Archiv der Akademie der Künste, Berlin, unterstützt.

ISBN 3-351-02527-0

1. Auflage 2001
© Aufbau-Verlag GmbH, Berlin 2001
Einbandgestaltung Henkel / Lemme
Druck und Binden GGP Media, Pößneck
Printed in Germany

www.aufbau-verlag.de

1

28/5/41

Die Frau im Café ist auffallend grau. Ich möchte ein bestimmtes Getränk bestellen, auf das ich eine besondre Lust verspüre, ich weiss aber nicht, ob es »Grog« oder »Brook« heisst. Es ist übrigens zu teuer. Ich will der Frau eines verreisten Bekannten einen Höflichkeitsbesuch machen; auf der Treppe, sie wohnt in einem hohen Stockwerk, bemerke ich, dass ich meinen Stock, den ich vorher schon verbogen hatte, unten vergessen habe. In den Fluren stehn Koffer herum, die infolge eines Verkehrsstreiks stehn geblieben sind; ich muss zwischen ihnen hindurchsteigen. Ich spreche zwischen ihnen mit Herrn Werni. Herrn Wernis Büronachbar teilt mit, dass Salter und Wurm unten seien. Im Hotel habe ich Nelly wiedergefunden; sie erzählt ihre lange und aufregende Geschichte dem rumänischen Delegierten. Vor dem Hause wird einer gefragt: »Was ist der Hund hinter Ihnen?« Er antwortet: »Nichts; das ist meine Fasson, wegen des Bürgersteigs zu protestieren; er ist zu schmal«. Wir haben alle den Hund laufen sehn, und wir können bestätigen, dass der Bürgersteig zu schmal ist. Einer – bin ich es selbst vielleicht? – sagt spielend: »Eben, ich bin ein Bürger, und ich steige«. Um die Ecke ist ein Auflauf. Zweige sind wie Hörner, und Geräusche werden mit englischen Signalen verwechselt.

2

29/5/41

Eine Frau kommt ins Zimmer, in dem ich mit mehreren andern bin. Ihr zu Ehren vertauschen wir die Schuhe. Unter dem grossen runden Tisch ist eine Bewegung; ich hebe eine Klappe auf und sehe eine Frau darunter hocken. Alle Frauen tragen viel Rot. Eine Frau, die vom Lande kommt, bekreuzigt sich immer wieder mit grosser, ernster, provokant feierlicher Geste. An der weissen Wand des gegenüberstehnden Hauses lehnt eine Leiter. Ein Pferd steigt einige ihrer Sprossen hinauf und zeichnet mit den beiden Vorderhufen links von der Leiter die Buchstaben I–E, rechts die Buchstaben S–U–S; ein Maler zeichnet rechts daneben auf derselben Mauer sofort die Inschrift nach. In einem unteren Stockwerk des Hauses gegenüber sitzt eine Frau am Fenster, die ihren Unterleib entblösst und ihren Geschlechtsteil aufmerksam und liebevoll betrachtet. Ein losgelöster männlicher Geschlechtsteil stösst auf ihren Schoss zu, dann dreht er sich um und wächst riesig erigiert, dreissig bis vierzig Zentimeter lang, aus ihrem Schoss heraus. Sie macht die Geste des Masturbierens an ihm. Später liest sie; ich beuge mich weit aus dem Fenster und betrachte sie, durch ein dunkles Monokel im rechten Auge; und während sie während des Geschlechtsspiels völlig unbekümmert war, bemerkt sie nun meine Aufmerksamkeit und drückt in ihrer Haltung aus, dass sie ihr unangenehm ist. Ich stehe an einer Haltestelle – neben Dr. Wurm und rauche eine grosse Zigarre, die zu meinem Schrecken nur innerhalb des Deckblatts, aber mit grosser Schnelligkeit abbrennt.

4

31/5/41

Ich will in ein Café irgendwo hinten in Charlottenburg gehn, in dem ich gestern gewesen bin und zueinander widersprechende Sachen gegessen habe. Ich will dort etwas essen; wo anders bekomme ich nichts mehr, die Geschäfte schliessen grade [es ist eine Situation wie in einem kürzlich geträumten Traume, in dem die am Rande der Strasse schliessenden Geschäfte eine Rolle spielten]. Ich habe aber etwas bei mir und esse, erst ein Osterei, dann ein Solei, das nach der Süssigkeit des ersten sauer, bitter und scheusslich schmeckt; ich hätte sie in umgekehrter Reihenfolge essen sollen, es ist derselbe Fehler wie der, den ich gestern in dem Café begangen habe. Ich komme nicht in das Café, sondern an die Tür eines Warenhauses, das schon geschlossen ist. In diesem Warenhause habe ich über einer Stuhllehne meine blaue Jacke hängen lassen. Ich werde an eine andre Tür gewiesen, die grade geschlossen wird; ein Spalt ist noch offen, ich kann mich hineinschieben oder wenigstens durch ihn hineinsprechen, und ich bitte, mir den Rock zu holen: er sei in einem kleinen Zimmer in den Büros, am ersten Treppenabsatz. Ein Laufbursche geht und bringt mir meinen Regenmantel; ich hatte ganz vergessen, dass ich den vor dem Rocke abgelegt hatte, jetzt erinnere ich mich des Vorgangs genau. Der Junge muss um den Rock noch einmal gehn. Ausserdem bemerke ich, dass ich statt der Schuhe und Strümpfe Pantoffeln an den nackten Füssen trage, aber ich beschliesse, dass mir das gleichgültig sein könne. »Der Bursche muss dreimal laufen«, wird festgestellt, und er erwartet wohl nun ein Trinkgeld von mir; ich habe aber kein Geld bei mir; in der Tat ruft er mir, als ich nach vielem Danke gehe, spöttisch »guten Appetit!« nach, ich fühle den unverdienten Spott des Wortes »Appetit« sehr schmerzlich. Ich gehe weiter, oder zurück, durch eine verzerrte, vertrackte, volle, sprudelnde, böse, vertraute Stadt. Aber wo bin ich? Ich sehe nach meiner [wirklichen] Gewohnheit die Strassenschilder an; ich biege vom Platze ein wenig zurück, um eins zu lesen. Ich bin in Charlottenburg; die Strasse heisst »La Sud«. »La Sud« heisst auch die Institution, die hinter der Gartenmauer an der Ecke von Platz und Strasse liegt, Kloster oder Krankenhaus oder Schwesternheim. Über dem Tor ist ein primitives Bild eines Mädchens über einem Wappen; darauf steht geschrieben, es gelte dem Andenken eines namentlich genannten Mädchens; »parce qu'elle a gentiment consolé un général«. Ich drehe mich um und will die Strasse, die rechteckig zur Strasse La Sud den Platz trifft, überschreiten. Ich werde von einem Menschenhaufen aufgehalten, hinter dem langsam eine Trambahn gleitet. Dieser Wagen ist ein Trauerkondukt, Leichenwagen – aber der Sarg ist nicht zu sehn – und Wagen für die Trauernden zugleich. Eben, wird in dem Haufen gesagt, sei der Marschall in den Wagen gestiegen. Es sind aber

nur Frauen in dem Wagen zu sehn, die deutlich als Bordell-
bewohnerinnen zu erkennen sind und wohl auch als solche
bezeichnet werden. Einige laufen neben dem Wagen und
drängen, als würden sie getrieben, vor, um vor den Wagen an
die Spitze des Zuges zu gelangen, blasse, blasshaarige, ängst-
liche, gehetzte Geschöpfe, wie Hühner oder Schafe, starr
blickend, beinahe in Schweiss, in Reformkleidern. Ich werde
in dem Haufen in einen Konzert- oder Restaurationssaal gedrängt, ich will – es handelt sich wieder um den blauen Rock
– endlich das Programm lesen, das ich in der Tasche habe, es
ist nun klar, um das Programm zu lesen, wollte ich auch in
das Café gehn. An einem Tisch stehend subskribiere ich für
die Veranstaltung, der das Programm gilt, ein »ganzes Billet«
für Lotte, es kostet zweiundzwanzig Mark (oder Franken),
nun habe ich doch Geld bei mir. In dem Haufen entsteht eine
Schlägerei, wir sind wieder auf der Strasse, ich fasse einen
Burschen, der mir aufgefallen war, und schüttle ihn, ich
glaube ihn zu kennen, ich frage ihn: »Gehörst Du nicht zur
Zweiten Kolonne?«, ich zeige ihn den andern.

5

Ich bin Soldat. Ich soll um sechs Uhr auf Wache gehn, in
einem dem Zimmer, das ich bewohne, ganz nahen Orte übrigens. Um dreiviertel sechs beginne ich mich vorzubereiten;
die andern Teilnehmer an der Wache haben wohl früher
angefangen, jedenfalls sind sie schneller fertig, und schon
unterwegs oder sogar schon im Wachlokal angekommen. Ich
will rasch noch einiges in den Tornister tun; jemand – ich
glaube, Mutter – reicht mir einige Zigarren und Tabak, die
sehr schwer zu beschaffen waren, andre Sachen fehlten, ich
muss immer wieder den Tornister auf und zu machen, immer
wieder das Koppel an und abschnallen; das Koppel ist sehr
unhandlich und sitzt schlecht. Dabei stelle ich mir vor, wie
die andern längst angetreten sind, wie in der Zahl – dem
Dutzend, glaube ich – ich fehle. Als jemand – ich glaube,

Mutter – mich darauf aufmerksam macht, dass es halb sieben ist, widerspreche ich eigensinnig, es werde schon nicht so schlimm sein; und ich glaube beinahe, es werde schon nicht so schlimm sein, – wenn ich nicht grade unter den ersten Posten stehn müsste, wenigstens. Mir fällt ein, dass ich nun allein zum Wachlokal gehn muss; ich erkundige mich, wie ein einzelner Soldat auf der Strasse das Gewehr tragen muss, ob lose in der rechten Hand oder sehr grade leicht an die linke Schulter gedrückt; ich probiere es, einmal die obere, einmal die untere Seite nach vorn, ich fühle das sehr in der linken Hand. Es wird immer später. Schliesslich sitzen Koppel und Helm, ich bin auf der Strasse. Es ist zum Wachlokal – das ich, mit grossem Fassadenbogen wie ein Kino, mir sehr deutlich vorstelle – viel weiter als ich gedacht hatte. Es schlägt sieben oder halb acht, ich werde überhaupt erst nach der ersten Postenablösung hinkommen. Jemand sagt mir, ich müsse sagen, ich sei krank geworden. Ich stelle mir die Ohnmacht vor, die ich spielen müsste. Ich kehre um, um zu meinem Zimmer zu gehn. Mir fällt ein, dass Magnus Hirschfeld – ich muss mich erst auf seinen Namen besinnen – in der Nähe wohnt, ich will ihn um ein Attest bitten. Er ist kürzlich aus den Zelten in eine dieser Strassen verzogen, in eine kleine Wohnung. Ich verfehle die Strasse beinahe, da drei Strassen so zusammenliegen, dass sie eine Hälfte gemein haben und nur sehr langsam auseinander gehn. Die Strassen sind hell, bewachsen, sehr lang. Ich gehe über einen Platz, dessen Hälften verschiedne Namen tragen. Über dem Musikpavillon lese ich: »Während die Eleganz den Paradeplatz gesucht hat, …«. Hinter dem leichten Musikpavillon ist das Haus, in dem Hirschfeld wohnt. Aber in welchem Stockwerk? In einer Vitrine am Baumstamm gegenüber der Tür sind Objekte mit seinem Monogramm: P. B., auf einem Roheisenstück z. B. ist es eingeritzt. Ausschreiben darf er den Namen nach der neuen Judengesetzgebung nicht, und es ist eben auch nicht erlaubt, das Stockwerk anzugeben. An einem unerkennbaren, mehr als faustgrossen unheimlichen Gewächs ist geschrieben: »Dies habe ich vor sechs Jahren mit meinem

Mund aus dem Wasser gezogen« [– ungefähr; es war irgend eine unheimliche, nachdenklich machende Unklarheit in dem kurzen Text, es ist in meiner Erinnerung auch ein Anklang an das Wort »Wurst« –]; diesen Text lese ich mehrmals, drehe ihn um, suche ihn, dicht an der Vitrine im Schatten des dicken Baumes, der Helligkeit des Pavillonplatzes entzogen, ganz zu verstehn, und dieser kleine Aufschrei, dieser moralische Protest rührt, ja erschüttert mich sehr.

6

2/6/41

Ich sitze in einer Mathematikstunde, unter dem Katheder des alten Professor Zschiedrich, aber nicht eigentlich in der Schule. Ich bin sehr befangen und abgelenkt, weil ich mich entschlossen habe, nachher, in einer zukunftswichtigen Angelegenheit, zu Kortner zu gehn. Wohnt denn Kortner – dessen Namen zu finden ich einige Mühe hatte – noch am Kronprinzenufer? Ja; ich stelle mir die Wohnung, die er statt des möblierten Zimmers jetzt bewohnt, genau vor. Die Blätter mit der mathematischen Aufgabe liegen vor mir; ich kann sie nicht machen; ich verstehe sie nicht einmal, ich erkenne nur ihre Komplikation; seit langem habe ich keine Mathematik gemacht, und ich habe keine Ahnung, wie das weitergehn soll. Ich seh den abwesenden Blick des nach vorn gekrümmten mürrisch schweigenden Professors, ich schiebe die leeren Aufgabenblätter hin und her, ich habe Gedichte gemacht statt die Aufgaben zu lösen; aber das kann ich doch dem Professor nicht sagen! Und was muss ich Kortner sagen, um was handelt es sich? Um eine Rolle? Bin ich denn doch Schauspieler geworden statt Autor? Wie die Stunde endet, weiss ich nicht mehr; ich bin auf dem Wege zu Kortner. Ich gehe, etwa an der Alsenstrasse, an Ernst Deutschs – schlossartig vergrössertem und ganz frei liegenden – Hause vorbei. Einige Fenster sind erleuchtet, das Esszimmer und andre, ich rechne aus, welche es sind, ich wünsche mir sehr, in einem dieser Zimmer zu sein statt hier gehn zu müssen.

Später befinde ich mich in einem kleinen Kreise von Menschen in einer engen Stube. Einer will mir zeigen, dass er über meine Angelegenheiten Bescheid weiss, er macht im Stil eines Kriminalromans Anspielungen auf die Unternehmung bei Kortner und andres. Das alles hat eine politische Bedeutung. Das Gespräch spitzt sich sehr zu, bis zu sehr aktuellen drohenden Scheinbetrachtungen eines Selbstmordproblems.

8

4/6/41

Ein Spiegel fällt zu Boden und zerbricht; einer will die Scherben aufnehmen; ein andrer will ihn hindern: es sei gefährlich, sich selbst zu sehn.

9

5/6/41

Ich kaufe in einem deutschen Zigarrenladen ein (wie bin ich nach Deutschland gekommen –?), vier oder fünf mittelgrosse Zigarren, und vier oder fünf Zigarillos, die, da sie an den Enden gesträubt sind, als orientalischer Tabak zu erkennen sind, diese zu fünf, jene zu zehn Pfennig. Als ich bezahlen will, sehe ich, dass ich nur französisches Geld im Portemonnaie habe; das kann mich kompromittieren, ich muss umständlich dem Verkäufer auseinandersetzen, dass ich mir Geld holen muss, er solle mir die Ware aufheben, da er, nach vorsichtiger Anfrage, französisches Geld nicht annehmen kann. [Zusammenhang mit dem Tabakmangel im Lager.] Ich bin in der Toilette eines Cafés. Man pisst in ein Becken, das statt eines Sitzes in einen Stuhl eingelassen ist; dann wird der Stuhl hochgezogen und über einem grösseren Becken festgestellt; das geht schwer, er droht, zum Schaden andrer, die herumstehn, abzugleiten und umzufallen. Ich grüsse Bredel und andre Freunde, die im Hintergrunde an einem Tisch sitzen, stumm, sie grüssen stumm zurück; ich bin in der Stadt versteckt und darf nicht bemerkt werden. Ich bin in einer Übernachtungsstelle, die aus zwei Zimmern besteht, wohl in Begleitung Yvettes. Ich gehe weg. Es ist ein Totschlag passiert, dadurch bemerklich, dass in einem Wagen der Einzige nicht zu uns Gehörige plötzlich fehlt. Ich habe mit dem Totschlag nichts zu tun, aber ich muss mich verstecken. Ich trage als Verkleidung eine Polizistenkapuze; aber immerfort begegne ich Polizisten, denen ich grade durch diese Verkleidung auffallen kann. Ich decke dann immer das Gesicht mit dem Arm; aber der Arm ist unter der Kapuze, infolge der Hemmung durch die Kapuze, ganz steif, und die Geste wird erst recht auffallend; es ist zum Verzweifeln, eine physische Besessenheit. Ich will zurück einen andern Weg nehmen und berechne die Strassen. Auch in dieser andern Strasse steht vor einem Eckhause eine Polizeistreife. Ich kann nicht zurück, ich muss in der halbdunklen, leeren Strasse dicht an ihr vorbei. Jemand, der mich begleitet, ermuntert mich: »Ich schwöre Dir, ich kenne sie nicht!« (– und das soll auch heissen: da sie mich nicht kennen, werden sie Dich nicht kennen, erkennen, beachten).

12

8/6/41

Aus Kisten, die die Quäker oder eine ähnliche Organisation geschickt haben, packe ich harte Eier aus, und schäle sie. Sie sind klein, trocken, weiss in viel zu grossen Schalen. Ich öffne Pflaumen, grosse, saftige, die sich zum Teil schwer öffnen lassen, ich muss sie fest drücken, um sie in der Länge aufspringen zu lassen, und wohl sogar mit dem Nagel ritzen. Bei jeder frage ich mich von neuem, ob es denn wirklich richtig ist, sie so geöffnet aufzubewahren, ob sie nicht verderben, mindestens vertrocknen werden; die andern, die mit mir arbeiten, sind nicht dieser Meinung, ich füge mich. In der Kiste sind noch ein Haufe weiss eingewickelter Bonbons [Ursprung, vielleicht: die Zuckerstücke in der russischen Kiste], länglich rund, lang wie ein Drittel Streichholz, dick wie zwei bis drei Streichhölzer. Ich wickle einen aus, der durchsichtig gelbgrün ist, und koste ihn, er ist sehr süss, ich rufe erstaunt ein Lob seines Wohlgeschmacks aus. Über den Hofplatz schlendert, zum zweiten Male, Dr. Heidler herüber und fragt, genau wie beim ersten Male: »Wie geht's?« Genau wie bei seinem ersten Eintreffen gehe ich ihm entgegen und sage genau wie vorher: »Sehr schlecht«. Ich berichte ihm, ich hätte eben schon die zweite Operation an diesem Tage durchgemacht, man habe mir die Geschlechtsdrüse und – wohl – den zweiten Hoden herausgenommen. Während ich ihm das sage, habe ich erst deutlich die greuliche Vorstellung eines leeren Hodensacks. Gleichzeitig habe ich die Vorstellung, und spreche wohl auch von ihr, dass eine dritte Operation stattgefunden hat – oder stattfinden werde –, und dass ich selbst sie an mir vornehmen muss oder musste.

13

9/6/41

Mutter ist ins Lager gekommen, etwas zu verrichten. Es ist viel Bewegung im Lager; es stehn wohl auch kriegerische Ereignisse bevor. Wir sind wohl nicht nur Gefangne, sondern auch Soldaten. Wir gehn in Gruppen aus dem sparrigen wüsten Raum weg, in dem wir uns aufgehalten haben. Einer hält mich an und fragt mich, in schlechtem Französisch, das durch einen Sprachfehler noch verdorben wird: »Was machen Sie, wenn Ihre Gruppe antritt und wenn ...« [folgt eine Äusserung über eine Haltung des Feindes, die ich vergessen habe]. Ich verstehe, dass das eine Examensfrage ist; aber was bedeutet das Examen? Wieso ist er Examinator? Und was für eine Gruppe, da doch nur noch zwei Mann neben mir sind? Schliesslich verstehe ich, dass er eine Korporalschaft meint; aber aus wieviel Leuten besteht eine Korporalschaft? Um was handelt es sich? Im Versuchen, zu verstehn, bin ich hinausgegangen. Um was handelt es sich? Haben nicht einige im Abmarsch »Vive la France« gerufen? Wieso? Einige machen Übungen; Hugo Salzmann ringt mit einem andern, sie balgen sich mehr als dass sie ringen; Hugo hat herrliche, meinen

Neid erregende Stiefel aus weichem dunkelbraunem Leder an, ganz neue, die bis zur Mitte der Oberschenkel gehn. Im Fallen und Balgen wirft er die Beine hoch, ich sehe, dass die glänzenden ungebrauchten Sohlen herzförmig geschnitten sind. Drüben an einem Schalter sitzt die Frau, kurzsichtig ganz tief auf das Brett gebeugt, fast als weine sie; es ist nicht Mutter, auch nicht Yvette, es ist eine fremde Frau in blutrotem Kleide. Ich stehe an einem grottenartigen Steinaufbau, den Wasser überrieselt. Das Wasser fällt mir auf die Füsse. Die Freunde sprechen lebhaft; einer kommt an die Wassergrotte und sagt, als er gefragt wird, ob er Zuhr-Suppe wolle, er wolle im Gegenteil eine volle Stirn hinbringen. Aus einem andern Gespräch höre ich den Satz: »Minna ist eine sehr gute Genossin für kleine Stuben etwa für fünfzig Mann, aber nicht – «. Ich finde ein an die Grotte geheftetes Papier, auf dem steht, dass die Genossen sich den Glauben an die Weltrevolution durch die Ereignisse nicht nehmen lassen, dass sie aber durchaus Ordnung halten müssen. Das Wasser – darauf bezieht sich wohl die »Ordnung« – läuft hell und stärker. Julius Goldstein sitzt über einer Arbeit; ich solle ihm helfen, wenn ich Zeit hätte, den Text von Annoncen durchsehn.

14

10/6/41

Ich ziehe einen Handschlitten, auf einem langen schönen Wege, der nach Nizza führt. Obwohl ein Schlitten fahren kann, ist das Land um den Weg herum grün, tief dunkelgrün, ganz besonders grün, voller Blüten und Blumen. An jeder Querstrasse drehe ich [wie ich es wirklich immer auf der Fahrt nach Nizza getan habe] den Kopf, um zu sehn, ob das Meer zu sehn ist. Es ist nicht mehr zu sehn; breites, schönes, dick bewachsnes Land liegt zwischen Strasse und Meer. Die Strasse ist nicht gut; aus dem Schnee – aber ich habe gar nicht die deutliche Erinnerung an Schnee, und hatte im Traum wohl nicht die deutliche Empfindung von Schnee – ragen Aschenhaufen, um deren Böschung ich den sich schräg stellenden Schlitten mühsam herumziehn muss. Die ihn besetzt halten, unter ihnen Lotte, steigen manchmal ab, um ihn zu erleichtern, und nehmen Sachen aus ihm. Ich habe selbst plötzlich eine Puppe in der linken Hand, während ich mit der rechten weiter ziehe; es kommt mir lächerlich vor, sie so zu tragen, und ich gebe sie Lotte, die sie besser wird tragen können. Da Lotte sie hält, wird mir erst bemerklich, am Verhältnis zur kleinen Puppe, wie riesengross sie selbst ist [aber ich habe kein Gefühl des Verhältnisses zu meiner eignen Grösse]. Wir sprechen über das, was wir vorhaben, und über die, die wir erwarten, und über den Weg und was ihn umgibt. Ich bin entzückt über einen Baum, auf dem, wie Kerzenblüten, tausend grosse grüne papageienähnliche Vögel stumm und unbeweglich, nur leicht mit den Zweigen schwankend, sitzen; die andern lachen und verspotten mich, wohl weil sie mich glauben machen wollen, dass das ausgestopfte oder künstliche Vögel sind und weil ich das nicht bemerkt habe; sie haben vielleicht recht, und ich bin einen Augenblick lang nahe dran, mich blamiert zu fühlen, aber wir sind schon weiter auf dem Wege. In einem Café treffen wir Richard Leipziger, den Sohn Tante Fannys, zu der wir wandern. Wir kommen in einer Stadt an, in der Stadt, einer krummen kleinen Stadt, es ist nicht mehr bestimmt, ob es Nizza ist. Ich habe das Gefühl, dass die drei Schwestern – Mutter, Tante Fanny und Tante Jenny – zusammentreffen werden; Mutter ist wohl bei uns, Tante Jenny ist nicht deutlich im Traume. Im Bogen kommt Alfred Leipziger auf uns zu, es befriedigt mich, dass er grade unter einer Laterne zu uns stösst, einer Laterne, die hoch ist und schwächer als sie bei ihrer Grösse sein müsste, nicht einer Stadt-, sondern einer Theaterdekorationslaterne; ich bin wohl extra, um ihn zu erwarten, unter der Laterne stehn geblieben. Dadurch haben die andern Vorsprung gewonnen, ich muss mich, nur in Alfreds Begleitung, der jugendlich, hübsch und elegant ist, zwischen Menschen und Wagen mit dem Schlitten, den ich hinter mir herziehe, durchwinden. Ich muss ihn zwischen den Häuserwänden und Pferden, die dicht am sehr schmalen Trottoir stehn, hindurchziehn, – ich werde die

Pferdenase, die eben jemand gestreichelt und im Streicheln leicht zurückgestossen hat, berühren müssen, das wird mir unangenehm sein. Ich sehe in ein Haus hinein, mit der grenzenlosen Neugier auf das fremde Leben; der Treppenflur ist altertümlich und ordentlich, bunt; ich kenne das Haus, aber es ist nicht das, in dem Tante wohnt; sie ist umgezogen: sind die andern schon bei ihr, im richtigen Hause? Alfred muss ja erkennen, wo seine Mutter wohnt.

15

11/6/41

Ich weiss nicht, warum grade ich es machen muss; ich halte die Personal- und Gesundheitspapiere einer Gruppe von Menschen, die abreisen soll, in der Hand, in einem neutralen Raume, Hotelhalle oder Bahnhof. Über den Papieren ist aufgeschrieben, es seien in der Gruppe C Syphilitiker, und C sei die Aktualisierung der Zahl Y [nicht X]. Das erschreckt mich. Ausserdem stehn bei den einzelnen Namen Buchstabenreihen als Angabe der Zahl von Bakterien oder ihrer Abwesenheit: a c v, a c s. Ich rufe Herrn Chapollion, als ersten aus der Gruppe, mir fällt die Namensidentität mit dem Entziffrer der Hieroglyphen auf [das Fehlen des m bemerke ich nicht], ich spreche von den Gesundheitsangaben, die müssten mit grösster Gewissenhaftigkeit gemacht werden, wir führen nach Russland, ins Land der Zukunft, wir dürften die Zukunft nicht verderben. Ich stelle, unlustig, die Personalfragen, ich will einen zweiten aufrufen, es ist ein Mitschüler, ich habe seinen Namen vergessen, heisst er nicht Nürnberg oder Nürnberger. Ich nehme Michel beiseite und frage: wie heisst Dein Vetter? Er zeigt mir die Karte des Mannes, jetzt erst bemerke ich karikaturistische Porträts auf den Personalkarten; aha, Dickstein ist der Mann. Chapollion kommt aus einer andern Tür, die Leute drängen sich; ich habe intime Fragen zu stellen, ich bitte sie, beiseite zu gehn, eine Frau ist darunter, die meinetwegen gekommen ist, vielleicht um Abschied zu nehmen, sie steht links hinter mir und sieht mich an. Ich bemerke, dass die beiden Ringe an meiner rechten Hand fehlen; ich finde den einen im Schosse und schiebe ihn über den falschen Finger, der andre liegt auf dem Tisch, ganz verbogen, der kleine Diamant [ich habe nie einen Diamanten getragen] ist herausgefallen und sieht wie Glas aus. Ich habe die Bakterienformeln vernachlässigt, ich muss sie auf jede Person anwenden; a c v, a c s, ich suche zu begreifen und zu behalten, es ist überaus schwer; eine Frau, die sie versteht, erklärt sie mir, mit einer Liebesstimme, es ist ganz ausserordentlich schwer.

16

Wir sind Kriegsgefangne; kriegsgefangne Matrosen und Marinesoldaten. Wir sind in einem Hofe mit doppeltem Boden, unten ist ein Gewölbe – ähnlich dem der Évêché in Marseille –, oben der Hof. Wir gehn oben und unten hin und her; aber »Wer unten geht«, wird gesagt, »verliert den Charakter als Kommissar«. Ich sage zu Laszlo, der neben mir geht: »Ich kann die Uhr aber doch verkaufen« [nach ausserhalb, heisst das; warum ich sie verkaufen muss, weiss ich nicht mehr]. Ein schlankes dunkeläugiges, hell, wohl sogar weiss, gekleidetes Mädchen kommt einen Mitgefangnen besuchen. Sie kann ihn nicht sprechen oder trifft ihn nicht an. Ich begleite sie – oben im Hofe – zum Ausgang. Nahe dem Tor wirft sie sich an mich, da sie den andern liebt, liebt sie mich, küsst sie mich, in ungeheurer Erregung, presst sich an mich, betastet mich; und hingerissen bitte ich sie, lallend, noch heftiger zu sein. Sie entblösst und drückt mich. Ich hebe sie plötzlich – es ist wunderbar, sie auf den Armen zu haben, sie ist wunderbar geformt und gar nicht schwer – und trage sie durch eine Tür in mein Zimmer. Ich werfe sie aufs Bett, ich küsse sie, ich fasse sie an. Ich lese den Brief eines Päderasten mit überaus obszön genauen Beschreibungen päderastischer Handlungen, mit unsinniger anatomischer Genauigkeit (coitus in anum, der die clitoris wachsen lasse; dies wollüstig mehrfach und mehrmals ausgedrückt).

(In derselben Nacht.) Die lateinische Flotte fliegt nicht, wird gesagt. Ich sitze zwischen Fremden neben Jean und Madeleine; ich bin unter einem Namen verborgen, der mit T anfangen muss; »Theodor«? Wir lachen leise darüber, und Madeleine fragt, ob es nicht »Titus« sein könne. In Hamburg, wird gesagt, funktioniert die Sache (mit der die Bewegung der lateinischen Flotte zusammenhängt, wohl ein Aufstand). Bergerys Armee sei zum Schutze dort. Es wird über Bildern, die diese Hamburger Vorgänge darstellen, Bildern wie die Doppelseite illustrierter Zeitungen, Bildern mit ungeheurer, sprengender Personenfülle, lebhaft diskutiert; »Ja« und »Nein« werden schroff, sehr offen, gegeneinander gesetzt. Die Armee, die eine der beiden Armeen, die Bergerys, über die diskutiert wird, werde, wird die Treue halten; sie werde ohne Bergery sein, aber zum Schutze bleiben. Dann bin ich auf einem Klosett versteckt. Nach langer Zeit wird angeklopft, die angepressten Gesichter von Kindern sind hinter der Milchglasscheibe zu erkennen, die hereinwollen; sie können sehen, dass ich nicht auf dem Becken sitze, es ist gar kein Becken da; ich hocke mich an der Wand, da, wo es stehn müsste, hin, und verdecke mich wie mit einer aufgefalteten Zeitung mit einer Doppeltür, die ich mit beiden Händen halte. Aber ich muss dem drängenden Klopfen aufmachen. Ich komme an dem Portier, der öffnet, vorbei, ich fliege; der Portier kann nur feststellen »der fliegt ab«. Ich fliege leicht, ohne Angst vor den Verfolgern. Aus einem vergessnen Grunde kehre ich noch einmal um und werfe dem Portier auf dem Hofe etwas hin, ich weiss nicht mehr, woher ich es nehme; es ist der abgebrochne Arm einer kleinen Statue, ein glattes, armseliges Stück Gips, braun und weiss, starr und, so auf dem leeren Hofe liegend, doch mit irgend einem Leben erfüllt. Ich fliege weiter und sehe Flugzeuge, ein kartonartiges mit gitterartigem Gestell, eine Art fliegender Käfig, und Flugzeuge der gewöhnlichen Bauart. Sie gehn mich nichts an oder können mich nicht erreichen. Aber ich weiss oder höre: »Flugzeuge verbessern die Luft«.

18/6/41

Wir sind im freien Raume des Lagers, einem Kasernenhofe. Es ist Sonntag abend, aber wir werden mehrmals zum Antreten gerufen. Wir werden gehetzt und laufen hin und her. Einer, der zu langsam geht, wird grob in die Kolonne hineingestossen. Ich gehe selbst langsam, wir sollen wieder »zu den Küchen« gehn. Als ich um die Wegecke biege, ruft Laszlo mich an, ich sei gerufen worden, Yvette habe telephoniert, ich solle sie morgen um zwölf Uhr anrufen. Ich sage wütend, dass mir natürlich nichts ausgerichtet worden sei. Ich habe auf den Anruf gewartet; ich überlege, ob ich nicht schon um elf anrufen kann, oder heute abend? Ich sage das Laszlo, der in einiger Entfernung rechts neben mir geht. Yvette wohnt seit kurzem in einem siebenstöckigen Hause, das den Kasernenhof überragt. Ich zähle die Flügel des Hauses ab, orientiere mich nach dem Aufgang, den ich immer benutze, verzähle mich in den Stockwerken, und komme nicht dazu, zu sehn, ob in Yvettes Fenster Licht ist. [Hier kann eine Erinnerung an das Bürohaus am Quai de Rive-Neuve sein, nach dem ich mich vom Pharo aus orientierte, wenn ich Yvettes Haus suchte.] Ich werde von einem Unteroffizier angetrieben. Ich gehe absichtlich langsam; ich nehme zweimal die Brille ab und putze sie umständlich, »elle est embuée, je ne peux rien voir«, erkläre ich dem Unteroffizier; »embuée«, wiederholt der gedankenvoll. Ich erkläre Laszlo, der noch immer ein Stück weiter rechts geht, ich hätte Lust, es zu einer Auseinandersetzung kommen zu lassen und dabei zu sagen, dass ich allerdings einen ganz andern Sonntagabend erwartet hätte. Vor der Küche erwarten uns Offiziere und Unteroffiziere. Der Oberst, der das Lager kommandiert, und ein andrer Offizier mit zwei Unteroffizieren führen mich einen Weg, der einen Fluss entlang rechts abführt. Ich gehe neben den beiden Offizieren, die sich unterhalten, als ob ich nicht da wäre, oder als ob ich grade ihre ungezwungne Unterhaltung bemerken sollte. Sie sprechen von zwei Flaschen, die Internierten abgenommen worden seien. »Einer hat uns doch

sogar geschrieben und vorgeschlagen, dass er sich in Thüringen hinsetzen und den Krieg über ruhig verhalten will, wenn
er freigelassen wird!« Überhaupt gehe die ganze Propaganda
weiter, alle Strömungen mache sie sich zunutze, mystische
Verkleidungen habe sie benutzt; »Ja«, sagt der Leutnant, »es
seien sogar noch Bücher bei der ESI erschienen, und in frech-
ster Art habe ESI Intermédiaire« [bedeutet: Interim] drauf-
gestanden. Ich versuche mir alles, was sie sagen, genau zu
merken, ich muss es Franz und den andern wiedererzählen.
Der Oberst, der von meiner Anwesenheit überhaupt keine
Notiz genommen hat, geht plötzlich, auf dem Rückweg
schon, rascher voraus. Wir holen ihn an einem dicht am
Flussufer umgestülpten, mit dem Sattel auf dem Wege aufliegenden, Motorrade ein, das er, bäuchlings im Staube, um-
kriecht. »Wenn er von mir verlangt, dass ich ihm helfen soll,
erkläre ich, dass ich von Motorrädern nicht das Mindeste
verstehe«, überlege ich mir. Er kniet nun und pumpt den hinteren schrecklich zerknitterten Pneu auf. Plötzlich merke
ich, dass er zu mir gesprochen hat, länger sogar, ich habe an
ganz andres gedacht. Der Unteroffizier links neben mir
stösst mich an, ich solle Haltung annehmen. Ich entschuldige mich, dass ich nichts gehört hätte; er starrt mich lange
an, spricht weiter, aber der Motor des Rades rattert und ich
verstehe nichts. Plötzlich sehe ich ihn, ohne dass mir der
Sprung bemerklich geworden ist, im Flusse stehn, bis an den
Hals im Wasser. Wir starren einander wieder schweigend an.
Er nimmt aus dem Wasser zwei breithalsige Flaschen, halbli-
trige Einmachegläser, und gibt sie mir. »Die müssen auch in
den Brief«, sagt er. Er meint nicht die Flaschen, sondern die
Tatsache ihres Vorhandenseins; und dass er vom »Briefe«
spricht, deutet die Unterrichtetheit mit dem Plane einer
Aktion an, und soll sie andeuten. Aber was sollen die Flaschen, und was soll ich mit ihnen? Ich halte in jeder Hand
eine und drehe sie hin und her. In der einen sind schmutzig-
weisse oder vielmehr farblose runde Körner von Bohnen-
grösse, in der andern saubohnengrosse – aber ganz runde –
schmutzig-rote Körner. Der Unteroffizier sagt mir, es seien

rote Würmer darin; ich glaube es gern, kann sie aber nicht sehn. Der Oberst sagt mir, aus dem Wasser heraus, ich müsse noch heute in die Lustramstrasse [oder Instramstrasse] gehn. [Es kann sein, dass dieser Auftrag vor der Flaschenepisode geschah.] Ich antworte: »Mon Colonel, vous me dites des énigmes« – und weiss, dass ich »devinettes« hätte sagen müssen. Plötzlich taucht der Oberst unter. Am Gerinnsel weissen Schaumes auf dem blauen Wasser sieht man, dass er flussaufwärts unter Wasser schwimmt, in der schweren Uniform, ganz dicht am Ufer. Ich habe plötzlich Angst, dass er mich an den Füssen ins Wasser ziehn wird, und trete heftig zurück, so dass ich die beiden Unteroffiziere beiseite stosse. Der Oberst schwimmt ein grosses Stück flussaufwärts, immer unter dem Schaume, unter Wasser; ich kann mich nicht enthalten, nach links zu dem einen Unteroffizier hin zu sagen, beinahe begeistert, zweimal: »Pour ce qui est de bien nager, c'est bien nagé; je le sais, je suis bon nageur moi-même«.

(In derselben Nacht.) Ich liege noch zu Bett. Ich habe von dem Aberglauben gehört oder gelesen, dass man durch ein bestimmtes Gebet zehn Franken »des Herzogs von Angoulême« bekommen könne, und sage dies Gebet, zum Spass. Wenig später trifft meine Hand auf dem Fussboden neben dem Bett ein Geldstück; ich hebe es auf, es sind zehn Sous. Nun taste ich; wieder ein Zehn-Sous-Stück, Frankenstücke, Zweifrankenstücke. Ich will den »Herzog von Angoulême« auf die Probe stellen und wiederhole das Gebet, wünsche nun aber hundert Franken; und kann von dem (zur Wand aufgerundeten) Fussboden immer neue Münzen, auch Zehnfrankenstücke schon, [wörtlich:] einstreichen. Meine Tasche – ich habe, obwohl ich im Bett bin, den Rock an – ist schon voll und dick. Mutter tritt ins Zimmer und setzt das Frühstück auf den Tisch. Nach einem Zögern sage ich: »Sieh mal, was ich hier habe«, und zeige ihr die Zwei-Hände-voll Münzen: »Das ist das Geld des Herzogs von Angoulême!« Da taucht über dem Kopfende des Bettes ein gelbes Knochengesicht auf, und eine safrangelbe Hand mit langen Nägeln greift krallig nach meiner rechten Schulter. Ich drücke mich ans Fussende des Bettes; ich bemerke durchaus die gradezu komische Klassizität dieser wächsernen Krallenhand, dieses ganzen gelben Gespenstes, aber ich habe Angst und entziehe mich der Kralle immer wieder; ich verstehe, und mache ein neues Gebet zum Herzog von Angoulême: »Lieber Herzog von Angoulême, ich habe nicht gewusst, dass man von Deinem Gelde nicht sprechen darf!« Das Gespenst verschwindet. Mutter, die sich für das Geld nicht interessiert und die Szene nicht bemerkt hat, ist wieder gegangen. Ich zähle wieder die vielen Münzen, obwohl ich mich verzähle, komme ich über neunzig Franken. Ich denke wieder, deutlicher, entsetzt: »Aber – wenn das wahr ist, dann sind ja auch tausend andre Dinge des Aberglaubens und des Glaubens wahr!« Ich stehe auf, hebe eine Serviette vom Tablett und sehe mir das Frühstück an; es ist eine – viel zu kleine – Mokkatasse, ein langes Stück harte Wurst, an dem ich sofort zu knabbern beginne, ein halber Apfel, grösser als eine halbe Pampelmuse; und was ich erst für eine Tomate hielt, ärgerlich darüber, dass man mir eine Tomate gebe, ist eine andre Frucht. Mutters Stimme erklärt, warum die beiden Früchte halbiert sind. Am Kopfende des Bettes erscheint ein neues Gespenst, grau und korrekt, und meldet einen Besucher zum Frühstück an. Es sagt etwas von »konservativ« und von »fortschrittlich«, und ich frage: »Also, steht er nun rechts oder steht er links?«

[Aus dem ersten Traum bin ich sehr langsam erwacht; und ich wusste im Erwachen, dass es ein Traum ist, aus dem ich nun erwache, und wollte nicht erwachen, weil ich, erwacht, nie erfahren würde, was der Oberst vorgehabt und gemeint hatte.]

22

21/6/41

Ich gehe zwischen Gärten einen Wiesenpfad hinunter. Ich werde nach der Weiterführung der »Weltbühne« gefragt, wohl nach der Weiterführung in Amerika. Ich gebe einige Auskünfte, und spreche auch über den Einfluss von Budzislawskis Frau. Ich vermute, dass die Weltbühne vorsichtig und unentschieden geworden ist [in Wirklichkeit habe ich keinerlei Vermutung und nicht den kleinsten Anhalt für eine Vermutung]; auf die Frage, was denn da für die Herausgabe bestimmend sein kann, zur Herausgabe treiben kann, antworte ich mit der [ebenfalls in der Wirklichkeit nicht begründeten und nicht existierenden] Vermutung über das blosse Interesse [ich meine: Interessantsein] der Tätigkeit. Eine Woche komme ein Aufsatz von A, die nächste Woche von B [ich nenne Namen, deren ich mich nicht erinnere], eine Woche einer von Feuchtwanger, eine Woche einer von – ich suche den Namen eines französischen Schriftstellers, der mir grade vor dem Aussprechen entfallen ist; ich meine Aragon. Es gelingt mir nicht, den Namen wiederzufinden; ich setze mehrmals an, immer schiebt sich der Name Feuchtwangers vor. Ich halte einen Entgegenkommenden [ich weiss nicht, ob er überhaupt ein Bekannter ist] an und frage nach dem Namen eines grossen französischen Schriftstellers, der mit dem Namen einer Stadt – wieder schiebt sich hier »Feuchtwanger« vor – identisch ist. Während des ganzen Gesprächs machen mir die Blumen in den Gärten um den schmalen Weg einen starken Eindruck. [Erst nach dem Erwachen finde ich den Namen »Aragon«. Ich habe über die vermutliche Fortführung der Weltbühne in New York kürzlich auf einem der Lagerwege gesprochen, und einige Tage später auf demselben Wege lange mit Siegfried über die unter dem Stacheldraht wachsenden Blumen gesprochen.]

23/6/41

Die Deutschen kontrollieren im Lager. Die Kontrolle übt sich an Säcken aus und wird durch Säcke dargestellt. Bei der Zahl 300 geschieht eine Umstellung der Kontrollaktion und der Kontrollabsichten, die Gefahr bringt. Es ist ein Beruf, zu kontrollieren. Es ist auch ein Beruf, kontrolliert zu werden.

28

25/6/41

Ein Kind wirft Schneebälle durch die offne Tür, auf Lotte. Einen fange ich im Fluge auf und werfe ihn zurück. Ich werde über die Bedrohung Lottes sehr zornig, übermässig zornig, nehme selbst Schnee – grauen, verschmierten, schmutzigen Schnee, nicht besser als der der Bälle war – auf und werfe ihn dem einen Kinde ins Gesicht, lose, nicht als Ball. Er bleibt kleben, und das – mittelgrosse – Kind lässt ihn kleben. Das mit Schnee verschmierte Gesicht, dessen untere Hälfte verdeckt ist, dessen Augen aber ernst über den Schmutz herblicken, zu sehn, beschämt mich sehr; ich habe ihnen nun mehr Unrecht getan als sie Lotte getan hatten. Dann ist die Tür geschlossen, ich beziehe, mit jemand sprechend, ein Kissen, ich will zu Bett gehn, es ist in zwei nebeneinander stehnden Betten (die aber schräg stehn, wie Schiffe auf der Welle, und deren Mitte sehr beleuchtet ist) nur eine brauchbare Stelle; über die spreche ich – sie noch nicht einnehmend, aber nahe daran – mit einer Frau, die sie ebenfalls reklamiert, lachend, ernst, mit vielen Anspielungen. Später [oder vorher? Die Kapitel können sich in der Erinnerung umgestellt haben] bin ich mit Freunden in einem Nachtlokal. Wir verlassen es, unter einem halb hochgezognen Schiebefenster, es kann aus Glas oder aus Eisen sein. Draussen höre ich Warnungsschreie. Ich fühle Laufen mehr als ich Laufende sehe. Ich werfe mich hinter einem andern her durch eine Tür, die er hinter sich schliessen will, so, dass ich grade noch dem Griff des Verfolgers entgehe. Grade ich habe mich retten können, der ich die Polizisten nicht einmal richtig gesehn habe! Aber es ist nicht genug, ich verlasse das Haus, das nicht sicher ist, durch irgend welche Winkel wieder und stürze in ein andres. Dies ist der Justizpalast. Eine riesige Menge füllt ihn, so dicht, dass ich hochgedrückt werde und, ohne Boden, aber ganz sicher, halb über den Köpfen der Umgebenden stehe. Ich unterhalte mich mit Freunden. Wer mich hergebracht hat, werde ich gefragt; Friedrich [oder Philipp] Hebel, antworte ich. Da ich aber hier und heute nicht verhört werde, will ich weggehn – ganz offen. Hier oder andrer Stelle wird nach dem Alter gefragt; Zahlen schiessen mir durch den Kopf, ich will, launenhaft, »hundert Jahre« sagen [die Erinnerung an den Zusammenhang des Gesprächs ist nicht genau], ich sage es wohl auch; »ça n'y paraît guère«, wird bemerkt.

30

27/6/41

Es lohnt nicht – für Ausreise oder Fluchtzwecke –, gewisse Fluglinien in Betrieb zu nehmen. Diese Fluglinien sind sichtbar in der Luft: in Manneshöhe, drei Arme stark, lang; es wären Röhren, wenn sie eine Wand hätten, aber sie haben keine und sind nur anders als die sie umgebende Luft fühlbare Luft. Ihnen entsprechen als Ziele genau aufgeteilte Stücke einer zerschnittnen Landschaft, die auch nur durch die Beziehung als gesondert fühlbar, nicht konkret unterschieden sind.

32

29/6/41

Ich gehe aus dem Zimmer, um für Frauen, die warten werden, ein Buch aus dem Büro des SDS zu holen, aus seinen Buchbeständen. Das grosse und luxuriöse ist dem Zimmer, in dem wir uns aufgehalten haben, benachbart. Kaum eingetreten, riegle ich mich ein. Der Riegel ist sehr kompliziert und schwer zu handhaben; erst als ich verstehe, dass zwei winzige Drahtstäbchen mit einem senkrecht aufliegenden Haken in zwei bestimmte Öffnungen gedrückt werden müssen, und zwar so, dass der Haken über den nun gefüllten Öffnungen stehn bleibt [eine in der Wirklichkeit nicht existierende und wohl auch nicht mögliche Konstruktion], gelingt es. Ich weiss nicht, ob ich nach dem Buche suche; jedenfalls werde ich gleich durch die Badediener Kaffan (oder Kaftan) und Stefan abgelenkt, die sich eifrig um mich bekümmern, zwei Riesen in hellen Westen mit ganz gleichen grossen schwarzen Bärten, Badedienern, die wohl dem SDS zur Verfügung stehn. Sie bedienen mich, aber was sie treiben und was ich treibe, ist die Probe eines Theaterstücks. Ich soll einen niedrigen Kinderstuhl benutzen, eine »chaise percée«, wie für ein kleines Kind. Ich sehe ihn misstrauisch an, sie tragen ihn hin und her, sie wollen ihn vor das eine Fenster stellen, das lehne ich schroff ab, man würde von draussen meine Haut sehn; merkwürdigerweise sehe ich, wie von aussen, meine Haut, da ich dies sage. Die Frau, die auf das Buch wartet, sagt: »Wer allein frühstückt, liebt nicht.«

36

3/7/41

Ich bin mit Yvette in einem grossen, vollgestellten Zimmer, in dem vor allem mehrere grosse Betten stehn. Mindestens zwei davon stehn nebeneinander, vor den Fenstern. Yvette und ich, wir stehn aneinander gepresst, wir drängen aneinander, ineinander, sehr heiss, sehr aufrecht. Ich dränge sie ans Bett, und nehme sie; sie will erst nicht, sie vertröstet mich auf übermorgen, »samedi«; aber sie dehnt sich zurück und zieht vor dem Fenster die Vorhänge zu; mir schiesst unklar durch den Kopf, vielleicht sage ich es auch undeutlich, es wäre doch besser, das Licht auszudrehn. Die sehr gleichmässige, sehr stark rhythmisierte Liebeshandlung dauert überaus lange, in herrlicher, unbefriedigender Steigerung. Ich fasse Yvettes Leib auch mit der Hand an, ich fühle ungeheuer seine feste Glätte. In der Spannung der Liebe sagt Yvette noch mehrmals »samedi«; ich bitte sie stammelnd, ich spreche viel, um mehr, um stärkere Liebkosungen, sie solle sie mir für Sonnabend versprechen; ich glaube, dass ich jetzt deutsch spreche. Ich bin aufs höchste gedehnt und gesteigert; ich komme, trotz stärksten Wunsches, nicht zur Entspannung. Yvette gelingt sie, in einem plötzlichen Ruck. Ich bin überglücklich, sie ihr gegeben zu haben; und als sie nun spricht und unter anderm sagt »D'abord, tu es nul là-dedans«, schiesst es mir durch den Kopf, dass eher ich das sagen könnte. Während der ganzen Zeit haben Leute im Nachbarbett Besuche empfangen, und Lotte erhielt im selben Zimmer den Besuch einer Zwergin; unsre Liebesszene scheint niemand gesehn zu haben. Plötzlich befinde ich mich in einem grösseren Zimmer mit vielen Leuten, es ist aber keine Änderung erfolgt, das Schlafzimmer scheint in dieses verwandelt, in dieses übergeblendet worden zu sein. Ein Mann fragt mich, in der Haltung eines Interviewers, über die Entstehung von Gedichten aus, mitten unter den Leuten [Tagesrest eines Nachmittagsgesprächs mit Ernst Zöllner]. Ich antworte, routiniert sozusagen, dass ich selten Gedichte für eine bestimmte Zeitung mache, dass ich den Antrieb abwarten müsse, auf den ich aber etwa rechnen könne; etwas andres sei es natürlich, wenn der Anlass zum Gedicht ein bestimmtes Datum sei, wie etwa der Neunte November. »Eben«, sagt der Mann, der damit die erwartete Überleitung zu der Vorlesung, die ich gleich machen soll, gefunden hat. Ich möchte lieber ein neues kurzes Gedicht über dasselbe Thema vorlesen; er drängt auf den vorgesehnen längeren Text, er sagt schmeichlerisch »Du« [er meint den strittigen Text] »bist bei den Freunden im Elsass so berühmt« [oder »so beliebt«]. Er drängt mir den Text auf, drängt mich einige Schritte weiter an den Platz, von dem aus ich lesen soll. Es wird ein wenig geklatscht; ich bin erstaunt, klatschen ist doch bei der Jugendorganisation nicht üblich. Ich halte den schlecht gedruckten – der Druck ist stellenweise ganz verwischt – winzigen dicken Lederband, der das Aussehn eines Liliput-

wörterbuchs hat, in der Hand und blättre; ich weiss ja gar
nicht, welche Stelle ich lesen soll, und rufe hinter dem
Manne, der in einiger Entfernung mit einem vollbärtigen
Fremden spricht, her. Schliesslich hört er, und zeigt mir auf
Seite 386 eine angekreuzte Stelle, von der solle ich bis zum
zweiten Kreuz auf Seite 395 lesen, vom Schlusse eines Ge-
dichtes an. Diese Schlusszeile heisst: »So – ist hier das
Leben«, und das »hier« ist durch das Kreuz zugleich ausgestrichen. Soll ich also mit einer Schlusszeile, mit einem Ende
anfangen? Ich muss den Text, der mich ganz fremd anmutet,
rasch noch einmal überlesen. Ich sage das, die Verzögerung
entschuldigend, einem Manne, der herankommt. Der Text ist
kaum leserlich, die Bogen sind verheftet, die winzigen Blätter
gleiten mir immer wieder aus den Fingern und falten sich
falsch ineinander, sie schnappen gradezu zusammen. Zu meinem Erstaunen lese ich Prosa; ich kann mich des Textes
durchaus nicht entsinnen. Es ist die Schilderung einer
Sitzung oder eines Meetings in England. Der Mann, bei dem
ich mich eben entschuldigt habe, mahnt zur Eile. Während
ich lese, tritt ein Mädchen zu mir und legt mir etwas auf den
Kopf, das eine Papiermütze sein muss; sie streift sie mit einer
gradezu zärtlichen Bewegung glatt. Dann sagt sie »Nun
musst Du aber auch ein Geschenk für Spanien machen«. Ich
habe kein Geld bei mir. »Das macht nichts«, sagt sie, mir eine
Liste zeigend, »schreibe hier daneben, wo Du jetzt wohnst«.
»Heute nacht bleibe ich hier«, sage ich. »Und fährst Du dann
in die Stadt zurück?« Da fällt mir siedendheiss ein, dass ich
so gut wie illegal bin, dass ich ein zerknäultes Papier, eine Art
Billettalon, sonderbar beschrieben, hier abgegeben habe, und
nun keinen Urlaubsschein für die Rückfahrt habe.

46

15/7/41

Wir sind im Kriege. Die Gefahren sind gross. Ich fahre in
einem Fahrstuhl in ein hohes Stockwerk hinauf. Ich trans-
portiere irgend etwas. Ich schliesse die innere Fahrstuhltür

nicht, aus Müdigkeit, Gleichgültigkeit, und auch, weil ich sehn will wie es geht; ich muss nur genau aufpassen und im Augenblick der Deckung der beiden Türen zufassen. Ich weiss übrigens genau, dass, was ich tue, ganz kindisch ist, ich bin verzweifelt darüber, und tue es doch. Mein Vetter soll sich oben ankleiden. Ein Hemd, steif wie aus einem ganz unbiegsamen Material [ich sah vor einigen Tagen die Abbildung eines schweren gestickten chinesischen Kaisermantels], wird oben gegenüber dem Fahrstuhl aufgestellt, es steht wirklich, und wird wieder weggebracht. Lotte und ein Hund sind in die Ereignisse gemischt. – Die Gefahren sind sehr gross. Ich bin in den Schutzbund nicht aufgenommen worden, bin also ohne Schutz. Ich bin auch andrer Zurücksetzungen wegen so wütend, dass ich es in der halbkreisförmigen, verlotterten Veranda, in der wir sitzen, ablehne, zu rauchen, als mir zu rauchen angeboten wird. Es wird von den Gefahren gesprochen. Wilde Tiere sind frei in der Stadt. Ich will weg; ich rolle von der Veranda den niedrigen Abhang einer Sandgrube hinab. Ein Tiger erscheint oben, grau, beinahe farblos, mager, gereckt, mit kleinem Kopfe böse, aber unaggressiv über alles hinsehend. [Ich habe im Laufe des Tages die Schilderung einer Jagd auf Silberlöwen gelesen.] Ich springe auf einen bronzefarbnen Kandelaber und stehe – den Kandelaberbaum zwischen uns kaum oder nicht mehr fühlend – Brust an Brust mit einem bronzefarbnen Ritter, der als Dekoration zum Kandelaber gehört und doch ein selbständiger, lebendiger Ritter ist, fest, bronzefarben, sehr aufrecht. Ich bitte ihn, mich mit seiner Rüstung gegen den Tiger zu schützen. Er sagt, er dürfe es nicht.

49

19/7/41

Ein Mädchen hat mit ihrer Familie gebrochen. In der fremden Stadt ernährt sie sich kraft einer Verabredung mit einem jungen Arbeiter. Sie müssen gleich viel essen, der Arbeiter und das Mädchen, aber sie essen nicht gleichzeitig. Dennoch ist die Gleichmässigkeit messbar: neben einem Vogelkäfig hängen Stangen aus einer fest geformten, aber weichen Materie, wohl einer essbaren Materie, und von der müssen beide gleich viel abgeschnitten haben. Es ist sogar das – würfelförmige, nie sehr grosse (drei bis fünf Kubikzentimeter grosse) – Stück zu sehn, das sie gegessen haben: diese Stelle der Luft, der Leere ist anders als die sie umgebende leere Luft, anders gefärbt, anders gewichtig, anders fühlbar – eine sichtlich und sichtbar andre Leere. Der Käfig mit den schräg nach unten herausragenden Materiestangen ist mehrmals, und zwar über ein Flussbett hin, umgestellt, umgehängt worden.

(In derselben Nacht.) Age hat mich verraten. Mit Weinhubers ist etwas vorgekommen. Wie vom Teufel getrieben, veranlasse ich Hasenclever, zwinge ihn fast, zu einer Verabredung – ich glaube mit Weinhubers – zu gehn, zu der er nicht gehn will, zu der auch ich nicht gehn will, zu der ich gar nicht gehn kann. Unterwegs springe ich aus dem Wagen. Ich verberge mich hinter einem zerbröckelnden Mauerstück, dickem rauhem Muschelkalk, der mich bestäubt. Ich muss lachen im Gedanken daran, dass Hasenclever, wenn er sich umdreht, den Wagen leer findet, dass er allein ankommen wird; aber ich bin alles andre als glücklich oder freudig. Hinten links sehe ich drei Menschen die Krümmung eines Hügels hinaufgehn, scharfe grosse Silhouetten gegen den blassen Himmel. Sie gehn mühsam, etwas starr, trotz einer ganz leichten Vorgeneigtheit (wie auf gewissen biblischen Bildern), sie gehn mindestens langsam. Die mittlere der drei Personen ist Alice. Sie sieht mich und macht die andern [Forsters? Ich glaube mich zu erinnern, dass die zuvorderst Gehende Edith war; jedenfalls war es eine Frau] auf mich in meinem Versteck aufmerksam. »Nun habe ich gar keine Freunde mehr«, jammre ich. Mir fällt ein, dass Mutter dessen zufrieden sein wird. Ich gehe Äussere Boulevards lang, barock gepresste, vorstädtische, an manchen Stellen auch sehr schöne, bräunliche, manchmal auch erfüllte Strassen. Sie fallen steil ab oder steigen steil an, auf und ab, von Ecke zu Ecke und Biegung zu

Biegung, sehr starkes Gefälle, ich renne hinauf und hinab, als würde ich hinauf- und hinabgeweht, ich bin ausser Atem. Ein Eisenbahnzug kommt mir, auf einem engen Strassenstück mit sehr starkem Gefälle, entgegen, ich muss mich an die Häuserwand drücken. An der »Place de la Ply«, an der ich nach der »Rue de la Ply« und Stellen mit ähnlichen Namen vorüberkomme [die Topographie dieser Bilder ist der früherer Träume mindestens sehr ähnlich], in Moabit also, denke ich daran, in die Untergrundbahn abzusteigen. Einem Manne namens Klas Jeher – oder, wie betont wird, Scheres <?> –, einem Manne mit einem ganz langen blassen Gesicht in der Art Walter von Hollanders, aber einem Gesicht, das starr und verwittert ist, wird eine Belohnung verliehn.

53

23/7/41

In einem Kneipenzimmer werde ich gebeten, die Vermittlungsstelle des Rundfunks, zu der ich Beziehungen habe, anzurufen; ich soll um das Spielen einer bestimmten Platte bitten. Diese Platte, ganz klein, wird unter das Telephon gehängt, und noch eine zweite, ebenfalls kleine, die nicht für die LICA bestimmt ist. Ich bin verlegen, ich finde den Knopf nicht, mit dem die Vermittlungsstelle angerufen wird; und wird man mich am Telephon erkennen? »Vielleicht wird überhaupt das Lied grade schon gespielt«, sage ich leise vor dem Telephon. Ich muss, wenn ich die Verbindung habe, sagen, dass es sich um eine Dauerbestellung handelt: »Es wird ziemlich täglich sein!« – Eine Bestellung am Telephon, eine Reparatur betreffend, ist nicht ausgerichtet worden. Jemand ist hingegangen und erzählt, Toller sei dort gewesen. »Est-il toujours aussi fou?« frage ich lustig. Es wird berichtet: »Er sitzt da und lacht und lacht«, und ich sehe ihn sitzen und lachen.

Es ist ein Mord begangen worden; ich kenne die Mörder und die Gründe des Mordes, ich bin aber an dem Morde selbst nicht beteiligt. In einem spärlichen Walde höre ich sagen: »Aber es ist unverzeihlich, dass sie die Pferdehaut über die Stelle« (– an der der Mord geschah –) »deckten, an der es nun ewig nach Blut riechen wird«. Ich hatte grade ein grosses Stück glatthaariger rotweisser Pferdehaut sorgfältig über ein andres Stück Tierhaut gebreitet, ich lasse es und gehe links quer durch den dünnen Wald. Ich schrecke zurück; Menschen, eine schwarz gekleidete Familie, kreuzen meinen Weg; wenn sie mich mit der Pferdehaut haben hantieren sehn, bin ich unweigerlich in die Mordsache verwickelt. Ich gehe weiter bis zu einem Querwege, von dem aus das Land rasch zum Meer abfällt; von der Stelle aus, an der ich stehe, ist die ganze Landzunge, eine merkwürdig verschobne, schief im blauen Wasser stehnde Halbinsel, zu übersehn. Ich betrete unterhalb des Weges den »Ersten Ring« winziger Parzellen, um Durchschlüpfe zu finden und hinunterzusteigen; es sind dies die Parzellen kleiner Leute; ich höre neben mir ein Mädchen zu einem andern sagen: »Ich bin doch froh« [»doch«, obwohl es keine »feine Gegend« ist], »dass wir hier in diesem Ringe sitzen, weil es unten links nahe zur Stadt ist« [deshalb will ich hinunter; vielleicht festigt sich dieser Plan erst jetzt] »und weil man hier schmücken kann«. In der Tat ist der winzige Platz auf irgend eine bizarre Art, die ich aber nicht erkennen kann, geschmückt, mit Mustern aus kleinen Steinchen oder mit Ausbuchtungen des Drahtes. Durch diesen Draht, Stacheldraht, suche ich einen Durchschlupf; ich finde ihn, zum nächsten Ring, der auf einer Tafel als »Erster Arbeiterring« bezeichnet wird. Unten links ist es nahe zur Stadt. Den Mord und die Gefahr der Verwicklung habe ich ganz vergessen. Ich kann hinunterkommen nur »durch Leerstehn-Lassen«, d. h. an einer blanken Scheibe wie Stanniol vorbei, die – senkrecht – über zwei rotierende Zylinder läuft, mehr als meterhoch. Ich darf nicht zurückbleiben.

55

Die Lehrerin, die dort steht, hat, wie erzählt wird, in der Jugend ihr Geschlecht geändert. Sie ist, als sie jung war, »vom ersten Augenblick an geohrfeigt worden«; aber sie ist beinahe stolz auf diese Erinnerung, denn sie kann sagen oder sagt sogar »Eigentlich bin ich feiner!«

59

Ich spreche zärtlich mit einem grossen Mädchen [einer Bekannten, ja Freundin; ich kann sie, wach, nicht mehr identifizieren]. Wir sind sehr zärtlich, sehr aufrichtig, sehr vertraut, ganz nahe beieinander. Ich lege mich über sie, auf sie. Ich spüre, trotz der Kleider, die feste Grösse ihres Leibes genau mit meinem eignen Leibe. Ich bin tief innen zufrieden, ich bin sogar glücklich: »Ah, Dir kann man alles sagen!«, sage ich.

66

Ich bin bei Anni Weinhuber. Es ist ein besondres Datum, für uns bedeutungsvoll, und sie macht mir ein Geschenk, als wir zusammen am Tische sitzen: sie hat mir eine kleine Pfeife gekauft, mit einer besondern Einlage, die man verbiegen kann [nachmittags habe ich Erich geraten, das Einlagerohr aus seiner Pfeife rauszunehmen]. »Wie gut«, sage ich, »grade ist die kleine Pfeife, die ich immer bei mir habe, unbrauchbar geworden!« Ich bin erfreut, und bin etwas bedrückt, weil ich selbst nicht an das Datum gedacht habe und kein Geschenk habe. Dann fällt mir ein, dass ich die alte Pfeife noch habe und selbst eine bestellt habe, so dass ich drei haben werde; ich werde aufpassen müssen, dass ich immer, wenn ich zu Anni komme, grade ihre Pfeife rauche. Die drei Pfeifen sind sehr gedrechselt, ziemlich barock; ich drehe die Einlage in der Hand, sie ist spachtelförmig, aus einem körnigen Gussmetall, ein wenig verbogen, und grösser als die Pfeife selbst. – Später bin ich bei Lilith. Es werden Leute bei ihr auf ziemlich feierliche Art empfangen, die wohl gekommen sind, um mich nach meiner Rückkehr zu sprechen. Sie stellt mich drei Personen vor, die sich jede in eine Ecke setzen; von einer sagt sie wohl »mein Sohn«, und ich verstehe es nicht, denn es ist ein grosser, breitschultriger Mann mit kurzem grauen Haar über mächtiger Stirn, der sich im Sessel zurückwirft. Dann führt ein Musiker Kompositionen von sich vor; ein hagerer Mann, der mir dazu Bilder und gestochne Texte zeigt, rumänische Texte, er ist selbst Rumäne. Ich will mich mit den Bildern und zum Hören auf einen Sessel setzen, ich irre um einen niedrigen Tisch herum, auf dem die Bilder und Stiche liegen, aber alle Sessel sind mit Gegenständen belegt, ich könnte mich nur auf die Lehnen setzen, aber die sind, da ich sie anfasse, nicht fest. Der Rumäne singt, ein kurzes Lied, das eine Liebessituation schildert, bis zum Geschlechtsakt; als er an dem ist, verstummt das Lied, und die Begleitung – Klavier und Saiteninstrumente, die hinter mir stehn müssen, die ich nicht sehe – gehn symphonisch weiter, mit einer keiner mir bekannten Musik verwandten, klaren, vollen, bei reicher Polyphonie einfachen, sehr bewegten, über alle Vorstellung hinaus schönen Musik. Vorher oder nachher kommt, da ich mit Lilith im Zimmer auf und ab gehe, ein Mann auf mich zu, ein alter Freund (war es Georg Zivier?), er sieht strotzend aus, er ist viel dicker geworden; ich spreche mit Lilith über sein Aussehn, über seine Gesundheit, auch über mein Aussehn und meine Gesundheit, und die andrer Freunde. Der Ankömmling und ich, wir umarmen einander; er scheint auch grösser geworden zu sein, er ist drei Köpfe grösser als ich und muss sich zu der dadurch grotesk werdenden Umarmung herabbeugen. Er wendet sich gleich wieder ins Zimmer zurück. Ich erzähle aus Paris; ich erzähle von mehreren Freundinnen, dass sie in andern Umständen seien. – Später gehe ich mit Lene Rado auf einem Gartenwege. Ich ergänze dieses Gespräch, in dem von fünf oder sechs Schwangerschaften die Rede war, durch die Frage: «Weisst Du, dass auch Minna schwanger ist?« Dabei sehe ich sie von der Seite an, mit einem Blick, der mir selbst ein wenig tückisch erscheint, denn Minna ist schwanger von einem Geliebten – oder früheren Geliebten – Lenes. Ich sehe das sonderbare, erfüllte, entrückte Lächeln Lenes, mit dem sie vor sich hin sieht und nicht antwortet. Sie hat eine kleine Narbe neben dem Munde, und ich wünsche mir sehr, diese Narbe zu küssen. Ehe Lene und die andern gehn – gehe ich mit ihnen, oder wohne ich dort? –, müssen wir noch die drei berühmten Ausblicke des Gartens sehn: der erste, ziemlich gewöhnlich, aber doch wirklich schön, geht über die Gartenmauer auf die tiefer liegende Stadt; der zweite, der kompliziert ist, geht auf eine grosse Uhr; der dritte, der, da wir uns zur Uhr zurückwenden, wie in einer Wandeldekoration erschreckend über den zweiten gleitet, erfasst ein phantastisch vor dem tiefen Grunde des Himmels hart ragendes schwarzes Mauerbalkendreieck.

77

17/8/41

(Nacht mit starkem Fieber.) Das Eine ist zu klug, das Andre hat zu viel Blut, das Dritte ist richtig; richtig, grade weil es nicht nur Klugheit und Blut enthält. Die Drei sind – vielmehr wohl eher: werden dargestellt – durch flache Kästen. Man muss die Elemente Blut und Klugheit richtig in die Drei verteilen – »in eins und das andre schlagen«, Stücke Blut und Stücke Klugheit, bis das Dritte, von Blut und Klugheit entblösst, übrig bleibt; das ist dann »richtig«, wenn es leer ist – wenigstens von Blut und Klugheit leer. Man muss also hin- und herfüllen immer aus dem Einen in das Zweite und Dritte, dass Blut und Klugheit koagulieren können. Da man nicht weiss, welches als Drittes übrig bleiben wird, ist das systematische, rhythmische Füllen, das Hinüberschlagen aus einem Kasten in den andern, sehr aufregend. Es ist aber auch eine ungeheure Erkenntnis, diese von den drei Kästen, ich weiss, was sie bedeutet, so sehr, dass die Erkenntnis ein Schmerz ist, und dass es sich, trotz eines ungeheuren, aber fluktuierenden, ich möchte sagen: kosmisch angeordneten – Stolzes, um die Erkenntnis eines Schmerzes handelt. Die Erkenntnis von den drei Kästen, die Erkenntnis mehr noch als die Füllungshandlung, ist massgebend für philosophische Einsichten, für religiöse Weihe, und für die Heilung meines Fiebers.

78

19/8/41

Ich stehe in einem Buchladen, mit andern. Ein deutscher Offizier hält ein Druckwerk – Karte, Zeitung oder Buch – in der Hand, das er betrachtet und über das hin er sagt, einen Satz beendend, der mich aufmerksam gemacht hat: »... Rassigkeit, wie man sie, das muss man zugeben, auch in der Roten Armee findet.« Es treibt mich, diese Einräumung festzuhalten. Ich sehe ein dickes Buch stehn, auf dessen Leineneinband gesperrt steht »Stalins erste Million«. Ich kenne die Argumente dieses Buches, ohne es gelesen zu haben, ohne es lesen zu müssen. Ich sage über das zweite Argument zu meinem Begleiter: »Aber das ist doch ganz unhaltbar, das kann doch niemand glauben!« »Gewiss«, antwortet mein Begleiter, in einem Tone, als sei es ihm verständlich oder gewiss, dass es doch geglaubt werden würde.

81

22/8/41

Ich fahre nach vielen Vorgängen, im Lauf von Verrichtungen, die ich vergessen habe, und im Zusammenhang mit Personen, von denen ich nur Bernhard behalten habe, durch die Stadt, in einer Trambahn. Sie ist aber auch Aufzug; und ich sehe den Wagen, mehrere Wagen übereinander, als Kabinen, von denen mein Wagen die letzte ist, im riesigen Stahldrahtschacht absteigen. Dann ist die Stadt eben vor ihm: das grosse Haus links, dessen Stahlgerüst, wie das andrer Häuser in der Nähe, aus dem grauen, geschwärzten und geröteten

Mauerwerk hervordringt, ist das »Litotia-Haus« [oder Livo-tia-Haus, oder Litovia-Haus]; und das ganze, überaus flache und sehr weit bebaute Viertel von Paris, das hier anfängt, und das ich befriedigt, beruhigt wiedererkenne, heisst wohl Lito-tia. Später fahre ich denselben Weg in Begleitung eines Mannes, der »Bismarck« heisst und wohl auch Bismarck ist; er sieht freilich ganz anders aus: er trägt einen grauweissen Vollbart, den Hut tief in die Stirn gedrückt, hat ein beinah glattes, nicht faltiges, nur wie angeritztes Gesicht mit einer kleinen, sehr graden, sehr feinen Nase. An einer besonders gefährlichen Stelle der Umfahrt sind wir plötzlich ausserhalb des Wagens, neben dem Wagen; ist er plötzlich ausgestiegen, und warum? Ich rufe, der ich die Gefahr kenne, unaufhör-lich, übrigens nicht sehr laut: »Nicht das rechte Gleis berüh-ren! Nicht das rechte Gleis berühren!« Da liegt er schon links neben diesem Gleise, rücklings, zwischen diesem und dem linken Gleise, tiefer als das erhöhte rechte; seine linken Glieder vollführen unwillkürliche Bewegungen, sie könnten ans rechte Gleis schlagen, ich rufe unaufhörlich, eindringlich und fast leise: »Nicht das rechte Gleis berühren!« Der Watt-mann macht heftige Anstrengungen, den Strom auszuschal-ten. »Bismarck« steht wieder, nicht sehr fest, wir werden hin-ter dem Wagen wieder auf die Erhöhung geführt, auf der das rechte Gleis läuft. Wir gehn durch Gänge, ich will ihn durch eine klein beschilderte Tür führen, »hinter der die Arbeiter sind«. Er weigert sich, einzutreten. »Die Arbeiter«, sage ich böse, »die uns gerettet haben, werden das sehr übel nehmen«. Sein zwischen Hut und Vollbart kleines Gesicht ist rot, stumpf, blicklos, geschwollen vor Zorn.

82

23/8/41

Ich reise mit Hasenclever. Die Vorfälle und Begegnungen in der Bahn habe ich vergessen. In einer Stadt gehe ich über einen grossen Platz. Es regnet, in dichten Fäden, ich sehe den Regen, werde aber wohl [wieder] nicht nass. Ich will über

Mittag in die Ausstellung in der Kunstschule gehn, mit einem resignierten Gefühl. Eine graue Frau, mit grauen Augen in grauem Gesicht, grauem Kleide und grauem Hute, sagt, es sei noch besser, hier unter dem Regen zu sein als im Weltkriege; und es ist überall Weltkrieg, der Krieg der drei Nationen [oder von drei Nationen]. Dann sind wir in den engen Gängen eines Hauses; drin werden Haftstrafen vollstreckt und sollen, das Gerücht wird umhergeflüstert, Marterungen vorgenommen werden. Es ist eine dumpfe Angststimmung. Es ist auch ganz egal, welcher der beiden Einsperrungsarten man unterliegt, der der Nonnen oder der der Untersuchungsgefangnen, es kommt auf dasselbe hinaus, die Behandlung, oder Misshandlung, ist die gleiche. Durch einen Spalt sehe ich in einem unteren Zimmer Kichererbsen in einer Wanne stehn, in Wasser übrigens; mir fallen Foltern ein, von denen ich früher gelesen habe: dass sie im Leibe aufquellen, dass man auf ihnen knien muss. – An irgend einer Stelle haben verbotne Bücher irgend eine Bedeutung.

86

28/8/41

Auf eine Liste werden Abschüsse und Initialen gesetzt. Die Ziffern 14, 20, 21 und 35 werden addiert [der letzten bin ich nicht sicher; sie kann aus 14 + 20 + 1 – statt 21 – entstanden sein]; 20 und 21 repräsentieren wohl meine Initialen. Ich habe recht gehabt mit der Behauptung, dass auf der Liste »die einzelne Wirkung verfolgt wird«. – Ich bin mit einem andern bei Renaud de Jouvenel zum Essen eingeladen. Stunden vergehn, und es wird nicht gegessen; schliesslich stellt sich heraus, dass Jouvenels verreisen müssen und dass überhaupt nicht gegessen werden wird. Sie bitten uns, zumal es sehr spät geworden ist, in einem Restaurant in der Nähe zu essen (wo sie selbst essen werden, ob sie überhaupt essen werden, wird nicht klar), und es möge uns nicht unangenehm sein, mit einem Scheck zu bezahlen – den Renaud gleich ausstellt. Wir brechen auf. Um die ganze Szene ist ein kleines, enges, merkwürdig ungreifbares Getümmel. Draussen bemerke ich, dass ich – im Hause oder an der Gartenpforte – meinen Spazierstock vergessen habe; und zwar ist es keiner der wertvollen, sondern das Rohr, das ich im Lager trage. Ich bin sehr enerviert; ich muss den Stock unbedingt haben und mitnehmen. – Ich will in einer wichtigen Angelegenheit in Philippe Lamours Büro; ich fahre aber zu weit, bis St.-Joseph, und das Büro liegt drüben, weit, obwohl ich es sehe. – Ich bin in Italien. Ich sitze mit zwei Leuten an einem kleinen runden Tisch, eng, auf dem Balkon eines Cafés. Sie sind Faschisten, ich muss sehr vorsichtig sein. Ja, ich bin schon in Italien gewesen, anlässlich eines Kongresses, in Verona, nein, nicht in Verona – ich komme nicht gleich auf den Namen Mailand. Ich will ein Zimmer mieten. Es hat gar keine Sonne, es liegt nach Norden. Es hat eigentümlich düstere Holztäfelung. Es hat merkwürdig viel Platz an den sonderbar nackten Wänden, überhaupt ist viel Platz. Ich gebe an – beinahe gebe ich es zu –, dass ich Schriftsteller bin, ich glaube, dass ich eine Weile zwischen den Ausdrücken »Homme de lettres« und »écrivain« geschwankt habe. Auf der Strasse sage ich, ich wisse nun, dass ich heute nacht nicht in den Kanal gestürzt werden würde! Die Vorstellung der glatten Kanalwand und des Gleitens ins Wasser ist schrecklich deutlich. Es werden Meinungen über die Sowjetunion ausgetauscht. Ich muss, unter Faschisten, sehr vorsichtig sein.

88

31/8/41

Ich bin in der Wohnung Onkel Alfreds, in der ein Fest stattfindet oder gleich stattfinden soll. Ich sehe durch Fenster auf die vor dem Hause liegende Bucht der »mer Peyréenne« hinaus; ich habe eine wilde Lust, schwimmen zu gehn, ich sehe auch Köpfe auf dem Wasser, klein neben der niedrigen, grauen Steinmole, weit hinter den Schiffen, man kann also schon schwimmen. Ich muss und will aber auch ins Theater gehn, zu Hedda Gabler, auf den Platz, den Tante Lucy mir zur Verfügung gestellt hat. Ich bin in einem Zimmer eines oberen

Stockwerks und kleide mich an; ich habe einen ärmlichen, verkommnen Anzug an. Auf dem linken unteren Ärmel sind grosse plastisch dicke Flecke, an denen ich vergeblich herumbürste, Flecke von Speisen. So viel ich bürste, sie gehn nicht weg; ich bin angeekelt und sehr bedrückt. Später sehe ich, dass die Hemdmanschetten über die Rockärmel umgeschlagen werden müssen; ich nehme das umständlich vor. Das Hemd ist hässlich gestreift. Dabei spreche ich mit einem im Zimmer herumhantierenden Dienstmädchen über frühere Zeiten; ob sie sich noch des schönen schwarz-roten Zimmers entsinne, das ich hier im Hause gehabt hätte, im zweiten Stock? [Schwarz-rot war mein Zimmer in der Wohnung am Kurfürstendamm.] Dabei geht es mir durch den Kopf, dass das Zimmer vielleicht gar nicht im zweiten Stock gewesen ist, sondern im vierten, ich weiss es selbst nicht mehr, und werde ganz unsicher, und überhaupt gar nicht in diesem Hause, sondern in dem von Ernst Deutsch. Ich erinnere mich einer Freundin; mit wem war sie doch verheiratet? Einige namhafte Eingeladne sind nicht gekommen, sie werden aufgezählt im Stile der Zeitungsberichte über eine Feier. Onkel kommt ins Zimmer und stellt vor mir ein auf schrägem Gestell befestigtes rosa Oktavblatt ab, auf dem schwarze Punkte und kreisrunde schwarze Flecke unregelmässig verteilt sind; der grösste – doppelerbsengrosse – Fleck verschiebt sich beim Hinstellen; das ist die statistische Aufzeichnung, die einem der Nichtgekommnen hätte dienen sollen; »ein Mann in der Art Rechbergs«, denke ich, wie ich das Blatt ansehe. Ich höre Klavierspiel aus einem grossen Saale herüberkommen, Tante Lucy spielt; erst sei sie meine Stieftante gewesen, sage ich dem Dienstmädchen, und nun sei sie meine Stiefmutter, und dabei so jung, so jung! – und ich denke mit tiefer Rührung an ihre Jugend und Schönheit. Ich müsste längst ins Theater gegangen sein, aber ich bewege mich unter den Gästen. Ein sehr kleiner untersetzter junger Mann bricht durch eine Flügeltür ein, nachdem eine Botschaft gebracht worden war, tanzt zwischen den Leuten herum und jubelt: »Ich bin Baccalaureus! Ich bin Baccalaureus!« »Ein Katalane«, wird gesagt; »Nein, der Grosse, mit dem er spricht, ist Katalane!« wird berichtigt. Ich werde spanisch etwas gefragt: »Tienes ...« [ich weiss nicht mehr was]. Überrascht antworte ich: »Tengo ... [das Frageobjekt]«. Tante Lucy steht neben mir und fragt, warum ich nicht ins Theater gefahren sei, nun sei es zu spät, die Karte werde nur bis vier Uhr fünfzehn aufbewahrt. Ich hätte gedacht, sage ich, dass sie selbst die Karte habe – dabei fällt mir ein, dass sie den Umstand, die Karte sei im Theater, vorher erwähnt hatte. Aber ich würde noch gehn, sage ich, es genüge mir, die zweite Hälfte zu sehn; es sei ja Hedda Gabler, und kein Stück kennte ich so genau. [In der Tat habe ich mich in sehr jungen Jahren mit diesem Stück, dem ersten seiner Art, das ich las, da ich es in der Bibliothek meiner Eltern fand, besonders viel beschäftigt.]

(In derselben Nacht.) Ich bin in einem alten Hause eines grossen Dorfes einlogiert, in einem riesigen fast leeren alten Zimmer. Ich will die Vorhänge schliessen; unter roten Übervorhängen sind an beiden Fenstern dünne weisse Vorhänge aus einem mullartigen Stoffe, die am Anzuge, da ich sie berühre, hangen bleiben, ja festzukleben scheinen. Ich verstehe nicht, wie die unter die Vorhänge verwirrte rote Schnur, die ich endlich finde, sie schliessen kann, da sie mit den Vorhängen nicht verbunden oder das Verbindungsstück abgerissen ist; die Schnur hängt über einer Nadel statt über einem Nagel. Aber ich kann sie in der Tat schliessen. Ich gehe in ein einen halben Stock tiefer gelegnes kleines Zimmer, das ein Bekannter bewohnt, um in einer Schublade Streichhölzer zu nehmen [ich muss mir in Wirklichkeit Streichhölzer beschaffen, und das ist hier schwer]. In diesem Zimmer liegt im Bett ein Fremder, ein junger Mann, der anscheinend inzwischen dort einlogiert worden ist; der sagt, ohne Überzeugung, es sei »nicht erlaubt«, in der Schublade zu suchen. Wieder in meinem Zimmer, will ich die zur Halbtreppe nach dem kleinen Zimmer führende Tür abschliessen; das altertümliche Schloss ist so konstruiert, dass beim Einschnappen des Riegels sich hinter ihm eine längshalbierte, ihn nach aussen, gegen das

Holz, deckende Eisenröhre umdrehn muss; es ist sehr schwer, das zum Klappen zu bringen, das schwere Stück der Tür, das man aufs Schloss zu schieben muss, rollt entweder nicht weit genug oder zu weit. Schliesslich gelingt es mir, die Tür zu schliessen, und ich drehe mich ins Zimmer zurück. Ich übersehe den überaus grossen, fast leeren, eigentlich scheunenartigen Raum; hier kann ich nach Herzenslust auf- und abgehn. Ich denke daran, dass ich Yvette von der Grösse dieses Zimmers erzählen muss; so ein grosses Zimmer möchte ich in Paris haben – oder am Meere, und da erschrecke ich darüber, dass ich mir eigentlich zwei wünsche. Ich sehe vom Fenster aus Willi Münzenberg mit einem Manne im Garten stehn; der andre sagt zu Willi: »Dem Mann meiner Schwester darf ich nicht erlauben«, nämlich dass der »Salon«, eben das scheunenartige grosse Zimmer, das ich bewohne, benutzt wird. Draussen sind Hirten angekommen, die haben wohl Nahrungsmittel mitgebracht. Eine Handlung ist im Gange, die wohl einen politischen Film betrifft. Ich denke weiter über etwas nach, woran ich vorhin im kleinen Zimmer gedacht habe: ich möchte eine Reihe von »Rapid-Dramen« schreiben, kurze starke Handlungen, einige fallen mir ein, ich sehe eine ganz deutlich: Strasse, Haustür, Laterne – Leute, die ein Haus verlassen, die Besucher einer Hure, die zusammentreffen; ich weiss noch andre Handlungen, eine in einem Laden. Ich könnte sehr bald einen ganzen Band solcher kurzer und heftiger Dramen beisammen haben. Sie könnten dort eindringen, wo sonst Literatur nicht hingelangt: in Kabarets, Variétés usw., zwischen die andern Nummern.

89

Der Mann hat zwei Bände gegen die französische Revolution geschrieben. Der zweite Band sieht aus wie eine flache, eirunde, mit beigefarbigem rauhen Stoff überzogne (metallne) Feldflasche.

(In derselben Nacht.) Ich bin in einem Hotel. Ich finde das Pissoir nicht. Ich habe vorhin gesehn, dass Ernst Deutsch durch ein hohes Fenster auf ein Glasdach des unteren Stockes pisste; ich suche das Fenster, denn zwei Fenster – über verschiednen Glasdächern – kommen in Frage, und ich weiss nicht, welches es war. Dann fällt mir ein, dass ein Mädchen in Pagenkleidung ins Zimmer gekommen ist. Sie muss noch da sein. Sie liegt auf einem Sofa, auf dem Rücken, mit gespreizten eng und schwarz behosten Beinen; ein schönes Dreieck unter schlank blühendem Rechteck. Ernst – aber ich bin nun Ernst – hat eine gewaltige Lust, sie anzurühren. Er geht – also ich gehe – zu ihr, mit dem Willen, die Hand in die warme lebende Spitze des Dreiecks zu legen; mit dem Wunsch, nicht die Schwellung des Mannes, sondern die Glätte der Frau zu fühlen. Ernst tut – ich tue – das, wozu er Lust hat. Die feste Schönheit unter der Hand ist ungeheuer. Das Mädchen lächelt und verändert seine Stellung nicht. Dann soll ich zum Film abgeholt werden, oder zur Abreise von Leuten, die nach London fahren wollen. Ich will mich umkleiden und finde im Schrank einen sehr schönen hellgrauen Mantel, aber keine gewaschne Wäsche. Ich werde immer dringender gerufen, von immer weinerlicheren Stimmen. Ich will noch Brot schneiden [Brot, wie wir es hier bekommen]; es zerbröckelt völlig unter dem Messer und in meinen Fingern.

93

6/9/41

Abgelöst von den andern – vergessnen – Ereignissen, in die sie verzahnt war, bleibt die Erinnerung an eine Liebesepisode im Vortragssaal. »Ist sie nicht göttlich?«, heisst es von der Frau. Sie spielt mit mir; überlässt sich meinen Armen, entreisst sich wieder; sie wirft mir in ein kleines Gemach im Saale, das wie eine Aufzugkabine ist, ein Stück von sich (die aber selbst unbeschädigt bleibt), mehr als einen Stiefel, weniger als ein Bein. Ein andres Stück, von Stiefellänge, steht daneben. Ich drücke das erste Stück an meinen Leib, es ist mit

Wäsche bedeckt, pergament- oder guttaperchaähnlicher Wäsche, die sich auf laszive Art öffnet; ich drücke das Glied erregt an mich, ich dringe ein; ich lasse ab davon, ich will der Frau nach. Die ganze Zeit sehe ich durchs Fenster ein dunkel gekleidetes Paar, das vor dem höchsten – sehr, sehr hohen – Stockwerk auf engem Balkon steht und ruhig in die sehr tiefe, sehr schmale, kurz zwischen ziemlich glatten Fassaden laufende Pariser Strasse hinabsieht. Sie stehn dicht beieinander und sprechen nicht. Die Strasse, in die sie blicken, ist dunkel, grau – es könnte die rue Lepic sein, mit ihrer Höhe, aber sie hat den Charakter der rue La Bruyère oder jeder Strasse dieses Viertels – und leer. Eine Weile ist es, als ob sich der Schauplatz meiner Abenteuer um diesen nahen Balkon mit dem dunklen Paare darauf dreht.

96

9/9/41

Wir sind in einem Grenzgasthaus. Es werden Ansichtskarten verkauft. Bestellungen müssen im Kloster gemacht werden. Ich habe eine »Kalte Ente« gemischt und biete, aufstehend, ein Glas Roger Martin du Gard an, der durchs Zimmer kommt. »Behalten Sie es«, sagt er in sehr liebenswürdigem Tone, und geht ins Nebenzimmer, das schon jenseits der Grenze liegt. Ich habe das Gefühl, dass ich ungeschickt war und, statt zu drängen, zu rasch nachgegeben habe, wie immer.

102

17/9/41

Ich will zu einer Demonstration gehn, die, ich glaube an der Kaiser-Wilhelm-Gedächtniskirche, jedenfalls an einem ähnlichen Orte, stattfinden soll. Ich werde aufgehalten durch eine Manifestation, von der nicht klar ist, ob es nicht eine Gegendemonstration ist; jedenfalls ist sie nicht einheitlich. Es ist auch nicht klar [oder es ist mir nicht mehr klar], ob sie in einem geschlossnen Raume oder an einer Strassenkreuzung stattfindet; der Schauplatz hat beide Charaktere, verschmolzen. Ein paar Dutzend Leute stehn in breiter loser Gruppe, alle mit dem Gesicht nach einer Seite gewendet, und bewegen sich, ohne Übermass übrigens, wie Derwische. Ich sehe sie alle, da ich mich, eigentlich nur durch die Gruppe gehend, zurückwende und interessiert stehn bleibe. Ein grosser Mann mit verbundnem Kopfe [Erinnerung vielleicht an den Arzt beim Impfen vorgestern, der einen Kopfverband trug], ein Nationalist, nach dem, was er sagt, tobt gegen einen Araber, der seitlich ein ganzes Stück hinter ihm steht. Ich müsste mich einmischen, ich möchte mich einmischen, und tue es doch nicht. Dennoch ist es, als ich endlich weiter gehe, halb sechs, zu spät, um noch zur Hauptdemonstration zurecht zu kommen. Ich befinde mich plötzlich bei einer jungen Tänzerin und ihrer Mutter. Wir müssen und wollen zusammen ausgehn. Ich habe gar kein Geld; die beiden Frauen scheinen auch keins zu haben, ich hatte gezögert, sie um Fahrkarten zu bitten, nun macht die Mutter eine lange verworrne Auseinandersetzung über ein zu drittelndes Fahrscheinheft. Überhaupt ist die ganze Situation sehr kompliziert; wen werde ich um Geld bitten können? Morgen werde ich auch zu Onkel Martin gehn müssen. Wir gehn weg, auf irgend eine Art muss die mir so schwer verständliche Frage des gedrittelten Fahrscheinhefts eine zunächst wenigstens theoretische Lösung gefunden haben. Wir warten auf einer von dicken Wagen belebten Strasse. Die breite schwere Elektrische, die kommt, und sehr dicht vor uns hält, ist die 77; alles, auch das, ist aber ungewiss. Die Tänzerin läuft um einen runden Platz, einer Pferdedroschke nach, die uns, nach ihrem Willen, zur Elektrischen bringen soll. Die Mutter jammert, wegen der nicht möglichen Ausgabe, und ich will sie zurückhalten; es geht im Kreise herum. Plötzlich sitzen wir in einer sehr geräumigen Trambahn. Werner Richard Heymann und das Hexlein steigen uns gegenüber ein. Aber die Tänzerin neben mir – merke ich das erst jetzt? – ist ja selbst das Hexlein, ganz oder beinahe. Ich müsste sie mit Heymanns bekannt machen, das wäre für beide Teile interessant und vorteilhaft; aber ehe ich das bewerkstelligt, ja ehe ich es beschlossen habe, ist das Hexlein verschwunden – nicht ausgestiegen, sondern richtig verschwunden –, und Werner verschwindet hinterher, um es zu suchen. Ich bin verwirrt und besorgt. Die Tram ist zu einem Restaurationsraum geworden. Darin sind, unter Fremden, zwei Herren und eine Dame, die wohl Freunde von Heymanns und mit ihnen eingestiegen sind. Ich müsste sie vorstellen, will es aber nicht, und kann es auch nicht, weil ich ihre Namen nicht weiss. In dem – durch die gedeckten Tische sehr weiss wirkenden – Raume ist viel Bewegung. Der eine der beiden Fremden setzt vor die Tänzerin ein grosses Stielglas voll einer schwarzen Flüssigkeit mit beigefarbigem Schaume; das solle sie trinken, das sei sehr gut, das seien »ungegessne Nüsse«. Ich sehe, dass ich Asche – Tabakasche – auf den Knien habe [im Laufe des Tages habe ich gelesen, dass pennsylvanische Bergleute den Kohlenstaub von ihren Knien nicht entfernen, weil die Kruste die Knie weniger schmerzempfindlich beim Kriechen macht]. Der andre Fremde, Herr von Halm [ich weiss seinen Namen also doch!] legt mir einen Zettel hin, auf dem steht, dass er Lenins Gedichte habe. Man bemerkt meine Besorgtheit; ich sage, dass ich doch bei Freunden sei, und »unter Freunden darf man doch schweigen«; und da ich es sage, schäme ich mich, denn sie sind mir ja eigentlich fremd, der höflichen Übertreibung, der Lüge.

104

19/9/41

Am Montag, Mittwoch und Donnerstag (oder am Montag, Dienstag und Mittwoch) erfolgt die Verteidigung des jeweiligen Freitags. Manche finden sie komisch; es ist erstaunlich, dass es noch nicht lange her ist, dass ich selbst sie auch komisch gefunden hätte.

(In derselben Nacht.) Ich höre Pfeifen. Ich fahre auf. Ich werde gefragt, ob ich denn noch geschlafen hätte; ich sage nein, ich hätte über etwas nachgedacht; ich hatte flach, mit ausgestreckten Beinen, in einer Zimmer- oder Fensterecke gesessen. Ich verabschiede mich eilig; die Leute im Zimmer scheinen alle weiss zu sein, sind unbestimmt und fadenscheinig. Einige stehn um ein Kinderbett; ich winke mit der Hand, flüchtig zwischen sie in das Bett hinein. Als ich hinaustrete, regnet es nicht mehr, das sehe ich und das wird mir gesagt, der körnige steinige Sand auf dem Wege ist sogar ganz trokken, es ist gleich, ob ich Hut oder Mütze nehme. Ich gehe eilig, ich laufe. Ich werde zu spät kommen. Ich könnte sagen, dass mir unterwegs übel geworden ist; aber da müsste ich die Stelle am Wege zeigen können, an der ich mich übergeben habe, wieder fällt mir der körnige steinige Sand unter meinen Füssen auf, ich sehe ihn an mit dem zwingenden Gedanken an das Ausgebrochne. Ich komme über einen Platz, an dem Parkstrassen langgehn und von dem Parkstrassen ausgehn. Die Umgebung bleibt undeutlich. Ich kreuze und überhole viele Leute. Eine Gruppe kommt mir entgegen, ein Kind zieht eine Schnur – eine Schnur, nicht ein Seil, trotzdem muss ich an Tauziehn denken –, die acht oder zehn Leute rechts und links angefasst halten, so dass das Kind sie zieht. Ein Offizier läuft hinter mir vorbei und ruft: »Lassen Sie sie doch hier antreten!« Ich laufe, ich werde zu spät kommen. Während ich laufe, formen sich Verse in meinem Kopfe: »Welche Pein im Winter Soldat sein zu müssen; es liegt ein kalter Schein über den Wegen und Flüssen«. [Das Pfeifen zum Rassemblement war in meinen noch festen Schlaf gedrungen.]

106

24/9/41

Der Traum spielt in einem Lager, aber einem völlig veränderten Lager; alles hat eine grünliche bleiche Farbe, alles ist wie in einem Unterwassermilieu. – Bruno Frei und Gerhart Eisler kommen zu mir und legen sich sofort auf oder in das Bett. Ich finde sie schlecht aussehend und sage es ihnen; »es kann«, sage ich, »drei Gründe haben: entweder seid Ihr deprimiert, oder betrunken, oder sehr müde«. Sie liegen schwer und bewegungslos, aber behaglich zwischen den Kissen. Ein sehr grosser Vorhang, der eine Wand ersetzt, geht hoch und hängt oben zwischen den Balken, zu einer Draperie zusammengerafft. Eine Frau mittleren Alters kommt in den grossen Nebenraum von der Treppe zurück und sagt: »Was ich den Alten übelnehme, ist, dass sie keinen Schnaps haben«. – Ein grosser Mann in prächtiger Uniform geht vorbei, ein Mann ohne Kopf; die Uniform ist kragenlos und liegt prall am Halsstumpf auf. Wenn er grüsst, legt er die Hand an den Uniformrand, an den Halsstumpf. – Ich gehe auf einem Feldwege dicht neben einem riesengrossen – er ist noch viel grösser als, vorher oder nachher, der kopflose Mann – ziemlich dünnen und klapprigen Manne. Er ist wachsbleich; auf der rechten Backe (wieso sehe ich das, da ich links von ihm gehe? Vielleicht bei einer Wendung, oder bei einer Drehung des Kopfes) hat er eine Warze. Er stöhnt sehr, wie ein Kranker [mein Nachbar pflegt nachts auf demonstrative Art und in demonstrativer Absicht zu stöhnen]; ich sehe ihn verstohlen von oben bis unten an und denke: es ist gut, dass ich nicht so gross bin; ich bin gesund; es ist gesund, nicht so gross zu sein wie der, da liegen die Organe näher beieinander. – Ich bin mit Bruno Meisels auf der hinteren Plattform einer Trambahn; wir sind allein; wir sprechen. Bruno sitzt auf einem hockerartigen Feldstuhl. Ich stosse spielend mit dem rechten Fusse zwischen Brunos Beine, an diesen Stuhl; der Stuhl bricht zusammen, Bruno fällt rücklings von der Plattfom auf die Strasse [etwas Ähnliches ist mir vor Jahren in Berlin zugestossen]. Er rafft sich auf, es ist ihm nichts geschehn, er rafft auch den Hocker auf und springt wieder auf die Plattform. Obwohl ich toderschrocken bin, muss ich über die Szene lachen. Bruno macht mir keine Vorwürfe. Wir sprechen über den Vorfall. Ich sehe den Stuhl in seinen Händen, er ist aus Stoff und besteht aus sehr vielen, nur vorn befestigten, also nach hinten, das heisst auf den Ausgang zu, flatternden Falten. »Da sie nach hinten gehn, musste er natürlich fallen«, denke ich. Undeutlich kommt in andern Szenen des Traumes

Lise Meisels vor. – Ich frage einen auf einem Wagen neben mir liegenden Mann nach Hertwig [ich weiss nicht, ob ich den richtigen Namen brauche; jedenfalls ist Hertwig gemeint]. Er sei »da oben«, wird geantwortet, d. h. am Meere [von wo ich tatsächlich vor Jahren die letzten Nachrichten von ihm bekommen habe]. Hertwig war »der Erste«, durch ihn habe ich »die andern« alle kennengelernt [abends hatte ich an Ernst Fuhrmann gedacht, den ich tatsächlich durch Hertwig kennen gelernt habe; die Erinnerung an Hertwig wurde dabei durch keinen bewussten Gedanken angerührt.] – Ich reiche in einen Fahrstuhl in einem hell erleuchteten Vestibül, ehe ich im Nebenfahrstuhl hinauffahre, Geldscheine und Bons – braune Kartons ähnlich dem Karton, den ich abends in der Kantine für eine Flasche zurückgab. Ich bin dem in der Fahrstuhl-kabine stehnden Manne, dem ich sie gebe, dreihundertachtzig Franken schuldig. Ich rechne, und bitte ihn, jetzt mit dreihundert Franken zufrieden zu sein, ich brauchte den Rest; ich würde ihm diesen Rest bald – wohl nächsten Monat – geben.

107

25/9/41

Bei Hinrichtungen werden Kreuz und Streifen angebracht. [Im Erwachen, als ich den Traum festzuhalten suchte, drängte sich hartnäckig das Wort »Faden« an die Stelle des Wortes »Streifen«; ich wusste und weiss aber genau, dass es sich um Streifen handelte.] Sie werden weggenommen, denn sie könnten, wenn sie sich entfalten, für Flaggen gehalten werden.

117

8/10/41

Ich werde weggebracht. Es gibt einen Aufenthalt. Ich sage zu Glancer: »Es ist vielleicht schmerzlich für die Juden, aber ich muss es sagen: die Judenfrage ist eine Frage zweiter Ordnung.« – [Ähnliche Sätze, freilich ohne die Entschuldigung, habe ich oft gesagt.] – »Im richtigen System kann es keinen

Antisemitismus mehr geben.« Glancer wiegt den Kopf: »In England und Amerika …« Ich unterbreche ihn, ohne die Argumente, die ich für die Situation in England und Amerika habe, zu formulieren: »Ich meine natürlich, wenn das richtige System überall eingeführt ist«. »Wo wohnen eigentlich Deine Freunde?« werde ich dann gefragt [ich weiss nicht mehr, ob noch von Glancer]; und es wird, wie eine Warnung hinzugefügt: »Wir haben sie gehört, als sie das Fest des…« [hier fehlt ein Wort] »der Helme feierten«.

126

2/11/41

Ein grosser Teil des Traums spielt am Zaun zwischen den Quartieren B und C. In C findet eine Auseinandersetzung statt, eine Verhandlung, zu der von unserm Quartier Erich Lehmann, in die Sache verwickelt, hinübergerufen wird. Er geht mit seinen lautlos huschenden Schritten hinüber. [Tags hatte es Auseinandersetzungen mit Lehmann gegeben.] In C steht nahe am Zaun ein grosser Mann, der sichtlich blind ist. Ich gehe einige Schritte in unser Quartier zurück, und sehe auf einer Mauer einen stämmigen jungen Mann mit grossen hellen grauen Augen sitzen, der blind ist. In C läuft eine Krankenschwester über den Weg, und stürzt. Ich will hinüber, ihr aufhelfen, aber ich kann nicht einmal versuchen, über den Stacheldraht zu kommen (der vorher Lehmann nicht behindert hat). Sie hatte einen ziemlich grossen hölzernen Käfig in der rechten Hand gehalten, in dem ein affenähnliches sehr bewegliches braunes Säugetier mit grossen Ohren gesessen hatte; der Käfig ist bei ihrem Sturz zerbrochen. Sie ruft, noch ehe sie sich aufraffen kann, man solle den Käfig retten, »die Schabe könne frei werden«. Ich habe – ohne hinüberzulaufen, und der Stacheldraht war nicht mehr da oder hinderte mich nicht mehr – den Käfig in der Hand und stopfe eilig Brot hinein, stopfe ihn mit Brot zu über dem nicht mehr erkennbaren Tiere. Das Brot tut mir gleich leid, ich kann es aber nicht mehr herausnehmen; ich stopfe Erde hinterher. In der Erde sind schokoladenartige runde Knollen: Morcheln; die klaube ich wieder heraus und lege sie in ein Gefäss. Auf dem Platze hatte vor offnen Koffern ein Stoss meiner Bücher gelegen; vorher schon war Sand darauf geschüttet worden, jetzt sehe ich Grasstücke darüber. Ich schreie zornig: »Wer ist der Esel, der zweimal meine Bücher zugedeckt hat?«

127

12/11/41

Ich bin mit Cassou zusammen, und mit einer Frau, die im Traum seine Frau ist [aber nichts mit seiner wirklichen Frau zu tun hat]. Wir sind im Schlafzimmer; das ganze nicht kleine Zimmer wird von dem Bette ausgefüllt. Die Frau – ein mittelgrosses, gelblich blasses, ziemlich hübsches Geschöpf mit schwarzen Haaren und einem kleinen Hautfehler oder einer kleinen Narbe unten auf der rechten Backe – kommt zu mir, der ich links von der Bettmitte liege, von links. Sie nötigt mich zu Liebkosungen, die ich ihr gern gebe. Ihr bewegliches Gesicht spielt sehr. Sie sagt, über meiner linken Schulter halb aufgerichtet – sie trägt ein dünnes kurzes Hemd – sie sagt: »Schlage mich!« Ich wende ein, dass man das hören würde. Da schlägt Cassou, der ganz rechts im Bette liegt, sich mehrmals auf die Schenkel, dass es laut schallt. Später sind wir in einem Café; es wird Sekt geschenkt, ich habe einen Kaffee bestellt, habe aber keine Zeit, ihn zu trinken; ich lege auf den kleinen runden Tisch einen Zehn- und einen Fünffrankenschein, um vier Franken zu bezahlen [oder vier Franken Rest zu bekommen, ich weiss nicht mehr]; ich suche die Scheine mühsam im Portemonnaie und rechne umständlich, das Herausgeben der Münze macht Schwierigkeiten [abends hatten wir nicht einwechseln können und ich hatte mich beim Bezahlen verrechnet]. Ich breche auf, oder es ist der allgemeine Aufbruch; Cassou ruft mir eine Frage herüber, ob ich etwas publizieren will oder werde. Seine Frau dreht sich brüsk um und ruft: »Darüber müsste Cassou mit Doll« [so heisst

der, mit dem ich einen Auftritt bekommen habe] »sprechen!«
Ich bleibe noch in dem Café und gehe herum; ein Mädchen –
verschieden von der Frau – geht mir nach und will bei mir
bleiben, sogar zum Klosett stösst sie die Tür ein. Sie fragt, ob
ich sie zu mir mitnehmen wolle, in meine Wohnung. Ich antworte, dass ich woanders essen müsse. Sie geht immer hinter
mir her. Im Hofe kommt ein turbulenter braunschwarzer
junger Hund angelaufen. Ein Star landet auf dem Boden des
Hofes. Der junge Hund mit seinem weichen erstaunten
Kopfe saust auf ihn los, der Vogel stelzt – auf naturwidrig hohen Füssen –, wir wollen uns zwischen die Tiere stürzen, hinter dem Star steht ein grosser Rabe, den hat der Hund schon
gefasst und schüttelt ihn. Der Rabe wird hochgeschleudert,
aber es ist, wie wir nun sehn, gar kein Tier, sondern ein
schwarzer Petroleumkanister. – Zeitungen werden verteilt
und gelesen. Die andern reisen in die Provinz zurück. Petro-
leumfackeln werden entzündet.

129

20/11/41

Ich bin in Spanien, in einer sonderbaren Wohnung. Ich habe
viele Schwierigkeiten mit den Vermietern. Ich gehe eine
Strasse lang, ein Restaurant zu suchen. Ich sehe eins, mit zwei
blanken Scheiben. Es ist so voll, dass die Leute bis an diese
Schaufensterscheiben sitzen. Eine dicke dunkle Person sitzt
in der Ecke des linken Schaufensters dicht neben der mittleren Glastür, sie bewegt sich heftig; aber bei näherem Zusehn
ist es eine Wachsfigur, die nur den Arm zur Tür ausgestreckt
hat und in blassen Wachshänden mit kurzen Nägeln die Spei-
senkarte hält. Das Restaurant ist zu voll. Nebenan in der halbdunklen Strasse scheint noch eins zu sein; nein, es ist ein
Charcuterieladen. Viele grosse dicke Würste hängen im
Schaufenster. Ich sehe sie erstaunt an und denke: Man hat
doch gesagt, dass in Spanien grosser Mangel herrsche! Ich
gehe über einen grossen Platz. Krieg ist ausgebrochen, überall
ist Lärm und gehn Patrouillen. Ein kleines Flugzeug aus wei-

ssem Zelluloid senkt sich nieder und drückt, schräg von oben, zwei runde Puffer gegen meine Brust. Der Mann, der darin sitzt (und auf Patrouille ist), ein schöner junger Mensch, der selbst in weisses Zelluloid gekleidet ist, sieht mich lange an, schweigend, und lenkt schweigend das Flugzeug wieder hoch. Ich denke: Wissen die denn nicht, dass in diesem Kriege wir (das heisst: Leute einer bestimmten Meinung, zugleich aber wohl auch: die Internierten) auf ihrer Seite stehn? Grosse hohe Kandelaber auf dem Platze brennen sehr hell.

130

23/11/41

Im engen Gange eines gängereichen und winkligen Hauses stehn und gehn viele Leute. Einer, ein spanischer Maler, schlüpft – auf Grund der vorangehnden, vergessnen Handlung – in ein Brettergemach. Es wird von aussen verschlossen. Er will es, wohl damit andre nachkommen können, von innen öffnen; er versucht, die aus dem Schloss heraustehnde Schlüsselspitze nach rechts umzudrehn. Er wird hier allein bombardiert werden, er allein. Er fällt auf die Knie – aber sehe ich es, neben ihm, oder bin ich nicht selbst dieser spanische Maler? – und sagt in tiefster Erschütterung: »Mein Gott, ich habe gesagt, was ich nicht sagen durfte!« [Der Maler, also von einem bestimmten Punkte ab ich selbst, kann mit Carlos identisch oder doch von seiner Erscheinung bestimmt worden sein, und das Brettergemach von dem Raum, der ihm hier als Atelier dient.]

134

4/12/41

Ich gehe in einem fremden Hause aufs Klosett. Die Tür sitzt in der Wand in halber Manneshöhe, ich muss die Hände auf die Schwelle stützen und mich hinaufschwingen. Innen will ich vor das offne Fenster einen mit Zeitungen überklebten Karton halten, die Zeitungen sind zerfetzt und blähen sich vom Karton ab, der ist eingerissen und biegt sich in meiner Hand immer wieder vom Fenster ab. Ich sehe durch das Fenster. Im Vorgarten einer einfachen Villa sehe ich zwei Knaben, der eine besprengt mit einem Schlauch die Blumenbeete, der andre wendet sich seiner eben heimkehrenden Mutter zu mit einem so starken Ausdruck von reiner Freude auf dem kräftigen und vollen schönen Gesicht, dass ich glaube, ich werde ihn nie vergessen. Ich denke, dass vor allen Häusern in der Welt Vorgärten sein müssten, und dass man die Welt so einrichten können müsste.

137

10/12/41

Nichts ist erinnerlich – ausser der Tatsache, dass ich von dem Notizblatt geträumt habe, auf das ich mir beim jeweiligen Erwachen Träume in Stichworten notiere. Das Papierblatt ist mit einer Klammer auf einem Kartonblatt befestigt. Im Traum waren es – in Wirklichkeit ist das nur sehr selten vorgekommen – mehrere Blätter; sie glitten und fielen aus der Klammer heraus, jedenfalls machten sie Schwierigkeiten.

[Bemerkung.] Die Träume dieser Tage sind besonders bunt, inhaltreich und bewegt. Es gelingt nur ausnahmsweise, sie festzuhalten. Jedesmal beim Erwachen habe ich bis zur physischen Spannung das Gefühl, dass sie, Figuren und Ereignisse, hinter einer ganz dünnen Wand stehn, und dass es nicht gelingt, diese Wand zu zerreissen.

[Bemerkung.] Seit einigen Wochen behalte ich weniger Träume als früher. Das schien mit dem Einsetzen einer bestimmten Produktion zusammenzufallen – wenn nicht zusammenzuhängen. Deutlicher aber wurde mir, dass die grössere Schwierigkeit begann etwa gleichzeitig mit der Übersiedlung in eine andre Baracke: in der die technischen Schwierigkeiten grösser sind (um so mehr als die Kälte einsetzte), die Routine geringer ist.

141

21/12/41

Ich bin auf der Strasse, in den Strassen, mit vielen Leuten, im grossen Getümmel einer Staats-, einer Gedenk- oder Siegesfeier. Ich bin mit grossen Gestalten in schwarzen Uniformen zusammen, das sind »Die Adjutanten«, hohe Funktionäre. Es soll eine Rede gehalten werden; wir sind gebeten worden, falls geklatscht wird, »nach oben« zu klatschen, auf die kleine Bühne hin, auf der persönlich oder im Bilde der eigentliche Inspirator der Rede sein würde. Als die Rede beendet ist, wird geklatscht, und ein Mann auf der Bühne macht einen bittenden Wink, um den Beifall hinaufzulenken. Wir stehn mitten auf der Strasse, auf Strassenbahnschienen, übrigens im Schmutze; ich stosse mit dem Stiefel gegen die Schienen, das macht grossen Lärm und lenkt die Aufmerksamkeit der den Verkehr regelnden Polizisten auf uns. Ich gehe von den Schienen weg. Später bin ich in einem kleinen Gartenstück, einer Art winziger »Laube«. Ich sehe in einem Gefäss, das zwischen einer Wiege und einem Troge die Mitte hält, ein Kind und ein Ferkel liegen, neben unerkennbaren Gestalten, in brauner Brühe oder unter braunen Tüchern, und um die Wette – übrigens leise – jauchzen und grunzen. Ich will Leute herbeiholen und steige durch den Schmutz des Gartenpfades, steige über ein Gerippe, glaube ein Stück eines Menschengerippes zu erkennen, sehe aber, als ich mich noch einmal umdrehe, dass es Stücke eines geschlachteten Pferdes sind [das letzte Fleisch, das ich im Lager sah, war ein grosses Stück Pferdefleisch]; das, worüber ich weggestiegen bin, ist ein Bein, und auch die unerkennbaren Formen in dem Wiegentroge sind Stücke Pferdefleisch.

142

22/12/41

Von der Strasse aus, sind im Vorgarten des Hauses, gar nicht so weit vom Gitter, Lehnstühle zu sehn, deren Rücken aus Porträts bestehn, ja aus beinahe lebensgrossen Porträts; es können Gobelins oder Ölbilder sein, das ist nicht sicher, eher sind es Ölbilder, sehr genaue Ölbilder sogar. Und obwohl die Sessel in einer Reihe stehn, wirkt die Reihe der Lehnen wie eine sorgfältig komponierte Gruppe; und die Figuren sind sehr deutlich, sehr bemerklich, ja aufdringlich. Die Bilder stehn wohl zum Verkauf; ich sehe sie lange an, ich möchte sie wohl kaufen, vielleicht um des einen willen, das ich herauszufinden suche. – Ich gehe, als die Parade schon lange vorbei ist, am Gittertor des Kasernenhofes aussen vorbei, zwischen dem Gittertor und dem ihm gegenüberliegenden Hügelchen hindurch. Dabei fällt mir auf, dass der verwitterte Säulenrumpf auf dem Hügelchen, auf den bei der Feier der Helm gelegt wird, nicht der Mittellinie des Torwegs gegenüber liegt, sondern leicht nach rechts – vom Tore aus – verrückt. Und dabei wird doch, das fällt mir ein, als Regel verkündet »la bourre <?> doit être droite«, und ich stelle mir Trotz, Willen und Unbeweglichkeit des Postens vor, der neben dem Säulenstumpf unbeweglich stehn muss, eine Viertelstunde lang. – Ich biege um die Ecke und entfalte dabei die Zeitung; es ist das »Œuvre«; es ist so voll von Artikeln und Neuigkeiten, dass die Rubrik »Hors-d'œuvre« verdrängt, dass das gewohnte Satzbild der Zeitung verschoben und verzogen ist. – Ich trete in ein Bistro, wohl um zu telephonieren. Draussen regnet es. Ich muss pissen; das Pissoir befindet sich hinter einem Spalt, durch den man, das bestätigt mir ein an sich sogar überflüssiger Versuch, sich nicht durchschieben kann bis aufs Klosett; man kann eben hindurchpissen. Ich will telephonieren an die Frau, die das Original zur jüngsten (oder zur allein jungen) unter den Figuren der Sessellehnen-Familienporträts ist. Aber sie ist ja, fällt mir ein, aus der »rue Farini« verzogen, wie soll ich sie wiederfinden? Und ich sehe die Strasse – französische Bürgerhäuser des achtzehnten Jahrhunderts [weniger provinzial als die, die wir vorgestern beim Aussteigen sahn] – deutlich vor mir. – In einem Kabinett werden von mir und einem andern Papiere gefaltet und auf fünf Plätze an einem runden Tische gelegt; es wird alles wie zu einer Sitzung vorbereitet: aber es handelt sich darum, dass

Napoleon, der nicht weit ist, auf diese Bogen einen Liebes-
brief – auf alle den einen oder denselben – schreiben wird. Ich
bezeichne auf einem der Papiere eine beim Falten entstandne
Knickecke mit einem winzigen Kreuz, weil dorthin eine bestimmte Briefstelle kommen muss, und wende mich wieder
Akten zu, die rechts vom runden Tisch auf einem Tischchen
liegen. – Ich nehme ein Paket von einem Regal und wickle
Brot aus. Dieses Brot, obwohl seit Tagen aufgespart, ist er-
staunlicher- und glücklicherweise an keiner Stelle angeschim-
melt. [Bewegung und Gefühl entsprechen einem an den drei
letzten Abenden wiederholten Vorgange.] [Da die Notizen
nicht nachts gemacht werden können, sondern erst beim ersten Tageslicht, weiss ich nicht mehr, welche Stücke durch
Erwachen getrennt waren.]

145

25/12/41

Ich habe in einem jungen Freunde einen hochbegabten Maler
entdeckt. Ich habe mit andern ihm eine Ausstellung gemacht, eine mit Bildern, eine mit Zeichnungen, die dritte – ja
womit? Mit Radierungen? Es ist nicht deutlich; und es besteht im Grunde auch kein Unterschied zwischen den drei
Ausstellungen. Ich führe den Maler, einem noch schülerhaf-
ten ganz jungen Manne [gewiss beruht dieser Traum auf
einer Erinnerung an Carlos, obwohl der Maler des Traums
keine Ähnlichkeit mit Carlos hat], in seine Ausstellung; ich
sehe im Eintreten die vielen rund herum gestellten Gemälde,
rotgelbe und – besonders – rote Töne auf hartem sehr starkem und wenig nüanciertem silbergrauem oder eher blei-
grauem Grunde, Bilder in der Art Rouaults, mit Entzücken
wieder und beginne sie zu besprechen. Die Anomalie, dass
ich die Ausstellung seiner Bilder, die ihn doch andern darstellen und bekannt machen soll, dem Maler selbst zeige und
erkläre, bleibt für den Traum ohne Bedeutung. – Ich stehe
auf dem Balkon eines kleinen Hauses, nachts, und sehe in die
Gärten ähnlicher kleiner Häuser. Menschen, die bei mir ge-

wesen waren, sind grade weggegangen. Ich sehe andre Menschen – oder sind es die, die mich verlassen haben? – in die Gärten der kolonieartig einander nahe liegenden kleinen Häuser, die von einer gemeinsamen Mauer umschlossen werden und nur durch niedrige Hecken von den gemeinsamen Wegen getrennt werden, eintreten. Einer tritt in gravitätischer Haltung in den Garten des Nachbarhauses, als habe er dort zu tun, als sei er dort zuhause. Der Inhaber der Wohnung, ein Mann von der Grösse und Stattlichkeit des Eindringlings, tritt aus der engen Haustür und tritt dem Eindringling an einer Gartenwegbiegung entgegen; der Eindringling, in absichtlich übertriebner theatralischer Pose, geht an ihm vorbei als ob es ihn nicht gäbe. Ein andrer ist in den hinteren Teil des kleinen Gartens eingedrungen, und lässt sich dort umfallen. Er wird aufgehoben, sein Gesicht wird freigedeckt, Hut und Schal sind abgefallen oder werden abgehoben: er trägt einen mit Kohle bezeichneten Kürbis statt des Gesichts. Ähnlich groteske, skurrile, nicht ganz ohne Schauerlichkeit barocke, aber doch eben absichtlich, komödiantisch, gemachte Szenen, die ich aber nicht so deutlich sehn kann, spielen sich auf andern Plätzen des Terrains ab. Am nächsten Morgen bin ich in einem Büro bei Jean Braun. Ich erzähle ihm diese Szenen. Ich glaube, dass irregeleitete Filmleute sie veranlasst und ausgeführt haben, und sage, es möge ja hingehn, Leute ohne Filmerfahrung an solche Stellen zu setzen, aber in diesem Falle hätten diese Leute doch Millionen gekostet! Dann frage ich, ob es bei der Abreise nach Südamerika bleibe. – An einer Stelle des Traums werden Möbel, die auf einen kleinen Wagen aufgeladen oder von ihm abgeladen werden, mit Begeisterung wiedererkannt.

147

27/12/41

In einer etwa mittelalterlichen Atmosphäre, wohl in einem Lager, das aber den Eindruck macht, unterirdisch zu sein, soll ein Mann für eine Sache gewonnen werden; für den –

wohl durchaus realen – Kampf für diese Sache, der Mann ist wohl bewaffnet. Ich rede in grosser Erregung auf ihn ein, in einer Erregung, die sich selbst steigert, die ich steigre; aber doch wohl wissend, oder im Grunde fühlend, dass es sich um eine Rolle, mindestens um eine nicht direkte, nicht ganz natürliche Situation handelt – aber stärker als von diesem Gefühl wird Wortwahl und Haltung von der Erregung bestimmt. Ich sage: »Da zieh ich mein Schwert (für diese Sache nämlich), da geh ich in Acht und Bann ...« Ich errege mich immer mehr, neben dem Manne an einem Lagerbett stehend; ich fasse einen [vergessnen] mannsgrossen Gegenstand an beim Sprechen, halte ihn im Arm, er ist wie ein Strohsack gestopft.

Ich bin beim Arzt gewesen, bei einem Militärarzt, weil ich auf das Gutachten eines Militärarztes angewiesen bin. Ich berichte zunächst Mutter, wie dann andern, was er gesagt hat: »Was soll ich schon machen«, hat er ziemlich übellaunig, mit der schlechten Laune des behinderten, zum Schludern verurteilten Mediziners gesagt, und mir irgend etwas verordnet; er hat auch eine Art Gutachten aufgeschrieben. – Ich muss mir, über diese oder andre Sachen, Notizen machen. Da ich nichts andres zum Aufschreiben habe, nehme ich eine auf dem Schreibtisch lehnende Platte, die ein Freund geschnitzt oder gestochen hat, und schreibe einzelne Wörter auf die Rückseite. Sie erscheinen in einer schimmernden Schrift zwischen den undeutlichen Figuren. – In der Schranklade des Schreibtischs finde ich Torten und Süssigkeiten, in Schalen und auf silbernen Platten. Ich rufe es andern, unter denen sich Mutter befindet, zu, und ordne die einzelnen Stücke auf den Platten so, wie sie zur Verteilung eingeteilt zusammen- und auseinanderliegen müssen. – Ich gehe einen steilen engen Weg zwischen blühenden Gärten, in denen Leute hantieren, hinunter auf unser Haus zu. Vor dem werde ich von Gästen oder Fremden in Empfang genommen. Eine Frau unter ihnen trägt und zeigt mir an ihrem Finger einen Knochenring. Ich sage, dass ich den schönsten habe, der gemacht worden ist [und meine den, den Hugo mir im Lager geschnitzt hat]. Ich zeige ihn vor und sehe ihn dabei selbst an. Er ist sehr gross. Er besteht aus zwei getrennten Teilen: der obere, kleinere, arabeskenhafte ist wie eine Krone und als Krone über dem andern drehbar; und dieser andre, grössere zeigt im Knauf einen – mehrere Zentimeter grossen! – flachgeschnitzten Christuskopf. Ich sehe erstaunt die drückende, gewaltige, beklemmende Ausdruckslosigkeit dieses gelben Kopfes mit braunem Haar und Bart.

149

29/12/41

Ich bin bei Freunden – es sind Schairers und doch nicht Schairers –, die über Hasenclevers Nach<lass> verfügen. Zu meiner grenzenlosen, pathetischen Überraschung, zu tiefster Erschütterung erfahre ich, dass es diesen Nachlass gibt, und wie gross er ist. Ich halte Dokumente in der Hand, die sich auf Reisen beziehn, Reisen zu Staatsmännern, und andern Reisen. Ich sehe ein Zeitungsblatt mit einer Annonce, aus der sich ergibt, dass Hasenclever mit andern Bekannten – Schairers sind darunter, Gerda und Reinhold haben getrennt gezeichnet, Gerda mit dem Doppelnamen – sich für die Jüdische Telegraphenagentur interessiert hat. Ich halte eine Kassette in der Hand mit zwei kleinen dicken Büchern, »endgültigen Büchern« wird etwa von den Verwaltern gesagt; das eine ist zwischen zwei Holzdeckel gebunden, das andre hat einen hellgrünen Einband. Das eine ist der Ersatz für ein früheres, weniger endgültiges Buch, wird mir gesagt. Ich wünsche dringend, die Bücher zu besitzen, um jeden Preis – von dem einen ist noch ein Exemplar da, wird gesagt, das solle ich haben. Ich sehe die Bücher an und sage: »Ein ganzes unbekanntes öffentliches Leben –«. Eine Frau gibt mir die Bücher und die Auskünfte; es ist nicht Roma; sie hat etwas von Roma. Eine weisshaarige Frau setzt sich zu einem weisshaarigen Paare an einen von tiefen Sesseln umstellten niedrigen runden Tisch, leicht zornig, weil wir die Formen des Gespräches nicht eingehalten haben. Ihr weisses Haar leuchtet wie bei einer Teestunde im stillen Zimmer; aber Gespräch und Gefühl gehn über ihren stumm ablehnenden Zorn hin (– sind Schairers, die ich nicht mehr sehe, in sie verwandelt? Sind es Schairers?). Der ganze Traum hat etwas tief Feierliches und Pathetisches.

150

30/12/41

[Vorgestern abend hat der Wärter, der in den Zellen das Licht löschte, mich übergangen, als er sah dass ich im Bette las, und, als er bei der zweiten Runde ausmachte, gewartet, bis ich die Seite bezeichnet und das Buch weggelegt hatte. Dieses Verhalten hat mir Eindruck gemacht.] Ich baue darauf einen Plan auf generelle Verbesserung auf, den ich in der Halle mit meinen Freunden bespreche. Es liegen nasse dampfende Lappenstücke herum; das sind die Verbesserungen, oder Masse der Verbesserungen.

Ich bin aus dem Lager weggebracht worden und komme im andern Lager an. Es ist wohl ein Abreiselager. Zu meiner grossen Überraschung wird mir ein richtiges, sogar behagliches und komfortables Zimmer angewiesen, mit einem richtigen Bett, einem grossen Bett, gutem Deckenlicht, fliessendem warmem Wasser. Dieses Wasser, das im dicken Strahle läuft, lässt sich nicht abstellen, ich muss es mit einer Kiste abdämmen und in einen Trichter lenken. Der Vorbewohner muss eben abgereist sein; ich finde ausser Speiseresten, auf richtigen Tellern, eine zugedeckte Eierspeise vor, die ich, sehr hungrig, nachher essen will. Im ganzen Hause scheint Abreisestimmung zu herrschen; ich suche vergeblich, ob ich einen Bekannten finde. Mit dem Manne im Nebenzimmer bekomme ich Kontakt, es ist ein Fremder, und ich bekomme nicht viel heraus. Am nächsten Morgen [– der wohl sofort da ist, ohne Schlaf –] gehe ich durch das Haus; ich sehe, wie in einem Hotel, Frauen auf Rohrsesseln sitzen und in Zeitschriften blättern. Ich finde mein Zimmer, das zu ebener Erde liegt, nicht wieder; ich wende mich, etwas geniert, an die Verwalterin, eine grosse trockne ältere Frau; ich glaube, ich sage ihr, ich sei »Nr. 33« [die Nummer meiner Zelle]; sie führt mich über eine schmale kurze Treppe zu »meinem Zimmer«, unwillig sehe ich, dass es nicht das Zimmer der Nacht ist, sondern ein Gartensaal, in dem, auf verschiednen Ebenen, zwei Betten stehn. Das eine ist von einem alten Manne belegt, der hier mit seiner ganzen Familie zu hausen scheint; zwei oder drei Kinder toben zwischen den Möbeln herum: hier werde ich nicht arbeiten können! Obwohl ich das eine Bett belegt finde und also weiss, dass mir das andre bestimmt ist, wende ich mich höflich mit der Frage, ob ich mich dort einrichten kann, an den Alten, der aber keine Notiz von mir nehmen will. Auf irgend eine Art erfahre ich, dass Polgar in diesem »Lager« sein soll; ich finde ihn, erkenne ihn aber kaum wieder, da er einen starken weissen Vollbart trägt [ich muss mir selbst hier den Bart stehn lassen], er ist ganz mit seinem Koffer beschäftigt, und kurz und kalt. Als ich in den Gartensaal zurückkomme, ist er mit einem grossen braunen Segeltuchvorhange geschlossen, ich muss mühsam auf einer Fussbodenerhebung über unten stehnden Möbeln an den Vorhang ranturnen. Der Alte spricht heimlich mit einem eben aufbrechenden Ehepaar; die Frau, mittleren Alters, trägt eine blonde Gretchenfrisur. – Dann bin ich in einem andern Zimmer, in dem ich mich einrichte. Halb hinter dem grossen Schreibtisch steht ein kleinerer Schreibtisch, als stände er für eine Sekretärin da, und ein dritter Tisch mit Toilettengegenständen. Ich stelle die auf den zweiten Schreibtisch um; der Vorbewohner, ein Industrieller, hat einen Haufen weisser Kämme liegen lassen, ein silbernes Herzchen, und Herzen und Mandeln aus Elfenbein, die sich aufknacken lassen und tatsächlich innen in der Elfenbeinschale einen Mandelkern enthalten. Ich weiss nicht, was das ist; ich will diese Gegenstände alle einem grossen Dienstmädchen übergeben, das sie auch, mit dem leicht spitzbübischen Lächeln einer Eingeweihten, annimmt.

Ich komme mit deutschen Freunden, unter denen sich Marcuse und eine berühmte, hoch beliebte Schauspielerin

befinden [ich weiss nicht mehr, wer es ist], in einer italienischen Stadt an. Das Ankommen vollzieht sich so, dass wir
plötzlich auf einem Platze stehn, abends, an dessen andrer
Seite die Fassade von San Bonaventura steht. Sie ist so schön,
dass der Anblick uns Aufschreie erpresst: in tiefe Nischen
sind die gewaltigen Statuen sitzender Apostel eingebettet,
von einer ungeheuerlich ausdrucksreichen Wahrheit, Über-
wahrheit, voll dunkel metallischer Lebensfülle. Die riesigen
Nischen selbst, die an Fensterstatt in der einfachen turm-
losen Fassade stehn, jede von nahezu halber Wandhöhe,
strotzen von Leben. Wir können kaum über die Schönheit
des Anblicks sprechen, so überwältigt sind wir. Ohne es
recht zu wissen, überqueren wir zwischen wandernden Truppen den Platz und betreten die Eingangshalle eines Theaters,
das nur durch eine Bank von San Bonaventura getrennt ist.
Die Schauspielerin und eine andre Frau besuchen die Aufführung oder besuchen Kollegen in den Garderoben; ich
gehe unter den vielen fremden Menschen in der Halle hin
und her und sehe mir bunte Vitrinen an. Plötzlich werde ich
mit meinem Vornamen angerufen, von einem Mann im Militärmantel und mit Monokel. Er erinnert mich an eine Begegnung, in Deutschland oder Frankreich; ich erkenne sein blasses, unregelmässig bebartetes Gesicht erst nicht, dann, im
Gespräch, kommt mir eine vage Erinnerung, als ich seinen
vorspringenden Backenknochen sehe [der Backenknochen
des Nordafrikaners, der gestern zu uns gesellt worden ist,
war mir aufgefallen; der trug auch den Militärmantel wie der
Fremde im Traum], sein Gesicht sei nur, sage ich, im Lager
oder seit dem Lager breiter geworden; ich habe es, lächelnd,
etwas kränklich, breit, blass, pastos und porös, vor mir. Wir
sind schon von Leuten umgeben, die einen engen Kreis, eine
Art Cenakel, zu bilden scheinen, die zusammen ins Theater
gekommen sind und auch über uns und mich Bescheid wissen. Manche gehn von der kleinen lebhaft sprechenden
Gruppe weg, andre kommen hinzu, sie behält ihren intellektuellen Charakter. Ich gehe wieder im Foyer herum, öffne
einen Windfang und gehe weiter [die Räumlichkeit ist der

Halle eines grossen Kinos an der Canebière ähnlich]; irgend etwas an einer in einer Ecke versammelten Männergruppe deutet ein Homosexuellenkonventikel an; nicht weit davon liegt ein Mann auf einem Gestell zwischen den Vitrinen und sieht mich an; wie ich zum zweiten Male in seine Nähe komme, hat er eine Autobrille auf und will rasch aufstehn und zu mir kommen; ich will keine Abenteuer, keine Komplikationen haben und gehe mit unauffälliger Beschleunigung weg. Das Theater ist aus, ich stehe mit den Freunden vor dem Eingang, ich fasse die Hand der sehr reizenden, sehr süssen zierlichen blonden Schauspielerin und spiele zärtlich mit ihr. Wir stehn in einer unbestimmten Erwartung. »Wo ist Marcuse?«, frage ich; »Bei Gerhard«, antwortet die Schauspielerin; Gerhard ist einer von den jungen Männern aus dem Kreise des Mannes, der mich erkannt und angerufen hatte, und ist irgendwo oben im Theatergebäude.

Ich bin im Büro Bergerys, das aus einem Parterrezimmer besteht. Ländlich gekleidete Leute kommen und gehn, an den Wänden hängen Karten und Plakate. Bergery sitzt und schreibt, ohne aufzusehn. Es werden Protokolle und Dokumente, die sich auf Auslandsreisen beziehn, ausgeführt. Mitten in der Verhandlung fällt mir ein, dass Bergery nicht mehr Anwalt ist, sondern Botschafter, und dass dieses armselige Zimmerchen schon Ausland ist. Ob die, die über die Schwelle gehn, auch dran denken, dass sie eine Landesgrenze überschreiten?, überlege ich. Ich habe mir die Pfeife oder Zigarre wieder angezündet; ein Angestellter steht auf und bringt mir eine Untertasse voll Wasser; ich glaube, es sei zum Spülen der Fingerspitzen bestimmt, und begreife erst nach einer Weile, dass ich das brennende Streichholz hätte hineinwerfen sollen.

Kaethe Wurm und andre stehn an der Haltestelle der Überlandautobusse. Schon zum zweiten Male fahren die grossen dunklen eleganten Wagen vor, in kurzem glattem Bogen dicht ans Trottoir. Ich dränge in Kaethe und die andern – auch Fritz ist wohl dabei – doch ins Büro zurückzukommen, die Sache werde grade zu Ende verhandelt [es ist wohl Bergerys Büro aus dem vorigen Traumstück gemeint, und es dreht sich wohl um eine Reise nach Italien oder die Ausreise aus Italien]. Sie drängen aber alle nach den Autobussen, laut fragend, ob man auf dem Verdeck sitzen solle. Ich ginge auch lieber aufs Verdeck, aber die Wagen haben ein gewölbtes Dach, ich steige in den ersten Autobus, die andern in den zweiten.

151

31/12/41

In einem Hotel in Marseille will ich, auf dem Papier des Hotels, an jemand in einer nahen Stadt einen Auftrag in einer literarischen Angelegenheit schreiben. Auf einem riesigen Tisch vor mir ist ein Block von Tausenden von Seiten gelegt, die mit einer Kopiermaschine verbunden sind. Das Blatt, auf dem ich schreiben wollte, ist nicht gut, ich will den Block am andern Ende anfangen; mit rasender Geschwindigkeit blättern sich die Tausende von Seiten um und um, rauschen nach rücklings an meinem Gesicht vorbei, alle sind angefangen und von irgendwelchen Firmen undeutlich bepresst oder beschrieben, jedenfalls unbrauchbar. Ich bin wütend, die Abreise ist nahe, die Zeit drängt. Yvette kommt auf die Estrade, auf der dieser Tisch steht, und wirft mit energischem Ruck die ganze Block-Kopier-Maschine – unbegreiflich eigentlich, so gross und schwer wie die ist – in ein Taxi. Ich steige auch ein, und behalte den kurzen Schlegel, den ich beim Suchen in die Hand genommen hatte. Der Wagen biegt von der gewohnten Hauptstrasse ab; richtig, er fährt direkt zur Joliette – die Erinnerung an die verfehlte Abfahrt durchzuckt mein Gehirn. Zwei Frauen, wohl Lehrerinnen, waren mit uns in das Auto gestiegen, die eine wollte es »oberhalb des Dôme« angehalten haben; die steigt nun aus, ich sehe ihr sündhaftes, anziehendes, überschminktes, gutmütiges Gesicht, sie erinnert mich an Jeanne B.; es gibt zwischen ihr, der andern und dem Chauffeur irgend eine Auseinandersetzung, die Aufenthalt schafft. Mit Yvette bespreche ich, wo Bilder, die nicht in

Willys Hände fallen sollen, aufzuheben sind; einige sollen bis nach London geschickt werden.

Später habe ich einen Streit mit Willy, den zweiten in diesem Traumstück. In einer Aufführung soll Hasenclever einen Auftritt mit Negern haben, und ich habe angeordnet, die Neger sollten hinter der Szene bleiben, es sei wirksamer, wenn Hasenclever sie nicht direkt sähe [ganz flüchtig habe ich heute über Hasenclevers »negroiden Typus« gesprochen]. Willy hat sich diesem Vorschlage widersetzt; jetzt kommt er heraus, dunkler als in Wirklichkeit, massiger, ein wenig rastaquoueremässig, sehr grob in eine Auseinandersetzung hineinschiessend, für die jetzt gar keine Zeit ist; ja, er sei dagegen, und bleibe es, man habe ihm alle Vorschläge abgelehnt, da widersetze er sich auch denen der andern.

152

Ein Mädchen, das vor mir sitzt – gross, hübsch, ziemlich voll –, beschreibt sich, während wir sie betrachten, mit der Begleitung präziser Gesten. Es ist wohl dasselbe Mädchen, das uns erzählt, es habe eine Erfindung gemacht, die es erlaube, Schiffe über Land zu führen [jedenfalls ist die Szene der Erfindung an die Szene des Mädchens gebunden]; ein kleines Schiff ziehe einen Wagen, der mit straffen Tauen vor ein grosses Schiff gespannt sei. Vor dem Strande, ergänze ich, würde das Ziehschiff abgeworfen und böge ab, und der die Bewegung behaltende Wagen ziehe das eigentliche, das grosse Schiff an Land. Die Beschreibung ist nicht beendet worden, vielmehr sieht man, in einem grossen Rahmen, die Erfindung als bewegtes Bild: kleine Dampfer vor Autos, an die ihrerseits grosse Schiffe gehängt sind, diese Züge schiessen mit grosser Geschwindigkeit über die Wasserfläche; aber zwischen ihnen laufen Lastautomobile schnell und ruhig über das Wasser – und wir müssen lachen und sagen, nun sei ja die Erfindung nicht mehr nötig, wenn Automobile schon direkt über See fahren könnten!

4/1/42

In einem Zimmer bereite ich mich zum Ausgehn; aus dem Nebenzimmer ruft mich Siegmund Nielsen an den Lautsprecher, es sei eine Sendung aus Deutschland. Die Lautsprecher sind, ich weiss nicht wie, jedenfalls ohne Kopfhörer, für eine Person eingerichtet. Ich gehe weg. Ich weiss, dass in der Stadt heute deutsche Vorführungen stattfinden sollen. Als ich durch einen dünn bewachsnen Park gehe, sehe ich aus einer Untergrundbahnstation zwei oder drei Männer in feldgrauer Uniform kommen, die sofort, mit irgendwelchen Knütteln in den Händen, hockend und knieend einen Tanz auf engem Raume anfangen, ein groteskes Geschiebe und Gehupfe. An einer ferneren Station scheint etwas Ähnliches zu geschehn. Der Tanz ist kurz, die Leute verschwinden wieder. Auf dem Wege wendet sich mit sehr einladendem Lächeln ein grosser Mann mit blondem Vollbart an mich: »Délicieux, n'est-ce pas?« Ich möchte ihm widersprechen, ich möchte sagen: »Ein Ballet von Kaktusstrünken!«, aber ich möchte keine Geschichten haben, die hiesige Regierung würde mich nicht schützen. (Das sage ich später jemand, mit dem ich über die Vorstellung spreche.) Ich gehe weiter. Ich höre noch einen Lautsprecher auf dem Platze schallend eine deutsche Rede anfangen. Ich gehe aufs Meer zu, durch den dichter werdenden Park. Ich vermeide, aus einem Gefühl der Unheimlichkeit, einen sehr dunklen Weg; ich sage mir dabei, fast traurig, dass ich das früher nicht getan hätte. Es ist mir auch unheimlich, dass ein paar dunkle Gestalten an mir vorbeistreichen. Von einer Wegkreuzung an sehe ich das Meer; es ist tief dunkelblau, strahlend, ganz und gar saphirfarben, ausser an Stellen, an denen sich Wolken spiegeln, es ist sehr schön. An dem den meinen kreuzenden Wege liegen Menschen und geniessen die Nacht. Die meisten Frauen, und es sind hauptsächlich Frauen, haben beigefarbne weite Kleider an; nach zweien, die mir schön scheinen (und von ihrer Familie umgeben sind), möchte ich mich umsehn, aber ich möchte nicht auffallen. Eine andre grosse Frau, an meiner andern Seite, kniet, über etwas Unerkennbares gebückt, so, dass sich das Kleid über ihrem Nacken wie über einem Auswuchs bauscht. Die Leute sprechen von einer Düne, und ich sehe rechts eine grosse helle Düne; ich gehe links zum Strande hinunter, dicht ans Meer. Max Schroeder kommt zu mir und sagt, der Journalist Soundso [ich habe den Namen vergessen] habe gesagt, ich müsse schon um vier Uhr in der Redaktion der Zeitung sein, um »die Karottenfrage« – das heisst die Tatsache, dass wir zu wenig Karotten bekommen – zu besprechen. Ich sträube mich dagegen, wissend, dass ich nachgeben würde, wie ich immer mich gegen eine Belastung zunächst sträube und gewiss nachgebe; Max drängt sehr in mich, ich müsse gehn, die Frage sei wichtig, der Journalist müsse fünf Minuten vor fünf woanders sein (es wird aber undeutlich, ob nicht unsre Besprechung fünf vor fünf sein soll), und ich komme nun erst darauf, dass die Zeitung in Paris gemeint ist; und dass ich ja nur nicht schlafen zu gehn brauche.

(In derselben Nacht.) Ich wache in einer Hütte am Strande auf; ich muss abends viel getrunken haben; es ist gegen ein Uhr; ich bin also nicht um vier Uhr in die Redaktion gegangen, wie soll ich das nun Max Schroeder sagen, und was wird er sagen? Eine Welle schlägt mir bis auf die Brust. Ich stehe auf und ziehe mich an. Mein Gürtel, den ich suchen muss, liegt unter dem Bett; ich suche meinen Schlips, ich finde unter dem Bett einen Lederstreifen, warum soll ich nicht einen ledernen Schlips tragen?, aber wie ich näher zusehe, ist es der lederne Kragen auf einer Jacke von Yvette. Ich hantiere in der Hütte herum und setze mich. Hinter mir bewegt sich etwas unter einem Tuche; es ist ein Hund, ich streichle ihn, er steht, ein mittelgrosses kurzhaariges braunes Tier, gelangweilt auf, umgeht mich und legt sich vor die Hütte. Kinderzüge kommen über den Strand und biegen in den Pfad, der links an der Hütte langführt. Für den zweiten Zug steh ich auf und gehe an das Fenster, das auf den Pfad hinausführt. Es sind ganz kleine Kinder, die ein Kriegslied singen, und

wild mit Holzschwertern fuchteln, in die Luft und gegeneinander. »Die werden auch in den neuen Krieg gehetzt, auch
die schon«, sage ich zu jemand, der in die Hütte gekommen
ist. Eine Nachbarin kommt vorbei und sagt durchs Fenster:
»Macht in der nächsten Woche abends früh das Licht aus.
Am besten Ihr macht ganz zu. Die [folgt ein vergessnes, der
Dummheit oder der Bosheit beschuldigendes Schimpfwort]
sind imstande, schon nächste Woche anzufangen!« Die
Nachbarin verschwindet vom Fenster. Ich geh in der Hütte
hin und her und sage: »Wenn man nur wissen könnte, gegen
wen die gehn werden!«

155

Ich fahre mit zwei Freunden auf die Grenze zu. Ich liege, im
Zuge, im Bett, neben meinem steht, einen Schritt nur entfernt, das Bett des einen Freundes. Der Zug hält in einem
grossen Bahnhof; ich erkenne, dass es Basel ist, richtig, dort
hinten ist schon die Schweiz, dort sind die Alpen, grüne,
allerdings niedrige Berge. Ich sage freudig: »Wir sind in
Basel. Jetzt kann mich die Sidonie Natal im Arsche lecken!«
Der Freund antwortet: »Das ist nun auch nicht richtig ...«,
und ich erwidre: »Du musst mich richtig verstehn, das heisst
nicht, dass ich mich nicht mehr um sie kümmern, dass ich
vergessen will ...« – Ich gehe, es ist wie in einem Hotel, auf
die Toilette, aber nur mit dem Hemde bekleidet. Das Wasser
schiesst über; als ich zurückkehre, ist mein Hemd so nass,
dass ich es auf mir auswinden muss [wir haben heute gewa-
schen]. Ein Herr, der in dem breiten Gange steht, sieht das
und fragt, ob das Wasser zu stark läuft. »Sie geniert das
nicht«, sagt er, »aber mich ...«
Ich stehe vor dem Bahnhof. Jetzt erst fällt mir eine weitere
Schwierigkeit ein: ich habe ja gar keine Einreiseerlaubnis!
Mutter ruft mir über einen Weg etwas zu [was, habe ich ver-
gessen]. Ich biege um die Ecke des Bahnhofgebäudes, da
kommen meine Verwandten und einige ihrer Freunde. Ich

begrüsse besonders herzlich Änne; beinahe sage ich ihr: es ist also gar nicht wahr, dass Du gestorben bist! Ich küsse sie auf beide Backen, dabei geht es mir durch den Kopf wie eine standesamtliche Aufzeichnung: Änne Sonntag, Tochter des Dompredigers Sonntag, geboren in Bremen ... Grossvater kommt, ganz alt, langsam, aber bartlos; Vater und Mutter [auch sie, trotz des Anrufs vorhin] sind zu meiner Verwunderung nicht dabei. Ich werde mit den Freunden bekannt gemacht; von einem sagt der Vorstellende, es sei »sein Kollege Soundso«, ich verstehe, dass er Anwalt ist, ein kleiner breiter Graukopf mit klugem, ein wenig rohem, listigem Gesicht [er hat eine vage Ähnlichkeit mit Dr. Hirschler in Paris]. Ich sage, dass ich keine Einreiseerlaubnis habe; der Anwalt sagt, ich solle nur mit ihnen mitkommen; er fragt, ob ich das Ausreisevisum hätte; als ich verneine, zieht er eine Grimasse. Ich komme aber, mit den andern, glatt durch die Sperre. Rechts am Bahnsteig hält ein aus drei Michelinen gebildeter Zug [der Zug von Toulouse hierher war so geformt], der gleich abfahren muss. Mir fällt ein, dass ich mir ja von meinen Freunden die Fahrkarte und den Pass geben lassen muss. Ich gehe am Zuge lang und sehe sie nicht. Ich steige eilig vor meinen Verwandten ein und gehe durch den Zug. Der erste Wagen, in dem ich mit den Verwandten reisen werde, ist leer; im zweiten, fast leeren, begegne ich dem Anwalt, der an seinem halbwüchsigen, sich auf dem Platze, weit von ihm, herumlümmelnden Sohne herumerzieht. Ich mache eine nicht freundliche, aber auch nicht grade böse witzige Bemerkung über Erziehung in Eisenbahnwagen, und gehe in den dritten Waggon. Der Zug ist wohl schon in Bewegung. Ich begegne hier, im einzigen Waggon dritter Klasse, meinen Freunden, bei denen grade der Kontrolleur steht. Sie stehn um ihn zwischen den Bänken, auf der Bank daneben steht der kleine Sohn des Freundes, der im Nebenbette gelegen hatte. Der Kontrolleur dreht sich grade von einem der Freunde, den er abgefertigt hat, zum andern, dadurch gelingt es mir, mich an ihm vorbei hinter den Knaben zu spielen. Mit dem beschäftige ich mich, als sei ich schon abgefertigt; »was für ein reizendes Kind«, sage ich, »wie alt bist Du denn?« »Acht Jahre«, antwortet der wie ein Vierjähriger Aussehnde. »Und was für entzückende Photographien«, sage ich meinem Freunde, ein dickes Cellophankuvert mit vielen Serien von kleinen Photographien, immer zwölfmal mindestens dieselbe auf einem Blatt, die alle den Jungen darstellen und übrigens scheusslich sind. Der Kondukteur ist mit dem Freunde fertig, ich glaube schon, der Frage nach den Papieren entronnen zu sein, da ruft er auf: »Leonhard Rudolf!« Wie kommt er auf den Namen, woher weiss er, dass ich im Zuge bin? Ich gebe ihm die beiden Fahrkarten, die mir der Freund inzwischen zugesteckt hat, als ob ich sie meinem Portemonnaie entnehme; eine ist braun, die andre grau, sie sind mit einem weissen Streifen zusammengeklebt. Er dreht sie in der Hand. »Sie haben auch keine Einladung!« sagt er. »Meine Antwort sitzt vorn im ersten Wagen«, antworte ich, »das ist meine ganze Familie!«

156

6/1/42

Ich sitze auf einer Bank, zwar noch in einem geschlossnen oder doch halb geschlossnen Raume, aber doch an der Strasse. Freunde und Freundinnen, die vorbeikommen, Emigranten alle, sprechen mich an. Eine Freundin setzt sich zu mir auf die Bank [es kann Lola gewesen sein, jedenfalls hatte sie Ähnlichkeit mit Lola], sie spricht und erzählt lange. Sie gibt mir ein schön gearbeitetes metallnes Kästchen. Ich öffne es, eine Puderdose und ein ähnliches Stück, dessen Bestimmung ich nicht erkenne, ebenfalls schön gearbeitet und aus einem edel wirkenden Metall, wenn nicht aus Gold, liegen darin. Ich weiss nicht, ob das ein Geschenk sein soll – und wenn es eins ist, was ich damit machen soll –, oder ob sie vorzeigen will, was sie fabriziert. Eine andre Freundin fragt, nach einem Gespräch, über den Zaun her: »Eine Frage hab ich noch – was werden später die Emigranten tun?« Ich will antworten: Neunzig, oder achtzig Prozent – ich sage, ganz vorsichtig: »Fünfundsechzig, oder fünfundfünfzig bis fünf-undsechzig Prozent werden sofort nach Deutschland zu-rückkehren ...« Ich werde mit Äusserungen des Unglaubens und mit Einwänden unterbrochen; ich sage, wie diese Emi-granten an nichts als an die Rückkehr gedacht hätten, sich nicht eingewurzelt hätten, wie gut ich sie kenne, ich lehne ab, von den Emigranten mit Vermögensinteressen zu spre-chen.

(In derselben Nacht.) Ich bin bei einem alten Gelehrten zu Besuch, einem Marx-Spezialisten, einem Manne, der sich selbst zum Gelehrten gemacht hat. Der Grund des Besuchs muss irgend ein Jubiläum des Alten sein. Er sitzt neben sei-ner Frau mir gegenüber in einer Ecke der Wohnung; ich habe den Eindruck, dass nur diese Ecke der Wohnung benutzt wird, dass eigentlich sie allein bewohnt ist. Der Mann und die Frau ähneln einander; beide sind klein, von frischer Gesichtsfarbe, haben silbergraue Haare, sogar die Figuren ähneln einander [mit dem Wachbewusstsein würde ich sagen: Philemon und Baucis als Marxforscher]. Neben ihnen steht auf einem niedrigen Pult ein Band Marx, ein grosser Quart-band mit reicher Goldpressung; ein andrer gleich ausgestat-teter Band hängt vor ihnen an dicken Schnüren von der Decke herab. Im langen, lebhaften Gespräch öffnet der Mann diesen hängenden Band, der nun plötzlich, ohne dass ich ihn habe hineingleiten sehn, in einer Wandnische liegt. Ich sehe, dass es ein Manuskriptfaksimile ist. Er zeigt auf eine Unterschrift; es ist, als ob sie erst, da er davon spricht, erscheint. Dabei zieht er an den Seiten der Manuskriptseite lange glatte Kurvenstriche; ich bewundre die Sicherheit die-ser grossen schönen Striche, die glatte Arabesken sind und doch auch etwas in der Argumentation bedeuten; diese Sicherheit des Strichs, stellen wir fest, ist eine Erinnerung an die Handwerkerzeit des Gelehrten. Die Frau macht im Ge-spräch, in bitterem Tone, einige sehr kluge Bemerkungen über die Geschichte des späten Mittelalters. Ich sehe sie ge-nau an, während ich bisher nur auf ihn geachtet hatte; sie hat den bräunlichen Teint einer Gallenkranken, in dem die grossen dunklen Augen merkwürdig flach und, trotz ihrer Beweglichkeit, starr wirken. Das Gespräch kommt auf Heinrich Mann; ich erzähle, dass er unter dem Namen Mombre und mit einem spanischen Passe unangefochten drüben in einem Hotel neben der gare Montparnasse wohne. Mann sei doch aber russischer Staatsbürger geworden, wendet der Alte ein. Dennoch, entgegne ich, sei er jetzt durch einen spanischen Pass gedeckt. Ich sehe dabei das grosse Hotel vor mir, wohl nicht nur vor dem inneren Auge, sondern durchs Fenster hindurch. Trotz der freundlichen Versuche der Alten, mich zurückzuhalten, gehe ich, weil ich noch Heinrich Mann aufsuchen muss, mit dem ich auch zu Abend essen werde. Ich will aber noch zu Mutter gehn; es kommt mir mit der Zeit nicht aus; da fällt mir ein, dass ich mit Mann ja nicht verabredet sei: ich kann den Besuch auf einen andern Tag verschieben.

[Hier schliesst sich, glaube ich, die folgende Episode an, die jedenfalls in einem der heutigen Traumstücke vorkam:] Auf dem Wege im grossen Parke überhole ich meinen Mitschüler Ernst Pinner in französischer Uniform. Ich begrüsse ihn erfreut und lachend. Ich schiebe ihn vor mich, um den schwarzen Uniformrock und das bonnet de police zu betrachten, und sage: »Erst lass Dich einmal so ansehn!« Da bleibt an seiner andern Seite ein magrer Mann mit mürrischem Gesicht und Brille oder Zwicker und in ganz unauffälliger, schlecht erkennbarer Uniform stehn und sagt, er wolle ihn auch einmal ansehn, er als Offizier, und beginnt an seiner Uniform herumzumäkeln. Er hat sehr viel auszusetzen, Ernst verteidigt sich mit Argumenten, die ich, da ich stehn geblieben oder sogar noch einige Schritte gegangen bin, während Ernst am Wegrande vor dem Offizier steht, nicht recht höre, wohl mit der Neuheit der ihm zugeteilten Uniform. Leute, die vorbeigehn und von dem Auftritt belustigt sind, behaupten, er habe überhaupt eine Zivilhose an; Ernst, oder der Leutnant, lüftet die Mantelschösse, und ich sehe, dass er eine braune bauschige Hose, eine Art Golfhose, trägt, die zu einer Uniform oder zur Zivilkleidung gehören kann. Nach leidlicher Beendigung des Zwischenfalls gehn wir weiter; ich sage zu Ernst, es sei überhaupt grotesk, erst habe er in Deutschland gedient, und jetzt [als Prestatär oder als Emigrant oder als Naturalisierter] müsse er hier noch einmal dienen!

(In derselben Nacht.) Ich habe Urlaub, da mir mitgeteilt worden ist, dass Mutter sehr krank ist. Ich nehme aber noch am Morgenappel teil; nicht in der Kolonne, sondern hinter der Baracke stehend, wohin das Licht der wenigen Laternen nicht dringt. Lärm, der beim Appel gemacht wird, beziehe ich nicht auf mich oder einen der wenigen Kameraden, die mit mir im Schatten der Baracke still stehn. Dann nehme ich den Mantel, den ich über einen Wäschedraht gehängt hatte, und einen Hut; es ist sehr ungewöhnlich, im Lager mit einem Hute in der Hand [ich trage nie einen Hut, und im Lager hat kaum jemand einen getragen] zu gehn. Dann, in der Stadt, in der ich unvermittelt bin, ist es ganz dunkel; die Stadt ist ja am Morgen ganz verdunkelt. Ich gehe durch eine Strasse wie die rue Guénégaud, oder durch diese selbst; ich stolpre vom hohen Bordstein herab, ich bleibe nun, um nicht zu fallen, lieber in der Mitte der Strasse. Ich sehe auf die Uhr: es ist kurz vor halb neun. Ich möchte noch zu Milly Zirker gehn, ich müsste ihr auch Mutters schwere Erkrankung anzeigen, aber ich darf bei Milly, die um neun weggeht, erst um neun sein [den Grund dieser widerspruchsvollen Bestimmung weiss ich wohl auch im Traume nicht]. Ich gehe also in ein Hotelzimmer, das mir wohl als eine Art von Büro dient, ein mittelgrosses helles Zimmer gleich neben dem Hauseingang, und mit eignem Ausgang zur Strasse. Auf eine wohl auch im Traume nicht klare Art weiss ich, dass auch Walter Hasenclever krank ist, ja dass er im Sterben liegt, und dass ich ihn pflegen muss. Ich bin ganz ratlos. Zwei junge Männer kommen zu mir und wollen ein Buch zurückhaben, das sie mir geborgt haben [das Entleihn des Buches ist wohl an einer Stelle eines dieser Traumstücke vorgekommen], aber ich habe dieses Buch nicht hier, ich habe es erst zu lesen angefangen, es ist »in meinem Zimmer«, und ich könne nicht hingehn, Hasenclever sei sterbenskrank und ich müsse ihn pflegen, und meine Mutter sei sehr krank, und sei doch eine Frau von schon achtzig Jahren. Das sage ich überhaupt, immer wörtlich gleich, allen, mit denen ich in diesem Traumstück in Berührung komme. Der eine von den beiden bricht beinahe in Tränen aus; sie brauchten dieses Buch in einem Prozesse gegen [den Verleger] Stegemann, und heute sei Verhandlung. Sie hätten es mir doch beim Entleihn gesagt – aber das Entleihn hat doch erst gestern stattgefunden, und es handelt sich um ein dickes, mehrere hundert Seiten starkes Buch, [ein Buch in der Art der Romanübersetzungen aus dem Englischen, die der Humanitasverlag herausbringt], übrigens ein interessantes Buch. Es ist von einem »Franz« [oder Mendelsohn, oder Franz Mendelsohn?]. Da ich mitten im Zimmer stehe, sehe ich auf einem niedrigen Schranke drei oder vier Eier und ein grosses Stück Pferdewurst [beim Herkommen hatte ich ein Stück Pferdewurst mitgebracht], und ich verspüre plötzlich einen wütenden Hunger. Ich kann nicht erkennen, ob die Eier noch in der Schale sind; ich fasse eins – sie stehn, angelehnt, schräg, sie sind sehr gross – an, es ist ekelhaft, glitschig, es ist faul. Ich möchte, dass die beiden und andre, die im Zimmer sind, gehn, damit ich die Eier herabnehmen und untersuchen kann; sie scheinen alle faul zu sein. Entweder komme ich nicht zu der Untersuchung, oder ich habe die Sache schon vergessen; jedenfalls will ich mich gleich nach dem Weggange der Gäste selbst entfernen. Ich will grade die auf die Strasse führende Tür schliessen, da kommen zwei junge Leute in schwarzen, mit Silber besetzten Uniformen. Sie bleiben mit knapper Bewegung vor der Tür stehn und fragen, ob ich spanisch spräche. »Sehr schlecht«, antworte ich. Darauf sprechen sie in fliessendem Deutsch weiter und fragen, ob sie mich sprechen könnten. Ich antworte, dass ich nur wenige, ja nur einige Minuten hätte, und sage als Begründung den Satz von den Krankheiten her. Ich lasse sie eintreten. Vor ihnen schlüpft ein kleiner weisser Foxterrier hinein und macht sofort neben der Tür; sie treiben ihn scheltend hinaus, auch ich scheuche ihn, sie entschuldigen sich aber nicht weiter. Ohne Einleitung sagen sie, sie wollten zum Gedächtnis oder zur Feier ihres Freundes Antonius von der Kala (oder Galla) ein Buch herausgeben, und ob ich dafür einen Beitrag geben wolle. Ich kennte ja die grosse Rolle, die ihr Freund in Spanien gespielt habe, ich und Schlenther liebten ihn zwar nicht, aber seine Verdienste seien doch gross. Ich antworte, dass ich die Sache nicht abschätzen könne (ich kenne übrigens ihren Freund kaum und auch den Schlenther oder Schlender gar nicht, das müsste ich ihnen sagen), dass ich aber die Sache mit meinen Freunden besprechen wolle, und wenn die keine Einwendung machten, wolle ich ihnen gern einen Aufsatz geben. Der mir näher stehnde sagt feindselig: »Das sind also die Gedanken eines Freiwilligen!« Der andre sagt, man werfe ihrem Freunde vor, den und jenen – er nennt Namen – und Luise Rein eingeführt zu haben, Verräter und Spitzel, aber … »Wenn er Luise Rein eingeführt hat, so genügt doch das schon!«, sage ich und wende mich dem andern zu. Ich habe ihm viel zu antworten: dass sie ja nur gekommen seien, um das »Nein« zu hören, zu dem sie mich nötigen wollen; dass das mit der Freiwilligkeit nichts zu tun hätte, dass ich zwar freiwillig, aber nicht im technischen Sinne, in ihrem Sinne ein Freiwilliger sei … Noch rasch vor dem Erwachen, noch im Erwachen, da ich grade erwache, will ich, mit schon klareren und wacheren Gedanken, antworten: der Freiwillige, der sich engagiert hat, habe Disziplin zu halten.

157

7/1/42

Wir sind einquartiert in den Hinterzimmern einer grossen Wohnung, deren Vorderzimmer als Klubräume oder Restaurant dienen. Einmal komme ich von der Strasse zurück, mit einem Strauss roter Nelken, die ziemlich armselig sind, wie ich sie genau ansehe, zwei sind sogar schon vertrocknet und braun, aber in dieser Zeit kann man nichts andres bekommen. Ich nehme nicht den Fahrstuhl, den ich sonst immer benutze, weil der näher gelegne grade hält; ich bemerke jetzt erst, dass der gewohnte überhaupt der Lastenaufzug ist. Mehrmals in diesem Traum habe ich vergessen, dass das Haus einen Fahrstuhl hat, ich bin die Treppe hinaufgegangen und <habe> erst in dem oder jenem Stock den Fahrstuhl, dessen ich mich erst erinnerte, als ich ihn sah, genommen; die Treppe ist sehr schlecht, weil vor jede Stufe und über jede Stufe ein kleines Brett aufgenagelt ist, welches das Stufenmass unberechenbar macht; sie scheint nur als Reserve da zu sein und kaum benutzt zu werden. Ich trete also in den Fahrstuhl, in dem schon eine Frau mit einem Kinde steht, der Fahrstuhl fährt hoch und oben, mit scharfem Ruck um die Ecke, ein Stück seitlich, ehe er hält. Ich trage ausser den Blumen einen Telephonhörer, an dem noch ein Stück Schnur hängt. Ich höre plötzlich in dem Hörer leise Stimmen; ich drücke ihn ans Ohr und höre, als wäre ich in ein Gespräch eingeschaltet, Lilith und einen Mann sich unterhalten, sehr erstaunt darüber, dass ich sie in dem losen Hörer hören kann. Als in dem Gespräch eine Pause eintritt, frage ich hinein: »Seid Ihr da?«, und sage Lilith, die auch antwortet, einiges über den heutigen Abend. Dann höre ich sie nicht mehr, eine ganz besondre Stummheit steht in dem Hörer; nach einer Weile, und nachdem ich noch mehrmals hineingerufen habe, komme ich darauf, dass »die Verbindung unterbrochen« ist, und lege das Ding weg. Ich betrete die Klubräume; sehr schöne Frauen in Abendkleidern kommen zwischen den Tischen an mir vorbei und sehn mich von der Seite an; ich bin zufrieden, dass ich keine Lagerkleidung, sondern einen eleganten grauen Strassenanzug trage, ich fühle diese meine Eleganz und meine Sicherheit, und gehe weiter durch die Räume, den Nelkenstrauss leicht fassend und dicht an den Leib haltend. In einem der nächsten Zimmer stosse ich auf die Kellnerin, für die die Nelken bestimmt sind. Es liegt aber so, dass heute eine Frau – ich glaube, es ist Marianne Oswald – sich mit dieser Kellnerin verloben will, und zwar will sie, mit oder sogar ohne Frage, die Verlobung heute abend vor allen bekanntgeben. Nun fällt mir ein, wie schlecht diese Festszene ausgehn kann, da die Kellnerin gar nicht gefragt ist und vielleicht gar nicht mitmachen will, ja durchaus das Mitspielen heftig ablehnen kann. Und wie sonderbar es ist, wie die Kellnerin gar nicht ahnt, dass diese Blumen für sie bestimmt sind. Die Kellnerin, gross und dunkelblond, mit leicht gebogner Nase und sehr lebhaften Augen, sieht der Frau im Abendkleid, die mich im ersten Zimmer angesehn hat, sehr ähnlich, aber sie ist noch viel schöner; auch sie sieht mich an, aber sie ist sehr beschäftigt.

In dieser Wohnung ist es wohl auch, dass ich im Vorzimmer einen Hut suche. Der kleinere Wandschrank ist wohl meiner, der andre, den ich geöffnet habe, ist der von Jean Braun. Jean ruft mir zu, ich solle den englischsten nehmen, und ich nehme, zwischen zwei sehr schönen Panamahüten, einen flachen runden Strohhut.

(In derselben Nacht.) Die Frage ist, wann wir abtransportiert werden; das muss man an der Sammelstelle – wohl der Hinterwohnung des vorigen Traumes – wissen. Ich telephoniere hin, um zu wissen, ob die gelben Kuverts schon für alle drei Gruppen da sind. Die erste ist schon weg, die zweite soll abends fahren, ja, heute abend noch, dann wird die dritte, zu der ich gehöre, morgen abend fahren. Die zweite folgt der ersten, die dritte nimmt eine andre Richtung. Dass die erste Gruppe schon weg ist, weiss ich; denn ich hatte nachts mit Siegfried Raedel in einem Bette geschlafen, in einer kurzen Gesprächspause war ich eingeschlafen und hatte mich, gleich wieder erwacht und sehr müde, schlafend gestellt; und als ich morgens ohne Müdigkeit erwachte, war Raedel schon weg, ich habe mich [wie es bei seinem Weggang aus dem Lager war] nicht einmal von ihm verabschiedet. Nun wird allerhand vorbereitet. Gegen Abend gehn wir aus dem Haus auf eine Felsenplatte über dem Meere. In diesem befindet sich eine Steinplatte, die das Schicksal oder die Zukunft bedeutet. Als ich auf die trete, höre ich die andern links von mir verworrne Fragen stellen. Die tönen sehr, aber ich verstehe nicht oder kann nicht antworten. In mir – und um mich in der Luft – ist ein hohes Gefühl von hellem Dunst und von Zittern, eine tiefe Verzerrung zugleich und eine wabernde Klarheit. Ich weiss, dass das ein Spiel ist, und spiele mit, unter den Augen der andern. Ich muss mich auf den Bord einer vor der Zukunftsplatte liegenden steinernen Barke, oder eher wohl des Steinbildes einer Barke, mit beiden Händen stützen, als fiele ich darauf, sehr schwer. Ich gehe zum Rande des Felsenbalkons. Plötzlich schiesst unten mit ausserordentlicher Geschwindigkeit ein weisses Motorschiff durchs Wasser. »Das sind sie!«, rufen die Freunde, und meinen den zweiten Transport, »wie lang das Schiff ist«, sagt einer, das stimmt aber nicht, es ist kurz, es hat beinah die Form eines gleichschenkligen Dreiecks, bei dem die dritte Seite beinah die Hälfte der Schenkellänge beträgt. »Mietek, Laszlo!« rufen winkend die Freunde, immer die beiden Namen, den Laszlos noch mehr, ich denke schon, es muss die andern verletzen, rufen winkend, wie wir bei Abfahrten in Vernet riefen. Ich rufe und winke mit. Freunde drängen sich vor mich, dicht an den Rand des Felsens, Geniek steht neben mir und winkt. Ich möchte so gern, dass die auf dem Schiff mich noch einmal sehn, ich dränge auch nach vorn, aber immer stehn welche vor mir. Das Motorschiff muss längst verzischt sein. Ich denke an den dritten Transport, unsern, der nicht zu Schiff vor sich gehn wird, sondern mit der Bahn; ich muss sofort sagen, dass ich exempt de tous travaux war, denke ich; dabei sehe ich unsern Zug halten und uns aussteigen.

162

12/1/42

Ich gehe auf den von hohen Mauern umgebnen Golfplatz. [In Wirklichkeit habe ich nie Golf gespielt.] Wenn ich in dem Spiele Erfolg habe, kann ich dann hier geltend machen – der Platz ist in Deutschland, in das ich also zurückgekommen bin –, dass ein Mann von dieser Abstammung, von dieser

Gesinnung usw. dieses leistet. Ich schlage mit dem schweren krummen Holze den ersten Ball, er geht rechts an die Mauer, rikochettiert nach links, und noch mehrmals; ich spiele den Golfball wie den Ball in der baskischen Pelote. Der nächste Ball geht nach links, der dritte an die Stirnwand; die Mauern sind hoch, grau und rauh wie die des Gefängnishofes, wäre nicht Grün zu sehn, wäre es der Gefängnishof. Von rechts kommt, allein und auffallend, Hitler, bleibt am Rande des Platzes stehn und sieht mir zu. Das ist zu früh. Es kommt zu einem sich schwer und widerwillig entwickelnden Gespräch über den Hamburger Dialekt, während ich weitere Bälle schlage.

Jemand – es ist halb Edgar Linik, halb ein andrer – will den Abend mit mir verbringen. »Aber du musst auch«, sagt er mir, als wir die Verabredungen getroffen haben, »meine Rede aus (oder für) X… (den Namen habe ich vergessen) einmal anhören, die dauert hundert oder zweihundert Minuten!« Ich finde es ein bisschen viel, da eine andre Aufführungs- oder Vortragssache ebenso lange dauern wird; »damit sind schon vierhundert Minuten besetzt«, sage ich bedenklich, ich kann ihm aber diese Kontrolle nicht abschlagen. Er rennt hinauf; ich will erst noch, das erkläre ich ihm von der Strasse aus durchs Fenster in den zweiten Stock, Zigarren kaufen gehn. Ich drehe nach links um und gehe auf eine grosse Querstrasse oder einen Platz zu. Ein Getümmel erhebt sich, das wohl mit einem Plakat, einem Aufruf zusammenhängt; als ich auf dem grossen Platze bin, verstehe oder erfahre ich, um was es sich handelt. Da sehe ich ein bis zwei Dutzend dunkle Erscheinungen rennen, die ein sehr viele Meter lan- ges, hohes Holzgestell schleppen. Ich bin auf der (vergrös- serten) Place Dauphine, und das riesige Holzhaus, das an- stelle des Justizpalastes steht, ist der Pavillon Chinois; der chinesische Botschafter hat die letzten in der Stadt anwesen- den Chinesen aufgerufen, zwei bis drei Dutzend, und die da hinter mir und an mir vorbei rennen, tragen den ersten Stock des – stilistisch getreuen und erkennbaren – Chinesischen Pavillons.

In dem Hotel sind Emigranten einquartiert, die drei Töchter haben. Ich gehe an dem dicht an der Treppe liegenden Zimmer vorbei, in dem sie warten; erst waren es zwei, jetzt ist auch, zum ersten Male, die dritte dabei. Das Warten hat nun einen ganz eindeutigen Charakter: die Mädchen sind in der Emigration zu Huren geworden, aber das ist so hell und hübsch und gemütlich (zur Gemütlichkeit tut auch das altmodische Zimmer was), dass man damit nur zufrieden sein kann. Die dritte liegt auf einem nicht erkennbaren Möbel auf dem Bauche, und ich habe im Vorbeigehn den Eindruck, dass ein Mann ihr die Beine streichelt. Aber als ich auf dem Treppenabsatz das Zimmer aussen umgangen habe, seh ich sie auch ausserhalb liegen, fast schwebend über der Treppe; im Vorübergehn küsse ich sie auf den nackten Popo; ich habe ein sehr gutes Gefühl für sie, und als ich nachher weisse schöne künstliche Blumen in der Hand habe, die wohl zu den Zigarren gehören, denke ich, sie ihr zu schenken.

Ich habe in einem Zimmer – wohl in dem Hause, vor dem ich die Verabredung getroffen habe, und das wohl mit dem Hotel des letzten Bildes identisch ist – vor andern ein langes Gespräch mit Sieburg. [Da ich die Notiz in schwarzer und kalter Nacht habe machen müssen, kann ich mich des Gegenstandes des Gespräches nicht erinnern; ich weiss nur, dass er und dass es interessant war, und eine gewisse feierliche Gültigkeit hatte.] Am Ende spricht Sieburg [ich glaube bestimmt, dass der Partner er war] vom Gefühl des Schriftstellers, in einem Gespräch »vaincu« zu sein; und ich antworte, dass es nicht auf Sieges- oder Besiegtheitsgefühl ankommt, sondern auf recht- oder unrecht-Haben.

164

Bei mir, wohl im alten Hause am Markt, ist ein fremder junger Schriftsteller. Es soll ein junger sein, aber man glaubt es nicht, wenn man seinen gestutzten weissen Schnurrbart sieht. Ich bringe das Gespräch auf »Massendichter«, gegen die der Besucher etwas gesagt oder geschrieben hat. »Ja, Massendichter. Sehn wir doch einmal zu, was das ist und wer das ist. Dante zum Beispiel?« Der Besucher schüttelt den Kopf. »Die Italiener sind andrer Meinung«, erwidre ich, und fahre fort: »Oder Walt Whitman –« Ich will hinzufügen: »– der grösste Lyriker aller Zeiten und Kontinente –?«, aber ich lasse es, um nicht das Gespräch an der Dichterperson oder dem Dichterwert Whitmans hängen bleiben zu lassen. Der Besucher sagt einen nicht ganz verständlichen Satz, aus dem ich den Namen »Stefan George« herausgreife. »Aha«, sage ich, »das dachte ich«. Aber während ich bisher das dumpfe Gefühl hatte, zu druckreif, sozusagen, zu sprechen, wie in einem Interview, gelingt es mir nun plötzlich nicht, meine ablehnende Meinung über Stefan George, die mir doch ganz klar ist, und die ich so oft gesagt habe, zu formulieren. Ich drücke dran herum, ganz verwirrt. Ich stehe auf und gehe im Esszimmer hin und her. Auf der Platte des Buffets sehe ich, in einer Ecke, einige Törtchen stehn. Das bringt mich darauf, dass ich [warum, weiss ich nicht mehr] um sieben Uhr gegessen haben muss. Es ist zwanzig vor sieben. Ich habe eben noch Zeit, essen zu gehn (die Törtchen gehören wohl für den späteren Abend). Ich frage den Besucher, ob er schon gegessen hat. Wir sprechen vom Essen; »Unsereiner«, sagt er, und meint eilige junge Leute, »isst im Handel« (– das soll heissen: stehend, ohne die Zeit, sich zu setzen oder auszuziehn).

Vor dem Hause treffe ich ein befreundetes Mädchen. Sie muss zur Post, die in der Schlossstrasse liegt, an der Ecke, die auf die unseres Hauses folgt [– in Wirklichkeit gab es da kein Postamt]. Wir schlüpfen auf den Hof unsres Hauses und durchlaufen ihn, dicht an der Mauer, damit Mutter, falls sie von oben herabsähe, uns nicht sieht. Ich rufe leise hinter ihr her, dass ich sie unbedingt bis zu ihrer Abreise täglich sehn müsse, und wenn es für eine Viertelstunde sei. Unklar gleitet der Gedanke an die Kosten der Zusammenkünfte vorüber. Die Freundin schlüpft durch den Herrnstadtschen Schuhladen; ich selbst benutze einen weiter unten gelegnen

Durchgang, dessen eine Hälfte in den Laden, dessen andre in die Schlossstrasse führt. Ich überlege mir dabei, mit unklar vorübergleitenden Gedanken, dass ich Herrnstadts Laden nicht als Durchgang benutzen kann, wenn ich nicht dort arbeiten lasse, und dort arbeiten lassen kann ich nicht, weil ich mir keine Mass-Schuhe mehr leisten kann; dabei waren die letzten, die ich kürzlich gekauft habe, schon fast so teuer wie Mass-Schuhe. Ich gehe mit der Freundin durch die Schlossstrasse, die gradezu hauptstädtisch voll ist. Ich warte vor dem Postamt; sie kommt heraus und sagt, sie habe mehr Marken als sie brauche, ob sie mir welche lassen solle. Ich bitte um zwei, Ein-Frank-Marken; sie schüttet mir zwei ins Portemonnaie, ich halte sie für Zweieinhalb-Franken-Marken, die brauche ich ja nicht, davon habe ich zwei im Portemonnaie behalten [das entspricht der Wirklichkeit: ich habe zwei solche im Portemonnaie, die mir auch bei der Ankunft hier bei der Abnahme des Geldes belassen worden sind]; aber es sind doch Ein-Franken-Marken, ich schliesse das Portemonnaie, und wir gehn weiter.

(In derselben Nacht.) Eine Freundin, blond und untersetzt, beugt sich über mich, der ich auf einem Schemel sitze. Sie fingert an dem alten Bronzeringe herum, den ich neben dem Knochenringe am Ringfinger der rechten Hand trage, ich hätte ihn ihr versprochen. Ich wende ein, dass ich ihn [das entspricht der Wirklichkeit] nicht abziehn kann. Sie behandelt ihn ziemlich gewaltsam; mir fallen ihre kurzen, abgebrochnen, scheitartigen Nägel auf [Hände wie Gesicht haben eine deutliche, aber nicht benennbare Beziehung]. Ich zeige ihr, dass der Ring genietet ist, dass man ihn nicht abziehn kann. Die Bronze biegt sich wie Goldblättchen. Es gebe nur eine Möglichkeit, sage ich ihr, ihn abzuziehn, man müsse ihn zerbrechen. Sie drückt weiter daran herum. Jetzt erst fällt mir der richtige Einwand ein: »Du hast mir einen andern versprochen, wenn ich Dir den gebe!« Ich fasse sie um die Hüften. Ich ziehe sie auf mich nieder. Ich weiss, dass dies alles ein Traum ist. Ich frage sie, sehr dringend, sehr gespannt, ob ich vor dem Beginn dieses Traumes noch nach Amerika gefahren sei. Da dies ein Traum sei, müsse ich alle Personen des Traumes danach fragen. Ich gehe an den runden Tisch, an dem wir gleich essen werden. »Weil das ein Traum ist, muss ich alle Personen des Traumes danach fragen!« Die Frage ärgert eine sehr blasse alte Frau, die am Tisch mit dem Essgeschirr hantiert, sehr; sie stellt das weisse Porzellangeschirr wütend hin, schiebt es hin und her, dass die Stücke zusammenklirren, sie wirft es beinahe; das gestossne Porzellan macht viel Lärm; merkwürdigerweise zerbricht nichts.

(In derselben Nacht.) Eine braune Schachtel mit Schüben, aus glänzend poliertem Palisanderholz, wird hin-und-hergestellt. Sie war einmal ein Haus, jetzt sieht sie aus wie ein Gestell für Briefpapier. In einer der Schubladen steckt die Syphilis. Aber auch ein brauner Hut, ebenfalls aus Palisanderholz, ist angesteckt. Er wird durch die Tür auf den Weg geworfen. Er wird wieder hereingebracht. Ein Kind soll ihn neben dem Regal, auf das die Schachtel gestellt worden ist, an die Wand hängen. Da sehe ich, dass die Szene, in der das Braun des polierten Palisanders vorherrscht, klein ist. Obwohl ich selbst drin stehe, beuge ich mich über sie und sage, das sei zu viel. Die Übergabe des weg- und zurückgebrachten Syphilis-Hutes an das Kind, das ihn aufhängen solle, gehe nicht. Und es handelt sich wirklich, wie ich nun deutlicher begreife, ohne aber ganz sicher zu werden, um ein Tendenz-, um ein Propagandastück.

165

Das Lager macht einen verlassnen, zerstörten Eindruck. Es ist schmal geworden, vernachlässigt; in der Mitte ist eine tiefe Grube. Dabei sind Neue gekommen, ganz junge Menschen; ich sehe einen von ihnen, hellblond wie den jungen Polen, im Tor stehn, ich frage Laszlo nach ihnen. Ich suche mein Bett und finde es nicht. Eins hinter der Grube scheint es zu sein; es steht eine Topfpalme darauf, und eine andre

Pflanze oder Blume in einem Glase daneben; ich muss Laszlo fragen; hat er sie mir hingestellt? Aber das ist nicht mein Bett; es müsste zu erkennen sein an der Aktenmappe, die daran lehnt und am Koffer; auch war mein Bett ja, vom Tor aus gerechnet, vor der Grube, der feuchten, schlammigen, unregelmässig gestochnen Grube. Und aus Erde, aus gequetschter, zertretner, schlammiger Erde ist das Bett selbst, sind, mehr oder weniger hoch, mehr oder weniger feucht oder trocken, alle Betten. Ich beuge mich über meins und sage entsetzt: »Das ist kein Bett, das ist ja ein Grab!«

Wir wollen aus dem Lager weggehn, in die nahe gelegne Kiefernschonung, weil eine Orgie verabredet ist. Laszlo begleitet mich, zu meiner Überraschung aber kommen noch zwei oder drei andre mit oder nach. Die Einzelheiten der Orgie sind auf dem Weg vorauszusehn und vorauszufühlen. Warum haben wir nicht schon früher für Heimlichkeiten an diese so nah gelegne und so dunkle Schonung gedacht! Laszlo dringt in sie ein, ich verliere ihn sofort, im Dunkeln zwischen den Stämmen, aus den Augen; ich pfeife leise, er antwortet nicht. Man wird uns hören! Ich rufe leise »Huu« – er antwortet, ich erreiche ihn, die andern kommen; aber wir sind ganz am Rande der Schonung, Menschen können kommen und kommen wohl auch schon, und komischerweise stehn wir grade gegenüber der Pension von Stein, dem »vornehmsten« Hause des Badeortes, einem ziemlich grossen, leichtgebauten, hübschen Hause mit einem Charakter zwischen Empire und Biedermeier. Wir gehn die Strasse, in deren Mitte die Kiefernschonung liegt (oder der Anfang der Schonung; aber doch wohl die ganze!) hinunter bis zum Ende. Wir bleiben vor der andern Pension von Stein stehn, einem genauen Abbild der ersten, und drehn um die Ecke. Wir gehn von dort aus die links daneben liegende Strasse gleich wieder hinaufführende Strasse zurück, die am weitesten rechts liegende von den drei Strassen, breiten, mit Bäumen gefleckten Badeort-Strassen. Wir kommen in ein Gespräch mit drei Männern, einer trägt unter dem blassen Gesicht einen Vollbart. Man spricht zu uns und von uns als Norddeutschen.

Im Zusammenhang wohl mit diesem Gespräch, und weil wir zunächst zum Kiefernschlag nicht zurückgehn können, geh ich mit Laszlo ins Museum. Der Kastellan folgt uns. Im sechsten oder siebenten Saale rufe ich plötzlich aus: »Aber das ist ja hochinteressant!« Auf den Tischen, an den Wänden sind Hunderte, Tausende von ganz kleinen Elfenbein- und Steinfiguren. Der Kastellan wird sehr lebendig und beginnt zu erzählen. Zwei ganz ähnliche Figuren von Fingerlänge zeigt er: Vollbärte mit fast keinem Kopf darüber, eigentlich nur einem Stirnwulst, mit je einer aus dem Bart herausstehnden Strähne, in gelbes Elfenbein geschnitzt: das sei das Porträt des vorigen Direktors des Museums und eine alte Figur, und der Direktor sei nicht wenig stolz auf diese Ähnlichkeit gewesen. Überhaupt sind die unübersehbar vielen Figuren nach Ähnlichkeiten geordnet, es soll irgendeine Typenkonstanz erkennbar werden. Ich sitze auf einem Stuhl und nehme aus einem Schächtelchen zerbröckelnde Reste von winzigen Elfenbeinschnitzerein; der Kastellan erzählt, sie stelle einen Mann dar, der sei vielleicht verrückt gewesen, er habe beim König von Hannover geklingelt und ihm gesagt, dass er ihn ermorden wolle. In einem andern Saale gibt mir der Kastellan eine Flasche Sekt, ich dürfe aber keinen andern Besucher sehn lassen, dass ich sie trinke; ich dürfe sie aus einem der ausgestellten Pokale trinken. Erst giesse ich sie – sie liegt, flach, in Papierschichten – in ein kristallnes Mischgefäss; das hat Öffnungen über dem Boden, aus denen der Sekt heraussprudelt.

Ich bin in einem Saale, vor dem Kamin, mit einer Frau und einem andern Paare. Die Frau, die auch etwas von Kaethe hat, aber ganz und gar Irene ist, hat sich entschlossen, meine Geliebte zu werden. Es ist eine wunderbar zarte, rücksichtsvolle Stimmung zwischen uns. Ich fühle die Grösse ihres Geschenks. Wir bewegen uns sprechend, kaum einander berührend, im grossen ruhigen Zimmer hin und her. Sie erzählt etwas, darin ist die Rede von hunderttausend Würsten, die verschickt worden sind. Ich frage vorsichtig, ob es indiskret ist, zu fragen, wer sie verschickt habe. Sie macht eine heftige Bewegung.

Ich bin wieder im Museum, oder in einem Museum. Ich habe den Katalog. Auf jeder Seite ist eine Annonce, nur wenige Quadratzentimeter gross, in der um die Figur eines Pferdes immer derselbe Text steht. Zu dem gehört, und dazu wird gesagt: »... die wichtigste Frage der Gegenwart, um das Verhältnis des Proletariats zum Bürgertum ...« [Alle diese Traumstücke hingen zusammen, waren aber durch kurze Erwachensmomente voneinander getrennt. Wo die Trennungen lagen, weiss ich nicht mehr. Die Komplexe sind in der Erinnerung geschieden, aber vielleicht nicht grade, und nicht nur, an den Unterbrechungsstellen.]

[Bemerkung.] Die viel umfänglicheren Erinnerungen können daran liegen, dass die Nächte im Gegensatz zu denen am vorigen Aufenthaltsorte viel länger sind, dass ich abends weniger lange arbeiten kann und viel mehr schlafen muss. Infolgedessen vollzieht sich das Erwachen weniger schockhaft; ich kann auch die einzelnen Momente, die, noch so kurz, aufzunotieren freilich viel schwieriger ist, in einem gewissen Masse vor dem Aufstehn rememorieren. Merkwürdig ist, dass der erste Traum fast immer vergessen bleibt oder dass am wenigsten von ihm haftet, und dass am besten der zweite Traum behalten wird.]

167

17/1/42

In Zürich stehe ich vor einem Schaufenster in einem Hauseingang. Ich suche die Möglichkeit, ein Manuskript zu diktieren; hier wohnt eine Stenotypistin; aber wieder sehe ich, auf einen Stein hinter der Scheibe gekritzelt: »Ich bin nicht da«. Wenn ich wenigstens wüsste, in welcher der vielen Wohnungen des grossen Hauses sie wohnt, wenn mir jemand Auskunft geben könnte! Ich wende mich in dem – übrigens felsenhaften – Gange der Strasse zu, da sehe ich, dass rechts vom Schaufenster, eingetieft, noch ein bisher übersehner Parterre-Eingang ist; da steht »Stenotypistin« angeschrieben, und darin finde ich zwei Frauen, von denen eine die Schreiberin ist. Sie will keine Arbeit übernehmen; es werde alles neu eingerichtet, dann könnte ich mein Manuskript leicht geschrieben bekommen. Ich gehe in der Wohnung herum, hinter ihr her und rede ihr zu, ich habe Eile, ich brauche die Abschrift dringend. In einer Ecke der Wohnung sehe ich mein Manuskript durch. Es besteht aus ausserordentlich vielen Bättern von kleinen Notizblocks, gottlob sind sie numeriert, ich sehe Ziffern über 360, sie sind mit überkreuzten Stecknadeln zusammengesteckt. Am Schluss kommen ein paar andre Zettel, die will ich abstreifen, ich reisse einen schwarzleinenen Klebestreifen ab, es sind Witze, die Kisch daraufgeschrieben hat, und, wie mir Leute, die mich nun umgeben, zornig, aber lachend erzählen, man müsse damit sehr vorsichtig sein, Kisch habe schon neulich solche Witze heimlich in die Redaktion gebracht. Ich sehe die Leute an, die mich umgeben; mir fällt ein, dass ich ja keine Zeitungen bekomme; »was gibt es Neues?«, frage ich drängend [ich habe einen Besuch Yvettes phantasiert, abends, die ich auch nach den Ereignissen fragen wollte]; ich nehme meine Papiere und gehe mit den Leuten weg.

Ich sitze mit ihnen auf einem Platze vor dem Café. Ich will noch acht Tage in Zürich bleiben, dann bin ich drei Wochen da (oder drei Wochen von Hause weg), aber es muss die Frage der Lebensmittelkarten geregelt werden, von der allerdings bisher merkwürdigerweise noch nicht die Rede gewesen ist. Dazu muss ich, wird gesagt, mit einem der Freunde von der Zeitung sprechen (es handelt sich nun plötzlich um eine Prager Redaktion). Der Geschäftsführer der Zeitung, ein Mann mit zerarbeitetem, sogar etwas clownhaften Gesicht (hier kann sich die Physiognomie eines Mannes namens Lothringer, der vor bald zwanzig Jahren Geschäftsführer des Zwölf-Uhr-Mittagsblattes gewesen war, und dem ich in Paris wieder begegnet bin, eingeschoben haben), ist wohl eben in das Café eingetreten; aber wer ist der Mann mit der sonderbaren blonden Frisur? »Das ist doch ihr Vetter Delius«, wird gesagt; richtig Fritz Delius ist ja in Zürich. Ich gehe ins Café.

Fritz ist wenig gealtert; aber seine Haare, ganz gelb, und sogar seine dicken Augenbrauen sehen aus, als wären es gestutzte Backenbärte. »Ich bin in Zürich, Fritz«, sage ich, »wir wollten ja einander sehn!« Er antwortet verbindlich, aber nervös: »Ich komme sofort, ich muss mit diesen Leuten etwas besprechen!« Und obwohl ich selbst ihn nicht erkannt hätte, frage ich: »Erkennst Du mich nicht?« – und habe ganz vergessen, dass er ja blind ist! Er kommt dann heraus und setzt sich zu mir. Er beginnt zu erzählen. Plötzlich sitzt er – wir sitzen auf einer Rampe – unten am Strassenrande, neben einem Manne, der ihn am Klavier begleitet, und erzählt die letzten Stücke seiner Biographie; er spricht vom Lager – ist denn auch er in einem Lager gewesen? Nun sitzt er wieder oben bei mir, während der Begleiter unten weiter spielt, und ich selbst sitze ganz in der Ecke der Rampe, neben einer Hecke. »Vergiss nicht, dass …« (er sagt den Namen seines Begleiters) »heute Abend ein Konzert gibt!« Ich könnte hingehn, denke ich, es kann interessant sein. Es ist ziemlich dunkel geworden.

Es ist ganz dunkel. Ich habe meine Haltung nicht verändert. Dunkle Gestalten umgeben mich. Einige haben meine Hände gepackt. »Avez-vous une pierre polonaise?« fragt mich einer barsch. Ich fühle etwas Kaltes über der Stirn; es ist ein Haarschneideapparat; man hat mir eben die Haare geschoren. Ich höre: »On les amènera d'abord à Toulon!« Ich stehe auf: ich bin doch in Zürich, und kann hingehn wo ich will? Ich sage das, und höre als Antwort ein hämisches Lachen. Ich sehe mich um: ich in einem ausgeräumten, dunklen, schmutzigen Bistrot, dessen Theke als Schalter benutzt wird, von Polizeibeamten. Jemand führt mich vor ein an eine dunkle Tür geheftetes Plakat; soweit ich es verstehe, ergibt sich aus ihm, dass ich in La Seyne bin. Aber wie bin ich hier hergekommen? Ich wende mich an den Obersten der Polizeibeamten; der lacht erst und sagt dann, ich sei bewusstlos gefunden worden. Ich muss also heimlich nach Frankreich geschafft worden sein, und nun wirken eine Ausweisung und viele feindliche Gesetze gegen mich. Ich bitte den Obersten der Polizeileute, mein Aktenstück einzusehn. Ich beklage mich über heftige Kopfschmerzen; ich fühle sie nicht, aber ich weiss, dass ich welche haben muss. Ich nehme vom Tisch eine riesige Muschel aus Horn und stülpe sie für einen Augenblick klagend über meinen Kopf. Der Polizeichef kommt zurück und sagt, ich würde freigelassen werden; aber erst müsste ich mit den andern nach Toulon. »Où voulez-vous aller?« fragt er spöttisch; England lasse mich nicht herein; nach Dänemark könne ich nicht gehn, nach andern Ländern, die er nennt, auch nicht. »D'abord je veux aller embrasser ma femme!« antworte ich. In der Tat kümmern sich die Polizisten, alles kleine, dunkelbraune, gleich aussehnde Männer in Zivil, nicht mehr um mich. Der erste Trupp ist schon angetreten und abgeschwenkt; jetzt werden die Nächsten gerufen, zu denen ich gehöre. Die Szene ist ganz lichtlos.

168

18/1/42

Ich gehe spazieren; aber zum zweiten oder dritten Male wende ich eine ganz neue Methode an: ich gehe auf den Wipfeln der Bäume, ich gehe auf dem Walde spazieren. Es ist ein besondres Vergnügen, so zu gehn; die Wipfel sind nicht, wie man von unten meinen könnte, verschieden hoch, und lückenhaft; sie sind dicht wie Moos und ineinander verfilzt. Es ist schön, auf ihre Elastizität den Fuss zu setzen. Ich denke dran, dass Kurt Pinthus geschrieben hat, ich hätte diese Art von Spaziergängen gewählt, um den Sorgen der Aktualität, dem Drang der täglichen Ereignisse zu entgehn; während ich sie doch grade auf diesen Spaziergängen auf den Bäumen tiefer fasse und besser verarbeite, mehr und besser an sie denke.

Ich gehe auf den Bäumen, die zwischen zwei Gittern eine Parkstrasse säumen. Ich lasse mich langsam auf mein Pferd herunter, das hin und her trabt. Hin und her läuft auf dem Wege, auf dem die Gestalten dunkel sind wie es es selbst ist, eine Hindin oder eine Ricke. Ich habe auf dem Gittersims gestanden und halte mein Pferd dicht am Gitter. Von weitem kommt die Stimme eines brünstigen Bocks, der direkt auf den Weg zukommt. Sie klingt wie das Geräusch aus metallnen Röhren, klagend sogar, deshalb muss man den Ruf »röhren« nennen, er ist berauschend und ergreifend. Mein Pferd erschrickt vor dem Ruf, es setzt sich, dicht an der Rampe des Zaunes, in eine Art langsamen Galopps. Der Bock tritt in die Strasse ein. Er beachtet mein Pferd nicht. Er selbst springt in einer Art langsamen Galopps. Die drei Tiere, kaum zu sehn im Dunkel der Strasse (auf den Wipfeln war es hell!), auf einander bezogen, irren in diesem Gange umher.

[Das Gehn in beiden Traumstücken hat nicht das Mindeste mit dem in Träumen häufigen Fliegen zu tun –, es ist nichts andres als ein Gehn in andrer Schicht, ein erhobnes Gehn.]

Ich will aus dem Walde nach hause gehn. Ich will den kürzeren Weg zur Stadt einschlagen, ich kenne ihn, er führt durch einige tellerartige Felsenvertiefungen. Ich sehe sie, ehe ich links einbiege, schon von weitem, es stehn Reste von Flüssigkeit darin. Ich sehe auch Gräben, die ich überschreiten muss, sumpfige Erde, teichig mit breiigem, brackigem Wasser. Ich bemerke, dass ich meinen gewohnten Spazierstock nicht bei mir habe; weil ich ihn auf den Wipfeln und beim Reiten nicht brauchte. Zwischen den Gräben liegen Stangen und Stöcke, ich will einen aufnehmen; was sollen die überhaupt hier? Ich begreife: sie dienen zum Umrühren, und die Gräben, und wohl auch die flachen Eintiefungen im Felsen, sind Kloaken. Ich werfe den Stock wieder weg. Ich muss über die Felsen zum Stadtweg. Es riecht penetrant und sehr übel.

Franz und Lex arbeiten in einem Büro, das wie ein Laboratorium eingerichtet ist. Ich muss ihnen erzählt haben, was für einen Unsinn Pinthus geschrieben hat. Lex sagt aus der Arbeit heraus, das sei nun genug, und man werde etwas machen, um ihn von dieser Tätigkeit zu entfernen; wie es im Falle Soundso geschehn sei. Sie sind wieder ganz in ihre

Papiere vertieft, und ich suche zwischen den spärlich gestellten Flaschen auf dem Regal herum.

(In derselben Nacht.) Ich bin – die Anfänge des Traumstücks fehlen in der Erinnerung – in einer wichtigen und gefährlichen Sache schändlich betrogen worden. Die Sache liegt jetzt auf dem Tisch mitten in einem grossen Saale: sie besteht in einer Unzahl von ineinander gewirrten roten Seidenstricken mit langen roten Seidenfransen am Ende. Es handelt sich sogar um zwei Sachen, die ineinander gewirrt sind. Mutter sitzt neben mir und beobachtet die Seidenschnüre. Ich erzähle den an mir verübten Betrug mit heftigen Worten Kurt Wolff, der an der andern Seite des langen ovalen Tisches steht. Eine ausserhalb des riesigen Bündels liegende, kettenartig gegliederte Schnur hat eine tierisch wirkende Eigenbewegung; die schnellt sich plötzlich mitten unter die andern Schnüre. Ich will Wolff darauf aufmerksam machen, aber er ist hinausgegangen. Ich springe auf und laufe selbst in den Flur; ich rufe, ich schreie auf die Treppe, in die Ecken: »Herr Kurt Wolff! Herr Kurt Wolff!« Ich habe an einem Riemen am rechten Handgelenk einen Spazierstock hängen, ich fühle mich jedenfalls bewaffnet. Ich schreie, bis ein Dienstmädchen kommt. Dieses Mädchen, klein und bunt, hat Kopf und Haube aus einem Stück, starr bemalt, es scheint Pappemachée zu sein; ich kann von oben durch die Haube ins Gesicht sehn. Dies Gesicht ist völlig schrecklich, ausdrucks- und bewegungslos. Ich fuchtle und schreie, ich wolle mich nicht wieder betrügen lassen. Das Mädchen sagt, dass niemand da sei, und reagiert sonst überhaupt nicht. Ich kehre in den Saal zurück; es kommt darauf an, die Sache, die roten Seidenschnüre, auch nachdem sich die äussere Schnur hineingeschnellt hat, nicht zu nehmen und nicht loszulassen. Den Saal des Palais Aschberg – denn in dem befinden wir uns – betritt der Pastor, ein langer schlaksiger Mann, der an den früheren Besprechungen teilgenommen hat. Sehr aufgeregt verlange ich, sofort mit ihm sprechen zu können. Er rückt auf der linken Seite des Saals, also ziemlich entfernt

von dem Tisch mit der Sache, zwei einander entfernt gegenüber stehnde Sessel zurecht. Mutter steht auf und geht weg;
das ist ein grosser Fehler, sie hätte die Sache im Auge behalten
müssen. Der Pastor verhält sich mürrisch. Ich bin in grossem
Zorn und erkläre, dass ich mich nicht wieder betrügen lassen
werde, ich kenne die Tricks nun schon. Ich sehe Menschen
aus dem Garten über den Perron zum Saale heraufkommen.
Ich springe auf, ich fühle wieder oder noch den Stock an der
Hand und die Schlinge am Gelenk. Ich verschliesse die Tür,
die in der Mitte der Saalfront in den Garten führt; aber die
Ankömmlinge gehn gar nicht auf diese Tür zu, sondern auf
eine der Nebentüren – die Front des Saales besteht fast aus-
schliesslich aus Glastüren –, und die sind nicht verschlossen.
Sie gehn auf die Ecke des Saales zu, in der die italienischen
Bücher stehn; sie sind wohl Italiener. Der Pastor macht
irgendwo irgendwas; es war ein Fehler, dass ich mich nicht
mit ihm in eine Nische gesetzt habe, jetzt, da sich der Saal
füllt, kann ich nicht mehr mit ihm sprechen. Durch eine
kleine Tür in der an der Frontseite der »italienischen« gegenüberliegenden Ecke kommt Simon Guttmann herein, mit süf-
fisantem Gesicht, der also auch hier zu wohnen scheint. Ich
sehe ihn von der Hinterwand aus, an der ich grade stehe, ich
habe Lust, auf ihn zuzugehn und ihn zu fragen: »Was machen
Sie hier in diesem Banditenrepaire?« Ich kehre in die »italienische Ecke« zurück, unter die andern Betrachter; ich sehe
kleine illustrierte und illuminierte Bücher an, lese die Namen
der Verfasser und Zeichner; die Bücher liegen in den Vitrinen
auf Steinsockeln, die von den Zeichnern der Bücher wie italienische Felsen bemalt sind, und einer ist, wie ich ihn wieder
hinstelle, die Statue eines Vogels. Ich nehme ein kleines Buch
aus dem Fach nebenan an der andern Wand der Ecke; hier
stehn nicht mehr italienische Bücher, sondern schwedische,
dies ist eine schwedische Taschenbibel, sehr schön gedruckt,
merkwürdigerweise in kurzen Versen gesetzt, ich lese ein paar
helle unverständliche Zeilen. Vor dem Titel sind Metallbilder,
aus Chromstahl etwa: die schwedische Königsfamilie verlässt
eine Kirche. Über den Köpfen der Prinzessinen sind beson-

dre Stückchen Metall – vom selben Metall allerdings –, nicht grade Heiligenscheine, sondern eine Art Leuchtbänder, die je zwei der vier Köpfe verbinden. Ich weiss, es ist der zweite grosse Fehler, dass ich mich habe ablenken lassen.

171

21/1/42

Ich besuche ein Schiff. In einem halboffnen dunklen scheunenartigen Raume wohnen, übereinander aufgetürmt, Mitglieder der Internationalen Brigaden. Ich spreche mit ihnen. Plötzlich frage ich, ob ich nicht mitfahren kann. Ihr Führer nimmt mich sofort an. Ich gehe wieder auf das Schiff, ein Gewehr umgehängt. Ich setze mich auf dem Schiff, auf dem alles dunkel ist, hin, und lese. Einige Interbrigadisten gegenüber unterhalten sich. An einer Stelle ihres Gesprächs erzähle ich hinüber, dass ich über diese Sache – ihre Sache – zwei Bücher geschrieben hätte. Sie wissen es, oder es interessiert sie nicht. Ich sitze an andrer Stelle, am Heck, und lese. Ein Mann, den ich für den Interbrigadistenführer halte, kommt und schafft, mir abgekehrt, irgend etwas. Ich lasse das Buch sinken und sage: »Ich habe ein Gewehr mitgebracht mit einer Patrone drin, aber keine Munition«. Da sehe ich, dass der Führer ein Stück links von mir steht, dass der Mann, zu dem ich gesprochen habe, also ein andrer sein muss. Der Führer nimmt die Mitteilung stumm entgegen und sagt mir nachher, ich müsse vorsichtig sein und soetwas nicht vor Fremden sagen; ich erkläre ihm, dass ich ihn verwechselt habe. Das Schiff fährt ab, es macht in dem Hafenteil, in dem es lag, einige grosse Kreise, rauschend und schnell. Meine Familie steht am Kai; ich winke, renne über das Schiff an den andern Bord und schreie, das Schiff umführe »den Radio« (einen Turm), es würde noch einmal vorbeifahren. In engem Kreise rauscht es weiter. Ein Leuchtturm mit dem sehr schmalen langen landzungenartigen Kaistück oder der Mole, auf der dunkel gedrängt die stehn, die von den Abfahrenden Abschied genommen haben, beginnt selbst durchs Wasser zu fahren.

Jetzt erst träume ich die Vorbereitungen zur Abfahrt. Ich begegne auf der Strasse einem Freund, der mit einem Fremden ein Papier bespricht. Ich will ihm etwas sagen, will ihn erst sein Gespräch beenden lassen und es nachher sagen, nehme ihn dann doch, da ich ja keine Zeit habe, beiseite um die Strassenecke und sage ihm, dass ich mich für lange verabschieden müsse, ich hätte mich zu den Internationalen Brigaden gemeldet. Er billigt das mit Wärme. Ich sitze in einem Taxi, einer Pferdedroschke, um ins Hotel Massilia zu fahren. Der Wagen, ein leichter Einspänner, fährt durch ganz dunkle, altertümlich überwölbte, Strassen. Mir fällt ein, dass ich im Hotel – aber wohl in einem andern Hotel, in dem ich gewohnt habe, Sachen vergessen habe: zwei Pyjamas, grade die, die nicht in dem versehentlich nach Amerika gegangnen Koffer waren [das entspricht der Wirklichkeit; es sind die beiden Pyjamas, die an einem Nagel in der Zelle hängen; das ganze kann eine Erinnerung an Sachen sein, die in Vernet geblieben sind], und andres. Ich müsste Mutters (oder Yvettes?) Adresse auf einen Zettel schreiben; aber wie kontrollieren, ob die Sachen wirklich geschickt werden? Auch an Mutter einen Zettel schicken? Der Wagen fährt hin und her in den dunklen Strassen, offenbar findet der Kutscher nicht. Auch muss es natürlich in Marseille mehrere Hotels geben, die Massilia heissen. Ich befrage den Kutscher, ärgerlich; schliesslich gibt er zu, sich verfahren zu haben, und wütend beschliesse ich, er solle zurückfahren. Er fährt mich in eine Vorstadtstrasse und will in seine Remise einbiegen. Ich springe im wechselseitigen Schelten vom Wagen ab, um mir seine Nummer zu merken, und sage dem Kutscher auch, dass ich sie mir merken werde. Der Wagen trägt hinten ein grosses dunkles Schild, auf dem in sehr verschnörkelter weisser Zierschrift vier oder fünf Buchstaben stehn [ich habe für meine Sprach-Arbeit Buchstabenwörter aufgezeichnet], in der Mitte ein weitgeschlungnes C. Als der Wagen durch die Einfahrt gefahren ist, steht hinter den Buchstaben noch eine 4, und als er vor der Remise hält, sogar 44. Der Streit mit dem Kutscher geht weiter, ich verlange, ins Hotel Massilia gefahren zu werden, er dürfe die Fahrt nicht verweigern, ich drohe, Polizei zu holen. Auf irgend etwas hin, was er macht, und da ich sehe, dass er Wagen und Pferde hat, um die Fahrt zu bewerkstelligen, rufe ich wirklich nach einem Polizisten, den ich in einer andern Strasse zu sehn glaube. Der Fuhrmann gibt nach, spannt ein andres, falbes, Pferd ein und will den Bock besteigen. Er hält die Peitsche auf eine drohende und provokante Art, ein Kumpan mit Peitsche geht neben ihm; ich darf und werde es nicht dulden, denke ich, dass sie zu zweien fahren, während ich allein bin. Lotte ist jetzt mit mir [ich weiss nicht mehr, ob sie mich schon auf der ersten Fahrt begleitet hat]. Die Fahrt geht ohne Zwischenfall vor sich; ich rufe dem Kutscher – oder Chauffeur, denn wohl jetzt schon ist der Wagen ein Auto, bei der Ankunft ist er es sicherlich – zu, er solle am Alten Hafen lang fahren; das Hotel scheint, in meiner Vorstellung, in der Gegend der Kathedrale, aber hoch zu liegen. Die Fahrt geht wieder durch Gewölbe, aber grössere, hellere, fast weisse. Im Wagen steht ein Flügel, den ich öffne; ich will rasch den Auszug einer Verdischen Oper durchsehn, ich suche bestimmte Motive heraus, der Satz ist einfach, aber durch viele synkopierte Triolen erschwert; die Zeit drängt sehr; mehrere Menschen, ausser Lotte, umstehn mich und sehn und hören mir zu. [Als ich erwache, habe ich zwei Bruchstücke des Lehrburschentanzes aus den Meistersingern im Kopfe.] Das Spielen ist unbequem; ich öffne schliesslich den Flügel, nachdem ich erst die Noten nur auf die Tasten gestellt hatte. Der Wagen hält. Da ich mit dem Chauffeur Streit gehabt habe, muss ich sehr rasch bezahlen. Ich ziehe das Portemonnaie, das mit Gummischnüren umwickelt ist. Ich habe über dreissig Franken, und das Schild zeigt 32,50. Ich will Lotte sagen, sie solle zu Walter Schlieper hineingehn und ihn um Geld für den Chauffeur bitten. In dem Augenblick ruft Lotte überrascht: »Da steht ja Ellis!« – natürlich, da wir ja zu Schliepers gefahren sind! Ich sehe sie auch im Flur stehn, mit rotem Gesicht, ein Lachen versuchend. Walter kommt, ich sage ihm, er müsse mir Geld geben, drücke ihm mein Portemonnaie in die

Hand und sage: »Runde, was da drin ist, über das Trinkgeld hinaus ab«, das Schild zeigt 32,50 (das bedeutet aber 35), Walter lacht und scheint fragen zu wollen, wie ich denn voraussetzen könne, dass er Geld im Hause habe. Es erfolgt ein rasches, wirres, lebhaftes Gespräch aller, zu meiner ausserordentlichen Überraschung duzen Walter und Ellis den Chauffeur, auf den sie einsprechen, und der, ein kleiner, stämmiger wettergebräunter Mann, selbst sehr lacht. Der Chauffeur ist ein Freund – und jetzt kommt es mir selbst vor, als ob ich ihn kennte. Kann man ihm denn ein Trinkgeld anbieten? »Mein Gott«, sage ich, »unsre Bekanntschaft hat mit einem heftigen Krach angefangen!« Alle lachen, der Chauffeur am meisten. »Meine Frau hat mir schon gesagt«, erklärt er, »als er wartete: Das ist doch das Café, das als Leonhards Café bekannt ist!« [Es war aber bei der Szene vor der Remise keine Frau zugegen, ausser Lotte, und ich wartete auf der Strasse und nicht in einem Café.] Gleich beim Aussteigen hatte ich gedacht: nun kann doch der Chauffeur die zurückgelassnen Sachen mitnehmen [– als ob die nun doch im Hotel Massilia grade wären und nicht im andern Hotel; es ist sogar, als Hotel, in dem Walter wohnt, das dritte, und alle verwechselt der Traum –], aber es ist keine Zeit mehr, wegzufahren. Gerrit spielt in einer Ecke. Ich sage Walter, dass das ein Abschiedsbesuch sei, und dass ich mich zu den Internationalen Brigaden gemeldet hätte. Er spricht sehr ruhig von den möglichen Komplikationen. Ich sage, dass ich höchstens riskiere, schon zu spät zu kommen. Er spricht von der Möglichkeit des Angehalten- oder Torpediertwerdens. Ich erwidre, dass die bestehe, aber gering sei, weil wir ja auf einem ganz gewöhnlichen Passagierdampfer [– es scheint sich in unsrer Vorstellung um eine Fahrt nach Spanisch-Marokko, jedenfalls nach Afrika, zu handeln –] führen und unter den Passagieren eine Minderzahl bildeten.

(In derselben Nacht.) Ins Lager, in dem viel Getriebe ist, kommt ein Arzt; ein sehr kleiner dürrer Mann mit dunkler Brille, der still und übermüdet scheint. Ich lasse ihn an mir vorübergehn und antworte auf seine Frage nichts. Dann entschliesse ich mich doch, etwas zu sagen, und gehe auf ihn zu. Er sieht mich still an. Ich hebe mühsam eine Kapuze vom Gesicht und sage ihm, dass ich an einer Prostatitis leide, die schwer sei, dass die vom Arzt in Vernet meiner Frau angegebnen Mittel dort am Tage meines Abtransportes angekommen seien und dass ich sie nun seit langem erwartete [das entspricht der Wirklichkeit; der Besuch eines Arztes hier war für gestern abend angesagt]; ob ich sie ohne neue Billigung gleich bekommen und gebrauchen könnte, sie seien ja von einem Lagerarzt verordnet. Er stimmt wortkarg zu. Ich will ihm noch von Augenschmerzen sprechen [ich habe entzündete Augen, die mich nachts sehr geschmerzt haben], er winkt mir, ich solle ihm folgen. Er steht an einem Tisch, zu dem ein etwa einen Meter breiter Gang zwischen Bänken führt, in dem steh ich und warte, dass er zurückkommt, um wieder mit ihm zu sprechen. Ein Leutnant kommt vorüber, stösst mich an und sagt etwas nur halb Verständliches von Leuten, die einen halben Gang füllen, oder so etwas. Ich will antworten, dass ich auf den Arzt warte, aber der Leutnant ist schon weg. Ein zweiter Arzt, ein fleischiger Mann in weissem Kittel, selbst ein Internierter, der ein mit einem Augenspiegel verbundnes Monokel trägt, ein weisser Russe, steht vor mir zwischen den Bänken, streicht mir mit der Hand über den Ärmel und erzählt etwas von Erfahrungen, die er mit diesem Leutnant gemacht hat, und wie er solche Auftritte vermeide. Er hat ein falsches Lächeln, ich misstraue ihm und will mich auf kein Gespräch einlassen. Ich sehe Photographien an, die ich dem Arzt nicht zeigen will, schlecht geschnittne, zusammengehörige, graue verblasste Kartons, Gelehrtenköpfe, von denen manche entstellt sind [ich weiss nicht mehr, wen sie darstellten und warum ich sie hatte]. Ich will sie verbrennen und gehe an den mannshohen Kessel. Ich öffne mit einem Stück Holz die in Kopfhöhe angebrachte Feuerungstür, stecke dieses Holz hinein, und noch ein andres, und dann die Photographien. Torundzyk kommt vorbei und stösst an die aus den Ofentüren ragenden Hölzer. Plötzlich sagt einer neben mir, der im Kessel rührt, mit starrem Blick nach links: »Er spricht ja!« (Das soll heissen: »Er spricht ja irre«.) Ich drehe mich nach links und sehe auf: einige Meter von uns, mitten in einem leeren Raume, steht Torundzyk, hat die Arme vor sich gehoben, stammelt, taumelt, und – ist ganz schwarz! In der Tat: es ist sein Kopf, aber es ist ein Negerkopf, es ist Torundzyk als Neger, ein Neger, der Torundzyk ist. Wir stehn alle sprachlos. Er taumelt bis an ein grosses hohes Wasserbassin, er steht darin, das Wasser geht ihm bis zur Brust, er bewegt sich, die Schwärze schwindet, als ob sie ausliefe, er hat wieder sein Gesicht, nur gerötet ist es, nur am Haar sind noch schwarze Stellen. Ich gehe in einem Gang einigen Leuten nach, unter denen Andrée Viollis <ist>, und beruhige sie, es sei schon wieder besser mit Torundzyk, er habe schon wieder seine gewöhnliche Farbe.

173

23/1/42

Ich bin mit Franz und mehreren in einem Raume. Draussen geschieht viel. Sie schicken mich hinaus, um nachzusehn. Ich gehe über einen leeren Platz. Plötzlich kommen über den in ungeordneter Menge kleine junge Leute gelaufen, asiatische Seesoldaten. Ich möchte zurück, die Freunde warnen; die Soldaten haben mich überholt, ich schätze den Weg ab, der durch das Gartenstück zur Tür ist schon verstellt. Aber die Demonstration richtet sich nicht gegen meine Freunde, die Leute stehn alle zum Nebengebäude gekehrt, ziemlich locker übrigens, ziemlich ruhig, und erwarten die Antwort auf Reklamationen. Dann bin ich wieder im Hause bei den Freunden. Eine ausserordentliche Veränderung ist eingetreten, das Zimmer ist leer, sie stehn alle auf dem Gange und machen sich zur Abreise fertig, zur Fahrt über See. Sie lassen Ausrüstungsgegenstände zurück, die sie nicht mehr brauchen, und lassen sie mir, für mich und die andern Zurückbleibenden, für ganz wenig Geld. Lex stülpt mir lachend einen Apparat [ich weiss nicht mehr, was für einen] über den Kopf.

Ich sage, dass ich ihn bei meinen wenigen Haaren so nicht gebrauchen könne. Franz gibt mir einen andern Gegenstand; er soll zwanzig Franken kosten, einen lächerlichen Preis; ich nehme ein ganz blankes Zwanzig-Franken-Stück aus dem Portemonnaie. Ich behalte alles, was sie zurücklassen. Franz steht vor mir und sagt: »Ich hätte Dir gern ein Abschiedsgeschenk gemacht. Ich möchte Dir einen Revolver schenken, ich kann nur hier keinen bekommen. Deine Karriere ist jetzt so weit, dass Du einen Revolver bei Dir tragen musst.« Dann sagt er: »Schreibe mir unter dem Namen Josef Dobberluck an die erste Adresse, die ich Dir aufgeschrieben habe. Ist Dobberluck nicht ein guter Deckname?« »Er kommt mir für drüben, mit der Endung -uck (oder …ugg), zu märkisch vor«, sage ich; »aber, was für ein Zufall, das ist, bis auf einen Buchstaben, ein Name aus einem meiner Stücke [aus Tragödie von Heute]!« Während dieses Gesprächs hat unsre Gruppe sich in Bewegung gesetzt. Wir gehn schon draussen. Einer dreht sich um und sagt in hartem Ton: »Mir schreibe unter dem Namen August Gelbrunk!« Ich bin froh, darüber, dass sie nun reisen können, und traurig über Trennung und Zurückbleiben.

177

27/1/42

Die Weihnachtspakete für den SDS sind zu verteilen. Es sind grosse Sammelpakete gebracht worden, aus denen nehme ich ein »Solis Suisse« nach dem andern heraus und gebe es weiter; dann scheinen mir die Sammelpakete wieder gar nicht so gross, jedenfalls nicht gross genug. Ich bin auch enttäuscht darüber, dass für mich gar keins dabei ist. [Hier ist wohl eine Vermischung der aktuellen Colis Suisses mit der Erinnerung an die sowjetrussischen Lebensmittelpakete, die in Paris einmal die Mitglieder des SDS bekamen und von denen ich als Vorsitzender nur das letzte nehmen wollte, das ich dann nicht mehr erhielt, erfolgt.] Gegen den Schluss wird mir die Verteilung abgenommen, ich stelle mich auf dem engen

Gang in die Reihe, gehe dann aber gleich in den Schalter, durch dessen Fenster jetzt die Verteilung erfolgt. Die Pakete sind schon fast alle weggegeben; auf dem Tisch lehnt noch ein grosser Kasten mit kleinen runden braunen Tabakspfeifen, für jeden eine Pfeife, aber für mich ist keine dabei. Für mich ist nur ein belangloses Telegramm von Fritz Wurm da, an das ein Laufzettel geheftet ist. Ich spreche mit Walter Landauer, der wohl die letzte Verteilung vorgenommen hat, über Wurms Korrespondenz, vielmehr über die Nichterledigung seiner Korrespondenz. »Das Schlimme ist bei Fritz«, sagt Landauer »dass er unangenehme Briefe …« »… nie beantwortet«, unterbreche ich. »Das nicht«, sagt Landauer, »aber er pisst ein wenig darauf, dadurch kleben sie im Papierkorb fester und gehn mit dem Abfall weg«. Wir sind an einen langen Tisch geraten, an den setzen sich unten Leute mit einem kleinen Hunde. Es wird gegen den Hund gescholten, der störe; ich verteidige ihn, er sei doch schön. Ich stehe wieder im Gange in einer Schlange. Es wird gegen Pferde gesprochen. Ich trete aus der Reihe neben einen, der gescholten hat, und spreche für die Pferde; ich imitiere lustig, wie ein Kind auf einem imaginären Schaukelpferde, den Trab; ich tue das hauptsächlich, weil seitlich ein schlankes dunkles Mädchen steht, das Pferde liebt, und als ich mich nun umdrehe, um in die Reihe zurückzutreten, sehn wir einander mit leuchtenden Augen an.

[Bemerkung:] Ganz regelmässig ist, jetzt mindestens, der erste Traum der Nacht der, der am schlechtesten behalten wird; wenn überhaupt eins, wird nur ein einziges Bild oder Faktum behalten; und zwar schon beim ersten Erwachen, nicht etwa erst in der späteren Erinnerung der Nacht und des Morgens. Es muss an der Art des Erwachens liegen. Für das zweite und gar für das dritte Traumstück liegt es günstiger; dann kann die Behaltbarkeit wieder sinken.

Wir treten auf den Balkon des grossen Eckhauses am grossen
Parke, an dem vielleicht sogar ein Fluss vorbeifliesst; vielleicht ist es auch eher ein Söller als ein Balkon, denn ich erinnere mich gut der breiten hellen steinernen Fläche, aber keines Geländers. Unten werden in losen Gruppen Pferde
vorbeigetrieben. Ich höre die Peitschen knallen. Schon der
zweite Trupp wird, der erste ist durchs Tor um die Ecke gebogen, vorbeigetrieben. Da sehe ich, dass die stärker knal-
lenden Schläge der von einem Treiber geschwungnen Peitsche gar nicht den Pferden gelten, sondern einer Gruppe von
drei Männern, die mitten unter den Pferden getrieben wird.
Der eine, obwohl er auch getroffen sein muss, geht ruhig
und elegant weiter, den Überzieher über dem Arm; ein andrer scheint nicht getroffen worden zu sein; der dritte aber,
auf den der Treiber es besonders abgesehn zu haben scheint –
man spürt, das er ihn den ganzen Weg schon, von dem wir
doch nichts wissen, so gepeitscht hat, vielleicht an der Sicherheit des Schlags –, ist sehr schwer getroffen, er taumelt
an eine Säule des Tors, durch das der Zug grade in den am
Flusse lang führenden Weg biegen will. Mir steigt der Zorn
über diese brutale Transportmethode in die Kehle, vielleicht
will ich etwas schrein. Da sehe ich, dass der Mann, der einen
braunen Anzug trägt, sich aufrafft, langsam hochkommt, auf
den Treiber, der sich Pferden zugewandt hat, zuspringt, ihn
von hinten an der Kehle packt und niederreisst. Beide etwa
gleich grossen Männer fallen zu Boden und rollen. Es war genau zu spüren, was in dem Gefangnen vorgegangen ist, wie
es einfach zu viel geworden ist, und der Druck zu stark in
ihm. Mein erstes Gefühl ist eine Art Freude darüber, dass etwas vorfällt, und dass das Ereignis grade statt hat im Augenblick, da wir auf dem Balkon sind – oder dass wir zu rechter
Zeit grade, um das Ereignis zu erleben, auf den Balkon getre-
ten sind. Der Gefangne liegt über dem Treiber und würgt ihn
stumm. Leute rufen: »Reisst ihn doch los, er erwürgt ihn ja!«
Andre Treiber springen hinzu, die beiden am Boden rollen

oder gleiten ein so grosses Stück über den Boden, dass wir um die Ecke des Söllers gehn müssen, um sie noch zu sehn. Der Gefangne würgt stumm weiter, eigentlich müsste der Feind unter ihm, der sich erst vergeblich gegen ihn gebäumt hatte, schon tot sein. Schliesslich reissen die andern sie auseinander; der Würger wird nach hinten abgeführt, er lässt sich stumm und ruhig führen, die Treiber tun ihm nichts, fesseln ihn nicht einmal. Es ist nicht klar, ob der andre hochkommen wird.

(In derselben Nacht.) Ich schwimme im Meere, nicht weit vom Strande. Ein nationalsozialistisches Unterseeboot kommt, aufgetaucht, pfeilschnell und pfeilgrade auf mich zu. Ich muss untertauchen und unter ihm durchschwimmen, ich suche mir vorzustellen, wie tief der Kiel sein mag, um bestimmt quer unten vorbeizukommen. Ich höre verlesen, wie es mir weiter geht: »Eine Sardine hat ihn ohnmächtig gemacht, und ein Ruder hat ihn an den Kopf getroffen«. Man sieht, dass aufs Land zu das Unterseeboot schneller ist als der Schwimmer, auf dem Bilde. Dennoch kommt er – komme ich – eher ans Land als das Boot, auf einem breiten Streifen Wassers. Auf dem Lande, das wohl neutral sein muss, bin ich in Sicherheit. Abends will ich das Abenteuer verschiednen Leuten erzählen. Ich gehe in ein hell erleuchtetes, klubartiges Restaurant am Strande. Vor der Tür sehe ich, oder erinnere ich mich, dass auch deutsche Marineoffiziere dort verkehren. Die sind alle, klein wie Japaner und in Uniformen wie in einer Operette, in der Halle und in einem Mittelzimmer. Ich gehe an ihnen, die mich stumm anstarren, vorbei, mit schallender Stimme den Sang an Ägis singend, den ich schon vor der Tür angestimmt hatte. Ich grüsse sehr auffällig Offiziere der verbündeten Nationen, denen ich in der Halle begegne, ich grüsse mich durch die Halle hindurch; übrigens grüsse ich, straff und korrekt, aber verbindlich, selbst militärisch [ich weiss aber nicht, ob ich selbst eine Uniform trug]. Ich grüsse auch in dem Ecksaal noch, der mein Ziel war. Ich spreche mit Leuten, deren graue zerknitterte Hemden mir auffallen. Ich setze mich in einen Korbsessel an einen niedrigen Tisch zu Freunden, denen ich erzählen will. Ich glaube, mein Vetter Heinz ist dabei; oder ich wollte ihn treffen.

(In derselben Nacht.) Im Lager kommt ein kleiner, dürrer, wie ausgelöschter Mann im Barackengange auf mich zu; er heisst Cohn; er hat heute, eben, ein uraltes mathematisches Problem gelöst. Er erzählt das trocken, ruhig, ohne viel Wesen davon zu machen, und schleicht weg, wohl in seine Baracke zurück. Abends wird erzählt, es werde nachts eine Feier sein zum hundertfünfzigjährigen oder dreihundertfünfzigjährigen Jubiläum dieses mathematischen Problems [ich weiss nicht, um welches Problem es sich handelte; ausser dem Jubiläum ist kein Anklang an das Fermatsche Problem gegeben]; »und da ist es grade heute gelöst worden, und hier im Lager!« sage ich erregt. Wir denken auch daran, wie peinlich es manchen sein werde, dass grade einer namens Cohn es gelöst habe. Ich liege dann im Bett, will aber nicht einschlafen, sei es des Jubiläums wegen, sei es um wegzugehn oder wegzufahren. Plötzlich fahre ich aus dem Schlaf, ein harter Schreck hat mich geweckt [der Schritt der Runde und das Knallen der Gucklochklappen?], es ist sechs Uhr dreissig, ich habe alles versäumt. Plötzlich bin ich nicht mehr im Lager, sondern in einem Zimmer, das Bett steht nicht mehr neben einem lochartigen Fenster senkrecht in den Raum, sondern breit an der Wand, unter einem Umbau aus Mahagoni und anderm Holz. Ich ziehe mich an, aber ich möchte ein andres Hemd nehmen, ich nehme eins aus einem Fache des Umbaus, dunkelrot und grau gemustert, ich habe sehr schöne bunte Hemden, ich habe viele, ich bin überrascht, wie viele ich habe, manche hatte ich vergessen, die ich nun wiederfinde. Ich lege einige zum Mitnehmen zurecht. Ich richte etwas an der alten Uhrkette [einer ausserordentlichen Vergrösserung und Übertreibung der dünnen Kette mit den zwei Steinen, die ich wirklich trage], ich glaube, es wäre besser, das geflickte oder gescheckte <?> Stück Tau, das ich einmal durch die die Kette bildenden Metallringe gezogen habe, herauszuziehn; es geht besser, als ich gedacht hätte, es geht ganz heraus, ohne die Festigkeit der Kette zu beeinträchtigen – ich habe nur Mühe, ein paar der parallel über die verbleibende Schnur gleitenden Ringe zurechtzubiegen, aber dann fällt die Kette altertümlich schön, auch weniger plump als vorher. Auf dem Gestell hat sich ein dünnes Buch in grünem Leder immer wieder mit dem Rücken zur Wand gedreht, ich muss ein dickes, auch in grünem Leder, davorstellen. Mutter (oder Yvette, oder eine andre Frau) sagt anspielungshaft, sie wisse ja nicht, was ich alles in der Stadt triebe; ich sage geduldig, aber überdrüssig einer alten Auseinandersetzung und müde, sie könne ja täglich Tante Natalie, bei der ich wohnen werde, antelefonieren. Im Flur bemerke ich, dass ich den Acht-Uhr-dreissig-Zug in die Stadt versäumt habe; ich frage alle nach dem nächsten, aber es scheint an Wochentagen kein zweiter in absehbarer Zeit zu gehn, ich werde alles in der Stadt versäumen. Ich gehe in den Garten, Lotte geht neben mir. In einer kleinen Erdvertiefung unter einem Baume liegen blaue Pflaumen; wir diskutieren darüber, ob man diese wurmstichigen und kranken Früchte essen könne und sammeln solle. Ich beginne sie aufzuheben, es sind auch andre dabei, die ganz gewiss weder angestochen noch faul sind, reife, süsse auch andre Früchte als Pflaumen, es ist, als fielen sie unbemerkt unter meine Hände in die Erdvertiefung oder wüchsen dort. Ich frage wieder nach Zügen; ich nehme den Fahrplan aus der Tasche, er steckt in einem grünen Lederetui, es ist aber im Etui die falsche Seite des Notizbuchs, auf dessen Aussendeckel er steht, in die Öffnung gedreht, die mit dem Inhaltsverzeichnis. In der Mitte des Platzes steht ein Apparat, mit dem photographiert oder gefilmt werden soll. Ich gehe an der Langseite mit einer kleinen dunklen Frau auf und ab, die in der Emigration viel Schweres erfahren hat; sie erzählt mir sehr sachlich und gefasst, aus ihrem Leben. Ich frage, wie sie es angestellt habe und welche Elemente sie verwandt habe, um Swann zu schreiben [sie, oder jemand, der ihr nahesteht? Eben beim Schreiben wird es mir unklar], sie antwortet bereitwillig. [Ich habe vor einigen Tagen eine Notiz über Charles Haas, das Urbild Swanns, gelesen.]

In einem Emigranten-Restaurant mit langsamem und vertraulichem Betrieb habe ich mit einem Freunde ein Gespräch über Homosexualität im Heere. Mir ist noch ein Argument erinnerlich: auch im Heere und grade im Heere schaffe die gehemmte und gestaute Homosexualität Neurosen, »also ist sie der Krankheit so verbunden wie die heterosexuelle Liebe den Geschlechtskrankheiten«, antworte ich. Das Gespräch wird präzis, in klarer Überschau, bewusst und absichtlich geführt. Es wird gehemmt dadurch, dass an einem Nebentisch zwei Männer in schwarzer Uniform, selbst wohl frühere Spanienoffiziere, Freunde oder Angestellte oder Agenten Willy Münzenbergs, es belauern. Als wir gehn, kommen wir darauf, dass wir uns eigentlich in einem andern der Emigration zur Verfügung stehnden Raume hatten treffen wollen oder sollen. »Ich wollte Dir eigentlich von meinem Leben erzählen«, sage ich. Und: »Ich wollte Dich gewinnen«. »Und dass wir dort –«, er weist auf das Restaurant zurück, »– behindert sein würden, wusstest Du nicht«. Er sieht mich, aus einer federnden Bewegung, mit ausserordentlich gewinnendem Blicke an, ganz nahe.

Ich soll, aus vergessnen Gründen, ein Duell mit einem dunklen Manne namens Nikolaus Goupil haben. Er ist ein besonders guter Schütze oder hat eine unfehlbare Büchse, es ist irgend etwas Besondres oder besonders Gefährliches mit ihm, sagt man mir. Ich entschuldige mich für einen Augenblick, ich würde den Platz nicht verlassen, und stelle mein Gewehr hin. Der Platz ist ein Halbkreis, mit kleinen pavillonartigen Häusern umstellt, die einander nicht berühren. Das letzte ist das Postamt. Dahinein gehe ich, nehme einen grossen dicken Bleistift oder Halter, der selbst an ein Gewehr erinnert. Daran drehe ich, und höre – oder denke und fühle: Gift –

(In derselben Nacht.) Ich muss Korrekturen lesen, ich habe viele grosse Blätter erhalten. Es sind aber gar nicht die Korrekturen, die ich erwartet habe, obwohl mir der Text nicht fremd ist, kartenartige Blätter mit bunter Schrift, kolonnenartig bedruckt, so, dass manchmal ein Buchstabe die Kolonne füllt, manchmal mehrere Silben; alles ist völlig falsch gedruckt, manches ganz sinnlos, ich muss jeden Buchstaben verändern, am Rande ist kein Platz für die Korrekturen, ich muss in der Zeile schreiben, das wird ganz unverständlich. Yvette, zum Ausgehn bereit, will das Œuvre und eine andre Zeitung haben; ich sage ärgerlich, ich hätte sie nicht, sie zieht sie zwischen den Blättern hervor und geht verstimmt weg. Ich entdecke, dass die ganze untere Hälfte jedes Bogens von einem Bild in der Art altertümlicher Buntdrucke eingenommen wird; ich muss stehn, um das Blatt übersehn zu können, dessen oberer Rand über den Tisch hängt. Eine fremde Frau kommt durchs Zimmer, ich muss ja lächerlich sein: ich stehe hier nicht wie ein Korrekturenleser, sondern wie ein Kapitän über einer Seekarte. Ein Bild fesselt mich: es stellt einen Tempel im Meere da, den man, mit Menschen darin, ins Meer versenkt hat. Ich überlege, wie das zu machen gewesen ist: hat man unter dem Tempel den Sandsockel abgegraben? Wie ich wieder hinsehe, ist das Bild verändert: Menschen mit Metallhelmen beugen sich aus dem Tempeleingang, spähend und sprungbereit, sie wollen sich nicht einfach versenken lassen, sie werden schwimmen und kämpfen. Ich lasse die Blätter, die Frau, die vorhin durchgekommen ist, muss den Braten gebracht haben, ich gehe nebenan in die Küche. Man gibt mir einen Sack, ich fasse in seine beiden Abteilungen und fühle loses strähniges Fleisch, kalt und feucht, in der einen viel, in der andern wenig. Das ist wohl eine Zulage, denn Grossmutter ist zu Besuch gekommen. Links neben mir schreit die Köchin, die Katze habe sie gekratzt. Sie erscheint vor mir, sie ist nur einen halben Meter gross und gelb, sie zeigt die rechte Hand, an der eine Kratzwunde sein soll. Sie sieht bekümmert und sehr ernst aus. Ich halte ein Schächtelchen in der Hand, darin ist eine Bürste zum Putzen der

Schuhe und eine kleine Glasscherbe zum Abkratzen des Sohlenrandes. Ich nehme die Katze, eine Siamesin, hoch und streichle sie; sie sieht ganz unbeteiligt drein.

186

Ich fahre morgen, Sonntag, nachmittag um fünf Uhr nach Pyrmont. Ich erzähle es allen, voller Freude; es stellt sich heraus, dass fast alle verreisen, manche noch vor mir, auch Sonntag um vier, nach andern Richtungen. In einem Lagerraum, in dem wir locker wie vor einer Bühne sitzen, sitze ich neben Michael Flürscheim, der mit einem Mädchen zusammen, sehr heiter, Briefe liest; einer der Briefe scheint von mir zu sein. Immer wenn er einen Satz gelesen hat, rufen sie »Klammer«, und Flürscheim macht mit einem Blaustift auf das Papier ein grosses Zeichen. Auf meine Frage kommt er schliesslich, als wolle er mich beruhigen, damit heraus, dass er die Sachen zum Wegwerfen bezeichne, aber meinen Brief werde er aufheben. Ich gehe über die Strasse, ich habe viel zu tun vor der Reise, nachmittag muss ich zuhause sein, Mutter hat für mich ein Ferngespräch mit dem Grafen Soundso angemeldet, einem Manne von der Art des Grafen Schack, und morgen vormittag habe ich auch zu tun. Ich biege mit einem jungen Dramatiker in eine Strasse ähnlich der, die in Marseille von den Quatre Chemins hinter den Zoologischen Garten führt. Morgen soll sein Stück herauskommen, er ist verhindert, vormittags zur Probe zu gehn. »Soll ich an Ihrer Stelle gehn?« frage ich, obwohl ich mich auch frei machen müsste. »Nein«, sagt er, »als ich Sie anfangs darum bat, meinten Sie, es ginge nicht –«. Ich hatte auch recht gehabt; da mein letztes Stück keinen Erfolg gehabt hatte, würde ich gegenüber den Schauspielern und dem Regisseur nicht genügend Autorität haben. »Aber dann werde ich über Ihr Stück nicht schreiben können, wenn ich die erste Aufführung nicht sehe und die letzte Probe auch nicht. Vielleicht später, nach der Rückkehr« – und ich sehe geschlossen die Kolonne meiner Kritik vor mir. Ich gehe mit einer jung verheirateten Frau, oder mit einem Mädchen, durch die Strassen. Ich denke an das Ferngespräch, sie will in einem Kartonagengeschäft telephonieren. Ich warte vor dem Schaufenster; ein Stück Vogeldreck fällt mir hart auf die Nase. Jemand aus dem Geschäft, wohl ein Lehrmädchen, kommt mit einem Lappen und hilft mir, die Nase abreiben. Auch meine Begleiterin kommt schon heraus; ich höre, wie hinter ihr im Laden gesagt wird »Das Gespräch für das Atelier Soundso abbestellen!«, und merke, dass zwischen ihrem Atelier und dem Kartonagengeschäft eine ständige Beziehung bestehn muss. Ich sage, komisch ärgerlich: »Meine Nase mag ja gross sein, aber es ist doch so viel Platz rundherum, muss der Vogel grade meine Nase benutzen!« Ich frage sie, ob noch etwas zu sehn ist. Sie gibt mir einen zierlich gefassten Handspiegel mit verschlungnem Griff und sagt, rechts sei noch etwas, aber das scheine Schorf zu sein, ob ich da wohl Schorf haben könne. In der Tat habe ich mir die Nase nicht nur mit einem Tuche, sondern auch mit einer harten Bürste abgerieben. Mit dem Rücken dieser Bürste drücke ich gegen die Stelle; die Kruste geht sofort ab wie trockner Schorf; dann löst sie sich schwieriger, und als gelungen ist, sie ganz zu lösen, sehe ich, dass es ein Reklamezettel ist, den mir das Lehrmädchen unter dem Vorgeben, mir zu helfen, auf die Nase geklebt haben muss. [Der Widerspruch, dass die Schorfstelle etwa einen Zentimeter lang und nicht mal einen halben breit ist, der Zettel aber um ein Vielfaches grösser ist, wird kaum bemerkt.] Ich will nachhause gehen, das Mädchen – vielmehr: jetzt ist es sicher, dass es eine junge Frau ist, kaum mittelgross, aschblond, sehr hübsch, etwas blässlich; vielleicht die Frau des Dramatikers von vorhin? – begleitet mich, an der Ecke der Potsdamer Strasse sage ich, nun würde ich sie noch bis zur Potsdamer Brücke begleiten. Sie wendet sich zurück und sagt mit einem lüsternen, auffallenden, ein wenig albernen Lächeln und einem Augenwink: »Kokain!« Ich sehe mich um; hinter der halbblinden Obertürscheibe eines älteren Hauses hängt als Schild ein längliches Kartonstück, auf dem »Kokain« zu stehn scheint; merkwürdig, dass sie das gesehn hat. Aber die Inschrift heisst ja gar nicht »Kokain« sondern »Tedain«! Wir gehn auf der andern Seite der Strasse, wohl schon jenseits der Brücke; ich möchte ihr erklären, dass sich Tedain zu Kokain verhält wie – ja, ich komme auf den Namen nicht, »wie die Flüssigkeit, die man auf Wunden tut« [ich meine wohl Essigsaure Tonerde], »nicht Wasserstoffsuperoxyd, den nehme ich nicht gern auf Wunden, weil er sie schäumen macht –« – Wir stehn nebeneinander, wir müssten uns trennen von einander, sie müsste nachhause, ich erwarte ein Ferngespräch, ich seh sie mit geneigtem Kopfe stehn, ein unendlich warmes, liebevolles Gefühl überwallt mich, wir trennen uns nicht. Die eigentliche Liebesszene aber, die Verbindung, hat der Traum eskamotiert; sie wird ersetzt dadurch, dass mir zwei Zeilen eines Briefes gezeigt werden, die etwa lauten »Er hatte gesagt, dass er nachmittags nachhause kommen würde, aber er ist auch abends nicht gekomen«. Ich muss mit dem Mädchen in ein Haus in der Nähe des Potsdamer Platzes gegangen sein, aber das ist im Traum nicht vorgekommen. Wir stehn wieder, oder noch, an derselben Stelle; sie hat den Kopf noch tiefer gesenkt, blond und blass, es ist, als ob sie weinen möchte, aber ganz versteckt lächelt sie wohl, und mir ist ganz warm. Ich sitze dann in einem Café etwa gegenüber der Eichhornstrasse. Ich blättre ein Buch um, die letzte Zeile schliesst mit dem Worte »Merksatz« und einem Doppelpunkt; auf der nächsten Seite müsste der Merksatz kommen, aber er ist statt dessen mit kleinen Blockbuchstaben [wie nach der Montessori-Methode] auf dem Fussboden aufgebaut, viel mehr übrigens als dieser Satz, es ist schwer ihn aus der Menge herauszuerkennen; ein Kind spielt mit den Zeilen. Vom Autor und Helden dieses Buches ist gesagt, dass er ganz ausgeleert und hohl geworden sei; und ich habe ein Spielzeug in der Hand, eine Figur aus Pappemaché, die einen dicken runden Mann darstellt, dessen Kopf – von dem Kinde beim Spielen? und ist das nicht das Kind dieses Mannes? – gelockert und fast in den Leib hineineingedrückt ist. Ich will das Café verlassen; ich bin sehr

ärgerlich gegen mich, ich habe nicht nur das Telefongespräch
versäumt, ich bin ganz zerrüttet, das Wort »liederlich« klingt
in mir auf und verlässt mich nicht mehr. Ich bemerke, dass
mein Gürtel offen ist. Ich will meine Thermosflasche mitnehmen, die auf dem Tische steht; ich ergreife statt dessen
eine leere Flasche. Ich gehe zurück, um sie umzutauschen.
Ich habe noch einmal die Pappfigur in der Hand; der Kopf ist
ganz zerquetscht und fast ganz in den Leib eingetreten. Ich
trage sie dem Kinde zum Spielen hin. Ich nehme die Flasche.
Eine dritte, die daneben steht, ist noch nicht leer. Ich will sie
auch mitnehmen, ich schwenke sie spielend in der Hand hin
und her. Ich trinke direkt aus der Flasche. Das Selterswasser
ist lau. Ich gehe zwischen den Tischen hindurch. Die Gäste
sind erregt. Zwei Frauen stehn auf und rufen einer Dritten
zu: »Hat man nicht telefoniert? Sind keine Nachrichten von
der Revolution da? [– deren Ausbrechen man für den Abend
erwartet]. Ich biege ins Schöneberger Ufer ein, nach rechts,
und bleibe stehn, um einigen sehr grossen Männern in Uniform zuzusehn, en grande tenue, die aus ganz eng anliegen-
den weissen silberbesetzten Seidenblusen über eng anliegen-
den dunklen Hosen bestehn. Man hört Signale; es sind also
keine Telephonnachrichten da, aber das Militär hat Appel.
Man spürt die Erregung der Stadt. Später sitze ich, wie in
einem Lagerraum, am Fussende meines Bettes, an dem ein
kleiner runder Tisch steht. Ich spreche mit jemand, der links
vor mir an einem ebensolchen Tische sitzt. Rechts von mir,
an meinen Tisch, setzt sich Wilhelm II. mit seinem kleinen
Enkel. Er scheint ermüdet. [Ich habe vor einigen Tagen lange
über Nadars Photographie Napoleons III. und seiner Kinder
gesprochen; vielleicht kommt die Szene mit Kaiser und
Enkel aus der Einnerung an dieses Bild.] Das Enkelkind
spielt mit illustrierten Zeitschriften, es nimmt auch von meinem Bett ein Heft einer historischen Zeitschrift, »Archiv für
Soundso«. Ich sehe ihm einen Augenblick zu, und sage zum
Kaiser, obwohl ich die Albernheit des Satzes spüre: »Es ist
logisch« (oder »nur recht«), »dass das Kind monarchistisch
ist«. Ich zeige dem Kinde die starken roten und blauen

Farben auf dem Umschlagbilde der einen Zeitschrift. [Auf eine gewisse Art wirken die Abgeschmacktheiten dieses Traumes im Traume selbst wie absichtlich.]

(In derselben Nacht.) Ich habe mit andern zusammen eine Reihe von Reden zu halten. Wir müssen schleunigst den Text wieder aufschreiben; warum geben wir ihn nur weg nach jeder Rede, an Zuhörer, so dass wir ihn immer wieder aufschreiben müssen? Der andre, ein ziemlich junger Mensch mit dickem dunklem Haar, hat das Papier mitten auf die Strasse gelegt, einen herrlichen grossen weissen Büttenbogen; ich zeige das einem dritten, der Bogen ist zwar nicht beschmutzt, aber er hat ihn durchgerissen, und zwar nicht an der Bruchstelle, sondern unregelmässig mitten durch die eine Seite! Dann ist der Bogen doch beschrieben, mit Maschinenschrift; ich muss den Text noch einmal kontrollieren; gleich den Satzanfang, den ich ansehe, verstehe ich nicht, der muss verschrieben sein. Ich bin ungeduldig; wir müssen doch nachmittags sprechen! Die andern sitzen um mich, ruhig, und sprechen, ich sehe meinen Text an; ich sehe auf die Uhr, die Zeit ist schon vorbei, da begreife ich: ich habe mich geirrt, wir sprechen nicht nachmittags, sondern erst abends wieder! Wir stehn vor der Tür des Hauses; einer der Redner, »der Pastor«, ein ganz alter Mann, eine Mischung aus Pastor Bickerich und Züricher Theologen, wird zu einem hohen Geburtstage oder zu einem Jubiläum beglückwünscht. Eine grosse Frau, eine Mischung aus Fräulein Winter in Lissa und Änne, tritt vor ihn und küsst ihn, ich sehe die grosse Bewegung ihres Rückens im dunklen antiken oder Reformkleide, wie die Bewegung einer Parze. Alle umdrängen ihn und küssen ihn, es sind alles ganz alte Leute, einer sieht wie ein Offizier in Zivil straff und »schneidig« aus. Ich will auch gratulieren; jemand steht zwischen dem Pastor und mir, ich beuge mich über ihn weg und küsse den Pastor, kürzer als die andern, auf beide Backen. Mit tränenseliger Greisenstimme und einem ersterbenden tiefen Lächeln sagt er mir: »Nein! Ein Kuss muss auf den Mund gehn, dass man ihn schmecken kann!« Da bis zum Abend Zeit ist, will ich

ausgehn, um zu erfahren, »was es Neues gibt«. Ich gehe die
grosse Steintreppe des grossen reichen, vom Tageslicht
durchfluteten und ausgeweiteten Hauses hinunter. Eine
Stimme erschallt: »Die Sozialisierung kommt« (oder »kommt
doch!«), mit ungeheurer Betonung. Niemand in dem ungeheuren Hause wagt zu antworten. Ich gehe sehr angeregt weiter. Die Stadt ist in Aufregung. Vor dem Potsdamer Bahnhof
stehe ich mit Siegfried Raedel, wir sehn die Bewegung der
Massen, und den Zustrom derer, die aus dem Bahnhof kommen. Ich beuge mich zu Siegfried [der mich bei einem Lärm
abends erregt gefragt hatte, was denn los sei] und sage:
»Wenn das hier so weiter geht, dauert das keine acht Tage
mehr – dann brauchen wir vielleicht gar nicht mehr zurück
[– nämlich ins Lager]!« In diesem Augenblick schiebt sich ein
vom Vorortbahnhof oder aus der Köthener Strasse kommen-
der Trupp von starken Männern in dicken braunen Leder-
röcken um uns, drängt uns nach vorn. Einer war, wohl
absichtlich, hinter Siegfried geraten; lautlos greift er, blitz-
schnell und mit verblüffender Sicherheit um Siegfrieds Leib,
biegt ihm dabei beide Arme nach vorn und lässt vor der Brust
um die Hände Handschellen zuschnappen. Das geht mit erstaunlicher Präzision vor sich, der grosse Trupp ist schon weiter, Siegfried selbst bleibt ganz stumm und lässt sich vortrei-
ben. Ich stehe und warte, nicht ohne einen Schauer, dass mir
dasselbe geschieht, aber der Trupp hat sich, ohne dass ich berührt worden bin, an mir geteilt und ist um mich geglitten.
Also werde ich wenigstens abends noch sprechen können,
denke ich, und gehe benommen, mit einem traurigen Gedanken an Siegfried, den ich nicht mehr sehe, weiter.

187

6/2/42

In Lagerverhältnissen, jedenfalls in Gefangenschaftsverhält-
nissen besucht und untersucht mich ein Arzt. Er findet mich
sehr gebessert, ich sähe auch viel besser aus. Ich sehe selbst,
dass die vielen Kratzwunden, die ich auf dem Bauche habe,

fast verheilt sind, und auch die Sache rechts ist besser [ich habe eine kleine Wunde an der rechten Hand]. Ich kann also nichts Rechtes einwenden, bin aber bedrückt, denn ich fühle mich schlecht, und es würde meine Situation und meine Aussichten verschlechtern, wenn der Arzt mich gesund befindet.

Später bin ich bei Verwandten. Sie sind Juden, und wollen ein jüdisches Fest begehn; ich soll daran teilnehmen, und ich entschuldige mich, dass ich die jüdischen Festgebräuche nicht kenne [es werden hier mit einem frommen Mitgefangnen viele Gespräche über Riten geführt]. Die Entschuldigung wird, wie meine Anwesenheit, wohlwollend angenommen. Ich sitze in einem Gange und bemerke, dass ich nackt bin. Ich kann einen Moment, da niemand durch den Gang kommt, benutzen, um ins Nebenzimmer zu gleiten; ich finde aber von meinen Kleidern nur den Mantel und muss ihn direkt auf den Leib ziehn; ich ziehe ihn übrigens, ohne dass die Umstände das klar werden lassen, mehrmals an, und jedesmal habe ich Schwierigkeiten, die Hand durch die zu eng zugenähte Ärmelöffnung zu bekommen. Ich gehe hinüber zur Familie in den Wintergarten, einige sitzen schon am Tisch, und frage, ob ich in dieser Kleidung mitessen dürfe; ich sei ja noch krank. Der Mantel ist auf mir wie eine Mönchskutte. Ich sehe, erstaunt, drei kleine Knaben auf allen Vieren auf der Erde liegen und so weinen, dass der Fussboden davon erschüttert wird; das Weinen hatte ich schon vorher gehört. Die Frau des Hauses, eine grosse robuste Frau, steht hinter mir und kümmert sich nicht um die weinenden Kinder. Erst auf meine Frage oder Geberde hin beachtet sie sie. Ich richte den rechts vor mir liegenden sehr hübschen blonden Knaben auf und sehe, dass er gar nicht geweint hat, seine Augen sind ganz trocken und sein Gesicht ist ganz unbeteiligt. Auch die andern, hellbraunen, Knaben haben sich wohl nur verstellt. Ich pflücke Blumen von den Pflanzen am Fenster und gebe sie ihnen.

Ich stehe in einem ganz engen Raume zwischen Möbeln aus dunkelbraunem Holz und hantiere mit Büchern. Ich erfahre auf eine unklare Art, dass ganz in der Nähe die Engländer »und unsre Verbündeten« geschlagen worden seien, und dass in wenigen Augenblicken die Deutschen hier sein werden. Ich trete vors Haus in den Wald, und sehe ein Mädchen in langem dunkelroten Kleide den breiten Waldweg entlang laufen, vom Hause weg. Ich begreife, dass auch ich fliehn muss, und laufe in denselben Weg. An einem Gitter, das den Weg überkreuzt, steht schon Bruno Frei und ruft mir zu: »Hole die andern!« In der Tat, es sind nicht alle von der Gefahr unterrichtet. Ich kehre um und gehe fast bis zum Hause zurück. Das »andre« hat sich in mir zu »Anna« umgestaltet, und ich suche vor allem Anna Seghers. Viele laufen an mir vorüber, ich fasse einige an und dränge sie. Da kommt auch Anna, langsam, sie versucht zu laufen, sie taumelt. Ich fasse sie an der Hand, einen Augenblick, und ziehe sie. Sie gleitet vorbei. Ich laufe wieder hinter den andern Flüchtlingen den Weg entlang. Ich sehe die andern nicht mehr, ich bin allein, und allein betrete ich den grossen Garten des portugiesischen Konsulats. Ich ersteige die Freitreppe. In der Halle sind viele Menschen, es scheint grade Essenszeit zu sein. Ich spreche einen jungen Menschen an, einen Attaché, der unter einer vor Ausrasiertheit [oder Unrasiertheit?] grauen Haut fast mongolische Gesichtsknochen hat, aber Portugiese ist. Ich setze ihm in wenigen Worten die Situation auseinander; ich sage, dass ich Schriftsteller sei, ein bekannter Schriftsteller, und in welcher Gefahr in mich befinde; ich suche »un toit pour une nuit seulement«. Auf dem Wege, als ich allein war, im Laufen, hatte ich das Elend gespürt; erst nach dieser Niederlage fühlte ich mich ganz als Emigrant, jetzt sah ich erst, wieviel Hoffnungen ich noch gehabt hatte, die nun alle zersplittert waren, und ich hatte schrecklich geweint, im Laufen. Jetzt, da ich davon spreche, steigt die grenzenlose Enttäuschung wieder auf, die Tränen kommen wieder hoch, ich wische sie mit dem noch nassen Taschentuch ab, zornig gegen mich, weil die Szene melodramatisch wirken könnte. [Abends hatte ich Bismarcks spöttisch zweifelnde Worte über Jules Favres Tränen gelesen; ob eine Erinnerung daran an der Konstruktion dieser Szene mitgewirkt hat?] Der Attaché, höflich und sogar freundlich, glaubt, dass ich Schutz erhalten würde, und übergibt mich einem Kollegen, einem ebenfalls sehr jungen Menschen mit weichem braunem Haar, der meint, der Konsul werde eben nicht zu sprechen sein. »Mais si c'est très urgent?« frage ich. Es wird mit Attachés und einem Diener verhandelt. Ich höre eine vertraute Stimme – aber es ist die des weichhaarigen Attachés, die mich an eine befreundete Stimme erinnert, ich kann nicht fixieren, an wessen Stimme. Aus irgend einer Bemerkung glaube ich, betroffen, zu verstehn, dass ich im spanischen und nicht im portugiesischen Konsulat bin – aber nein, ich bin ja in Nordspanien, wäre ich nicht vom Süden heraufgekommen, wäre die Notwendigkeit der Flucht gar nicht entstanden. Der Konsul kommt selbst vorbei, ein mittelgrosser, breitschultriger Mann mit starkem Römerkopf, dunkelhäutig [– er hat eine gewisse Ähnlichkeit mit Gilberto Bosques]. Ich spreche ihn an, im ersten Augenblick scheint er abgeneigt, mich anzuhören, dann lädt er mich aber, neben einer Gruppe von Menschen, zum Sprechen ein. Nach einem Augenblick führt er mich hinaus, in eine andre Halle. Ich fange meine Erklärungen an. Ich sage, dass ich kurz sein werde; »et je serai obligé de me vanter«. »Vous en avez l'habitude, sans doute«, sagt er. Dann nimmt er meine linke Hand in seine beiden Hände und befühlt sorgfältig meine Fingerkuppen, während ich seitlich von ihm stehe, mit gespanntem Gesicht, wie ein wissenschaftlicher Chiromant. Er lässt die Hand fahren, setzt sich bequem auf einen frei stehnden Sessel und bietet mir einen Platz daneben an. Dieser Sitz muss aber erst zusammengestellt werden. Ich drehe mich um, da eine Bediente mir die Teile des Stuhles übergibt, und sehe hinten vor einer runden Wand antiken Charakters eine Büste des Konsuls neben einer Büste eines Verwandten von ihm, den ich vorher neben ihm gesehn hatte, eines knochigen spitz-weissbärtigen Südländers, als erste einer Reihe andrer Büsten. Als ich mich zurückwende, sehe ich durchs grosse Fenster auf eine traumhaft, märchenhaft schöne südliche Landschaft, grosse Baumgestalten, dichtes dunkles und helles Grün, eine Landschaft, die etwas dunkler, stärker, heroischer ist als eine »arkadische«, die grenzenlos erfüllt scheint unter einem leicht mit rauchigem Grau unterschminktem blauen Himmel, so schön, dass für einen Augenblick mich ein unnennbares Glücksgefühl durchfliesst. Der Konsul ist weiter gerückt und sitzt an oder auf einer Steinbrüstung; er erzählt fast schwungvoll, seiner tiefer als er neben ihm sitzenden halbwüchsigen Tochter ein Märchen. Ich habe durchlöcherte Stöcke in der Hand, die über dem hellen Sockel einen Sitz ergeben sollen; ich verbinde zweimal je drei und stülpe sie über, aber sie gehn zu sehr zusammen und sind zu weit für den Sockel. Ich müsse Sand hineinfüllen, sagt mir jemand. Eine Bediente nimmt mir die Stöcke ab und formt den Sitz. Ich benutze sie aber nicht, sondern stehe neben dem aufgestandnen Konsul vor einer Gartentür. Ich sage ihm wieder, dass ich »un toit pour une journée seulement« brauche. Sie kennen die Situation, er oder einer der Attachés hatte schon gesagt »Je sais, vous êtes un de ces pauvres hommes ...« Jetzt fällt mir aber ein: wohin soll ich morgen gehn, in diesem schönen südlichen Lande? Wenn ich morgen nicht weiter kann? Ich habe »pour une journée« oder »pour une nuit« gesagt – zögernd sage ich: »J'ai cent francs sur moi« [die mir als Reserve zugesteckt worden sind], »et j'ai vingt mille francs à New York que je peux me faire envoyer –« Der Konsul entscheidet nichts [oder ich habe es vergessen], ich sitze abends auf einem Sofa in einem Gartensaal oder Wintergarten, ich fühle das ganze Elend; ich denke an das Buch, das ich am Abend vorher dort im Hause gelesen hatte und das ich nun nicht zu Ende lesen werde, und alle Manuskripte sind dort geblieben, wieder sind alle Manuskripte, ist alle Arbeit verloren –.

Vokale werden von den Gefangnen geprobt, viele bunte Vokale, und wohl auch auf Instrumenten angeschlagen, in regelmässigen Intervallen: verminderte Terz, Quinte, verminderte Septime. Das hat wohl eine Bedeutung für die Freiheit.

(In derselben Nacht.) Ich fahre in einem Extrazuge, der mir gehört; er besteht aus zwei oder drei überaus elegant eingerichteten Wagen. Ich arbeite am Tisch, links von mir steht ein andrer Tisch mit Büchern und Sachen, von dem ich Bücher und Sachen aufnehme und auf den ich sie wieder hinlege. Der Zug wird hin und her rangiert. Er wird in den Bahnhof von Vichy hineingeleitet; unbehaglich fällt mir ein: wird nicht in Vichy eine besonders scharfe Kontrolle sein, werden nicht die Bücher scharf angesehn werden? Ich habe mich in meinen Waggons hin und her bewegt, jetzt komme ich in den, in dem ich gearbeitet hatte, zurück. Da steht Yvette. Wo kommt sie her, wie kommt sie in den fahrenden Waggon? Sie habe, sagt sie, einmal sehn wollen, wie ich sei, wenn ich ganz allein sei. Ich verstehe diesen Wunsch sehr. Aber wie ist sie hereingekommen, da doch der Zug gar nicht gehalten hat? Da sehe ich, dass das Bett zerwühlt ist; sie ist gar nicht eingestiegen, sie war im Bett versteckt. Ich setze mich und arbeite weiter. Es kommt in der Arbeit eine Episode, die entweder direkt geschieht oder die Erinnerung an eine Arbeitsepisode des Vormittags ist: ich habe etwas Wichtiges gefunden, und als ich mich vom Tisch links, auf den ich ein grosses Buch zurückgelegt habe, zurückdrehe, steht vor mir – übrigens nicht im Winkel zum Tische links, sondern ihm gegenüber, also auf einem Tische rechts oder auf dem plötzlich nach rechts verschobnen Tische, jedenfalls auf meinem Platze, ein Siphon und in einem Glase ein Strauss Maiglöckchen, die hat Yvette zur Belohnung hingestellt. Dankbar und innig drücke ich, sitzend, meinen Kopf an Yvettes Leib. Arbeit und Erfindung gehn weiter: rechts neben dem Tische steht Heiner Rau, mit einem zugespitzten halbarmdicken

Holzpflock in der Hand, der, besonders an der Spitze, ganz weiss ist und an eine sehr lange Rübe erinnert [die Rüben, die wir abends putzen und zerschneiden; und wir haben abends ein Stück Buchenholz, das einen Axtstiel abgeben soll, untersucht und besprochen]. Die Erfindung betrifft das Ausragen dieses Pflocks aus einem Gefässe – links vor mir sehe ich es, zu lang, aus einem flachen hieratisch wirkenden Gefässe aufragen, zu hoch aufragen, und die Verkürzung, die ich vorgeschlagen habe, wird ihn wirksamer machen. Heiner schickt sich an, ihn so abzuschneiden. Aber Heiner und der Apparat verschwinden aus Zug und Traum so unmerkbar wie sie hereingekommen sind. Der Zug rollt in der beim Austritt aus dem Rangierbahnhof von Vichy eingeschlagnen Richtung – die mich rückwärts sitzen lässt – weiter. Ich will auf die Toilette gehn. Im Nebenwaggon finde ich mich im Dunkeln plötzlich nicht mehr zurecht, ich taste vergeblich an Lichtschaltern und Türknöpfen. Yvette kommt mir nach und hilft mir; sie hilft mir sogar an der Kleidung, physisch. Durchs Fenster des Toilettenraums sehe ich eine Linie schmutziger verrotteter Häuser, sehr typischer Häuser der Bahnhofsnähe, das Gleis entlang stehn; in ihrer Mitte steht ein kleines, sehr modernes weisses, mit schwarzen Fensterrahmen und Türen vorzüglich gegliedertes Haus [Erinnerung an den »Negerbahnhof« in Zürich?], das ist die Stadt Frankfurt an der Oder, vor der der Zug jetzt rangiert wird. Als ich zurück komme, spricht Yvette von der Hässlichkeit dieser Stadt. »Ja«, sage ich missbilligend, »ein einziges modernes Haus!« Unser Zug gefällt mir sehr, und ich zeige Yvette, wie schön er ist, und sage, wie gut es ist, so einen Zug zu haben. Da rollt er in den Bahnhof von Göttingen ein, und wir müssen aussteigen. Ich versäume mich, da ich Schal und Handschuhe und andres suche. Fremde Handschuhe, grosse, gefütterte, kommen mir in die Hände; wo habe ich den Schal hingelegt? Ich will in den Arbeitszimmerwagen zurückgehn, ich gehe zu weit und gelange in fremde, nicht mehr zu meinem Zuge gehörige Wagen; richtig, die Pariser Wagen sind an meine, die nur noch die Mitte eines Zuges bilden, angehängt worden. Ich gehe zurück, finde den Schal [den, den ich hier im Gefängnis als Halstuch trage], und gehe weiter. Im nächsten Wagen meines Zuges sind schon Stühle übereinander gestellt wie in einem Restaurant – merkwürdig, wieviel Stühle ich hier habe! –, es wird schon aufgeräumt. Auf dem dunklen, nächtigen Bahnsteig sind viele Beamte um den Stationsvorsteher versammelt, die die Ankunft meines Zuges angezogen hat. Im Vorbeigehn sage ich dem Stationsvorsteher »Danke«, weil er gewartet hat, bis ich meine Sachen gefunden hätte. Zwischen Gleis und Sperre drängt sich ein Bahnbeamter an mich und will mir durchaus eine Schachtel Witek- (oder Witeb-) Zigaretten verkaufen, er könne sie mir für tausend Franken lassen. »Die halten uns für reich, wegen des Zuges!«, sage ich zu Yvette.

194

13/2/42

Durch lange Strassen fährt ein Wagenzug. Auf dem grossen Wagen, der bald neben, bald ein wenig vor dem kleineren Wagen fährt, in dem, mit dem Rücken gegen die Fahrtrichtung, ich selbst mit andern sitze, steht Robespierre, wie eine Standsäule, neben einem Tempelbau. Die Luft über uns ist wie durchleuchtet, hell und festlich. Ich ritze innen in eine hohle Melone Sätze ein, die gesagt werden; dass ich mit dem Platze nicht auskomme und [wie wenn ich nachts im Dunkeln etwas notiere] Zeilen übereinander geraten, bedeutet Schlechtes. Die Revolution ist in Gefahr. Wir werfen uns im Wagen zurück und schrein, während doch der Zug weiter durch die Hauptstrasse rollt, unserm (für mich unsichtbaren) Kutscher, dem des Wagens Robespierres, dem ganzen Zuge vergeblich zu: »Abbiegen, Abbiegen!« Eine Stimme sagt: »Wenn wir noch einige Artikel aus seinem [nämlich Robespierres] Nachlass veröffentlichen, so tun wir das wegen der Grösse, die er doch in der Geschichte der Revolution hat …« [Zwei weitere Aufzeichnungen aus der Mitte dieses Traumstücks sind unleserlich und rufen auch keine Erinnerung wach.]

(In derselben Nacht.) Am Anfang des Traumstücks habe ich, in vergessnem Zusammenhange, eine Verhaftung verursacht. Später gehe ich durch eine nächtliche Strasse, in der viel Unrat herumliegt. Von hinten kommt ein Mann auf mich zu. Er sieht, dass ich, sonst völlig bekleidet, barfuss bin. Er bietet mir ein Paar Schuhe an. Ich weiss, dass er Schuster oder Schuhhändler ist und Abraham heisst. Er wird unerhört zudringlich. Ich drohe, wenn er mich nicht in Ruhe lasse, die Polizei zu rufen. Schon stehn, ungerufen von mir und ungewollt, Polizisten neben uns, in Uniform und Geheimpolizisten, erst lächelnd, gleich aber mit bösen Fressen, viel unangenehmer als der Schuster Abraham. Ich möchte abwiegeln, aber der Führer der Polizeigruppe erklärt, dazu sei es nun zu spät, er hat Abraham gepackt und lässt Handschellen um seine Gelenke schnappen.

Neben einem grossen Flur ist ein kleines Badezimmer, dessen Tür offen steht. Ich halte im Flur an und sehe in der Wanne Sos sich Wasser über den Rücken giessen. Er erklärt mir, abgewendet, dass er nun wieder duschen – oder baden – könne, sein Rücken sei geheilt. Ich sehe unter dem Wasserschaum Flecke oder Narben auf seinem gelblichen schmalen Rücken [er ist viel schmaler als in Wirklichkeit]. Aus einer weiter gelegnen, von meinem Platze aus nicht sichtbaren Zelle, die Sieburgs Zelle ist, kommt von Sieburgs Bade Wasser gelaufen. Es läuft den leicht gesenkten Boden des Ganges hinauf. In manchen Augenblicken ist es rötlich, als wäre es mit Blut vermischt.

Ich gehe weiter. Im grossen Saal wird gespielt, auf den Tischen liegen, auf allen Vieren oder, meistens, ganz ausgestreckt, alle auf dem Gesicht, kleine Kinder und Schildkröten. Sie werden von den Spielern an der Kleidung festgehalten, am Rücken, und angehoben und vorwärts oder rückwärts versetzt. Ich frage, was das für ein Spiel sei, und man sagt mir, die Kinder und die Schildkröten dienten als Hecken [– das muss etwa Damesteine bedeuten]. Eine der Schildkröten wackelt lebhaft mit dem Kopfe und den Augen; als sie angerührt wird, steckt sie den Kopf unter die Schale. Sie selbst wie die beiden andern mir eben sichtbaren Schildkröten platten sich rapide

ab und werden rechteckige Plättchen mit einem schwarz-
weissen Ornament. Ein Kind neben mir, das mit mir gekommen oder zur gleichen Zeit mit mir eingetreten ist, erinnert
mich leise daran, dass ich ihm bestätigen wollte, es sei bis jetzt
abgehalten worden zu kommen; ich willfahre ihm eilig. Das
Kind selbst, das ärmlich gekleidet ist und bemitleidenswert
aussieht, sagt, oder ich sage, es habe vom frühen Morgen bis
nachmittags um fünf gearbeitet [abends ist, allerdings nur
ganz flüchtig, über Kinderarbeit im frühkapitalistischen England gesprochen worden; kommt das Motiv daher?]. Das
Kind geht um den Tisch; sein altkluges, schon vertrocknen-
des Gesicht mit den gierigen und müden Augen ragt kaum
über ihn auf. Ich mache entsetzt darauf aufmerksam, dass dieses Kind weiss wie Papier ist. Unter jedem Ohr hat es einen
kleinen blutroten Fleck.

195

14/2/42

Edith will sich von Age trennen. Sie geht weg, wir sprechen
zwischen Tür und Angel. Sie sagt, dass sie mich später anrufen würde, »eine Choucroute« zu essen. Ich bleibe mit Age,
in Zimmern, die schon geleert wirken, trotz der Qualität der
spärlich an den Wänden stehnden Möbel. Ich sage Age in
einem salonartigen Zimmer, an dessen Fenster wir stehn, um
auf die Strasse zu sehn, sage, mich umdrehend und das Zimmer überblickend: »Wenn noch ein Tisch und Stühle in der
Mitte ständen, wäre es eine gute Bühnendekoration«. Age
fragt, ob ich mitkommen will, eine Choucroute zu essen;
wenn ich Geld zu seinem Gelde legte, könnten wir gehn. Ich
sehe nach, ich habe 9, 10 Franken bei mir; aber das ist mein
ganzes Geld für den Rest des Monats, Age hat viel mehr
Geld, er könnte mich doch einladen. Mehrmals werden diese
9, 10 Franken hin- und hergeschoben. Und wenn wir in der
Kneipe Edith, die doch auch noch eine Choucroute essen
wollte – es scheint eine fixe Idee bei ihnen zu sein – begegnen! Ich komme nach Hause. Ein Mädchen sagt mir, Edith

habe um halb eins angerufen. Sie habe die Telephonnummer von Heinz Neumann angegeben, die solle ich mir merken, von der werde sie nun oft anrufen. Ich denke sie mit Heinz Neumann (der Filmregisseur ist) zusammen, der also ist ihr Freund, und wenn ich nach ihrer Trennung von Age eine Aussicht auf ihre Liebe gehabt hätte, so ist sie schon verloren. Die Kleine, die mir Ediths Auftrag ausgerichtet hat, ist im Zimmer geblieben, wir sprechen. Auf einem hochlehnigen Sofa nehme ich sie in die Arme. Sie ist hellblond, sehr zierlich, wunderbar schön [im Traum war sie mir bekannt, jetzt kann ich sie nicht mehr identifizieren]. Ich küsse ihre hellblauen Augen, das Gesicht ist dicht unter mir, die Augen strahlen immer wärmer, ich küsse sie Hunderte von Malen, diese überaus schöne Liebesszene dauert sehr lange. Ich küsse die weisse Haut ihres Gesichts, und ihren gewölbten Mund, der erst willenlos war und dann immer heisser antwortet, immer wilder widerküsst. Ohne dass ich es angefasst hätte, ist ihr Kleid aufgegangen, ihre Brust ist nackt, ich halte ihre herrliche linke Brust in der rechten Hand. Sie sagt, die Brust sei gar nicht so schön, und meint einen Kranz winziger Drüsen, der die Brustwarze umrahmt. Aber die gehören dahin und beeinträchtigen die Form der Brust nicht. Jetzt erst sehe ich in ihrem soviel geküssten linken Auge eine pickelartige Erhebung, wohl eine Schwellung der Tränendrüse. Sie verschwindet wieder oder ich vergesse sie wieder. Die Kleine ist nun meine Geliebte. Die Geschichte unsrer Liebe ist in viel grössere, reiche und bedeutende Ereignisse eingebettet. Einmal habe ich in einem grossen Geschäft zwei Dutzend Kragen – Männerkragen – für sie gekauft, infolge der Umstände durfte ich nicht sagen, dass es für sie ist, ich habe sie also namentlich für eine andre, eine dunklere, rotbäckige Freundin gekauft und heimlich der Kleinen gegeben. Ich komme wieder zu diesem Geschäft, vor dem eine grosse und wichtige Szene stattfinden soll. Die Kleine kommt, mit andern, mit mir mit, ohne dass die Beziehung ihrer Anwesenheit zu meiner erkennbar ist. Der Verkauf findet nicht in einem Laden, sondern auf einem eingezäunten Platz im

Freien statt, obwohl er von einem Wäschegeschäft ausgeht. Ich sehe eine Verkäuferin in einem sehr prunkvollen schwarz-silbernen Kleide mächtig, wie ein Schwerarbeiter, an einem an der Mauer zwischen Geschäft und Verkaufsplatz befestigten Schaukasten arbeiten. Die Verkäuferin, die mir die Kragen verkauft hat, kommt, obwohl sie mit Verkaufsarbeit überlastet ist, an mich heran; ihr Gesicht über dem hohen Kragen, den sie selbst trägt, ist zornig, und sie sagt, Frau Soundso – die Freundin, für die angeblich die Kragen bestimmt waren – habe die Kragen nun schon zwei Wochen oder mehr, und habe sie noch nicht einmal getragen, sich noch nicht einmal damit gezeigt, das gehe nicht, sie werde heute mit ihr darüber sprechen; diese Freundin ist auch anwesend. Ich beschwöre sie, das nicht zu tun. Die geplante Szene beginnt; es sollen in ihr drei Paare, die durch Liebeswirrnisse getrennt worden sind, Bekenntnis ablegen und sich versöhnen, eins oder das andre der Paare ist russisch. Aber statt des ersten Paares kommen die beiden Männer, die dieselbe Frau geliebt haben, von denen einer sie dem andern weggenommen hat, oder einer sie dem andern überlassen hat. Ich weiss nicht, ob diese Form der Szene vorgesehn war oder gegen das Programm improvisiert wird. Ich weiss aber auch nicht genau, ob ich nicht selbst zu einem der Paare gehöre, und bin sehr unruhig; jedenfalls stehe ich in Beziehungen zu den Paaren und den Vorgängen. Die Szene zwischen den beiden Männern, die dicht an den den Verkaufsplatz gegen die Strasse abschliessenden Stricken spielt, ist erschütternd; die beiden Männer taumeln vor Kummer und Erregung, der eine muss sich an die jenseitige Mauer lehnen, neben eine Tür. Ihre braunen, verdrückten Anzüge sind oben mit Staub bedeckt; das ist der Schmerz, der von ihren Gesichtern auf Arme und Schultern abgefärbt hat. Die Szene zwischen den andern Paaren wird nicht mehr deutlich. Wir werden aufgerufen, einen Wagen zu besteigen. Ich dachte, neben die Kleine zu sitzen zu kommen, aber der Aufruf plaziert mich neben einen Mann [wer er ist, und in welchen Beziehungen wir stehn, habe ich vergessen], neben dem zu

124

sitzen mich erstaunt und beunruhigt. Die Wagen fahren lange durch die Stadt und kommen in eine anscheinend ganz neue, grossartig gebaute Vorstadt. Wir fahren schon in der – nach Bäumen heissenden – Strasse, die den Chauffeuren als Ziel angegeben worden ist. Die beiden Seiten der auf einer Talsohle laufenden Strasse steigen leicht an. Auf beiden Seiten stehn grosse, ganz neue, sehr moderne, klar gebaute, luftig gestellte Häuser aus dunkelroten Ziegeln. Eine Kirche in modernem Baustil gleitet vorbei, die Breite des nicht zum Turmsockel gehörigen, selbst schön geschwungnen Fassadenstücks fällt mir auf. Wo wir denn seien, frage ich. Das sei die neue Vorstadt »Chinastadt«, wird mir geantwortet, und als ich frage, wo die denn liege, wohl im Westen der Stadt, wird mir geantwortet: nein, grade im Südosten! Da die Wagen halten, werde ich aufgefordert, mir die Namen der Strassen anzusehn. Ich überschreite die Strasse; die, in der die Garage unsrer Wagen steht und die dort, wo ich stehe, in unsre Talstrasse mündet, heisst »Karl-Marx-Strasse«, und die daneben heisst »Massen-Strasse«, erfahre ich, und so weiter. Der Baumname der unsrigen steht, mit dem Worte »treille« in Klammern dahinter, auf dem wagerecht auf den Zaunsockel genagelten blauen Schilde; die andern sind an die Mauerecken geschlagen. Ich bin voller Jubel darüber, dass unter den gegenwärtigen Umständen diese Namensgebung existiert.

An einer Stelle des Traumstücks [das mehrmals durch kurzes Erwachen unterbrochen war] gehe ich mit der Kleinen eine Strasse entlang. Sie zweifelt wieder an ihrer Schönheit, die ich behaupte. Ich halte ein entgegenkommendes Mädchen an und bitte es, der Kleinen zu sagen, dass sie sehr schön sei. Dieses Mädchen ist aber selbst sehr schön, und die Kleine sagt ihr das, das Mädchen antwortet, beide versichern einander ihre Schönheit in improvisierten, wohlgesetzten Reden, und ich weiss schon nicht mehr, wen ich an der Strassenecke gefragt hatte.

13/2/42

Endlich findet, allerdings ohne Anschuldigung und nach sehr langer unaufgeklärter Haft, der Prozess statt. Es gibt ein starkes Bild, mit schweren grossen Figuren in einem altertümlich holzgetäfelten Saale. Ich sitze an der Brüstung und will in den Prozess eingreifen, ich protestiere gegen den Prozess oder gegen etwas im Prozess. Der Vorsitzende ordnet an, dass ich ins Nebenzimmer geschleppt werde und dort warten muss. Ich bleibe allein, ich liege im Bett oder auf einer Pritsche. Ich denke daran, einen Selbstmordversuch zu markieren, um zu erzwingen, dass ich weggebracht werde. Aber ich kann mir nur, mit der Hautschere, die ich bei mir habe, die Pulsader öffnen, bei der Kleinheit der Schere würde das nicht ernsthaft wirken, und dabei riskiere ich sogar, auch wirklich zu verbluten. [Diese Überlegung stammt aus der Wirklichkeit.] Ich sage laut in die Luft: »Ich kann doch aber nicht diese ganze Zeit Soldat bleiben!« Später kommt ein Barbier zu mir. Ich erzähle ihm eine Geschichte von Frau de Noailler, dabei lege ich das weisse Deckbett ein wenig rechts aus dem nun vor dem Zimmer, draussen, und quer zu seiner vorigen Lage stehnden Bette hinaus und sage, er möge sich dort eine Frau vorstellen; er, der unter dem Deckbett meinen Leib sieht, sagt: »Je ne vois que des couilles!«

16/2/42

In einer bestimmten Situation fällt mir plötzlich ein, mich wahnsinnig zu stellen. Nicht um irgend einer Gefahr zu entgehn, nicht um in diese Verstellung zu entfliehn, sondern hauptsächlich, soweit überhaupt klare und erinnerbare Gründe vorliegen, um die Leute meiner Umgebung zu versuchen; um, vor allem, zu versuchen, ob die Ärzte, ob zumal der grosse Arzt, bei dem ich auf diesen Gedanken komme, die Verstellung durchschauen oder hereinfallen wird. Ich spiele mit vieler Kunst, mit langsam entwickelten und unendlich wiederholten [und grade wegen der Monotonie dieser Wiederholungen jetzt schwer wiederholbaren] Einzelheiten. Ich lalle, ich bin nicht imstande, mich selbst auszuziehn (das An- und Ausziehn, vielmehr das An- und Ausgezogenwerden, spielt eine sehr grosse Rolle [hier ist wohl die Erinnerung an die Belastung, die die in den schlecht geheizten oder ungeheizten Zellen dicke Bekleidung bildet, wirksam]). Der Arzt fällt absolut auf mein Spiel herein, und die Pfleger, zu denen vor allem Dr. Wurm und Salter gehören, nicht weniger. Zu den gespielten Symptomen gehört Schlafsucht, und der Arzt – auch das Bett spielt in dem Traumstück eine grosse Rolle – verordnet viel Schlaf; da geschieht es, dass aus dem Spiel eine Art von Ernst wird, und dass ich wirklich einer Art von Schlafsucht, mindestens einem tiefen, fast rauschhaften Wunsche nach Schlaf, verfalle. Es kommt zu einer Szene oder zu Szenen, in denen ich mich, allein, endlich wieder wie ein gesunder und vernünftiger Mensch benehmen kann. Die Pfleger, vor allem Wurm und Salter, sind nebenan; sie werden dazu kommen, wie ich im Bett, zwischen den Kleidungsstücken, die ich allein abgelegt habe, stehe oder sitze. Ich werde verständlicher sprechen, oder tue es schon. Ich werde das Spiel endlich abbaun wollen und abbaun müssen. Die Angst beschleicht mich, eine sehr starke und peinliche, komische und kitzelnde Angst: wie werden die alle, die sich so viel Mühe haben geben müssen und auch gegeben haben, reagieren, wenn sie erfahren, dass ich nur gespielt habe? [Die, unendlich wiederholten, Einzelheiten waren grade in ihrer Monotonie sehr kompakt und sehr bunt.]

(In derselben Nacht.) Ich stehe in einem hellen hohen Zimmer. Ich bin überaus glücklich: ein Mann, der mit meinen Freunden und mir verhandelt, hat eben, endlich, zugestimmt: die christliche Formel ihrer Charta in Einklang zu bringen mit unserm Programm. Ich muss meinen Jubel unterdrücken; drei haben wir gewonnen, aber die andern beraten weiter, und ich darf, wir dürfen sie nicht durch frühzeitigen Jubel stören. Die Beratungen gehn also weiter, es handelt sich schon um die Frage der Vollendung, um die Kombination zur Vollkommenheit. Ich trete an die grosse Balkontür, ich will hinaus, um nach dem Klostergarten abzufliegen. Ich sehe tief unten, herrlich durchsichtig, wunderbar ultramarinfarben, das Mittelmeer mit kleinen Wellen an den weissen Strand schlagen. Unsagbar schön, strahlend, ruhig lebendig ist das Bild. Die Strandlinie ist eingebuchtet, vollkommen geschwungen wie die Linie der Baie des Anges; einen Augenblick glaube ich, dass grade unter dem Balkon die runde Linie in den Strand hinein leicht vorgespitzt ist, dass grade unter dem Balkon das Zentrum des Mittelmeers liegt; aber nein, die Rundung ist unverändert und ganz vollkommen.

199

18/2/42

Wir sitzen in einem Zuge, der nach Russland fährt. Es wird darüber gesprochen, dass das Lohnzahlungssystem in Russland verändert, verbessert worden ist. Es wird nicht mehr der einzelne Arbeiter bezahlt, sondern die »Equipe«, der Arbeitstrupp; das befördre, während die bisherige Form den Arbeiter eigensinnig machen könnte, den Trieb zur Zusammenarbeit und die Zusammenarbeit.

205

24/2/42

Ich lese in einem Prosabande von Alfred Mombert; er ist in den körnigen Einband gebunden, der typisch für die Ausgabe der grotesken Gedichte Morgensterns ist. Ich lese hastig, ich möchte, ehe ich weggehe, den Band zu Ende lesen. Ich blättre, ich habe noch zwanzig, noch dreissig, noch viel mehr Seiten, es ist ganz ausgeschlossen, dass ich vor dem Weggehn fertig werde. Aber die Stärke der Prosa rührt mich beim Blättern sehr an, und ich freue mich, einige Brocken vorauslesend, dass auch diese Prosa sich ganz zur Zeit gewendet hat, die sozialen Grundprobleme stark und wahrheitsgemäss ausdrückt. Dafür befällt mich gleich darauf die heftige Sehnsucht, die »kosmischen Gefühle«, die ich zurückgedrängt, verdrängt habe, doch noch einmal, doch wieder einmal ausdrücken zu können, viel später wenigstens; ich habe ein sehr starkes Gefühl für diese kosmischen Gefühle, aber ich überlege mir sofort: ich muss dann aufpassen, dass nicht Kosmologie und Kosmogonie verwechselt werden; für Kosmogonie will ich mich nicht mehr interessieren.

Als ich, wohl aus der alten Wohnung, weggehn will, sehe ich, dass die Uhr, die ich erst vom Uhrmacher zurückgeholt habe, wieder kaputt ist. Das Zifferblatt ist schilfig zerstückelt, die Stücke sind übereinander geschoben, und der Minutenzeiger bleibt am Rande eines hochgeschobnen Stückes hängen. Die Uhr zeigt dreiviertel neun; zu spät, um noch zum Uhrmacher zu gehn. Die Frau des Uhrmachers ist wohl Lolle. Ich sehe noch einmal nach; der Minutenzeiger ist überhaupt ausgehängt und steckt am Rande der Uhr fest. Ich öffne das Uhrgehäuse, suche den Zeiger zu richten, und kann es nicht. Lolle wird es mir machen müssen.

Ich will noch austreten, ehe ich gehe. Die Tür des alten hölzernen Klosetts ist unverschlossen, eine scheusslich alte Frau sitzt darauf; sie bewegt sich nicht und schleudert mir nur einen bösen Blick zu. Ich werfe die Tür zu und öffne das Klosett gegenüber [in Wirklichkeit gab es an der Stelle des Hauses nur eins], ich bin angewidert von seiner Primitivität und Verfallenheit.

Gleich darauf [die Zwischenstücke habe ich vergessen; oder, wahrscheinlicher, es gab sie nicht, oder nur in ganz rudimentärer Form] gehe ich, hinter zwei Männern, mit Gerda Schairer aus ihrer Wohnung. Den Band Mombert habe ich mitgenommen, zum Uhrmacher – obwohl es mich wohl auch zu Lolle zog – bin ich nicht gegangen. Ich möchte Gerdas Wohnung gern kennenlernen und sage das. »Aber kennst Du sie denn nicht?«, fragt Gerda ganz aufgeregt, »Du musst sie doch kennen!« Da stelle ich mir eine Wohnung, die Wohnung vor; und obwohl ich eigentlich genau weiss, dass ich sie mit unsrer eben verlassnen alten Wohnung verwechsle, rede ich mir ein, dass ich in Gerdas Wohnung schon gewesen bin und sie mir vorstelle. Gerda hat – wir wollen essen gehen – weiter gesprochen; sie fragt: »Wenn Du den Stock hebst, geht er nicht von selbst hierher?« – [Ich weiss nicht, ob ich den Spazierstock wirklich in der Hand habe; aber] ich sage: »Natürlich! Er hat mich doch auch eben hergeführt!« Wir wollen in dem Viertel essen, in dem ihre Wohnung liegt; ich fahre fort in der Geschichte des führenden Stockes: »Zum Essen hat er mich immer geführt. Auch in der wildesten Arbeit« (– aber mir geht durch den Kopf, dass das doch vorgekommen ist –), »auch im heftigsten Schmerze habe ich nie vergessen, ans Essen zu denken«.

(In derselben Nacht.) Filme, Kriegsfilme, werden in einem militärischen Lager vorgeführt. Ich bin sonderbarerweise allein in dem Waggon, in dem die Vorführung erfolgt. Vorgeführt wird, mitten in einem unklar bleibenden Programm, Texte, eine Zeitungsspalte, die Spalten der unteren Hälfte einer dritten Zeitungsseite, mit einem »Kriegstagebuch von Philipp Dengel«. Das wird projiziert und ist zugleich hörbar. Der Text geht bis zu seiner Ablösung durch Illustrierung, Figuren und Vorgänge. Der wichtigste Satz des – starken und schönen – Textes besagt: dass noch Bomben und Verfolgungen (die dargestellt werden) »Fliegergedanken« seien, wie es den Fliegern unterschoben würde; Fliegergedanken seien vielmehr – und nun kommt eine Reihe von Aufnahmen laufender Soldaten mit besorgten Gesichtern, zwischen niedrigen Häusern, und die Aufnahme eines rangierenden Zuges. Dieser Zug ist identisch mit dem Waggon, in dem ich mich befinde. Das Bild reisst plötzlich ab, der Filmstreifen muss zerrissen sein. Das Bild kommt nicht wieder, der Streifen kann anscheinend nicht geklebt werden, es kommt überhaupt nichts, es ist eine leere Stille, und dann wird der Waggon rangiert, er kommt auf ein Stellwerk, eine Drehscheibe, wird gedreht, ich verstehe, dass er auf ein totes Gleis geschoben werden wird. Ich will nicht in dem Waggon vergessen werden und schlage mit der Faust gegen die Wände, an die Tür, schreiend. Die Tür geht auf, ich sehe Soldaten, die auf dem Film- oder Fliegerfelde, es ist wohl ein Flugplatz oder Fluglagerplatz, Posten stehn. Einer setzt sich in Bewegung und kommt in den Waggon. Er trägt französische Kolonialuniform, ist aber Deutscher; ein breiter, behäbiger, langsamer, dick blasser Mensch mit schwerem intelligentem Gesicht, wohl kein Intellektueller im eigentlichen Sinne, aber mit intellektuellen Dingen befasst, ein Landsturminfanterist. Er spricht mich in hartem, aber sehr tönenden Französisch an; ich sage: »Du kannst deutsch mit mir sprechen, ich bin ja Deutscher!« Er geht auf das Duzen ein und spricht nun deutsch, mit polnischem Akzent [es muss in diesem Manne eine nicht identifizierbare Bekanntschaft in mir auftauchen]. Er will mich durchsuchen, ich sage: »Gleich, lass mich erst meine Sachen zusammensuchen; eigentlich ist es gar nicht nötig!« Dann hebe ich die Hände; es fällt mir ein: »Ach so, Du musst mich erst nach Waffen durchsuchen!« Er tastet mich ganz flüchtig ab; nein, um Waffen handle es sich nicht, aber es sei nun einmal so. Dann wendet auch er sich meinen Sachen zu; er legt den Band Mombert und andre Bücher oder Hefte in eine Mappe dunklen Papiers, denn wenn wir jetzt den Waggon verlassen, muss der Fliegergefahr wegen alles dunkel sein. Er spricht über Lektüre, den Mombert oder seine eigne Lektüre, warm und sachverständig; am Ende schreibt er selbst?

206

25/2/42

Ich sitze in Berlin bei Deutschs am Frühstückstische, vielmehr mit Deutschs an einem Frühstückstische in einem nicht erkennbaren Garten; ich bin es aber allein, der noch frühstückt. Meine Angelegenheiten sind sehr verwickelt; vier Stücke liegen bei Theatern, und ich kann mich nicht darum kümmern, verstehe auch nicht, mich drum zu kümmern, und muss wohl auch abreisen. Ich habe eine ausgezeichnete Idee: jemand zu engagieren, der sich an meiner Stelle und besser als ich darum kümmern kann und wird. Ich teile sie stolz und triumphierend Deutschs mit, die sie ruhig und gar nicht wie etwas Besondres aufnehmen.

Ich muss [vielleicht, wahrscheinlich nach einem Erwachen] bei meinem Vater als Lehrjunge eintreten. Der Kontrakt, der mir vorliegt, ist ein ganzes Heft, dünn, klar, gross und gut geschrieben, auf grossen Papierbögen. Auf einigen Seiten sind grosse, rote, zum Teil fingerabdruckähnliche Flecke, die gelten als Stempel und bedeuten schon meine Unterschrift. Ich sträube mich gegen den Kontrakt und gegen einige Bestimmungen, wie gegen die, dass ich immer im Walde meine Wäsche holen muss. Mein Vater [der keinerlei Ähnlichkeit mit meinem wirklichen Vater hat] steht neben mir und redet grob auf mich ein.

Ich gehe durch den Wald. Ich bin einigen auffallend jüdisch aussehenden Männern mit weissen Hüten begegnet; ich weiss, dass der Antisemitismus in der Gegend dieses Waldes ein wichtiges Problem ist, ich weiss wohl auch, dass grade diese Männer Antisemiten sind. An einer Wegkreuzung finde ich die weissen Hüte, oder vielmehr weisse unter dem Hut zu tragende Tücher, auf dem trocknen braunen Waldboden liegen, genau in der Mitte der Kreuzung des schmalen Weges. An den Tüchern sind künstliche Nasen befestigt, die schwarz zu sein scheinen, es können auch ausser den künstlichen Nasen schwarze Brillen daran befestigt sein. Es ist die Ausrüstung der Herren, denen ich begegnet bin, oder einiger von ihnen. Daneben liegt ein Spielzeug, eine aus Blech geformte, mehr als Finger-, aber nicht ganz handlange Heuschrecke aus bunt gestrichnem Blech, sehr natürlich, sehr gut gearbeitet. Ich drücke vorsichtig den Leib an beiden Seiten zugleich ein; das Spielzeug gibt einen grillensangartigen lauten Ton von sich, und springt mir aus der Hand zwischen die Bäume, springt, den Ton verstärkend, in grossen Sätzen zwischen den Bäumen hin der Siedlung zu. Ich verstehe, dass das eine antisemitische List ist: man soll glauben, das die Juden Heuschrecken mitgebracht, ausgesetzt haben. Es war sehr leichtsinnig von mir, das Spielzeug wegspringen zu lassen.

Ich habe den Wald verlassen und bin mit andern am Strande,

stehe schon nackt, oder in Badehose, im Wasser. Die andern sprechen über das Wasser; ich rufe ihnen zu: »Was mich stört, ist, dass das Uferwasser so flach ist, dass man so lange laufen muss, ehe man schwimmen kann!« In der Tat ist der Strand, an dem grosse Gebäude stehn, schon weit, und das Wasser geht mir noch nicht bis zur Brust. Ich sehe aufs offne Meer hinaus; vor mir ist eine Insel oder Landzunge mit hellgrünen dunstig schleierhaften Bäumen. Ich möchte gern im ganz offnen Meer schwimmen, den ganzen Druck des Meeres spüren, von dem ich in der Brust vorausfühle, wie stark er sein muss. Ich versuche durch einen Meeresarm zu schwimmen, der mich um die Insel oder Landzunge herumführen muss. Ich schwimme plötzlich auf dem Trocknen, vor einem grün-braun gemusterten palastähnlichen Gebäude, das genau die Zeichnung der ganz schwach gewellten grün-braun gemusterten Landschaft vor ihm trägt. Ich sehe den Meeresarm schon nicht mehr, durch den ich gekommen bin, er muss da hinten links liegen, schon ganz weit, mir fehlt das Element, ich erschrecke.

Ich gehe zurück durch die Museal- oder Ausstellungsstrasse, die Hitler angelegt hat. Gleich der erste Palast ist so voll von Statuen, dass er überzuquellen scheint, der Mittelhof und der Vorhof sind ganz voll, die Köpfe und Hälse von dunkelbunt bronzenen Giraffen, Kamelen, Straussen, Antilopen drängen über das Gitter, verzackt, verzahnt, verschränkt, schwer, blitzend, eng und riesig, ein ganzer Zoo aus Bronze, sehr barock, im Sinne des Barock. Eigentlich gefällt mir das sehr – es wird übrigens auch von Publikum bewundert –, ich denke: »Das wird man später stehn lassen können!« Der zweite Palast ist dem ersten ähnlich, der dritte ruhiger, von antik-klassischer Art, schwer und vereinsamt [und wirklichen Museen um vieles ähnlicher als die, freilich wunderbaren, barocken Bronzezoos]; »ein sehr eklektischer Geschmack« denke ich, ohne Missbilligung. Die Strasse führt ohne Übergang und unmerklich in den Korridor eines Museums, auf dem, zwischen rätselhaften Plastiken, Architekturpläne und -modelle ausgestellt sind. Zwei Perser werden von einem Deutschen herumgeführt, er zeigt ihnen Sachen, die ich gut

kenne. Alle drei tragen bunte leichte lokkere Pyjamas und
kurze weisse Tücher unter den Mützen. Die interessieren
mich, ich sehe mich, wenn auch mit dem Versuche, ihnen
nicht aufzufallen, nach ihnen um, ich möchte wissen, wie die
Form der Mützen ohne Tücher wäre; und welche die Perser
sind und welches der Deutsche ist; sie sind einander so ähnlich, dass es nicht zu erkennen ist.

207

26/2/42

Ich bin in Brasilien, auf der Flucht oder auf einer Reise, in einem gastlichen grossen Hause. Draussen liegt dicker Schnee.
Ich bin erstaunt darüber und spreche davon als von einer
Sache, die ich für eine Ausnahme halte; die Eingebornen
scheinen das Winterwetter nicht für etwas Aussergewöhn-
liches zu halten. Ich beschliesse, des Wetters wegen oder aus
andern Gründen, weiterzureisen, morgen; freilich fällt mir
bald ein, dass ich gar nicht weiss, ob morgen auch ein Schiff
geht. Ich muss aber vor der Abreise unbedingt noch etwas
wissen: ich gehe vor einen Schalter, hinter dem eine blonde
Schauspielerin sitzt – Revue- oder Operettenschauspielerin,
aber eine Frau von Art und Charakter und sogar auch, ungefähr, vom Aussehn der Elsa Brandström [ich hatte vor dem
Einschlafen, allerdings nur flüchtig, an den Besuch in ihrem
Kinderheim gedacht] –; der erzähle ich den Reiseplan; vor
der Abreise müsse Sie mir unbedingt zwei Märchen dieses
Landes mitteilen; eins von der Art der internationalen Märchen, wie Rotkäppchen etwa (ich spreche französisch zu ihr
und muss einen Augenblick überlegen, wie Rotkäppchen auf
französisch heisst); das andre müsse das grade für dieses
Land am meisten charakteristische Märchen sein. Sie lächelt,
steht sofort auf und will in ihr Haus hinübergehn, die Märchen holen. Sie geht mit einem jungen Mädchen namens
Lotka. Ich begleite sie bis zur Haustür. Ich will für sie das
grosse Licht vor der Tür anmachen, drücke aber wohl auf
einen falschen Knopf: es steht »Nacht« auf ihm, es muss die

Nachtglocke sein, ich werde das ganze Haus alarmiert haben. Ich habe keine Eile, da ich ja nicht weiss, ob schon morgen ein Schiff geht. Ich gehe mehrmals die Treppe auf und ab. Am Flurfenster sind dicke Eisblumen, ich kratze daran, mit dem kleinen Finger der rechten Hand; der Finger ist ganz weiss geworden, der Nagel, den ich zu lang hatte wachsen lassen, ist schräg abgebrochen. Ich liege auf einem Bett, auf dessen Decke ich das »Bettmümfli« [der kleine Bissen vor dem Einschlafen, den wir uns aufheben und von dem wir oft sprechen] liegen habe. Vor der atelierfensterähnlich hohen und blanken Fensterscheibe steht im Garten [in dem nichts mehr von Schnee zu sehn ist] eine Katze oder ein katzenähnliches schönes Tier. Ich will mit ihm spielen, nehme vom Zimmerboden einen Stein und werfe ihn hoch, um das Tier, das ihn fliegen sehn soll, anzulocken. Der Stein schlägt an Decke und Fenster und macht ein grosses Gepolter. Ein zweiter fällt laut platschend in ein kastenartiges Wasserbassin [einen Kasten wie er hier über der einen Hoftür angebracht ist]. Ich stehe bei einer Gruppe um Heinrich Mann, in der mit einer gewissen Feierlichkeit etwas Offizielles vorbereitet wird; ich rühre Walter Hasenclevers – der mit nackten Oberleibe dabei sitzt – Schulter an und frage, ob er mit uns weiterreisen würde; er nickt, und seine Bejahung erfüllt mich mit grosser Freude. Ich gehe bis zu meinem Tische. Jemand hat mir auf den eine mittelgrosse Photographie gelegt, auf körnigem Papier. Sie ist nicht, wie eine Photographie, die mir vorher gezeigt worden ist, essbar, einen Augenblick enttäuscht mich das. Sie stellt, es ist eine sehr komplizierte Aufnahme, mich und einen andern dar, der eine hält ein Kind in den Armen und küsst es, der andre hält ein Tier, wohl die vorhin erblickte Katze; der Photograph hat es verstanden, noch eine Dritten – ebenfalls ein Tier haltenden – hinzuzuphotographieren, und zwar aus einem Spiegel, so dass man ihn nur sieht, wenn man das Bild in einer bestimmten Schräge hält. Die Elsa Brandström ähnelnde Frau muss nun gleich zurückkommen – und wird dann in Art und Aussehn Elsa Brandström noch ähnlicher sein. Ich will ihr Blumen geben, ich habe zehn oder zwölf kurze, knollige, noch nicht aufgeblühte rote Tulpen wagerecht in der Hand. Aber da wird ein Arrangement, ein dünnes, ziemlich sonderbares, mit weissen Blüten aufgestellt, ein Brief des SDS an die Frau ist dabei, ich lasse langsam die Blumen aus der Hand und sage, sie könne nun wählen, oder beide nehmen [– die Szene wird unklar].

[Bemerkung:] Ich behalte mehr Einzelheiten aus den Träumen, die ich, auf der rechten Seite liegend, geträumt habe, als wenn ich auf der linken Seite lag.

[Bemerkung:] Es gelingt natürlich immer nur, mehr oder weniger umfangreiche und mehr oder weniger zusammenhängende Bruchstücke der Träume zu fassen und zu behalten. Wenn es sehr wenig ist, habe ich, wie nach einer Pflichtverletzung, ein schlechtes Gewissen. Dieses Gewissen ist geringer belastet, wenn ich das Gefühl habe, der Traum sei »nicht interessant« gewesen – als wenn ich das Gefühl habe, eine reiche, bewegte und bedeutende Handlung unhaltbar versinken zu sehn.

208

27/2/42

Es ist nach der Revolution. Wir sind auf einer Terrasse, die als Vorzimmer eines grossen Gebäudes dient. Jeder soll seine Fähigkeiten und seine Verwendbarkeit angeben. Ich sitze und lese den Simplizissimus; aus irgend einem Grunde muss ich aufstehn; wie ich mich zurückwende, sind Stuhl und Zeitschrift verschwunden. Die Zeitschrift hat einer namens Gustav genommen. Stühle sind auch frei, aber alle freien sind mehr oder weniger zerbrochen. Gerhart Eisler, der eine Zigarre raucht und sehr lustig ist, bietet sie mir der Reihe nach an. Es ist die Rede davon, wie das frühere Regime oder frühere Regime nach den Fähigkeiten, ähnlich wie oder anders als es jetzt geschieht, gefragt haben; »meine haben sie nicht haben wollen«, sage ich. Ich erzähle, dass ich Nachricht von

Walter Schlieper hätte, es gehe ihm sehr gut, naja, nicht so sehr gut, aber so gut es eben gehn könne. Während ich erzähle, spähe ich über die Brüstung hinunter in die schwache Bewegung des Hofes. Ein Mensch schiebt sich seitlich in einen Laden und späht auf unsre Gruppe.

213

4/3/42

In einem Zirkus findet eine grosse Veranstaltung mit versteckter politischer Bedeutung statt. Sehr bunte Menschen wimmeln auf den hohen Reihen des Amphitheaters und in den Nebenräumen hin und her. Ein Freund hat in einer Pause einen Verkauf von Bonbons organisiert; auch das hat eine geheime politische Bedeutung. Ich gehe an seinen Tisch und kaufe welche; ich erwarte schwarze Bonbons, die ich eigentlich nicht mag, ich habe mich ja auch seinem Verkaufsstande nur wegen der politischen Beziehung genähert; er legt mir Bonbons in eine längliche Pappschachtel, daneben und dazwischen liegen bunte Blätter, er erklärt mir, dass das die Wurzelblätter eines bestimmten, namentlich genannten nützlichen Krautes seien, die er den Bonbons zugefügt habe; wir sind während des kurzen Gesprächs sehr umdrängt, das Gewimmel ist sehr bunt; ich sehe dann, dass in der Schachtel grosse rote Himbeerbonbons sind. Ich habe mich auf dem Wege mit einem etwa fünfjährigen befreundeten Kinde beschäftigt, das über dem sehr ernsten dunkelblassen Gesicht starres drahtiges Haar aufstehn hat; das Kind spielt weiter mit mir, und legt sich plötzlich, unter dem physisch doch nicht spürbaren Drucke eines schräg von oben kommenden Scheines, rücklings auf den Boden. Ich stehe da und glaube, zu spät gekommen zu sein; ich denke nach und finde, dass ich zwei Situationen verwechsle, und dass die, in der ich zu spät gekommen bin, nur geträumt war. Ich gehe in den Hauptraum zurück und sehe, dass ein französischer Student einen andern auf eine Tribüne führt: da habe, so, Danton gestanden. Der andre ist St.-Just oder eine andre Figur der

Tragödie. Sie werden von andern jungen Leuten umringt; sie improvisieren eine Szene aus dem Prozess Dantons, ein Bekenntnis zur Revolution. Die Leute unten im Saale wenden sich ihnen zu. Einer, der diese Improvisation mit veranstaltet hat, »Herr Max«, ein leicht beleibter kurzhaariger Mann mit gutsitzendem Anzug und heller Weste, kommt eilig von der Tribüne herunter und geht auf die Strasse. Ich rufe ihm zu, aber ich sage es für den, der mich begleitet: »Das ist das französische Volk!« [oder: »… der Geist des französischen Volkes«, oder »… das wirkliche französische Volk«]. Ich stehe allein, nun, ohne weitergegangen zu sein, in einem grossen Vorraume; ich bin so erschüttert von dieser Demonstration, dass mir die Tränen in die Augen kommen.

Ich gehe in eine Art Wintergarten. Ich habe nicht mehr Bonbons in der Hand – oder ich beachte sie nicht mehr –, sondern Feigen, Feigen von der Farbe und Gestalt von Courgettes, aber es sind blaue Feigen; ich fülle sie langsam in eine andre Tüte. Ein sehr junges, sehr festes Mädchen mit halblangem Haar [wohl Olga, deren ich mich vor dem Einschlafen erinnert hatte] kommt herein und setzt sich mit einer Zeitung auf die Erde. Ich nehme selbst diese oder eine andre Zeitung in die Hand und suche etwas, sie halb entfaltend. Es ist eine illustrierte Zeitung, die Wahrheiten aus der Sowjetunion enthält. Eine Seite ist überschrieben: »Einer der populärsten Sowjetminister: Friedenthal«. Einige Bilder und Berichte sind rot angestrichen; diese Zeitung ist eine von denen, die wir ins Lager bekommen und in ein andres Quartier weitergegeben haben, und die nun sonderbarerweise von draussen wieder hereingekommen ist. Neben mir an einem Gartentische mit Strohsesseln, noch vor der auf dem Boden sitzenden Olga, die aber wohl an dem Gespräch beteiligt ist, sich vielleicht auch genähert hat, um in meine Zeitung zu sehn, spricht eine Gruppe, die hauptsächlich oder nur aus eleganten jungen Frauen besteht, abfällig über die Landschaft der Azurküste. Ich greife, Feigen umpackend, in das Gespräch ein und sage in einer gewissen Erregung, es sei sehr leicht, einfach der entgegengesetzten Meinung aller andern zu sein, und hässlich zu finden, was die schön fänden, weil die es schön fänden. Diese Landschaft sei in der Tat eine starke und schöne Landschaft; und was die grosse Mehrheit aller Menschen, die gar nicht so dumm seien, geglaubt hätte, sei immer richtig gewesen. Ich habe stehend gesprochen, also von oben, und mit ziemlicher Schärfe. Links neben mir fragt jemand: »Wie nennt man bei Ihnen die Journalisten, die aus Prinzip immer andrer Meinung sind –?« Ich antworte: »Die nennt man auch bei uns Snobs«.

Im Erwachen geht der Traum noch fort, ja noch als ich erwacht bin, und immer nahe daran, in ihn zurückzusinken, wird er weitergesponnen: aus den Feigen ist ein Kuchen geworden, den ich umpacke; Heiner Rau steht links von mir, ein wenig unterhalb, und ruft mir zu, es seien »Krampen im Kuchen« – in der Tat sehe ich, da er mürbe und bröcklig unter meinen Fingern auseinanderbricht, Drahtstifte, die die einzelnen Teile zusammenhalten. Da kann ich zwar noch kaum die Augenlider auseinander kriegen, bin aber schon wach.

An einer nicht mehr fixierbaren Stelle des Traums – vielleicht in einem besondern Stück, vielleicht, wahrscheinlich am Anfang, in Verbindung zu dem späteren Gefühl der Verspätung – ist mir mein Vetter Kurt angemeldet worden, und ich habe ganz vergessen, dass er wartet. Als er mir einfällt, müssen etwa zwei Stunden vergangen sein. Es ist neun Uhr, das ist mir ganz unerklärlich, ich wollte um sechs Uhr wieder aufstehn [in Wirklichkeit lege ich mich niemals im Laufe des Tages ins Bett]. Ich habe einen Text, der Beleidigungen gegen mich enthält, auf einen Tisch gelegt; der Text ist in Stücke geschnitten, ich lege die Stücke zusammen und numeriere sie; ich will mich bei Ehrenstein über die Beleidigungen beklagen.

215

6/3/42

Ich komme auf die Terrasse vor dem Hause, um eine Zigarre zu Ende zu rauchen und die letzten Sätze einer Novelle, die ich durchaus heute beendigen will und muss, zu überlegen.

Es werden herbe Worte über die englische Kriegsführung gesagt. Sie passen zu meiner Novelle. In der handelt es sich um das Geschick eins Lordsohnes, der in den Kämpfen fällt. Sein Vater sucht den Leichnam, um ihn prunkvoll und auffällig bestatten zu lassen, in Bormes oder, als ersten, unter dem neuen Totenmal in Cannes. Dieses sehe ich beim Nachdenken vor mir; es ähnelt, figurenreich, dem »Monument aux morts« Bartholomés. Die Novelle ist umfangreich und ausführlich, das ganze Schicksal des Lordsohnes ist darin erzählt [dessen Einzelheiten ich vergessen habe], und die Haltung des Vaters entwickelt, der am Tode mitschuldig ist und nun diesen Tod ausbeuten will. Ich bin ganz nahe an den letzten Sätzen, die sehr hart und scharf sein müssen. Ich muss ausserdem unbedingt noch zwei andre Arbeiten, vor deren Schluss ich stehe, heute abend beenden. Die Nacht ist lau und braun, hoch oben flimmern schwache Sterne. Ich gehe bis an die schmale Treppe, die mit wenigen Stufen von der Terrasse hinunterführt. Auf der stehn, kaum sichtbar zwischen den Pfeilern, die Köchin und ein Mann. Der Mann weicht sofort aus und geht ins Haus. Einen Augenblick kristallisiert sich, aber noch ungreifbar, eine Beziehung zu der Köchin, einer grossen schweren animalischen Person, ohne dass ein Wort gesprochen wird, ganz im Gefühl und in der Atmosphäre. Gleich ist die Frau verschwunden; sie muss nun hinter mir am Fenster stehn, das von der Küche auf die Terrasse führt, wohl bei dem Manne; ich fühle sie aber nur, ich sehe sie nicht. Unten kommen in hastiger, aber nicht lauter Beweglichkeit einige Männer vorbei, die weiss umwikkelte Zylinderhüte tragen; sie müssen von einer Hochzeit kommen. Sie werfen grosse Zigarrenstummel auf die Terrasse. Ich sammle die sorgfältig auf und lege sie in mein Zigarettenetui aus Tulasilber, in dem noch eine Zigarre liegt; als es voll ist, ziehe ich ein zweites ganz gleiches Etui aus der Tasche und fülle es. Ich fühle hinter mir die Anwesenheit, die Nähe, die Aufmerksamkeit der Köchin, die Nähe der Frau. Auf der Terrasse ist das elektrische Licht angegangen, es brennt nicht sehr stark, aber ich greife durch die Haustür, um es auszuschalten. Ich drehe, aber es geht nicht aus; erst nach einem Augenblick komme ich darauf, dass man zweimal drehn muss. Das Licht erlischt. Aber schon fährt vor der Terrasse ein Radfahrer von der Kommandantur vor, der ins Haus geht, um sich über das den Vorschriften zur Sicherung gegen Fliegergefahr widersprechende Licht zu beschweren. Ich gehe ins Haus zurück, in die alte Wohnung. Alle Zimmer sind besetzt. Im Elternschlafzimmer sind zwei Frauen noch wach; ich gehe leise hindurch. In dem langen Zimmer daneben, das früher Vaters Büro war, sind Leute, denen ich über die Novelle und die andern Arbeiten Erklärungen abgebe. Im Kinderzimmer wecke ich Leute auf. Im Büro oder im Kinderzimmer [ich kann den Vorgang nicht mehr genau lokalisieren] stöhne ich: die letzten Sätze der Novelle fehlen mir; die Zeit vergeht; ich bin schon sehr müde. Eine Freundin tröstet mich herzlich. Sie zeigt mir in einem Koffer Sachen, die mir gehören; in einem Fache, in dem Wäsche zusammengelegt ist, zwei neue sehr gute bunte Hemden, die werde ich anziehn, wenn die Arbeit fertig ist, vielleicht um mit ihr auszugehn, vielleicht heute abend? Der Text der Novelle liegt auf einem Tisch, neben einem Manne, der dort unter anderm Namen ist. Dieser Mann korrigiert mir etwas in die Novelle hinein, schreibt eine Abkürzung aus, schräg über meinen Text hin. Wütend mache ich Tintenkleckse darauf. Ich werde eine Abschrift anfertigen lassen, nur für wenige, die Person wird unkenntlich sein. Aber dann mache ich selbst auf einer Karte zwei Korrekturen: ich trage zwei Namen um, die in der englischen Politik eben eine Rolle gespielt haben, die Namen zweier Niederlagen wohl. Ich sehe mir die kleine Karte nachdenklich an: der eine Name, Liverpool, reicht nun in meiner Schrift über die Ostsee hin tief bis nach Russland hinein, bis nach Sibiren. Ich stehe an einem Fenster [das keinem Fenster dieser Zimmer in der Wirklichkeit entspricht], höre dem Gespräch zu und denke nach: Die Engländer verdienen diese Niederlagen, weil sie nicht kämpfen wollen – Aber den Krieg nicht zu wollen, ist doch gut und verdienstlich – Aber, das ist die Lösung: man muss kämpfen, und sie müssten kämpfen,

um den Zustand zu schaffen, in dem Kriege nicht mehr möglich sind, man muss den Frieden erkämpfen – Ich gehe in ein
andres Nebenzimmer. Ich finde ein Mädchen. Wir umschlin-
gen uns, sie küsst mich unzählige Male in den Mund. Ich bin
hingerissen von Liebe. Ich sage ihr, immer küssend: »Ich habe
zwei Ängste: die eine, in Frankreich zu bleiben; die andre,
nicht in Frankreich [nämlich bei ihr –] zu bleiben!« Ihre
Lippen sind fest und weich und heiss zerdrückt zwischen meinen, wir küssen immer heftiger.

221

12/3/42

Ich besuche Susanni in einer Entbindungsanstalt. Diese ist
aufs äusserste geordnet und diszipliniert; dass ich nach dem
Eintritt nicht warte, sondern mich vor das Pförtnerzimmer,
in dem hinter der Tür mit weisser Gardine eine Schwester
hantiert, hinstelle und schon mit Susanni, die in der Nähe ist,
spreche, ist eigentlich schon ein Bruch der Ordnung, der mir
aber hingeht. Ich komme in verschiedne Räume der sehr hellen und sehr geschlossnen Anstalt; in einem wird das künf-
tige Schicksal der Kinder in Flaschen aufbewahrt.

Ich sitze [dies kann eine Fortsetzung des vorigen Traumstücks sein, oder auch ein selbständiges Traumstück] am
Rande eines Feldes, mit Büchern. Vor allem habe ich, aufgeschlagen, ein Sammelwerk, in dem ich lese; es betrifft, unter
anderm, diese Felder – oder die Anstalt des vorigen Traumstücks. Während ich einen Aufsatz über die Kultur einer
Pflanze, vielleicht der Pflanze, die auf dem Felde gebaut
wird, lese, ruft mir eine Frau über das Feld hin zu, da sehe
man wieder [das heisst: an diesem Artikel, der aber keines-
wegs von mir ist], dass ich Sozialist sei. Das ist sehr unangenehm, weil von Sozialismus laut zu sprechen unter den
gegenwärtigen Umständen sehr gefährlich ist. Jenseits der
Strasse geht, auf sein Haus zu, bedächtig, gesammelt, einen
Strohhut über dem ernsten verdunkelten Gesicht, der Barbier, von dem ich weiss, dass er Kassierer der Kommunisti-

schen Zelle ist. Ich habe mit einer Katze gespielt, die unter meinem Stuhle hervorgekommen war; sie kommt wieder, ich kraule sie wieder, aber es ist jetzt eine Miniaturkatze mit verhältnismässig dickem, wieder gelb-weiss geschecktem Leibe und schildkrötenartig kleinem Kopfe. Ich stehe auf, ich will ins Haus gehn, um die Bücher, die ich entliehn habe, bei der Concierge zu deponieren. Ich biege, das Feld im Rücken lassend, links ab. Ich sehe auf die Uhr; sie ist um viertel zehn stehn geblieben, um die Zeit, auf die ich den Wecker gestellt hatte [ich habe keinen Taschenwecker, aber Siegfried zeigte mir einen vor einiger Zeit], das macht sie nun jeden Tag; ich stelle am Wecker herum. Ich weiss nicht, da ich noch etwas zu erledigen haben werde, ob ich noch werde zu Mutter gehn können. Ich finde im Hause die Concierge nicht vor. Da der Briefträger grade die Post gebracht hat, steige ich in den ersten Stock hinauf und bleibe neben dem Treppenpfeiler, auf den er sie gelegt hat, stehn; ich sehe nicht nach, ob ich etwas habe, weil ich nicht in Abwesenheit der Concierge in der Post herumwühlen will. Die Zimmer des ersten Stocks zum Hausflur stehn weit offen, es ist eine Gesellschaft darin. Im nächsten Zimmer sitzt eine kleine Frauensperson unbeweglich steif auf einem Sofa, im Nebenzimmer sitzen zwei oder mehrere im Gespräch. Die Concierge kommt, will sich mit der Post beschäftigen, sieht sie aber – grosse bunte Drucksachen in durchscheinendem Papier – kaum an. Ich erfahre, dass ich Post bei ihr unten habe. Ich erzähle ihr, dass ich nur einen Tag in der Stadt bleibe. Der Treppenpfeiler ist zu einem Tisch geworden, an dem sie links von mir sitzt. Ein unscheinbarer Mann ist mit ihr gekommen; der erzählt mir nun, dass er sehr sonngebräunt sei, und dass er daher als Nachfolger von Jacques Rosenthal nun die Rollen von Orientalen im Film zu bekommen hoffe. »Nachfolger von Jacques Rosenthal«, denke ich, und »dieser lächerliche Mensch; mit was für Leuten lasse ich mich hier ein!« Dabei werde ich nicht einmal zu Mutter hinaufgehn können. Ich antworte, völlig uninteressiert, dass er da wohl leicht ein Engagement finden werde. Der Mensch giesst während des Gesprächs, immer wieder zu mir heranschwänzelnd, für die Gesellschaft Sekt ein. Die Concierge aber verhält sich, wohl aus alter Feindschaft, gehässig gegen diese Gesellschaft; sie schimpft auf sie, schlägt auf den Tisch und macht Lärm, um sie zu stören. Ich finde das scheusslich; und doch kommt mich eine Lust an, und ich lege unter dem Tisch die Faust auf ihren mächtigen Schenkel. Die drüben im Zimmer sich Unterhaltenden sagen ruhig: »Das macht sie nun schon drei Mal; aber immer vergeblich«. Die steife Person auf dem Sofa ist noch immer allein und bewegt sich nicht.

223

14/3/42

Ich bin bei Weinhubers, bei denen ein Staatsanwalt aus der Provinz zu Besuch ist. Wir sitzen in dem [dem wirklichen entsprechenden, aber sehr vergrösserten] Zimmer an einem sehr langen und ziemlich breiten Tisch, einem Tisch, wie sie auf Versammlungstribünen stehn. Der Staatsanwalt, in einem hellen sehr eleganten Pyjama, sitzt ganz links, ich sitze am rechten Ende; zwischend den einzelnen Personen ist viel Platz am Tische. Es ist die Rede von einem ungewöhnlichen Unfall, der sich in Monaco zugetragen hat. Ich stehe auf und sage in zusammenhängender Rede meine Meinung von der Sache: Warum hat der Mann einen chinesischen Diener gehabt, so nahe an der Grenze – (ich überlege rasch: ja, Monaco liegt zwischen Nizza und Mentone)? Warum hat er die Bedingungen des Unfalls zugelassen, den Flug auf einem motorlosen drachenartigen Flugapparat, die zum Sturz ins Meer führen mussten und geführt haben? Ich denke einen Augenblick nach. Der Staatsanwalt steht prompt auf und will antworten. Ich resümiere und schliesse: »Wäre ich dort Richter, würde ich die Verfolgung einleiten«. Der Staatsanwalt hat sich wieder setzen müssen. Weinhuber, der vor dem Tische steht, verbeisst ein Lachen. Plötzlich sitzt an seiner Stelle der Staatsanwalt mir gegenüber und fragt mich: »Ohne Sie kränken zu wollen, Herr Leonhard – sind Sie schon in guten Häusern eingeladen worden« [oder, eher: »in guten Häusern in Frankreich«]? Ich antworte sofort: »In den verschiedensten: im Elysée und am Quai d'Orsay – aber auch bei Concillogen!« [Mittags hatte ich, bei einem Gespräch über französische Küche, gesagt, dass ich eine besonders gute Übersicht hätte: ich hätte im Elysée und am Quai d'Orsay gegessen wie im Lager von Vernet und im Gefängnis von Castres.] Es entsteht ein langes peinliches Schweigen. Ich zittre vor Wut. Ich sehe meinen Anzug: er ist der dunkelgraue, nicht sehr elegante und ziemlich vertragne, den ich zuletzt in Paris trug und mit dem ich ins Lager gekommen bin. Der Staatsanwalt wartet, dass ich als erster gehe; ich warte, dass er geht, da ich noch mit Weinhubers sprechen will. Schliesslich entschliesst er sich und steht auf. Er tritt zu mir, um sich zu verabschieden; ich habe nicht den Mut, bei Weinhubers eine Szene und ihnen Ärger zu machen, und verweigre ihm die Hand nicht. Dabei sagt er: »Auf Wiedersehn, physischer Herr Leonhard!« Als er sich von Lotte verabschiedet – Lotte, die aber mit Yvette identisch ist! –, reisst er sie in seine Arme, drückt ihren Kopf hinten über und küsst sie lange und wild. Dabei sagt er: »Ich wünsche Dir, dass Du die grosse Güte bekommst, oder auch die grosse Schlechtigkeit« – und sagt oder meint, dass die identisch würden. Alle gehn hinaus, ich bleibe allein. Ich gehe im Zimmer auf und ab. Warum bin ich so zornig? Bin ich zu beleidigen? Eifersüchtig bin ich doch nicht (Lotte ist nun ganz zu Yvette geworden), das widerspräche meinen Anschauungen, und ich kenne auch das Gefühl nicht. Der Abschied draussen dauert sehr lange. Ich habe nun Eile; die grosse Uhr draussen nahe am Fenster [eine Uhr, die ich wirklich kenne; die von der Tour de l'horloge] zeigt zehn Minuten vor sieben, ich muss in die Kaserne zurück. Vom Flur dringt Helligkeit herein durch die Wände, und ich fühle ein plötzlich aufspringendes Verständnis; ich laufe auf den Flur, dränge zwischen die dort Stehnden, und frage Yvette: »Wie geht es der Kleinen« – (nämlich Marie-Christine, die krank ist)? Ich laufe die [gegen die Wirklichkeit vergrösserte] Treppe des grossen hellen Hauses hinunter. Vor der Tür sehe ich Taxis um die Ecke fahren und schreie »Taxi!«. Yvette muss gleich hinter mir heruntergekommen sein; sie steht noch nahe der

Tür und sagt, ziemlich leise, in der Richtung auf die Taxis hin: »Ich will mit dem Herrn fahren ...!« [oder »Ich möchte ...«] Die Taxis sind weitergefahren und haben damit den Blick auf einen Postwagen freigegeben, in den eben ein Mann eilig eingestiegen ist. Der Postschaffner macht mir augenzwinkernd ein Zeichen, er wolle mich mitnehmen. In der Kutsche ist hinten eine dicke Lederbank, auf die ich mich, neben den vorher Eingestiegnen setze. Es ist völlig dunkel. Ich weiss gar nicht, wo der Wagen hinfährt. Ich will ihm sagen »Zur Kaserne in der Grand rue«. Ich bin so ungeduldig, dass ich schon Geld zurechtmache, um den Kutscher zu bezahlen. Der Wagen bricht in der Mitte auseinander. Ich sehe, dass er nur von dem Schaffner, der vorn im Wagen in einem Loche steht und läuft, gezogen wird, dass ich also nicht schneller vorwärtskomme, als wenn ich zu Fuss gehe. Trotz meiner Ungeduld bin ich nahe dran, zu lachen. Mit dem Hinweis auf einen altertümlichen Einspänner sage ich dem Schaffner: »Es gibt die verschiedensten Taxis heute!« Ein wunderbar glatt polierter offner Schlitten aus Mahagoniholz fährt dicht vorüber. Ich gehe zu Fuss weiter. Ich denke dran, dass ich wohl meinen Urlaubsschein verloren habe; aber vielleicht braucht man bis sieben Uhr gar keinen vorzuzeigen? Mein Strohsack wird schon weggelegt sein, ich werde ihn mir wieder beschaffen müssen; und meine Sachen, Seife und alles, sind bei Mutter.

(In derselben Nacht.) In einer Wohnung, die wohl Weinhubers gehört, in der jedenfalls Anni Weinhuber schaltet, spielt sich eine Handlung ab, die zu Hasenclevers Selbstmord führt. Ich habe den Ursprung und den grössten Teil des Verlaufs vergessen, und behalten nur die Gefühlsspannung und die Erregung. Anni Weinhuber ist dabei, ich bin beim ganzen Verlauf und beim Ende dabei. Aber ich verhindre nichts. Walter zeigt in den einzelnen Akten eine unerträgliche Verspieltheit und Albernheit [die in nichts mit seiner wirklichen Natur übereinstimmt]. Er liegt dann, viel grösser als in Wirklichkeit, auf einem zerwühlten Bett, in einer vom Gefühl der Zerstörung erfüllten Wohnung. Auch dem Mädchen, das seine Gegenspielerin war, ist etwas geschehn. Als ich gehe, sagt Anni, dass wir das Mädchen verloren haben. »Ich habe doch vor allem ihn verloren!« antworte ich [– dabei ist wohl der Selbstmord noch gar nicht erfolgt, und ich meine: verloren durch seine Handlungsweise und die Auseinandersetzungen]. Ich gehe weinend die grosse Treppe hinab. Es ist eine weite Vormorgenstimmung, die Stadt ist ganz leer, es ist fünf Uhr. Ich denke, wie über ein zurückliegendes Ereignis: »Das ist die Erklärung des Geheimnisses, warum ich, zu Lottes grosser Verwunderung, so spät nachhause gekommen bin!« Ich finde keinen Wagen. Ich gehe quer durch einen Park. Zwei Frauen gehn ziellos hin und her und wenden sich mir zu. Die erste ruft mich an, ich gehe weiter. Die zweite, die eine Pelzjacke trägt, ruft mich mit meinem Namen an. Ich gehe zu ihr. Ich kenne sie. Sie ist, wie sie erzählt, aus London zurückgekommen. Wir sprechen rasch, leicht, leidenschaftlich, in geläufigem echtestem Hurenton. Ich bemerke erst im Erwachen, wie sehr mein Verhalten dem Walters, das mich eben so abgestossen hatte, ähnlich ist.

224

15/3/42

Ich habe noch einen Artikel zu schreiben. Ich habe »nichts andres versprochen« als eine »Erzählung ohne Deutung« zu geben. [Umsetzung vielleicht dieser Traumaufzeichnungen]. – Wohl zu diesem Traumstück gehört: Aus Dankbarkeit, auch gegen den Regen, muss ich erst die letzte Fassung fertig machen [bei mehrmaligem kurzen Erwachen habe ich starken Regen gehört]. Diesmal handelt es sich um Kritik; Kriegs-Kritik.

228

19/3/42

Der Lichtstreifen am Boden [wohl vom Lichtstreifen unter der Zellentür her] muss ausgelöscht werden. Wurst fällt zu Boden. Das Klavier soll umgestellt werden; ich schlage es auf und versuche es. Alle sind zurückgekehrt; Grossvater wird auf einem Sessel hereingeschoben, er ist böse auf mich. Ich habe den Mantel in der Hand und gehe hinter, einen Kleiderrechen zu suchen, an dem ich ihn aufhängen kann. Die Kleiderrechen sind alle sehr voll. Als ich zurückkomme, trage ich mit beiden Händen eine tote schwarz-weiss gefleckte Kuh. Das Blut entrinnt dem Kadaver, läuft an – oder in den Beinen lang und tropft von den Hinterhufen ab. Der sich ausblutende Leib scheint kleiner zu werden, wird aber nicht leichter. Der Wind schlägt ihn mir in den Händen hin und her. Der Kopf bricht ab. Leute hinter einem Schalter oder einer Theke im grössten Zimmer rufen mir, als ich sie links hinter mir lasse, zu, ob ich wisse, dass »die Lebenshaltung auf zehn Punkte festgesetzt sei«. Sonst hätte mich das ausserordentlich interessiert; aber ich trage die tote Kuh.

230

21/3/42

Nachts fahre ich, und will durchaus noch vor Mitternacht ankommen, in die rue des Francs-Bourgeois oder eine ähnliche Strasse, – der Name ist nicht deutlich, und gemeint ist eine der zur rue des Francs-Bourgeois senkrechten Strassen. Ich steige nicht in der Strasse selbst aus, sondern an der Ecke der nächsten Parallelstrasse und der Querstrasse, an der diese Strassen enden. Ich komme aber schon, zugleich, aus einem Hause und von einem Verdeck, und ich bin erstaunt darüber, dass ich in einem ganz kleinen Auto gekommen bin; es ist höchstens anderthalb Meter lang, und ich stehe, eben ausgestiegen, mehrere Meter vor ihm. Ich gehe also zurück; es ist ein ganz billiges Taxi; ich gebe dem Chauffeur zehn Franken, und einen Franken Trinkgeld. Habe ich ihm nicht einen Knopf statt des Zehn-Frankenstücks gegeben? Nein; beides; er gibt mir den Knopf zurück und sagt augenblinzelnd, er möchte doch für Geld (ausser dem Trinkgeld, heisst das) eine Tüte Bonbons kaufen. Ich sage ihm etwas darüber, wie selten Bonbons jetzt seien, mit einem Witze, der mir misslingt, und sehe, während ich mich umwende, dass er in der Tür eines Zuckerwarengeschäfts verschwindet. Ich gehe, links einbiegend, ein Stück der Querstrasse, und biege wieder links in die Strasse, die mein Ziel war. Es muss noch vor Mitternacht sein, vielleicht wollte ich um Mitternacht überhaupt schon wieder zurück sein. Ich habe Noten unter dem Arm, gebundne und ungebundne, zu oberst ein grünes Heft Liszt (Edition Peters). Als ich in die Strasse, die sehr eng ist und in der die Häuser gebaucht und winklig stehn, einbiege, kommt eine dünne dunkel gekleidete Frau mir entgegen, setzt sich mit einer Art Spinnrad oder primitiver Nähmaschine in ein Schaufenster, und ruft mich in hurenhaftem Tone, aber leise und schüchtern an. Es ist etwas Rührendes an ihr; obwohl ich mich nicht einlassen will (– »warum eigentlich nicht?«, zuckt mir durch den Kopf), sehe ich mich drei Mal nach ihr um. Sie ruft jedesmal wieder, ohne in ihrem Schaufenster die Haltung zu verändern, jedesmal leiser. Ich sehe nun, dass ihr Gesicht verwelkt ist. Ich komme vor das Haus, in dessen oberstem Stock die Frau wohnt, die ich besuchen möchte. Ich kann nicht sehn, ob Licht ist, ich müsste, um es sehn zu können, mich in eine der steinernen Nischen in den gegenüberliegenden Häusern drücken. Die unteren Stockwerke, besonders das zweitoberste, unmittelbar unter dem mich interessierenden liegende, sind sehr stark erleuchtet, auf eine nicht erkennbare indirekte Art. Ob die Frau zuhause ist? Ob sie allein ist? Vielleicht ist ihre Freundin bei ihr. Es würde mir nichts ausmachen. Ich stelle mir die kräftige untersetzte Frau mit den funkelnden Augen vor. Ich gehe am Hause vorbei bis zu dem Platz, an dem (wie die rue Bonaparte in St.-Sulpice) die Strasse sich verbreitert; vorbei an einem eisernen Brunnen, vorbei an einem steinernen Brunnen. Wo ist denn die Mairie? Ach, die ist ja nicht in dieser Strasse, ich verwechsle wirklich die Strasse mit der rue Bonaparte. Ich kehre um. In einer Verwirrung des Gefühls schliessen sich mir die Augen; ich gehe mit geschlossnen Augen weiter, beinahe taumelnd, grade dass ich nicht über den eisernen Brunnen falle. Vor einem vergitterten Heiligenbild in der Ecke des Platzes bleibe ich stehn. Das ist allabendlich so: das Verlangen, heute ist es diese Frau in der Wohnung dort oben, gestern eine, morgen eine, es wird was draus, oder es wird nichts draus, wenn ich heute nicht in diese Wohnung hinaufgehe, kehre ich nachhause zurück und beruhige mich, ich vergesse den Abend, es ist alle Abend dasselbe. Ein Vers fällt mir ein, während ich mich über den Sockel des Bildes beuge: »Dein Same fliesst an jeder Strassenecke« – Ich setze mich, gedankenlos die Noten betrachtend, neben dem Bilde an einen runden Tisch. Der Vers ist zu sanft; es müsste »spritzt« heissen.

231

22/3/42

Wir fahren weit, und noch weiter. Es ist sehr heiss, ich möchte mich umkleiden, ich finde meine Kleider nicht. Ich sitze mit andern am Tische. Wir fahren von einer Insel zur andern; weiss man unsre Adresse? Ich schreibe als Adresse unter ein Bild »St. Pierre-et-Miquelon«.

Dann sind wir auf der Farm. Vom Fenster aus sind die Farben einer süddeutschen Landschaft zu sehn, ist eine süddeutsche Luft zu fühlen. Es ist sehr heiss. Das Kind muss Luft haben, ich steige auf einen Stuhl und öffne, einen nach dem andern, die drei Pappdeckel, die übereinander das Fenster verschliessen. Ich sehe die dicke Wasserleitungsröhre aus Messing an, die durch die sehr grosse Küche läuft. In dieser Stadt ist auch in den Proletarierwohnungen – denn dieses ist eine, trotz ihrer Grösse – Wasserleitung; aber sie funktioniert eben nicht gut. Ich spreche mit der Mutter des Kindes; ich soll sie heiraten, das ist so verabredet worden. Dazu ist eine Doppelscheidung notwendig; sie, Mirjon, muss von ihrem Manne Aloys geschieden werden, und ich von meiner Frau, [die unbestimmt bleibt]. Aber weder Aloys noch meine Frau machen Schwierigkeiten. Mirjon erzählt, dass sie als Farmerin ziemlich viel Geld verdiene. Ich bin überrascht davon, dass eine Frau eine so schwere Arbeit verrichtet. Aber es ist richtig für mich, mit einer Proletarierin verheiratet zu sein. Mirjon sagt, nicht ohne Provokation: »Ich weiss freilich nicht, ob Du die Liebe so verstehst, wie ich sie liebe!« Ich bin dabei, mir die Hände zu waschen; ich lege die linke Hand flüchtig auf ihren Rücken, und sage: »Man müsste versuchen!« Sie steht in der weit offnen dunkeln Tür und deutet, sehr zart, eine provokante Bewegung des Leibes an, wohl unabsichtlich; sie hat grosse rote Backen, die vielleicht geschminkt sind; ich sehe bei einer ihrer Handbewegungen, dass sie sehr lange, braungold gefärbte Fingernägel hat. Im Nebenzimmer bin ich mit Piscator zusammen; er gibt mir Ratschläge für meinen Aufenthalt auf der Farm. »Vor allem sieh Dir das Wichtigste an; das Wichtigste sind die Kühe«. Die hätte ich schon gesehn, sage ich. »Wieso«, gegenfragt er, »wo Du doch gesagt hast, Du habest die Mädchen nicht bei der Arbeit gesehn!« Ja, die Kühe habe ich mir sofort nach der Ankunft angesehn. Wir sprechen über die Arbeit hier; Erwin sagt, ein ganz klein wenig gönnerisch: »Ja, es ist ein ganz guter kleiner Betrieb im Stile der russischen Kleinbetriebe!« [oder: »der kleinen russischen Betriebe«.] »Und dann«, sagt er, » musst Du Dich von Mirjons Mann in die Stadt fahren lassen und Dir die Fischreiher ansehn!« Ich sehe sie aber schon, draussen im Garten, in einem ziemlich tiefen Graben mitten im Garten. Es sind zwei »Ibisse«, mit denen einige Burschen spielen; sie sind den Burschen ganz und gar ähnlich, bis auf den Unterschied, dass die Burschen eine rosige, die beiden Ibisse eine quittengelbe Haut haben. Burschen wie Ibisse tragen kurze schwarze Vollbärte. Die beiden laufen zum Zaun, um sich von Burschen den Bart krauen zu lassen; der eine, der einen Frack trägt, verliert die Hosen und muss sie am Zaun wieder hochziehn. Sie ringen im Graben mit den Burschen, die legen sich ins Gras oder werden geworfen.

In diesem oder im vorigen Traumstück war eine nicht mehr zu lokalisierende Episode: Das Licht, das von der andern Stube hereinkam, geht aus. Ich kann nicht arbeiten, wohl nicht nur des Lichtes wegen nicht. Ich bin tief bedrückt. Ein schwacher schräger Schein kommt von der

Strasse, und ich sehe schräg auf die Strasse. Ich stehe an einem sehr grossen Bottich. Ich flüchte mich in eine verzweifelte Selbstbefriedigung.

232

23/3/42

Endlich komme ich, heimlich, in Lissa an; es ist mein alter grosser Wunsch, die Heimatstadt wiederzusehn, und meine grosse Neugier, sie unter den jetzigen Verhältnissen zu sehn. Vom Bahnhof gehe ich in eine Art Bude, um mit der einzigen Person zu sprechen, die von meiner Anwesenheit wissen darf. Sie ist nicht anwesend. Ich gehe durch Strassen, die nicht wesentlich verändert, aber grösser und reicher scheinen, zum Schlossplatz, den ich, vor dem Markte, zuerst sehn will. Der Schlossplatz ist ungeheuer verändert; er ist ganz aufgelöst in eine riesige Anlage, Architekturblocks und Parkstücke, ein mächtiges, intensives, mit Spannung geladnes Ensemble von grosser und grossartiger Schönheit. Nur dass der Teich, bis auf zwei benachbarte, durch eine kleine Erdbrücke getrennte Tümpelstücke, verschwunden ist, schmerzt mich. Ich kann mich an der Vielfältigkeit der ganz modernen Stadt, an der Formenfülle, Materialbuntheit, an dem Erscheinungsreichtum, nicht satt sehn. Das Schloss, das zu meiner Zeit Gericht war, ist zu einem ganz modernen Gebäude geworden; das Gymnasium finde ich vorläufig nicht in der Menge des um mich Ausgebreiteten, so ist der Platz verändert. Ich sehe Autobusse und Trams übereinander fahren, silbergraue elegante Wagen von elegantester Form. Ich fühle mich angeregt und erregt zugleich; ich schlenkre meinen Spazierstock hin und her, dessen Griff in einem Gelenke umklappt: ich vermisse ihn einmal, gehe zurück und sehe ihn gleich auf der Strasse liegen. Dann habe ich einen fremden Regenschirm am Arme hängen; er muss in einem Gebäude mit den Schlüsseln oder einem Tuche, die ich in der Hand hielt, verwechselt worden sein. Ich gehe, am westlichen Ende des Platzes, das aber nicht das Ende der Anlagen bedeutet, in ein Postamt. Ich habe schon ein paar Leute angesehn mit dem Gedanken: ob ich die früher gekannt habe?, mit dem Suchen nach Ähnlichkeiten, da stosse ich auf einen Mitschüler [das Gesicht ist mir in Wirklichkeit bekannt, ist aber nicht das eines meiner Mitschüler], einen Mann mit frischem, leidlich intelligentem Gesicht, stark ausrasiert, mit kleinem Munde und beweglichen Augen. Er trägt Brigadier-Uniform. Ich erschrecke tödlich, da hat er mich im Gewühl schon erkannt und erfasst; »Da sind Sie ja« sagt er heftig und spöttisch, als wäre ihm meine Ankunft schon angezeigt worden, fasst zu und umklammert meine Hände, oder legt mir Handschellen an. »Ich bin ein toter Mann«, denke ich, und: »Die Reise ist schon zu Ende, und ich habe noch kaum was gesehn!« Er zieht mich, zerrt mich in eine Tür. Ich sage: »Lassen Sie mich einen Augenblick zu Ihnen sprechen, eh Sie mich abführen, von Mann zu Mann. Ich will menschlich zu Ihnen sprechen. Ich weiss, dass Sie auch menschlich sein können. Was haben Sie davon, wenn Sie mich verhaften ...«, und sage, ohne Überlegung, viele Argumente dieser Art. Er versucht Einwendungen. Er zögert. Er steht halb schon in der Tür, durch die er mich ziehn will. Plötzlich lässt er meinen linken Unterarm los, den er umklammert hatte, und verschwindet. Ich verlasse schleunigst das Gebäude. Ich muss doppelt vorsichtig sein. Ich möchte den Markt noch sehn; ich gehe weiter umher, ich erkenne in der Stadt, Gemisch aus schönster moderner Architektur und überschwänglicher Landschaft, nichts wieder. So können doch nicht die augenblicklichen Herren die Stadt hergerichtet haben? »Das muss ich träumen«, denke ich, »das muss meine Vorstellung sein; das ist so, wie ich die Stadt verändert hätte, wenn mir alle Mittel zu Gebote ständen!« Kleine Häuser, jedes ein Wunder an Farbe, Originalität und Formlust, säumen den Platz, ein Zukunftsbild gradezu. Einige Häuser sind zu besichtigen, die ganze Stadt ist auch eine Art Ausstellungsobjekt. Ich gehe durch einen Gang – das alles hat etwas von Pfefferkuchenhäusern und Märchenhaftigkeit an sich – zum »Haus der Arbeitslosen«, dem Modell eines Hauses, wie es Arbeitslosen zur

Verfügung stehn soll; nun, in der ganzen Welt wohnt kein Arbeitsloser so, so hübsch und komfortabel, wenn es schon wenig geräumig ist, zwischen Möbeln von so gutem Holz! Und da wird noch, grad ehe ich hinausgehe, eine Nähmaschine hereingestellt und aufgedeckt; ein frecher Schwindel. Um mich zu decken und nicht aufzufallen, will ich mich vor dem Hause in die Besucherliste einzeichnen, mit falschem Namen natürlich; die Liste ist skurril eingeteilt, und der befestigte Federhalter ist bis zu der Rubrik, in die ich schreiben müsste, nur mit grösster Kraftanstrengung zu ziehn. Ich komme zum Schreiben nicht. Die Luft um die schönen bunten Steinwände und die üppige Vegetation hat einen starken goldbraunen Ton, der die Gesichter der vielen Menschen – und es sind besonders Kinder – auf dem Platz und in den Anlagen vereinheitlicht. Aber wenn sie auch wie Krusepuppen aussehn, wenn manche, wie der Führer im »Hause der Arbeitslosen« eben, Maskenköpfe aus Pappmaché tragen – ich brauche sie nur genauer anzusehn, es sind meine deutschen Landsleute, ich kenne sie doch! »Kommst Du nachmittags zur Stunde, Ennemy?« höre ich eine der Krusepuppen – ein zehn- bis zwölfjähriges Mädchen – ein andres Mädchen fragen; sie haben noch Kosenamen, und sie sehn aus, wie die Kinder aussahn, die mich in meiner Kinderzeit umgaben. Ich überquere einen Reitweg; der Fussweg, der von ihm abbiegt, ist braun wie lackiert; wenig begangen, ich muss vorsichtig sein. Ein Vater geht dort, der kameradschaftlich mit seinem Knaben spricht. An andrer Stelle, vor einer Endhaltestelle von Strassenbahnen, überschreite ich Geleise; schon vorher war ich zwischen Nägeln und andern Kennzeichnungen beim Platzübergange zweifelhaft. Jetzt ruft eine Schaffnerin mir und einigen andern Anweisungen zu. »Und wenn es nicht gut geht, bleiben Sie ruhig auf den Schienen stehn, dann hält der Wagen an!« schliesst sie. Ich denke, dass Unkenntnis der doch Allen geläufigen Verkehrsordnungen eine der grossen Schwierigkeiten und Gefahren im Leben der Illegalen bedeutet. Ich komme auf einen Felsabhang, ein ganz schmaler Weg führt zwischen roten, weissen, grauen, braunen hoch gebuckelten glatten Felsen nach unten. An einer Stelle gibt eine gross gewachsne Frau mir mit bedeutsamem Blick ein Ausweis-Buch; ich müsste mir die Schnur Nr. 4 nehmen; aber sie geht rasch weg, so dass ich auch die Schnur Nr. 5 nehmen kann, und wenn ich die – die mir nicht zusteht, die ich aber, da sie mich allein lässt, stehlen kann – um den Ausweis lege, bin ich in voller Sicherheit. Aber das Töchterchen der Frau, das uns aufmerksam zugesehn hat, ist stehn geblieben. Es wird rufen, wenn ich jetzt gehe; die Frau wird wiederkommen und überrascht tun müssen, sie wird mich verfolgen lassen müssen. Ich muss also sehr schnell machen. Ich renne. Ich muss rechts ab. Der dünne Weg verliert sich; ich muss von bunter Steinkuppe zu bunter Steinkuppe springen, als wären sie federnd; bis zu einer Bude, in der ich die Ausweise in Ordnung bringen will, und in der ich plötzlich von Freunden umgeben bin. Einen Augenblick im Verlauf des – sehr langen, sehr grossen, sehr bunten, mich sehr, und weit über den Traum hinaus, bewegenden – Traumes schiesst mir durch den Kopf, dass ich diesen ganzen Tag in Lissa nichts gegessen habe und doch nicht hungrig bin.

233

24/3/42

Ich sehe einer Fussballpartie zu. Beim ersten Stoss schon geht der Ball hinter das Tor, dem ich nahe stehe; ob er auch durch das Tor gegangen ist, kann ich nicht sehn. Jedenfalls ist er durch den Stacheldrahtzaun gegangen. Einer der Spieler – als die Spieler aufs Feld kamen, waren es nicht zweiundzwanzig, wie es hätte sein müssen, höchstens zwanzig; wir sind ja überhaupt nur zweiundzwanzig! [Wir sind in Wirklichkeit zweiundzwanzig; aber drei sind von uns abgetrennt und uns unbekannt] – ein Spieler von der Partei, an deren Gebiet ich stehe, klettert über den Stacheldraht, um den Ball zu holen. Er presst einfach die Hand auf die Stacheln, und fasst mit den vier Händen den Draht an: es ist ein grosser Affe, ein Menschenaffe. Er klettert schon mit dem Ball zurück. Er hat sich doch den einen Vorderhandteller geritzt; er zeigt uns kleine Blutflecke in einer weissen Schürze; die Schürze ist übrigens transparent, und wir sehn darin kleine Napfkuchen [nachmittags ist über die verschiednen Benennungen der Napfkuchen gesprochen worden], die für seine Kinder bestimmt sind. Er geht über den Spielplatz zur Ablage. Ich sage, es sei eben doch gut, einen Affen auf seiner Seite zu haben, und vier Hände zu haben sei eben viel besser als zwei Hände und zwei Füsse zu haben. Ein Mann mit Dreispitz kommt, mir etwas ansagen. Dann kommen die Professoren vorbei; einer blond gescheitelt, mehrere mit schwarzen Vollbärten. Einem von denen, der ölig antwortet, wünsche ich »Glück zur Wiederwahl«. Münzenberg – nicht Willi Münzenberg, sondern ein andrer Münzenberg, »der andre Münzenberg«, ein Mann unter Mittelgrösse mit wachem, nervösem, etwas hinterhältigem Gesichtsausdruck – schlägt vor, ich solle ihm Gedichte vorlesen; eine ausgezeichnete Idee, ich komme gleich nach; in der Direktion des Volkstheaters, ich wisse ja, neben der Volkszeitung. Ich lasse meinen grossen schwarzen Koffer unter dem Regal stehn, ich nehme die Aktenmappe mit. Ich gehe durch die trotz der Nacht farbigen Strassen – Strassen wie die kleinen Strassen von Lyon oder von Nîmes –, die Redaktion geht von einer Strasse zur andern durch, ich muss also durch und von der andern Seite aus ins Theater hineingehn. Das Foyer hat das Aussehn eines gewöhnlichen Bistros; ist das überhaupt das Volkstheater oder ein Kino? Ich gehe, ohne nach Grund oder Ziel gefragt zu werden, in den ersten Stock; doch, es stimmt, hier sind die Theaterbüros. Auf dem ganzen Wege habe ich an meine verlornen Stücke gedacht, die hier und dort eingereicht sind, über deren Schicksal ich keinen Bescheid bekomme – ich muss mit Piscator über sie sprechen – ich weiss schon selbst nicht mehr, was in den Stücken vorkommt, einige sind gedruckt, beinah habe ich selbst sie vergessen, ich habe eine Vorstellung von dicht voll gedruckten Seiten, von Enge und Fülle. Im Foyer hat eine Frau, die eine grosse Zeitung las, ausgerufen: »Wie gut, dass man wenigstens vom

Film in Basel etwas erfährt!« Vor dem Büro wartet mit andern Leuten eine mir vom Sehn bekannte lesbische Journalistin. Sie stellt sich mir sofort vor und fragt artig, nicht ganz ohne Bosheit: »Werde ich nun vier Punkte lang warten müssen?« Ich antworte sehr prompt: »Nein, fünf Akte lang!« In diesem Augenblick werden wir in Piscators Auftrage gefragt, warum wir nicht lieber drüben warten. Ich nehme zwei Kuverts, dünne, lange Kuverts, und muss denken, dass ich eben von fünf Akten sprach, und dass die in diese Kuverts – von denen eins, eine Sendung oder Rücksendung des Volkstheaters, den Inhalt des Stückes enthält – hineingehn. Ich nehme aus meinen Sachen, die nicht nur aus Papieren bestehn, noch zwei nagelneue, grosse, stulpenartige braungelbe Handschuhe in die linke Hand, und gehe hinüber. Ich gehe auf dem andern Korridor auf und ab; den einen Handschuh hab ich, ohne ihn angezogen zu haben, an der linken Hand. Die Lesbierin lehnt neben dem Schalter an der Mauer und sieht mich grüblerisch an. Ich sehe, dass sie einen hellen, unregelmässigen, kindlichen, leidenschaftlichen Mund hat: Clyoes Mund. Grade neben ihr biege ich immer um. Ich höre, wie aus Schaltern hervor Leute gefragt werden: »De quelle nationalité?« Mich empört sehr, dass hier danach gefragt wird. Es wird – wohl mit Piscator – über Tänzerinnen gesprochen, über Plakate: es gebe ja nur noch chorus girls, wird gesagt, und kaum noch sauvage girls [damit sind Einzeltänzerinnen gemeint], aber das wird französisch – sauvage – geschrieben und halb französisch halb englisch gesprochen.

234

25/3/42

Ich muss dringend etwas ganz Intimes mit Feuchtwanger besprechen und fahre deshalb zu ihm nach Dachau. Wie ich vor dem Hause unter dem Balkon ankomme, höre ich Stimmen; es wird schon Kaffee getrunken. Ich verliere den Mut, hineinzugehn. Ich drücke mich an die Mauer, um nicht vom

Balkon aus gesehn zu werden, und gehe weg – obwohl ich doch ausdrücklich deshalb herausgefahren bin, und obwohl es mir so eilig und wichtig war. Ich verweile in einer Kneipe. Ein paar barocke Frauengestalten tauchen auf; eine pazifistische Frauenorganisation empfängt Delegationen. Leute, die mit mir sitzen, machen mich für das auffällige Verhalten einiger der Frauen – von denen ich einige auch wirklich kenne – verantwortlich. Zum Ausgleich spiele ich eine Überbetonung meiner Sicherheit und – sozusagen – Weltmännischkeit. Im Sprechen streiche ich einen Ring, den ich über dem Handschuh trug, ab, und stecke ihn mit mehreren andern und mehreren Armbändern in eine Tasche an der Innenseite des linken Hosenbeins. Jemand hat mir einmal gesagt, es sei nicht praktisch, Schmuck in dieser an sich sehr sicheren Tasche zu verbergen, weil die Nadeln durchstechen könnten. Ich glaube schon einen Stich zu fühlen, aber ich vergesse das wieder. [Es besteht in der Wirklichkeit das Problem eines wegen seiner Zeichnung zu verbergenden Ringes]. Die Frauen geberden sich auffällig; alle sind hässlich, übrigens auch die in meiner Umgebung; dennoch ist in der fast schon auftrumpfenden Unbekümmertheit – als besässe ihr Verein die Stadt – etwas Reizvolles. Ich gehe zwischen Diskussions- und Abschiedsszenen bis zu einem Platze. Durch eine offne Kolonnade komme ich, ohne es zu bemerken, in eine Kirche; richtig, es ist eine Kirche, und die Leute, die in den Schiffen unterm durch das locker durchbrochne Mauerwerk fallenden Lichte verstreut stehn, gehören zu einer Trauung oder sind zu einer andern Kirchenfeier da. Ich gehe hindurch und hinaus. Von den vier Seiten des Platzes werden drei von merkwürdig einfachen, klaren und schönen romanischen Kirchen eingenommen, von italienischer Art. Ich hatte mir vorgenommen, sie auseinanderzuhalten und sie mir zu merken. Auf der vierten Seite ist, wohl auch in einer früheren Kirche [wie unser Gefängnis] eine Polizeiwache, in der ich schon zu tun gehabt habe, neben einem selbst kirchenähnlichen Gebäude. Ich trete in ein Pissoir. Durch das Schmiederankenwerk sehe ich, wie aus der eben verlassnen Kirche, aus einem grossen Fenster in der Höhe des ersten Stocks, dunkelgelbes, honiggelbes Licht auf die andre Seite des Platzes fällt. Dieser Fall des gelben Lichts aus der Kirche, denke ich, das ist, was sie Gott nennen.

254

14/4/42

Wir sitzen in einem Blockhaus an einem Flusse, in graugelbem Licht und trüber Luft. Mitten im Gespräch tritt ein wilder, vierschrötiger Mensch, der einen breiten blitzenden Türkensäbel gefährlich schwenkt, hinter mich und fragt mich drohend: »Wirst Du auch Deine ganze Kraft der Sache geben?« Ich antworte ruhig, dass ich sie immer gegeben habe und weiter geben werde. Ich weiss nicht, ob das ein abgeschmackter Scherz oder Ernst ist; da aber ein Mensch ohne Kopf – wenigstens sieht es so aus, als ob er ohne Kopf ist – an unserm Tische sitzt, bin ich nicht ohne Furcht. Später schlafen wir alle in diesem Zimmer, auf der Erde. Ich wache auf und höre ein treibendes Geräusch vom nahen Flusse her. [Die Nacht war, wie der Tag, sehr stürmisch] »Der Fluss charrie« (oder »le fleuve charrie«) denke ich, aber ich weiss nicht recht, was er »charrie«; Eis kann es nicht mehr sein. Am nächsten Morgen bin ich im selben Zimmer mit einem Genossen allein. Er sitzt am Tisch, über Papieren und stellt mir viele Fragen. Ich antworte auf alle rasch und bereitwillig; einmal verwechsle ich [wie mir das oft geschieht] die Jahre, aber der Irrtum wird sofort aufgeklärt. An einer Stelle des Gesprächs leitet er seine Frage ein: »Wir haben Dir infolge der Umstände von einer Handlung gegen einen Mann Kenntnis geben müssen, von der sonst nur die Mitglieder des engsten Kerns des Vereins unterrichtet werden –« Ich verstehe seine Absicht und antworte: »Ich weiss natürlich nichts davon; ich werde immer sagen, dass mir der Mann nichts davon erzählt hat, obwohl ich ihn oft gesehn habe«. Aber nun erst ist mein Misstrauen geweckt, und ich frage ihn: »Sag mal, ist das eine Besprechung oder ein Verhör?« Er zeigt mir begütigend einen Brief, den er vor sich hat; der ist von Mitgliedern des Vereins, und berichtet über die gute Entwicklung des Vereins seit seiner Verlegung nach Toulouse, sogar auf dem Lande seien Fortschritte gemacht worden. Ich war und bin Vorsitzender des Vereins, und ich glaube meine Sache nicht schlecht gemacht zu haben. »Ja«, sagt der andre, »da war immer Rudolf oder Leo [Lambert], und wieder Rudolf oder wieder Leo, oder Rudolf und Leo zusammen«. In der Tat ist es ja ein Unding, dass ich, der ich in Paris geblieben bin, Vorsitzender des Vereins bin, der nun in Toulouse angesiedelt ist. Ich lese den Brief weiter; ich finde ihn »übrigens sehr sympathisch« und sage es. Da betrifft eine Frage in dem Briefe auch mich; ich werde als »der dreissigjährige vierundzwanziger Schriftsteller« bezeichnet.

(In derselben Nacht.) Mit einer nicht einzeln erinnerbaren, nur in der Erinnerung noch bedrückenden Fülle von Einzelheiten wird zwischen mir und einem andern ein Todeswettstreit durchgeführt, bei dem wir Wunden und Krankheiten mit allen medizinischen Mitteln so behandeln, dass wir versuchen, uns – jeder sich – sterben zu lassen. [Ich habe ein Furunkel nahe am Augenwinkel, das beide Lider sehr hat anschwellen lassen und den Arzt besorgt macht.]

255

15/4/42

Ich liege in einem gemieteten Zimmer im Bett. Es schlägt vier Uhr, meine Uhr zeigt erst halb vier, es ist schon ganz hell. Ich nehme das Nachtgeschirr. Ich glaube eine Flüssigkeit in den Ecken über den Boden rieseln zu sehn; habe ich Halluzinationen? Aber da bemerke ich, dass das blecherne Geschirr leck ist und ausläuft; ich halte es gegen das Licht und sehe winzige Löcher. Ich nehme etwas wie einen Schirmgriff in die Hand, von dem ich eine lederne Haut wie Bananenschalen ablöse, sie geht leicht ab, sogar unter Metallbeschlägen; und in der Tat ist das Ding von der Konsistenz von

Bananen und wohl essbar. Ich sehe in den Spiegel; die Brille, die ich statt des Monokels trage, und die ich nachher wieder in die äussere Rocktasche stecken werde, verdeckt mir die ganze Stirn und den geringen Haaransatz [Erinnerung an die Verkleidung in Marseille]; das kranke linke Auge ist geschwollen [entspricht der Wirklichkeit], die beiden Gesichtshälften gehören zu ganz verschiednen Gesichtern, die kranke linke ist ein Affengesicht; dennoch »sehe ich nicht schlecht aus«. Draussen scheint ein Gewitter zu sein. Ich gehe bis zum Nebenzimmer; ich kann, ohne es zu betreten, wie von einem Altan aus hineinsehn. Es ist an eine Frau vermietet. Diese liegt nackt, unbeweglich, nicht im Bett, sondern auf einer direkt auf den Boden gebreiteten Matratze, nur das Geschlecht ist lose mit einem kleinen weissen Tuche bedeckt. Ihr Leib hat die Farbe alten Elfenbeins, und ihr eng frisiertes schwarzes Haar sticht sehr von dieser Farbe ab. Sie sieht aus wie eine ägyptische Statue. Sie sieht mich sie sehn und bewegt sich nicht, sie scheint sogar zufrieden damit, es bildet sich ein rasches heisses geheimes Einverständnis zwischen uns. Von meinem Bett aus sage ich ihr hinüber, wie merkwürdig es sei, dass wir noch nie miteinander gesprochen hätten. Ich hätte nur eine Szene für sie gemacht, eine Szene aus einem Stück »Iphigenie«, aber da dies ein so viel behandeltes Thema sei, hätte ich es nicht ausgeführt. Ich überlege, ob der riesige Kerl, den ich manchmal im Nebenzimmer gesehn habe, zu ihr gehört, vielmehr: sie zu ihm? Es ist schon völlig so, als ob sie meine Geliebte wäre. Auf eine Frage erklärt sie, dass sie Bildhauerin und Schauspielerin sei, Ärztin sei sie früher gewesen. Und dann nehme die Parteiarbeit alle Zeit – Das sagt sie aber nicht im Zimmer, sondern in einem Park, in dem sie, ein Stück von mir entfernt, hantierend von einem Busche zum andern geht. Die Äusserung erschreckt mich; der Gebrauch des typischen Wortes zeigt Vertrautheit mit gewissen Dingen an, aber dass sie so leicht und laut davon spricht, ist verdächtig; sollte ich mich da mit einem Spitzel eingelassen haben? Sie steht zu weit von mir, als dass ich sie befragen könnte. Aber da spricht Lex von Spitzeln; er

sagt: Paul schreibe immer die letzten grossen Ziffern unleserlich, und die bestimmten die Faschisten. Ich fahre in
einem Autobus durch den Park, mit einer feinen alten Dame.
Wir sprechen von einer Monet-Ausstellung, aber ich werde
nachmittags keine Zeit haben, hinzugehn. An einem dem
Grossen Stern ähnlichen Platze steigen wir ab; ich muss den
Zelten, etwa, zugehn, sie der Viktoriastrasse, dem »Tiergarten im Tiergarten« – ich muss einen Kenner Berlins fragen,
ob nicht dort ein Gartencafé installiert ist, dessen ich mich
erinnere, das »Schloss-Café«.

256

16/4/42

Im spanischen Kriege stehn wir auf der Oberfläche einer
breiten Mauer. Unten laufen Feinde vorbei. Wir ergreifen
Steine und Eisenstangen und werfen sie, andre Waffen haben
wir nicht. Gegenüber stehn zwei nur wenig niedrigere
Mauern kulissenartig angeordnet. Durch die Öffnung schieben sich, auf der Oberfläche der niedrigeren Mauer, Menschen in einer Kette, die Gewehre in den Händen halten,
sehr langsam und vorsichtig, um die Deckung der vorderen
Mauer möglichst lange auszunutzen. »Wir wissen ja nicht, ob
das Feinde sind!« rufe ich, in äusserster Erregung. »Aber das
ist doch der katalanische Justizminister!« antwortet mir
Siegmund Nielsen, und meint, was ich verstehn muss: der
uns in Vernet so viel Ungelegenheiten verursacht hat. Ich
werfe gegen den ein grosses Stück Holz und treffe, obwohl
er mir das Gesicht zukehrt, seinen Rücken. Er hebt das
Gewehr – die Feinde sind keine zehn Meter von uns entfernt. Ich werfe mich hin. Halb links vor mir will sich Bruno
Frei ebenfalls hinwerfen. In diesem Augenblick geschieht
etwas Unerklärliches und Unbestimmbares, etwas wie eine
gewaltige Explosion; die ganze Szenerie ist dunkel und trübe,
unsichtig. Wir sind alle von der hohen Mauer hinabgeschleu-
dert worden, aber wir sind nicht hingeworfen worden, sondern. Im Unerkennbaren geschieht eine heftige unentwirr-

bare Bewegung, dann werden wir, wie durch eine zweite Explosion, aufgehoben und wieder auf die Mauer gestellt, es ist hell, und inzwischen ist der Sieg errungen worden.

259

19/4/42

Da ich im Auswärtigen Amt gearbeitet habe, kann ich durch einen unverschlossnen kleinen Seiteneingang [in der avenue Matignon] den [sehr vergrösserten, vor allem mit Nadelholz bestandnen] Park des Elysée betreten. Ein starkes gelbes Licht fällt aus einem breiten Verandafenster in die Nacht auf den schwarzen Bäumen; in der Veranda trinkt der Präsident Friedrich Ebert mit seiner Familie Kaffee. Ich kann also direkt mit ihm über meine Freilassung verhandeln. Auf dem Rückwege überlege ich mir, ob ich nicht morgen im Lager eine neue Eingabe machen soll [ich habe mir einen neuen Brief an den Innenminister überlegt]; was für ein Gesicht werden die Lagerbehörden machen, wenn diese Eingabe anfängt: »Zur Ergänzung unsres gestrigen Gesprächs ...« –! Ebenfalls auf dem Rückweg durch den Park gerate ich in Streit mit Botho Laserstein, der mich begleitet hat. Ich mache ihm Vorwürfe wegen eines ungeschickten und sogar schlechten Benehmens, er verteidigt sich weinerlich und wirft mir vor, dass ich ihm Vorwürfe mache. Ehe ich den Park verlasse, will ich noch Clyoe in ihrem Büro besuchen. Ich setze mich zunächst in dem Zimmer, in dem ich selbst gearbeitet habe, an den Tisch, vor Akten. Setze mich, oder lege mich: denn im Sitzen liege ich, diese Büros sind nämlich so in das Gebäude eingefügt, dass sie auf der Seite liegen und Fussboden und Decke senkrecht stehn, dass der Sitzende also mit dem Stuhle, auf dem Stuhle sitzend, liegt. »Dies sind wohl die einzigen Büros in der ganzen Welt«, denke ich, »die so eingerichtet sind!« Ich gehe dann zu Clyoe hinüber, in ihr ebenfalls liegendes Büro. Ich höre, wie sie dort mit einem Mitarbeiter auf Nachrichten wartet, Radiogramme und Telegramme, vor einer an die Tür gehefteten Radiokurve; ich entschuldige die Störung, ich hätte ja selbst Erfahrungen mit dieser Warterei in solchen Büros. Clyoe ist, kauend, nervös und gutmütig zuhörend, herangekommen; ich erzähle ihr den Trick mit dem Seiteneingang und dem Besuch bei Ebert.

Ich kehre ins Lager zurück, durch die grosse Allee, die aus den westlichen [steglitz- oder zehlendorfähnlichen] Vororten zum Rande des Lagers führt. Ich werde dort durch einen Seiteneingang und einen unterirdischen Gang ungesehn ins Lager gelangen. Aber da ist es ja, plötzlich fällt mir das ein, ganz leicht, auf demselben Wege aus dem Lager zu entfliehn, sobald man will! Mir entgegen kommen Scharen von Offizieren mit starren unbelebten Gesichtern unter flachen Tellermützen, höheren Offizieren undefinierbaren Alters, die aggressiv gradeaus blicken, keiner ist unter zwei Meter gross. Es muss etwas los sein in der Stadt. An einer Strassenkreuzung, aber in der Allee oder Strasse, in der ich gehe, steht eine geordnete, wenn auch nur lose geordnete Kolonne ziemlich verwahrloster Zivilisten. Sie untersteht einem Kerl mit eingedrückter Nase, der noch grösser ist als die vielen an ihm und mir vorübergehnden Offiziere, der ein nicht sauberes kleines weisses Banner über die Schulter gehängt hat, auf das ein Hund gezeichnet ist, eine sonderbare Zeichnung, deren Identität den Rückblick mir bezeichnet; dieser Rückblick findet das Hundebanner noch höher gehoben; und der Mann mit dem Hundebanner wartet, für die an ihn gedrängte Kolonne, auf die Befehle der Offiziere.

[Bemerkung] In diesem Traumstück, das, nach vier nicht erinnerlichen, das fünfte der Nacht war, in das aber später wiederkehrende Erinnerungen aus den ersten vier gemischt sein können, ist aus den verschiedenen Elementen zusammengesetzt: Erinnerungen an die Weimarer Nationalversammlung, an Besuche im Hotel Matignon bei Clyoe, an den Besuch bei Moro-Giaffieri, dem ich, begleitet von Botho Laserstein, die Akte über den Reichstagsbrand brachte, usw.]

263

Ich bin in einer Hütte am Meere, an einem Wintertage. Die
Fischer werden aufbrechen, um Fische zu jagen; das ist sehr
schwer und sehr gefährlich: einer muss durch das ins Eis ge-
hackte Loch hinunterklettern und unten bleiben. Draussen
wird, lange vor Beginn der Jagd, geschossen. Wer schiesst,
und wem gelten diese Schüsse? Ist Kerr hergekommen, um
auf mich zu schiessen? Draussen sehe ich, an einer Mauer,
Einschussspuren. Hinten klettert der Mann ins Eisloch, auch
die andern sind mit Tumult aufgebrochen. Während ihrer
Abwesenheit müssen wir die Fenster wieder verwahren; ich
rolle die von roten und blauen Schleifen gehaltnen Bänder
ein, mit denen sie befestigt sind. Mehrmals fallen die Bänder
herunter, in Vorhänge und Polster. Ein Kind hilft mir dabei;
es ist sehr ungezogen; ich hebe, auf dem Sofa sitzend, sein
Röckchen und gebe ihm einen Schlag auf den Popo. Es ver-
zieht plärrend sein Gesicht, besinnt sich aber und macht ein
Gesicht wie eine Wachspuppe. Die Zeit vergeht; die Frau der
Hütte, Frau des einen Fischjägers, hat sehr Angst. Ich soll
um den Lotsen telephonieren gehn. Ich stehe vor dem weissen Schiffe des Lotsen, auf dem er sitzt, immer bereit, her-
abzuspringen. Aber die Fischjäger kommen schon zurück,
sie »haben die Frau (mit ihrer Angst) reingelegt«. Wir begegnen ihnen auf einer Kaitreppe; die Beute soll verlost werden.
Wir gehn die Treppe hinauf, unser Freund, der Fischer, geht
vor mir. Er ist halbnackt, trotz des Wintertages. Er ist viel
magerer als früher, als er sich zu mir wendet, fällt mir das um
so mehr auf, als sein Gesicht noch sehr breit ist. Halb auf den
Stufen sitzend, sprechen wir über seine Abmagerung.
Kommt sie vom Kriege? Hat ihn das Fett, das früher auf seinen Rippen sass, nicht im Wasser gewärmt? Er bestreitet es.

268

In der fremden Stadt treffe ich meinen Bruder. Er ist ein ganz vollkommener Mensch; innerlich und äusserlich. Die Handlungen des Traumstücks habe ich vergessen, aber das Gefühl des Vertrauens, der tiefen heissen Zärtlichkeit des vollkommenen Glücks im Gefühl seiner glücklichen Vollkommenheit, des gesamten Dranges, mit dem ich den Kopf in seinem Schoss berge, ist geblieben.

275

5/5/42

Ich begleite einen Vogel nachhause; es ist so, und nicht etwa nur dass ich mit einem Vogel nachhause gehe. Der Vogel, nur wenige Zentimeter gross, und grün und gelb, sitzt auf dem Zeigefinger meiner linken Hand, an die er sich mit rhythmischen Bewegungen der Krallen immer wieder festklammert. Mit dem verhältnismässig grossen sehr krummen Schnabel zwickt er immer wieder, spielend die Haut am Mittelfinger, das tut ein wenig weh, aber ich gehe auf das Spiel ein. Es wird ernster und das Zwicken etwas boshafter, als wir uneins werden: ich soll heute noch über etwas, das er erreichen will, »mit dem Alten sprechen«, bei dem er wohnt und zu dem ich ihn zurückbringe, und ich will es noch nicht heute tun. Wir gehn – oder ich gehe, ihn auf dem Finger tragend, durch den Wald. Ich glaube, in Strausberg zu sein, aber der Wald ist dunkler und dichter als in Strausberg. Wir sehn keine Menschen, die Wege und der Raum zwischen den Stämmen sind leer, aber es sind unsichtbare Bewegungen, Anwesenheiten zu spüren. Von dem Waldweg geht spitzwinklig ein andrer hellbrauner Waldweg ab, der führt zu seiner noch weit entfernten Wohnung – oder vielmehr der »des Alten«. Weiter brauchte ich ihn nicht zu begleiten, meint er; aber ich bin höflich genug, ihn bis zum Ziele bringen zu wollen. Der Vogel verwandelt sich in einen zierlichen, offensichtlich homosexuellen Knaben. Der zieht mich an der Hand den neuen Waldweg lang. Nach wenigen Schritten schon verengert der sich zwischen zwei Reihen von Grotten; links ist eine grössere, die wie ein Schaufenster blass erleuchtet ist, rechts sind viele kleine Kabinen, in denen unentwirrbar, hinter Vorhängen, lustverknäulte Paare liegen, auf harten Bänken; aus einer Grotte streckt sich eine kleine Hand, alle etwaigen Eindringlinge abwehrend, heraus. Der Knabe zieht mich in einen grösseren, niedrigen, viereckigen Raum, der den Waldweg abschliesst. In dem steht hinter der Verkleidung des Eingangs, ein wenig abgelegen von denen <?>, die sich zwischen Eingang und Mitte des Zimmers bewegen, eine Bank; die scheint staubig zu sein, und wir zögern; »sie wird nicht schmutziger sein als die andern«, sage ich und setze mich. Der Knabe setzt sich sofort rittlings auf meine Knie und beugt sich vor. Ich fühle seine Kleinheit, seine Zierlichkeit und seine Erregung.

Ich bin in einem Saale, der wohl zu einem Reisebüro gehört. Die Wände sind bedeckt mit grossen Reklamebildern, die Landschaften vorstellen; mir fällt auf, wie sehr einige dieser Landschaften, bis zur Dopplung, einander ähneln. Sie sind ganz real, nicht nur realistisch und plastisch, und man kann sie betreten. Ich gehe in eins hinein. Ich gehe zwischen Wiesen, olivgrünem Grase mit dicken Flecken malvenfarbigen Klees. Ich habe grosse Lust, eine Kleeblüte abzupflükken; aber ich denke: »Wenn jeder eine Kleeblüte pflücken würde, wohin würde das führen!«

278

Auf irgend eine Art, durch Auslieferung oder durch Gefangennahme bei einer Aktion, bin ich in die Hände der Nationalsozialisten gefallen. Ich liege, auf einem grossen, grauen Platze, auf einer Pritsche [dies ist das einzige nicht völlig in der Wirklichkeit mögliche Moment der heutigen Träume]; Hitler fährt über die Mitte des Platzes, und ich halte mich ganz bewegungslos. Dann bin ich, das ist das Verfahren mit Gefangnen meiner Art, in eine Arbeitspatrouille eingereiht, in den »U-Dienst«; vorläufig, meine Akten scheinen noch nicht eingetroffen zu sein, man weiss noch nicht, was mit mir los ist. Diese Arbeitspatrouille hat keine definierte Arbeit; sie wird ohne Brutalität, aber streng behandelt. Mich quält zunächst sehr der Gedanke an die zurückgelassnen Manuskripte, um die sich niemand kümmern wird, und die verloren gehn werden. Ich wohne, in einer Art Zwangseinquartierung, bei Kleinbürgern; ein schon länger zur selben Patrouille gehöriges Mädchen wohnt ebenfalls dort, wir werden dort genau überwacht. Nach dem Arbeitsbeginn wird die Patrouille ziemlich schnell durch schwärzlich-graue Strassen geführt, in die keine Sonne fällt; die ganze Stadt enthält immer ein graues trübes Licht und keine Sonne. Eine dieser Strassen wird für eine Weile mit einem grossen schwarzen Tore verschlossen, wir halten mit einem Rucke an. Ich bin sehr müde und lehne mich an eine Hausmauer, richte mich aber gleich wieder auf: Anlehnen ist streng verboten. Wir stehn vor einem riesigen Gebäude, vor dessen Portal einige wuchtige Säulen gesetzt sind; die Sockel dieser Säulen enthalten Kammern [wie die des Eiffelturms], der Führer der Patrouille ist in eine dieser Kammern eingetreten und spricht mit einigen Leuten; ich stehe zwischen Sockel und Gebäude, und höre aus der Kammer, von eitler und zorniger Stimme gesprochen, einen lateinischen Satz, wohl ein Zitat – dass sie lateinisch sprechen, ist ganz unerwartet und problematisch. Ich denke an die Möglichkeit, Krankheit, oder sogar eine wirklich vorhandne Krankheit, vorzuschützen. Ich spüre mich beobachtet und sehe, wie die mich von hinten sehn, und mir den Gesundheitszustand ansehn. Ich fühle Urindrang, aber wo ich mich auch an der niedrigen Böschung hinstellen will, muss ich fürchten, den Patrouillenführer zu belästigen; auch das ist streng verboten. Schliesslich finde ich in einem Winkel der schwarzen Erdböschung zwei rostige blecherne Nachttöpfe, die ich dann über die Böschung ausleeren kann. Ich habe während des ganzen Weges an Flucht gedacht; es wäre nicht unmöglich, sich aus der Patrouille wegzustehlen, aber wohin soll ich mich in der Stadt wenden? Ich gehe beiseite in einem freieren Strassenstück. Ich denke an die kommenden Verhöre; ich werde mir meine heisse Liebe zur deutschen Sprache nicht absprechen lassen. Ich denke an Yvette; und im Gedanken an die möglichen, ja sicheren Schrecknisse sage ich, in angstvollem Gedanken, »Mutter, ach Mutter« – und meine, aufgejagt von Erregung und tiefem Erstaunen darüber selbst, nicht meine Mutter, sondern Yvettes.

[Von den nächsten Momenten weiss ich nicht, ob sie schon im nächsten Traumstück aufgetaucht sind, mit dem ich sie erst notiert habe, oder schon im ersten, und nur später wiedergekommen sind.]

Das Mädchen, das ebenfalls bei den Kleinbürgern in einer nicht engen, aber übervollen und staubigen Wohnung einlogiert ist, warnt mich: es sei sehr aufgefallen, dass ich in der Pause zwei Briefe gelesen habe – ich erinnere mich der grossen Bogen, die ich entfaltet habe. Es ist in einer Besprechung der Patrouillenführer mit Misstrauen über meine ihnen noch unbekannte Produktion gesprochen worden. Ich denke immer wieder und immer mehr an Flucht. Es ist nur noch jetzt möglich, zu entfliehn; ich brauche nur früh nicht zum Dienst zu gehn, ich müsste herumtrödeln, bis die Kameradin, die nicht warten kann, weggegangen ist, und dann schnell verschwinden, ehe man mich holen kommt. Nur müsste ich auch gleich ausser Landes gehn können.

(In derselben Nacht.) Ich muss nach England entfliehn, aber das wird sehr schwierig sein. Ich muss bis zur Abfahrt in einer unverdächtigen Wohnung verborgen sein können, die ich nicht zu verlassen brauche. Ich gehe zu Ages Wohnung [es ist, mindestens in der Vorstellung, die wirkliche Wohnung in der avenue de Versailles, nur der Fahrstuhl ist an die Seite gerückt]. Ich muss ungesehn hinkommen. Der Aufzug, den ich öffne – und dann zu schliessen vergesse –, funktioniert nicht; ich habe vergessen, dass des Krieges wegen alle Aufzüge angehalten worden sind; schon dieser Irrtum kann mich auffällig und verdächtig machen. In den Wohnungen werde ich auch bald daran erinnert, dass infolge des Krieges der Telephonbetrieb eingestellt worden ist. Ich habe Eile, in den Schutz einer Wohnung zu kommen. Ich soll einige Erklärungen aufschreiben, unbefangne Äusserungen, als ob ich nichts wüsste. Age müsste, überlege ich mir, einem englischen Kanonenboot entgegenfahren, das mich holen kommen müsste; wird das zu arrangieren sein? Ich bin dann in Gerdas Wohnung [nicht der Topographie, aber der Stimmung nach ihre Dresdner Wohnung], vorsichtig und misstrauisch. Eigentlich hatte ich in ihrem gegenüberliegenden »Gästehaus« untergebracht werden wollen, einem mehrstöckigen, einfachen, hübschen, horizontal gegliederten hellen modernen Bau. In dieser Wohnung hier wohnen Menschen, die ich nicht kenne, und die mir in meiner gefährlichen Situation gefährlich werden können. In manchen Zimmern ist trotz der Einschränkungen im Elektrizitätsverbrauch, die der Krieg zur Folge hatte, immer Licht. Gerda spricht immer von Benito Mussolini, der zur Ausstellung gekommen ist und bei ihr wohnt; sie nennt vertraulich den Vornamen, wenn sie von ihm spricht; es ist aber nicht der Duce, sondern sein Vetter, aber immerhin – »Ist Gerda Faschistin?« frage ich gradezu. Walter Hasenclever antwortet vorsichtig, das sei »doch anders –«. Ich finde auf einem Sofa einen Stoss von Titelseiten der Zeitschrift, die sie für die Ausstellung herausgibt und die im Vorraum der Ausstellung aufliegt, diesen Blättern nach eine Zeitschrift im Stile des »Simplizissimus«; die ist allerdings nicht faschistisch; es sind lauter Nummern über ein einzelnes Thema oder eine Persönlichkeit: eine ist dem Belgier Ancel gewidmet; eine enthält eine Zeichnung, die eine vergitterte längliche Vertiefung im Boden darstellt, halb Hohlweg, halb Käfig, und darunter steht eine Äusserung des Königs von Polen: hier – in diesem Preussen – möchte er nicht einmal sterben; eine behandelt »ein commusisches« oder »communisches«, das ist nicht deutlich zu lesen – »Drama«, und das soll wohl, das ist Absicht, ans Drama der Kommune anklingen. Im Korridor fragt mich eine Frau mit blassem verwüsteten Gesicht: »Kennen Sie Lania?«, der muss

wohl also auch hier sein. Im Badezimmer stolpre ich und
falle beinah in ein sehr grosses mit Wasser gefülltes Bidet. Es
scheint, dass jemand, auf Kissen und in Tücher eingehüllt,
bewegungslos, schlafend, tot oder krank, unter der Bade-
wanne liegt. Trotz meines Misstrauens und voller Unbehagen sehe ich nicht genau nach. Ich habe einen grossen Sack
heruntergerissen, der ganze Boden ist bedeckt mit einer
grossen Menge kleiner Kichererbsen. Ich will sie aufsam-
meln, auf dem rauhen Teppich ist das sehr schwer. Zwei
Bauern kommen und zeigen mir, wie ich es machen müsse:
sie mit einem langen Brett auf einen Haufen wischen, und
den mit einem Tuch zusammennehmen und in den Sack zu-
rückschütten. Die Bretter sind krumm und splittrig, die
Tücher fasrig, zerschlissen und rot. Die Kichererbsen sind
ganz klein; es sind solche, sagen die Bauern, die nur zu
Futterzwecken dienen.

279

9/5/42

Wir sind in einem ladenähnlichen Parterreraum, der hinten
von einer grossen Schaufensterscheibe abgeschlossen wird.
Ich werde sprechen müssen. Ich werde mich erst im letzten
Augenblick umziehn. Ich werde über den Frieden sprechen;
meine Auffassung wird auf den Widerspruch aller hier stossen, Lotte warnt mich. Ich ziehe auf der Scheibe angedeu-
tete Buchstaben mit einem grossen Pinsel voll weisser Tün-
che aus; Lotte bestreitet mir auch das; »Du weisst noch gar
nicht, in welcher Sprache ich schreibe!«, wende ich ein. Das
Wort, das ich auf der Scheibe auszuschreiben anfange, ist
»Übereinstimmung«. Ich gehe in eins der Hinterzimmer, um
ein Buch zu holen. Erst nehme ich ein Mathematikbuch in
die Hand und blättre es durch, das nur lauter kleine und ganz
kleine kleingestrichelte Holzschnitte enthält. Dann nehme
ich das Friedens-Buch, einen Oktavband in lose gewordnem
grünen Einband; ein Taschenkalender für 1942 ist hinein-
geschoben, ein Geburtstagsgeschenk [Verwechslung von

Lebensjahranfang und Geburtsjahranfang, von Neujahr und Geburtstag]. Ich denke: was ich darstellen will, war schon das Ideal der Karolingerzeit; wichtig war, die lokalen Vertretungen und die Gesamtvertretung, das Parlament, in Übereinstimmung zu bringen; fast zweitausend Jahre hat die Menschheit dafür gebraucht.

290

Ich gehe mit der Eidechse in eine Ausstellung. Es regnet. Wir stehn an der Ecke des Liberty-Boulevard, einer grossen schönen bunten Strasse, die auf verschiednen Niveaus nach rechts, nach links und um die Ecke führt: »Dreimal Liberty«, sage ich. Eine schmale bunte Strasse führt nach unten ab, die Alblois-Strasse. In die fährt mit grossem Schwunge ein besonders langes und schlankes safrangelbes Auto ein und hält an der Ecke. »So eins möchte ich haben«, sage ich, voller Bewunderung für die Maschinen-Schönheit. Aber da es hält, sehe ich, dass es gar nicht so elegant ist, wie es im Fahren wirkte, übrigens ist es ein Mittelding zwischen Last- und Personenwagen, hoch, schlankbrüstig und schmal wie ein Schiff. Ihm entsteigen italienische Soldaten und Offiziere. Es sind die ersten Mitglieder der Besatzungstruppen, die ich zu sehn bekomme. Ich sitze selbst neben der Eidechse in einem Wagen. »Nach dem Zusammenbruch wird ein furchtbares Blutbad in den besetzten Gebieten erfolgen«, sage ich, »kein deutscher Soldat wird lebend vom Balkan zurückkehren!« Diese Vorstellung erschüttert mich so, dass ich mich laut schluchzend, fast erstickt, in die Wagenkissen zurückwerfe. Die Eidechse will mich beruhigen: »Versuchen wir, jetzt, für das Tagesende, nur an Heiteres zu denken!« Wir stehn vor dem Portikus des weissen Hauses, in dem die Ausstellung untergebracht ist. Das Haus heisst, der Name steht gross seitlich über der Tür, »Die beiden H«, das bedeutet: »Die beiden Herzen«, und das ist wohl nicht nur symbolisch, sondern so heissen wohl auch die Hausbesitzer. Die Ausstellung aber heisst »die Ausstellung Fontenelle«, und sie kommt hinter der und ist gerichtet gegen die Ausstellung Drecoll. Hinter der Tür liegt ein Staubhaufen; »Ist die Ausstellung noch nicht fertig?« frage ich den Freund [ich weiss nicht mehr, wer es ist], der auf mich zukommt; und als er die Organisation verteidigen will, sage ich, das sei nicht nötig, noch nie sei eine Ausstellung zur Eröffnung wirklich fertig gewesen. Die Eidechse gibt der hinter einem Schaufenster sitzenden kleinen schwarzhaarigen Kassiererin [eine Freundin; ich habe vergessen, wer es war] ihre Telephonnummer, vielmehr zwei Nummern: an der einen unterrichte sie, an der andern gebe sie Stunden. Während sie schon in die Säle geht, unterhalte ich mich noch mit der Kassiererin. Ich bitte sie, mir – oder uns – einen Beutel mit mehr oder weniger geschnitzten Elfenbeinplättchen aufzubewahren. Sie sagt skeptisch und sogar kläglich: »Wie ich mal Gewehrkugeln so aufgehoben habe, bin ich reingefallen –« – in der Tat, sie war in einen Prozess wegen versteckter Waffen verwickelt. Wir sprechen einen Augenblick darüber, ich beruhige sie: »Ich hänge ja selbst von allen Gewehrkugeln der Welt ab!« Mitten im Saal sitzt die Eidechse mit mehreren andern rothaarigen Fraun in weissen Kleidern, denen zu begegnen ich mich freue. Dann gehn wir weg, um eine Stelle zu suchen, an der wir einander küssen können. Wir gehn um eine Strassenbiegung nach der andern, immer weiter ab vom Boulevard, zu dem wir doch dann zurück müssen. Nirgendwo sind wir allein. An einer Ecke fährt ein Auto vor; »Ist das viele Autofahren am Sonntag nicht ein Unfug?« frage ich lachend. Mitten auf den Strassen sind weisse bunt bepflanzte kurze breite Pergolen angelegt; »bleib hier stehn, ich will weiter sehn«, sage ich der Eidechse, aber überall heben dunkle Frauen die Hände und schauen < ? > zu den rankenden Pflanzen. »Wo ist hier Liberty?« frage ich. Nach einer Verwandlung [deren Grad und Art ich nicht mehr feststellen kann] bin ich in einem Laden – ist es ein Bäckerladen?, sitzen wir vor einer Kuchentafel? –, mit einem Mädchen zusammen, das mir sehr lieb ist, einem sehr blassen, sehr schlanken Mädchen. Seine schon ziemlich grosse kleine

Schwester ist mit uns [liegt hier eine Übersetzung des Verhältnisses Beate–Ruth vor?]. Aus irgend einem Grunde, als sähe
ich eine erträumte Geliebte zum ersten Male nahe, bin ich enttäuscht; sie ist schön, und doch nicht vollkommen; sie ist
schlank, und einige Glieder sind zu dick, sie ist linkisch, und
doch rührend und wunderbar. Sie selbst ist sehr verlegen, ich
sehe, als sie sich über etwas beugt, dass sie mit vielen Flecken
bis in den Nacken rot wird. Die kleine Schwester sieht uns von
der Seite an, mit feinem, sehr schönem, klugem, aufmerksa-
mem, ein wenig lüsternem und listigem Gesicht. »Ich habe
Euch immer nur in weissen Kleidern gesehn« [hier muss ein
Zusammenhang mit den weissen Kleidern der Rothaarigen
sein], sage ich; und als sie darauf hinweisen, dass sie ja schwarz
gekleidet sind, füge ich hinzu: »– oder in schwarzen, aber
Schwarz ist ja die Übersetzung von Weiss ins Negative!«

291

21/5/42

Der Freund soll morgen hingerichtet werden, aus politischen Gründen, und zwar bei uns, in der alten Wohnung am
Markte. Ich gehe nach vorn, Mutter hat den Salon eingerichtet, viele kleine Bilder an den Wänden sind blutrot gefärbt
und leuchten schwach mit blutrotem Licht, die Farbe des
Blutes herrscht im Salon und im Nebenzimmer vor. Ich bin
von Trauer zerdrückt und wie zerschmettert. Kann ich schon
die Hinrichtung nicht hindern, so will ich wenigstens nicht
im Hause sein. Ich kleide mich mühsam an. Die Uhr auf dem
Rathausturme draussen zeigt fünf Minuten vor halb sieben;
dass die einzelnen römischen Ziffern, wie der Zeiger sie berührt, zu leuchten beginnen, ist offensichtlich für die Hinrichtung gemacht worden. Ich bin wieder in der Küche [an
einer Stelle der Wohnung, an der die Küche nicht lag], Mutter hantiert, ein böses Kind stört mich, der Freund steht
ruhig in einer Ecke. Ich werde weggehn, der Freund wird
hingerichtet werden, ich werde ihn nicht wieder vorfinden;
ich ziehe mich an, wehre das Kind ab, und weine und weine.

Edschmid entzieht mich den mir nicht bekannten Verfolgungen Willi Münzenbergs dadurch, dass er mich entführt. Er, oder andre, haben durch Anspielungen von Babette etwas davon erfahren. Als ich durch eine Passage, einen langen engen gewinkelten Gang, an dessen beiden Seiten wohl kleine Läden sind, nachhause gehe, spricht er mich an: ich solle, um mir eine Auskunft zu holen, noch zu ihm hinaufgehn. Ich zögre, da ich eigentlich etwas Dringendes vorhabe, aber ich lasse mich bestimmen, umzukehren. [Die nächsten Stichwortnotizen sind unleserlich und erwecken auch keine Erinnerung.] Dann weiss ich von nichts mehr. Ich verbringe Wochen schlafend in einem Bett, tief unter Decken [vielleicht ist das eine Erinnerung an das Versteck unter den Säcken auf dem Schiff in Marseille], in einem Zimmer mit drei andern, die ebenfalls in Betten unter Decken versteckt sind. Ich habe, wie die andern, Schleier um die Stirn. Am Weihnachtsabend wache ich langsam auf. Eine Pflegerin, die sich über mich beugt und auch die Stirn verschleiert hat, trägt an diesem Abend einen goldnen Stern auf dem Schleier. Ich orientiere mich langsam im Zimmer und unter den andern Entführten, in denen ich Bekannte finde; wir begegnen einander [das ist unter den ganz realistischen Traumelementen das einzige märchenhafte] als kleine, in der Luft schwimmende, zusammengesetzte und verknotete Figuren. Yvette kommt und setzt sich an mein Bett. Ich erzähle ihr die Ereignisse, mit einem seltsam vagen und zugleich freudig interessierten Gefühl bei dem Satze »dann weiss ich nichts mehr«. Wir werden über die Entführung und die Gefahren, denen sie uns entziehn sollte, aufgeklärt. Später kommt Münzenberg selbst, durch einen engen Korridor, in das Zimmer, wie in einen Hinterhalt; es soll mit ihm abgerechnet werden. Ich selbst habe eine Pistole bekommen, mit der ich ihn von seinem Eintritt an in Schach halte. Als er am Tische sitzt, will ich diese Pistole einstecken, es gelingt mir aber nicht, sie zu sichern, und ich habe das – doch irrtümliche – Gefühl, dass sie losgehn wird. Die Auseinandersetzung verläuft programmgemäss [die nächsten Stichwortnotizen sind unleserlich und wecken auch keine Erinnerung], bis es zur Geldfrage kommt, da begehrt Münzenberg, der mit blassem, nervös bewegtem, ein wenig verfallnem Gesicht vor dem Tische sitzt, auf; er werde den Laden [er meint den Carrefour-Verlag] weiterführen, erklärt er.

294

Ich gehe ins Theater hinunter. Ich soll mitspielen. Ich sage dem Manne, der für die Aufführung verantwortlich ist, dass ich ja weder Text noch Handlung kenne; er antwortet, dass er sie ja kenne, und dass es schon gehn werde. Ich lege mich auf der noch geschlossnen Bühne ins Bett; das steht gleich hinter dem Vorhang, vielmehr hinter einer Tür, die statt des Vorhangs steht, mit dem Kopfende zu dieser Tür. Durch eine parallele Nebentür kommt ein grinsender Mann, klein mit kurzem glatten Vollbarte – er sieht aus wie, auf Bildern, etwa Grandi –, herein; ihm folgen bald drei andre, die gemessen und sehr ernst sind. Sie machen sich daran, einem im Hintergrunde – die Szene stellt zwei zueinander offne Zimmer dar – befindlichen grossen eisernen Herd abzuschrauben und andre Gegenstände zu ergreifen. Sie pfänden Teile der Dekoration. Ich bin aufgestanden und in den Hintergrund gegangen. Ich stehe neben dem Manne der Aufführung, der das leidet. Ich rede auf ihn ein: er müsse, ehe die Pfändenden weggehn, eine Anklagerede gegen sie halten, er dürfe sich die ungeheure Wirkung, die die machen würde, im Interesse der Sache, im Interesse der Gerechtigkeit nicht entgehn lassen. Später sehe ich am Strande den gepfändeten Mann der Aufführung über den Sand auf mich zukommen. Er steigt mit einem andern in eine mehr als drei Meter tiefe Grube im Sande hinab. Er hat keine Wohnung mehr, er will in der Sandgrube schlafen. Aber in der steht unten Wasser. Ich sehe von oben, wie die beiden den im Wasser fest gebacknen Sand treten und

kneten; aber schon jetzt sinkt der Mann ein wenig ein, und es
besteht die Gefahr, dass er in der Nacht – es ist ein blaues
Dunkel rings herum – ganz versinken wird.

295

25/5/42

Wir haben doch im Lager einen besseren Ton erreicht, ein ge-
wisses Ansehn gewonnen. Der Leutnant sagt mir, dass der
Leutnant mich sprechen wolle; der Kommandant ist also
auch nur Leutnant. Ich trete an den Tisch und frage ihn; es
sei halb zwei, gibt er zur Antwort – das scheint seine Sprech-
stunde für uns zu sein. Dann erklärt er, er wolle mir Gelegenheit geben zu Erklärungen gegen die Gerüchte, die die
Nazis gegen mich verbreiten, für eine Kommission. Ich frage
mehrmals, ob in der Kommission auch die Nazis vertreten
seien, er verneint, ich insistiere: »Sans participation des conquérants« – das Wort scheint mir zu pathetisch, zu gross, ich
verbessere: »– des occupants?« Ich höre schlecht, was er mir
sagt. In irgendeinem Zusammenhange brauche ich das Wort
»mégot«; er sagt böse, das Wort mégot gehöre nicht »dans la
bouche d'un soldat«.

299

29/5/42

Zwei Freunde führen mich zu sich, ich soll vor dem
Abschied den Abend bei ihnen verbringen. Es steht Wein auf
dem Tische; was wir nicht austrinken, soll ich mitnehmen –
aber da ich nur zwei Flaschen sehe, glaube ich nicht, dass
etwas übrig bleiben wird. Wir werden ja sehn, ob wir ihn austrinken oder nicht. Am Tische, an dem ich sitze, oder vielmehr im Tische ist die Tastatur eines Harmoniums. Ich beginne darauf zu spielen, stumm zunächst. Einer der Freunde
[war es nicht Bruno Frei?] erklärt mir, ich solle mich nicht
wundern, wenn deutsche Antikommunisten – er verspricht
sich; er meint Kommunisten – und andre im Laufe des

Abends kommen würden, sogar auch Schwarzschild und Mehring; sie hätten, da ich nun wirklich ginge, einen wirklichen Abschied organisieren wollen. Ich bin von der Herzlichkeit, die sich darin ausdrückt, und von der Herzlichkeit, mit der das gesagt ist, so erschüttert, dass mir die Tränen dick in die Augen schiessen.

(In derselben Nacht.) Ich komme zurück von einer misslungnen, peinlichen, kompromittierenden Sache, einer einwöchigen Sauferei oder so etwas. Es spielt eine Geschichte mit Ernst Deutsch. Ich sitze im Wagen; die Schwiegermutter wird an der Kaiserallee aussteigen, das ist ja noch näher an meiner Wohnung als das eigentliche Ziel des Wagens. [– ich wohne wohl also noch in der Badenschen Strasse.] An irgendeiner Stelle dreht es sich um »die andre Möglichkeit in Hasenclevers Schicksal«. Alles ist gebunden und gelähmt, überschattet von der früheren Peinlichkeit. Der Wagen hält vor einer Konfiserie; ich spiele mit einem Kinde, wohl mit Arne. Ich gehe die Strasse lang, die in der Mitte aufgerissen ist. Ich werde eine Zigarre rauchen, dann, abends, einen Bonbon essen. Ich stehe in meinem Zimmer neben einem turmartigen Nachttisch, auf den ich Sachen lege; ich habe sehr viel nachzuschlafen, eben zunächst diese ganze verbummelte Woche schon. Man spricht über eine Unterredung zwischen dem Papste und einem unsrer Genossen, für die einer der beiden Unterredenden den Namen Max Rafael angenommen hätte. Irgendetwas ist auch an dieser Sache nicht in Ordnung, denn eine Frau – wohl Lilith? – macht geltend, Proprofesch habe sie gefragt, wie es denn jetzt im Kittchen aussähe, und das zeige, worauf er selbst rechne. Misstrauisch frage ich: »Hat Willi Münzenberg diese Sache organisiert?« Dieser Proprofesch, ein vollbärtiger Mann, der seinen grossen Oberleib viel bewegt, ist übrigens selbst dabei und spricht viel. Ja, er ist selbst unzufrieden; in der Bewegungsbewegung [er meint die Bewegung der »Bewegung«, die Arbeiterbewegung, die revolutionäre Bewegung] gehe jetzt alles – er sagt nicht grade »schief«, auch nicht »drunter und drüber«; er sagt etwas wie »längshin«.

178

Während des ganzen Traumstücks fliege ich. Es ist ganz selbstverständlich, dass ich fliegen kann, und es fällt auch den andern nicht auf, obwohl von denen niemand fliegt, so dass man glauben könnte, sie können nicht fliegen. Aber so sicher ich über Mauern fliegen, offnen Türen ausweichen und Ecken eng umbiegen kann, heute strengt mich das Fliegen an; und so sicher ich die Technik, die nur darin besteht, die Füsse nach hinten zu stossen [wie ein schräges Wassertreten, ein Schwimmen ohne Arme], handhabe, so fühle ich mich doch unsicher; ich denke, was sonst nie geschieht, dass ich an die Mauer stossen, oder dass ich abstürzen könnte wie ein toter Vogel. Da schiesst mir durch den Kopf: wieso geschieht das so selten, sterben Vögel nicht in der Luft, wo kommen eigentlich alle toten Vögel hin? [Vielleicht Erinnerung an die Schwalbe, die sich hier in die Halle verflogen hatte, nicht hinausfand, und von der ich glaubte, man würde sie nur retten können, wenn sie erschöpft herunterfiele.] Der Oberst, oder ein Oberst, spielt auch in diesem Traumstück noch mit. Ich fliege neben drei Freunden hin, die in der Strasse gehn. Sie machen mir massvolle Vorwürfe darüber, dass ich für den Ausgang so schlechte Kleidung angelegt hätte. In der Tat trage ich antike Kleidung, aus farblosem oder vielmehr hässlich farbigem, schwerem und plumpem Tuche. Ich hatte einen Grund, statt besserer Kleidung diese zu wählen, sage ihn aber nicht, weiss ihn vielleicht auch selbst nicht mehr. Ich fliege von ihnen weg, vor ihnen voraus, über Tore und Mauern, in den Garten des Hauses, das Frau Monselet gehört, und in den ersten oder zweiten Stock des Hauses. Im Hause erfahre, nein: weiss ich, dass Frau Monselet eben getötet wird, dass sie mit grauenvoll weit gespaltnem Leibe im Garten liegt. Ich fliege wieder durchs Fenster hinaus, durch ein – mit Mückendrähten – dreifaches Fenster. Irgendwo hinten unter mir muss die Leiche liegen. Wird man etwa mich, der ich fliegend überall eindringen kann, des Mordes verdächtigen? Nein; sie hat ja einen Geliebten, einen Handwerksgehilfen, wohl einen Fleischergesellen, und den wird man verdächtigen, der ist ja auch wirklich der Mörder. Ich stelle mir die klaffende Wunde genau vor, während ich rechts um die Ecke des Hauses fliege, aus dem Garten hinaus. Es schwebt, aus unbekannter Quelle, ein ganz schwaches Licht in der Luft; und von unten her dringt der Geruch des nassen Laubes zu mir herauf und umgibt mich.

310

9/6/42

Ich nehme in einer Buchhandlung das Buch, das Oberlehrer Ronke zusammen mit Peter Mendelsohn geschrieben hat, und das hauptsächlich von Homosexuellen handelt. Das Buch ist eben erschienen, ich habe es erwartet, ich sage denen, die mich begleiten, aus Kenntnis und Plan und Bruchstücken eine Kritik voraus. Es steht eine ganz grandiose Szene in dem Buch: ein Mann, der die Orgien in einer Pension geleitet hat, der wie ein Tanzordner alle Laster kommandiert, zu allen Ausschweifungen das Stichwort gegeben hat, hat in einer grossen Flasche Urin von allen Bewohnern der Pension gesammelt; er tritt in die Tür und wirft die grosse volle dünne Flasche mit einem laut geschrienen Fluche mitten unter die versammelten Gäste. Ich blättre in dem Buche. Ich sage: »Ich weiss, was der Fehler des Buches ist: es ist nicht ein Buch, sondern drei Bücher ineinander. Denn die Moral ist, wenn man die Dinge, von denen das Buch handelt, weiss, nicht mehr dieselbe, die sie war, als man diese Dinge nicht wusste. In diesem Buche aber fehlt die Rückstrahlung des Wissens um die Dinge auf den Zustand vor dem Wissen der Dinge.«

330

29/6/42

Ich will ins Theater gehn. Ich befinde mich in einem Strassennetz, das dem der Altstadt von Toulon ähnelt. Ich will eine etwas breitere Strasse nehmen, um, ehe ich dann links abbiege, etwas zu besorgen. Eine Frau bittet mich, mit ihr gradeaus weiter zu gehn; ich willige ein, da ich auch dann die Parallelstrasse nehmen und von der nach rechts einbiegen kann. »Da Sie so gute Augen haben«, sagt sie, »passen Sie doch auf, wo Sie ein Hundegeschäft sehn, Sie haben ja auch neulich eins gefunden!« Sie will wohl Hundekuchen kaufen. Ein Stück weiter sehe ich vor der Tür einer Drogerie dünne Gummischläuche hängen, und gehe auf den Laden zu, weil die Schläuche mich an Hundepeitschen erinnern. Die Frau ruft links neben mir: »Da ist schon eins«, und ich drehe mich nach rechts, zu einem Geschäft, an dem ich grade vorbeigehn wollte; ich möchte es rasch, um ihre gute Meinung zu bestätigen, noch selbst entdecken. Ich sehe im Schaufenster lauter dunkle dicht parallel nebeneinander liegende schlafende Tiere. Bei genauerem Zusehn aber erkenne ich, dass es Weinflaschen sind, die auf Gestellen so zusammengelegt sind, dass sie eine Ähnlichkeit mit Tierleibern ergeben, besonders weil immer oben eine wie ein spitzer Kopf aufgerichtet ist. Das ist sehr hübsch, und ich muss lachen. Ich möchte eintreten und nach Pfefferminzplätzchen fragen, die selten geworden sind, ich möchte auch der Frau welche geben. Sie dürften aber nicht teurer sein als das Theaterbillet. Ich kann aber, da ich doch »... de menthe« verlangen muss, nicht auf das Wort »Pastilles« kommen.

Ich stehe in der Untergrundbahn oder Strassenbahn mit andern eng zusammen. Ich will aus einer Aktentasche und den Anzugtaschen Gedichte herausnehmen, um sie den andern zu zeigen. Es ist so eng, dass ich die Taschen nicht aufmachen kann, um die Papiere anzufassen, ich muss sie aufschlitzen und die Blätter mühsam herausziehn. Es geht um Veröffentlichungen in der Weltbühne. Es wird über Kommunismus gesprochen. Ich wende mich in der Diskussion vor allem an einen älteren gelbblassen Mann mit kurzem grauen Schnurrbart [vom Typ André Gides], Redakteur einer Rechtszeitung, mit dem ich dann auch durch die Strassen gehe. Ich habe die Zusammenarbeit mit andern immer gewünscht, sage ich ihm, und viel für sie getan. Man möge über den Kommunismus denken wie man wolle; aber man müsse, wenigstens, Marx erst gelesen haben. Man könne doch das Phänomen nicht übersehn, dass es bei uns anderthalb Millionen Kommunisten gebe, und überhaupt dreissig bis vierzig Millionen. Man müsse Marx lesen, um zu begreifen, wo die herkommen. »Sonst werden Sie«, sage ich dem Manne, »vor diesem Phänomen so überrascht stehn wie meine Mutter!«

Ich bin umgeschult worden, und soll heute früh zum ersten Male in die neue Schule gehn. Ich habe abends nur meine Taschenuhr gestellt und nicht die Nachttischuhr. Es ist schon halb neun. Nun werde ich allein in die ganz besetzte fremde Klasse eintreten müssen, verspätet schon am ersten Tage. Und es fällt mir ein, dass ich überhaupt keine mathematischen Kenntnisse habe, und dass sich das nun, da ich wieder in die Schule gehe, herausstellen wird. Ich schiebe die Sorgen weg: Das alles macht nichts, weil ich ja schon erwachsen bin. Ich hantiere im Zimmer. Die Kleider, deren Taschen ich aufgeschnitten habe, um die Blätter mit Gedichten herauszuziehn, liegen hinter das Sofa gestopft. Zum Frühstück habe ich Feigen; aber sie sind mit Kaffee durchtränkt worden, und ich werfe und giesse alles weg. Ich nehme Sachen vom Tisch, darunter ein sehr dickes Bündel abgeschnittner Schamhaare. Eine Frau im Zimmer spricht über »dezente Photographien auch der Geschlechtsteile«; ich denke flüchtig, aber sehnsüchtig und lustvoll daran, dass es schön sein müsse, so eine Photographie von ihr wie einen Fetisch bei mir zu tragen. Ich bereite mich zum Weggehn, und gehe noch aufs Klosett. Auf dem Sitz ist ein Aufbau aus Holzteilen, der schwankt und den ich halten muss. Von aussen dreht das Dienstmädchen das sehr grelle Licht an [wahrscheinlich hat der Wärter auf der Runde das Licht eingeschaltet].

Es wird über den Ankauf des Heiligen Berges verhandelt. Die historischen Zahlen und die Preiszahlen müssen stimmen.

[Ich weiss nicht, ob die Reihenfolge ganz richtig ist, und ich erinnere mich nicht mehr der Einteilung in Traumstücke.]

Aus dem kleinen Raum wird durch Rundfunk eine Operette gesendet. Es muss der Verstärker- oder der Steuerraum sein, denn die Ausführenden sind nicht zu sehn; wohl aber sitzt ein halbes Dutzend grosser, grauer Männer mit auffallend markanten Gesichtern herum, die ernst, ja mürrisch zuhören. Werner Richard Heymann, der hinter mir steht, summt ein Stück der Melodie mit; ein Mann kommt vom Apparat her und will es ihm untersagen. »Ich mache das immer«, wendet Heymann ein, und der Mann erwidert wütend: »Du kannst das ja machen!« Ihr Disput, denke ich, wird mit der Sendung überall gehört werden, und wird noch viel mehr stören als Heymanns blosses Summen. Ich frage, wer die Zuhörer seien, und kann es nicht erfahren. Ich bemerke, dass das Orchester vortrefflich spielt. Aber ich bin in diesem Raume auf deutschem Boden, und ich denke und sage, dass ich besser tue, vom deutschen Boden runter zu gehn. Ich gehe, mit einem seltsamen Gefühl von Angst und Eile, die ausgetretnen Stufen einer schmalen Treppe hinunter. Lo Heymann kümmert sich um mich. Gegenüber fliesst warmes Wasser.

(In derselben Nacht.) Im langen Korridor eines Lagers stehe ich aufgerichtet. Durch die Tür hinten kommt der Quäler herein, mit andern; und in gesammelter Wut recke ich mich hoch, recke den Arm im »römischen«, im »Hitlergrusse«; er muss erschrecken, denn ich bin riesengross aufgerichtet, ich schwebe sogar über dem Boden. Ich werde dann durch eine der Seitentüren verschwinden; aber erst steigre ich die Rache durch bewusste Beleidigungen, ich spreche lateinisch, ich nenne ihn »stultus«. Die Handlung konzentriert sich um die entgegengesetzt gelegne, – die Hintertür; Verzerrungen erfolgen in Diskussionen, der Streit konzentriert sich: An einer Stelle liegt die Diskussion als ein Stück Tuch auf einem Holzstuhl.

Vater wird beerdigt. Ich stehe starr neben dem Sarge.

Jemand sagt mir etwas ganz Belangloses, und ich breche beinahe in Tränen aus. Ich fühle mich sentimental. Aber ich bin starr und will und muss starr bleiben. Überall geschehn Störungen. Wir verstummen vor dem Fortgange der Beerdigung und wir müssen stumm bleiben. Blumen werden niedergelegt. Wie muss ich grüssen? Ich lege die Hand an das Béret und bleibe so stehn. Ich bin ganz abgeschlossen von der Weite und Helligkeit des Raumes. Einige, höre ich, sind verreist; später muss ich ihnen wohl nachreisen. Aber da ich nun schon lange, und wohl schon allein, so stehe, muss der Sarg wohl weggebracht worden sein, und was sie jetzt wieder hereinbringen, ist nicht der Sarg, sondern ein grosser, alter Sack, der ausgeschüttet wird. Die groben, formlosen, unerkennbaren Sachen, die herausfallen, sind doch nicht Reste eines Menschen, das sind doch Dinge? Ich werde nun auch gehn. Ich trete, um mich zu verabschieden, an eine dunkle Frau heran, die in einer Ecke sitzt, eine Frau in dunkler europäischer Kleidung, aber von deutlich orientalischem Typus. Sie war verreist, oder sie steht zu »den Verreisten« in Beziehung. Ich trage ihr, ganz flüchtig, Grüsse an ihren Mann auf, da errötet sie langsam und tief. Im Gehn denke ich: Ist sie gar nicht verheiratet? Habe ich sie verwechselt? Welche Geschichte habe ich eben angerührt?

340

9/7/42

Im Schutzverband Deutscher Schriftsteller soll eine Vorlesung sein. Es ist schon Abend. Ich erwarte den Vortragenden, auf der Strasse. Hasenclever kommt, es muss nach dem Zerwürfnis sein, denn er sieht mich, mit düsterem Gesicht, ausdrücklich nicht an. Er soll der Vorlesende des Abends sein; da aber der Vorlesende nicht kommt, bitte ich Walter Hasenclever, ihn zu vertreten [– Walter ist also der Ausbleibende und der ihn Ersetzende zugleich]. Hasenclever geht mehrmals finster blickend an mir vorüber; ich will mit dem Stellvertreter Hasenclever nach oben gehn. Auf einem

Steinbord sehe ich einen sehr grossen Handschuh aus dik-
kem rotem Leder liegen [ich habe kürzlich Paul Hahn erzählt, dass mir auf dem Hamburger Bahnhof komischer- und
unverständlicherweise der rechte, nur der rechte gefütterte
Lederhandschuh gestohlen worden ist, den ich allein abgelegt hatte], den hebe ich auf, der könnte meiner sein, aber ich
lege ihn wieder hin. Ich steige mit dem stellvertretenden
Hasenclever in den ersten Stock; vor dem Vorlesezimmer ist
nichts zu hören; ich drücke die Klinke nieder, die hellgelben
Bänke im völlig erleuchteten Raume sind ganz leer. Also
müssen alle weiter nach oben gegangen sein, in den grösseren
Vortragsraum. Also muss die Vorlesung, die ich hätte einleiten müssen, schon angefangen haben. Also muss der Vortragende gekommen sein – und ich habe ja in der Tat Hasenclever, den für den Abend angekündigten Vortragenden,
selbst unten gesehn, ich weiss doch, dass er da ist! Ich bin
während der Vorlesung vor der Bude, in der sie stattfindet,
einer puppentheaterähnlichen Bude, dem »Wiener Speise-
haus«. Von hinten kommt an mir vorbei die zuletzt eintref-
fende Zuhörerin; sie stellt sich nachlässig an den Eingangs-
pfosten der – in voller Breite – offnen Bude. Sie ist hoch
mattblond, ziemlich gross [sie ähnelt hauptsächlich der
Schwester von Rausch von Traubenbergs Göttinger Assistentin, mit der sie vielleicht identisch ist, aber auch einer Schauspielerin, und der Genossin Jutta in Paris], gelenkig, ihre
Haut ist matt, fast körnig, sie ist wohl Schauspielerin. Sie
wendet sich, nachdem sie aufmerksam, aber wie eine Ein-
geweihte, wie eine, die schon kennt, zugehört hat, wieder zu
mir und fragt, in der Erwartung einer Bejahung, ob meine
Freundin, die sie gekannt habe, noch in Wien lebe (und dort
Theater spiele). Von dieser Freundin habe ich seit Jahren
keine direkten Nachrichten bekommen. Die Frau selbst gefällt mir sehr, mehr als früher, ich denke, wünschend, an eine
Freundschaft mit ihr. Sie fragt, ob man nach der Vorlesung
zusammenbleibe. »Wann gehn Sie immer nachhause, Herr
Leonhard?« fragt sie mich direkt im Verlaufe eines allgemein
gewordenen Gesprächs. »Das ist ganz verschieden«, antworte

ich, »je nach den Umständen zwischen halb elf Uhr abends und halb zwölf Uhr mittags am nächsten Tage«. Das Zusammenbleiben ist stillschweigend beschlossen. Da werde ich darauf aufmerksam, dass Walter ja heute, am 7. Juli, Geburtstag hat, und rufe ihm einen Glückwunsch zu. Er hat also am selben Tage Geburtstag wie Yvette, die auf dem grossen Bette – wir sind jetzt in einem grossen Zimmer, und mehrere Personen umgeben uns – mir gegenüber hockt. Hasenclever kommt zu ihr, um ihr zu gratulieren. Er kniet lachend nieder und umarmt und küsst sie; erst dann kann ich meinen Glückwunsch anbringen. Ich muss, ehe wir gehn, noch in einem andern Zimmer mit Carl Einstein sprechen, und zwar über den »absoluten Roman«. Ich suche ihm zu beweisen, dass es einen abstrakten oder absoluten Roman gar nicht geben könne. Der dicke Roman, den ich in den Händen halte und aufschlage, enthält hinten, da, wo er absolut werden will, ein Wörter- und Buchstabengewirr, das nichts anderm mehr entspricht, das keine Handlung mehr ausdrücken kann; und da ergebe sich auch der groteske Gegensatz, dass diese nichts entsprechenden Stellen sinnlos illustriert seien, hier, und da, und dass unter den kleinen Textholzschnitten nichts besagende und natürlich nicht wirklich auf sie bezügliche Textstellen reproduziert seien. Einstein will mir nicht recht geben. Er fragt mich nach Wolffenstein, und ich setze ihm auseinander, dass und warum der und ich, unnachgiebig wir beide, die gleichen Schwierigkeiten hätten. Ich beginne mein Stück vorzulesen. Gleichzeitig beginnt aber ein andrer seinerseits etwas zu lesen, die beiden Vorlesungen kollidieren, ich sehe Einstein und seine mit ihm zuhörenden Freunde lachen, sehe ihre fast hämischen Gesichter, und breche meine Vorlesung, deren Vergeblichkeit ich einsehe, ab. Früher, daran erinnere ich ihn, hätte er eine andre Einschätzung meiner Arbeit [oder Person] gezeigt als die heutige offne Missachtung, zur Zeit, als er in der von dem Österreicher König herausgegebnen Zeitschrift eine Rubrik leitete [das entspricht der Wirklichkeit].

Ich bin am Rande einer Arbeitervorstadt. Zu meiner

Verwunderung ist rings alles mit dichtem sehr dickem kurzen hellen Grün bedeckt. Unter allen Wegen sind Abgründe, ausser unter dem gewundnen Wege aus braunrotem Basalt, auf dem wir gehn. Der Schneider ist kein Säufer, wird gesagt, denn er hat Kirschenschnaps auf dem Tische stehn, also braucht er nicht saufen zu gehn. Durst und Vertragsabschluss hängen nämlich zusammen. Die Sachen liegen alle im kleinen halb mannshohen Basaltbassin am Wege. Ich spiele mit Kirschenbündeln.

Die andern warten doch noch auf den letzten. Serien von Schicksalen stehn auf den dünnen Blättern. Diese Schicksale müssen später die Rosen ersetzen.

341

10/7/42

Wir sind, viele, in einem grossen Hotel versammelt. Gegen Abend gehe ich durch die Räume, ich suche Lotte, in welchem Raum hat sie sich servieren lassen? In der Bar; aber wo ist die Bar? Ich gehe mit jemand durch die Salons, die sehr übersichtlich nebeneinander liegen; Ordnung und Reichtum der Zimmer und Säle fallen mir auf, beinahe werde ich vom Suchen abgelenkt, »sie haben wirklich schöne Zimmer hier«, Brokat- und Tapisseriemöbel. Mitunter springen in ihrer Helligkeit Korbmöbel in die Augen, aber wenn das eine Bar ist, dann ist Lotte in der Bar nicht zu finden. Ich bin wütend darüber, dass wir allein bleiben. Schliesslich kommen wir in die sehr grosse Halle, in der werden wir uns den Kaffee geben lassen. Zwei Tische eigentlich nur sind nach Stellung und Grösse bequem, auf einer niedrigen Empore, die den sehr grossen Raum übersehn lässt, aber wir müssen einen Tisch weiter unten nehmen, weil Mühlestein unten ist. Er führt sich sehr ungeberdig auf; er verlangt von den beiden eleganten Hoteldirektoren und sogar von zwei daneben sitzenden Herren, es müsse ihm – er betont das »Muss« sehr stark und wird sehr laut – ein Tisch zwischen zwei Flügel des Windfangs gestellt werden. Da dieses Verlangen und seine heftige

Äusserung die Herren erschreckt, wiederholt Mühlestein es, wenigstens das Müssen, auf lateinisch und griechisch. Dann geht er hinaus. Ich suche Nachrichten aus Spanien, mündliche Nachrichten und Zeitungen. Ich möchte, dass man mir Gesellschaft leistet. Ich bitte Yvette, die an einem Tische weiter hinten sitzt, sich zu mir zu setzen. Yvette sagt, dass sie doch ganz in der Nähe sitze. Aber ich möchte sie mir gegenüber haben, ich möchte sie sehn! Erschrocken fast sieht Yvette auf und sagt: »Das hast Du mindestens sechzig Jahre nicht gesagt!« Ich setze mich, nun selbst beinahe erschrocken, an meinen Tisch. Sechzig Jahre – hat sie nicht gar vierundsechzig gesagt? Sind wir denn schon so alt? Ich habe ein sonderbares Gefühl vom Laufe der Welt und von meiner Situation in der Welt.

342

11/7/42

Die Niederlage ist das Thema der Niederlage selbst. Dieses Thema muss wie Nägel eingeschlagen werden [das »Einrammen« ist ein Begriff aus meiner Arbeit]. Es ist ein sprachlich bedingtes, sprachlich fixiertes Thema. Mich trifft es selbst, ich habe in unsrer Niederlage die Lehren unsrer Niederlage zu formulieren. Dazu sitze ich vor einem Café. Die Formulierung geht ins Griechische.

349

18/7/42

Eine Schiessübung wird abgehalten. Die Gruppe derer, die zum Schiessen kommt, steht, unruhig, in einem gewinkelten Gange. Wer aufgerufen wird, läuft durch die Gruppe um die Ecke, laut antwortend: »Me voilà!« Fremde und Kinder laufen umher; eins der Kinder ist mir vertraut, es ist wohl Gerrit, aber noch ganz klein. Ich habe ein mir fremdes Gewehr in der Hand und ich komme nicht zum Schiessen. Es muss eine Windbüchse sein, denn nachher ist der Schuss lautlos, und als ich mir eine Kugel gegen die linke Handfläche fliegen lasse, spüre ich kaum einen leichten Druck. Ich habe auch, als ich drankomme, nicht gerufen, meine Stimme war zu schwach. Gelaufen bin ich, Kisch ist vor mir gelaufen; hinter mir wird etwas gesagt, was ich auf ihn beziehn muss: »Ganz nikotinisiert und scheusslich hat er ausgesehn!«, aber Kisch sitzt schon dort am Tisch, die Äusserung muss sich doch auf einen andern bezogen haben.

Ich sitze mit Annie und einem Deutschen auf einem Bergabhang. Wir sind in französischer Umgebung, darum beginnen wir auch, zumal andre um uns herum sind, französisch zu sprechen. Wir sprechen über das Bergleben, in dünner reiner Luft, und mit zartem Übermut.

Eine lange und erfüllte Handlung fängt damit an, dass aus einer Maschine rinnendes Öl einen rosa Fleck macht. Sie endet damit, dass ich liegend lese, und dass aus der links unten stehnden grossen Maschine Öl läuft und auf mein Buch rote Flecke macht, dunkelrote, es ist nicht zu unterscheiden, ob es Öl- oder Blutflecke sind. »Mit einem roten Fleck hat es angefangen«, denke ich, »und mit einem roten Fleck hört es auf«. Ich reiche den grossen rohen Tisch hinunter, den wir gebraucht haben [wohl Erinnerung an den täglichen Transport der Tische auf den Hof] und der auf die Maschine zurückgestellt werden muss. Ich beginne, auf dem Galerierande, auf dem ich dabei stehe, auszugleiten, und fahre mit der einen Hand in einen Sack, der neben mir als Vorhang hängt; der Tisch fällt, aber nicht einmal seine Beine brechen ab, ich sehe sie noch starren, als er unten aufgehoben wird.

Im Verlaufe einer andern Handlung liege ich zu Bett. Ein Kind bringt mir etwas. Ich stehe auf und mache mich fertig. Walter Hasenclever legt sich in ein andres Bett und zieht das schwere Deckbett über seinen Kopf. Ehe ich gehe, sagt einer, ganz sachlich im grossen Schreck, und leise, als sollten es nicht alle wissen: »Hasenclever ist gestorben«. Ich laufe zu dem Bette und reisse die Decke weg. Ich sehe ihn nicht. Ist er schon hinausgetragen? Nein; er liegt noch unter einer zweiten Decke; und jetzt mit dem Kopf am Fussende, ich sehe die Figur grade so abgezeichnet unter dieser Decke, klein, die Knie scheinen hochgezogen, in einer hilflosen Haltung. Ich falle auf einen Stuhl, neben dem Bette und sage vor mich hin »Das ist zu viel!« Jemand neben mir sagt: »Schnell, schnell! Die rechte Herzklappe schlägt noch!«

351

20/7/42

Ich gehe mit Marcuse einen Landweg lang. Er zeigt zum Himmel und sagt, dass es im Winter viel regnen werde. Ich sehe einen Raben, der auf einem runden Korbe – aussen auf der Seite des Korbes – hockend auf den Telegraphendrähten entlanggleitet. Das meint aber Marcuse nicht, sondern einen Schwarm Vögel, der in formloser Anordnung hoch oben fliegt, so hoch, dass sie eben noch dicke schwarze Punkte bilden. Sie fliegen, wie solche Schwärme immer fliegen, und ich verstehe nicht, was er daraus schliessen will; ich selbst kann nicht einmal erkennen, ob es Krähen oder andre Vögel sind.

Das Mädchen hält sich mit den Ihrigen auf einem Karree festgestampfter Erde auf, das, wie andre, in den Abhang eingetieft ist. Ich spreche mit ihr und den Ihrigen. Montag, stellen wir fest, ist ein schlechter Tag für das Konzert, das sie geben will. Ich sage den andern dringlich, dass sie Lob braucht. Ich gehe und komme wieder. Der Höllenhund, der die Familie bewacht, und der mich bei jeder Ankunft anzufallen drohte, dreht auf dem harten dünnen Halse den strohgelben stachlichen Kopf hin und her. Er bewirft mich diesmal auch noch mit dicken scharfen Baumstacheln. Ich habe nun genug und werfe ihn mit einem rauhen klobigen Instrumente nieder, ehe ich mich zu den Leuten kehre. Ich sehe noch, ehe ich ganz abgekehrt bin, dass er im Fallen kleiner wird und statt des scheusslich übertriebnen Tierkopfs ein kleines, gelbblasses, dünnes, blondes, von Krankheit entstelltes Kinderköpfchen bekommt.

352

[In einem dieser Traumstücke – vom ersten habe ich nichts behalten – oder in einem besondern Traumstück kam eine wichtige religiöse Disputation vor.] Die religiöse Disputation findet im Saale nebenan statt. Ich gehe erregt auf ihn zu. Die Entwicklung der Diskussion, die Entwicklung der Dinge überhaupt ist so weit, dass man es nun sagen kann, sagen muss, dass ich es sagen werde: die Probleme sind umgekehrt gefasst worden, der Glaube wird erst kommen, der Glaube kommt am Ende, Gott steht nicht am Anfang, sondern, zukünftig, am Ende! [Das ist ein Gedanke meines bewussten Lebens und meiner Wirklichkeit.]

354

23/7/42

Ich bin mit Goering in einem Raume. Ich muss angeben, wie Zeitungsblätter zerschnitten werden sollen, und zwar mit einer bestimmten Kurve, mit einer Schweifung des Schnitts. Während ich die Angaben mache und die Ausführung überwache, muss ich mit erhobnen Händen stehn. Dann entwickelt sich ein längeres lebhaftes Gespräch mit Goering. Im Verlaufe dieses Gesprächs sage ich: »Ich will theoretisch einräumen, dass es möglich ist, dass die Befreiung auf einem andern Wege geschieht als durch die Revolution, die ich will und wie ich sie will« – Ich meine und sage wohl auch: dass es nur in der Theorie möglich ist, und dass jedenfalls ein andrer tauglicher Weg noch nicht gezeigt und nicht versucht worden ist. Im Sprechen – ich habe nicht mehr die Arme erhoben – bewege ich den Zeigefinger auf Goering zu, der selbst argumentierend den Zeigefinger auf mich stösst. Goering unterbricht mich, auf meinen Finger blickend, und sagt: »Sie sollten diese Geste nicht machen«. »Warum nicht?« frage ich. »Sie passt nicht zu Ihnen«, antwortet er. Und in der Tat ist sein dicker schwerer Zeigefinger von meinem ganz verschieden. Dann bin ich in der Strasse, ich habe Eile, ich muss mich retten. Ich kann nicht grade fliegen, aber in der Luft gehn, sozusagen Luft treten, ich steige sogar ohne es zu wollen in die Höhe, daher kann ich nicht eingeholt und nicht – die Strasse ist übrigens ganz leer – erfasst werden. Aber ich habe diesen Versuch des In-der-Luft-Gehns nie am hellen Tage gemacht, ich möchte nicht höher steigen als bis zu den Baumwipfeln, nicht bis zu den Dächern der palastähnlichen Häuser, zu denen es mich doch auftreibt, ich könnte abstürzen, ja ich habe Angst. In einer Strasse, in der ich endlich ankomme, wird der Zug nach Paris formiert. Ich steige erleichtert ein. Aber diese ersten Wagen des Zuges nach Paris werden gar nicht nach Paris gehn, sondern Montag früh – das ist wohl morgen früh, und es ist schon, obwohl es hell ist, spät abends – abgehängt und nach Hamburg geleitet werden. Das ist ganz sinnlos, und die Leute, die schon sitzen, seufzen und zucken mit den Achseln. Ich steige also wieder aus. Die anzuhängenden Wagen werden mit grosser Schnelligkeit hin und her rangiert; dabei müssen sie immer um die Strassenecke biegen. Es sind ganz neue, silberweisse Wagons, einige tragen auf dem Gestell nichts als gedrungne kuppelartige Aufbauten, das sind Tankwagen, alle sind italienische Wagen, die aber nach Paris fahren. Wir warten, dass endlich auch ein Personenwagen kommen soll. Ich stemme mich gegen die mich Umdrängenden, junge Italiener in uniformähnlicher Kleidung, ich möchte unter den ersten in den haltenden Personenwagen springen, um mir einen Eckplatz zu sichern – dabei ist die Anspannung ganz überflüssig, denn es warten gar nicht viele.

355

[Die beiden ersten Traumstücke hinterliessen nichts. Im dritten kam eine Szene vor:] Die Namen der Tage kommen von den Eingeweiden her. In der Argumentierung reisse ich die Adern aus der Haut meiner linken Ellenbeuge heraus, um sie vorzuweisen: ein dickes Bündel knolliger, elastischer, verknoteter, praller, auf der Unterlage des Fleisches schwer und fest pulsierend hin und her gleitender blauer Adern.

357

Ein Unteroffizier mit einem dicken farblosen Schnurrbart führt uns, einen grossen ungeordneten Trupp von Leuten, durch eine Kasernenhalle, die wie eine Scheune auf einem Bilde von Teniers aussieht, zur grossen Tür, aus der Kaserne hinaus. »Die Juden«, sagt er, denn diese Unterscheidung wird nun auch hier gemacht, »gehn bis ans Ufer, die andern fangen die Arbeit an«. Ich trete zu dem Unteroffizier und sage, eine wirklich vorhandene Heiserkeit übertreibend, dass ich krank sei. Während ich noch mühsam und tonlos spreche, fühle ich eine Hand auf der Schulter; der sehr grosse schwere Offizier, rotgesichtig mit dünnem kurzem dunklem Schnurrbart, führt mich, ohne sich um den Unteroffizier zu kümmern, weg. Er spricht lange mit mir, sehr verbindlich, ja vertraulich. Mitten im Gespräche fragt er plötzlich nach und sagt etwas von Dollars, seinen oder meinen. Er kündigt mir an, dass ich gleich mit einem Manne sprechen müsse, und verbirgt mir nicht, dass er diesen Mann nicht mag. Ich gehe rechts neben ihm, eine Weile sehr mühsam, da ich im Schlafsack stecke und nur ganz kurze Schritte machen kann. Der Offizier macht mich mit dem Manne bekannt, mit dem ich zu sprechen habe. Mit dem gehe ich die Treppe hinauf, zu meinem Zimmer. Auf der Treppe sprechen wir, von bestimmtem Anlass ausgehend, über das Juristendeutsch. Ich erwähne, dass es genau so ein genau solches Juristenfranzösisch gebe, das sei eine allgemeine Erscheinung. Es sei eine Folge des Versuchs, jeweils alle Voraussetzungen in jeden Satz zu bringen, eine Entartung der konstitutiven Kadenz [dies sind Formulierungen aus einem halbfertigen Kapitel meines Sprach-Buchs].

[Die ersten Ereignisse dieses Traumstücks habe ich ganz vergessen. Sie enden mit einer Szene in einem breiten niedrigen Zimmer.] Ich küsse das Mädchen fest auf den Mund. Als ich ans Fenster trete, tritt ans nahe, ebenfalls horizontale Fenster gegenüber die Klavierspielerin; zu wem sieht sie herüber? Ich gehe mit den andern durch die Anlage, die eine Mischung von Vergnügungspark und Kolonie ist. Es ist gegen abend und ziemlich dunkel. Die Wege verbreitern und verengern sich, wie launenhaft, und sind unübersichtlich. Mitten auf dem, auf dem wir langgehn, steht ein Sockel, auf dem steht ein Mann im Mantel, mit hellbraunem ziemlich grossem Vollbart. Er sieht aus wie Gilbert Lesage. Als wir vorbeikommen, steigt er herab und schliesst sich uns an. Hat er auf dem Sockel Laval karikiert? Wir treten an eine niedrige Steinbrüstung am Strassenrande: wenn es Laval wäre, müsste man ihn hier hinabstürzen. Ich trage zwei merkwürdig gedrechselte Schlegel, mit Verdickungen und Schlitzen, die schlage ich im Gehn zusammen. Ich sitze mit mehreren andern auf einem Auto [oder einem über Land rollenden Schiffe?]; ein Lastauto kommt uns entgegen; Manfred Fürst, neben mir, interpelliert den Lenker [oder ruft uns laut etwas zu]. In den früheren Ereignissen ist in irgend einem Zusammenhange ein Zusammenstoss mit diesem Auto vorgeschützt worden; jetzt fährt es uns wirklich an, sanft, wie vorsichtig, und drückt unsern Wagen, ohne ihm etwas zu tun. Später sind wir in einem grossen Raume. Es sollen bezeichnete Blätter mit Glückwünschen nach Polen geschickt werden, sie werden über Russland gehn, auf jedem Blatt soll in Kinderhandschrift ein Glückwunsch vermerkt werden. Ich nehme, obwohl das nicht meines Amtes ist, selbst eins der Blätter und schreibe die Glückwunschzeile an das polnische Kind auf; aber ich vergesse, die Kinderhandschrift nachzuahmen. Ausserdem habe ich nicht mit Tinte geschrieben, sondern – während sich nur der Inhalt des Blattes oder der Zeichnung mit Honig beschäftigen müssen – die Feder in Melasse oder Honig getaucht, die Schrift trocknet nicht, die beschriebne Stelle des Blatts bleibt klebrig. Ich gehe in die Küche, um mir die Hände zu waschen. In der Küche sehe ich Bekannte, oder einen Bekannten, der präzis und leidenschaftlich arbeitet, ohne uns anzusehn; die Freunde aus Vernet sind nun also auch in der Küche. Hinten in der Küche ist ein riesiges Waschbecken; ich suche den Hahn; er ist nicht am Becken sondern [wie hier im Dusch-Raum] unter der Decke am Rohr. Draussen spricht mich einer an, und sagt mit einem schwachen zynischen Lächeln etwas gegen Gedichte. Es stellt sich heraus, dass er das letzte Heft meiner politischen Gedichte schlecht findet. Als er sich anschickt, sich deshalb zu entschuldigen, sage ich, das mache nichts; aber er dürfe daraus keine falschen allgemeinen Konsequenzen ziehn. Er geht neben mir, einen ansteigenden Weg zwischen rohen Gebäuden; wir sprechen vertraulich über meine Vorlesungen meiner Gedichte; er fragt nach den äusseren Bedingungen; ich habe nie mehr als die Kosten ersetzt bekommen, und die nicht immer ganz.

366

4/8/42

Ich will aus dem Garten ins Haus gehn. Eine Mondscheinnacht fängt an. Bücher liegen auf dem Tische; Goethebände darunter; aber Goethebände sind im konventionellen Sinne eine so äusserlich »passende«, so den ungeschriebnen Gesetzen der Gefühlskonvention entsprechende Lektüre für so eine Mondscheinnacht, dass ich mir grade etwas andres holen will. Ich denke an die Bismarckbände, die in meinem Zimmer liegen. Ich stehe auf. Ein Mädchen – sie heisst im Traum »Mademoiselle« und ist unsre französische Gouvernante [aber keiner unsrer Gouvernanten ähnlich] – tritt zu mir. Wir sprechen leise, in einem Gartenwinkel. Ich küsse sie lange fest auf den Mund, mit einem heiteren sicheren glücklichen Kusse, dann geht sie mit grossen lautlosen Schritten, noch zurücklächelnd, dunkel unter dem Monde, nach rechts, und ich gehe nach links um das Haus. Ich gehe vorbei an einem

Brüderpaar, das zusammensitzt und auf eine sehr bewusste, fast sogar theatralische Art, aber doch mit einer nicht nur gespielten, sondern als wirklich fühlbaren Intimität und Innerlichkeit diskutiert, sehr sicher der Haltung und der Gesten, und zufrieden mit ihnen. Der eine der Brüder ist heute erst angekommen; er ist Trotzkist, oder beide sind Trotzkisten. Ich suche auf ihre sprechenden, übrigens beinahe rhythmisch verflochtnen Hände zu achten; sie sind so, wie ich sie mir gedacht habe: bräunlich, mit kurzen blassen, aber gepflegten Nägeln. Ich gehe im Hause leise durch den Flur. Mein grosses Zimmer hat ein Vorzimmer, in dem Licht brennt. Ich suche in meinem Zimmer Licht zu machen. Wird die Helligkeit nicht den Dienstboten auffallen, wird sie sie nicht zusammenrufen? Es ist ihnen früher schon gesagt worden, dass Licht nichts Erschreckendes haben kann; »dass Diebe kein Licht machen«. Ich sehe auf Tischen und Etageren in meinem Zimmer schöne Sachen – Gefässe, Schalen, Figuren – in grosser Menge umherstehn. Ich nehme von einem Tisch die verdorbne Dunhill-Pfeife [aus der ich gestern abend einen aus Knoblauchschalen und nikotingetränkten Papieren zubereiteten Ersatz geraucht habe]. Ich gehe an einen Tisch in der Mitte des Zimmers. Lotte kommt mit einer grossen Menge eines rosaweissen, aufstaubenden Pulvers. Ich will die Pfeife damit stopfen. Es wird eine Szene einer Sängerin erzählt, die mit diesem Pulver einen Irrtum begangen hat. Magnus Hirschfeld hält einen Vortrag, in dem er das Pulver erläutert; es sei nicht zum Rauchen bestimmt; es werde aus – wohl zerstossnen – Fliegen hergestellt; eigentlich also sei es dazu bestimmt, heruntergeschluckt zu werden. »Warum nicht«, denke ich, »man hat sich jetzt als Nahrungsmittel ganz andre Dinge in den Mund gesteckt!«

372

Zwischen Hasenclever und mir hat eine Aussöhnung stattgefunden. Es herrscht eine gewisse feierliche Aufregung. Gedichte oder ein Stück – oder Gedichte und ein Stück – sollen vorgelesen und gewidmet werden. Ich bin voreilig und lese schon, obwohl ich es nicht sollte, die meinen. Es kommt, in blauem Hemd, ein junger Mann, von Kluge, zu mir in die Bibliothek. Die Bücher, die er bringt, sind obszön; sie gehören ins gelbe Fach (die Regale sind aus einfachem, bunt und hell gestrichnen Holz); da die Bibliothek auch als Ausstellungsraum dient, muss ausserdem das gelbe Regal mit den Büchern hinter einen Vorhang gestellt werden. Hasenclevers Bücher, erkläre ich ihm, stehn im grünen Regal; wären wir nicht überworfen gewesen, würden meine dort mit seinen zusammenstehn. Ich stelle von Kluge, »einen hochbegabten jungen Schriftsteller«, Hasenclever vor, den er mit klugen dunklen Augen rasch und aufmerksam ansieht. »Du müsstest ihn doch aus Dresden kennen!«, sage ich. Ich wende mich ab und versinke in Erinnerungen an Dresden, und an andre Städte, Erinnerungen an schöne Tage und schöne Bauwerke [vor dem Einschlafen hatte ich mich gewisser, vielleicht zerstörter, Teile Düsseldorfs erinnert]. »Möchtest Du auf dem Lande leben, allein, in irgend einem Kaff?« frage ich Hasenclever. Gewiss, das Leben auf dem Lande ist jetzt anders, man kann Grammophone haben [gemeint ist Radio], freilich ist dabei nicht berücksichtigt, dass sie Geld kosten –

Ich bin bei Kurt Wolff angestellt worden – der aber eine alte Dame ist. Im Verlauf der ersten Zusammenkunft in seinem Büro, in dem ich übrigens wie ein Gast auftrete, bittet er mich, die Antwort auf einen Brief anzusagen, der in der Schreibmaschine steckt – weil diese Antwort aufzusetzen und abzuschicken ist, aber auch quasi als Prüfung. Ich sage einen Satz, in dem ich die Absendung eines Telegramms, den Wortlaut wiederholend, bestätige; Wolff ist völlig verblüfft: die eigne Absendung bestätigen, nicht die Ankunft des Telegramms des Partners? Ich sage, das sei etwas ganz Gewöhnliches; sogar Mutter bestätige mir so ihre Telegramme, wie oft hätte ich einen Brief angefangen: »Je vous ai télégraphié aujourd'hui …« Viel mehr erstaunt bin ich darüber, dass man einen Brief, der abgegangen und wohl schon angekommen ist, telegraphisch bestätigt, ein Fall, den Wolff nun erzählt.

Wir sprechen noch über einen andern Fall: wenn Heiner [Rau] nicht »in einem feudalen Hotel« gewohnt hätte, hätte er die Nachricht überhaupt nicht bekommen. Es wird zum »Essen« gerufen [in dem Tone und mit der Stimme, in und mit denen es hier täglich geschieht].

374

12/8/42

Alle haben kleine Stücke bunten goldreichen Brokats. Die Katholiken tragen sie in der linken Rocktasche, so dass sie ein wenig herausragen.

386

24/8/42

In einem grossen, unmodern bequem möblierten Zimmer spielt sich eine homosexuelle Liebesszene ab. Da der von den beiden Männern, von dem die Initiative ausging, die Tür nicht geschlossen hat, vielleicht weil er es in der Erregung vergessen hat, vielleicht weil er an Störungsmöglichkeiten überhaupt nicht gedacht hat, hat Frau Oettlinger die Tür aufmachen können und die Szene kann beobachtet werden. Sie wird sehr weit getrieben und ist sehr ausführlich. Die Härte der beiden gespannten Männerleiber auf dem grossen Sofa ist zu spüren. Der Initiierende löst den Mund aus der Pressung des harten Kusses und schlägt dem andern – mit dem derben Ausdruck in Frageform – drängend den Cunnilingus vor; der andre, wie erweicht, lässt, selbst bei den Gesten der mutuellen Masturbation bleibend, ihn machen. Der eine verstärkt den Cunnilingus durch masturbatorische Geste. Beide kommen, hingerissen und gequält, nicht zum Genuss. Frau Oettlinger unterbricht die Szene und geht durch das Zimmer; übrigens bemerkt sie die Szene, so deutlich sie ist, nicht, oder will sie nicht bemerken. Sie meldet einen Besuch an. Dann führt sie Luce [keine Ähnlichkeit mit irgend einer Luce, die ich kenne] zu mir, während ich noch

die Bettdecke zurechtziehe. Ich bin sehr enttäuscht: Luce hat
ein fades blondes Gesicht mit einem spiegelnden Kneifer
über einem kleinen unscheinbaren Leibe. Ich sage ihr, dass
ich mit Hasenclever über sie gesprochen habe; es ist wohl
nicht wahr, und ich verfehle den Ton dabei. Wir sitzen auf
einem von zwei rechts und links vom Bett schräg zur Wand
ansteigenden Sofas, ganz am Rande. Ich entdecke einen
Korb mit neugebornen Katzen, sie sind noch blind und sogar
noch feucht, und bewegen sich kaum, als ich sie mit der
Spitze des kleinen Fingers leicht streichle. Unter dem Korbe
findet sich eine etwas grössere Katze, die auf das Streicheln
sehr reagiert. Und eine grosse, schwarze, steht hinten am
Türpfosten aufgerichtet, wie ein Hund, der Männchen
macht, mit einem ganz unsymmetrischen Gesicht voll Men-
schentraurigkeit; oder hat sie nicht statt des rechten Auges
einfach ein grosses Knochenloch im Gesicht?

390

28/8/42

[Das wachsende Gefühl der Unsicherheit hat diese Tage –
und Nächte – sehr nervös gemacht; eine Reihe unverständ-
licher Massnahmen und Bewegungen haben gestern abend
diese Nervosität verstärkt. Vor dem Einschlafen führte ich
mit Caamaño lange Kriegsgespräche. Ich wachte nachts
mehrmals auf, oft sogar, hatte aber nicht die Kraft, die
Erinnerungen zu sammeln, und schlief wieder ein, ehe ich
Notizen machen konnte. Nur einmal konnte ich sie machen;
da ich aber nur noch einen schwachen, fast farblosen Stift
habe, sind sie fast ganz unleserlich, und die wenigen lesbaren
Wörter genügen nicht, um, wie es sonst schon einzelne Wörter tun, die Erinnerung aufspringen zu lassen. Da wir früh
doch zu der abends ausdrücklich abgesagten Dusche gerufen
wurden, brach auch noch die Nacht ruckhaft ab; ich habe
also nur die vage Erinnerung an einige Komplexe des Traums,
und nur eine Szene steht deutlich.] Der Traum war erfüllt
von leidenschaftlicher Sentimentalität. Bestimmt halb von

der Liebe zu einer Stadt, halb von der Liebe zu einer Frau. Vor einer wichtigen und mich sehr erregenden Theaterangelegenheit muss ich ins Hotel zurück, um mir die Hände zu waschen, mit Kölnischem Wasser zu waschen [Yvette hat mir letztens eine Flasche Kölnisches Wasser geschickt, die nicht nur für mich, sondern auch für die Kameraden eine immer wiederholte Sensation bedeutete]; ich habe die ganze Wäsche gewaschen und fühle die Hände gedunsen, ich habe auch den Wäschewagen gewaschen, ich sehe noch Schmutztropfen an meiner rechten Hand, ich denke daran, dass ich meine Waschbürste hierherbringen müsste, sie würde auch ein Andenken sein; freilich müsste ich sie mir dazu von Siegmund Nielsen [der wirklich zuletzt die Wäsche gewaschen hat und die Bürste hat] wiedergeben lassen, ich müsste sie ihm ausdrücklich wegnehmen. Jean Sylveire, der Regisseur des Stückes, steht neben einer Vitrine im Hotel [und hatte dort eine grosse Szene]. Eine Frau, die aus Roma und Irène gemischt ist, spielt mit. Es ist schon halb zwölf Uhr, höchste Zeit fürs Theater. Ich möchte ein Taxi nehmen, der Eile wegen und weil ich erschöpft bin, das wird aber ungeheuer teuer sein, und das Geld muss eingeteilt sein; ich stelle mir etwa die Fahrt zum Théâtre Pigalle vor. Ein ganzer Komplex war um das Hotel Adlon gruppiert. Goldstücke kamen vor.

395

2/9/42

Ich trage den Leib eines Menschen auf den Bahnsteig. Ich will in den Zug nach Hamburg steigen; aber der Zug, dessen grade anfahrenden letzten Wagen ich besteige, mühsam mit meiner Last, ist ein langsamer Vorortzug, der nach einem mir ganz unbekannten Endziel geht. Ich werde auf der nächsten Station in den Gegenzug umsteigen. Ich distanziere mich sofort völlig von den Mitreisenden.

Das feindliche Lager, das einen Halbkreis bildet, ist ganz nahe. Ich mache Berichte über das Verhalten von Revolutionären. Ein Erzbischof kommt wohl in der Handlung vor.

Ein geliebtes Kind, wohl Arne, zerrt an mir. Ich lasse mich auf Spiele mit ihm ein. Ich lege es schlafen, auf einem hohen Schranke; wird es nicht runterfallen, wenn ich die Plattform des Schrankes verlasse? Aber es schläft ja jede Nacht dort oben. Nur um dieses Kindes willen bin ich geblieben.

Das grösste Blatt ist zuletzt beschrieben worden. Es liegt unter den andern. Es hat eine Tendenz, sich hochzukrümmen und die andern zu schützen. Die Symphonie wird zu Ende gespielt. In den mächtigen wogenden Schluss hinein, ja fast vor dem Schlussakkord tönt noch einmal eine kleine, ganz einfache und nicht sehr laute Phrase; die ist von solcher Schönheit, dass mir das Herz stillzustehn droht, dass ich nie etwas ähnlich Schönes gehört habe, dass dieser Moment des Hörens der schönste, der glücklichste Augenblick meines Lebens ist. Die kleine ganz kurze Melodie klingt in mir nach, während ich mich an die Wand lehne, in unsäglicher Erfülltheit, im ganzen Glück der willkommnen Schönheit, die schon vergeht und noch in mir nachklingt. Lotte ruft mich von drüben; ich kann nicht antworten. [Ich weiss die Einteilung dieser Komplexe und Motive in einzelne Traumstücke nicht mehr.]

400

Voltaire hat einen Vornamen, der mit L. anfängt; es ist kein Vorname im eigentlichen Sinne, das L. bedeutet »le lit Voltaire«.

(In derselben Nacht.) Goethe macht eine Vorlesung, dunkel, aufgerichtet, ernst, hinreissend und imposant. Wir sind aufs tiefste beeindruckt und hingerissen. Vor mir liegt ein Zettel, auf dem steht, dass er achtundneunzig Jahre alt sei. Ich habe von dieser Zeitspanne eine dunkle, aber ungeheure Vorstellung. Ich sage zu meinen Freunden: »Das ist doch wunderbar, zwei Drittel eines Jahrhunderts hat er gesehn, und ein Drittel eines Drittels!« Mit diesem Vorgang ist eine anzügliche Liebeshandlung mit einer kleinen, schwarzen beweglichen und gefährlichen Person verbunden.

In einem mittelgrossen, hellen, ziemlich leeren, japanisch wirkenden Zimmer sitzen zwei Mädchen nebeneinander, junge Lehrerinnen. Einem Freunde, der eintritt, stelle ich sie als miteinander verlobt vor; erst bei der Vorstellung wird mir das Unnormale klar, das darin liegt, dass beide Verlobte Frauen sind. Ein Schuldbewusstsein steigt in mir auf und erfüllt mich; es kommt daher, dass die eine meine Braut oder Geliebte war, dass es nicht gut zwischen uns gegangen ist, und dass sie deshalb, aus Not, sich mit der andern verlobt hat. Ich sage, nicht eigentlich aus Verlegenheit, aber in Ratlosigkeit angesichts dieser Ehe: »Sie sind Lehrerinnen, sie wollen sich ihre Kinder selbst machen!«

Ich gehe durch die Baracke bis zum Platz Flürscheims, der neben der Tür zum nächsten Raume liegt. Ich will eins meiner Bücher nehmen. Es ist ziemlich dunkel. Ich taste. Die Platte des Tisches ist gelockert und nur lose auf den Hohlraum gelegt. Zwischen Tisch und Lagerstatt ist ein Schachbrett an die Wand gelehnt. Eine kleine dunkle Gestalt schleicht heran, um etwas zu stehlen – wohl um grade mein Buch zu stehlen. Ich fasse und hebe sie, halte sie wagerecht und beisse sie in den Nacken. Die Tür geht auf.

Ich sehe auf die Uhr. Sie zeigt halb zwölf, ich erfahre aber, dass es halb drei Uhr ist [halb drei Uhr nachts, also hätte ich längst fortgehn müssen]. Ich sehe, dass der Stundenzeiger festhakt. Ich öffne das Glas, da fällt der Stundenzeiger an den Rand des Zifferblatts. Die Uhr ist jetzt mehr als dreissig Zentimeter – im Durchmesser – gross. Auch der Minutenzeiger löst sich. Beide Zeiger sind von feiner, filigranhafter, arabeskenreicher Arbeit. Die Öffnung an der Wurzel ist nicht rund, sondern viereckig, und selbst sehr verziert. Ich versuche, sie auf den kleinen Pflock in der Mitte festzudrücken; schliesslich gelingt es, aber das Zifferblatt verknittert sich, als ich das Glas wieder schliesse, und der Zeiger wird wieder hängen bleiben.

Ich steige auf einer hochgelegnen Hochbahnstation aus.

Eine Reihe dicht nebeneinander hoch angebrachter grünweisser und rotweisser dick beschrifteter Signalarme in und neben den Zügen schreiben die Schritte und Absprünge vor, die man beim Herausgehn machen muss. Ich mache sie, muss aber doch einen falsch gemacht haben, denn ich gelange, statt ins Freie, in ein jüdisches Nachtasyl. Schon im Gange begegnet mir Cholenko; er bittet mich, als ich ihn ansprechen will, um die Erlaubnis, mich hier nicht zu kennen. Der grosse Raum ist voll von jungen Menschen. Betten aus starker, gestärkter sehr weisser Leinwand sind – dieses System habe ich schon anderswo gesehn – mit Stricken an der Decke aufgehängt; darunter sitzen die Jungen an grossen Tischen. Alle sind beschäftigt, obwohl es spät in der Nacht ist, viele lesen. Einen in brauner Liftboy-Uniform mit goldnen Knöpfen höre ich einen schönen Satz über die Schönheit seiner Heimat sagen; dann sagt er im Tone des Lernens, des Sich-Einprägens: »Das Elsass hat eine gute Agrarpolitik«. Ich bleibe stehn, von Rührung über seinen Eifer und sein Gefühl übermannt; ich spreche einem Bekannten gegenüber diese Rührung aus. Ich sitze im Saale des zum Asyl gehörigen Restaurants, einem winkligen, ein wenig unordentlichen Saal, der in der späten Nachtstunde aussieht, als verliefe er schief, abgeschrägt, geneigt. Alle warten seit sehr langer Zeit darauf, dass das Essen serviert wird; später erfährt man durch das Gejammere der ermüdeten Köchin, es habe so lange gedauert, weil, seit vielen Wochen, die Kaffeemaschine fehlt. Das Menu scheint es nicht mehr zu geben. Die Gäste blättern in den Speisekarten mit dicker roter Schrift. Die Kellnerin will auf der Karte, die sie mir geben will, etwas ungültig machen; sie streicht nicht aus, sondern wischt mit einem Schwämmchen ganze Rubriken weg. Ich will mir auch die Weinkarte geben lassen. Ich spreche mit einem, der sich neben mich gesetzt hat, über Wein, ich will viel mehr bestellen als er, ich will zwei Liter bestellen, und den herberen als Glühwein. Inzwischen hat die Kellnerin zwei Viertel Wein vor mich gestellt, und beide vergiesse ich. Das Glas, welches das zweite Viertel enthält, presse ich an meine Brust, aber es läuft, natürlich, aus, so fest ich es auch drücke. Es tränkt den weissen, mit Perlmuttknöpfen geschlossnen Kittel, den ich, statt eine Serviette zu entfalten, angelegt haben muss, ohne darauf zu achten, den ich jedenfalls trage. Auf der Speisekarte steht nicht ein einziger mir bekannter Name. Die Kellnerin zeigt auf einige Speisen, alle ausser einer einzigen sollen aus Feigen zubereitet sein. Endlich werden Schüsseln gebracht. Die ungeduldigen Gäste setzen sich um. Mein langer Tisch – ich sitze am Kopfende – rutscht an die Wand; ich schiebe ihn zurück. Der Mann neben mir ist wohl Cholenko; ich frage ihn, wie weit er mit seiner Arbeit sei; ich verspreche ihm, falls er in die Nachbarstädte reise, Empfehlungsbriefe. Auch ein Mädchen sitzt an meinem Tisch. Ich biete ihr am Ende des Essens – die einzige Speise, die ich vorgesetzt bekommen habe, und die meinem Hunger nicht genügte, hatte einen schweren, fremdartigen Geschmack – biete ich ihr aus einer kleinen altertümlich filigranisierten Altsilberdose, die ich aus der Westentasche ziehe, Sacharin an; das ist unter den gegenwärtigen Umständen ein grosses Geschenk. Einige der kleinen Tabletten fallen heraus, wir sammeln sie zwischen Strohblättchen auf. Der Besitzer des Restaurants kommt, ein mittelgrosser Mann mit breiten Schultern und erfahrnem Gesicht; es ist der Pedell, wir schütteln einander die Hand, die andern sind verwundert, dass wir einander kennen. Gleichzeitig sagen wir, er, dass ich einmal als einziger Gast bei ihm essen müsse, ich, dass ich einmal bei ihm essen wolle und dabei den Wein trinken wolle, den er selbst trinke.

410

17/9/42

Wir sind in der Kolonie, am Wasserstein; das Wasser, das aus dem Hahn läuft, ist erstaunlich warm. Eine grosse Tafel an der Mauer sagt in grosser zierlicher Schrift, wie man mit dem Wasser umgehn müsse. Mehrere werden morgen abreisen, unter ihnen Bernhard Reichenbach; nach Moskau einige, und einige nach Paris. Auch eine Freundin reist; aber wer reist nach Moskau, und wer nach Paris? Die Freundin spricht von den Voraussetzungen der Reise: Die Reisenden müssen den

»Steuerschein« haben, den deutschen wie den französischen, und die Juden unter ihnen noch dazu den »Judenbrief«. Der eine junge Mann aber fährt aufs Land, zu Antisemiten. Die Freundin scheint anzunehmen, dass er dort angesteckt werden werde, dass er selbst als Antisemit zurückkehren werde, und das scheint schwere Konflikte im Geschäft seiner Eltern heraufbeschwören zu sollen: denn »das Geschäft gehört zwei Motos« [oder »Mutos« <?>: das sind wohl Judenmischlinge oder getaufte Juden].

411

18/9/42

Der Kaiser steht vor dem Sturze. Ich bin in einem ganz unbestimmten und unbestimmbaren Gasthauszimmer. Der Kaiser ist wohl selbst anwesend, aber unbestimmt, nicht recht sichtbar, und ungreifbar; es ist nicht deutlich, welcher er ist, aber er hat eine gewisse Ähnlichkeit mit Wilhelm II. Das Zimmer ist von einer Öllampe erleuchtet, die muss ich löschen. Das für den Unterhalt der Lampe bestimmte Öl wird in einem Säckchen aufbewahrt, das an der Wand hängt. Ich bin damit beschäftigt, für dieses Säckchen einen Henkel aus dickem Leitungsdraht zu flechten. Das Auslöschen der Lampe ist die Entscheidung im Absturz des Kaisers. Wir sprechen über seinen Sturz; es wird erwähnt, dass aus dem Büro von Duclos in den letzten Stunden mehr »dynastische Briefe« herausgegangen seien, als in den Wochen vorher. Ich fühle, obwohl ich aufs stärkste an der Herbeiführung der Ereignisse teilgenommen habe und durchaus entschlossen bin, weiter dran teilzunehmen, das Entsetzen des gefangnen Kaisers nach – der trotz seiner Gefangenschaft auf eine gespenstische Art zugleich im Zimmer anwesend ist. Ich habe ein grosses Gefühl von der Gewalt des Schicksals. Ich trete ans Fenster und denke nach; es ist sonderbar: ich habe mit einer wichtigen Bewegung zum Sturze des einen Kaisers wesentlich beigetragen, und nun mache ich grade die wesentliche Geste zum Sturze des ihm verbündeten Kaisers.

(In derselben Nacht.) Die Revolution ist abgeschlossen. Es wird noch die Erinnerung an das fünfte Regiment gefeiert. Nicht nur hat mich Madeleine gebeten, an der Feier teilzunehmen, sondern ich habe mich entschlossen, mich dem Regimente für einige Tage anzuschliessen, und werde mich deshalb dem Zuge anschliessen. Der Zug soll an Madeleine vorbeigehn. Wir stehn in einer zerklüfteten, zerfetzten Strasse, Hasenclever, Klapper und ich. Der Zug kommt in Sicht. Madeleine geht links vor den beiden grossen Wagen. Ihr Gesicht ist fest gespannt und unendlich traurig. Ist dies denn eine Trauerfeier? Hinter den Wagen gehn nur zwei Leute, zwei farblose Unbekannte in alten horizontblauen Uniformen. Ich verabschiede mich kurz und eilig von Walter und von Klapper. Walter lässt mir bei dem Händedruck ein kleines Schokoladen-Osterei mit Marzipanfüllung in der Hand. Klapper sieht stumm und völlig abwesend an mir vorbei. Ich sage Walter noch eilig: »Rufe mich bei Klapper an«, und gebe ihm eine Zeit an, und sehe erstaunt, dass er neben mir bleibt, als ich mich den beiden Unbekannten hinter dem zweiten Wagen anschliesse. Auch andre schliessen sich an, der Zug vergrössert sich. Walter sagt leise: »Jetzt verbrennt Klapper seine Briefe und Papiere«. Ich denke nach, ob ich das auch tun müsste; aber »ich habe nichts Kompromittierendes«.

416

23/9/42

Age Forster kommt zum dritten Male mit seinen Kommittenten in einem grossen Zimmer zur Beratung zusammen. Aus nicht klaren Gründen hat er Rudi Friedmann und mich zu der Beratung zugezogen, kümmert sich aber überhaupt nicht um uns, sondern verhandelt mit seinen Leuten. Rudi Friedmann, links neben mir, entwickelt mir seine – oder eine – wirtschaftliche Definition des Zirkus'. »Dies hast du von Rehfisch«, sage ich ablehnend, und füge hinzu: »Rehfisch soll ja ein guter Anwalt sein, vielleicht ist er es wirklich«. Age geht mit seinen Leuten rasch, fast laufend ab, ohne sich zu verabschieden, ohne uns auch nur anzusehn. Rudi will seine Verwunderung ausdrücken, ich suche, ihn durch lebhaftes Sprechen abzulenken und den Affront, den ich sehr fühle, zuzudecken. Ich schlage ihm vor, zu Fuss zu gehn, ich will mit ihm gehn, ich habe was an der Place Péreire zu tun. Rudi weiss nicht, wo die liegt. »Nun wohnst du so lange in Levallois [wirklich wohnte er in Clichy] und kennst die Place Péreire nicht, die vor dem Tore liegt!« Vielleicht liegt es daran, dass er immer im Wagen fährt und die Wege kennt, ohne ihre Namen zu kennen. Ich gehe eine Strasse lang, allein, Rudi ist verschwunden. Es muss die rue La Boétie sein, aber sie sieht eher aus wie die rue Cambronne etwa. Ich möchte mir eine bestimmte Art von Bonbons kaufen, in dem Geschäft dort drüben gab es sie immer, aber sie sind, wie ich schon von meiner Strassenseite aus sehe, heute nicht im Schaufenster ausgestellt. Dennoch will ich hinübergehn. Ich gehe zwischen zwei Wagen durch und stosse auf eine alte Dame. Ich erkenne Frau Rjabuschinski, die also wieder in der Stadt wohnen muss. Instinktiv will ich zurückweichen, ziehe es aber doch vor, sie anzusprechen; und ehe sie, wie sie es natürlich tun will, von dem Mietgelde sprechen kann, das ich ihr schulde, spreche ich selbst davon. Ich freue mich, sie getroffen zu haben; es sei ganz sicher, dass meine Verhältnisse sich in allernächster Zeit bessern werden, nun kann ich ihre Adresse notieren, um ihr das Geld zu schicken. Ich habe mein Notizbuch nicht vergessen – wollte ich nicht mit den Bonbons zusammen auch ein Notizbuch kaufen? –, ich ziehe es vor, um die Adresse zu notieren. Wir sind an den Strassenrand gegangen und stehn vor einem Schaufenster. Sie fragt wieder, warum ich nicht längst bezahlt hätte. Da sage ich, wie schlecht es mir gegangen sei; »Wissen Sie, wie oft ich wirklich gehungert habe?« Ich will sagen: »mit meiner Frau«, unterdrücke es aber, um Yvette nicht ins Spiel zu ziehn. »Am 30. Januar 1933 haben doch meine Einkünfte mit einem Schlage ganz aufgehört«, sage ich. »Aber Sie haben doch Ihren Verlag in Wien gehabt?«, fragt sie. Nein, mein Verlag sei in Berlin gewesen und erst später nach Wien geflüchtet. »Sie sehn sehr wohl aus«, sage ich, und in der Tat ist ihr Gesicht, wenn auch noch immer alt und weiss, voller geworden und leicht gerötet. Zur Antwort macht sie die Bewegung des Geldzählens, als ob dieses gute Aussehn viel gekostet habe. Ich möchte nach Maschas Befinden fragen, unterdrücke aber die Frage, geniert, weil sie mir sagen könnte, es gehe Mascha schlecht, weil ich nicht bezahlt hätte. Im Weitergehn denke ich wieder an einen Brief, den ich an Age schreiben will, »Dein dummes und rücksichtsloses Davonlaufen ...«, will ich schreiben, und: »Du hättest zu einem wirklichen Kulturleben bestimmt sein können ...«, aber das könnte an ein ganz unproduktives Leben des Kulturgenusses denken lassen, das muss ich anders sagen. Beim Denken des Wortes »Kulturleben« sehe ich im Geiste Age grossbeinig und langschrittig leicht durch die Strassen gehn, als ob das das Kulturleben oder sein Zeichen wäre.

(In derselben Nacht.) Der Wagenzug – ein Umzug oder was es ist – rollt durch die Leipziger Strasse. Ich laufe hinter einigen grossen Lastwagen her und verabschiede mich. Auf dem einen ist eine winzige bewegliche Puppe mitten unter den Männern, das ist mein kleiner Sohn; er plärrt und will mir nicht die Hand geben. Auf einem andern Wagen befindet sich ein andrer Sohn von mir. Ich schlängle mich zwischen Wagen durch und springe auf das Trittbrett eines kleinen Personenwagens; ich will meinen Leuten sagen, dass ich abends sprechen muss und daher nicht oder erst sehr spät nachhause kommen werde. Es ist, wird mir geantwortet, schon alles angeordnet. Ich gehe auf der Strassenseite zurück, ich will Papiere wegwerfen und wohl auch austreten. Zwischen den Häusern sind Lücken, in denen das Felsgestein des Abhangs heraussteht. Ich will in einer oder der andern hinaufsteigen, in einer sehe ich auf einer kleinen Säule von Blechbüchsen ein kleines beschriebnes Papier aufgepflanzt, aber die Felsen und sogar die Platten des Strassenpflasters sind von Wasser dicht berieselt oder sogar übersprudelt. Also gehe ich in ein Café, um die Sachen wegzuwerfen. Aber es ist Montag, das Café ist geschlossen; es ist mir unangenehm, man könnte aus meinem Irrtum schliessen, dass ich über diese wöchentliche Schliessung nicht unterrichtet bin, weil ich aus dem Gefängnisse oder aus Geheimnissen komme. Kellner gehen in den Räumen des Cafés herum und fegen und räumen auf, auch Kellnerinnen, die ich kenne; auch soll wohl nachher eine Lehrstunde für Kellner stattfinden. Einer der Kellner setzt sich drüben hin und sagt mir, plötzlich, gradezu: »Man sagt, Sie könnten ein Nazispitzel sein?« »Sehn Sie mich doch richtig an«, antworte ich, »kann ich überhaupt ein Nazispitzel sein?« Aber gleich fällt mir ein: vielleicht war das eine Fallfrage, und er wollte nur herausbekommen, dass ich Kommunist bin? Das Gespräch geht weiter; der Kellner sagt mir, in seinem Verlaufe, einmal: »Sie, der Sie in der Mitte stehn …«, und ich frage doch, wenn auch vorsichtig: »Woher wissen Sie?« Ich sitze an einem Tische und schneide trocknes Brot in ganz kleine Stücke [wie ich es hier mittags und abends tue]. Die Kellnerinnen gehn schweigend herum.

419

26/9/42
Zwei Krankenschwestern stehn neben mir. In eine kleine Wunde, die ich am linken Ohr habe, ist, wie sie mir auseinandersetzen, ein Körnchen Graphit von einem Bleistift gekommen und hat die Wunde verschlimmert. Das ist aber nicht das Schlimmste. Erst auf eine umständliche und rücksichtsvolle, dann, als ich nicht zu verstehn oder nicht verstehn zu wollen scheine, auf eine brüske Art teilen sie mir mit, dass ich überhaupt und ganz und gar krank bin, dass ich schon mehrmals in Anstalten gewesen bin. Ich kann mich keiner Krankheit, keiner Behandlung, keiner Anstalt erinnern, meine ganze Vergangenheit liegt klar und fugenlos vor meiner Erinnerung: Meinen Sie den Arzt in Strausberg? Nein, bei dem habe ich nur die beiden Konsultationen erhal-

ten, deren ich mich ja erinnere. Die Anstalt sei in einem Schlosse untergebracht gewesen – Ich erinnere mich nicht, ich weiss nichts; aber das Entsetzen packt mich an, ich weine brennende Tränen; ich werde nie wieder einem meiner Gedanken trauen. Was ich neulich über das Schloss Opitz veröffentlicht habe, alles, was ich gedacht und geschrieben habe und denken und schreiben werde, ist völlig entwertet. Ich bin völlig zerschmettert – und doch beginne ich mich schon in der neuen Situation einzurichten, mich selbst zu fühlen, Stellung zu nehmen, an Pläne zu denken. Ja es ist sogar irgend eine unbestimmte Angst in mir, von einem immer möglichen, immer drohenden, unbekannten Unheil, gelöscht und beruhigt, da nun das Unheil wirklich da ist. Aber warum hat mir nur meine Familie nie etwas von der Krankheit und dem Aufenthalt in den Anstalten gesagt? »Hier sind nun zwei Diakonissen«, antworten die Schwestern, »die werden die Wahrheit sagen«. Ich komme noch immer nicht dazu, auch nur die Spur eines Krankheitseinschnitts in mein bisheriges Leben zu sehn. Aber vielleicht bin ich über mein bisheriges Leben selbst ganz falsch unterrichtet? Ich frage, wie zur Kontrolle, laut: »Wann bin ich geboren?« Die eine Schwester ist in die düstere, schwarzgrau steinerne, barock skulpturale Strasse hinuntergegangen, sie sitzt dort vor einem Hause auf der andern Seite der Strasse, aber nicht weit, und sie ruft laut durchs offne Fenster in meinen ersten Stock herauf, als Antwort, meine Familie sei 15soundso in Rom zugelassen worden, 17soundso sei dies oder jenes erfolgt, und sie habe an allen europäischen Revolutionen teilgenommen. Sofort gereizt, beginne ich ein Gespräch über diese Revolutionen, ihre Notwendigkeit und Berechtigung, und das Interesse, das alle Teile des wirklichen Volkes an ihnen gehabt hätten. Merkwürdig an dieser Situation ist die Plastik der Strasse in meinen Augen und die Genauigkeit der Perspektive von Haus zu Strasse, die Härte und Enge der Beziehung sind so gross, die Dinge springen so direkt, aber so gut proportioniert zusammen, dass das Medium Luft überhaupt zu fehlen scheint. Die beiden Schwestern scheinen nur noch meine Pflege zur Aufgabe zu haben. Ich sage der, die bei mir oben geblieben ist, dass ich noch Kognak trinken möchte. Sie schlägt vor, dass wir statt dessen »ein Glas Weisswein trinken« wollen. Sie stellt ein mit Mohn bestreutes dunkelbraunes Gebäck, eine Art Mohnbrot, auf den Tisch, und nennt es »Mandelkuchen«; »Mandeltorte, Mandelschnitte«, sagen wir nachdenklich spielerisch, und suchen noch nach andern Kombinationen. Im Schatten hinter der Tür sehe ich, wie schon vorher an andrer Stelle, zwei meiner Zigarren liegen, zwei verschiedne aus verschiednen Schachteln; die müssen die Schwestern herausgenommen haben. Mein Gespräch mit der Schwester wird intim; es kommt zur ersten Umarmung. Plötzlich sitzen wir, ohne die Wohnung, ohne das Zimmer verlassen zu haben, in einem Kino, das Zimmer ist zur Seitenloge, oder zu den Seitenlogen, eines Kinos geworden. Eine Logenschliesserin geht herum und kontrolliert die Plätze. Sie sagt, die Decken da müssten weggenommen werden; die Decken belegen den Platz neben mir, gehören aber nicht mir, sondern irgend einem der Besucher oder irgend einer der Besucherinnen, die nun plötzlich um uns herumsitzen. Ich gebe meinen beinah rücklings zur Leinwand, aber weiter vorn gelegnen Platz auf und setze mich neben die Schwester; ich werde schlechter sehn, aber es liegt mir viel daran, neben ihr zu sitzen. Wir sprechen von unserm Freunde Eckstein [damit ist Ernst von der Decken gemeint], und die Schwester sagt, beinahe streng, er hätte damals mehr Mut zeigen müssen [das heisst: 1933 nicht bei der B. Z. bleiben sollen]. Ich verteidige ihn beinahe <mit> Leidenschaft; ich behaupte, wenn auch etwas unsicher, dass er geblieben sei, sei in ausdrücklichem Einverständnis mit uns geschehn; und übrigens habe er ja nur harmlose Filmkritiken geschrieben. Im Zusammenhange mit ihm, ihre Namen stehn sogar zusammen auf einen Zettel geschrieben, und beide hängen mit Dresden zusammen [für Decken stimmt das], sprechen wir von Arnold Zweig [der allerdings im Traume vielleicht anders heisst, und vielleicht auch nur halb Arnold Zweig ist]. Ihn greife ich an; ich führe an, dass sein

»bürgerlicher Mystizismus« mich irritiere, und versuche zu erklären, was ich unter »bürgerlichem Mystizismus« verstehe. Aber ich gebe das Gespräch plötzlich auf; ich stehe auf von dem niedrigen Gefährt, auf dem ich nun, in stiller Strasse, gesessen habe, und nehme die Schwester in die Arme. Ich fühle die leichte Beweglichkeit jedes Gliedes ihres Leibes, ich fühle den festen zarten Bau des ganzen Leibes, die wunderbare Bezogenheit aller seiner Teile; ich fühle auch die schmeichelnde Wärme des leichten hellen Stoffes, mit dem sie bekleidet ist, und das alles, Stoff und Leib und Bewegung und Glied für Glied, ist zauberhaft. Ich drücke den Kopf auf ihre Brüste und ihren Leib, ich frage in heissester Innigkeit: »Hast du eine Photographie von Dir?« Sie muss eine haben, denn sie sagt nicht nein, und macht sogar eine Bewegung, als ob sie etwas nehmen oder suchen wolle. Sie fragt lächelnd: »Wozu willst Du sie?« »Um Dich immer ansehn zu können«, sage ich leise unter ihren Brüsten, in ihre Brüste hinein. [Sie ist Christel Hoyer, sie hat aber auch Züge von Simone Téry.]

420
27/9/42
Amerika hat das Recht, seinen Standpunkt angemessen auszudrücken. Ich kehre immer wieder zu seiner – Amerikas – Vitrine zurück. Die kleine braune Kugel in der darin ausgestellten Masse bedeutet seinen Anteil an den entschuldbaren Morden.

427
4/10/42
Ich habe nachmittags eine Rolle gespielt [was für eine, hat das einzige unleserliche Wort der heutigen Traumnotiz festhalten sollen; und ich entsinne mich der Kostüme und des Kostümgefühls, aber nicht der Zusammenhänge, die sie bedingten]. Ich habe in dieser Rolle ein fest sitzendes Kostüm

getragen, ein Wams des sechzehnten Jahrhunderts etwa, mit einem deutlichen Gefühl des immer enger geschnallten Gürtels und des mit der linken Hand vom Gürtel aus nach hinten gestossnen Degens. Es kam dabei zur Aufführung des Kartenspiels, und ich sah verwundert, was ich noch nie bemerkt hatte: dass der ganze dritte Akt des Stücks keinen Inhalt hat als dieses Kartenspiel. Wesentlich ist, dass das Publikum den Ausgang des Spieles vorausweiss, und der Held nicht. Dies ist die Anwendung eines allgemeingültigen dramaturgischen Gesetzes. Habe ich das bei meinem letzten Stück genügend berücksichtigt? Nicht, wie ich es gewöhnlich mache, Publikum und Helden zugleich etwas erfahren lassen, so dass das Publikum einen Schock erfährt statt in Spannung zu geraten? [Diese letzte zusammenfassende Formulierung, aber nur sie, ist präziser als die Überlegungen im Traume es waren]. Abends soll Ernst Deutsch bei Brauns in der Wohnung spielen, und zwar wohl den Hamlet. In dieser Aufführung soll zum ersten Male die »Wassermauer« verwendet werden, und die Installation dieser Wassermauer versuchen wir jetzt. Die »Wassermauer« ist eine von unten aus beweglichen Schläuchen etwa mannshoch geschleuderte und dann in sich kreisende oder verschwindende Wassermasse, die den Gang etwa eines gehnden Menschen völlig umgibt und je nach Art und Tempo seines Ganges, besonders wenn er über Stufen geht, Kurven und Arabesken bildet; sie ist ein an den Menschen gebundnes, bewegliches Architekturelement. Wir probieren sie, sehn die elastische Festigkeit der Wassermasse, die, ohne ihr Volumen und ihre Kohäsion zu ändern, in sich steigt und kreist und fällt, und sie ist sehr schön. Deutsch ist den ganzen Tag nicht in die Braunsche Wohnung gekommen, trotz der Wichtigkeit der Wassermauer, und hat auch nicht geprobt. Er kommt jetzt abends. Ich geselle mich zu ihm. Ich muss urinieren; ich gehe in einen Korridor, aber ich war grade beim Umkleiden, und gehe nur mit einem ganz kurzen wamsartigen dunkelblauen Hemd [das ich hier im Sommer trug]; Jean Braun bringt mir ein längeres Hemd oder eine Hose und reicht sie mir durch die Tür. In einem Korridor, der rechtwinklig zu dem steht, in dem ich mich mit Deutsch aufhalte, kommen schon Leute, Publikum. Ernst sagt sehr böse, übertrieben böse: »Einen Vorhang zwischen den Korridoren hätte man doch im Laufe des Tages ziehn können!« Er hätte auch selbst, denke ich, im Laufe des Tages herkommen müssen. Er wendet sich zu mir: »Du hast mich im Lessing-Theater letztens überschätzt – « – ich unterbreche: »Wieso?« –, er fährt, ohne zu antworten, fort: »Aber hier bist Du nicht Freund, sondern ein Schauspieler sechsundfünfzigsten Ranges, der mit einem sehr guten –« Ich finde die Zahl doch übertrieben, so gross mir selbst der Unterschied scheint, und bin betroffen. Ernst setzt sich mit einem Ruck auf eine Tischkante, stemmt die Füsse gegen zwei Tischränder und nimmt mit einer gewissen Brutalität von der Korridorecke Besitz, und macht schon durch seine Geste eine Garderobe aus ihr.

429

6/10/42

Bessmertnys Schwester hat die Agentur übernommen, mit der ich mich in Verbindung zu setzen habe. Ich bespreche mich mit Yvette; ich nehme zwei Manuskripte, wenige sorgfältig zusammengelegte Blätter, und hänge sie über die langen glänzenden Nägel, die ich seitlich schräg in das Hinterbrett einer in Augenhöhe geöffneten Schublade gehängt habe. Das Problem ist: soll ich den Roman fertig machen, den die Agentur zu verschicken begonnen hat? Ich fasse den Gedanken eines Romans in Briefen, eines Romans auf sehr realer Grundlage. Es sollen Emigrantenbriefe sein, Briefe eines Emigranten, der früher oft nach Frankreich gekommen ist und sehr viel Hoffnung auf seine Beziehungen in Frankreich gründete, der aber erfahren muss, dass es etwas ganz andres ist, als Emigrant in ein Land zu kommen, denn als Gast. Es soll sich um einen Wirtschaftsemigranten handeln, und der Roman soll ganz ohne Tendenz sein. Aber es wird doch nicht angehn, dass dieser Wirtschaftsemigrant gar nicht mit dem eigentlichen Emigrantenleben in Berührung kommt! Mindestens die Veranstaltungen des Schutzverbandes Deutscher Schriftsteller muss er kennenlernen. Ich kann das nicht anders machen. Und wie, wenn ein Kritiker meinen Stil erkennen würde, oder wenn sonst später bekannt würde, dass ich so ein unwesentlich-gegenstandsloses Buch gemacht hätte! Vielleicht, fällt mir ein, ist auch der von der Agentur begonnene Roman in Briefform? Und in zwei Tagen müsste der Roman fertig sein! Ich liege dort, wo Bessmertnys Schwester wohnt, im Bette. Viele Leute fragen nach mir. Werner Richard Heymann steht in der Tür und spricht zu mir. Peter Bach will an ihm vorbei hereinkommen, Werner hindert ihn daran, dadurch, dass er die Hand gegen den Türpfosten stemmt. Peter bewegt sich im Hintergrunde, und gibt den Versuch, hereinzukommen, mit einer schwach verzichtenden Bewegung auf. »Warum lässt Du ihn nicht herein?« frage ich, bekomme aber keine Antwort. Bechen <?> Bessmertny macht irgend etwas. Das Hexlein, gealtert und verquollen, geht vorbei, ohne herzusehn, wie in absichtlicher Missachtung. Ich nehme, liegend, Tabakkrümel vom Tische und schütte sie wieder zurück. Ich muss aufstehn. »Ja«, wird gesagt, »wir werden sowieso schon als Letzte essen!« Ich schiebe eine Frau aus dem Zimmer, Bechen <?> oder Simone Téry, ich lache dabei und küsse sie auf die Schulter; ich fühle mit den Lippen ihre Knochen unter dem Fleische, kleine runde feine Knochen, jetzt in dieser Hungerzeit haben alle die Knochen so fein und fühlbar. Während ich am Eimer stehe und pisse, kommt – in der Richtung, in der ich sie hinausgeschoben habe, gehend – eine Frau durchs Zimmer [vielleicht wieder Simone Téry], ich bin froh, dass sie nicht hersieht. Ich stehe dann mit einigen beisammen, unter denen Karlheinz Martin ist. Ich möchte mit ihm eine Verabredung treffen. Er entzieht sich. »Du kannst mich anrufen«, sagt er, den Tag, da Du willst, bis zehn Minuten vor der Verabredung, die Du willst«. »Aber Du wirst doch von früh an nicht zuhause sein«, antworte ich, »gib sie mir jetzt, fest, ich richte mich nach Dir«. Ich setze hinzu: »Es geht mir

nicht nur um das Vergnügen des Zusammenseins mit Dir, ich
möchte auch einen Rat von Dir haben!« Mir fällt ein, dass er
ja jetzt selbst ein Theater hat. Es ist unmöglich eine Zeit von
ihm festgelegt zu bekommen; er windet sich, wörtlich, er
schlängelt sich zwischen den andern herum. Übrigens ist er
dicker und plumper geworden. Alle sind verändert, meine
Beziehungen zu allen und die Beziehungen aller untereinander sind verändert.

430

7/10/42

Wie wird man Minister? Ein Mann soll es werden, vielmehr
sogar Ministerpräsident, weil er abends, im Karneval, eine
Begegnung gehabt hat. Am nächsten Tage stehn wir im saal-
artigen Flur des Ministeriums herum und warten. Viele Leute
kommen, nur grade der Erwartete kommt nicht. Im Gewühl
sagt einer: »Es wird nichts werden mit ihm; es ist ja der Hofrat Bodur aus dem andern Ministerium, aus dem Ministerium gegenüber!« Dann kommt er doch, langsam und verlegen, herein; eine breite blasse Erscheinung, mit fetter Haut,
dessen hohe weisse senkrechte Stirn hinter das Untergesicht
zurückzutreten scheint. Er sagt leise und mürrisch, er
möchte viel lieber einen kleinen ruhigen Posten im Landwirt-
schaftsministerium haben. Während er das sagt, erscheint an
der Wand, langsam von unsichtbarer Hand gezeichnet, das
flache nüchterne Bild einer sehr primitiven Lokomobile
[oder einer ähnlichen Maschine]. Dann verschwindet er im
Gewühl, er ist wohl hinausgegangen, man muss ihm nach-
gehn. »Wer ist ihm nachgegangen« frage ich die Leute, »Sie?«
»So entsteht ein europäisches Geschick«, denke ich. Ich
blättre weiter in dem Buche, in dem das alles steht. Es besteht nur aus Karten [ich habe gestern aus einem Paket eine
mit feucht gewordnem Mehl beschmierte Zeitung retten
können, in der war eine Karte des Stalingrader Sektors], der
Text sind die auf den Karten eingetragnen Namen. Die
Kapitel sind sehr lang, ich müsste bis Seite 213 lesen, ehe ich

zu einem Einschnitt komme. Das Buch enthält wohl eine Biographie des Mannes mit dem europäischen Geschick, der nicht Ministerpräsident werden will. In der zweiten Hälfte wird, kürzer, auch von seinem Privatleben gesprochen; da heisst ein Kapitel »Einige Frauen«. Ich schliesse das Buch, ich muss zum Essen gehn [folgt eine unleserliche Notiz]. Ich frage nach der Zeit, da meine Uhr, ein eirundes Ding aus weissem Metall mit klöppelartigen Zeigern, neun Uhr oder elf Uhr zeigt, das ist nicht erkennbar, während es zwei Uhr sein muss. Ich habe mich mit der Frage an drei beieinander stehnde Leute gewandt. Ein grosses Mädchen, höhnisch, gibt eine rücksichtslos feindselige Antwort. Sie höhnt weiter: »Spülen Sie sich den Mund, um sicherer zu werden!« Ich wende mich ab. Ich überlege, dass ich, um ins Restaurant zu gehn, nicht den steifen Hut – der gehört ins Ministerium –, sondern die Bibermütze vom Garderobenständer nehmen werde. Ich denke aber französisch: »bonnet de loutre«. Ich sehe mir, freudig, den Pelz an, ehe ich ihn anziehe; es ist eigentlich ein Halbpelz, mit grossem Kragen und einer Art von Krimmerbesatz oben, für die Schultern, und an beiden Seiten der Öffnung hinab; das mittlere und untere Hinterstück ist nicht mit Pelz, sondern mit einem dicken Wollstoff gefüttert. Es ist mein erster Pelz. Piscator hat ihn mir besorgt. Ich muss an Mutter schreiben, dass ich nun doch einen Pelz habe.

433

10/10/42

Wir sprechen triumphierend über die Erfolge Sowjetrusslands. Wir haben Karten, auf denen in zwei Kolonnen, rechts und links vom Kartenbilde, die Erfolge aufgezeichnet sind, und ich kann die kyrillische Schrift ungefähr lesen. Wir deklamieren die Erfolge: »Von … bis …!« Und wir lesen der Karte das Vordringen im Süden ab. »Der Wald wird ersetzt durch die Kulturen«, heisst es. Und schliesslich wird Gnade für die Gefangenen verheissen.

Wir liegen in der Zelle in den Betten, der Kamerad und ich. Der Kamerad erzählt die Geschichte eines Mordes; wem eigentlich, da wir doch allein in der Zelle sind und ich sie kenne? Er erzählt sie einer Frau, die aber irgendwo ausserhalb der Zelle sein muss. Ich höre ungeduldig zu; er verlängert die Geschichte viel zu sehr; auch müsste er viel mehr die politische Seite des Mordes betonen statt so ausführlich die Verhältnisse der drei Mädchen von siebzehn, neunzehn und einundzwanzig Jahren, die in der Geschichte vorkommen, zu schildern. Dann will ich etwas vom neben meinem Bett stehnden Stuhle nehmen. Ich taste, und erschrecke fürchterlich: auf dem Stuhle liegen eine etwa anderthalb Meter lange, ganz dünne, biegsame Kupferröhre, und ein eckiger schwarzer Hut, eine Art Jesuitenhut. Das ist ein fürchterlicher Schreck: das Zimmer ist, als die Zelle die es ist, von aussen abgeschlossen, und das kleine Fenster ist sehr hoch, weit von dem Stuhle entfernt; wer kann die Sachen auf den Stuhl gelegt haben? Ich möchte, in fürchterlicher Angst, schrein; ich müsste schrein, und ich möchte schrein, dass man mich draussen hört. Ich bringe aber keinen Schrei heraus, sondern nur ein Kreischen oder Wimmern. Ich will schrein: »Wer ist hier im Zimmer?«, aber ich artikuliere mühsam: »Wer ist hier ein Zimmermann!« Und in meiner entsetzlichen Angst habe ich, unter dem Gefühl der in meiner Hand zitternden langen dünnen Kupferröhre, doch ein Vorgefühl eines Zeitungsartikels, der von dieser Röhre handeln wird. [Dann kam das typisch schwere Erwachen unter dem Drucke eines Albs].

(In derselben Nacht.) Ich bin – aus Paris – in das Rundfunkhaus heimgekehrt. Ich gehe durch die Zimmer und Säle von einem zum andern und begrüsse alle. In einem der letzten Räume werde ich mit dem zusammengebracht, mit dem ich arbeiten soll, einem Menschen mit dünnem Haar und breitem Lachen, mit harten Backenknochen und sehr gebuckelter Stirn, dessen verschwitzte rote Haut prall das Gesicht überzieht. [Er ähnelt Ringelnatz; aber auch dem Maler Paul Hase.] Sein Gehaben hat etwas Besoffnes, und auch unsre Umarmung hat es. Wir wollen gleich anfangen. Er wird »das gefährliche Element« genannt. Zu ihm habe ich absolutes Vertrauen. Inzwischen ist nämlich die Scheidung unter den am Rundfunk Tätigen erfolgt. Viele sind schon zum Feinde übergegangen; es handelt sich um Gewinn und Organisierung der letzten, die noch widerstehn, das ist ein Teil meiner Aufgabe. In einer Reihe von Vorfällen vollzieht sich die deutliche Trennung in Rechts und Links. Es kommt eine Anweisung von Mutter, ich solle – wegen der Kritik, oder sogar wegen der Zensur – in meinem Zimmer warten, dann eine andre, ich könne auch im Zimmer von Soundso warten, das nebenan liegt. Es werden Zauberphänomene vorgebracht, die ernst werden. Ich lasse mir die hellbraunen alten Sendungen geben und lese den Artikel über den Witz – es ist der Artikel, an dem die Scheidung der Geister erfolgt ist. Die Auseinandersetzungen gehn weiter. Ein Junge will ernst machen und abreisen, nach Warschau. Ich selbst werde lieber gleich wieder nach Paris fahren, ich will mich gar nicht erst an den Tisch setzen. [Die beiden letzten Traumstücke standen beim Erwachen noch mit ihrer ganzen grossen Fülle von Ereignissen und Figuren vor mir; da sie aber in breiter Front standen und nicht hintereinander geordnet, konnte ich nur einen kleinen Teil fassen.]

435

12/10/42

Ich gehe zum ersten Male durch die Büros, in denen die Ärzte zusammen sind. Es sind in der überwiegenden Zahl Genossen, antimilitaristische Ärzte. Ich sehe ihre eifrige Arbeit und fasse sofort mit an. Vladimir Pozner hat mich hingeführt. Madeleine Braun bietet zu trinken an, fragt: »Wasser oder Tee?« Ich möchte lieber Kaffee haben, aber den gibt es nicht. Ich frage, ob man nicht in irgendein benachbartes Bistro gehn könne, was Richtiges trinken? Aber die schliessen doch, sagt man mir, erstaunt über meine Unwissenheit, um neun Uhr! Ich erzähle einem, dass ich früher selbst degradiert worden sei; er gratuliert mir dazu; ich sehe ihn fest an und sage zur Erklärung hinzu: »Moralisch!« Dieses Gespräch gefällt Madeleine so, dass sie es lachend weitererzählt. Dass so viel Bewegung in den Büros ist, liegt daran, dass Hilfe für einen Streik vorbereitet werden muss. Ich möchte mithelfen, und helfe auch, ich bin nur etwas behindert dadurch, dass ich nicht weiss, welche von den Ärzten hier Kameraden sind und welche nicht. Einigen glaube ich es anzusehn. Ich gehe durch die Büros; völlig gewohnheitsmässig, spielerisch, wie aus einer alten Sabotage-Gewohnheit, ziehe ich die Pulte, die vor den Plätzen auf den Tischen stehn, heraus und lege sie um. In der Diskussion mit einem jungen Arzte erkläre ich: Ich habe äussere Prinzipien und innere [das soll ungefähr heissen: taktische, oder sogar strategische, und doktrinäre]; im Kampfe für diese inneren, der mit allen Mitteln geführt werden darf und muss, werde ich gegebenenfalls die äusseren, etwa in der Wahl der Kampfmethoden und Kampfwaffen, verletzen. Der hört mir, den Kopf dunkel senkend, zu, ohne zu antworten [die letzten Notizen sind unleserlich].

(In derselben Nacht.) Ich stehe in einer dunklen mit Bäumen bepflanzten Strasse, es kann das Schöneberger Ufer in der Nähe der Potsdamer Strasse sein, und es schwingt auch ein Gefühl wie das des Lebens der Potsdamer Strasse im Hintergrund. Ich stehe am Geländer, neben einer Anschlagsäule, mit mehreren Männern. Vladimir Pozner ist wohl dabei. Einer der Männer klagt sehr. Ich kenne die Sache. Es sind grade unsre Freunde, die ihn verfolgen, und grade darüber klagt er besonders. Ich stelle noch einige Fragen: »Wie heisst der frühere Polizeikommissar, der sein Büro dort im Hause hat?«, heisst eine. Der Mann hat unrecht, das steht für mich ausser Frage; er hat unrecht, und er muss Schadenersatz leisten. Es ist aber ein guter Mann, und ich möchte vermitteln. Ich schlage ihm vor, ein Schiedsgericht zu beantragen, zur späteren Entscheidung, das ist juristisch zulässig, und damit wird Zeit gewonnen, die Gegensätze werden sich abschleifen. Die Beweisstücke werden dort besprochen und wohl auch gezeigt und betrachtet; es sind abgebrochne Zweige und Zaunfragmente. Es ist ein Drang zum Wasser hinunter in der ganzen Szene.

436

13/10/42

Ich doziere: »Das Historische ist nicht, dass die Dinge nacheinander kommen, sondern dass sie auseinander kommen«. Ich wirtschafte dabei mit vielen Papieren.

(In derselben Nacht.) Ehe wir den Raum, in dem die Verhandlung geführt werden soll, betreten, wird der »erpresserische Versuch« aus unserm Programm ausgeschlossen. Dieser »erpresserische Versuch« steht mit einer Statue in Zusammenhang. Ich frage die anderen nach ihrer Meinung darüber; ich will ihn unter keinen Umständen vornehmen oder vornehmen lassen oder vorgenommen wissen. Wir müssen unser Programm genau machen, unser Verhalten genau berechnen: wir müssen die Briefe, die wir bereithalten, sofort beim Eintritt übergeben, und in bestimmter Reihenfolge. Vor allem handelt es sich darum, Georg Bernhard auszustechen und auszuschliessen. Im Zentrum der Dinge, die wir erreichen wollen, steht die Verheiratung mit einer bestimmten Frau. Ich werde also, falls wir Erfolg haben, eine Frau heiraten, die ich nie gesehn habe! Aber ich habe Gründe, anzunehmen, dass sie mir gefallen wird. Und wir werden Erfolg haben; ich habe Ansprüche von Vater her, habe seine Äusserungen. Dennoch sage ich vor dem Eintreten zu den Freunden: »Ich bin schon immer reingefallen –«. [Der Ursprung dieses Traumstücks kann eine Erinnerung sein, die mir, ich weiss nicht, in welcher Verbindung, vor dem Einschlafen gekommen ist: der Offizier von der »Kundt-Kommission« fragte mich in Vernet, ob ich an der »Pariser Tageszeitung«

221

mitgearbeitet hätte; und ich wollte selbst vor einem Nazi so wenig mit der Politik Georg Bernhards zu tun haben, dass ich antwortete: »Ja, am Feuilleton«.]

437

Budzislawski ist in Amerika. Es kommen viele Nachrichten von ihm. Er beschäftigt sich damit, auch mich hinüberzuholen. Ich gehe zu seiner Frau, nach den Fortschritten der Sache zu fragen – sie hat in der Tat welche gemacht. Wenn es nicht anders geht, sage ich, würde ich auch gern den Versuch unternehmen, illegal hinüberzugehn. Frau Budzislawski zweifelt daran, dass das möglich ist; »doch, doch«, sage ich, ich habe von Fällen gehört, in denen es gelungen ist, es ist nicht unmöglich, nach Kanada zu fahren und von dort nach New York. Frau Budzislawski liest mir ein Gedicht vor, das Budzislawski geschickt hat; sie macht erst eine lange Einleitung. Das Gedicht hat vier Strophen, jede besteht aus zweimal sechs Zeilen; lang-lang-kurz, lang-lang-kurz. Merkwürdig ist, dass das Gedicht, in Umkehrung eines alten Rezepts, in spöttisch-zynischem Tone beginnt, der nach der zweiten Strophe unvermittelt in eine echte und wirkungsvolle Pathetik übergeht. Mich stört, dass zwei Zeilen hintereinander auf »Ulmen« ausgehn, in völlig identischem Reime [oder vielleicht, denn ich glaube mich eines verbalen Reims zu erinnern, auf »mulmen«]. Im Gespräch sagt Frau Budzislawski etwas über die »stereotypen Urteile ...« [einige Notizen sind unleserlich]. Sie sucht nach einem Pseudonym für die Veröffentlichung des Gedichts. Ich verspreche, ihr eins zu finden. Einige Möglichkeiten schiessen mir gleich durch den Kopf; so will ich aus dem Namen »Warschauer« [ich weiss nicht, welche Gedankenverbindung mich auf den bringt] »Arsau« herausziehn, sehe aber gleich, dass das natürlich nicht geht, wegen des Anklangs an »Sau«. Ich begleite Frau Budzislawski zu ihrer täglichen Arbeit, (die in einer nicht genau definierten Beziehung zu einem Korsettgeschäft steht).

Ich muss nachmittags etwas erledigen, aber ich will es nicht heute tun. Morgen früh werde ich sie treffen wie jeden Tag, da werden wir etwas für nachmittags verabreden. Ich bitte sie um einen Kuss. Sie gibt mir einen. »Der war zu kurz und zu schwach« [oder »zu klein«], sage ich, und sie sagt: »Der war schon viel zu gut.« Überraschender Weise hat sie, gegen alle Übung und Vorsicht, im Flur deutsch gesprochen. Als ich mich zum Gehn wende, ruft sie mir aus der Tür zu, ob ich die neuen Nachrichten aus Budzislawskis täglichem Briefe hören wolle. Die Kriegslage Italiens und Japans, die Beziehung zwischen Italien und Japan im Kriege, werde im heutigen Brief festgestellt. Und dann sei interessant, dass die »Weltbühne« ihren Untertitel ändern müsse; hinter der Angabe »Begründet von Siegfried Jacobsohn« müsse nun stehn »Organ über europäische Presse-Korruption«. Ich finde das gar nicht schlecht, gewiss sei das reisserisch, aber doch in einer sehr geschickt aggressiven Art; ich weiss viele Beispiele von reisserischen Titeln, die, aus äusseren Gründen angenommen, eine sehr gute Wirkung eingeleitet hätten, aber da ich Beispiele zitieren will, ist mir keins genau genug gegenwärtig. Bei allen die »Weltbühne« betreffenden Gesprächen habe ich das Gefühl, dass auch Maximilian Scheer mit der Zeitschrift zu tun habe. Frau Budzislawski fragt nach meinen Schulden in dem Bistro, in dem ich immer auf sie warte; ich sage, das sei meine Sache. Ein Mann mit weissem breitem Gesicht unter dünnem Barte, der in Hemdärmeln und grau angezogen ist, mischt sich in das Gespräch. Er hat wohl etwas mit dem Korsettgeschäft zu tun. Ich hatte ihn nicht erkannt.

438

15/10/42

Ich gehe zu Yvette. Ich habe etwas von der Möglichkeit gehört, einen falschen Pass zu bekommen. Als ich Yvette davon erzählen will, zeigt sie mir den gedruckten Prospekt eines Verkäufers von falschen Pässen. Sie hat ihn unter der vordersten von drei Flaschen in einer Einkaufstasche. Sie zeigt ihn mir, noch unter dem Flaschenboden; sie erzählt, dass die Polizei an der Stadtgrenze [das heisst: der Zoll-beamte] die Tasche kontrolliert habe, den Prospekt aber nicht gesehn habe. Sie gibt ihn mir und ich gehe damit in den Parkwinkel, an dem ich den Herausgeber des Prospekts treffen soll. Ich entfalte den Prospekt; vorsichtig, denn ein Mann, der nebenan auf einem Baumstumpf hockt und an einem gegabelten Holze herumhämmert; der könnte mich beobachten. Schräg vor mir sitzt, zwischen Hecken, eine Frau auf einem Hocker, vor einem Tisch; hier ist grade das Freiluft-Postamt. Der Prospekt enthält auf vier grossen, barock ineinander geschobnen Kolonnen die Angaben über die falschen Pässe, und die Geschichte des Mannes, der sie herstellt; er ist durch eine komplizierte Theateraffäre, die auf den Innenkolonnen erzählt wird, zu diesem seinem jetzigen Berufe gekommen. Rechts stehn die Zahlungsbedingungen; der Pass kostet fünfhundertzweiundneunzig Dollar, die in sehr bequemer Staffelung gezahlt werden können; ausserdem muss man die Zeitschrift [oder das Jahrbuch] »Wirtschaft von Bühne und Film« abonnieren – das überrascht mich, aber ich will es durchaus auch aus Interesse tun. Yvette kommt mit dem Manne und stellt ihn mir vor; es ist ein ziemlich grosser, runder, behaglicher, witziger, nicht unsympathischer Mann. Er fasst mich sofort unter und zieht mich auf einen Parkweg. Ich sage: »Das ist das erste Mal, dass ich so einen Prospekt gedruckt sehe. Das ist doch eine merkwürdige Sicherheit! Sie lassen ihn sogar immer in einer und derselben Kneipe verteilen. Das muss doch die Polizei bemerken!« Der Mann lacht: »Das kostet auch viel Geld!« Ich verstehe und lache nun selbst: »So weit gehn zu können, das muss aber sehr viel Geld kosten!« Nebenan arbeitet Wilhelm Band, mit andern. Der Mann muss wohl einen Blick aufgefangen haben, irgend etwas macht ihn stocken; ich beruhige ihn, und sage, ohne jemand zu bezeichnen: »Lassen Sie, der hat selbst einen falschen Pass gehabt!« Nach der Verhandlung mit dem Manne gehe ich aus dem Park auf den kleinen

Platz [oder befinde mich sofort auf dem kleinen Platz] vor dem Pazifistischen Bücherladen, einem krausen alten staubigen Gewölbe. Ich sehe mir das Schaufenster an. Die steinalte Inhaberin, die es unter den gegenwärtigen Umständen sehr schwer hat, misstraut meinem Interesse, wie bei meinem ersten Besuche. Um sie zu beruhigen, kaufe ich eine Zigarre, obwohl ihre Zigarren viel schlechter sind als die, die ich bei mir habe. Ich nehme zum Bezahlen aus dem Portemonnaie Geld, das ich das letzte Mal von ihr herausbekommen habe, jugoslavisches Geld, schöne grosse Silberstücke in Muschelform, die mit deutschen und französischen Werten überstempelt sind. Dann sehe ich mir die Nachrichten an, die neben dem Laden angeschlagen sind, illusionistische, völlig unglaubwürdige, völlig unmögliche Nachrichten; über ihnen steht an der Mauer eine kleine silberne Figur, ein weiblicher Engel, »Die Figur einer [oder eines] Provinzial«, mit erschütternd traurigem Ausdruck auf dem schwach gesenkten Gesicht. [Die letzten Notizen sind unleserlich, wecken keine Erinnerung und werden durch keine Erinnerung geklärt.]

440

17/10/42

Es ist Abend. Ich muss nach Clamart zurückfahren, um meinen Dienst anzufangen. Im Umgange begegne ich einem blassen, scharfäugigen, anscheinend verkleideten Manne, einem revolutionären Strassensänger oder -redner, der mich aus Versammlungen kennt. Dann begegne ich Ernst Toller. Ich sage ihm, dass ich an die Front gehn werde, wie ich es andern gesagt habe; er ist betroffen: »Du hast Dich also engagiert?« Es war allen Freunden dringend empfohlen worden, es nicht zu tun. Ich habe es doch getan, weil »ich will und weiss, dass ich nicht zurückkehren werde« – das sage ich Ernst, wie ich es andern gesagt habe. Aber ich weiss nicht, wie es draussen zugehn und was draussen geschehn wird; »ich weiss noch nicht, nach welcher Seite ich schiessen werde«, und es können Dinge vorkommen, die »beide Seiten zugleich in die Luft fliegen lassen«. Wir kommen auf frühere Unternehmungen zu sprechen; »ich habe zu dem Schiffe kein Zutraun gehabt«, und Ernst meint, für die Schiffssache wären zehntausend Pfund nötig gewesen. Ich nehme auch von andern Abschied. Ich stelle Ernst den jungen Buchhändler Friedrich Ebbecke vor, der mit dem Strassensänger zusammenhängt [wenn er nicht sogar mit ihm identisch ist]. Leute kommen, Ernst abzuholen; sie stören mich, ich versuche aber doch, weiter zu erzählen. Ich frage ihn, abbrechend, nach seinen Plänen. Er will sich nach dem Kongress in einen kleinen Ort zurückziehn, um sich mit sich selbst innerlich auseinanderzusetzen. Ich sage ihm, das könne er am besten in Paris tun; ich könne ihm – dabei vergesse ich ganz die Endgültigkeit meines Entschlusses, oder will ihn grade verdecken – eine Wohnung suchen, oder durch eine gemeinsame <Bekannte> suchen lassen. Ich war vorher einer wüst blassen Frau mit schwerem Haar begegnet, einer Strassensängerin, die ich aus einer Kneipe kenne, sie hatte mir, breit und weich sitzend, den Weg versperrt. Jetzt begegne ich ihr wieder, und es steht ein helles lachendes Mädchen mit ihr in Verbindung oder sie ist in dieses Mädchen verwandelt worden. Sie ist aus Clamart. Sie wartet auf mich, sie mischt sich ins Gespräch. Wir werden zusammen zurückfahren. Sie hat den Abend bei ihrem Geliebten verbracht. Wir müssen denselben Zug nehmen; ich möchte, des Dienstanfanges wegen, nicht den letzten nehmen, den um zwölf Uhr neunzehn, und frage sie, welchen wir nehmen würden: den um elf Uhr fünfzehn oder elf Uhr fünfundvierzig, sagt sie. Sie klagt über Leibschmerzen. Ich antworte mit einer zynischen Bemerkung über die abendliche Tätigkeit ihres Bauches, ich frage, ob er nicht genug getan habe, ob er noch einmal in Aktion treten müsse –? Sie lacht und gibt mir wieder ihre sehr leichte heisse Hand, die ich küsse. Ich bemerke, dass ich im Hemd stehe; ich muss noch meinen Anzug holen. Wir sprechen nervös darüber, wo wir, gleich, einander wieder treffen wollen; an dieser Ecke des – wie die Étoile ausstrahlenden, aber geringeren, ärmlicheren, ja beinahe dörflichen –

Platzes, an dieser Ecke von Platz und wie die avenue Niel aussehnder Strasse? Sie sieht zögernd hin und her, ob es die Strasse ist, die wir nachher nehmen müssen. Schliesslich, um nicht noch Zeit zu verlieren, wählen wir die, weil sie vor uns liegt. An der nächsten Ecke ragt über die Strasse an zwei hohen Pfählen eine lange Tafel, auf der steht »Gruss dem Philatelismus«. Sie fragt, was das sei, ich erkläre es ihr. Auf der andern Seite der Tafel stehn die Namen zweier in einem Lustspieltheater gespielten Stücke.

444

21/10/42

Der norwegische Gesandte führt einen stattlichen jungen Mann her; es ist der Flieger Björnstjerne Björnson [er sieht, nur ist er grösser und stärker, André Wurmser sehr ähnlich, hat dieselbe heitere Frische wie der; ich erinnere mich nicht, ob er Ähnlichkeit mit Björne Björnson hat, mit Frau Sautreau hat er jedenfalls keine.] Björnstjerne Björnson kommt zu einer Reihe von sportlichen Veranstaltungen, und bringt seine Kinder mit, vier, fünf, sechs prachtvolle grosse Jungens verschiednen Alters. Sie machen sofort, in der gedeckten Bahn, einen Wettlauf. Björnson lässt einen der jüngeren Söhne gewinnen, sie umarmen einander unter schallendem Gelächter. Lotte kommt vorbei, sie will nebenan für sechs oder acht norwegische Offiziere Karten für die Sportveranstaltung kaufen; das ist aber ziemlich wenig und findet nicht viel Interesse. Björnson hebt stürmisch seinen jüngsten Sohn hoch und fragt: »Björnstjerne, wie geht es Dir?« Werner Wohlers sieht ihm spöttisch und misstrauisch zu; er hält es für möglich, dass der ein deutscher Agent ist. Ich halte das, ganz abgesehn vom persönlichen Eindruck, für ausgeschlossen; der Gesandte ist ein viel zu umsichtiger Mann, um einen nicht ganz einwandfreien Mann einzuführen. Es wird Fliegeralarm gegeben. Ich sehe zum Himmel, sehe unter den sehr dichten und sehr hellen Sternen Lichter, selbst wie Sterne, langsam langziehn. Ich kann mir nicht denken, dass das Flugzeug, in dem wir uns befinden [als hätte die Wettlaufbahn in einem Flugzeuge Platz!] von einer Bombe getroffen werden kann. Ich will Programme aufheben, grosse bunte nur einmal gefaltete Zettel, die herumliegen; ich soll es nicht, sie könnten abgeworfen und vergiftet sein. Schliesslich folge ich den andern, und laufe ihnen nach in ein grosses Landhaus, an dem in verwaschner Schrift »Moulin …« [folgt ein Name] steht. Eine Frau, die dort wohnt, sagt mir, wir müssten, solange der Alarmzustand dauert, im Garten bleiben. Wir gehn hinaus. Einer der Söhne Björnsons sagt zornig und fast weinend zu einem seiner Brüder: »Hättest Du mir das nicht sagen können? Ich will es mir nicht von einer Fremden sagen lassen!« Haus und Garten liegen in einem hübschen Tale, an einer Flussbiegung; in einiger Entfernung sehe ich ein Haus, an dem angeschrieben steht »Baur-Eck«, es heisst nach dem Flieger [der dennoch Björnson hiess und heisst] und es steht auch »Telephon« daran. Die Mädchen sind, wohl wegen des Fliegeralarms, sehr nervös. Wir fahren in einem grossen schönen Auto weg. Wir kommen in einen Ort, umfahren ihn, und halten am Rande, um Benzin zu nehmen. Die Benzintanks sind drehbar und strecken wie Urweltarme breite Pranken aus; »das habe ich lange nicht gesehn«, sage ich bewundernd, denn das Benzin ist selten geworden im Lande. In diesem Ort soll demnächst das Stück des Fliegers Björnson [oder ein Stück über ihn] geprobt werden. Wir sprechen über den Ort, es ist Ziegenhals, und über die nächsten Fahrten hierher. Wir sitzen im Wagen und warten die Beendigung der Füllung ab. Ein Mann [es kann Wohl sein] zeigt mir, dass er in die Laterne des Wagens Zigarren für mich gesteckt habe. Ein – hübsches und elegantes – Dienstmädchen aus dem »Moulin« kommt uns nachgelaufen und berichtet was. Sie darf ausnahmsweise (es sind nur Männer im Wagen) auf einem Aussensitz am Wagen, der für sie aufgeklappt wird, Platz nehmen; es ist der Besitzer oder Verwalter der Tankstelle, der die Erlaubnis zu geben hat, und auch gibt.

Ich bin ins Lager zurückgekommen. Ich gebe Berichte aus der Schweiz, darüber, dass der deutsche und der russische Kronprinz sich in die Schweiz geflüchtet haben, und über die Schweizer Währungslage. Die Freunde berichten mir über die Situation im Lager, über Besuche, die ins Lager gekommen sind. Sie zeigen mir Karikaturen, die im Lager gemacht worden sind; einige Zeichnungen stellen den »König Ucker« dar, das ist die Karikatur eines Internierten, in Verbindung mit dem König von Schweden. Ich stehe in einer Ecke; ich muss mich ankleiden, da wohl Besuch erwartet wird, ich habe die Lederjacke an, aber keine Hosen. Ich hätte gern – die Plätze sind schmal und sehr eng – wieder, wie früher, einen Eckplatz. Über dem Platz ist ein dreiteiliger Drahtkasten angebracht [wie es auf altertümlichen Schreibtischen vorkommt], dessen schmales mittleres Fach hoch mitten über den beiden ebenfalls schmalen unteren schwebt. Ich versuche, meinen Karton darauf abzustellen; er fällt natürlich von dem Grate des mittleren Faches immer wieder seitlich hinunter. Ich setze mich an den Tisch in der Mitte des Raumes, auch da sind die Plätze sehr eng, auch da finde ich den Platz, den ich gern hätte, besetzt. Hinter dem grossen Tisch spielen an einem kleinen Tisch zwei Männer Karten, einer, der schon durch Lärmen aufgefallen ist, ein fahriger, schiefblickender Bursche, und ein ruhiger Mann mit kurzem breitem wellenförmig gekrausten braunem Vollbart. Ich rufe »Ruhe!«, als der andre wieder zu laut wird, und mehrere rufen es mit und nach. Aber nicht von dem Lärmenden, sondern grade von dem Vollbärtigen ist bei Brauns gesprochen worden, und ihn, der ein Elsässer namens Wolf sein soll, hat Max Schröder als Polizeiagenten oder als üblen Spitzel bezeichnet, hat sein Elsässertum oder seinen Namen angezweifelt; es könne keinen Elsässer geben, der »Wolf« heisse. »Warum soll ein Elsässer nicht Wolf heissen?« hatte ich verwundert gefragt; ich wisse, dass der Name im Elsass vorkomme [ich bin in Wirklichkeit einem elsässischen Abgeordneten dieses Namens begegnet]. Ich gehe zu Walter Hasenclever in eins der hinteren Zimmer, ich möchte mich mit ihm verabreden; ich kann aber selbst noch keinen Abend festlegen, weil ich mit den andern, mit denen ich mich zu verabreden habe, zum Beispiel mit Karlheinz Martin, noch nicht telephoniert habe. Später sitze ich mit ihm und andern im Select. Wir haben einiges bestellt, essen aber auch Mitgebrachtes; an der Art der Verpackung einiger saurer und süsser Sachen, die Walter mir herüberreicht, sehe ich, dass es mein Anteil am Inhalt eines für uns eingetroffnen Pakets [wie hier] sein muss. Ich habe mir eine Zigarre geben lassen [sie hat dieselbe Farbe wie die Zigarren im vorigen Traumstück, ist aber kleiner und hat eine scharfe Spitze, während die gerundet waren], ich steche sie mit dem goldnen [in Paris verlornen] Stecher an, das Deckblatt zerfällt. Ich frage, warum wohl alle Zigarren in Restaurants und Cafés zu trocken seien? Walter geht in ein Nebenzimmer. Von einem Nebentisch ruft ein – ebenfalls internierter – Bekannter mich an und fragt nach meinem, oder unserm, Alter. Ich sage meins, und sage, dass Walter etwa ebenso alt ist, und frage nach dem Grunde der Frage, er selbst, der Frager, sei doch etwa zehn Jahre älter? »Der Älteste«, antwortet er, »hat eben das grösste Maul«. Durch die offne Tür des Nebenzimmers sehe ich, dass einige Freunde ein Bankett begehn. Kisch ist dabei, Plivier, wohl auch »Nico« und andre, einige in etwas steifer Haltung umgeben ihn. Es ist ein eigentümlich starkes Bild von hellen, sogar weissen, Haaren und blauen Röcken und Pullovern. Ich bin erstaunt darüber, dass sie das Bankett in einem so teuren Lokal – und natürlich essen sie keine mitgebrachten Speisen – organisiert haben. Ich gehe zu Kisch, der grade aufgestanden ist, und erzähle ihm, dass ich letzte Nacht von ihm geträumt hätte. »Ja«, antwortet er, fast heftig, »Werner [Wohlers] ist schon ganz angesteckt von Deinem Interesse und gibt so viel mit seinen Träumen an« [in der Tat sind im Anschaun meiner Arbeit einige Freunde auf ihre Träume aufmerksam geworden]. Kisch macht sich etwas vor der Wand zu schaffen; ich stehe hinter ihm und sage: »Ich will nichts andres als sie mit grösster Treue und Genauigkeit aufschreiben; das ist das Erste, was man machen muss, nicht wahr?« Da stimmt er mir lebhaft zu.

452

29/10/42

In der Banlieue, wohl in Clamart [dessen alter Teil aber noch ins Dörfliche verändert ist], begegne ich in einer Reihe von Ereignissen einer Reihe von Menschen. In einem bestimmten Augenblick bemerke ich, dass sechs mich umgebende und in einer Handlung verbundne Männer, die alle in Hemdsärmeln stehn, »alle dasselbe Hemd tragen« [das heisst: Hemden aus demselben Stoff]. Einem gegenüber, einem Oberlehrer, den ich kenne, wohl Cornu, bemerke ich das; er gibt mir einen Grund dafür an. Später stehe ich vor dem Bahnhof [der aber in die Mitte des Platzes verschoben <ist> und das Peristyl eines bescheidnen Sommerpalastes hat]. Ich will Brasilzigarren an einem Stande kaufen, finde aber nur andre Zigarren; ich erkläre der kleinen dicken alten grauschlampigen gutmütigen Verkäuferin, dass ich in andern Auslagen Brasil gesehn habe, dass also welche ausgegeben werden. Vor dem Peristyl höre ich hinter mir die bezaubernde Stimme eines hohen sehr schlanken Mannes mit einem sehr charakteristischen Gesicht, einem sogenannten Künstlerkopf. Seine Frau kommt von hinten zu mir und drückt mir zwei oder drei Briefe in die Hand, die solle ich besorgen. Ohne mich zu wundern und ohne zu zögern, gehe ich, willig, über den Platz, in eine [falls es sich um Clamart handelt, in Wirklichkeit gar nicht existierende – aber der ganze Schauplatz ist verschoben und intensiviert –] Strasse hinein, zu einem Briefkasten, einem der beiden Briefkästen, die noch »offen« sind. Aber die Briefe, deren Aufschrift verworren und verwischt ist, sind nicht frankiert, und der eine ist ein Pneu. Zum Glück ist der Laden, vor dem sich der Kasten befindet, noch geöffnet, als einziger sogar. Ich kann Marken kaufen. Kaum habe ich sie verlangt, sehe ich, dass mir Marken mit den Briefen zusammen gegeben worden sind, sie kleben an meinen Handballen fest. Aber ich weiss gar nicht, wie ein Pneu jetzt frankiert werden muss! Ich will die Ladeninhaberin fragen. Jetzt erst sehe ich sie genau an. Sie ist braunrot, ziemlich mager, mit Adlernase und starken Augen [erst jetzt bemerke ich, dass sie deutlich indianischen Typus gehabt hat]. Ich folge ihr tiefer ins Ladengewölbe. Ihre Augen blitzen. Ich küsse wild ihren Hals. Sie küsst mich auf den Hals. Ich nehme ihre rechte Brust in die linke Hand, sie schiebt sie mir mit einer grossartigen Bewegung der Schulter entgegen. Ihre Haut fasst sich mürbe an. Wir liegen keuchend, in schrankenloser Leidenschaft, zusammen. Mit wunderbar schamloser stolzer Freude verlangt sie, ich solle ihr Geschlecht ganz genau ansehen. Sie bäumt sich mir entgegen; sie nimmt zwei Löffel, einen Suppenlöffel und einen Kaffeelöffel (diese Ungleichheit stört mich, aber ich verfolge dieses Gefühl nicht), und zieht, in exorbitantem Selbstgenuss, in drängender zwingender Hingabe, die Lippen auseinander. Mich befällt, wie eine Erinnerung, eine Angst: ich könnte ihr eine Krankheit übertragen; ich muss den Akt vermeiden, muss ihr etwas andres vorschlagen; eine trübe wissenschaftliche Erinnerung an die Empfindlichkeit der Schleimhäute entsteht in meinem Kopfe, ohne mich zu ernüchtern. Es geschieht aber etwas ganz andres: durch die weit offen gebliebne Tür kommen ein junger Mann und ein besonders stattlicher halbwüchsiger Bursche herein, ihre Söhne. Ohne im geringsten verwirrt oder befangen zu sein, steht die Frau langsam und ruhig auf und bedeckt sich – sie ist ganz nackt – nachlässig mit einem Tuche. Die beiden jungen Leute scheinen von der Szene überhaupt nicht beeindruckt zu sein. Nur mir ist sie peinlich; ich stehe an der Seite des Zimmers, mit dem Gesichte zur Wand [wie wir gelegentlich hier stehn müssen], und versuche, nicht nur unbeteiligt zu scheinen, sondern es auch zu sein; ich bewege mich nicht. Noch andre Leute kommen, wir schlafen alle in dem grossen Zimmer, auf der Erde. Ich will den letzten Zug erreichen, ich will aufbrechen. Auch andre gehn. Die Frau kommt an mir vorüber und wirft mir die Briefe zu, die ich nicht eingesteckt habe, und die sie genommen haben muss, sie sind geöffnet, ich starre sie erschrocken und verständnislos an. Ich finde unter den vielen Mänteln meinen grauen Mantel nicht; ich werde einen grauen, ähnlichen nehmen müssen, dessen Besitzer muss meinen genommen haben, oder wird meinen nehmen. Ich habe einen Stock oder Schirm in der Hand, mit dessen Knauf mache ich über einen langen Tisch und die auf ihm liegenden Kleider und andern Sachen hin die Gesten des Schreibens: ich schreibe mit grossen Zügen so in die Luft einen langen Brief an die Frau, über Verlassen und Wiederfinden. Dann unterschreibe ich ihn, auf einer Bank, vielmehr auf eine Bank; mit einer Feder; ich will »Rudolf« unterzeichnen, aber soll ich es nicht, um es leichthin pseudonym zu machen, mit Ph schreiben, »Rudolph«? Dann verabschiede ich mich.

Später gehe ich an einer kleinen Bucht vorbei auf ein Gerüst zu. Ich werfe eine grosse fein- und glattwandige ganz dünne Muschel ins Wasser. Wird die mich nicht verraten? Nein; denn es liegen überall in der ganzen seichten Bucht solche Muscheln, gross, rein weiss und feinwandig, in regelmässigen Abständen. Ich hocke mich zu den Füssen einiger Freunde, die mich nicht beachten, auf das Gerüst hin und mache mit einer Holzlatte, die ich in der Hand halte, kindisch provozierend, obszöne Gesten, und Andeutungen von masturbatorischen Handlungen. Aber ein Gendarm hat mich von einem gegenüberliegenden Gerüst aus beobachtet und ruft mich an. Ich sage noch etwas Provokatorisches zu meinen Freunden, aber ich bereite mich vor, zu folgen, und lege mir die Behauptung zurecht, ich hätte dort gesessen und geschlafen. Der Gendarm ordnet unten an, dass ich zu seinem Vorgesetzten gehn solle, und überwacht die Ausführung. Der Vorgesetzte führt mich ins Haus des Amtsrichters, das neben dem Hause mit dem Briefkasten [des vorigen Komplexes] liegt. Dort werde ich allein gelassen. Es sollen alte Akten mit Strafbefehlen eingesehn werden, sie liegen auf dem Tische. Ich blättre selbst darin, finde aber nur im Register meinen Namen. Ich weiss selbst nicht: bin ich damals verurteilt oder freigesprochen worden? Ich sehe auf, und um mich: kann ich nicht einfach verschwinden? Die Frau des Amtsrichters kommt herein in das staubig altmodische Zimmer. Sie beginnt ein gesellschaftlich gleichgültiges Gespräch, das ich unachtsam aufnehme. Plötzlich berührt sie mich ganz leicht, mit einer zärtlichen Geste. Da erkenne ich sie: es ist meine frühere Geliebte – und mit einem Ruck entsteht das Gefühl der früheren Zeiten.

453

30/10/42

Vieles geht im Lager vor. Zum ersten Male werden, zur grossen Überraschung des Gendarmen, »weibliche Schachteln« gebracht; »ein sehr leichter Trick«, denke ich.

456

2/11/42

»Die Zukunft muss rund gemacht werden.«

(In derselben Nacht.) Ich sitze an einem kleinen Tische an einem Kiosk, wohl am Eingange eines Parkes. Es wird heftig mit Vertretern unsrer Jugendorganisation diskutiert; Erfahrungen stehn unvereinbar gegeneinander.

Später sitze ich als Gefangner im Vorzimmer Hitlers; es scheint, dass immer ein Gefangner dort sitzen muss. Ich bin erstaunt darüber, dass ich keinen Misshandlungen ausgesetzt bin. Neben mir sitzt, die ganze Zeit über, ein andrer Mann, der nicht Gefangner ist, übrigens auch nicht Wächter, dessen – freier – Dienst es aber ist, dort zu sitzen, wie es mein Gefangnendienst ist. Im Laufe der [vergessnen] Ereignisse kommt Hitler selbst in dieses Vorzimmer, oder steht hinten im Vorzimmer von einem Lager auf, nervös und eilig, als nehme ihn plötzlich eine schlechte Nachricht in Anspruch. Er trägt ein kurzes Hemd. Ehe er die Hosen überzieht, sehe ich, wie dünn seine wachsgelben Beine sind; und dass, fast halbzentimeterhoch, dick und schlauchartig, alle Adern, auch die kleinsten, aus den Gliedern hochstehn. Er hat sich rasch notdürftig angezogen und geht mit schlenkrigen und dann stakigen Schritten ab.

Dann sitze ich im Vorzimmer der nationalsozialistischen Jugendorganisation, als Gefangner. Ich habe irgend etwas verrichtet und stehe auf, um, in einem als Rumpelkammer dienenden Teile des Korridors, Sachen wegzulegen. Ich lege sie auf oder hinter ein dünnes Brett, das sich als eine gelb lackierte Louis XV.-Kommodenwand aus edlem Holze darstellt. Eine blau-weisse Stearinkerze [genau entsprechend der letzten Kerze, die ich hier, für die nächtlichen Notizen, in der Hand hatte], die in mehrere vom Dochte noch zusammengehaltne Stücke zerbrochen ist, suche ich heimlich in die Tasche zu schieben. Ich bin wieder erstaunt, keine Misshandlungen, ja nicht einmal ausgesprochnes Übelwollen zu erfahren. Eine Frau setzt eine dünne Suppe auf den Tisch, in der zwei rohe Eier schwimmen. Obwohl ich mich geniere, frage ich, auch schon weil ich hungrig bin, und übrigens ziemlich ungläubig, ob das für mich ist. Ja; aber es muss noch gekocht werden. Später geht die dicke Frau, die wohl die Suppe gebracht hat, unten vorbei, in einem Umhang aus Schwanenpelz. Sie ist eine frühere Kommunistin. Ein Mann, der im Vorzimmer herumsitzt und sich offenbar für mich interessiert, sagt mir, ich solle, für Geld, eine Zigarette von ihr verlangen. Ich habe Geld; aber ich möchte lieber meine Pfeife rauchen. Der Mann [der René Blech ähnlich sieht, aber nicht dessen mich bezaubernde Ähnlichkeit mit Georges Pernier hat] erzählt mir was von »Katz« und »Bosch«; Katz sei zu zwei Fünfteln Jude. Ich verstehe nicht recht, und frage, ob er Katz sei. Nein, er scheint Bosch zu sein. Katz habe vorgestern an meinem Platze gesessen, gestern ein Kommunist, »– und heute Sie!« Ich frage, ob nie Friedensdiskussionen [dieses Wort ist in den Notizen nicht sicher leserlich, und durch Erinnerung nicht genau zu bestimmen] vorgekommen seien. Der Mann legt mir Zeitschriften hin; die eine, sagt er, sei sensationell (und enthalte wohl einen Artikel, mitten im

Heft, der eine Sensation sei); zwei Hefte Lyrik sind darunter, die interessieren mich besonders. Eigentlich, sagt der Mann, dürfte ich das alles nicht lesen, den Bestimmungen nach. Ich möchte nachhause gehn –

[Vieles aus den vielfältigen Vorgängen ist mir entfallen. Bei den Versuchen, im Halbschlaf, die Erinnerung zu halten, konzentrieren sich einige Vorgänge und Ereignisse in die Formeln »Chinesische Aufführung« – »Hau-Si« <?> – »Orchesterstangen« – »Begräbnis-Zeremonie«; das bezieht sich wohl auf eine Zeremonie, deren Vorbereitung neben dem Kiosk diskutiert wurde, oder im Vorzimmer; tatsächlich kam eine Zeremonie wenigstens mit den Vorbereitungen und Anfängen in dem Traumstück vor.]

458

4/11/42

Ich bin, mit vielen Leuten, bei Pabst. Ich habe mit einem Regisseur – einem andern als Pabst selbst – eine Ausein-andersetzung über einen alten Film von mir. Pabst selbst hält erst während des Gesprächs seinen Einzug [so, wie er ihn immer in Wirklichkeit macht], rasch, an der Spitze einer Eskorte, entscheidend, napoleonisch. Ich bin auf dieses Gespräch nicht vorbereitet. Gleich am Anfang schweife ich ab, und mache damit den Regisseur ungeduldig; ich spreche von meiner Unkenntnis der gegenwärtigen Filmproduktion, »es gibt weltberühmte Schauspieler, die ich überhaupt noch nie gesehn habe« [– diese Unkenntnis besteht wirklich, und diesen Satz habe ich manchmal gesagt]. Dann orientiere ich mich besser; ich erinnere mich der damaligen Arbeit, erin-nere mich, wie der Film nicht nach meiner Konzeption aus-geführt wurde; erinnere mich an das Gepränge und die Auf-züge von Lastwagen, die darin vorkamen – aber nicht wie an einen Film eigentlich, sondern wie an eine Theaterauffüh-rung. Ich spreche von einem Mitarbeiter von damals, einem gewissen Spalantani, dem ich eine Stellung verschafft habe. Der Regisseur überhäuft mich daraufhin mit Vorwürfen: mit

Rücksicht auf die Stellung Spalantanis hätte ich bei dem Film bleiben müssen. Aber ich kann doch nicht selbst immer Stellen annehmen, um andrer Leute Stellungen zu halten! Das Gespräch wird unterbrochen, ohne abgeschlossen zu sein. Ich gehe in der Wohnung umher; ich sehe in einem Blumentopf eine grosse Pflanze aus Glas, an deren grossen Glaskelchen, laut einer Aufschrift, ein bestimmtes Wasser aufbewahrt bleibt. Daneben stehn viele Flaschen Schnaps. Ich will einen Schnürsenkel festziehn und setze mich an einen grossen Tisch nieder; Frau Pabst, die an diesem Tische präsidiert, macht mich ziemlich schroff darauf aufmerksam, dass ich nicht zu den Eingeladnen an diesem Tische gehöre. Ich gehe weiter. Alle Zimmer sind von Eingeladnen besetzt, die eifersüchtig die von ihnen besetzten Zimmer hüten, man kann nur durchgehn, aber nicht bleiben. Im Nebenzimmer sitzen sie wie in Schüben, wie an den Seitensitzen eines grossen Kinos, schräg hintereinander. Die Auseinandersetzung soll fortgesetzt werden; aber mein Gesprächspartner ist nicht mehr der Regisseur, sondern Cilly Lwowski. Wir suchen ein Zimmer, in dem wir sprechen können. Wir sind im Seitenflügel der grossen Wohnung schon über die Höhe der in den Mitteltrakt führenden Eingangstür und den Hausflur hinaus. Grade als wir ein kleines Zimmer betreten wollen, schiebt sich grau – grau gekleidet, grauhaarig, mit schlaff faltigem, ganz bleichem Gesicht, bösblickend, klein und behende – Grossmutter hinein. Cilly Lwowski fragt, ob das Zimmer frei sei. »Das ist mein Lehnstuhl«, antwortet Grossmutter, und setzt wohl hinzu: »Sie sehn doch!« Im Nebenzimmer finden wir endlich Platz. Ich muss aber, ehe wir sprechen, noch aufs Klosett gehn. Um von Grossmutter nicht erkannt oder nicht bemerkt zu werden, muss ich mich abgekehrt durch einen schmalen Spalt an der Decke oberhalb der niedrigen Treppe zur Eingangstür gleiten lassen. Das Klosett im Kellergeschoss ist sehr eng. Zwei mit Seife beschmierte Männer stehn darin. Einer bricht herein, reisst sich die Kleider auf und beginnt zu masturbieren; sein Geschlechtsteil ist oder wird riesig, so gross, dass er ihn sich, von hinten, über die Schulter wirft, wie eine Schlange, die ihn umschlingt. Die Muskeln an seinen Armen springen ungeheuer hervor. Ich spüre nicht so sehr das Schauerliche und Groteske des Anblicks wie die Angst, dass er mich beschmutzen wird. Ich habe Streit mit ihm. Gleich darauf liege ich in einem Zimmer und lese in einer Zeitung den illustrierten Bericht über seine Verhaftung. Diese Berichte sind sehr ausführlich, auch im Biographischen; der Mann »ist ein Rekordmann aller mittleren Sportarten«. Ich habe gar nicht mehr an das Gespräch mit Cilly Lwowski gedacht; sie kommt mich holen, und hilft mir über meine Verlegenheit sehr freundlich hinweg. Ich erzähle ihr wohl von dem Zusammenstoss. Ich erzähle ihr weiter, dass morgen, am Freitag, meine erste Reportage hier im Lande [oder in der Stadt] erscheinen werde. Sie solle sie lesen, und beim Lesen an mich denken. Wir gehn durch die Zimmer, zurück zu dem, in dem wir sprechen wollten. Sie hat die Bluse abgelegt. Ich habe ihren dünnen Arm gefasst und fühle seine Wärme.

459

5/11/42

In einer Art von Basar gehe ich von Mensch zu Mensch und von Ereignis zu Ereignis. Ich biete vier Freundinnen, die in einem Gewölbe sitzen, und von denen mindestens eine Tänzerin ist, das letzte Konfekt an, das ich, in einem kleinen Gefässe, bei mir habe, und das in einer süssen Fruchtsäure liegt, eine Art von Halwa. Sie nehmen, und es bleibt, wider mein Erwarten, noch ein Stück für mich übrig. Diese Szene ist, ich weiss nicht warum, schön und schwermütig. Das Übrigbleiben dieses Stückes für mich rührt mich; die Mädchen [es kann sein, dass die eine Tänzerin Annemarie Korff war] nehmen die Stücke mit unendlicher Grazie; alles ist nah und befreundet, alles in höchster Gefahr. Ich bringe mit einem Freunde etwas – ich glaube, ich trage trockne Biskuits; der Freund trägt etwas andres – in eine Kammer, in der andre essen. Ich sage: »Die Produzenten bringen ihre Produkte«.

Dann bin ich, wieder mit andern, in einem Zimmer, vor dem Schlafengehn. »Das Beste haben wir im Café vergessen« – das Beste war, in dieser schweren Hungerzeit, etwas zu essen. Im Zimmer war ein Huhn lebendig gewesen, oder ein Stück von einem Huhn; jetzt sehe ich seinen roten Kopflappen aus einem Topfe ragen – wie, sie haben es schon gekocht? Übrigens weiss ich gar nicht, und wissen wir wohl gar nicht, wem es gehört. Wir liegen ganz still. Ich höre eine Mücke summen [ein wirkliches Mückensummen weckt mich gleich]. Ich sage sehr leise: »Jetzt wollen wir sterben«.

460

6/11/42

Ich bin im Hause von Frau Duchêne [die in gewissem, nicht allzu sehr veränderndem Masse mit Frau Winter in Lissa zusammengerückt ist]. Ich soll in der Mansarde eines Dienstmädchens übernachten. Das Mädchen zeigt mir sein grosses Bett und das kleine Fenster. Sie sagt, dass unten aus dem öffentlichen Park die Musik und die Besucher des Cafés nachts zu hören seien, die »sinnlos Kaffee trinken und ihre Novellen vertun« [das ist der ungefähre Wortlaut]. Ich möchte eigentlich die Kaffeetrinker verteidigen, ich habe selbst grosse Lust auf Kaffee; aber ich sage nichts. Ich lege mich zu Bett, um da, liegend, noch zu schreiben. Ich finde im Bett das Nachthemd des Mädchens, ein feines Hemd, das noch die Prägung und vielleicht auch noch die Wärme seines Leibes trägt. Die zu fühlen, erfüllt mich mit einer schönen sinnlichen Freude; ich möchte, um die zu behalten, zu verstärken und zu geniessen, das Hemd etwa selbst überziehn – da finde ich, dass es unten am Saum und seitlich feucht und mit einer dick-körnigen Masse beschmutzt ist: als ob das Mädchen sich nachts übergeben habe. Später im Verlaufe dieses Traumstücks liege ich im selben Zimmer, aber nicht im grossen Bett, sondern in einem seitlich in der Ecke stehnden, übrigens nicht unbequemen Kinderbett, arbeitend. Ich werde gefragt, warum ich nicht das grosse Bett benutze; ich weiss es eigentlich selbst nicht, ich weiss nicht, ob das mit dem Ekel vor dem beschmutzten Hemd zusammenhängt; jedenfalls ist nicht Bescheidenheit das Motiv. Zwei Freunde, die auf etwas gewartet haben, auf mich oder auf meine Arbeit, haben auf dem grossen Bette gesessen. [Einer von ihnen kann Hans Namuth gewesen sein.] Wir hatten ihren Aufsatz zu korrigieren oder vorzubereiten. Sie sind weggegangen, weil ich, zum zweiten Male, alle Gegenstände im Zimmer mit Insektenpulver beschüttete, dass sie dick bestaubt standen. Aber das Mädchen hatte mir ausdrücklich gesagt, dass ich das machen solle.

Ich stehe auf einem Vordach oder Balkon des Hauses, und sehe auf einem nahe gegenüberliegenden Vordach Katzen miteinander spielen: eine braune zottige Katze stösst mit der Schnauze und zaust eine andre zottige braune Katze, und wird über diese hin von einer dritten braunen zottigen Katze gestossen. Das Spiel ist sehr lustig, sehr graziös, nicht ganz ohne Wildheit, und überaus hübsch. Dieses Spiel schiebt sich auf uns zu; plötzlich aber greift ein grosser brauner Pudel ein, mit denselben Bewegungen, aber von ausserhalb des Spiels! Ein Kind, wohl aus dem Hause Duchêne, steht bei mir.

Einen leicht gekrümmten und sich sanft senkenden Rasenweg innerhalb des Hauses herab kommt Tolstoi – in der Gestalt von Maxim Gorki. Der Mann, der mit mir ist, spricht ihn an. Er erwähnt mich im Gespräch, als »Rudolf«. Ich nähere mich; wird Tolstoi-Gorki mich erkennen? Er erkennt mich sofort. Er spricht über unsre letzte Unterhaltung. Er sagt: »Sie sind [unter den jüngeren Schriftstellern, die ihm nahe gekommen sind, meint er] der einzige, der nach einer Stunde Gesprächs über seine Technik, die übrigens ganz falsch ist, noch lebhaft erzählen kann«. Als er gegangen ist, fest und gross, trocken und beweglich, ein wenig steif, aber stattlich, sagt mein Begleiter, dass er, Tolstoi-Gorki, ganz nahe am Tode ist.

Ich spreche mit einem Mädchen über den Spaziergang, den wir zusammen im Parke gemacht haben. Das Modell des Parkes steht vor uns. Sie weist mir nach, dass wir an der Ecke

nicht halbrechts abgebogen sind, wie ich behaupte, sondern
ganz links: denn halbrechts, sie öffnet im Modell eine Klappe,
um mir das zu zeigen, führt gar kein Weg, sondern läuft das
Wasser. Wir sind den Weg am Rande gegangen, die parallel zur
mittleren Strasse »Geist des neunzehnten Jahrhunderts« laufende »Strasse des zwanzigsten Jahrhunderts«, die das Gegenstück ist zur am entgegengesetzten Parkrande entlang
laufenden »Landstreicher-Strasse« [oder »Banditen-Strasse«],
die, als Gegenstück, so heisst, weil gezeigt werden soll, dass
im zwanzigsten Jahrhundert vorläufig noch nicht vieles anders und besser geworden ist, dass das Volkselend so gross
ist wie früher. Ich muss diesen Spaziergang aufschreiben.

Ich muss fertig werden. Ich muss auch noch Fische besorgen, ich habe an den Fischhändler telephoniert; aber hier bei
Duchêne-Winter ist schon ihr Teil hingelegt, und auch der für
zuhause ist schon bestellt. Fräulein Winter lässt noch den
Empfang zweier Pakete in einer Liste quittieren; ich werde sie
mir aber doch morgen holen müssen, ich muss selbst kommen,
das geht nicht anders – ich denke nach: ich bekomme auch
zwei »Schweizer Kolis«, so bekomme ich ja im Ganzen vier!

462

8/11/42

Ich bin schwer krank, ja ich liege im Sterben. Einige wenige
Menschen sind um mich; sie tun, als ob sie meinen Zustand
ignorieren. Die Ärzte kommen schon nicht mehr; und da ich
dies bemerke, weiss ich, dass ich aufgegeben bin. Draussen
aber gehn die Ereignisse weiter; von einem Augenblick zum
andern kann die Revolution in Deutschland ausbrechen, sie
wird ausbrechen, bald, gleich, und ich will leben, ich muss
leben, um sie zu sehn, um sie siegreich zu sehn! Mit der Post
kommt ein Heft einer illustrierten Zeitschrift, auf deren
Deckel, sehr bunt, eine Säule abgebildet ist; eine Frau schickt
mir das Heft [das eine Erinnerung an »La science et la vie«,
die einzige hier zugelassne Zeitschrift, ist], die Säule steht in
einem Zusammenhang mit meiner Erkrankung. Das Heft

kommt an ohne ein begleitendes Wort, und das auch bestätigt mir meine Verlorenheit. Ich weiss, dass ich bald, dass ich gleich sterben werde, sterben, ehe die Revolution gesiegt hat. Das ist ein ungeheuerliches Leiden; und schon werde ich so schwach, dass ich es annehme. Tränen laufen mir schwer und langsam aus den Augen, einzelne grosse Tränen; die liebe ich fast in meinem Leiden. Ich weiss oder erfahre, dass Berlin besetzt ist; nur jetzt nicht sterben – und grade jetzt werde ich sterben, gerade jetzt, jetzt sofort! »Zu Hilfe!« rufe ich mit meinem letzten Atem. Drüben sind Leute, die bewegen sich nicht. »So helft mir doch!« will ich noch rufen. [Da weckt mich Siegmund, der mich zweimal aus dem Schlafe hat um Hilfe rufen hören und schon auf meinen ersten Ruf geantwortet hatte].

470

16/11/42

Ich bin in der Wohnung einer Frau. Zwischen ihr und mir ist eine Begegnung schon lange verabredet, allerhand Hindernisse haben sie aber immer wieder verhindert. Vater befindet sich mit mir in der Wohnung. Mitten im Gespräch hält mir die Frau, mit einem heftigen, ein wenig unnatürlichen Lachen die weisse Rose entgegen – eine nicht sehr volle, aber grosse Rose mit ganz fleckenlosen, sehr schön gewölbten Blättern –, die das vereinbarte Zeichen dafür ist, dass ein Zimmer nachts für uns bereit sei. Ich will also weggehn. Vor dem Aufbruch frage ich Vater, der nächste Woche zur Begehung seines eignen siebzigsten Geburtstags [er sieht aber nicht älter aus als ich ihn gekannt habe] zu seinen Eltern fahren wird, ob ich ihn vorher noch sehn werde; ich möchte es so sehr gern; er wird doch wohl noch vorher in die Stadt kommen? Da bricht Vater in Tränen aus; er beugt sich vor und weint haltlos und fassungslos. Es ist mir entsetzlich, ihn weinen zu sehn [ich habe ihn niemals weinen sehn, und nur gehört, dass er einmal vor seinem Tode Tränen in den Augen gehabt hat]. Ich weiss nicht, was ich tun soll, ich rühre ihn an, da fasst er mit seinen elfenbeinfarbigen Händen [Vater

242

hatte die schönsten Hände, die ich je gesehn habe] meine Knie, da er sitzt und ich vor ihm stehe. Ich bin immer ratloser; ich weiss nicht, was vorgeht, und nicht, was ich tun soll, ich schäme mich meiner Ratlosigkeit, ich leide seinen unbekannten Schmerz mit meinem, leide seinen mit. Die Frau ist durch das grosse Zimmer zur Tür gegangen und wartet auf mich. Ich möchte bleiben, und möchte ihr folgen; ich muss ihr folgen, es ist, mehr als ein Wunsch, eine Verpflichtung. Ich versuche sanft, mich loszumachen; es ist erstaunlich, wie stark Vater ist und wie fest er mich hält. Ich will seine Stirn küssen; ich sehe, dass das Band des Strohhuts, den ich ihm abgenommen habe, eine Staubspur oben auf der Stirn gelassen hat. Ich küsse seinen Kopf oberhalb dieser Spur. Ich gehe, zitternd, stumm, in tiefster Verwirrung, zur Tür. Es ist eine Doppeltür, die schwer zu schliessen ist. Draussen steht stumm die Schwester der Frau, die grade eintreten will. Was macht sie dort, hat sie gehorcht, und warum? Sie sieht uns nach, wie wir die Treppe hinuntergehn. Die Frau führt mich in die Kneipe, die unten im Hause ist. Sie erzählt etwas, das ich nicht ganz verstehe: sie habe nur ein schlechtes Zimmer bekommen. Ich will im Nebenraum der Kneipe Tabak kaufen, ich lege der Frau und einer andern Person, ich weiss gar nicht wem, zum Zeitvertreib während meiner Abwesenheit zwei Nummern einer Illustrierten Zeitung hin, die ich in der Hand hielt. Die Frau verlangt, ich höre es nicht genau, vom Wirte »zwei Plätze zu 12,75«. Ich gehe nicht, sondern beginne, zwischen den Tischen gehend und stehend, von meinem Vater zu sprechen, leidenschaftlich und zornig, von seiner Güte, seiner Anständigkeit: »Er ist ein wunderbarer Mensch! So gütige und anständige Menschen werden heute gar nicht mehr hergestellt«. Der Wirt will uns an einem grossen runden Ecktisch, an dem nur ein Platz besetzt ist, dessen Inhaber aber hinausgegangen ist, zwei Plätze anweisen: »Wenn Herr Stein allein am Tische sitzt, muss er sich gefallen lassen, dass man Leute zu ihm setzt!« [Dieses Traumstück hat die Erinnerung an meinen Vater so lebendig gemacht, dass ich sein Leben, Aussehn und Wesen stärker fühlte als eigentlich je seit seinem Tode. Diese Erinnerung verdichtete sich zu einem Prosastück, das ich aber nicht aufschrieb.]

(In derselben Nacht.) Als ich eilig das Theater betrete, gehn zwei Frauen, die ich kenne, wohl Schauspielerinnen, den Gang nach rechts; eine andre, hellere, folgt ihnen, den schönen Kopf nachdenklich geneigt [im Erwachen bemerkte ich, dass sie das Gesicht von Lene Jansen hatte]. Ich müsste erst nach links gehn, nach verschiednen Leuten und nach den Billets sehen, dann erst könnte ich nach rechts zu den Garderoben gehn. Ich will das Theater kaufen; nicht nur als Theater, es soll, wie in anderm Zusammenhange ein Bahnabteil, Schauplatz einer verabredeten Liebesszene werden. Ich will einer Frau darüber etwas aus meinen Traumaufzeichnungen vorlesen. Sie will, begierig, nicht nur etwas hören, sondern alles. »Dann [das heisst: dazu, dass das möglich wird] müsstest Du mich heiraten«, sage ich, und erschrecke, so gern ich sie habe: sie könnte das wörtlich und mich beim Worte und diesen Satz als Heiratsantrag nehmen.

474

20/11/42

Wir sind auf einem Ausflug. An der Tür stossen wir auf einen Zug von Gymnasiasten. Sie lassen uns nicht durch, gehn frech lächelnd an uns vorüber, wir müssen es uns gefallen lassen, wir sind rechtlos, wir sind Fremde, und eigentlich sogar Gefangne. Dann sitzen wir auf einer Veranda, die auf einer Halbinsel stehn muss, so dass man aus den Fenstern aller Seiten das Meer sieht. Warum habe ich mich eigentlich mit dem Rücken zur näheren Fensterseite gesetzt, so dass ich das schönere Meer-Stück, die weite, nicht durch Inseln unterbrochne Fläche, im Rücken habe? Wir wollen Karten spielen [ich kann, ausser zwei sehr einfachen Patiencen, kein Kartenspiel, oder keins mehr], »wir wollen bis 2000 spielen«, ich bin sehr übermütig, die Freunde werden mich für verrückt halten. Wir trinken Kaffee, die Tassen stehn auf einer schrägen Fläche wie auf dem Deckel eines Sekretärs, Philipp Daub schiebt, neben mir, seine hoch hinauf, damit sie nicht abrutscht. Die Wirtin kommt die Tassen holen; sie bittet mich »auch um das Werklein«, ich verstehe erst nicht, dann, ihrem Blick folgend, sehe ich, dass sie ein kleines vasenartiges Gefäss meint, das auf einem eingeschraubten Leuchter steht, wie auf einem Klavierleuchter; überhaupt könnte der Sekretärdeckel ein Klavierdeckel sein, oder der Klavierleuchter ein Sekretärleuchter. Ganz dicht gegenüber setzt sich ein Bürger mit einer Frau. Sie ist eine ganz uninteressante Bürgerin; aber so nah ist mir seit dem Beginn meiner Gefangenschaft keine Frau gekommen, so nah, dass ich jede Bewegung ihres Kleides und ihres Leibes sehe. Vor mir liegen bunte Ansichtskarten. Ich könnte eine nachhause schreiben; und dann werde ich doch noch erschossen, die Karte kommt zuhause an, wenn ich schon tot bin –

475

Ich will den Vorschlag einreichen, einen Tag für die »brutalen Ausschweifungen« freizugeben, vielmehr sogar: anzusetzen – um das Wuchern und die Verdumpfung der Triebe zu verhindern. Der Gedanke an die Durchführung dieses Vorschlages erhitzt meine Phantasie, ich gerate in starke geschlechtliche Erregung; ich will masturbieren; ich irre im Hause herum; ich finde mein altes Pensionszimmer unbesetzt, auf dem Sofa liegt ein Badmantel; auf den ergiesse ich mich, überreichlich, und noch in der ungeheuren Erregung bedacht, den Samen durch Zerstreuung weniger sichtbar zu machen.

Das Haus ist an einen Sowjetverlag vermietet worden. Im Auftrage seines Leiters Ganganoff kommt Simon Guttmann zu mir, spöttisch und überlegen. Während er seine Vorschläge vorbringt, geht er hin und her. Er bringt das Zimmer so in Unordnung, dass ich aufräumen, dass ich sogar den Boden waschen muss. Maria Osten – so, wie ich sie zuerst

gesehn habe, beim Kongress, und noch russifiziert – bespricht die Pläne mit mir. Sie nimmt spitzfingrig und spitz-
äugig, glühend im Gedanken der Pläne, Zigaretten aus einer
Glasvitrine.

(In derselben Nacht.) In einer Arena findet eine Aufführung
statt, der in wichtiger Funktion Magnus Hirschfeld beiwohnt.
Nach der Aufführung gehn einige ältere Männer nachts durch
die Arena und bleiben vor der Mauer stehn; kurzbeinige,
breite, verwitterte Gestalten mit schweren Schenkeln und weichen Bäuchen, überaus plastisch, Figuren aus holländischen
Bildern; man könnte glauben, dass sie wegen ihrer prallen,
massigen, charakteristischen Hässlichkeit gewählt worden
sind. Ich will und soll »an die in Brüssel« über die Aufführung
schreiben, »im Namen der URGA«, ruft mir Hirschfeld zu,
und sagt den ganzen Namen, in dem das R »revolutionär« bedeutet; ich bin entsetzt darüber, dass Hirschfeld noch immer
nicht gelernt hat, hier und in dieser Zeit solche Wörter vorsichtig zu brauchen. Ich gehe weg. Vor der baskischen Kirche
finde ich eine Bewegung; die wenigen noch existierenden
Anhänger des hier geübten Kults sind zusammengekommen,
weil endlich wieder einmal hier ihr Gottesdienst begangen
werden soll. Ich will ihm beiwohnen. Jemand gibt mir das
Zeichen, eine Schnur, die eine kleine Kugel mit einer Lanzen-
spitze verbindet. Ehe wir aber die Kirche betreten, wird ein
Telegramm gebracht: der Gottesdienst finde nicht statt, ein
Witzbold habe sich den Scherz gemacht, die Anhänger hier
zusammenzurufen. Einen Augenblick lang besteht eine
düstere Starre wie vor einer Explosion, aber dann sagt der
junge Mann, der die Feier leiten zu sollen schien, und der mir
auch die Schnur gegeben hatte: »On peut toujours aller boire
un demi tous!«, und dieser Vorschlag löst. Ich schliesse mich
den andern nicht an. Ich will in das Zimmer am Steinquai
gehn, das ich neuerdings, wohl sogar seit heute erst, bewohne.
Am Pont de l'Alma werde ich links umbiegen [– dieser Gang
und die folgenden Gänge scheint mit dem zusammenzuhängen, den ich mit … Winter, Jakob Bührers Tochter, an einem

Kongressabend im Juli 1939 am illuminierten Trocadéro vorbei gemacht habe, und der mir in schönster Erinnerung ist]. Es kommen mir von der Brücke Leute entgegen, die jetzt, nachts, gebadet haben. Ich möchte auch noch schwimmen. Ich biege aber schon vor dem Ufer links ab, und komme in einer stillen schönen Strasse zu dem Tempel. Ich sehe andre den Garten betreten und folge ihrem Beispiel. Ich habe einen starken Eindruck von der leicht und feierlich den Gartenhügel ersteigenden Treppe, und bekomme nur einen ganz unklaren von den Räumen, die ich wohl auch nur von aussen sehe. Auch zu den Leuten dort trete ich höchstens in ganz flüchtige Beziehungen, die unklar bleiben. Als ich hinabsteige, sehe ich einige der dort Heimischen sich vor dem kleinen Bassin drängen, in das unter der Treppe hervor Wasser sprudelt. Ist ein Mensch, ist – das Bassin ist nicht gross und die Quelle hell, aber nicht stark – ein Kind hineingefallen? Ich dränge hinzu, um zu helfen; aber es kommt nur eine grosse, hellbraune Lampe, die aus Holz sein muss, hervorgeschwommen. Ich steige zur Strasse hinunter. Ich öffne meine Aktenmappe. Ich will meine Pfeife stopfen. Da kommt mit mehreren Begleitern eine junge Frau, die Herrin des Tempels. Sie ist mit ihrer Grazie, Sicherheit, Natürlichkeit, Einfachheit, tierhaften Vornehmheit und Ausdrucksfülle das schönste Geschöpf, das ich überhaupt jemals gesehn habe [– wer ist sie, oder wem ist sie ähnlich? Der Chinesin Tschu, die ich auf dem RUP-Kongresse kennen gelernt habe? Ich kann sie, so sehr mich diese Traumerscheinung beunruhigt hat, nicht identifizieren]. Sie kommt wohl jeden Abend so in den Tempel, oder in mehrere Tempel. Sie besichtigt Treppe, Quelle, Haus und Garten. Ich starre hinauf, die offne Mappe und die halb gestopfte Pfeife in der Hand. Da tritt sie oben an die Mauer und ruft: »Rudolf Leonhard! Gehn Sie doch in das Zimmer im Erdgeschoss neben der Tür. Dort werden Sie meine Freundin finden. Warten Sie doch dort auf mich!« Ich drehe mich, fast benommen, fast bewusstlos vor Konzentration, vor Überraschung – denn ich kannte sie nicht –, in einer Freude, die sich erst entfalten will, wieder der Tür zu. Ein Bettler, der grade seine Hand aus-

strecken und mich leise ansprechen wollte (und ihn kenne ich
vielleicht), zieht die Hand langsam zurück und sieht mich mit
einem hellen bitteren böse verzichtenden Blicke scharf und
lange an.

476

Ich stehe am letzten queren Fenster des Hotelkorridors neben
einem Fremden, und halte einen Brief in der Hand. Ein schwerer grosser fadblonder Mann tritt zu mir und sagt mir leise, es
helfe nichts, er müsse mich verhaften [ähnlich sprach Sadowski, als er in mein Zimmer trat, um mich zu verhaften].
Ich bleibe ganz kalt und sage dem Polizisten, er solle ja vor den
Fremden hier kein Aufsehn machen. Er lässt sich überrum-
peln, und als ich ihm nun die Hand schüttle und ihn laut frage,
wie es ihm gehe, geht er darauf ein. Ich sorge mich vor allem
um den Brief, den ich in der Hand halte; der wird den Polizisten besonders interessieren, und wenn er ihn beschlagnahmt,
so erfährt er Namen und Adresse des Absenders, Jürgen Trentow [oder so ähnlich; die Erinnerung an meinen einstigen
Bundesbruder Jürgens scheint sich hier eingemischt zu haben]
aus Braunschweig. Ich gehe mit dem Briefe in mein Zimmer
im Hotel. Es ist abends, und ich habe ein Pyjama an. Ich habe
ausser dem Briefe eine plakatartig gedruckte Nummer der
»Patrie Humaine«, auf deren Mitte mit Reissnägeln ein kleines Papier mit dem Namen Kurt Hillers befestigt ist; auch die
muss verschwinden. Ich knäule ein Papier in der Tasche des
Pyjamas zusammen; sie darf nicht zu sehr aufschwellen; ich
kneife ein andres zwischen die Hinterbacken. Ich will sie in
den Abort werfen. Ich suche ihn auf den Korridoren und finde
ihn nicht. Ich gerate in ein Office, in dem schon Hotel-
angestellte die Morgenarbeit angepackt haben. Dort ist ein
Abort, aber die Angestellten, für die er bestimmt ist, wollen
aus lauter Höflichkeit ihn mich nicht benutzen lassen. Ich
solle den Korridor entlang gehn, bis zum andern Radioapparat
– wir stehn an der Officetür neben einem schwach hörbaren

Radio –, dann nach rechts, und so weiter; ich sage in schon verzweifelter Wut: »Wie soll ich denn das andre Radio finden!«; ich denke, einer wird mich begleiten, aber keiner denkt daran. Als ich in mein Zimmer zurückgehe, kommt Margulies aus einem Zimmer und sagt lebhaft: »Es ist nicht ernst mit der Verhaftung, es handelt sich nur um eine kleine Geldstrafe, wegen Unbeleuchtetheit [wohl des Wagens]«. Ich weiss freilich nicht recht, wie ich dazu komme. Ich gehe wieder in mein Zimmer. Ich nehme ein Buch vor, ein dickes, herrlich gedrucktes, wunderbar illustriertes Buch; es ist sehr kunstvoll illustriert, denn die Illustrationen sind feine Plastiken, die, ohne dass die Seiten beschädigt werden, durch das Buch durchgehn, oder sich auf eine unerklärliche Art in die flache Seite fügen. Ich möchte das Buch, das ins Nebenzimmer gehört, mitnehmen, vorläufig wenigstens, da ich dasselbe zuhause habe, kann ich es ersetzen [oder: zurückgeben, wenn ich an meins gelangen kann]. Herein kommt eine Polizistin, eine ältliche, gutmütige Frau; sie, nicht der Polizist, soll die Verhaftung durchführen. Sie bringt ihr völlig schlaftrunknes Kind mit, das ich gerührt streichle. Sie legt sich in einen Sessel. Ja, sie warte gern, ich könne ruhig – es ist noch sehr früh – noch schlafen. Ich möchte aber in Wahrheit nicht schlafen, sondern weiter das Buch ansehn.

Ich betrete den Saal, in dem ein Pazifistenkongress abgehalten werden soll. Der Saal ist noch ziemlich leer. Aber auf einer riesigen Tischplatte als Empore stehn Kinder, die eine Art Ballet aufführen sollen. [Jetzt kommt es mir so vor, als hätten diese – wenig beweglichen – Kinder wie Krusepuppen ausgesehn.] Es soll ein Versuch sein. Zwei Kinder tanzen mit reizvoll schwanken und rührend plumpen Bewegungen auf einander zu. Eins droht zu fallen; ich fange und halte es. Ich spreche mit einer Französin, die hinter mir steht, und die ich von Versammlungen in Frankreich her kenne. Jemand tadelt, dass wir eine der Pazifistinnen bei uns [das heisst wohl: im Schutzverband Deutscher Schriftsteller] hätten sprechen lassen. Ich erwidre: »Es haben noch ferner Stehnde bei uns gesprochen als pazifistische Mütter!«

477

23/11/42

Einer von uns hat einen Totschlag begangen, einen ganz [so formulierte es sich im Erwachen] »formalistischen« Totschlag, im Verlaufe einer Flucht. Die Tat wird nicht herauskommen, wenn wir Dinge (wie kleines Gebäck) wie Vorgänge jeweils richtig parallel schalten.

(In derselben Nacht.) Ich will mit Hasenclever nach Hamburg fahren. Wir kommen auf den riesenhaften, unübersichtlichen Bahnhof. Der Zug steht schon da, wenigstens einige Wagen des Zuges. Wir räumen in ein Abteil zweiter Klasse am Anfang des ersten Wagens unser vieles Gepäck; dann gehn wir, zu allerhand Verrichtungen, auseinander, ohne etwas zu verabreden. Mir fällt auch bald ein, dass ich überhaupt nicht einmal weiss, wann der Zug abgeht. Ich gehe später, wohl mit Weinhubers, am Zuge lang, und bitte Anni Weinhuber, uns auf der Fahrt im Zuge zu besuchen. Aber wo ist unser Wagen? Jetzt steht ein Abteil dritter Klasse hinter der Lokomotive, wie überhaupt der Zug und die Wagen innerhalb des Zuges fortwährend verschoben werden. Während ich dann mit einem Mädchen spreche [es kann Dany Rauchbach gewesen sein, die jedenfalls in diesem Traumstück vorkam], kommt ein ausserordentlich langer dünner Mensch mit finsterm Gesicht an uns heran und zieht mir, von oben zwischen uns langend, unter dem offnen Mantel aus dem Rockaufschlag ein österreichisches Abzeichen, einen roten Adler, das mir gestern abend ein Freund angesteckt hatte. Ich bin ausser mir vor Wut. Auf Grund welchen Rechts tut er das? Das Mädchen ist Juristin. Ich frage sie, ob das Tragen solcher Abzeichen verboten ist. Sie hat einen Gesetzestext bei sich, ich will ihn lesen; aber ist nicht der Mann, der da neben uns in einem Büro sitzt, der, der mich überfallen hat? Ich ziehe sie mit dem Gesetzestext in eine Korridorecke. Ich zeige ihr ein gleiches, nur grösseres Abzeichen, das ich in der Tasche habe. Ich werde dieses anstecken. Ich könnte mich beim Bahnhofsvorstand beschweren –

250

falls nicht etwa der Übeltäter grade der Bahnhofsvorsteher war. Ich vergesse die Sache, denn es wird ein Trupp russischer Kriegsgefangner an mir vorbeigeführt – es sind wohl die ersten, die ich sehe, frische, kräftige, durchaus heitre junge Leute. Die sie führen, sind Bauern, sie führen sie zur Landarbeit. Sie schwingen Lanzen – Holzlanzen ohne Spitze. Eine wird geworfen und bleibt wagerecht an einer rauhen einer Böschung ähnlichen Wand hängen, wie angeklebt, aber zitternd. Einer von den Bauern geht zum Ausgang; er trägt einen kurzen Schnurrbart ganz rund um den Mund, wie ich ihn nie in der Wirklichkeit, sondern nur bei Figuren Shakespearescher Komödien gesehn habe. Auch die Kappe, die er auf dem Kopfe trägt, wirkt wie ein Stück eines Kostüms. Ich folge ihm zur Tür, um mir seinen Schnurrbart noch anzusehn. Ich vergesse wieder alles, denn dicht vor der Tür steht ein Wagen, mit dem Vierländerinnen Produkte zum Bahnhof gebracht haben, und mit dem sie nun in ihr Dorf zurückfahren wollen. Eine legt sich hinten an den Wagenrand. Sie sind ganz dicht von mir. Sie lächeln alle. Sie haben wirklich Gesichter von Milch und Blut. Sie sind sehr schön. Sie sind ganz und gar nur mit ihrem Wagen beschäftigt. Ich suche nun meinen Zug; ich weiss gar nicht, wann er abgeht, und ob ich überhaupt noch Zeit habe. Die Wagen, an denen gross »Hamburg« [oder »Berlin – Hamburg«] angeschrieben steht, scheinen anzufahren, ich steige schnell ein – aber es war ein Irrtum, der Wagen steht. In dem sehr breiten Korridor bittet mich eine Bekannte, Fräulein Kahn, ihr Professor Péreire, der ebenfalls in diesem Zuge ist, vorzustellen. Ich hole Professor Péreire [der Professor Hadamard ähnelt, aber jünger ist], herbei und vollziehe die Vorstellung. Zu Fräulein Kahn tritt eine andre junge Dame, die ich auch vorstellen soll, und die mich missbilligend ansieht; ich weiss aber ihren Namen nicht, es ergibt sich ein verlegen machendes Gewirr von Vorstellungsmöglichkeiten und -notwendigkeiten. Aber diese junge Dame und ein zu ihr gehöriger Mann haben schon eine Beziehung entdeckt – »Sie sind« [oder »wir sind«] »Verwandte von Schorres«, und ich bin bereits so überflüssig geworden, dass Fräulein Kahn, nun ich meine Funktion erfüllt habe, mir nur noch, ohne mich anzusehn, eine kalte Hand zum Kusse überlässt. Ich sehe nur noch, wie bei den weiteren Begrüssungen und Vorstellungen jemand, der von der Bank aufsteht, mit dem Kopf in den Mantel eines Stehnden gerät. Ich will nun meinen Wagen suchen. Der Zug ist ganz zerlegt. Riesige Tankwagen, Lokomobile, Traktoren, Phantasieungetüme modernster Erscheinung und bester Ausführung, aus stark lackiertem untadligem Material, fahren kreuz und quer durch den Bahnhof, werden mit sicher arbeitenden Puffern in den Zug rangiert und wieder ausrangiert. Ein Mann dreht sich zu mir um und sagt: »Herr Doktor Leonhard, schreiben Sie mir, wenn Sie etwas für mich haben!« Es ist Paul Faust, ein minderwertiger Bekannter; da er aber Mitglied des Schutzverbandes ist, darf ich meiner Abneigung nicht nachgeben. »Schreiben Sie mir lieber nach Hamburg«, sage ich ziemlich kühl; aber ich kann ihm keine Adresse geben – »– postlagernd«, da werde ich eben, es hilft nichts, alle paar Tage auf der Post nachfragen müssen. Einer der rangierenden Wagen kommt auf uns zu. Er biegt – ich hätte nicht gedacht, dass ein so grosser Wagen das fertig bringt – um einen Pfeiler, er verlässt sogar die Gleise und schiebt sich direkt auf uns. Der Paul Faust hat sich dicht an mich gedrängt. Der Lenker des Wagens, ein untersetzter Mann mit rohem rotem Gesicht, springt herunter und kommandiert: »Linke Pfote!« Ich verstehe den Vorgang nicht. Da sagt er zu Paul Faust: »Ich bin Leutnant! Ihre linke Pfote!«, und noch etwas wie »… keine Geschichten«. Jetzt erst verstehe ich, dass Faust ihn mit dem linken Arm unterfassen soll. Einen Augenblick nimmt mir der Wagen die Aussicht; als ich mich hinter ihm umdrehe, sehe ich, dass die beiden geboxt haben und, getrennt von einander, auf dem Boden hinunterrollen. Faust, noch blasser als sonst, scheint ohnmächtig zu sein.

483

Ich steige in einen Vorortzug um, mit vielen Arbeitern. Sie
füllen den Zug, ich möchte gern zwischen ihnen sitzen, aber
da ist ein Abteil, das nicht geschlossen ist, sondern Luft hat
und Aussicht bietet. Ich möchte mich nicht dadurch unterscheiden, dass ich zweiter Klasse fahre, und das ist ein Abteil
zweiter Klasse; aber schliesslich ist der Wunsch nach Luft
und Aussicht stärker. Ich klettre in den ganz offnen dritten
Stock des Abteils. Neben mich setzt sich eine schwere ältere
Frau, die schon lange in ein Gespräch mit mir zu kommen
versucht. Ich habe ein Buch von Bergson in der Hand. Ich
müsste es eigentlich wegpacken oder vertauschen; aber ich
lese eigentlich nicht gern über Theater. Die Frau spricht zu
mir; ich bin wirklich ganz in Gedanken, und es fällt mir
leicht, so zu tun, als ob ich ihre Reden nicht auf mich bezöge.
Sie sagt aber etwas sehr Hübsches: sie habe gleich an der Bewegung meiner Hand über dem Buche gesehn, dass ich von
je mit Büchern umzugehn wisse. Schliesslich antworte ich ihr
doch. Als der Zug, übrigens wie ein Autobus oder als Autobus, anfährt, ruft sie einem mit andern Kindern in der Nähe
stehnden kleinen Mädchen ein mir nicht bekanntes, offenbar heftiges Schimpfwort zu. Das Kind, sehr ruhig, wiederholt das Schimpfwort mit gleicher Heftigkeit.

486

Herr von Bismarck hat mir für eine Fahrt ausserhalb der
Stadt seinen Wagen zur Verfügung gestellt. Ich erzähle das
seinem Sohne Armin, und sage auf eine skeptische Bemerkung, die der macht, dass ich für seinen Vater die grösste Zu-
neigung und den grössten Respekt empfinde. Ich habe eine
Erfindung gemacht und möchte sie den Sachverständigen
vorlegen. Ich suche einem Freunde auseinanderzusetzen, wo
das geschehn soll: wo unten am Platze die Strassenbahn abbiegt, münden, spitz zusammenstossend, zwei Strassen in

ihn; die vordere, sie kann »rue de la Paix« heissen, enthält auf der linken Seite das Haus. Ich gehe über die Brücke, die zu dieser Strasse führt; aber statt einer Treppe führt nur eine Leiter aus gewöhnlichen Latten fast senkrecht hinunter, und an der fehlen mehrere Querleisten. In grosser Unsicherheit und mit grosser Mühe gelange ich hinab, und sogar mit Gefahr, denn die Brücke ist hoch und die Leiter wirklich sehr schlecht. Die Betrachtung und Besprechung der Erfindung bleibt undeutlich [oder hinterlässt überhaupt keine Erinnerung]. Zuletzt ist Langevin mit ihr befasst. Er interessiert sich aber für etwas ganz andres: er legt beide hohlen Hände um mein Auge und sieht es gespannt an. Ich sehe dabei das Profil seiner Finger, die spitz und gradezu geschweift [also ganz anders als Langevins wirkliche – sehr interessante: breite, spatzlige, erdige, die Georg Kaisers übertreibende – Finger] sind, vom Lichte durchleuchtet. Nach langer Aufmerksamkeit sagt er: »Ich finde den N.-Punkt in ihrem Auge. Es ist so gut wie sicher, dass Sie Lepra haben!« Auf eine stockende, verzweifelte Zweifelsfrage von mir antwortet er: »Die Krankheit ist heute ziemlich stumpf«. Ich liege auf einem Untersuchungsbett; ich möchte fragen: werde ich noch arbeiten können?, verbietet mir nicht die Krankheit jede Berührung mit andern Menschen?, aber ich bin vom Entsetzten gelähmt und kann nicht sprechen.

489

5/12/42

Leni Bloch hat auf einen pultartigen Tisch im Freien ein Buch mit Photographien gelegt. Auf der aufgeschlagnen Seite ist ein Bild von mir, mit andern, in wilder Landschaft. Ich sehe sie an, erstaunt darüber, wie viel und wie starkes Haar ich auf dem Bilde habe [die Erinnerung an die dann auf einem Buchumschlag reproduzierte Photographie, die seinerzeit die Eidechse von mir gemacht hatte, kann hier mitgewirkt haben]. Leni will etwas auf das Bild geschrieben haben. Es fällt mir absolut nichts ein, man kann doch nicht so ohne weiteres einen Einfall verlangen. Am liebsten möchte ich nur den Namen aufschreiben; für mehr ist überhaupt nicht Platz auf dem Bilde; oder ich müsste auf die Rückseite schreiben. Ich war ein paar Schritte weggegangen und kehre zu dem Bilde zurück; es kommt mir verändert vor, Stellung und Grösse der Personen und ihr Verhältnis zueinander scheinen anders geworden; die Landschaft – Bildlandschaft vor der wirklichen – ist mir sehr fühlbar. Ich mache wieder ein paar Schritte, und da fällt mir eine Aufschrift ein: »Wenn sich doch in allen Nöten Immerfrische Wellen böten! Wenn sich immer doch die Wellen In der Sonne so erhellen!« Ich denke eine Weile über den Wechsel von Modus und Tempus nach; er scheint mir nicht nur gerechtfertigt, sondern geboten [um die Sicherheit des Eintretens der konditionalen Bestimmung auszudrücken]. Ich fahre in die Stadt. Aus irgend welchen Anzeichen in den Strassen ergibt sich, dass Sonntag sein muss. Ich steige an der Station Gesundbrunnen aus. Ich stehe allein auf dem Bahnsteig und sehe auf zwei wunderbar geschwungne, kühne Bahnüberführungen hin, auf denen Hochbahnwagen in gewagtem Rhythmus, nah aneinander kreisend und sogar kollidierend, rangiert werden. Einer erscheint, hochbrüstig und wie klimmend, tief unten unter den Viadukten, mitten auf dem Grunde; ich hätte nie gedacht, dass ein Hochbahnwagen die Gleise verlassen kann. Ich verlasse den Bahnhof; ich bin ein wenig zu weit gefahren, ich will jemand in der Dahlmannstrasse aufsuchen, und die liegt näher am Hochbahnhof Charlottenburg als am (vom Stadt-zentrum) weiteren Gesundbrunnen. Von der Tür des Bahnhofs an gehn zwei ganz junge Emigranten vor mir; sie sind, bis auf ganz schmale Badehosen, nackt, obwohl die Jahreszeit eigentlich schon fortgeschritten ist. Sie sind wunderschön, besonders der Grössere. Sie bieten, statt wie sonst Zeitungen zu verkaufen, eine Erfrischung an; mich wundert, dass sie nicht nur untereinander, sondern auch in dem unendlich wiederholten leisen melodischen Satze, mit dem sie ihre Ware ausrufen, deutsch sprechen. Ich sehe das Schild der Gartenstrasse, in der wir gehn; sie heisst »der Plan«, ich muss zur Dahlmannstrasse zurückgehn. Ich komme dazu, mich mit dem HICEM-Schiff zu befassen; das ist ein Spielzeug, ein ganz kleines Schiffsmodell, das man in eine neben der Strasse erhöhte Rinne setzt, die Gefälle hat; auf der schwimmt es abwärts, und ich gehe nebenher. Es verschwindet in einer überdeckten Führung der Rinne und kommt wieder hervor. Es folgt einer Schweifung der Rinne von der Strasse ab vor die einladend offen gebogene Fassade eines prächtigen Hauses, und kommt mit der Rinne zur Strasse zurück. Es gelangt, da die Rinne in ihn mündet, in den nach irgend einem Markgraf heissenden Kanal, der eigentlich nichts als ein sehr länglicher Teich ist, und schwimmt unbeirrt und unbeschädigt neben den richtigen grossen Kähnen hin, auch neben dem, auf dessen grossem hartem Segel etwas über Fliegerei aufgemalt ist. Es schwimmt lustig, ein hübsches Spielzeug in bunter Welt, ein Jahrmarktsschiffchen, alle Kurven und Launen und Umwege der Rinne entlang, bis es von ihr vor das riesengrosse braune Tor gebracht wird, auf das weiss aufgemalt steht, man habe auf diese Art einen Spaziergang von zwei Stunden gemacht. Als ich weitergehend um eine Ecke biege, sehe ich in eine Ballspielbahn hinein; die ist so angelegt, in Fall und Steigung, wie die Berg- und Talbahnen auf Jahrmärkten, so, dass die Bälle, von einer Holzrampe und ihrem runden Rande in langer Kreisfahrt, vom Schwunge des eignen Abrutschens wieder hochgeführt, hinter dem Werfenden erscheinen. Ich sehe Monty Jacobs [der, wenn ich mich recht erinnere, in der Dahlmannstrasse wohnte] sich jauchzend auf die Bälle stürzen. Ich werfe selbst einige, sie bleiben gleich liegen, ich habe schlecht geworfen. Ein grosser Stoffball fliegt weiter, bleibt aber auch da, wo sich die Kurve aus dem Blick nach rechts biegt, hängen –

[Hier können zwei Erinnerungen konstitutiv gewirkt haben: die an ungeschickte Würfe einer Streichholzschachtel in ein Fenster; und die an die beim Blättern in einem Lexikon gefundne Abbildung von Bällen, unter die Bezeichnungen vertauscht erschienen, so dass grade der Fussball einen Henkel hatte.]

Rudolf Leonhard, 1915

*Rudolf Leonhard (mit Pfeife) und Madeleine Braun
in Spanien, August 1937*

In Spanien, 1937. Rudolf Leonhard im Fenster des Busses

Eingang des Internierungslagers Le Vernet

Das Lager Le Vernet 1944

Das Manuskript des Traumbuches im Originalzustand

395/B

396

Traum.   31/5/43

Eine Seite aus dem Manuskript

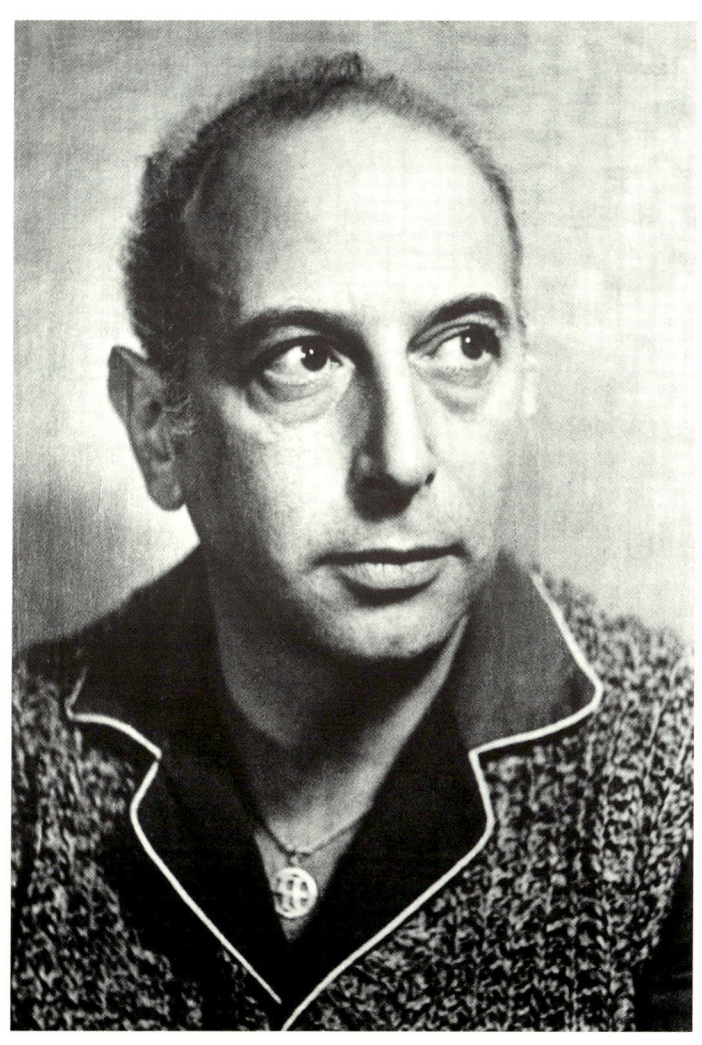

Rudolf Leonhard, fotografiert von Fred Stein vor 1947

Rudolf Leonhard, 26. Juli 1947

6/12/42

Hitler hat gesiegt, zunächst auf legalem Wege, etwa durch Wahlen. Auf eine unklare und auch nicht zu erklärende Art haben meine Freunde mich zur Beobachtung seiner Siegesfeier delegieren können; und der Zwang der Legalität ist noch so stark für ihn, dass seine Leute mich, den Beobachter, auf die Tribüne einladen müssen. Ich bin also, als einziger Nichtnationalsozialist, offiziell anwesend. Als Hitler schlenkrig zu seiner Rede vortritt, beginnt er, mit einem kurz flakkernden schrägen Rückblick auf den Tisch, hinter dem auch ich sitze: »Rudolf, Parteigenossen, deutsches Volk …!«; es erfüllt mich mit wilder höhnischer Freude, dass er sich mit dieser Anrede vor der Geschichte seine Siegesrede hat verderben müssen. Die Rede vergeht ohne Eindruck, ja eigentlich ohne dass ich sie wahrnehme. Die Feier verwildert dann gleich zu einer ziemlich plumpen und sehr wirren Orgie; Leute laufen auf und ab, eine Gruppe tut sich in meiner Nähe besonders hervor, in der neben einem Riesen ein kleiner zierlicher Mensch agiert, der Graf Goerz [er ähnelt einem reichen Berliner Bohémien, dessen Namen ich vergessen habe, aber auch meinem Vetter Erich Matthes]. Als ich gehn will, sagt mir der, ich müsse mir doch noch meinen steifen Hut [oder Zylinderhut?] einschlagen lassen, das gehöre zur Feier. Einmal will ich es machen lassen, aber nur einmal.

Dann beraten wir bei Münzenberg, was wir tun wollen, in einem gut eingerichteten Verlage [der aber eher den Charakter des Rowohltschen Verlages hat, jedenfalls Elemente des Rowohlt-Verlages beigemischt enthält]. Ich habe in einem dicken kleinen Lederband, der mit vielen andern Hausexemplaren auf Münzenbergs grossem Tisch aufgestellt ist, geblättert und einen vor wenigen Tagen aufgesetzten Text gefunden, der mir für die neue Lage vorzüglich verwendbar erscheint. Münzenberg wirft mir vor, diesen Band genommen zu haben, der doch ein unberührbares Schau-Exemplar sei. Ich antworte nicht, aber ich finde in dem Bande feine Bleistiftnotizen, die von Ludwig [Emil Ludwig?] stammen.

Mir fällt ein, dass ja nun diese Bücher alle überhaupt verschwinden müssen; ich möchte mir gleich nachher einige Verlagswerke, die mir fehlen, mitnehmen. Die Beratung wird erregt; wir stehn alle in der Mitte des grossen Zimmers beisammen. Marcuse, der zusammengedrückt und belastet aussieht, und ein zwergenhafter Mensch melden sich ebenso heftig wie ich zum Wort. Ich bin sehr ungeduldig, den Text, der mir alle Schwierigkeiten zu lösen scheint, vorzulegen. Der Diskussionsleiter sieht herum, deutet auf mich und sagt, ich hätte mich zuerst gemeldet.

Am nächsten Morgen gehe ich durch die Stadt. Auf einem Platze trete ich an ein grosses ungedecktes Pissoir. Ein Bekannter schräg hinter mir bemerkt grinsend, diese Anstalten seien in der neuen Situation für viele höchst gefährlich – er meint: für solche, die man dort als Beschnittne erkennen könnte. Die Bemerkung missfällt mir, darum antworte ich, ziemlich töricht, dass die niedrig umzäunten Anstalten wie die hier nebenan ja auch jedem, der sehn will, die Einsicht gestatten. Aus einem Gespräch in der Nähe höre ich die Worte »Herr Leonhard«, einen Hinweis auf mich, heraustönen; dass mich bei der Siegesfeier so viele Leute, Feinde, gesehn haben, ist sehr gefährlich.

Ich gehe durch eine verlassne, düstre, etwas verkommne Geschäftsstrasse, ich orientiere mich: ich will Zigarren kaufen und mich rasieren lassen, dass ich unrasiert bin, hat mich schon vorher gestört. Ich steige in einen ersten Stock und frage die verwaschne dickliche Verkäuferin, ob die Reparatur meiner Tasche fertig ist. Sie holt sie [es ist die sehr kleine Aktentasche, die mir Brauns einmal zum Geburtstag geschenkt haben und die, im Koffer, in Dakar verloren gegangen ist und mir nun sehr fehlt; sie ist aber nicht, wie in Wirklichkeit, aus gestanztem marokkanischen Leder, sondern aus eng geflochtnem Stroh]; seit ich das letzte mal nach ihr gefragt habe, und damals schon sollte sie fertig sein, ist nichts daran gemacht worden. Die Verkäuferin, selbst entsetzt, entschuldigt sich wortreich und unklar. Ich bleibe in dem Raume. Ganze Gestelle sind mit Kartoffelbrei belegt;

die begiesse ich, wie man ein Gartenbeet begiesst, mit Säure, sorgsam so, dass jedes Fleckchen getränkt wird; dabei erkläre ich, was das mit dem Friedenswillen der Völker Europas, mit der Führung der Völker Europas zum Frieden zu tun hat. [Dies können verschiedne Traumstücke sein.]

497

13/12/42

Der Radioapparat, der hoch in einer Zimmerecke steht, gibt einen anhaltenden hohen Pfeifton von sich, während wir sprechen; jemand, vielleicht Mutter, hat ihn ohne Rücksicht auf unsre Situation und unser Vorhaben angestellt. Während der Besprechungen soll ich warmes Wasser holen; ich müsse, weil mehrere Töpfe voll kochenden Wassers auf den beiden Herden stehn; es ist freilich wahr, dass sie für bestimmte Zwecke aufgestellt sind. Als ich hinausgehe, höre ich hinter mir einen heftigen Zank zwischen Siegmund Nielsen und einem andern; Siegmund schreit, dass dieser Zank auch für später gelte, dass man auf ihn zurückkommen werde. Draussen, im Umgange einer rennbahn- oder sportplatzähnlichen Anlage, werde ich von einem Älteren [wohl einem älteren Mitschüler; Erich Kretschmer?] angegangen, ob ich nun einen Säbel kaufen und tragen wolle. Bisher habe ich durchaus keinen gewollt [sicherlich eine Erinnerung an die Situation im Weltkriege, als ich sogar einmal aus dem Fenster der Kaserne sprang, um nicht Offiziersschüler zu werden]; aber die Situation hat sich völlig geändert, es könnte jetzt von Wert sein, dass in diesem Lande einige von uns das Portépée tragen. Ich sehe mir die Degen an, die andre schon tragen, einer vor allem, ein Kamerad, ein rotbackiger vollblütiger fetter Bursche [Ähnlichkeit mit Boucher, aber auch mit andern nicht mehr feststellbaren Freunden]; es sind ziemlich lange, fast ganz grade, schmale Klingen mit kleinen vergoldeten Körben. Wieviel kostet so ein Säbel? Zweihundert Mark? [oder Franken?] »Zwei Tote«, antwortet kurz und scharf der Ältere. »Du hast doch nicht damit getötet«, erwidre ich ärgerlich; »und ich will wissen, was er jetzt kostet, nicht nachher!« [Der Saloppheit der Konstruktion bin ich mir im Traum, und in der Ärgerlichkeit des Moments, nicht bewusst.] Jemand sagt: »Ihr müsst darauf achten, dass diese Säbel nicht dem deutschen Volke gefährlich werden«, dabei, natürlich, das Wort »Volk« sehr betonend. Ich beruhige ihn: Diese Säbel werden nur da ausgegeben, wo wir sicher sind, dass sie gegen niemand aus dem deutschen Volke – mit demselben Tone – gebraucht werden. Es ist von einem die Rede, der krank ist; das ist ganz falsch gemacht worden, wird gesagt, er hat die Cholera, und dies und das, und nun noch den Blitzschlag; man hätte das anders umlegen müssen, »auf einen süssen Jungen und einen schiffigen Mann«. Einige bringen Holz, ich muss und will helfen, es weiterschaffen; ich fasse ein Fahrrad an, an das ganz weisse Planken, in erstaunlicher Menge, wunderbar glatt zusammengefügt, angebunden sind. Ich werde Mühe haben, die Pedale zu erreichen, und noch mehr, sie anzutreten. Das Rad müsste auch gewendet werden, sein Gelenk ist aber nicht ganz spielbar, ich kann es nicht einmal bis zum rechten Winkel von Vorder- und Hinterrad drehn; ich muss also mit dem Rade die Operation machen, die ein Chauffeur mit einem grossen Auto macht, das kurz wenden soll. Und da sehe ich noch vor dem Rade, das ich hin und her bewege, einen unordentlichen Haufen Stacheldraht, der die Reifen verletzen könnte! Der Ältere ruft mir zu, er borge mir das Rad, zu beliebiger Benutzung – und setzt dann hinzu: »Du musst es aber heute zurückgeben!« Über diese Einschränkung müssen alle lachen.

498

14/12/42

Mitten in andern Vorgängen beschäftige ich mich, mit andern, mit der »Liebeskette«; das ist eine dünne Perlenschnur, in die ich einen Knoten zu machen habe. Das ist schwer, vor allem weil sie mit einer sehr süssen breiigen Masse ganz bedeckt ist. [Erinnerung wohl an das tägliche schwierige Verknoten der Manuskriptdeckel].

499

Pancini steht in Unterkleidung oben auf einem Bette. Er hat
in der Brust und im Unterleibe je eine Öffnung, die mit Reiss-
verschluss verschlossen scheinen. Ich habe ein Stück Zeug in
der Hand und spreche mit der Näherin, die solche Spalten
macht; sie soll sich selbst oder mir [ich weiss nicht mehr]
eine machen, jedenfalls möchte ich gern eine haben, sie müssen sehr praktisch sein. Die Näherin muss erst einen »Malraux-Faden« bestellen. Mein Bruder [der wohl mit Georg
Salter identisch ist] kündet mir einen Besuch an, der »für seinen Vetter Gerhart Eisler« und für uns sorgen will. Wir sehn
unsre geringen Vorräte an. Wir müssen von Anfang an uns
beklagen, deutlich, nachdrücklich und energisch. Unsre Vorräte sind weniger als ärmlich. Die Zucker-Reserve ist an
einem andern Ort. Nur ein Prachtstück ist da, eine hohe
bunte, expressionistisch verzierte und sogar geformte Torte.
Eine Zacke ist los, die könnten wir kosten – aber man sieht
dann, dass sie fehlt. Auch innen ist ein Zweig abgebrochen,
den können wir nehmen, ohne dass die ganze Torte entstellt
wird. Dann sind einige süsse Früchte vorhanden, die wie
grüne Oliven aussehn, aber etwa wie Mirabellen schmecken,
sehr süss. Mein Bruder berechnet laut ihren Kalorienwert.

519

Viele Ereignisse schliessen damit ab, dass ich, wohl in einem
grossen Eisenbahnabteil, mit einem feindlichen japanischen
Soldaten, einem grossen starken Manne, zusammen bin. Ich
muss ihn festhalten; und halte ihm mit den Händen die
Handgelenke, und mit dem Leibe, halb, mit dem Rücken zu
ihm, auf ihm liegend, halte ich seinen Leib unbeweglich. Ich
fühle, wie er sich immer stärker unter mir bäumt; und er
krallt wieder die Finger in meine über seinen Händen gebognen und angespannten Handgelenke. Während des fast be-
wegungslosen, aber sehr heftigen und mich immer stärker

erschütternden Ringens sage ich ihm: »Ich weiss, dass Sie das
für sentimental halten werden; aber es quält mich besonders,
dass ich [– ich will »einen Farbigen« sagen, und verspreche
mich erst] einen Weissen – einen Roten – einen Gelben bän-
digen muss!« Er lacht dumpf und höhnisch. Meine Hände
werden immer schwächer, die Rucke seines Aufbäumens immer heftiger. Bald werde ich nicht mehr widerstehn können,
und dann wird etwas Entsetzliches geschehn. Ich beginne zu
schrein: »Helft mir doch! Helft mir doch!«, aber die Stimme
dringt mir nicht aus der Kehle. Ich schreie mit aller Anspannung: »Helft mir doch, Heinz! Helft mir doch, Kardum!«
Endlich bekomme ich die Stimme frei und schreie laut: »Zu
Hilfe! Zu Hilfe! Zu Hilfe!« [In diesem Augenblick weckt
mich Heinz Renner. Er sagt, dass ich mehrere Minuten lang
geschrien hätte, während derer er mich mit aller Kraft nicht
habe wecken können. Ich hätte mehrmals »Qu'est-ce que
c'est que cela« geschrien, jedenfalls französisch; meine Erinnerung, die sehr deutlich ist, gibt das nicht wieder, es ist
wohl ein Misshören des schlecht artikulierten »Helft mir
doch«. Ich liege auf dem Rücken, fühle mich sehr schwer,
und die linke Hand liegt lastend auf dem rechten Handgelenk. Die Erregung ebbt sehr langsam ab. – Vor dem Einschlafen hatte ich mit Heinz flüchtig über eine Rede in der
Salle Wagram gesprochen, in der ich die Probleme des Kolo-
nialismus gestreift habe. Übrigens lese ich wieder Bromfields
»Monsun«.]

523

8/1/43

Ich wohne in Clamart mit Yvette im fünften Stock [in dem
ich wirklich mit Hasenclever gewohnt habe]. Ich komme
nachhause. Der Fahrstuhl macht Lärm und Aufsehn in der
Nacht. Ich gehe die Treppen hinauf, bis in den siebenten
Stock. Auf mehreren Fluren haben sich Frauen auf vor die
Türen gestellten Sofas Betten gemacht, oder sogar die Betten
herausgestellt, und sich hingelegt, alle wachen aber, ich muss

mich um die Betten herumpressen. Im siebenten Stock ist eine ganze Gesellschaft draussen; ich habe mit einer grossen Frau, deren Kopf abwechselnd dunkelrot anschwillt und wieder ganz blass wird, ein Gespräch, in dem sie, ungeduldig, ganz langsam und gepresst spricht, weil ich nicht zu verstehn scheine. Beim Weggehn erfahre ich, das Fest werde so allgemein gefeiert, weil diesmal das Erntedankfest mit dem Freitagfeste [oder gar auch dem Dreizehnten] zusammenfalle. In den offnen Fluren der Wohnungen stehn in langen Reihn und grossen Carrés Schüsseln, Krüge, Spielsachen, auf dem Boden, um in den Zimmern den Gästen vorgesetzt zu werden, ich muss hin und her über die Sachen wegspringen. Ich habe oben begonnen, mich auszuziehn, also ob ich in meiner Wohnung wäre, und die Kleider hingeworfen; ich muss wieder hinauf; die Tür des erleuchteten Fahrstuhls ist geklemmt, damit man ihn nicht benutzen kann.

Ich bin zu Verhandlungen gekommen. Die Freunde wohnen alle in einer grossen bunten winkligen Pension im siebenten Stock. Erwin Piscator empfängt mich. Er sagt, ich sollte alle Gedichtbände zusammenziehn und hier einem Verleger übergeben. Ich freue mich über diese günstige Möglichkeit. »Man muss los von der Sowjetunion!« sagt er lächelnd. Ich antworte: »Aber doch höchstens in dieser Verlagsangelegenheit!« Er nimmt einen Kamm und zieht mir rechts einen Scheitel; ich sehe in den Spiegel; ich sehe ganz verändert aus damit, mein Haar ist auch wieder braun geworden. Wir sprechen über ein Stück, das ich angefangen habe; ich habe seinen Titel vergessen. Die Tochter eines Freundes kommt vorbei und sagt, sie werde in dieser Pension täglich bis drei Uhr speisen. Ich frage, wo ich mich waschen könne. Ich werde über einen Speicher geführt, an Mansarden vorbei, auf deren Türen, unter Drahtgeflecht, Porzellanschilder angebracht sind, darunter das eines Zahnarztes. Durch einen grossen Saal sehe ich ein Leuchtschild; hinter der Tür sind »Hollywooder Nebenbetriebe«. Menschen gehn ein und aus. Aus allen Türen dringt Lärm; aber »ich bin daran gewöhnt, neben einem Zahnarzt zu diktieren«.

Ich gehe mit Lotte über den Markt nachhause. Eine faschistische Demonstration soll stattfinden; die Leute sammeln sich
zum Antreten. Ich will nicht auf den Balkon gehn; ich sehe
aber dann doch den Aufmarsch. In einer der lockeren Kolonnen haben grün-weiss bekleidete junge Leute ihre Frauen neben sich stehn. In der Nebenkolonne sind alle gelb gekleidet.
In ihr geschieht eine Bewegung; ein bärtiger Mann läuft nach
hinten heraus, es ist der Vater des Mannes, um den die Bewegung geschieht; ein andrer drängt sich ihm nach durch die
Stehnden, das ist der Schwiegervater. Dann kommt der Mann
selbst, er hält ein Messer, er wird »die Schlange« genannt, und
er kriecht nun auch, wie eine Schlange sich krümmend, über
den Boden, in einen Graben, ein dicker Strick, den er schleppt,
schlängelt sich wie ein Schwanz hinter ihm her. Ich stehe mit
andern am Rande dieses Grabens. Neben meinem linken Fusse
liegt still eine grüne Schlange, eine wirkliche Schlange. Diese
muss gegen die gelbe »Schlange«, den Mann, der halbverdeckt
vor uns im Graben liegt, eingesetzt werden. Ich beuge mich;
jemand führt mir die Hand, ich fasse die grüne Schlange fest
hinter dem Kopf, – so wie man, das habe ich gelernt, Schlangen
fassen muss –, um sie gegen die gelbe Schlange zu werfen oder
zu führen; aber ich bin meiner linken Hand nicht so sicher wie
ich der rechten wäre, und ich habe Angst. Der Kopf der grünen
Schlange dicht an meiner linken Hand bläht sich grell.

Ich stehe vor dem Selbstmorde. Ich bin zu Anni gegangen. Wir
sprechen von einer Blumeninsel in ihrem Zimmer. Ich halte die
Nadel in der Hand, die im Radioapparat, der zu meinen Füssen
steht, den Kontakt herstellt; ich versuche an der Öffnung herum; ich soll sie nicht einstecken, denn im Apparat wird Walter
Hasenclevers Stück gespielt, und ich darf keinen Kontakt machen, denn er soll das Selbstmordgespräch nicht hören.

529

Wir sind in einem riesigen Fabrikhofe. Wir stehn im spanischen Kampfe, und es steht nicht sehr gut, es sind Fehler gemacht worden; aber unsre Zuversicht ist nicht beeinträchtigt. Hinten, jenseits des Kanals, schwenken einige Leute ein
riesiges, mit grossen roten Fahnen behängtes Seil. Es ver-
fängt sich hinter einem Gebäude; das zu sehn, macht mich
traurig. Zwei deutsche Kameraden [wohl Heinz Priess und
Hermann Wittmann] singen halblaut, rechts neben mir auf
dem Boden hockend. Mir gegenüber liegt ein junger Spanier
[Maximo Balbueña oder einer seiner Freunde] auf dem
Bauche, die Ellbogen aufgestemmt. Er beginnt etwas her-
zusagen, aus einer vor ihm aufgeschlagnen Druckschrift. Die
andern singen es gleich mit – der Spanier macht ein Zeichen,
dies sei nicht die Melodie, oder dies sei überhaupt nicht sang-
bar. Erstaunt denke ich: sie haben für alle Texte, auch die, die
ihnen unbekannt sind, eine Melodie bereit – da erkenne ich
im Gelesnen die spanische Übersetzung eines meiner Gedichte für die spanische Sache. Es kommt mir vertraut und
fremdartig zugleich vor, fremdartig auch, weil es verlängert
und »versüdlicht« ist. Es klingt sehr schön im halblauten,
starken und weichen Tone der Spanier. Ich nehme den Text
und lese ihn, erstaunt. Links hinter mir wird gesprochen: die
Linie drüben jenseits des Kanals, über der das Fahnenseil ge-
schwenkt worden ist, sei die Grenze Deutschlands [oder
Europas]. Dann sprechen Franz Dahlem und Heiner Rau,
über die begangnen Fehler: wenn sie wieder draussen vor
dem Tore begangen würden ..., es sei die Schuld derer, die
mit der Aufsicht beauftragt waren ... Das Schiff soll draussen abfahren, am Kanal ist Bewegung, die Pforte geht auf, wir
setzen uns in Bewegung. Ich gebe Laszlo Deutsch das Fahrrad zu halten, das ich schiebe; ich muss noch meinen
Schlafsack umstülpen [ich habe abends Wäsche zurecht gelegt, und das Hemd war umgedreht] ehe das Tor geschlossen
wird. Er legt das Fahrrad mitten auf der Strasse nieder.

(In derselben Nacht.) Ich gehe auf die Biegung der rue du Faubourg St.-Honoré zu [es soll die Kreuzung an St. Philippe-du-Roule sein, ist aber eher die der avenue Marigny, nur ist die Faubourg-Strasse ziemlich stark s-förmig gebogen]. Es gibt in der Stadt fast keinen Wagenverkehr mehr, die Bewegungen des Verkehrspolizisten sind fast grotesk. An der Insel mitten auf der Kreuzung fällt eine Frau vom Rade, vielmehr das Riesenfahrzeug, das sie als Rad benutzt, fällt mit ihr um. Sie schreit sehr auf, aber der einzige Wagen, der grade ankommt, umfährt sie in weitem Bogen. Der Polizist grinst und sagt ihr, was er immer sagt: »Was wollen Sie auch in Clichy [oder: im Norden] machen!?« Ich überschreite selbst die Kreuzung. Ich höre ein ganz leises Geräusch, wie einen Fall. Der Polizist winkt mich zu sich und fragt, was in dem Paket sei, das ich eben weggeworfen hätte. Ich habe kein Paket weggeworfen, sage ich, ich habe nur Asche von der Zigarette geschnippt, und dabei hat sie sich ganz geleert, hier sehn Sie die leere Hülse! »Schade«, meint er, »damit sind auch neun Franken [= neun Zehntel der Zigarette] verloren!« Da wendet sich ein rotbackiger Knabe um und fragt, ob ich dieses Portemonnaie hier eben verloren hätte. Ich bin ganz verwirrt. Ich gehe zu dem Polizisten zurück und schüttle ihm dankend die Hand, mehrmals. Ich sehe das flaumige gelbe Ordensband auf seiner breiten Brust. Ich möchte ihm Geld geben; aber im Dienste nimmt er sicher nichts an. Ich laufe hinter dem Knaben her, um ihm zu danken. Er will nichts annehmen, er läuft in die Untergrundbahn, ich laufe hinterher, die Eisenbarren hindern mich, ich rufe ihm zu, doch zu warten. Dabei überlege ich, ob ich ihm fünf oder zehn Franken geben soll; die hundert Franken in dem Portemonnaie sind alles, was ich habe, aber ich entschliesse mich doch für zehn Prozent, weil mir einfällt, dass zehn Prozent als Entgelt üblich sind. Ich lege die Hand auf die Schulter des Knaben und bitte das Fräulein am Schalter, mir auf den braunen Fünfundzwanzigfrankenschein, den ich ihr gebe, Rest zu geben. Sie fragt, ob ich denn kein Kleingeld hätte; nein, ich brauche ja eben welches! Sie gibt mir auf einem Teller hundert Bohnen, eine

Bohne gilt einen Franken. Ich soll sie nachzählen. Ich lasse einige zu Boden fallen. Das Kind und ich bücken uns, sie aufzuheben. Ich streichle ihm die heissen Backen. Es ist frisch und intelligent. Es ist noch nicht zwölf Jahr alt. Es sagt mir, es sei weggelaufen, weil es geglaubt habe, es hätte bei einer Sammlung für den Krieg als Schaustück dienen sollen.

534

Ich stehe in einer Versammlung [es muss, aber das ist nicht deutlich, eine Versammlung des Schutzverbandes Deutscher Schriftsteller sein] auf, in der ersten Reihe, stelle mich ins Profil zu den andern und beginne Sprüche auf unsre Toten zu sagen, auf jeden einen kurzen Spruch. Ich bin selbst sehr ergriffen, und spreche in einem dumpfen, vielleicht etwas weinerlichen Tone. Ich habe dieselben Sprüche schon gestern gesagt; habe ich schon eine Routine in diesen Trauerrezitationen? Zwei oder drei Frauen, die sich aus der Versammlung losgelöst und sich mir gegenüber hingesetzt haben, beginnen erst heimlich, dann immer deutlicher zu lachen. Ich verwirre mich, beherrsche aber die Verwirrung und spreche mit Bestimmtheit zu Ende. Dann gehe ich in den Räumen herum. Peter Bach kommt, sehr dick geworden, in einem engen weissen Turnerkostüm, das zweideutig, ja pornographisch wirkt. Ich mache eine spöttische Bemerkung darüber. Er trägt ein kleines flaches geigenförmiges Instrument in den linken Arm geschmiegt, wie eine Geige: den Griff in der Hand, und spielt auf ihm wie auf einer Laute oder Gitarre. Es ist eine »Bronzelaute«, und er hat nur achtzig Franken dafür bezahlt. Ich weiss aber, dass sie einmal gestohlen worden ist, und ich möchte sie selbst wieder stehlen. Wir sehn Photographien in Büchern an, und lose Photographien. Eine interessiert, beschäftigt und erregt mich sehr: es ist die eines mit leicht verzerrtem Gesicht unter verzogner Mütze ins Licht blickenden deutschen Soldaten, es ist die einzige, die es gibt, und sie ist ein wichtiges Beweis- oder Propagandastück. [Ich habe in der französischen Übersetzung eines Buches von Zischka, »La guerre sécrète pour le pétrole«, unter einer Photographie die Unterschrift »L'unique portrait de l'agent Eichhorn« gelesen.] Ich sitze mit Nelly in einem Hotelsaal oder Café an einem kleinen Tisch vor dem Fenster. Hinten geht der Komponist Nelson mit seinem ganzen Anhange vorbei. Seine Frau, Käte Erlholz, ist dick und ganz ergraut, auch die andern Frauen sind mehr oder weniger fett. Von der jüngsten Sängerin oder Tänzerin wird gesagt »– sie muss sich eben unter die Röcke fassen lassen«. [Ich habe Nelson nur ganz flüchtig gekannt, Käte Erlholz überhaupt nicht, und diesen Nelsonschen Sippenaufzug nur ein einziges Mal anlässlich eines Wohltätigkeitsgastspiels gesehn.]

535

20/1/43

Im Flugzeug wird Tabak verteilt. Es wird gleich danach abstürzen.

536

21/1/43

[Aus einer reichen Folge sehr bewegter Ereignisse habe ich drei ganz von einander getrennte Motive behalten:] Zur Zeit, als die Drohung der Hinrichtung am schärfsten besteht, werden die schwarzen Hüte eingegraben [– oder die Köpfe, und die Hüte werden weggenommen? Jedenfalls handelt es sich um eine Trennung zwischen Hüten und Köpfen]. Andre Sachen werden gleichzeitig durchgesetzt. – Ich gehe im Dunkeln über den grossen Platz. Neben dem Schild, das an der Ecke vor mir den Platz benennt, steht, dass die zweite kleine Strasse »Waldschlösschen« [Name eines Gartenrestaurants bei Lissa] heisst und zum Bahnhof Charlottenburg führt. Eigentlich müsste schon die erste, die der zweiten nahe und parallel ist, zum Bahnhof führen – aber ich gehe in die zweite, enge, von dünnen Bäumen umstandne; trotz der

Dunkelheit kann ich in der Biegung das Schild »Waldschlösschen« lesen – Wir sind im Zimmer des Arztes. Er wird bei
mir eine schwere Krankheit feststellen. Zwei Ärzte liegen auf
einem schmalen Metallbrett. Ein Mann will, dass sie ihn
untersuchen; er will ihre Blicke auf sich zwingen, er packt
ihre Köpfe, deckt ihnen das Licht ab, will sie an sich ziehn;
sie schrein, ganz rot, dass er sie ersticken wird.

539

24/1/43

Ich stehe unter Mordanklage vor einem Militärgericht. Ich
werde in den Theatersaal gebracht, in dem die Verhandlung
stattfindet, und rechts von der Bühne auf eine erhöhte Estrade
gesetzt. Der Orchesterraum und Parterre sind für das Publikum frei; sie sind noch fast leer; Gerda Stücklen sitzt mit ihrer
Mutter etwa in der Mitte, und einige Reihen hinter ihr sitzt, in
der Mitte mehrerer Reihen zusammengeballt, eine Gruppe alter Frauen. In der entsteht ein Streit: eine aus der zweiten
Reihe steht auf, beugt sich vor, und schlägt mit schwachen
Fäusten auf die grauen Haare der vor ihr sitzenden Alten ein,
die grauen Köpfe und dürren Arme verknoten sich in einer leisen und langsamen Schlägerei, die grade in ihrer Schwäche ein
schauerliches Bild abgibt, aber bald verebbt. Ich empfinde es
als schrecklich, den Blicken der Leute ausgesetzt zu sein, die
mich als den Mörder anstarren, und ich bin doch gar keiner;
ich fühle unter ihren Blicken die Härte und Magerkeit meines
Gesichts; der Saal wird sich füllen, immer mehr Menschen
werden mich anstarren. Ich trage schwarze Handschuhe; der
rechte Ringfinger ist zerrissen, ich ziehe ihn auf, er wickelt
sich als ein ungeheuerlich langer Bindfaden ab, ich kann den
Knäuel schon nicht mehr in der linken Hand zusammen-
drücken, er quillt über, hängt mir über die Knie; ich nehme die
Schere aus der Tasche, um den Finger kurz abzuschneiden. Da
werde ich aufgerufen, um zur Person vernommen zu werden.
Ich stehe auf, um vor den Richtertisch zu gehn; die Richter,
blinkende Offiziere, sitzen in einer engen verschlagartigen

Loge am Ende der Estrade, auf der ich mich befinde, schon neben der leeren Bühne. Einer ruft mir zu, ich solle die Handschuhe ablegen, aber mit der Mütze – einer französischen Kappe – kommen; ich habe überhaupt eine Art französischer Uniform. Ich trete an den Tisch und nehme, nachlässig und ungeschickt, stramme Haltung. Ich stosse auf offne Feindseligkeit und Voreingenommenheit. Einer der Offiziere zeigt auf meine Mütze, an der, wie ich mit den Fingerspitzen fühle, der Tressenbesatz nicht festsitzt. »Sie wissen nicht, was es heisst, zwei Jahre im Lager gelebt zu haben!« sage ich. Gleich darauf fällt mir ein: warum habe ich denn nicht vier Jahre gesagt, wie es doch richtig ist? Und wird der Prozess mir Gelegenheit geben, vom Lagerleben zu erzählen und die Probleme des Lagerlebens öffentlich aufzurollen? Der Offizier sagt: »Wir erkennen Sie nicht als Soldaten an!« »Voulez-vous dire par cela«, frage ich langsam en fureur, »que ce tribunal militaire est incompétent?« Er antwortet nicht. Es werden mir einige Fragen gestellt, erstaunlicherweise werde ich nicht einmal nach meiner Nationalität gefragt. Während dieses kurzen Verhörs ist mein Verteidiger abwesend; ich muss ihm, als er zurückkommt, dieses Verhör, vor allem meine Aus- und Andeutung der Zuständigkeitsfrage, erzählen. Er zeigt mir eine grosse rosa Eiswaffel, die auf meinen Platz gelegt worden ist, die soll wohl mein Frühstück sein; sie schmecke gut, meine er. Ich beisse hinein und gehe näher an den Zeugentisch. Die Verhandlung ist langsam in Gang gekommen und geht schleppend weiter. Es wird ein Mann vernommen, den ich im Lager gesehn habe, er beachtet mich nicht, er erzählt eine Geschichte von Stempeln, die auf ein Papier gedrückt worden seien, und die er gesucht habe. Ich verstehe den Zusammenhang nicht, ich kenne das Beweisthema nicht, ich kenne die Einzelheiten der Anschuldigung nicht, ich weiss von dem Prozess eigentlich gar nichts. Niemand kümmert sich um mich, ich gehe, schlendernd fast, hin und her. In einer Ecke gerate ich neben einen Richter. Er sieht mich fest an. Ich muss irgend etwas sagen; und sage schliesslich, in einem Tone, den ich selbst falsch und misslungen finde: »Es ist doch schrecklich, hier zu stehn und ganz schuldlos zu sein!« Ich stehe an die Wand gepresst. Er lächelt, und streicht mir freundlich mit den Fingerspitzen über die Stirn. Am Ende, denke ich, ist meine Situation gar nicht so schlimm? Am Ende ist dieser Prozess nur Schein und Formalität? Ich kehre um, auf meinen Platz zu. Jemand fragt mich: »Sie sind Italiener?« Ich schwanke, ob ich »denationalisierter Deutscher« sagen soll, und sage schliesslich nur »Nein«. Ich überlege: wir müssten diesen Prozess, von dem ich überhaupt nichts weiss, doch in die Hand bekommen; wir müssten Duhamel, Giraudoux und andre als Leumundszeugen laden; die Zeitungen werden über den Prozess berichten, die Gestapo wird sie lesen und wieder auf mich aufmerksam werden; mein Anwalt – den ich nicht finde – muss mir unbedingt abends die Zeitungen zeigen! Ein Mann in Uniform fragt mich: »Est-ce qu'on délibère encore?« Ich sage, dass ich es nicht weiss; das Kommen und Gehn von Leuten, wohl Zeugen, spielt sich weiter ab. Der Mann sagt mir auf meine Frage, dass für den Prozess drei Tage vorgesehn seien; sofort habe ich das Gefühl, dass ich also Zeit habe, Massregeln zu ergreifen; freilich können mir die Zeitungsberichte einen Streich spielen. Ich frage den Mann, dessen Gesicht mir bekannt vorkommt: »Sind Sie Polizist?« Als er bejaht, bitte ich ihn, mir anzuzeigen, welches eigentlich mein Platz sei. Er deutet auf eine beliebige, durch nichts gekennzeichnete Stelle. Sie ist von Pfeilern umgeben, zwischen denen breite Vorhänge aus Sackleinwand hängen. Ich mache ihn darauf aufmerksam, dass ich von hier aus die Zeugen nicht sehn kann, und überhaupt nichts vom Prozess. Er sieht das ein, und zieht an einer Schnur und alle Vorhänge gehn auf einmal hoch [vielleicht Erinnerung an einen Dekorationswechsel, den ich im Dresdner Staatstheater gesehn habe]. Ich gehe weiter auf und ab. Ich denke nach; diese ganze Sache hat mir wahrscheinlich Willy Münzenberg eingebrockt. Von einem Gange sehe ich wenige Stufen zu einer offen stehnden Strassentür führen. Niemand achtet auf mich; wie leicht wäre es, zu entfliehn! Aber wohin? Und die Flucht könnte als Geständnis gedeutet werden, ich muss die Anerkennung meiner Schuldlosigkeit durchkämpfen. Ich merke, dass ich im Hemde stehe, dessen obersten Knopf ich nicht geschlossen habe; ich muss grotesk aussehn; morgen muss ich eine Hose, eine Zivilhose, anziehn und fest gürten.

541

Eine Teufelsgeschichte spielt sich ab [die mir in der Erinnerung vollständiger und voller erscheint als die »Elixiere des Teufels«, deren Fülle ich aber nicht habe behalten können, ich weiss nur noch, wie gut gegeneinander abgesetzt, wie klar und geschlossen die – grösstenteils vergessnen – einzelnen Episoden waren]. Wir haben uns, oder ich habe mich dem Teufel übergeben. In einem Raume erscheinen, über eine Bühne kommend, ein weisser Elefant mit einem Elefantenkalbe. Er kommt auf mich zu; er rührt mit dem Rüssel an mein Geschlecht, er wird es mit dem Rüssel verbrennen. Ich schütze es mit der Hand. In einem andern Raume bekommen wir mit kostbaren Steinen zu tun, und mit grossen Gegenständen, herrlichen glänzenden Sachen, die mit kostbaren Steinen besetzt sind; auch hier müssen wir uns wohl gegen Verbrennungen schützen. In einem dritten Raume will der Teufel uns nehmen, da die Zeit erfüllt ist; wir wollen uns retten, der Raum, die Angst, die Spannung, der Glanz schäumen über, wir laufen zu den Türen, prallen an das dicke Glas, das prismenhaft geschliffen scheint, und es weicht nicht und öffnet sich nicht. Aber in einem vierten Raume sehe ich um eine blasse Frau herum kleine Steine und grosse Blumen fallen; sie ist schon durch die Gefahr hindurchgegangen und ist ganz still, sie ist erlöst, und stehend und kniend bete ich, wie sie wohl betet.

543

Endlich kann ich abreisen, endlich geht das Schiff. Ich gehe aus der Pension, in der ich gewohnt habe, zum Hafen. Anni W. und ein Freund begleiten mich. Unterwegs hält sie an und sagt, sie müsse zurückgehn. Da fällt mir ein, dass ich meinen Gummimantel vergessen habe; den werde ich auf dem Schiffe brauchen. Ich bitte sie, ihn mir noch zu bringen; sie schüttelt ihre hellblonden Haare und sagt, sie würde ja erst nach der Abfahrt des Schiffes hinkommen. Sie kehrt um, und ich gehe weiter. Ich habe einen dicken Kranz von Mistel- und Stechapfellaub um den Stock, den ich aufs Pflaster stosse. Ich wusste nicht, dass so viele Wirtschaftsemigranten mit dem Schiffe fahren würden; sie gehn vor und hinter mir zum Hafen. Einer, ein schwarzbärtiger Student, spricht mit mir; ich höre mir halb zu. Wie lange werde ich eigentlich auf dem Schiffe sein? Es fährt bis Vigo – dort steigt der Student aus –, und dann vier Tage an Spanien lang. Ich sage kurz, dass ich nach China weiterfahre. Er spricht von den Behörden des Landes, das wir verlassen, und ihrer angeblichen Hilfsbereitschaft. Ich spreche davon, dass sie mich ausgeliefert hätten, und dass ich noch jetzt lieber heute als morgen abreise, jeder weitere Tag sei gefährlich für mich, die Auslieferung hängt immer über mir – »und sind denn die Jagdhunde sympathischer als die Jäger?« Ich sehe in der Tasche nach; ich habe das am Vortage gekaufte Billet nicht verloren und nicht vergessen. Eine Gruppe von Wirtschaftsemigranten mit Rucksäcken und kleinem Gepäck kommt schnell von hinten zur Gruppe, zu der der Student gehört. Eine kleine dicke blonde Frau ruft einer andern zu: »Wer hätte gedacht, dass Frau Soundso Pessach in Afrika feiern wird!« Die Begegnung der beiden Gruppen gibt mir Gelegenheit, das mir lästige Gespräch abzubrechen und voranzugehn. Ich biege links ein, durch ein Gitter, an dem das Billet nach China geknipst wird nicht anders als das Billet für eine kleine Vorortstrecke. An einem zweiten Durchgang verlangt eine Frau wieder das Billet; ich will es aus der linken Innentasche nehmen, und finde statt seiner das kleine Reisenecessaire, an das ich gar nicht gedacht hatte. Sie nimmt mir das Billet aus der rechten Hosentasche und drückt aus einer Tube ein paar erbsengrosse Stücke Leim darauf. Damit müsse ich, sagt sie, zum vierten Tische gehn. Am vierten Tische steht eine Bretterbude, wohl die Dunkelkammer eines Schnellphotographen. Ein paar Männer sitzen wartend herum. Ich will mich auch auf einen der Gartensessel setzen; einer von den Männern hat drei Stühle mit seinen Sachen belegt, ich muss meine paar Sachen auf seine legen; dabei sehe ich, dass diese völlig durchgeschwitzt sind. Ich sehe, dass einige Emigranten ein grosses Bücherregal bringen, das sie anscheinend mitnehmen wollen. Dann wird auf dem etwas tiefer liegenden Wege, aber anscheinend nicht von Auswanderern, eine vertikal gehaltne Eisenmatratze vorübergetragen, in vertikaler Stellung, und kleinere Knaben sehn durch die unteren, grössere durch die mittleren, welche auf Stelzen durch die oberen Drahtgefüge, lachend und laufend. Das Schauspiel ist hübsch, ich stehe auf und gehe bis an den Rand über der Strasse, um es anzusehn.

(In derselben Nacht.) Ich komme zurück, wohl aus dem Gefängnisse. Ich gehe durch kurze breite leere Strassen. Ich will Zigarillos kaufen; ich trete in einen Laden, in dem ich früher sehr gute gekauft habe, wird es wohl noch welche geben? Als ich schon eingetreten bin, denke ich dran, dass die Inhaber mich fragen können, wo ich denn die ganze Zeit gewesen sei. Die sehr hübsche Ladnerin kommt aus der Hinterstube, und um Fragen dieser Art zu vermeiden, spiele ich eine lärmende Heiterkeit. Die Frau, sehr blass und mit starren Augen, geht auf mein Spiel nicht ein. Auch ihr Mann kommt, starr, schweigsam und abwesend. Ich bekomme keine Zigarillos, und gehe, scherzend und lachend. Da sehe ich, dass im Hinterzimmer ein Sarg steht, zu dem die beiden zurückkehren, und schäme mich sehr. Draussen hole ich meine Freunde ein. Lex kommt zurück zu uns. Ich umarme ihn; er kommt mir, gegen meine Begeisterung, kalt vor. Er wird endlich die Deutsche Volkszeitung wieder herausgeben. Ich werde mitmachen; aber ich will nichts gegen die andre Gruppe der Freunde unternehmen. Lotte zählt Freunde und Mitarbeiter auf; aber sie überspringt, ungerecht, die Verdienste der zur andern Gruppe gehörenden Freunde. Ich packe ein Paket aus; eine Tube Sacharin möchte ich gleich

einstecken, und da ist sogar eine grosse Röhre voll Streu-
zucker [wir haben gestern eine Extraration Zucker bekommen und ich habe sie in eine kleine zylinderförmige Alumi-
niumdose geschüttet]. Einige von den Sachen sind in dünne
biegsame Bleche verpackt; die möchte ich, die grösseren wenigstens, als Trinkgefässe behalten; die kleineren könnten als
Schnapsgläser dienen – aber ich trinke Schnaps nicht gern
aus Blech. Ich zerschneide den sehr süssen dunkelgrünen
Stiel einer eingelegten Staude und koste sie. Plötzlich fühle
ich die Müdigkeit, die Schwäche wieder, diese kleine Mühe
hat mich angestrengt. Ich beklage mich, tieftraurig, über
meine Krankheit; ich bin zu schwach sogar zum Essen. Ich
werde an Schiller schreiben [ich halte in meinem Literaturkursus bei Schiller], ich will ihn nach einem Mittel fragen.
Ich will fragen, ob er das Mittel in einer seiner Moskauer
Privatschriften erwähnt. Ich nehme eine Postkarte, wie ich
eben schon eine geschrieben habe, die um die Marke herum
palettenförmig perforiert ist. Ich kann ihn doch aber nicht –
ich habe mit Bruno Frei darüber gesprochen – »Herr Hofrat« anreden! Ein Mann in unsrer Umgebung heisst »Zum
Murkel«; von dem sagt ein reklamespruchartig gefestigter
und verbreiteter Merksatz »Zum Murkel zummurkelt alle!«

550

Ich bin zu Hugo Simon eingeladen, zu einer Feier, die er veranstaltet, weil er seinen Staatsprozess gewonnen hat. Ich
müsste mich noch umziehn, den dunkelblauen Anzug nehmen, der zuhause zusammengefaltet liegt – ich habe eine
weisse Hose und einen hellgrauen Rock an. Es ist ziemlich
weit nachhause. Meine Uhr zeigt zwanzig Minuten nach sieben, auf halb acht bin ich eingeladen; aber ich weiss, dass
meine Uhr [das war heute wirklich der Fall] zwanzig Minuten
vorgeht. Ich trenne mich von Walter Hasenclever; er will
etwas besorgen und wir werden einander auf der Strasse, die
vom Ort seiner Besorgung zu meinem Zuhause führt, wieder

treffen und zusammen zu Simons gehn. Ich frage in einem Tabakladen vergeblich nach Brasilzigarillos. Ich gehe in einer weiten Strasse mit hellgrauen Häusern mit einem fast noch kindlichen Mädchen. Ich küsse es, es küsst nicht wie ein Kind, sondern wie ein Mädchen. Sein kleiner Bruder stösst spielend die Ladentüren auf. Ich nehme ihn auf den Arm, er stösst mit den kleinen Fäusten von meinem Arme aus weiter nach den Türen, sein ganzes kleines Gesicht erstrahlt himmlisch in einem wundervollen Kinderlachen, das mich, als gehe es tröstend über die ganze Welt, überaus glücklich macht. Ich führe die Kinder nachhause zu mir – es ist ein andres Zuhause als das, in das ich eigentlich gehn wollte –, das Mädchen liegt neben mir im Bett und schläft. Ich stehe auf, lasse es schlafen, und sage Walter, auf das kleine schlafende Wesen zeigend – sein Bruder ist aus dem Traum verschwunden, das Mädchen ist jetzt allein ein Kind, und ganz ein Kind –, dies sei ja noch ein Kind. Dann treffe ich Walter auf der verabredeten Strasse; ich bin nicht nachhause gegangen und habe mich nicht umgezogen. Ich könnte – und müsste – an Frau Simon telephonieren, ehe ich hingehe, und ihr sagen: ich hätte infolge meines Umzugs – denn ich bin eben umgezogen – nicht den Smoking – um diesen handelt es sich jetzt – nehmen können. Ich stelle mir vor, wie Frau Simon, die ihre Gäste erwartet, ans Telephon gerufen wird. Vielleicht werden auch andre nicht im Abendanzug sein! Walter ist aus dem Traume verschwunden, ich bin mit Babette Gross zusammen. Ich frage wieder in einem Laden vergeblich nach Brasilzigarillos. Wir sind im Hinterzimmer eines Cafés. Ich sehe, vom Tisch, an dem Babette sitzen bleibt, aufstehend, ein Bild an und sage: »Dein Bruder hat Erfolg mit seinem Stück gehabt und Hugo Simon hat seinen Staatsprozess gewonnen – man kann Euch nur gratulieren!« Ich frage sie, ob ich denn in diesem Anzuge zu Simons gehn könne; »wenigstens habe ich einen schwarzen Rock an« – ich bin jetzt in der Tat mit einem sehr knappen, wohl zu knappen, und schlecht gebügelten Sakko aus sehr wolligem, fast flaumigem [ich hatte einen Wollschal auf das Kissen gelegt, wie jeden Abend]

schwarzem Stoffe bekleidet. Wir verlassen das Café. In einer
von Handwagen und Verkäufern erfüllten Strasse [etwa am
Carrefour de Buci] suchen wir den Wagen. Ein Verkäufer –
sie haben doch überall Leute und Beziehungen! –, den ich
übrigens selbst zu kennen glaube, ruft aus einer offnen
Schaufenstertür Babette zu, Münzenberg habe den Chauffeur da-vier dorthin geschickt. Wir gehn über eine grosse
Strassenkreuzung [wie auf einem Boulevard in der Nähe von
St.-Augustin], die grade ganz leer ist, weil der Wagenstrom
an der nächsten Ecke aufgehalten worden ist. Als er wieder
anflutet, glaube ich Wagen und Chauffeur zu erkennen, und
rufe das Babette zu. Wir müssen lachen; was da ankommt, ist
ein uralter Pferdewagen, der lang und langsam an uns vorbei-
zieht: Dann hält unser Wagen; ich kenne und erkenne den
Chauffeur [wirklich einen Mann Willy Münzenbergs]; aber
nicht ein Personen-, sondern ein Lastwagen. Es ist komisch,
zu einer Gesellschaft auf einem Lastwagen zu fahren; aber
wir steigen auf, und machen uns hinten aus unsern Koffern,
die wir plötzlich tragen, – gut, dass wir sie haben, und dass
wir nicht hintenüber kippen werden! – und Decken Sitze.
Freunde von Babette bringen uns Teller voll Makkaroni und
Schinken.

551

5/2/43

Die Liebe zu Roma hat wieder angefangen, wie Romas Liebe
wieder angefangen hat. Wir gehn, uns umschlungen haltend,
durch einen Wald; er ist vorfrühlingshaft, noch dünn, frisch.
Wir überschreiten einen nassen zerfahrnen Weg, gehn durch
einen andern Tannenschlag; hier liegen noch grosse Brocken
Schnee. Roma sagt: »Das Schöne an Dir ist, dass Du weisst,
dass Du älter wirst!« Lebhaft, ja begeistert erzähle ich ihr zur
Antwort, dass ich [das entspricht der Wirklichkeit] eben ein
Kapitel des Buches, an dem ich grade arbeite, mit den Worten
angefangen habe: »Es ist wunderbar, älter zu werden«, das
heisst: mehr gelebt zu haben, mehr Leben zu kennen. Frei-

lich habe ich weisse Haare – »Und Deine wunderbaren blau-grauen Augen, die man zu den weissen Haaren nur besser sieht«, fällt Roma ein. Voriges Jahr, erzähle ich, hätte ich Gründe gehabt, einen vorübergehnden Krankheitszustand zu übertreiben. »Voriges Jahr«, sagt Roma nachdenklich, »das war das Jahr des Geigers Soundso –« [sie nennt einen südslavischen oder italienischen Namen, den Namen des Mannes, der im vorigen Jahr ihr Geliebter war]. Ich sitze mit Roma in einem Zimmer. Sie erzählt von einem Kleide, das nur auf ihren festen kleinen Brüsten aufliege, oder so berechnet sei, dass es einen Punkt auf dem Scheitel zum – sozusagen – idealen Bestimmungspunkte habe. Ich sehe die Grazie ihrer bewegten Erzählung und sage: »Schon für diese Berechnung müsste man Dich küssen!« Sie zeigt mir in der Zeitung einen Bericht über eine Mobilmachung in Norwegen, die von einem Pastor mit hartem blankem Namen geleitet wird. Ich lese; »das ist aber keine Mobilmachung für den Krieg«, sage ich, »sieh doch, man hat Arbeiten in den Wäldern nördlich der grossen Seen im Auge«. Es ist wohl so, dass wir in diese Gegend zu fahren beabsichtigen. Ich bin auf dem Sofa eingeschlafen. Ich wache auf, weil ich nebenan Mutter sich regen höre. Ich fühle die bleierne Müdigkeit, die man hat, wenn man, zu müde, ins Bett zu gehn, in den Kleidern eingeschlafen ist. Ich mache zwei Schritte und falle aufs Bett. Es ist dreiviertel sieben, ich will mich doch noch für eine Stunde ins Bett legen. Ich ziehe die Socken aus. Ich trage [wie jetzt hier] zwei Paar Socken; aber es ist schon warm, ich brauche eigentlich nur noch ein Paar anzuziehn – freilich werde ich, um in den Wald zu gehn, weiter die Strassenreinigerstiefel anziehn müssen, statt leichterer Schuhe; und ich sehe mich vor Roma am Waldrande im Lederrock [in meiner jetzigen Kleidung] stehn. Ich bin sehr müde, aber ich fühle eine seltsame Leichtigkeit; wenn Mutter mich befragt, werde ich sagen, dass ich glücklich sei: ich hätte von einer Welt geträumt, in der alles Übel nur wie Erfahrungen andrer sei. Menschen kommen ins Zimmer und erzählen von Schüssen, die bei der Bestattung Tollers [vor dem Einschlafen habe ich mit Heinz Renner über Tollers Selbstmord gesprochen] gefallen seien. Mutter hat sich unter die Angekommnen gemischt und erzählt, ein Polizist habe gesagt: »Man wird nicht dulden, dass ein kleiner Name Verwirrung anrichtet –« – »Ein kleiner Name, – Kleist«, setzt sie wütend hinzu. Der Vergleich mit Kleist scheint mir doch übertrieben; ich antworte aber nur: »Da kannst Du hier in der Präfektur noch ganz andres hören!« Polizisten halten sich schon eine Weile zwischen den Leuten auf, schwere Männer in blauen Uniformen. Einer, mit fettem blondem Gesicht, zieht mich neckend am Haar, mit einem schwachen Lächeln, das falsch sein kann. Ich weiss nicht, was ich sagen soll. Nun machen sie sich an das Bücherbrett. Einer nimmt einen Stoss meiner Tagebücher, blättert, und fragt, was das sei. Ich will sagen: »Mein Tagebuch, ein literarisches Werk« – ist das eine Haussuchung? Mein Gott, ich hätte das voraussehn und meine Manuskripte sicherstellen müssen! »C'est donc pour moi que vous êtes venu?«, frage ich. Der Polizist antwortet grob, schneidend, hochfahrend.

555

9/2/43

Ich habe in der Pension alle Sachen zur Abreise fertig gemacht. Ich erhebe mich vom Bett; das Nachthemd ist nun nicht im Koffer, und noch einige Kleinigkeiten nicht, Notizenbündel, Manschettenknöpfe und andre Sachen, die auf einer Schale liegen. Die Wirtin muss mir eben aus denen ein kleines Paket machen. Sie kommt herein, breit, kurzbeinig, klein, rotgesichtig [eine Karikatur von Frau Oettlinger]. Wir sprechen leise. Zwei Zimmer weiter höre ich ihren Mann sich bewegen. Plötzlich küsse ich sie auf den breiten harten Hals. Sie stammelt etwas und kommt mir näher. Ich fasse sie an, entblösse mich. Ich stehe in Ekel und Gier. Ein Gedanke schiesst mir durch den Kopf: einen Roman – den Roman meines Aufenthalts in dieser Stadt – so schliessen zu lassen, mit dieser Szene: diese rohe Kreuzung zweier Wesen ist die letzte, die wichtigste Szene, zu nichts als dieser trüben Belanglosigkeit hat alles geführt und führen müssen – Die Szene ist kupiert mit einer Masturbationsszene zwischen Homosexuellen; der aktive Spieler – der andre ist Hans – masturbiert sich, den andern umschlungen haltend; er löst die Umklammerung des linken Arms, fasst mit der Hand das Geschlecht des andern; das Glied bricht ab.

561

15/2/43

Ich liege in einem Bette, das dicht am Fenster steht. Ich bin krank. Ich sehe hinaus. Unten weht Wind. Jemand winkt mir Grüsse herauf. Meine Grüsse nach Pyrmont sind ausgerichtet worden. Scharen von Kindern in Soutanen laufen herzu und drängen sich in die Läden. In einem der grossen Haufen singen diese Schulkinder in Klerikerkleidung, diese kleinen schwarzen Kinder, die wohl Waisenkinder sind, laut und mit heftigen Gesten: »Wir sind etwas, wir haben Geld!« Roma gesellt sich zu mir, Freundin, Krankenbesuch oder Pflegerin. Sie möchte eine Zigarette rauchen. Soll ich hinuntergehn, eine besorgen? Eine halbe kann ich ihr geben [Bilinski hat mir gestern, da der Tabak seit fünf Tagen ausgeblieben ist, eine halbe Zigarette geschenkt]. [Die nächste Notiz: »Zigarrenzeichen – Yvette versteckt, wegen Absätze« ruft, ausser einem dunklen Gefühl, nichts mehr wach.] Ich stehe mit Roma auf dem Balkon neben meinem Bett. Ich zerreibe irgend etwas Körniges, Mehl oder Tabak oder sonst etwas, zwischen den Fingerspitzen; das Pulver fällt zwischen die Zweige, die sich an der Mauer heraufranken, vor den Kopf der blonden Ladeninhaberin, die grade aus ihrer Türe schaut. Ich seh die körnigen Striche ihrer festgezognen blonden Haare von oben. Vor dem Laden sehe ich, dicht an der Mauer herankommend, meine Urgrossmutter [ich habe keine meiner Urgrossmütter gekannt], sehe wie hager sie ist, und wie tief gebückt. Ich spreche mit Roma lange über alte Frauen und das Alter von Frauen. Ich frage, ob es wahr ist, dass mit der Marette [damit ist das Klimakterium gemeint] die Geschlechtsempfindung der Frauen aufhöre; ich glaube beobachtet zu haben, dass das nicht stimme. Sie gibt mir Erklärungen und markiert mit dem Finger eine Stelle an ihrem Leibe; aber auch diese Stelle könne verschlossen werden. Ich denke wieder an meine Krankheit, und spreche auch davon. Ich bin neulich bei Sanitätsrat Goder gewesen, er hat nichts festgestellt. Wenn ich nun aber eine bis jetzt ganz unbekannte Krankheit habe? Irgend etwas Innerliches, Unheimliches, eine Blutzersetzung, oder so etwas?

(In derselben Nacht.) Der neue Ingenieur hat gearbeitet. Er hat »geniale Einrichtungen« geschaffen. Wir sind in einem hochmodernen Badezimmer. Es ist sogar viel zu kompliziert; ich will etwas ausspülen, und finde an den vielen spezialisierten Apparaten nicht einen einzigen einfachen Hahn, der bloss aufzudrehn ist und Wasser laufen lässt. Als ich aber, nach einem Ausgange, zurückkomme, ist alles schon ausgewaschen.

562

Wir haben Leute festgehalten, und führen sie den Hügel hinauf durch das Dorf. Es besteht aus sich nicht berührenden, schweren, aber zierlichen, wie gedrechselten Häusern, die alle, in grossen Flächen gefärbt, zweifarbig sind. Schairers sind zurückgeblieben. Ich komme mit Lotte vor unserm Hause an, mitten im Dorfe, fast auf der Höhe des Hügels. Wir gehn den Festgehaltnen nach. Wir müssen in den dritten Stock – von aussen sieht man gar nicht, dass das Haus so viel Stockwerke hat – steigen. Als wir oben ankommen, sind die Festgenommnen verschwunden. Wohin führen die beschrifteten Glastüren in den Wänden des Zimmers? Da ich sie untersuchen will, finde ich mich gespiegelt. Ich sehe, dass ich die »Feldmütze« [eine schirmlose Tellermütze] aufgesetzt habe, und muss lachen; ich sehe mich braun und lachend unter der Mütze. Schairers kommen nach, der Raum füllt sich. Die Genossen haben meistens gleiche – sehr bunte, gut gearbeitete, schöne – Pullovers an. Ich will, dass Lotte einen der guten jungen Genossen begrüsst; aber ich habe seinen Namen vergessen. Später schlafen wir alle. Lotte, die vor mir liegt, beginnt zu weinen, weil sie sich ausgeschlossen fühlt. Ich versuche sie zu trösten. Wir sprechen leise. Nein, ich träume schon lange nicht mehr, antworte ich ihr, mein Traum hat längst aufgehört, und es ist ganz still. Sie richtet sich auf. Sie hat so geweint, dass sogar ihre Schultern ganz nass sind. Ich trockne ihr den Rücken ab; er ist sehr jung und ganz sonnenbraun. Später sprechen wir über Schriftsteller. Ich gehe hin und her und erkläre Aragon, der in einem Bette liegt, dass ich keine Trennung in Fächer anerkenne; die Definition des Schutzverbandes – Schriftsteller sei, der im Haupt- oder Nebenberuf vom Ertrage seiner Feder lebe – sei ganz falsch, würde sie wörtlich genommen, müssten wir selbst alle aus dem Verbande austreten. Aragon erhebt sich, abweisend, und wendet sich hochfahrend ab. Ich beschwere mich bei Lotte. Sie sagt: »Das deinetzt gut« – sie will sagen, dass das gut stimmt; und ich beginne eine Untersuchung des sonderbaren Ausdrucks, den sie gebraucht hat.

(In derselben Nacht.) Auf der Karte ist ein Ort, in blauem Felde, mit Nummer 11 bezeichnet; diese Nummer bedeutet: man muss lieben, man muss die Welt lieben, man muss die Liebe lieben. Die Karten werden, im Verlaufe einer Vorführung, aufgehängt; und sie werden beim Wechsel, die Karten aller Erdteile, weiss und blank gewischt, werden hell und leuchtend. Die Vorführung findet in einer Art von Warenhaus statt. An der Kasse stehn Bekannte. Ich begrüsse einen; den schlanken Mann mit dem Monokel, der hinter ihm hervorkommt, und sich zu mir dreht, kenne ich auch; Yvette – in Mutters Rolle – flüstert mir von hinten zu: »Herr von Hirschfeld!« – wie gut, dass sie mir hilft, da werde ich es viel leichter haben! Die Vorführung unsres politischen Kabaretts geht weiter. Ich kontrolliere die Vorgänge. Auf einer Galerie werden Maschinen verschoben; sie gleiten nicht rasch genug, eine hakt sich an der vorangehnden fest, ich lege mich auf den Boden, um besser zu sehn, ich bin ganz erfüllt vom Gefühl lebhafter und befriedigender Tätigkeit. Einige von diesen Maschinen sind »Maschinen zum Lieben«. Ich habe Requisiten des Spiels in der Tasche. Kameraden interpellieren mich heftig: die »Freiheit« [gemeint ist die »Deutsche Volkszeitung«] ist nach einer Unterbrechung von einigen Tagen wieder erschienen, sie bringt eine Kritik unsres Spiels, und die Kritik ist schlecht. Ich bin auch der Verbindungsmann zwischen Zeitung und Bühne. Ich entfalte das Blatt. Ein aufgeregter Schauspieler will es durchaus von mir haben; ich kann es ihm nicht geben, ich muss die Kritik genau lesen. Ich überlasse es ihm doch, weil Ivan Kardum mir schnell, mit einem Lächeln, zwei Exemplare der Zeitung zusteckt. Ich erkläre Johann Schmidt meine Grundidee, auf der unser Spiel beruht. Freunde und Freundinnen umdrängen uns. Er spricht mit einer Nervenärztin, einer stark geschminkten Frau. Sind nicht alle diese Frauen zu stark geschminkt? Eine erotische Erinnerung dämmert in mir, erotische Vorstellungen wachsen auf. Wir bewegen uns hin und her; ich fühle meine Waden von den Waden der Drängenden gestreift.

564

18/2/43

Heimlich spinnt sich eine Liebesszene mit der von alter Zeit an vertrautesten der Frauen an. Ich führe sie ins Nebenzimmer, die Liebesszene entwickelt sich, über die Heftigkeit meiner Liebkosungen hin, zum leidenschaftlichen Gipfel. Es ist grade die Vertrautheit dieses jugendlichen Fleisches, die mich in der Ekstase entzückt. Neben dem Zimmer, in dem die Vereinigung geschieht, ist ein Saal, in dem eine Vorführung stattfindet. Ich habe ein Klosett aus unserm Zimmer in diesen Saal geschoben; man wird es sehn, man wird sehn, dass es aus diesem Zimmer gekommen ist, und man wird uns entdecken. Ich gehe in den Saal, um es wegzuschaffen. Grade schiebt eine Sängerin, singend, einen Tisch auf die Szene, über das Klosett hinweg. Ich ziehe es zur Seite und hinaus. Zwei Knaben kommen mir entgegen, mit grossen Kolbenspritzen, die es reinigen sollen. Ich bin etwas verlegen, ihnen diese Arbeit zu machen, aber sie unternehmen sie mit grosser Geschicklichkeit.

Ich bin heimlich nach Berlin gegangen. Ich gehe mit einem Dokument in ein Behördenhaus; das Dokument ist ein grosser Bogen, der mit kleinen bunten aus dickem Karton geschnittnen Figuren besteckt ist; darauf steht, dass die in Belgien vorgefundnen Emigranten doch noch etwas leisten könnten, dass man ihnen dazu Gelegenheit geben solle und dass man ihre Rassenverhältnisse untersuchen müsse. Mir fällt auf, dass das Blatt keinen amtlichen Eindruck macht, keinen Stempel trägt. Stempel finden sich auf einem beigelegten Bogen, einer Art Vorladungsformular. Das Behördenhaus ist sehr gross, sehr hell, und voller Betrieb. Ich bin hingegangen, um zu sehn, um was es sich handelt. Ich frage einen grossen braunen Mann, an wen ich mich wenden müsse; ich suche Zimmer 217. Am Tisch vor mir stehn, auch als Besucher, zwei Bekannte von früher, die zischeln und kreischen, da sie mich sehn: »Sieh mal«, sagt der eine zum andern, »das scheint die neue Verkleidung zu sein«. Ich reibe mir den kurz geschornen Kopf – übrigens haben auch die beiden Bekannten, die ich nicht identifizieren kann, den Kopf borstig geschnitten –, so dass mein Gesicht halb verdeckt ist, und gebe mir den Anschein, mich nicht betroffen zu fühlen. Muss ich auch gleich beim ersten Schritte erkannt werden! Die beiden benehmen sich sehr aufgeregt. »Herr La Bolde!«, ruft der eine den Mann an, der sich mit mir beschäftigt; gewiss will er ihn darüber aufklären, wer ich bin. Der hat mich aber schon in einen Gang <ge>führt. Er nimmt mir den Anhang des Dokumentes ab, und, als wolle er mich bedienen, den Mantel, aber auch den oberen von zwei Röcken, die ich trage. Und plötzlich betastet er mich. Ich begreife nun: »Soll das etwa eine Untersuchung sein?« frage ich, »eine Durchsuchung nach Waffen?« Der Mann heisst mich warten.

Er hat mir den zweiten Rock gelassen und ein Paket mit Nudeln, das ich trag. Ich sehe mir betreten noch einmal das belgische Dokument mit dem volltönenden, aber vorsichtigen Texte und den vielen Figuren an [es kann übrigens sein, dass die Durchsuchung erst nach der Rückkehr des Mannes stattfand], und plötzlich begreife ich: ich bin in eine Falle gegangen, ich bin in einem Büro der Gestapo! Entsetzen befällt mich. Wie konnte ich so leichtsinnig sein! Ich komme hier nicht mehr hinaus. Ich denke an die Aufzeichnungen, die ich habe liegenlassen. Ich muss lange warten. Ich suche zu sehn, in welche Tür der Mann gegangen ist; 357 – wenn die Zahl durch 3 teilbar ist, dann soll das bedeuten, dass dieses idiotische Abenteuer doch noch gut ausgeht. Neben 357 steht »nach Zimmer 398«; diese Zahl ist nicht durch 3 teilbar, aber wie kommen die beiden Zahlen nebeneinander? Einige Männer in grossen ganz neuen Ledermänteln gehn vorbei, die lachende und hochmütige Herrenmienen zur Schau tragen. Dann werden einige Engländer vorbeigeführt, die anscheinend das Haus besichtigen und kühl über alles hinsehn. Einige Frauen in grauen Kostümen mit mächtigen sonnverbrannten Männergesichtern gehn im Gewühl vorüber. Der Bau ist sehr unübersichtlich, zu unübersichtlich, als dass ich noch aus ihm entkommen könnte; aber trotz meines Entsetzens fällt mir die grosse Ordnung auf, die hier herrscht. La Bolde holt mich ab; seine rissige schwarze Hand fällt mir jetzt auf. Soll ich meine Sachen mitnehmen? Unter dem Gange, durch den ich geführt werde, werden Menschen, in Kästen sitzend, durch halbmannhohes Wasser geschoben. Ist das etwa eine Art Rassenprobe? Am Ende des Ganges ist ein Gartenstück, dort bleibe ich stehn. Ein Arbeiter treibt Wassergüsse durch dicke Büschel von Kiefernzweigen. Ich frage ihn, ob er mit dem Nadelholz das Wasser oder mit dem Wasser das Nadelholz reinigen wolle? Als ich andre Fragen stelle, wird das Gespräch ganz undeutlich. Solche Gespräche solle man jetzt hinter der Front nicht führen, murrt er in seinen dicken Schnurrbart. Schliesslich meint er, brüsk tröstend: »Das braucht ja nicht unbedingt mit dem Tode zu enden!« Ich denke, dass der Krieg ja weiter geht; wenn ich nur Zeit genug habe, das Ende zu erwarten! Ich wünsche innigst, inständigst, inbrünstigst: Wenn das doch nur ein Traum wäre! [Da erwache ich, tauche ganz langsam hoch, und es war wirklich nur ein Traum. Eine Minute lang war ich glücklich, – nur hier im Gefängnis zu sein.]

566

20/2/43

[Ich träume eine Lehrer-Tragödie, deren Held – mindestens in den Hauptszenen und für die Hauptbewegungen – ich selbst bin.] Der Lehrer ist neu in das Dorf gekommen. Er ist voller Eifer. Er sitzt auf dem kleinen Dorfplatz und spricht mit den Kindern; er erklärt ihnen Wörter. Er will vor allem ihr Verständnis und ihren guten Willen entwickeln. Er fragt, weil er seine Tätigkeit nicht einschränken will und seine Aufgabe sehr weit fasst, auch einige Alte, die zwischen den Kindern sitzen. Er will ihre Denkfähigkeit und ihren Denkwillen entwickeln! Aber eines der älteren Mädchen, mit dem er – nicht mal eine Liebesgeschichte, nur die Andeutung eines Flirts gehabt hat, und das ziemlich nahe bei ihm sitzt, unterbricht ihn immer wieder mit – übrigens witzigen und nicht anmutlosen – höhnischen Bemerkungen. Ich [denn in diesen Szenen bin ich fraglos nicht Zuschauer, sondern selbst der Lehrer] drehe demonstrativ meinen Stuhl von ihr weg. Schliesslich sage ich scharf, sehr laut: »Ich bitte, nicht unterbrochen zu werden!« Ein Kollege, der über den Platz geht, greift störend ein. Ein Alter fragt, ob ich ihm die chemischen Substanzen sagen kann, die in den Pflanzen Silber ablagern. Ich sage, dass ich sie nicht kenne; ich sage es freudig, in Anwendung der Theorie, dass man sich nicht als Zaubrer darstellen, sondern auch seine Beschränktheit und Unwissenheit zugeben soll, dass man grade damit für seine positiven Angaben Glauben erhält. Ich werde zu einem Bäcker gerufen, der betrunken ist [und bei dem sich eine Reihe vergessner Szenen abspielt]. Inzwischen sind die Kinder wegge-

laufen oder weggeführt worden; die Dorfplätze liegen wüst
da. Der Lehrer ist voller Angst und Schrecken, er sucht, er
sieht Schatten, er findet einige. Er findet wenige, aber die
Situation ist nicht unrettbar. [Viele Einzelheiten der prallen
und konzentrierten Handlung habe ich vergessen.]

571

25/2/43

[Abends waren die bisherigen Garden, wohl wegen des vor
vierzehn Tagen mit Hilfe eines Garden durchgeführten Aus-
bruchs, durch Garden von einer andern Polizeikategorie ersetzt worden. Diese haben die Runden vermehrt und mit
sehr viel Lärm durchgeführt. Ich wachte sehr oft auf; die
Aufmerksamkeit ist aber eine so empfindliche Sache, und die
Erinnerung so verletzlich, dass ich, obwohl ich wie immer, in
jedem Schlafstück geträumt habe und jeweils beim Erwachen
noch den Schatten des Traumes fühlte, doch, sofort abgelenkt, kaum etwas behalten konnte.]
Zwei Männer in Ledermänteln, Freunde, tragen in einem
verfallnen grauen Gange an mir einen dritten vorüber, der,
wohl ohnmächtig, an eine ganz schmale Bahre, eigentlich nur
an eine Stange, gebunden ist. Der erste trägt einen ganz
neuen, prächtigen Ledermantel. Ich drehe mich nach ihnen
um; der eine ruft mir etwas zu, das besagt, ich solle mich
nicht umsehn, das sei auffällig, unvorsichtig, wohl unkonspi-
rativ [das Wort wird nicht gebraucht, es ist zu kompliziert
für den kurzen Zuruf, es ist jedoch gemeint]. Aber Henry
Reynaud kommt lärmend durch die Gittertür, und erkundigt
sich nach dem Vorgang. Vor dem Gitter wird nach Tabak gerufen. Leute treten an, Freunde, und wenden sich heftig an –
oder gegen – einen Gendarmerie-Obersten in grauer Uniform mit grünen Aufschlägen, der aus einem Wagen steigt.
Ich gehe mit andern ausserhalb des Gitters einen Weg lang.
Wir sprechen über den Mann, der getragen worden ist [der
wohl ein Lehrer ist, und dessen Identität ich vergessen habe].
»Sie wissen nichts von ihm«, wird gesagt. »Aber es gibt doch

ein Buch über ihn!« wende ich ein. Piscator greift in das Gespräch ein. »Sie wundern sich«, sagt einer, »dass sein Mädchen mit uns nach Amerika geht«. Einer macht darauf aufmerksam, dass diese Art, einen Menschen zu tragen, ein besondres Verfahren sei, es sei »das Neuste, so in den dritten Stock zu schweben«, denn das könne man auf die Art. »Von Schweben kann nicht die Rede sein«, meine ich.

577

3/3/43

Ich bringe mit einem andern ein Manuskript zu Pabst. Ich bleibe an der Tür stehn. Pabst sitzt mit andern in der Mitte des grossen Bürozimmers und spricht sehr lebhaft, unendlich viel, unendlich lange. Ich überlege mir, ob er vielleicht betrunken ist. Ich drücke den Mund auf die gehobne Hand, ja tief bis in den Hals; das gibt ein Geräusch, als ob ich mich küsse. Damit decke ich wohl ein Lachen zu. Es kommt zu einem Krache mit Pabst. Ich gehe weg, durch das warenhausartige Bürogebäude. Ich gehe an Trude Pabst vorbei. Sie kommt mir nach und zankt mich aus: »Sie sind in letzter Zeit faul gewesen«, sagt sie. Wir stehn vor einer Koje voller graublauer Bilder, Städtebilder und Landschaften [deren Stil zwischen dem der Münchner Scholle und dem Utrillos steht; oszillierend pastose Utrillos etwa]; »solche Bilder sollten Sie auch malen!«, sagt Trude Pabst. In der Tat, die Bilder sind gut, und sind von mir. Auf den Regalen am Rande der kleinen Ausstellungskoje stehn viele Esswaren, zugedeckte Klopse und vielfältige andre Sachen; die sollte ich eigentlich lieber nachhause nehmen. Freunde kommen zu mir und geben mir Ratschläge, ich sollte mir diesen Krach nicht gefallen lassen. »Wie ich mich verhalte, das ist doch eine Antwort!« meine ich. Pabst erinnert sich schon nicht mehr. Eine seiner Gehilfinnen sagt, befragt, ich brauchte heute Abend nicht ins Theater zu kommen, ich hätte nichts zu tun. Spiele ich denn überhaupt noch mit? Pabst schlägt vor, ich solle ihm das Szenario übermorgen um elf Uhr bringen. Gut; wenn ich aber zu spät komme?, denke ich. Ich will, im vierten Stock, den Fahrstuhl nach unten nehmen. Er fährt grade hinauf in den fünften Stock. Ich muss ihn abfangen und, wenn er nach unten vorbeikommt, rasch die Tür öffnen, um ihn zum Halten zu bringen. Ich verfahre so; der Kasten schlägt nach beiden Seiten aus dem Schacht heraus. Schliesslich kann ich einsteigen, ein alter Mann drängt sich mit herein, nach vielen Turnübungen. Ein Schild mit der Aufschrift »Alte Wäsche« hängt an der Kabine; ich muss lachen, wenn ich dran denke, dass wir beide nun diese Ladung sind.

(In derselben Nacht.) Es wird über Galgen gesprochen. Der »Galgenbrei« soll oder muss »zurückgestaut« werden.

579

5/3/43

Ich bin Offizier; mindestens trage ich eine Offiziersuniform, die mir vielleicht nicht in gänzlich legaler Art zusteht. Ein grosser Offizier in dunkler Uniform, mit w<...> mürbem grossem blassem Gesicht, grossem Schnurrbart und harten Augen [Maupassant hat wohl so ausgesehn] kommt zu mir und verlangt, ich solle einen Soldaten oder Gefreiten – meinen Vetter Walter Soltau – an den Rinnstein stellen und ihm ein Hoch auf den Kronprinzen vorsagen. Dieser lächerliche Auftrag ist mir sehr lästig. Wir sind auf einem Platz, der dem Lissaer Marktplatz ähnelt [aber ohne das Rathaus], ich möchte Walter an die eben leere Seite vor die Krönigsche Apotheke führen. Ich trete nahe an ihn heran und frage: »Wie heisst der Kronprinz? Er heisst Friedrich Wilhelm; aber wie nennt er sich als Kronprinz, Friedrich oder Wilhelm?« Wir gehn ein paar Schritte. Ich frage ihn: »Verträgt es Dein Gewissen, dass wir den Auftrag nicht ausführen, sondern dass ich nur einen Rapport über ihn mache, als ob wir ihn ausgeführt hätten?« Dann gehe ich mit dem Offizier eine Allee zwischen Gärten lang. Wir gehn in ein Gartenlokal. Er fragt mich genau und ziemlich gründlich aus: »Sind Sie verheiratet? Wie oft sind Sie geschieden?« Ich sage »zweimal« und verbessere aus formaler Wahrheitsliebe: »dreimal«. Er kennt »die Eidechse«, meine zweite Frau, anscheinend sehr gut. Er spricht von einer Operation. Sie solle sehr kalt sein, sagt er. Ich bestreite das. »Ihre andre Frau ist wunderbar schön«, sagt er. Er setzt hinzu: »Wir kennen Sie sehr gut!«, das klingt wie eine Drohung, und ist vielleicht eine, mit politischem Untergrund. Er sprich weiter, und wohl weiter über die Eidechse, vielleicht auch allgemeiner: »Sie kennen wohl nicht die gegenwärtige Situation –« – »Doch«, sage ich trotzig. Das Gespräch geht weiter: »Das sind keine klaren Gründe –« – »die aber zusammenstimmen –« – »– und die«, sage ich, »vielleicht vor allem meine völlige Unfähigkeit zur Ehe beweisen«. »Ich habe sie geliebt«, sage ich, »ich habe sie sehr geliebt, wirklich sehr, ausserordentlich geliebt. Ich bin glücklich, wenn die geliebte Frau da ist. Aber wenn ich denke, dass sie auch in acht Tagen, acht Monaten, acht Jahren da sein wird, auf demselben Platze, werde ich müde!« Wir haben das Gartenrestaurant verlassen. Der Offizier bleibt stehn und sagt schroff: »Sie werden bezahlen«. Wir haben Wein oder Glühwein getrunken, wir waren mehrere. Ich sträube mich nicht, aber ich ziehe das Portemonnaie, um zu sehn, ob ich überhaupt genug Geld bei mir habe. Die Zeche ist jedoch viel kleiner als ich gedacht hätte.

580

6/3/43

Ich bin gestorben. Ich bin in der Unterwelt. Die Unterwelt ist von der Oberwelt gar nicht so verschieden, sie ist nur ein wenig dumpfer, braun, etwas mehr gedrückt, und eigentlich nicht weniger heftig. Ich bewege mich in allen Schichten und Stockwerken der Unterwelt – es führen breite Schächte immer von der einen zur andern – hin und her, ich bewege mich sehr leicht, in einer Art von Schweben. Ich komme aber nicht überall her; ich bin, durch so viele Schächte ich geglitten bin, noch nicht zu den Antipoden gekommen, ich bin weder Chinesen noch Indern begegnet. Ich bleibe nirgends, ich mache nur Besuche. Ich begegne Freunden. Ich begegne einigen Frauen, Apothekerinnen, die grade nach dem Examen gestorben sind. Das scheint mir besonders traurig. Sie sind aber ganz vergnügt, sie sind an grossen Tischen mit einer Arbeit beschäftigt. Jemand erzählt mir, er habe mein Denkmal gesehn. Es wird darüber gesprochen, ob es mich mit Haaren oder mit kahlem Kopfe darstellt. Ich habe es nicht mal gesehn. Vorbereitungen zu einem Feste werden getroffen. Dabei wird erzählt, dass bei diesem Feste zum überhaupt letzten Male Musiker mitwirken; Gott wolle die Musik endgültig einstellen. Ich bin sehr erschrocken darüber; das ist ein entsetzlicher, unerträglicher Verlust. Wir zwingen uns, während wir sprechen, durch einen Durchgang, der wie der riesig vergrösserte Gang eines Ameisenhaufens im Waldboden anzufühlen ist. Es liege daran, sagt einer, dass der liebe Gott fromm geworden ist! »Und was das Schlimmste ist«, füge ich hinzu, »ist, dass er ein frommer Jude geworden ist!« Wir gehn an einem stark nach Harz riechenden Waldrande lang, auf Nadelhumus. Rechts, unter den Bäumen, steht mein Denkmal, aus Bronze, neben einer andern Figur. Ich sehe seinen Rücken. Ich habe einen Streit mit dem Barackenchef Dr. Kogan. Er hält mir entgegen, dass ich doch zufrieden sein müsste, vor meinem Denkmal zu stehn. »Aber nicht«, antworte ich wütend, »mit einem alten Weibe wie Sie« [oder »Ihnen«].

(In derselben Nacht.) Ich bin an einem Strande, der sich rund weit hinschwingt. Ein übermannsgrosser Ball liegt auf dem Sande [es könnte hier die Erinnerung an eine abends gelesne Stelle in Ramuz' Buch über Paris mitwirken: die Schilderung, wie der Turm der Kathedrale von Bourges sich über die Ebene erhebt], der von einem Haufen von Menschen wie ein Fort erstürmt wird. Ich wende mich zum Meere um; ein Stück Wasser ist durch Faschinen, in deren Mitte eine grosse Verbindungslücke zum offnen Meere klafft, abgetrennt, es ist ziemlich flach, aber sehr blau; das ist »ein Bad für einen Gefreiten und zwei alte Leute«. Ich möchte noch einmal ins Wasser tauchen, aber ich bin schon ganz trocken, ich habe nicht Zeit, das Bad von vorn anzufangen. Ich lege Akten auf einen Dünenvorsprung; sie gleiten herunter. Das sind noch alte Gewohnheiten. Ich gehe nachhause. An meiner rechten Seite geht meine Sekretärin [die eine unsrer »Mademoiselles« ist]. Vor der Tür liegen Zeitungen und Visitenkarten, zwei meiner eignen Visitenkarten. Ich ziehe den Schlüssel; er greift nicht ins Schlüsselloch. Ist er mir in der Tasche vertauscht worden? Aber wo, und wie? Und wo ist der zweite Schlüssel, den ich in derselben rechten Hosentasche haben müsste? Ah, den habe ich der Sekretärin gegeben; und mit ihrem Schlüssel schliessen wir auf. Im grossen Zimmer fragt mich, nach einer Reihe von Tätigkeiten und Auseinandersetzungen, Tucholsky, wieviel ich noch von dem Gelde habe, das ich vorher bekommen habe. Ich will mich auf das Gespräch nicht einlassen, ich weiss es auch gar nicht. Schliesslich sage ich: »Über fünfzig«. Dann zeige ich ihm sogar das Portemonnaie; aufgeregt stellt er fest, das nur dreissig drin stecken. Es stimmt; aber es fällt mir auch ein, dass wir – die Sekretärin und ich – die Gasrechnung bezahlt haben. »Wie? Die Gasrechnung betrug nur sechs Mark?« fragt Tucholsky spöttisch. Die Rechnung wird mir zu kompliziert. Ich lege den Schlüssel in eine Kassette; man wird ihn zurücktauschen oder seinen nach vorn gesträubten Bart grade richten lassen müssen. Ein Bettler kommt und leert die Kassette, die voller grober Asche ist, aus; dabei unterhält er sich mit Tucholsky. Ich trete zu Tucholsky und frage lachend: »Also in Stockholm kann man auch nichts veröffentlichen?« Die Sekretärin resümiert neben mir die Vorgänge unerbittlich: »Also Du hast versagt –!«

581

7/3/43

Ich träume, dass ich einen Alptraum habe. Ich liege in der Gefängniszelle, in der ich wirklich liege, im Bett, in dem ich wirklich schlafe. Ich habe entsetzliches Herzklopfen; bei

jeder Bewegung schwankt das Bett [dessen unsicheres Eisen-
gestell wirklich schwankt, wenn ich eine Bewegung mache,
oder wenn der Schläfer in dem mit seinem Fussende mein
Fussende berührenden Bette, dessen Gestell sich in meins
presst, eine Bewegung macht], und ich muss mich bewegen,
sehr bewegen, um nicht zu ersticken, und weil ich etwas vorhabe. Ich will Stift und Notizblock vom Stuhle nehmen. Ich
fühle mich umhergeworfen wie auf dem Meere. [Ich erwache aus dem geträumten und dem träumenden Traume fast
gleichzeitig.]

(In derselben Nacht.) Eine Feier, eine Leonhard-Feier wird
veranstaltet. Sie ist sogar im bürgerlichen Sinne feierlich; ich
habe wohl selbst den Frack an. Hans Nowack ist aus London
herübergekommen. Zivier nimmt wohl teil, und wohl Peter
Bach, neben vielen andern. Ich begegne ihnen in den erhell-
ten Sälen. Kerr soll die Hauptrede halten. Ich befinde mich,
um sie anzuhören, mit einigen Freunden auf einer dem Red-
nerpult gegenüber liegenden Galerie. Als Kerr erscheint,
springen die Freunde alle auf. Ich stehe, obwohl mir Feier
und Rede gelten, ein wenig hinter ihnen, ich sehe die in den
Fräcken langen schwarzen Rücken vor Neugier gradezu
devot vorgebeugt, sie stehn, als ob man eine Rede Kerrs
nur stehend anhören dürfe. Im Saale wird »Setzen!« gerufen,
und eine Wellenbewegung schwankt durch die schwarzen
Rücken; aber der Ruf galt Leuten im Saale und nicht denen
hier auf der Tribüne. Ich stehe plötzlich am Rande der hinteren Reihe, an der Mauer; Mittelpunkt der Feier, bin ich ganz
und gar nicht ihre Mitte. Ich ertappe mich dabei, überhaupt
nicht zuzuhören, und ich habe kein Wort verstanden. Freunden, denen sie aufgefallen ist, erkläre ich meine Zerstreutheit
damit, dass ich nachts nur eine Stunde geschlafen habe, wir
haben getanzt und auch viel getrunken. In einem Moment
der Feier [es kann dies aber am Vortage gewesen sein] befinde ich mich in einem Getümmel. Jemand reicht mir eine
Flasche aus Leder; ich frage, ob dies auch wirklich »authenti-
scher Portwein« ist, der andre nickt und schenkt mir in den

umgekehrt auf die grosse Flasche [die die Form einer Thermosflasche hat] gestülpt gewesnen ausgefransten Lederbecher ein, nachdem ich selbst eingeschenkt und getrunken habe und dann gezweifelt habe, ob es nicht ungehörig sei, einen ganzen Becher zu nehmen. Ich leere auch den zweiten Becher auf einen Zug; ich fühle, wie das Getränk mich durchrinnt und durchwärmt. Die andern umwimmeln mich dicht. In einem andern Augenblick [alle diese Momente können im Vortage liegen] spreche ich einen der aus London Herübergekommnen an, einen schönen Jüngling; ich mache eine Anspielung auf eine homosexuelle Beziehung; er sagt, das könne nicht ihm gelten, das müsse an den Tänzer gerichtet werden – aber der Tänzer hat eine komische Knopfnase. Wir gehn mit Madeleine, die der Feier gewissermassen präsidiert, aus dem Hause. Das Haus gegenüber trägt eine weisse Tafel mit einem langen Text. Zwischen beiden Häusern, am Rande der Strasse, zieht sich eine Schlucht, über die eine Bretterbrücke führt; zwei andre breite Bretter liegen als zweite Schicht auf der Brücke. Ein Mädchen, das vor uns geht, zögert plötzlich und geberdet sich furchtsam, obwohl wir doch diese Brücke gefahrlos und bedenkenlos immerfort benutzt haben.

584

10/3/43

Ich bin Offizier. Ich trage, zur Offiziersmütze, den schwarzen Uniformrock eines Einjährigen. Ich sitze in einer Vorhalle in einem Sessel. Als Professor Kurth, in Uniform, vorbeikommt, grüsse ich ihn, mich vorbeugend, ohne aufzustehn, mit einem leichten, verbindlichen, eleganten Offiziersgruss. Ich weiss, er wird mich, des Soldatenrocks wegen, streng anhalten, und ich werde das Vergnügen haben, darauf meinen Offiziersausweis aus der Tasche zu ziehn. In der Tat bleibt er vor der Tür stehn und sagt, in sehr flüssiger Sprache, eine Menge Sachen, die ich nicht verstehe. Ich trete zu ihm an die Tür. Schliesslich sagt er, schon hinter der Tür, durch den sich schliessenden Spalt: »Ich weiss: Sie sind Faschist!« Ich protestiere wütend. Aber als ich zurücktrete, fällt mir doch auch ein: »Er hat mich also nicht erkannt, so verändert sehe ich aus!«

586

12/3/43

Ich wohne im Hotel Adlon. Ich tausche das Zimmer 57 gegen das gegenüber, aber nach hinten hinaus liegende Zimmer 87, oder ich werde umquartiert. Das neue Zimmer liegt an der Hintertreppe; die geht kreuz und quer, über das Zimmer hinaus, es ist schwer, das neue Zimmer zu finden. Ich betrete es. Die Luft ist dick und verbraucht. Ich will das – einzige – Fenster öffnen. Ich pralle zurück: das Fenster geht nicht einmal auf den Hof, sondern in ein andres – grosses, graues, speicherartiges – Zimmer, in dessen Balkenecken in starren Stellungen der Not seltsame Gestalten hocken, Auswandrer. Ich lasse den Fenstervorhang wieder fallen. Die Freunde kommen, wir arbeiten. Bald ist es wieder, als wäre dieses Hotelzimmer ein Presse- oder Propagandabüro [Erinnerung an mein Zimmer im Hotel St.-Paul im September 1939]. Freunde gehn mit Papieren hin und her, nun werden auch wieder Briefe kommen. Werde ich auch genug Geld haben, das Zimmer immer zu bezahlen? Wir gehn etwas besorgen; dabei entdecken wir, dass man das Nebenzimmer, das Zimmer der Auswandrer, umgehn kann, dass wir nicht durchgehn müssen. Und plötzlich bemerke ich, dass wir gar nicht in meinem Zimmer 87 waren, sondern in einem grossen, altmodisch bequemen Nebenzimmer mit drei Fenstern Front [genaue Erinnerung an das St.-Paul-Zimmer, in dem ich die Arbeit des Freiheitssenders machte]! Wir gehn schleunigst zurück. Aber andre Zimmer stossen nicht nur an meins, sondern öffnen sich in meins, das Hin-und-Her der Auswandrer kreuzt und stört das Hin-und-Her unsrer Arbeit. Ich lege Blumen, die zum Teil noch Erdklumpen an den Wurzelknollen tragen, und dicke Büschel grüner Gewächse in die Waschschüssel und lasse sie berieseln. Ein Knabe kommt und bringt uns – von den Freunden geschickte – Esswaren. Ich rufe ihn zurück und stopfe ihm Schokoladenbrocken in den Mund, er biegt bereitwillig den Kopf zurück und rundet den Mund [es ist Age Forster, oder Gerrit Schlieper, oder Hermann Schäfer aus Pyrmont oder ein Gemisch aus ihnen]. Ich werde zur »Eidechse« gerufen. Bei ihr versammeln sich die Leute, die nach unsrer Trennung ins Haus gekommen sind, bewegliche Snobs. Ich will mich nicht unter die Gäste mischen, sie sind nicht schlecht, aber sie sind eben Snobs. Die »Holzpuppe« [oder Alice] sitzt, als Empfangsdame der Eidechse, hinter einem Schiebefenster; sie sagt mir etwas, aber es bleibt unhörbar, ich sehe nur die Bewegung der Lippen und kann durchaus nicht verstehn, um was es sich handelt. Ich nähere mich dem Schiebefenster. In der Mitte des Raumes spreche ich mit einer Person in schwarzem Anzug, ich mache eine Bemerkung über das Tuch des Anzugs, ich nehme den flachen Strohhut vom Kopf, den ich aufbehalten hatte, die Person dreht sich mir zu, und ich sehe an der Wölbung des Busens unter dem schwarzen Zeuge, dass sie eine verkleidete Frau ist. Auf einem Tische liegen Sachen, ich nehme ein Buch auf in weichem Leder, es handelt sich um Erinnerungen Wilhelm II., dieser Erinnerungen wegen sollte Mutter an einen Herrn [oder eine Frau] Winter telephonieren, daran ist gedacht worden, und die Eidechse weiss Bescheid, obwohl sie nur den Rücken angesehn hat. An einer Art von Bar frage ich Resi Langer nach Kurt Lubasch, ich hatte mich schon immer nach ihm erkundigen wollen, er sei sehr dick geworden, das hatte ich mir gedacht. Ich sehe auf dem kleinen Tisch ein grosses mit Zeichnungen und Schriften bedecktes Blatt, die Androhung einer »Gegenkundgebung« gegen die der Revolutionarität verdächtigen Zusammenkünfte, von einer Frau an die Eidechse geschickt. Die Eidechse ist zu ihren Gästen gegangen. Ich bitte um die Erlaubnis, noch eine Weile im grauen Salon auf- und abgehn zu können, es ist das grösste Zimmer, das ich kenne, das ist wirklich ein Arbeitszimmer [Erinnerung an mein Arbeitszimmer am Kurfürstendamm]. Vorher hatte die Eidechse vorgeschlagen, gestrickte Seidensachen für mich kommen zu lassen, von Leuten, die sie kenne.

Am Ende der Abenteuer der Nacht spricht Marianne enthusiastisch über meine Gedichte und über meine Art, Gedichte zu schreiben. Ich gehe durch die am Morgen nackte,
frische Strasse. Ich trage in einem kleinen Topfe Meerwasser,
darein will ich zuhause, zum Andenken, meine Badehose
tauchen. Ich fühle noch den Wind vom Meere her. Die Stra-
ssenbahnhaltestelle ist mit einer roten Fahne bezeichnet;
man hat nicht daran gedacht, auch diese roten Fahnen zu be-
seitigen! Ich könnte eigentlich ein Taxi nehmen, die grosse
Reise ist so teuer, dass es darauf nicht mehr ankommt.
Zuhause finde ich den neuen Koffer leer. Aber wer gestohlen
hätte, hätte doch grade auch den neuen Koffer gestohlen!
Ich durchsuche den kellerartigen Raum; den Koffer oder die
Sachen, man stiehlt, wenn man stiehlt, nicht das eine oder
das andre, und wer könnte es hier im Hause gestohlen haben?, man stiehlt nicht das Eigne! Ruth Adler, der ich das
vortrage, antwortet nicht, sondern pfeift einem grossen
Hunde, der erhebt sich langsam und schüttelt den zottigen
Kopf. Der Versicherer der Sachen protestiert mit schweren
feierlichen Handbewegungen: er habe seine Pflicht getan.

597

[In einem der Traumstücke kam vor:] Ich sehe mich in einem aus mehreren kleinen Scheiben zusammengesetzten
Spiegel. Ich bin nicht gut rasiert, mindestens am Kinn sehe
ich einige Stoppeln. Mein Gesicht, frischfarbig, erscheint mir
von oben zusammengedrückt, massiert, die Linien sind vertieft, der Ausdruck ist böser geworden, ich sehe ganz anders
aus als ich gedacht hätte. Da sehe ich auch die Hände gespiegelt, sehe, dass sie verschieden von einander – die eine ist
breiter und kürzer als die andre – und von den wirklichen
Händen sind: der Spiegel ist zusammengesetzt aus vergrö-
ssernden und verkleinernden, konkaven und konvexen, glat-

ten und Zerrscheiben – und kommt nun die böse Enttäuschung auf meinem Gesicht von der Verzerrung oder von dieser Feststellung? Man kann nicht einmal wissen, wie man wirklich aussieht.

599

25/3/43

Ich bin mit Magnus Hirschfeld zusammen. Ich erzähle den Inhalt einer Dichtung: nicht etwa dass der Held wahnsinnig ist, Wahnsinnige sind nicht interessant, weil sie, ohne genaue Motivierung, alles dürfen, und weil man ihnen daher alles andichten darf – es wird eine andre Überraschung kommen: der Bericht wird nicht dem Helden der Erzählung gelten, sondern es wird vorgegeben werden, dass er in den Papieren eines andern gefunden wird. Ich werde Hirschfeld in die Ausstellung begleiten. Ich will auch darauf achten, dass er nicht, um drei Uhr, seine andre Verabredung versäumt. Ich lege die Einladung und eine Radierung in eine Decke [wie ich hier allabendlich Buch und Block in einer Decke in die Zelle hinauftrage] und schliesse die mit einem Druckknopfe, aber die harte und starre Radierung sprengt mehrmals den Verschluss, bis ich darauf komme, die Ecken der – weissen oder hellgrauen gesteppten – Decke umzuschlagen. Wir sprechen scherzend davon, eine wie grosse Übung im öffentlichen Hinaufreichen von Mappen Hirschfeld haben müsse, und mit welcher Grazie er z. B. neulich Heinrich Mann die schwarze Mappe aufs Podium gereicht habe.

600

26/3/43

Ein Freund setzt mir auseinander, er habe gehört, wie gut sich meine beiden Hälften ergänzen – »Wie gut ich mich in meinen beiden Hälften ergänze«. Ich gehe durch einen Garten, dessen enge kleine Lauben und Abschnitte mit Figuren wie denen eines Wachsfigurenkabinetts erfüllt sind;

zwischen denen bewegen sich die Besucher. Als eine neue Gruppe von Besuchern kommt, beginnt eine der Figuren, eine geschminkte Frau, die aussieht, als sei sie von Toulouse-Lautrec entworfen, sich zu bewegen, und hilft ihnen die Garderobe abnehmen. Das ärgert Margulies, der sich heftig und hochfahrend einmischt. Mir werden Dokumente gezeigt, die mich oder uns betreffen; sie sind mit einer gelben Salbe bestrichen, die müsste doch, bei dem Alter der Dokumente, längst angetrocknet sein? Ich fühle sie, unangenehm, am Daumen. Die Wirtin des Gartens zeigt mir grosse faschistische Bilder: von auseinandergesprengten Menschengruppen, und alle Individuen sind, in sonderbarsten Stellungen, steif und zeigen dieselbe starre Gefühlsenge. Ich lege die Bilder heftig zurück und sage, das sei doch Lüge, die Menschen seien nicht vertauschbar [etwa: Mann sei nicht Mann], sie hätten keine einheitlichen Reaktionen – und ich denke gleich, das kann missverständlich sein, das könnte gegen das Prinzip der Gleichheit ausgelegt werden, und die Gleichheit der Menschen hat doch niemand auf der Erde mehr gefühlt als ich –; aber es handelt sich hier nicht um Gleichheit, sondern um faschistische Starrheit, Automatisierung. Natürlich war es unvorsichtig, sich über die faschistischen Bilder so rückhaltlos zu äussern; so sage ich der »Wirtin«, sie habe jedenfalls nichts zu befürchten. Unter den zuletzt Gekommnen ist Robert Breuer; er vertritt das Bürgertum unter den Figuren, lahm und unbehülflich, schwer und verständnislos. Ich helfe ihm hinaus, ich muss dabei die Hand unter seine verbildete Fusssohle legen. Ich begegne »Onkel Doktor«, und frage ihn: wenn ich nun das Silberkreuz oder das Eiserne Kreuz tragen werde – eine Sache, nach der er sich erkundigen wollte und erkundigen möge –, dann wird man sehn, was ich mit der Kaffee-Sache zu tun habe, und ich werde nicht mehr Eisenbahn fahren können. Ich gehe unter dem weiten niedrigen Himmel auf einem sehr breiten Wege aus offner brauner Erde entlang, auf dem grosse Pfützen stehn, auf dem Stücke sich erheben, in dem Stücke eingesenkt sind. In einer der Vertiefungen, die tief genug sind, dass man aus ihnen den

Weg nicht übersehn kann, und in denen, zwischen Schollen fester Erde, das Wasser graublau spiegelt, steht eine Frau [Frau Dr. Ewald oder Cilly Lwowski] und fragt, mit merkwürdiger Eindringlichkeit, ob der Weg noch weit sei. Ich antworte, sie solle mir die Hand reichen, sich heraufziehn lassen, und selbst sehn, ob der linke Weg [ich meine die linke Seite des Weges] besser sei.

607

2/4/43

Ich habe einer Sitzung einer Kommission des Schutzverbandes vorzusitzen, und zwar der Sitzung, in der ein Stück mit einem Preise gekrönt werden soll [vielleicht Erinnerung an den von mir organisierten Heine-Preis]. Ich muss noch in dieser abendlichen Sitzung alle vorgeschlagnen Stücke lesen, und dann die Preiserteilung verkünden. Ich gehe in den Sitzungssaal. Ich sehe den – bequemen – Präsidentensessel. Ich wehre mich dagegen, das er auf die Estrade gestellt wird, das würde die Zusammengehörigkeit der Beratenden und die einheitliche Atmosphäre der Beratung stören, und auch schon die Benutzung des Tisches erschweren. Ich rücke eine Palme neben den Platz, auf dem der Sessel stehn wird, eine sehr hohe, sehr glatte Palme, deren verbogner Wipfel sich erst aufrichtet, als ich den Stamm zurechtstreiche [er ist sehr glatt und gleichmässig schlank, weit eher Buchen- oder Eschen-, als Palmenstamm]. Ich gehe hinüber in den Bankettsaal, einen sehr schönen, feierlichen Saal, dessen wunderbar abgewogne hohe obere Auskehlung mich entzückt. »Hier werde ich nachher«, sage ich, auf das Tischende zeigend, einem Begleiter, »die Stücke lesen, während Ihr schon esst!« Wir gehn weiter, in einen andern Saal, etwas holen. Ich habe, wie manche andern, den nackten Oberleib mit einem Handtuch bedeckt, mir fehlt die Sicherheitsnadel, um es festzustecken; die Frauen, die dort schalten, können mir kein Kleidungsstück geben, denn sie dürfen sie nur Verwandten überlassen. Ebstein begleitet mich durch den Korridor. Er spricht die Hoffnung aus, dass ich den Preis nur einem unsrer Freunde zuerkennen werde. Ich erwidre, dass ich die Verfasser der Stücke nicht kenne, nicht kennen kann und nicht kennen will. Sie werden mir jetzt erst, und ohne Verfassernamen, vorgelegt werden. Dass ich sie so rasch erledigen kann, liegt daran, dass die Entscheidung so gut vorbereitet ist. Sie sind, wenn ich sie bekomme, nur mit dem Titel bezeichnet. Doch, der Titel sei ausserordentlich wichtig. Ich würde von zwei annähernd gleich guten Stücken dem, das einen schlechten Titel hat, den Preis verweigern. Ich sage, die Hand auf dem Türgriff des Klosetts, das ich betreten will: »Der Titel ist nicht nur die Anweisung der Richtung, in der wir das Stück sehn sollen, es ist auch die Stelle [oder die Sache], mit der das Stück an die Seele des Dichters geschraubt bleibt!«

608

Heinz Priess begleitet mich auf einer hohen Strasse. Er fragt mich über die Vossische Zeitung aus. Ich sage, sie sei schwer zu charakterisieren; man könne als Typus der Mitarbeiter etwa Kantorowicz nehmen; und ich versuche, Kantorowicz zu beschreiben, und sage, wie hoch ich ihn schätze. In Spanien, meint Heinz, habe Kantorowicz sehr kommandiert. Da ist er [dessen Ähnlichkeit mit Kantorowicz mir immer sehr bemerklich gewesen ist] in Kantorowicz verwandelt. Dieser Kantorowicz läuft übermütig vor, nimmt einen grossen Stein und wirft ihn von der Strasse hinab in eine grosse Pfütze. Vom Schwunge hingerissen, fällt er selbst ins Wasser. Ich ergreife selbst einen Stein und werfe, treffe aber nicht die Pfütze, sondern eine trockne Stelle. Ein Gärtner löst sich unten aus den Büschen und geht vorbei; wie leicht hätte ich den treffen können! Ein Jugendgenosse kommt aus der Gärtnerei herauf; er begrüsst meinen Begleiter [Kantorowicz oder wer es nun ist], und, nach einem Zögern des Erkennens, auch mich. Wir gehn die Strasse zurück. Es sei im Zuge von

Marseille sehr heiss gewesen, erzählt er. Er sei froh, nun wieder in sein »chez nous« zu kommen. Wie lange er weg gewesen sei, frage ich, und ob seine lange Abwesenheit zusammenhängend gewesen sei, und der Aufenthalt in Spanien inbegriffen. Er ist erstaunt darüber, dass ich nicht besser Bescheid weiss; ob ich denn seine Karte nicht bekommen hätte? Ich sitze mit einer blonden Frau, einer Junkerstochter, in einem Zimmer. Sie setzt sich vor mir auf einen Tisch und schreibt, schräg, in ein grosses Buch zwei Gedichte. Ich erzähle ihr, dass man Spott über mich verbreitet habe; ich hätte nackte Füsse in den Schuhen, habe man behauptet; ob sie trotzdem dabei bleibe, dass wir heiraten? Als sie bejaht, sage ich: »Dann musst Du noch ein drittes Gedicht aufschreiben, an den Anwalt!« Ich fühle einen Radiergummi in der Tasche, und dunkel denke ich daran, dass ich die Gedichte einer andern in der Tasche trage. Sie geht im Zimmer auf und ab; sie hat jetzt keinen Kopf, geht aber ganz sicher, und ich sehe, wie wunderbar proportioniert ihr Leib ist. Ich soll ihr jetzt diktieren. Ich möchte lieber schlafen gehn. Sie will aber erst zwischen elf und zwei »draussen« [auf dem Gute] sein, es ist also nicht zu fürchten, dass ihr zu viel vom Schlafe geraubt wird. Sie hat ihren Kopf wieder, ich bleibe vor ihr stehn und sage: »Wie schön Du bist!« Ich gehe zum Tische zurück. Der Glasteller auf dem hohen Borde ist mitten durchgebrochen; ich habe das nicht gemacht! Ich sehe sie an und spreche über sie: wie edel das Erbe des Krautjunkertums in ihr geworden ist, da sie befreit ist! Ich müsste noch einmal hinuntergehn, von der andern, die unten ist, die Schlüssel holen.

611

6/4/43

Ich werde sterben; das Sterben hat sogar schon angefangen. Ich bin in einem Park, in dem, zwischen Büschen und Beeten, schmale grade Wege sternförmig auseinandergehn. In einem Ausschnitt, den einer dieser Wege zwischen den Büschen macht, sehe ich einen Jüngling sich eine Rosenknospe wie einen spitzen Hut auf den Kopf drücken. Schattenhaft nähert sich mir eine Frau; sie kann mir nicht helfen; »auch sie hat für den Tod nichts vorbereitet«. Ich halte selbst eine Rosenknospe, ich will sie an mich drücken; ich kann es schon nicht mehr, ich erstarre schon, und das Gefühl für Berührungen ist schon in mir erstorben, nur noch ein gallertiges, eisiges Gefühl läuft unter der Haut. Und unter diesem Gefühl, überall in mir, sitzt das Grauen. Ich will es herausschreien, aber ich bekomme die Kiefer nicht mehr auseinander. Schliesslich, qualvoll, als brächen sie auf, und ein Schrei bricht vor; ich schreie, schwer, mühsam, mehrmals, vielmals: »Fürchterlich wird die Kälte sein!« [Als ich erwache, glaube ich, wirklich geschrien zu haben.]

618

13/4/43

Ich stehe am Bett und sehe, wie sich eine glänzende schwarze Fliege an die Wand setzt. Sie ist so gross wie ein kleiner Vogel. Als ich genauer zusehe, sehe ich, dass es kein Insekt, sondern wirklich ein Vogel ist. Er ist krank oder ermattet, er kann sich nicht an der Wand halten; und nun fällt er aufs Bett, wie vorher im oberen Stock ein Insekt aufs Bett gefallen war. Ich nehme ihn behutsam auf, ich streichle ihn mit den Fingerspitzen. Er zuckt ängstlich oder nervös, gewinnt aber Vertrauen und duckt sich in meine Hand. Ich will ihm zu trinken geben, ich nehme aus der Kredenz ein römerartiges grünliches Glas, das in einer Schale ruht, ich fülle es mit Wasser: gierig taucht das Tierchen den Schnabel ein. Ich setze ein Gespräch mit Mutter und Mata fort, die mir, mit Blicken der Missbilligung, zusehn; es ist von San Francisko die Rede, davon, dass man die Vorschriften der alten Römer einhalten müsse; Mutter zieht die der Germanen vor. Ich will den Vogel füttern; wer hat von meinem Brote genommen? Ich nehme eine Scheibe gelb gerösteten Brotes und zerbröckle sie. In einigen Tagen werde ich den Tierhalterzusatz bekommen können, bis dahin werde ich eben einiges von meinem ent-

behren müssen. Es wird nicht gehn wie bei andern Tieren, die
Dienste leisten, aber ich werde mich einrichten.

620

15/4/43

Ich bin an einem Hofe, als – freiwilliger – Hofangestellter,
Höfling. Der Prinz hat geheiratet, noch ist Feststimmung
am Hofe. Ich lege dem Prinzen, einem heiteren jungen Menschen [er kann Ähnlichkeit mit Eugen von Anhalt gehabt
haben], Glückwunschtelegramme und -briefe vor, in überle-
gen-verbindlicher Haltung. Ich lege unter diese Briefe meinen eignen, mit den andern eingetroffnen Glückwunsch-
brief, ein festes grossformatiges Kuvert, das ich selbst
neugierig betrachte. Die Prinzessin kommt; sie ist lustig; gesund, nachlässig angezogen, ziemlich plebejisch. Ich sehe
ihre auf den Tisch gelegten Hände an, sie sind gut geformt,
aber schlecht gepflegt. Geschenke von Juwelieren werden
gebracht. Dieser Hof steht »unter der Tyrannei der fortschrittlichen Elemente«. Und die fortschrittlichen Elemente
sind gut organisiert: das zeigt sich auch in der Zuteilung der
Badezellen, sie haben die ersten Zellen monopolisiert, wie
dann wieder die von 1000 an fest verteilt sind.

622

17/4/43

Ich bin in Breslau, aber Breslau liegt am Züricher See. Zum ersten Male wohne ich in einem Hause, das dicht am See liegt;
wenn ich aus der Tür trete, sehe ich ihn wie einen japanischen
Holzschnitt zart und schön rechts liegen; vielleicht kann ich
ihn sogar sehn, wenn ich mich aus dem Fenster beuge. An der
Ecke hinten beginnt, unter schwarzen Bäumen, ein eleganter
Stadtteil, in dem werde ich nachher mit Albert Schweizer spazieren gehn. Ich bin zur Arbeit hier; wie lange werde ich bleiben können? Erst muss ich noch diese holprige Strasse langgehn, und dann jene, ich muss das ankerartige Gerät, das ich in
der Hand trage, umtauschen; ich eile mich, es steht zu fürch-

ten, dass das Büro schon geschlossen sein wird. Die wenigen Menschen, denen ich begegne, lungern und zögern herum, sie sind hier heimisch. Ziegelhaufen liegen links, es wird gebaut werden. Dann muss ich noch Zigarren und Brot kaufen. Ich gehe nun auf der Uferstrasse lang zwischen grossen Haufen dicken Schnees, der musselinartig dicht ist. Ich gehe dicht an den Häusern lang, und meine Füsse bleiben im Schnee stekken. Ich schiebe mich in die Mitte des Ganges, zwischen die Haufen, aber auch da kann ich kaum einen Fuss vor den andern setzen. Plötzlich ist Tante Fanny hinter mir; sie hält und schiebt mich, aber sie drängt mich auch. Sie spricht dabei von meinem Einkommen [wohl im Zusammenhang mit dem Umtausch des Ankers], ich würde dann nicht mehr genötigt sein, von der Partei Geld zu nehmen. Ich wende ein, dass ich nie von der Partei Geld bekommen hätte; und als Tante bemerkt, es sei auch nicht gut, welches zu bekommen, sage ich, das meine sie wohl nicht, weil es sich um die *Partei*, sondern weil es sich um *die* Partei handelt.

623

18/4/43

Ich komme in New York an. Die Freunde sind von meiner Ankunft nicht benachrichtigt. Ich wohne in einem Massenquartier. Ich bekomme ein ganzes Brot. Mein Bett steht über einer Treppe, die zu den Abtritten führt; dennoch gehe ich, da ich nicht Bescheid weiss, hinaus, als ich ein Bedürfnis fühle. Ich habe nur eine Hose an, deren Bund mit einem dicken Strick statt mit einem Gürtel festgezogen ist. Ich gehe vor das Tor. Die Torflügel sind mit zu Mustern geordneten Nägeln beschlagen; einer dieser grossen Nägel bleibt mir in der Hand, ich sehe ihn lange und genau an, dann drücke ich ihn wieder in sein Loch. Ich gehe einige Schritte; ich will mir die Strassen ansehn. Sie sehn wie Strassen im Osten Londons aus. Sie sind mit grossen Schildern sehr genau bezeichnet; die grösste heisst »New Bow«, und es steht auf dem Schilde auch, wo sie hinführt. Hinten stossen

schmale Strassen sternförmig zusammen; die spitze Ecke
zwischen zweien wird von einer kleinen alten unansehnlichen
schmutzig roten Kirche gefüllt. Ich hätte mir New York ganz
anders vorgestellt. Ich will mich zum Quartier zurückwenden. Ein Kastenwagen fährt vorüber. Eine grosse dunkle
junge Frau sagt mir: »Wenn Sie nun bleiben, will ich für Sie
sorgen!« Es ist Hermann Reichenbachs Frau oder Schwester
[nicht seine wirkliche Frau, und nicht Wendeli]. Sie steigt mit
Hermann vom Wagen. Ich erzähle von Abreise und Ankunft;
von Telegrammen, von den Formularen, die »advising« heissen. Im Gespräch gehn wir ins Quartier zurück. Wir bleiben
in dem grossen leeren zugigen Flur. Neben uns gehn Leute
die Treppe hinauf, die deutsch sprechen. Ich springe auf sie
zu, weil ich glaube, dass Bruno Frei unter ihnen ist; er ist es
aber nicht, sondern einer namens Block. Alle sind über meine
Ankunft überrascht. Wir werden einen Schnaps trinken und
noch weiter sprechen. Wir werden mein ganzes Brot nehmen
und dabei aufessen. [Die Ankunft in New York war schon
vorher in einem – vergessnen –Traumstück vorgekommen.]

624

19/4/43

Im Tiergarten steht ein russisches Haus. Wir trinken Kaffee.
Wiederholungen finden statt; Angriffsflächen werden geboten;
es handelt sich darum, zu jemand zu stehn. Ich selbst wende
mich zu jemand zurück. Ich muss durch ein Geheimnis hindurchgehn. Es wird russisch buchstabiert.

626

21/4/43

Mittelalterliche Gruppenkämpfe, ja Cliquenkämpfe werden
ausgekämpft. Wir kämpfen sie mit, nicht nur im mittelalterlichen Kostüm, sondern als mittelalterliche Gestalten. Im Verlaufe der Kämpfe ziehn wir ab. Dem Gegner gewachsen und
vergleichbar sein, den Gegner anfassen, heisst »de taille« sein.

Ich gehe vor der Abreise mit einer Frau, die ich sehr liebe [es
kann Kaethe Wurm gewesen sein], einen schon grünen Weg
am Stadtrande lang [er kann dem Anfang der Striesewitzer
Chaussee bei Lissa geähnelt haben]. Die Frau sieht mit träu-
merischem Lächeln weit vor sich hin. An einem Teich oder
Graben ziehe ich ein paar hohe Schilfkolben aus, oder nehme
schon ausgezogne hoch. »Sie sind dicker als sie früher waren«, sage ich. Ich lehne mein Gesicht an ihrs, im Gehn; sie
weicht nicht zurück. Ich küsse sie, im Gehn, sie geht, als bemerke sie es gar nicht. Ich breche in Tränen aus, vor Liebe,
nur vor Liebe. Ausserordentlich viel Zeit vergeht, unfühlbar,
als daure dieser Spaziergang viele Wochen, oder als sei es ein
Gang ausserhalb der Zeit. Wir gehn immer weiter, auf einem
in halber Höhe am Abhang eines Berges langführenden
Wege, oberhalb eines kühlen graugrünen Tales; kühl und sil-
bergraugrün sind auch Gras und Laub des Berges. Auf diesem Wege, bei diesem Gange geschieht die Vergewaltigung;
die geschieht vielmehr nicht, sie ist nur geschehn, nicht als
Erlebnis, nur gewusst; als würde sie mir von der Luft gesagt,
mir und ihr, so wissen wir sie, ohne sie gefühlt zu haben.
Dann kehren wir um. Unterhalb unsres Weges liegt das Gehöft, das ich gekauft habe, flache, lange, nicht hohe Gebäude.
Wir sehn hinab; die Frau sagt, dass ich dieses Gehöft zur
Sühne in ein Sanatorium verwandeln müsse. Ich tue das,
durch den blossen Entschluss, ohne etwas daran vorzu-
nehmen, wir leben dort. Wieder vergeht, ungefühlt, eine
lange Zeit, Jahre vielleicht, die nicht wie Zeit verlaufen. Die
Strasse, die zum Sanatorium führt, »die Strasse nach Clamart«, ist ausgebaut worden, ist breit und belebt geworden;
viele Wagen fahren auf ihr, sie macht eine grosse Kurve, und
Schauspieler wohnen in den Villen und sitzen auf den Terrassen. »Man kann auch verzeihn«, sagt ruhig die Frau, »und
miteinander auskommen«. Dann – auch das wird nicht erlebt, sondern durch die Luft von einer anonymen Stimme gesagt, wie von der Luft, »hat sie die gute Idee gehabt, noch

1929 zu sterben, noch eh alles im neuen Kriege zusammen-
brach«, an der Schwindsucht. [Einige Notizen sind unleserlich.]

630

25/4/43

Wir dürfen nicht mehr in den Betten schlafen, sondern müssen die Nächte auf den Plätzen verbringen, steif an schräg-
stehnde, fast senkrechte Bretter gestreckt. Es ist das eine besondre Schinderei, und sie ist um so schlimmer, als wir für
die Holzkästen, die uns als Bettgestelle dienten, jeder fünf-
undzwanzig Franken hatten bezahlen müssen, als diese primitiven Betten, wie ich geltend mache, immerhin unser
Eigentum geworden sind. Ich bin so wütend, dass ich, steif
an mein Bett gelehnt, im Schlafe schreie, und immer wieder
schreie, in mehreren Sprachen. Ich erkundige mich dann, auf
und ab gehend, noch einmal danach, wie »der Alte« den
Befehl angekündigt habe, in welcher Form, mit welchen
Worten; das sei sehr wichtig; er habe wirklich ausdrücklich
gesagt »Vous n'y couperez pas« –?

Nebenan fragt die Patronne, was das für ein Manuskript
sei, das in dem Buche liegen geblieben sei. Es ist meines, und
ich gehe rasch hinüber. Die Patronne gibt mir überschäu-
mend geschwätzig einen Band Heine in die Hand, sie wolle
den nicht haben, sie wolle den nicht hier sehn, dass sei un-
passend, denn Heine sei ein schlechter Gatte gewesen. Ich
will aufbegehrend geltend machen, dass auch Musset und
Jean Racine schlechte Ehemänner gewesen seien, aber die
Sache mit Racine ist mir nicht rasch genug klar, es wird
schon von etwas anderm gesprochen: davon, dass es gut war,
die Leute auf zwei Uhr einzuladen, und dass dann noch alles
erledigt werden kann. Nebenan werden Papiere aufgehoben.
Mir fällt ein, dass eins der Gedichte, die ich nebenan liegen
habe, sehr gefährlich sei, ich gehe hinüber, um es womöglich
noch zu sichern – aber ich sehe zu meiner Beruhigung, dass

sogar die von Lotte gekommne eingerissne Postkarte, die hinter den Nachttisch gefallen war, noch daliegt.

Ich könnte, denke ich beim Gehn [das kann aber auch zum vorigen Komplex gehört haben], in einem Briefe an Yvette die Zustände hier schildern; der Gedanke kommt wie eine Erlösung; da sie uns – zum Arzt oder sonstwohin – gehn lassen müssen, können wir selbst Briefe einstecken, sie können unsre Post nicht mehr kontrollieren, wir sind nicht mehr ganz wehrlos!

Das Dienstmädchen kommt herein und macht etwas; sie hat ein graugrünes loses Kleid an und einen eben solchen Schal mützenartig um den Kopf gewunden. Plötzlich dreht sie sich um und fragt, ob ich Viktor Barnowsky gekannt hätte. Er sei jetzt in Amerika – ja, sie habe ihn in Berlin gekannt. Sie sei hier Dienstmädchen geworden, was soll eine Emigrantin sonst schon werden! Ich stehe neben ihr, sie lehnt sich an mich, ich fühle, fast ohne Streicheln, ihre kleinen harten Brüste. Sie steht vor einem flachen Wasserbecken, aus dem Luftblasen steigen; es wird über sie hingesagt, dass sie mehrmals schwanger war, dass ihre Kinder aber immer nach drei Monaten zerplatzen.

Es ist nun soweit, dass Bücher über den Garten der Proletarier, über den »proletarischen Garten« geschrieben werden müssen. Wir müssen sie schreiben, wir müssen diese Arbeit organisieren. Ich spreche darüber, fast schon in der Haltung eines Vortragenden: es muss daran immer heisser, immer enger und immer überzeugender gearbeitet werden.

Ein Ausweg aus unsern Schwierigkeiten fällt mir ein: ich könnte den Arzt verlangen und von ihm für mich die Vorschrift der erwünschten Verbesserungen erreichen; dann würde ich erklären, dass ich keine Verbesserung annehme, die nicht auch meinen Kameraden zugute käme, und so würden die Verbesserungen allgemein zugestanden werden müssen.

[Diese Komplexe können in andrer Reihenfolge vorgekommen und auch auf verschiedne Traumstücke verteilt gewesen sein.]

Ich bin in einer nationalsozialistischen Vorlesung. Das Publikum, meistens junge Menschen, wogt auf und ab. Ich kann den illustrierenden Film nicht sehn, da ich hinter dem schmalen hohen Leinwandstück sitze. Der Vortragende, im Auf- und Abgehn, sagt: »Hebbel und Heine meinen …« Ich rufe, ziemlich scharf, dazwischen: »– gleichmässig?« Während der Vortragende sonst auf Zwischenrufe eingeht, nimmt er meinen nicht auf: er hat gehört, dass er von mir kommt, und er kennt mich. In meinem Kopf legen sich Ausführungen zurecht: dass mir Heine bei der ersten Bekanntschaft sehr unsympathisch gewesen sei, ganz im Gegensatz zu Hebbel, dass ich dann seinen Wert erkannt hätte, und so weiter; dabei weiss ich, dass ich diese Ausführungen nicht werde machen können. Dann streite ich mich, draussen, mit dem Jungen, den ich beeinflusst, ich könnte sagen: erzogen habe. Er will zur Bekämpfung des Vortrags, aus Hass gegen das dort Gesagte, die Kirchenfassade umbaun – eine nicht sehr bedeutende Mauer, die im Garten steht und wirklich die Fassade einer Kirche darstellt, übrigens nur eine Fassade, hinter der nichts steht. Er hat schon ein paar Steine herausgebrochen und will sie wegtragen, um weiter hinten und mit anderm Winkel die Mauer wieder zusammenzustellen. Ich nehme ihm diese Steine weg und lege sie zurück; ich sage, Menschen, die an diese Kirche glaubten, hätten diese Mauern bezahlt und so werde es uns nicht gelingen, diese Menschen zu gewinnen [– dieses Motiv kann von der <vor> einiger Zeit gemachten Lektüre der Auseinandersetzungen zwischen Robespierre und den Hébertisten über die »déchristianisation« kommen, aber auch die Umsetzung eines aktuellen persönlichen Problems sein; und, natürlich, auch eine Mischung aus beiden]. Dann stehn wir vor dem Garten mit einem Mädchen, das zu uns gehört, und beraten, wie man es an den Winterabenden beschäftigen könne.

(In derselben Nacht.) Ich bin bei Martin, in einer einsamen Villa. Es ist noch etwas zu erledigen. Ich will in meine Wohnung, die ich hinten, am Ende des weiten flachen gelben Sandweges, eben noch liegen sehe. Martin führt mich nach der andern Seite, in ein braunes Haus, zu seinem Freunde. Das ist das Haus und die Unternehmung »Daheim«. Der Besitzer steht vor einem sonnverbrannten zwölf Monate alten – und für dieses Alter gewaltigen – Kinde, das er mit lauter Begeisterung betrachtet und bejubelt. Er selbst wie alle Seinen sind dunkel von Sonne, und, trotz einer gewissen allzu programmatischen Juhu-Stimmung schön und sympathisch. Er zeigt mir das Programm des Hauses; darauf steht unter anderm, dass, wer das ganze Haus besichtigen und dort essen wolle, für »den Umdruck des Menüs« zehn Mark bezahlen möge. Er zeigt mir in einem Hefte Gedichte; eins, an das Kind, ist in sechs Sprachen nebeneinander gedruckt; eins, über das Schicksal einer Emigrantin, ist sehr schön. Wir gehn durch die Strasse zwischen Schuppen, Unterführungen und Gräben. Sein Freund will mir später schreiben; wohin? »An den Kieler Sender?«, schlägt er vor. Ja, wo werde ich sein? »Über die Redaktion der Weltbühne«, meine ich; schliesslich werde ich doch immer zu finden sein. Er erzählt von einem Emigranten, der seinen Beruf habe aufgeben müssen und Astronomie-Student habe werden müssen. »Nun, der hat es gut gehabt«, sage ich, ziemlich aufgebracht; »ich kenne welche, die als Mechaniker den Wagen des Astronomischen Instituts haben schieben müssen!«

634

29/4/43

Ich wohne seit kurzem in einem grossen, nicht sehr hellen Parterrezimmer. Die Frau hat mir vorgeworfen, dass ich unanständige Bücher hätte, sie stehn übrigens dort, auf dem Regal; es ist grotesk: ein Klassiker, ein Buch von Lucien Bertrand, und ein Buch einer Frau! Wir haben darüber gestritten; das war nicht einmal der Standpunkt unsrer Grossmütter – und was meiner Grossmutter »unanständig« schien, braucht uns nicht unanständig zu scheinen und darf uns nicht so scheinen. Ich denke, im Bett liegend, an dieses Gespräch, an die drei Frauenbücher, – und plötzlich durchschiesst mich lohend der Gedanke, ein neues Maria-Stuart-Drama zu schreiben, das Drama der wirklichen Maria Stuart. Sofort steht es in seiner Farbigkeit, ja schon in seinem ganzen Aufbau vor mir. Das Stück muss beginnen mit der Verheiratung mit Darlen [für: Darnley]. Vor dem Aufgehn des Vorhangs hört man Fanfaren und Hymnen. Der erste Satz nach der Hebung des Vorhangs ist »Liebst Du mich?« Ein späterer Akt fängt genau so an, nur dass Darnley ermordet ist und sich die Wiederholung [dies ist nur eins von vielen Wiederholungsmotiven, eine von vielen Motivwiederholungen] auf Bothwell bezieht. [Dies Motiv kann auf folgendem Wege gekommen sein: ich habe vor einiger Zeit die Übersetzung der »Chimères« abgeschlossen, und es beschäftigt mich ein Einleitungssonett dazu – wie ich seinerzeit die Übersetzung der Gedichte der Maria Stuart mit einem Sonett eingeleitet habe. Das hat mich manchmal an jenes fast vergessne Sonett und an die Figur der Maria Stuart denken lassen.] Ich sehe Gesicht und Kostüm der Maria Stuart deutlich vor mir, ein blasses spitzes Gesicht, sehr ernste Augen, Perlenschnüre, eine vorgedrückte Stirn; ich höre über sie sagen »Eine tiefreligiöse Natur –!« Ich will aufstehn und mir vom Bücherbrett den Band »Maria Stuart« der Schiller-Ausgabe letzter Hand nehmen, nicht zur Lektüre, sondern als Fetisch, als Konzentrationshilfe, als Spielzeug [wie ich es, als ich an dem dann misslungnen und aufgegebnen Drama »Die Ermordung des Herzogs« arbeitete, mit dem Fiesko-Bande dieser Ausgabe machte]. Ich werde eins der Lichter am Bett – es sind um das Kastenbett verschiedne indirekte Beleuchtungen angebracht – einschalten. Erst gehe ich [wie in der Zelle] in die Ecke, um zu pissen. Das Zimmer ist halb hell. Ich drücke auf den schwarzen Lichtschalterknopf. Das breite Fenster ist offen. In diesem Zimmer werde ich nicht, wie bisher immer, das Fenster offen lassen können, man kann zu bequem einsteigen. Draussen gehn Leute vorbei; ein Schutzmann mitten auf der Strasse fordert sie auf, schneller nachhause zu

gehn. Zwei kommen auf mein Fenster zu. Sie kommen herein, der eine ist der Sohn des Portiers; ich weiss, dass er sich
eben verheiratet hat. Plötzlich sehe ich, dass sein Vater und
ein andrer die ganze Zeit in meinem Zimmer gewesen sind.
Der Sohn will noch etwas schreiben. Ich will ihm die Lampe
auf den Tisch stellen. Sein Vater ermahnt ihn, schlafen zu
gehn. Sie stehn nebeneinander, der Alte und der Junge, gleich
gross, gleich schlank, gleich hart, sie sehn einander sehr ähnlich, und diese Ähnlichkeit wirkt wie ein Affront gegen alle
andern, zu denen ich gehöre.

(In derselben Nacht.) Ich esse mit Jean Braun. Der Wein
schmeckt muffig. Jean bringt eine Zitrone – eine helle, zylinderförmige, völlig durchsichtige Frucht; es ist wirklich eine
Zitrone, keine Apfelsine, und ich drücke gern einen Tropfen
– aber nur einen Tropfen! – Zitronensaft in den Weisswein
[wir haben hier seit zwei Tagen ausnahmsweise Weisswein
bekommen]. Wir fahren in Jeans Auto. Jean fragt: »Warum
soll man reisen?«, und ich preise die Ausdehnung der Welt-
kenntnis, das Welt-Gefühl, die Reisen uns geben. Ich spreche
von den Erfahrungen eines Besuches in Berchtesgaden. Ich
fasse – ich sitze vorn, und drehe mich im Sprechen zu Jean
zurück – einen kleinen Hebel in der Wagenecke an, und eine
wunderschöne leise Musik ertönt. Wir wissen erst nicht, was
es ist, bis Jean sich erinnert, dass er früher einmal Musik
[Radio] in den Wagen hat legen lassen. Wir fahren zwischen
Spielplätzen. Der Wagen ist erleuchtet. [Die nächste Notiz
ist unleserlich.] Unter dem Wagen und hinter dem Wagen
läuft ein wellig zitterndes netzartiges Papierband, »das so
breit wie lang ist«. Ein Mann wird in den Wagen gehoben und
hingelegt. Er trägt blaue Stempel auf dem Bauche, und diese
Stempel sind noch zu vermehren.

[Das Folgende kann ein besondres Traumstück gewesen
sein.] Abends trete ich zum ersten Male in der Volksbühne
auf. Wir haben keine Garderoben, sondern Tische neben den
Eingängen zur Bühne. Ich habe den Text des Stückes nicht auf
dem Tische, aber, wie mir ein Kollege zeigt, einen dicken Stoss

Schreibpapier [es macht mir grosse Sorge, dass mir das Papier auszugehn droht]. Ich habe den Text nicht mehr repetiert; kann ich ihn überhaupt noch? Und ich muss ja am Ende des Stückes eine zweite Rolle spielen! Und das andre Stück, das als Anhang gespielt werden sollte, ist es abgesetzt? Am Tische neben meinem steht die Schauspielerin, die zugleich Bibliothekarin ist. Ich sehe die Bücher auf ihrem Tische. Sie erzählt geläufig: »Mein Bruder sagt, ich sei achtundsechzig Jahre alt. Für Dich bin ich achtundfünfzig –«. Ich rechne etwas mit dieser Alterszahl. Ich sehe, dass nur an ihrem Halse die Haut etwas faltig ist. Sie raucht eine kleine Pfeife. Sie sagt, geläufig und stark, dass sie »mit Wut genommen werden wolle –«.

635

30/4/43

Das Leben im Pfarrhofe wird durch das gemeinsame Leben mit den beiden Schwestern vernichtet. Niemand kann einen Augenblick allein sein. Die Liebe ist nicht verschlossen, nicht abgeschlossen. Es kommt zu einem Ehebruch (bei dessen Besprechung die »Hörnung« plastisch genau dargestellt wird). [Dies war in praller und bewegter Handlung dargestellt, deren Einzelheiten ich vergessen habe.]

(In derselben Nacht.) Ich träume dasselbe wie im vorigen Traumstück, aber auf einen Film hin, den ich aufzuschreiben habe. Ich selbst liebe die beiden Schwestern, die bei der Aufzeichnung anwesend sind. Ich stehe vom Tisch auf und trage die eine, während die andre hinten im Zimmer steht, zum Bett; sie liegt auf meinem linken Arm, und ich küsse im Gehn leicht ihre Scham. Ich werde die ganze Nacht schreiben müssen. Ich schreibe, über den Tisch gebeugt; ich erfinde eine wunderbare Szene, die ich auf dem Papier sehe: es werden Erntekörbe auf den Weg gestellt, und der Mond wirft ihre starken Schatten auf das wie eine goldne Mauer feststehnde Getreide. Ich bin glücklich, ich bin selig bei der Erfindung, beim Anblick dieser Szene. Werde ich fertig werden? »Wie kann man«, frage ich, »diese Fülle auf anderthalb Seiten schreiben?« (denn das ist Vorschrift für die Einreichung des Films). Wenn ich ihn abgebe, werde ich sagen, dass wir ihn jedenfalls machen lassen, ob ich den Preis bekomme oder nicht. Ich werde die Nacht über hier bleiben. Das Dienstmädchen soll mich dann wecken, damit ich nachhause gehn kann. Sie bringt Kaffee. Die grosse Familie trinkt ihn in der Stube. Viele sehr jüdisch aussehnde Kinder sitzen so eng, dass ich kaum zwischen ihnen durchgehn kann.

(In derselben Nacht.) Die Hinrichtung des Mannes wird stattfinden, trotz aller Versuche, die wir gemacht haben, sie zu verhindern. Ich stehe auf der Strasse mit seinen beiden ganz kleinen Kindern. Ich hebe das ältere, ein Mädchen, hoch auf; es weint laut um seinen Vater. Ich gehe ins Haus und lese. Unruhig frage ich, wie spät es auf der grossen Uhr sei. Es ist kalt. Das Fenster steht offen. Von weitem sehe ich durch das Fenster auf die Strasse. Ein grosser Leichenzug zieht vorbei. Die Tränen kommen mir wieder. Das ist aber nicht das Begängnis des Hingerichteten, sondern Compagnons der Tour de France tragen einen der ihren zu Grabe. Sie tragen gebauschte Flauschröcke und winden sich in merkwürdigen Figuren durcheinander. An der Ecke scheint sich der Zug aufzulösen. Ich gehe hinunter, auf einen Platz, der der Place du Panthéon ähnelt. Ich gehe durch eine hohe nüchterne helle zugige Werkstatt. Hinter mir höre ich ein grosses breites Tischblatt fallen; ich drehe mich um; die Arbeiter, die es getragen haben und auf die es gefallen ist, rauchen ruhig weiter. Ich gehe die steilen Stufen vor der Tür der Werkstatt hinab. Einige Steine stürzen ab, Wasser läuft über sie. Ich muss abspringen. Die Treppe ist unbenutzbar geworden; aber die Werkstatttür hat sich geschlossen, »Werkstatt für Theater und Glanzpapier« steht darauf angeschrieben. Ich gehe um die Ecke durch Strassen eines alten Viertels. In die Pflastersteine sind Zeichen graviert wie Werkzeichen alter Meister, ein paar Leute betrachten sie. Wer die Stadt so gut kennt wie ich, weiss, dass es Zeichen des mittel-

alterlichen Kommune-Aufstands sind; es sind aber viel mehr
als ich gewusst habe. Der kleine Platz, über den ich gehe, hat
in den vier breiten platten Eckhäusern private Lebensmittel-
hallen, in die Wagen einfahren. Das eine Haus heisst »Les
fesses des frères Untel«. Ich sehe mich um; links führt die
Treppe zur alten Geschäftsstrasse hoch. Ich gehe quer durch
ein populäres Restaurant von der Art der »Mille Colonnes«.
Ich halte Karten des Restaurants Drin in der Hand, auf
denen Menüs zu siebenundvierzig, zu neun Franken und zu
verschiednen andern Preisen verzeichnet sind, in enger un-
deutlicher Schrift. Mutter geht neben mir und fragt: »Wohin
gehst Du?« Sie schlägt mir ein andres Restaurant vor, das für
dieselben Preise Ausgiebigeres liefere. Ich weiss, sie erwartet, dass ich wieder weinen werde.

636

Den beiden Frauen, vor deren altem grossem Laden ich
stehe, wird ein grosses Papier gebracht. Ich falte es auf; es ist
eine mehrere Quadratmeter grosse Karte von Russland und
Sibirien. Sie ist an einigen Stellen sehr zerrissen. In die Falten
sind einige zusammengelegte Zeitungen eingelegt [ich habe
abends heimlich einige ganze, aber sehr zerrissne Zeitungen
gelesen], deutsche, englische, belgische, die ich mit grosser
Freude hin und her lege, zurücklege, und dann lieber gleich
einstecke. Einige faustgrosse Achate und Katzenaugen liegen
dabei, die Frauen nehmen sie und legen sie als Umrandung
ihres Schaufensters hin. Ich helfe ihnen. Ich lege eine kleine
Bronzeeidechse nach mehreren Versuchen so, dass sie an
einem der Steine herabzulaufen scheint. Es werden Fische
und Schnaps aufgetischt; dieser ist klebrig wie Marmelade
[die wir, im wirklich verbesserten Regime, abends bekommen haben]. Ich wende mich wieder der Karte zu. Ich will
die zerrissnen Stücke der Karte ordentlich legen. Ich überlege mir die Reihenfolge der mittelsibirischen Bezirke und
Städte, von Westen nach Osten. Yvette hat einen Brief an die

Sowjets »Eure sympathische Yvette« unterschrieben; ich muss über diese hübsche Umkehrung von »sympathisierend« lachen.

638

3/5/43

Texte liegen vor uns, auf kleinen Blättern. Die Frage ist: beziehn sie sich auf die Lage von zwei Menschen, oder mehreren? Sie werden von uns mehrfach umgeschrieben, und dadurch werden sie falsch.

(In derselben Nacht.) Ich bin nach Posen gekommen. Ich frage Tante Jenny nach Oberlandesgerichtsrat Bielschowsky. Ich überlege mir, was überhaupt aus allen Deutschen geworden sein mag, aus denen, die nicht von den Nazis zur Emigration gezwungen worden sind. Wir trinken »Kirschen in Branntwein«. Jemand ruft, dass unten auf der Strasse Rommel vorbeifahre. Man hört wirklich ein Getümmel. Wir gehn zum Fenster, ich beuge mich weit über das sehr breite Fensterbrett hinaus, und sehe zwar nichts, stelle aber fest, dass man so bis tief in den Mittelbogen des die Strasse abschliessenden Tors hineinsehn kann. Der Junge, mit dem ich gesprochen habe, steigt aufs Fensterbrett und stellt sich an den äusseren Rand. Ich schreie ihn an deshalb [Erinnerung an eine Situation hier]. Dadurch wird der Polizeipräsident aufmerksam [Erinnerung wohl an Herrn von Hellmann in Posen] und beginnt eine Auseinandersetzung mit ihm. Ich entziehe mich der und gehe zurück. Ich gehe durch einen grossen hallenden Flur, ich halte die linke Hand starr zum Boden gestreckt und sehe die Fliesen an, als suchte ich auf ihnen unsichtbare Figuren. Ich komme auf die Altane zurück, in eine Beratung. Ich verstehe die Anspielungen nicht, die auf die eben abgeschlossne Szene gemacht werden. Ich gehe dann durch die Parterregalerie. Ich bin in das Hotel Soundso umquartiert worden, das Nummer 16 der Galerie bildet. Ich suche den Eingang; es ist nicht der, den ich für den Eingang des Hotels hielt, und hinter dem einige andre wohnen. Ich halte ein dünnes Buch in der linken Hand; ich drücke es, und es reisst ein wie Löschpapier, es ist schon das zweite Heft, mit dem mir das passiert. Jemand führt mich zu Nummer 16; er sagt, mit einem Ton des Mitleids, der mich erschreckt, ich werde wohl der einzige Mensch sein, der dort wohnt. Es ist überhaupt unheimlich, ganz allein in einem leeren Hotel zu wohnen. Wir treten in den Winkel neben der Telephonzelle und verhandeln leise.

369

4/5/43

Alle Traumstücke, durch kurze dumpfe Erwachensmomente getrennt, enthielten Hinrichtungsgeschichten – wenigstens blieb der Eindruck, dass sie vor allem die enthielten [Folge wohl davon, dass sie gestern in der Küche eine Katze in einem Sack mit der stumpfen Seite des Beils erschlagen und dann gebraten haben]. Es geht »von Beil zu Beil«. Ich dränge mich durch Gruppen am Rande eines Aquädukts. Léon Herzkowiz dirigiert Aktionen. Ich habe Ereignisse je nach der Temperatur verändert. Wir biegen, auf einem sehr bestimmt gezeichneten Wege, im Tiergarten links ab. Wir haben einen »gegenantisemitischen Angriff« zu unternehmen. Ich bin sehr nervös dabei. Wir haben Begegnungen mit andern Schicksalen. »Petit Pierre« kommt vor, und immer wieder Beile. Ein Umgang erfolgt. Ein junges Mädchen ist auf der Flucht vor Sklaverei und Misshandlung. Sie findet Hilfe bei einem Angestellten des Herrn. [Aus der ungeheuren Fülle von Ereignissen habe ich nur die Schatten einzelner Bruchstücke behalten können.]

370

5/5/43

Das Wort »parfumer« steht zweimal an den Rand des Schriftstücks geschrieben; es wird anders konjugiert als die andern Wörter; an der Art, wie sie es bei der Vorlesung behandeln, erkennt man die Fremden.

(In derselben Nacht.) Ich gehe durch einen mir fast unbekannten Vorort, zum Bahnhof. Ich will nach Clamart zurückfahren. Es ist schon zwölf Uhr vierzig. Vor dem Bahnhof spricht mich einer mit einer Frage an – Nein, ich habe keinen Hund gekauft –, ich gehe rasch weiter, vor einem auf einer Böschung haltenden Zuge vorbei zu meinem. Ich stosse auf einen Wagen vierter Klasse, dahinter ist einer dritter Klasse, dann kommen zweite und erste Klasse. Laut wird gerufen, ob sich jemand opfern wolle – ich verstehe nicht ganz, um was es sich handelt: jemand soll in die zweite Klasse oder sogar in die erste umsteigen, mit oder ohne Nachzahlung, das ist nicht klar, und sich um den belgischen König kümmern, der zusammengesunken in einem Abteil sitzt. Dunkel und unklar wird eingewendet, dass ja auch der polnische Staatschef – der wohl auch in diesem Zuge sein soll – verrückt sei. Ich setze mich in ein Abteil zweiter Klasse. Ich komme in Gespräche mit Mitreisenden. Ich zeige einem den wunderschönen Weg, der tief unten in der Schlucht neben dem Bahndamm lang läuft, zwischen violettem Heidekraut: das sei die Chaussee von Fontainebleau nach Melun, die sei besonders schön, ich kenne sie genau, ich bin, als ich in Clamart wohnte, jeden Tag auf ihr gefahren. Da erreicht grade der Hohlweg, flach auslaufend, die Höhe des Bahndamms vor den Fenstern, und ist nicht von Heidekraut, sondern von unregelmässig gehäuften breiten Scharen ziemlich hoher roter Tulpen umstanden. Ich erkläre, dass ich noch vor Paris aussteigen werde, eben in Clamart. Gute Laune? Ja, die braucht nicht beeinträchtigt zu sein, wenn man für den Selbstmord den vierundzwanzigsten August oder den Selbstmord für den vierundzwanzigsten August berechnet hat. Das Gefühl des bevorstehenden Selbstmordes breitet sich nun aber in mir aus. Ich stehe auf. Der Mann, der früher König von Belgien geheissen und woanders im Zuge gesessen hatte, ist jetzt Brockdorff-Rantzau. Er packt ein kleines längliches Paket fertig und gibt es mir, mit der Bitte, es abzusenden. Es ist an den jungen Flieger von Mahrhorst [oder Mahrholz] adressiert. Dem könnte ich es doch morgen abend direkt im Zuge geben! Aber nein, es soll mit der Post gehn, es soll ein Witz sein. Ich küsse einer Frau [wohl Clyoe], die ruhig neben uns steht, die Hand, und wende mich zur Tür.

372

Ich trage Bilder von Francis Jourdain unter dem linken Arm, harte Leinwände, – einige sind glatt gerollt, einige wie Regenschirme an einem Ende dicker als am andern. Ich trage sie durch ein Stadtviertel mit engen Strassen, in dessen winklige und verfallne Häuser einige funkelnd neue Gebäude eingesprengt sind. Die Adresse, zu der ich die Rollen bringen müsste, steht auf einem Zettel, der ist in eins der Bilder eingerollt worden, ich müsste es aufrollen, um den Zettel zu lesen. Im Torgange eines der neuen Gebäude sehe ich Frau Duchêne stehn, die wohl Ähnliches wie ich selbst in diesem Viertel zu tun hat. Später gehe ich mit Priacel einen ländlichen Weg lang. Er arbeitet für eine Organisation, »Les nouveaux … [das Substantiv habe ich vergessen]«, und behauptet die Priorität seiner Organisation vor der, für die ich die Bilder in jenes Stadtviertel gebracht habe. Die Beziehungen sind unklar; aber es scheint mir, dass seine Organisation und seine Arbeit mit der von Frau Duchêne zusammenhängen oder sogar identisch sind. Ich spreche enthusiastisch über Frau Duchêne und ihre Tätigkeit.

Ich führe einen jungen Mann, einen grossen blonden Burschen, einen meiner Schützlinge, in die Redaktion. Er sträubt sich, er will nicht mitkommen, denn »er will nicht filmen«. Ich führe, ja ich stosse ihn durch den Korridor zu den Zimmern der Sportabteilung. Er hat eine Geschichte von einer Betrunkenheit erzählt; ich beruhige ihn: niemand wird ihn hier wegen dieser Betrunkenheit anhalten.

Später, nachts, bin ich auf dem Dache des Ullsteinhauses, an einer sehr hohen Stelle, von der aus man die vielfachen Terrassen und Höfe des riesigen vielfältigen kubischen Baus übersehn, ja sogar die meisten horizontal breit geöffneten Zimmer einsehn kann. Sogar das Zimmer, in dem ich eben eine Liebesbeziehung angeknüpft habe, in dem sich beinahe eine Liebesszene abgespielt hat, in dem die Frau sich noch aufhalten muss, kann, wie ich jetzt bemerke, von hier aus zum Teil eingesehn werden. Die Brüder Ullstein, denke ich, wissen diese wunderbare Übersicht über dies wie ein antiker Palast grossartige moderne Gebäude nicht zu geniessen. Ein Apparat wird gebracht [der wie einer der Langevin-Florissonschen Ultraton-Lotungsapparate aussieht, die ich abgebildet gesehn habe], aus dem Heymanns neue Filmmusik abgehört werden soll. Der Freund, der ihn gebracht hat, schnallt Kopfhörer um und bewegt sich um den Apparat mit schweren gewaltsamen Bewegungen. Ich hänge einen Hörer ab und drücke ihn ans Ohr, höre aber, statt Musik, nur einen dumpfen Lärm wirrer Stimmen: es ist ein Telephonhörer, mittels dessen sich [wie im Filmvorführungsraum] die Musikprüfer mit den Ausführenden in Verbindung setzen können. Der Apparat trägt ein paar Luftballons, oder diese Luftballons tragen ihn. Ich muss ihn mit beiden Armen hoch festhalten, dass er nicht zu hoch entführt wird. Die Zuhörer, unter ihnen wohl Werner Richard Heymann selbst, machen mir Zeichen, ich solle den Apparat in Schwankungen nach dem Rhythmus der Musik versetzen; ich will es tun, es wird mir aber sehr schwer, ihn wirklich im Regelmasse der Musik zu schaukeln und zu stossen, da ich ja, ohne Kopfhörer, die Musik nicht höre, sondern mit dem eignen Gefühl für Rhythmus erraten muss. Nur gelegentlich dringt sie schwach aus dem Apparate zu mir. Da fällt es mir auf, wie wenig es ausmacht, wenn ich mal eine Bewegung überschlagen oder verhalten habe, wie leicht es ist, aus dem Vier-Viertel-Takt in den Drei- oder Fünf-Viertel-Takt überzugehn. Dann gehn alle. Ich lösche das Licht neben mir, und entschuldige mich wegen dieser Übereilung, es kommen vielleicht noch andre hinter uns. Wir gehn durch schmale kantige Gänge um die Würfel, die das Gebäude zusammensetzen. Es ist drei Uhr nachts. Immer am Ausgang einer Abteilung wird gruppenweise gewartet, bis die Sekretärin die Gangtür auf- und hinter uns zuschliesst.

Am Schlusse der Darstellung kam eine »Einladung zum Film« vor, das ist eine Lieblingsszene von mir, eine Szene, auf die ich besondern Wert lege.

(In derselben Nacht.) Ich bin nachts von der Arbeit weg hinausgegangen. Eine wunderbare, schon leicht farbige, völlig schweigende Landschaft beginnt sich zu erhellen. Nichts bewegt sich um mich. Drüben liegt ein dunkelrotes Haus, auf einem Hügel, der ein wenig niedriger ist als der, auf dem ich sitze, es ist ganz in die Landschaft eingeordnet und still. Hinter den Hügeln leuchtet schwach, ein dünn behauchter blauer Metallspiegel, das Meer. Wunderbar ist diese Stille, wunderbar die Luft, wunderbar sind die sich festigenden Farben. Ich müsste das öfters machen, von der Arbeit so hinausgehn. Und da geht die Sonne auf. Ich sehe meinen Schatten im Sande; aber an zwei Stellen ist er doppelt so gross wie auf dem übrigen Boden – da muss das Licht durch ein besondres Medium gehn. Aus einem hinter mir liegenden sandfarbnen Hause, das ich nicht beachtet hatte, springen zwei Knaben; das Fenster des Hauses, das mit Sand gefüllt gewesen sein muss, zeigt nun eine Höhlung. Ich hatte am Strande eine Sandburg gemacht, zu der gehe ich. Die Flut ist schon zurückgegangen. Ich setze mich auf den Sitz, den ich in den Sandwall eingedrückt hatte; ein Teil des Walles bricht zusammen. Ich fasse in den Sand und fühle grosse runde Steine und Ziegel. Ich beobachte die beiden Knaben, die an ihrer Sandburg arbeiten, und lerne von ihnen, dass man Steine in den Grund des Sandwalls zu seiner Festigung einbaun müsse. Ich trage Sand hinzu, in den blossen Händen. Er rieselt mir durch die Finger. Ich nehme grosse durch Feuchtigkeit ziegelartig gebundne Sandbrocken, sie zerbröckeln zum Teil, ein Drittel oder die Hälfte verliere ich jedes Mal. Ich suche sie an die Brust zu drücken. Ich gehe nicht mehr zur Sandburg, sondern in einer Halle eine Schräge hinauf zum Fusse einer Treppe. Die Schräge ist sehr steil, ich schreite mit Mühe aus und habe schwere Mühe, die Reste der Sandplatten zu halten. Ribar kommt von hinten, unterstützt mich und schiebt mich. Er könne diese Schräge nicht mit Steinen in den Armen hinaufgehn, erklärt er; ich kann das, kann aber keinen Sand über sie hinwegtragen. Nun ist die Schräge überwunden und die Treppe erreicht, nun geht es sich leicht; es liegt nur ein Baumstamm, die Stufen hinab, schräg auf der Treppe und füllt sie fast ganz. In der Fabrik erfahre ich, dass die Faschisten für heute mittag »eine Offensive« angesagt haben. Die Fabrik wird in Verteidigungszustand gesetzt. Ich untersuche einen Haufen Gewehre verschiedner Art und verschiednen Kalibers, Stutzen, Musketen, Jagdgewehre. Ich nehme sie auf und untersuche sie interessiert, schiebe die Segeltuchüberzüge hoch und versuche die Schlösser, spanne und entspanne vorsichtig die Hähne. Ich werde vom Gefühl der Waffe, vom Gefühl der Präzision und der Gewalt der Waffe erfasst. Dr. Edel taucht neben mir auf, er ist sehr nervös und bittet mich, ihn zu begleiten; es scheint, dass er nicht allein sein möchte. Ich lasse meinen Spazierstock liegen und gehe mit ihm. Wir gehn aussen an der Fabrikmauer lang. Er erzählt, dass der von dem Arbeiter Victor Sachs geleitete Verteidigungsausschuss alle gefragt habe, ob sie nach Willen und Können und mit Willen und Können an der Verteidigung teilnehmen würden, alle, bis zu den »alten Herren«. Ich frage betroffen, wer diese alten Herren seien, und bekomme keine klare Antwort. Aber es gefällt mir sehr, dass dieser Verteidigungsausschuss für seine Arbeit unbeschränkte Vollmacht hat, und dass ihm dafür alle unterstehn, sogar der Fabrikdirektor; »bei uns«, denke ich stolz und freudig, »hat keiner nur zu befehlen oder nur zu gehorchen«. Ich bleibe natürlich und nehme an der Verteidigung teil; ich möchte nur noch an Yvette telephonieren, und diese Absicht wird sehr gut geheissen. Ehe wir in die Fabrik zurückgehn, trete ich an einen eben geöffneten Kiosk, um noch Zeitungen zu kaufen; wenn ich schon keine andre finde, werde ich »Chez« nehmen, die dort zu liegen scheint. Es ist aber eine Zeitung, die »Der liebe Gott in Chemnitz« heisst, und der Kiosk, der, anders als die Kioske weiter unten, ein »Christlicher Kiosk« ist, führt nur Zeitungen ähnlicher Art. Ich verzichte auf den Einkauf. Als wir die Rampe zum Fabriktor hinaufgehn, sagt Bruno Frei, dass auch Viliker zur Verteidigung bleiben wolle, der direkt nichts mit unsrer Fabrik zu tun habe, und das <sei> sehr schön, weil er – Bruno sucht ein Wort – »– désintéressement zeige«, schliesse ich. Ich wende mich wieder den Gewehren zu und nehme einen Stutzen. Werden meine Augen genügen? Und ich bin auf den Stutzen nicht eingeschossen. Wie gross ist seine Tragweite? Sicherlich kleiner als die der Infanteriegewehre, mit denen die Angreifer bewaffnet sein werden. Mein Stock aus Nilpferdhaut lehnt an der Mauer, mit zwei frisch geschnitten grüngrauen Knütteln. Die Fabrikgänge sind ziemlich leer, alle scheinen zu einer Beratung zu sein. Teufel, wird denn diese Aussentür jetzt, da der Angriff bevorsteht, nicht geschlossen? Ein Genosse [eine Abwandlung von Schrecker] biegt um die Ecke und wirft sich mir entgegen, da er mich über den Gewehren sieht: »Du bringst uns zur Verzweiflung« – beginnt er, aber ich unterbreche ihn: »Ich habe Euch den ganzen Vormittag vergeblich gesucht«, und die Wut seines Gesichts erhellt sich fast allzu schnell in ein sehr liebenswürdiges Lächeln.

375

10/5/43

Ich habe ein einaktiges Stück geschrieben, oder skizziert, und habe mit Lherman beschlossen, es noch heute abend in einem Theater der Stadt aufzuführen. Eine interessante Improvisation; aber ist sie nicht sehr gefährlich? Das Stück ist nicht fertig geschrieben, nicht fertig gebaut, es kann nicht angezeigt werden, und ohne Anzeige kann niemand ins Theater gehn. Der ganze Tag vergeht mit Arbeiten am Text, und mit Überlegungen. Mir wird immer unheimlicher zumute. Das kann nicht gut gehn – ich muss an Mutter telephonieren, dass ich abends nicht nach Hause komme, vielleicht auch nachts nicht. Aber ich muss doch auch wegen der

Aufführung telephonieren, ich muss ihr die Möglichkeit geben, ins Theater zu gehn! Die Handlung des Stückes füllt sich immer mehr; mir fallen wunderbare Sachen ein. Vielleicht ist es ein Fehler, die erste Szene an eine bestimmte Stelle der Verhandlungen des Kongresses anzuknüpfen, wie ich es tue? Hier, das ist grossartig, kann mitten in die Szene eine »Rede an meine schwarzen Brüder« eingefügt werden; nach einer Weile merke ich aber, dass ich sie falsch eingesetzt habe. Die Apothekenszene, deren Dekoration und Atmosphäre mit Heilmitteln und Gesprächen ich nicht nur realistisch, sondern real sehe, ist entwickelt. Aber das alles ist nicht geprobt, ist nicht fest – heute abend schon spielen wollen, ist Wahnsinn! Und was kann das alles verderben! Die skizzierten Szenen sind auf grosse Blätter mit grosser, sehr verwischter Schrift geschrieben; Lherman hat schon keine Lust mehr, sie abzuschreiben. Da finde ich eine Stelle, an der alle an der Aufführung Interessierten – Lhermann und Ruth Adler an der Spitze – sich, mitten im Texte, unterschriftlich verpflichtet haben, den Text einer Schrift von Quidde nachzuschlagen; keiner hat die Verpflichtung eingehalten. Wie habe ich mich nur auf diesen unsinnigen Plan einlassen können! – und dennoch ist im glühnden Wachsen des Textes, im Hochschiessen der Idee, und sogar im Abenteuer dieser unmöglichen und noch ganz gestaltlosen Aufführung etwas Wunderbares und Verführerisches. Ich gehe während unsrer leidenschaftlichen und schon angstvollen Besprechungen zu einem Café. Ich finde es mit einem sonderbaren Rollladen verschlossen – ist es aufgegeben, gesperrt worden? Gedankenlos, oder an andres denkend, nehme ich ein grosses gewölbtes Gitter, das vor dem Café liegt, auf den Rücken und trage es beiseite. Später, als ich mit Lherman über die aufschiessenden, noch unsichren, schon verwischten Texte spreche, mache ich mich mit der Rollgardine am Fenster zu schaffen. Ich fühle mich hingerissen, und die ganze Sache unheimlich. Da habe ich eine Idee: man muss die ganze übereilte Sache auch in der Regie konzentrieren – wörtlich, dadurch etwa, dass man nur einen mittleren Querstreifen der

Bühne bespielt, und alles auf dem zusammendrängt: auch mittels des Lichts, das Improvisierte und noch Disparate zusammenfassend.

377

Erich Kretschmer kommt ins Zimmer. Er legt sich, erzählend, auf ein Bett. Er bewegt sich, und das Bett bricht unter ihm zusammen. Ich will ihm aufhelfen, und sehe, dass er völlig betrunken ist. Sein Leib ist hilflos, schwer und schlaff. Ich führe ihn ins Nebenzimmer und bringe ihn zu Bett. Nebenan schläft Lotte; ich verriegle die Tür zu ihrem Zimmer, und höre, dass sie aufsteht und das Fenster öffnet. Ich sammle meine Sachen und gehe. Ich sehe noch einmal zu Erich Kretschmer [wir haben vorgestern über das Wort Kretscham und die Ableitung des Namens Kretschmer gesprochen] zurück, er schläft fest, ich kann ihn ruhig liegen lassen, er kann bis morgen mittag durchschlafen. Ich gehe mit zwei Freundinnen durch dunkle Strassen. Wir suchen ein Café, um etwas zu essen. Dieses grosse elegante Café links wird viel zu teuer sein; dieses kleine hier wird uns angemessen sein. Aber es scheint geschlossen zu sein. Nein, hier ist ein Seiteneingang offen. Wir treten ein. Die beiden Frauen gehn eine enge Wendeltreppe hinunter. Ich denke, dass ich zwei Eier im Glase bestellen werde. Während ich hinunter gehe, sehe ich, dass andre an Seilen hinunterklettern. Ich muss, ich will ihnen helfen; ich will die Enden der Seile fassen, aber die sind zerfasert, entgleiten meinen Händen und schlagen hin und her. Später gehe ich über den Lützowplatz. Ich sehe nach einer grossen Uhr; der Minutenzeiger ist umwickelt, die Zeit ist unkenntlich. Ich komme zum Hause des Ringers [oder Gymnastikprofessors]. Um das ganze Haus läuft eine an Krampen befestigte Stahlstange, eine Stange »aus Staatsstahl«, an der ziehe ich mich mit einem Klimmzuge hoch, und so gelange ich ins Haus. Ich stehe neben dem Professor; wir sehn, wie in einem Becken, aus je einem Hahne, Petroleum und Wasser zusammenlaufen. Ich stelle mich unter eine Dusche; der Professor massiert mir den Rücken mit einer harten Bürste. Er könnte mich auch rasieren, denke ich, es ist grade mein Rasiertag [ich rasiere mich hier, anders als im normalen Leben, nur jeden zweiten Tag]. Der Professor, der wohl wirklich eigentlich ein Barbier ist, erzählt geläufig Geschichten; es gehört, das weiss er, zu seinem Berufe, Witze zu erzählen, und er erzählt sie durchaus berufsmässig. Ich höre das Signal, das ich mit jemand verabredet hatte, und gehe in den Hintergrund des Saales. Das Signal galt aber nicht mir; eine Frau hat damit ihren Geliebten gerufen. Das Paar legt sich zu Bett und vollzieht, während ich vor ihnen stehe, den Liebesakt, auf eine schauerlich mechanische Art den Liebesakt; der glasige starr an die Decke geheftete Blick der Frau ist furchtbar. Ich habe einen Pappdeckel genommen, der über ihnen liegt. Ich höre sagen, der Mann sei »ein Meisterkämpfer im Gefecht mit einer Alten«, einen derben Satz im Stile Boccaccios. Und auf dem Deckel steht, warum die Frau sich dem Manne hingibt; sie muss Schulden aus einem Abtreibungsprozesse bezahlen. Ich halte ein paar feine weisse Knochen in den Händen: die sind, was von dem Paare, das sich vor mir liebt, übrig bleibt.

379

14/5/43

Claire Goll ist gestorben. Die Nachricht, das Gefühl des Todes machen eine grosse zarte Bewegung; es ist, als ob die Atmosphäre voll der Musik von melodiösen Nachrufen wäre. Ich selbst bin bewegt; ich habe die Frau nicht genug gekannt; ich habe eine nicht erfahrne, unausgeliebte, ungeliebte Liebe zu liquidieren. Wie soll ich kondolieren? Aber dann ist nicht Claire, sondern vielmehr Iwan Goll gestorben. Ich betraure ihn sehr. Die Beerdigung soll stattfinden – aber es ist keine Leiche da. Alle, die an der Beerdigung teilnehmen, sind in Barken. Als meine Barke abstossen will, fasst eine Frau meine Hand und bearbeitet sie, meine linke Hand, mit einer Bürste. Sie behauptet, einen Schmutzstreifen an ihr zu sehn; es ist aber kein Schmutz, sondern eine kaum verharschte Wunde. Briefe, die der Tote mir geschrieben hat, sollen geholt werden, um vorgelesen zu werden. Den wichtigsten kann man nicht vorlesen, er ist zu unanständig [– hier spielt wohl die Erinnerung an meine Gedächtnisrede nach Tucholskys Selbstmord mit, in deren Verlauf ich Bruchstücke seiner Briefe an mich vorlas].

(In derselben Nacht.) Wir fabrizieren Spielzeuge, mit Blut, koaguliertem Blut, das in rund geschnittnen Portionen daliegt. Ich arbeite mit einem Stock, grade meine Sachen werden betrieben, aber schlecht betrieben, ich bekomme nicht meine volle Rechnung. Wir reden hin und her über das Material; es sei besser, welches zu borgen, als die Reserven zu erschöpfen. Ein Wagen hält vor uns, in dem sitzt Herr von Bismarck, der zu dem neben mir stehnden Hans Kretschmer über ein Fest spricht. Es geht noch um ein Buch, das ich in der Hand halte. Ich schwenke es aufgeregt vor den andern: grade diese Szene, grade dieses Gespräch habe ich kürzlich geträumt! Es werden Neuigkeiten verbreitet: nicht die ausländischen, aber die französischen Internierten sollen befreit werden [der alte Barrel hat gestern so was erzählt], die Türen der in Frage kommenden seien schon mit Kreide bezeichnet worden. Da könnte ich doch versuchen, denke ich, als Einwohner von Marseille meine Befreiung zu verlangen!

380

15/5/43

Ich fahre heim. Jean und Madeleine Braun sind mit mir. Viele Züge fahren an einander vorbei. Und diesen betrachten alle: es ist der Rom-Express, der sich gewaltig und elegant schlangenhaft zwischen die andern stösst, grossartig; alle betrachten ihn, weil Verwicklungen mit Italien bestehn und weil der Krieg vor der Tür steht. Als ich dann durch die Leipziger Strasse fahre, sehe ich eine Bewegung: der Krieg ist erklärt worden. Ich steige aus und will eine Zeitung kaufen. Vom Verdeck aus hatte ich gesehn, dass alle das Tageblatt lesen, die Schlagzeile unter dem steilen Antiquatitel hatte ich nicht lesen können. Auf dem grossen Tische des Zeitungshändlers liegen nur noch wenige Blätter, das Tageblatt ist nicht dabei. Soll ich den Lokalanzeiger nehmen? Ein dunkles Gefühl verbietet es mir [wohl eine Erinnerung an das Mobilisations-Extrablatt des Lokalanzeigers]. Ich lege es zurück. Der Zeitungshändler stürzt mit wutverzerrtem Gesicht auf mich zu, und nimmt einen die Blätter belastenden Stein, als wolle er ihn mir ins Gesicht werfen, aber er kann kaum lallen: er ist stumm. Später bin ich mitten im Walde, an einer Wegkreuzung: soll ich, der Neuigkeiten wegen, zum Wirtshaus oder zum Dorfplatz gehn? Ich trete zunächst in ein Borkenhäuschen. In einem Nebenraume liegen einige Knollen, aus denen lange weisse Sprossen hochgeschossen sind. Fred kommt mit ausgehungertem Blick und will sie nehmen, ich suche ihn abzuhalten, die seien nicht mehr geniessbar [Erinnerung an die, die hier vor Hunger die Gemüseabfälle durchsuchen]. Dann finde ich einen Vorrat von Nahrungsmitteln; wenn man die verschimmelte dunkle Rinde abkratzt – ich habe das nur beim ersten Stück nicht bemerkt – sind sie feine Wurst. Ich will Fred ein Stück geben, und merke erst nachher, dass ich es, da er verschwunden ist, Ribar gebe. Ich finde viel mehr zu essen, als ich brauche; einer redet mir zu: was mich produzieren mache, sei gut. Ich gehe. Der Brigadier kommt vorbei und gibt mir etwas Tabak. Ich halte ihn in der linken Hand, ich müsste ein Kuvert haben, um ihn aufzuheben. Ich komme auf den Dorfplatz. Meine Begleiter halten eine geheime Besprechung ab; ihre Existenz und auch meine muss nun legalisiert werden. Einer liegt in der Stellung der Frau Récamier auf einer Steinbank. Ich gehe in das Postamt, um ein Kuvert zu kaufen. Die Schalterbeamtin, die grade schliessen will, legt mir ein Päckchen hin, für einen Francs fünfzig. Ich brauche nur eins. Mit sehr nervösen Bewegungen scheint sie einwenden zu wollen: was bedeutet das alles, jetzt, da Krieg ist! Draussen auf dem Platz, zwischen Brunnen und

Treppen, sitzt der Unteroffizier Heinz Renner. Er tut schon wieder Dienst als Militär-Pferdezahnarzt, und ist sehr in Sorge, weil er nicht weiss, wie er dreiundsechzig Pferde unterbringen soll. Ich will ihm sagen, dass er nun gar nicht dazu gekommen sei, wieder Zivil anzulegen – da sehe ich, dass er graues Zivil trägt. Er ist sehr geschäftig; er borgt von einer vorübergehnden Freundin eine Geldsumme. Wann ist überhaupt die Kriegserklärung erfolgt? Erst um sieben Uhr? Dieser Krieg geht mich an, anders als der vorige. Ich werde mich melden als ein »Unteroffizier aus dem vorigen Kriege, der Erfrierungen ersten Grades gehabt hat«; ich möchte aber nicht als Unteroffizier Dienst tun, sondern etwas mir Gemässes machen, aber an der Front. Ich gehe nachhause. Yvette ist schon zu Bett gegangen, sie scheint wegen irgendwelcher Gedichtabschriften, die ich andern gegeben habe, eifersüchtig zu sein – zu unrecht – und böse. Ich will etwas aus dem Bücherschrank im Vorzimmer nehmen, der schwankt, und den ich nur mit Mühe halten kann. Yvette hat, und das rührt mich sehr, Papiere für mich auf den Tisch gelegt: einen Brief – aber ohne Überschrift; Gedichtabschriften, als ob sie die nicht behalten wollte; ein Kartonbildchen, auf dem lakonisch geschrieben steht »Die deutsche Flotte hat angegriffen«, und einen Zettel, laut dem Mutter etwas für meine Unterbringung in Ostasien getan hat.

(In derselben Nacht.) Ich will zu Tante Jenny gehn und Mutter sagt, als ich mich fertig mache: »Das Hingehn wie früher, das eigentlich neffenhafte schelmische Hingehn, das geht nicht mehr, da nun auch Matta [Mademoiselle Neuchouandre, die Gesellschafterin] gestorben ist«. Ja, auch Matta ist gestorben – die Gohlen, Anna, Matta sind gestorben, ich habe das neulich schon gewusst – ich sehe entsetzt in die grau sich leerende, vergrauende Welt der alten Leute.

16/5/43

Walter Hasenclever hat eine Probe oder Wette vorgeschlagen: ich soll neben dem Harrietlein, das nackt nur unter dem
Mantel sein soll, in einem Wagen fahren, lange, und sie nicht
anrühren. Ich stehe auf; ich bin schon im Abendanzug, ich
muss nur den Schlips zurecht ziehn und einen weissen Schal
umlegen. Ich soll noch ein Autogramm für Fräulein Schreitger schreiben. Ich habe es schon vorbereitet, auf einer Karte,
aus der seltsam gezackte Stücke ausgeschnitten sind. Diese
Karte habe ich am Montag geschrieben, ich weiss das noch,
weil das der Tag der Aufführung war. Ich brauche sie nur zu
unterschreiben, sie muss im Ordner sein. Die Sekretärin
sucht; sie ist ungeduldig, weil sie in die Ferien gehn will. Ich
muss lachen: Die Karte ist im Ordner so über einem Briefe
von Edschmid eingelagert, dass sie von Edschmid unterschrieben scheint. Übrigens ist ja keine Eile für alles, was wir
vorhaben, es ist erst sechs Uhr. Ich spreche mit dem Harrietlein, ich habe die Hände auf ihren Schultern, ich beruhige sie,
sie gibt schon nach, sie sieht mich mit ernsten Augen an, ich
fühle die Wärme ihrer glatten Haut durch den dicken weichen Stoff des kleinkarierten Reisemantels durch. »Ich will ja
nur meine Wette gewinnen«, sage ich; und dann, als habe das
sie kränken können, und wie in einem plötzlichen Zusam-
menbruche: »Aber mach es mir recht schwer!« Ich gehe
durch ihr Atelier und mache Licht, soweit das Licht nicht
versagt. Später gehe ich eine Treppe hinauf; ich drücke auf
einem der unteren Türplätze auf den Klingelknopf statt auf
den Lichtknopf, ich höre Schritte hinter der Tür, die Verwechslung ist mir sehr unangenehm, ich stehe einen Augenblick, dann fliege ich die Treppe hinauf, dicht an der Wand,
lautlos. »Ich muss dem Harrietlein [oder wem?] erzählen,
dass ich lautlos und dicht über den Stufen heraufgeflogen
bin«, denke ich. Fliegen im engen geschlossnen Raume ist
aber vier schwerer als Fliegen im Freien, ich komme müde
und atemlos oben an. Ich sehe durch ein Fenster: zwei Leute,
Mann und Frau, breiten ein Netz über einen Untergrund-

bahneingang. Eine kurze derbe ältere Frau wirft sich, in plötzlichem Entschlusse, in dieses Netz und wird, in den Fäden schlingernd, von den beiden weggetragen. Ein Mann erzählt einer befreundeten Familie: er habe dieses Jahr einen Bellerhund [das heisst Pudel] aufgezogen, den werde er ihnen als Probe seiner Zucht schicken.

386

21/5/43

Georges Valois ist abends bei mir zu Besuch, mit einem Begleiter. Wir haben einiges zu besprechen. Er erzählt Abenteuer von einer Reise mit einem – auch mir bekannten – dicken Manne, der Glasstöpsel sammelte. Er war von seiner Manie so besessen, dass man ihn in einem Badeorte bewachen und festhalten musste, weil er die Stöpsel von den Quellen stehlen wollte. Ich frage, ob der Mann noch immer so dick sei. Valois erzählt, dass er eines Tages, während einer Auseinandersetzung, einen Säbel verlangt habe, um den Mann, die Säbelspitze auf seinen Bauch drückend, zu bedrohn; grade habe er auch um einen Säbel rufen wollen, habe der Mann gesagt. Valois und sein Begleiter gehn zeitig weg. Ich bleibe an der Tür stehn und drücke auf den Lichtknopf, bis ich unten die Haustür ins Schloss fallen höre. Ich denke daran, dass ich sehr viel Besuch bekommen werde, und dass dies der Concierge verdächtig scheinen wird.

In Berlin findet ein grosser bedeutsamer Kongress statt, wohl der Friedenskongress zum Abschluss des Krieges. Ich bin dieses Kongresses wegen nach Berlin zurückgekommen. Die Stadt ist erfüllt von allem, was mit dem Kongress zusammenhängt. Die Zeitungen haben Spezialabonnements für die Kongressangelegenheiten eingerichtet. Ich bin auf alle abonniert, bin aber im Rückstande mit der Lektüre; ich habe auch die – ebenfalls auf den Kongress bezüglichen – Romane in den Zeitungen nicht fortlaufend gelesen, und nun fehlen mir schon einige Fortsetzungen. Ich muss noch Traumaufzeichnungen machen, unter anderm über einen Traum, in dem Georges Valois vorkam, und ich muss mein Tagebuch in Ordnung bringen. Ich bin allein in der Wohnung. Ich will mich zum Essen setzen. Auch Vater, habe ich erfahren, ist mir böse, weil ich nicht geschrieben habe, wie schon Mutter böse war. Ich nehme es übrigens nicht schwer. Vater wird zurückkommen und in der Wohnung wohnen, im Zimmer nebenan. Ich gehe auf dem dicken Teppich hin und her. Emma kommt herein. Liebeserinnerungen befallen mich. Ich möchte ihre Beine fühlen. Sie hält still. Ich frage, wie lange sie nun schon bei uns sei; siebzehn Jahre, antwortet sie, und sie sei nun schon seit zwei Jahren [oder: zwei Jahre lang] so alt wie ich. Ich sage etwas über Liebesversprechungen, sie antwortet, heiss lachend: »Die V… sind das beste zum v…!« Ich gehe wieder hin und her. Ich finde in der oberen Rocktasche fünf Bleistifte, die ich für die Arbeit eingesteckt hatte, ich lege sie nebeneinander aufs Büffet und wende ihnen meine ungeteilte Aufmerksamkeit zu, obwohl Lotte hereinkommt. Ich gehe auf die Strassen. Sie sind wenig erleuchtet, das kommt noch vom Kriege her. Sie sind gewaltig verschlungen. Ich gerate in eine Geschichte mit einem Wagen [die ich vergessen habe]. Ich gehe über den Platz zu einem riesigen Schuppen, unter dem ein Eisenbahnzug steht. Eine fremde Frau gesellt sich zu mir. Wir müssen das glänzende Gleis vermeiden. Wir müssen uns in eine Ecke drücken, weil der Zug an uns vorbei herausrollt. Ich halte mich an einer bekalkten, rissigen, bröckligen Mauerecke. Die Frau, die sich neben mir festhält, rutscht in einen, nicht tiefen, Graben hinter uns. Ich helfe ihr heraus. Als der Zug vorbeigefahren ist, verabschiede ich mich von ihr mit einem spöttischen Worte. Ich gehe zum Kurfürstendamm und den Kurfürstendamm lang [der kindlich und verjüngt und vereinfacht ist, etwa wie auf manchen Bildern die Boulevards vor hundert Jahren]. Ich sehe meinen Ärmel, meinen Rock, den Handschuh auf dem Spazierstockgriff. Ich bin elegant. Meine Situation hat sich gebessert. Ich müsste wieder mit Rowohlt über einen Vertrag verhandeln. Ich habe einen Band Novellen, aber nicht die Novellen von damals. Wenig Menschen sind auf der hellen

Strasse mit dem dichten, tief hinabwachsenden, hellgrünen Laub und den breiten, nicht hohen Häusern. Ich gehe. Ich bin ganz verliebt in diese Strasse.

389

24/5/43

Wir greifen an, oder wir sind überfallen worden, jedenfalls stehn wir im Kampfe. Und wir kämpfen vor allem dadurch, dass wir Frauen, die zu uns gehören, hoch über unsre Köpfe heben und gegen die Feinde werfen. Sie kommen so, mit fliegenden Kleidern, den Feinden über die Köpfe, packen sie, und verwirren sie völlig. Sie kommen immer zu uns zurück und lassen sich von neuem werfen. Eine nimmt, als sich unser Sieg zu erklären scheint, ruhig wieder ihren Platz an der Tür ein. [Die letzten Notizen sind unleserlich.]

(In derselben Nacht.) Ich habe eine Verabredung getroffen; ehe ich abreise, soll ich, morgen, zu den Freunden zum Abendessen kommen. Die Freundin dieser Freunde geht durch das Zimmer; sie wird nachmittags bei den Freunden sein; ich gehe ihr nach und sage, dass ich früher kommen werde, um sie zu treffen.

Ich bin an der Volksbühne engagiert. Abends soll ich auftreten. Ich bin in einem Büro des Theaters. Age Forster, der sich zum Weggehn anschickt, spielt mit einem Säbel aus einer durchsichtigen zelluloidähnlichen Masse [der vielleicht eine Erinnerung an meinen Spazierstock aus Rhinozeroshaut ist]. Die Waffe könnte gut zu meinem Kostüm passen – aber Age kann sie mir nicht lassen. Ich gehe dieses Kostüm holen. Ich steige mit Zyromski in einem senkrechten Schachte hoch, dann muss man durch ein Fenster, das ich mühsam aufriegle, auf ein Dach klettern, und von dem aus betritt man die Räume, in denen der Fundus aufbewahrt wird. Zyromski stellt mich dem Garderobier vor, der Muffler heisst, einem blassen unscheinbaren Manne. Der zeigt mir zwei Degen aus Blech, sie taugen nicht viel, Ages Waffe wäre viel besser gewesen; ich werde nun auch doch den kurzen Degen nehmen müssen. Muffler will die ausländischen Zeitungen haben, die ich in die Rocktasche gesteckt habe; ich gebe sie ihm, zögernd; eigentlich wollte ich sie lesen, während er mich schminkt. Zögernd lege ich den Rest meiner Zigarre weg. Ich denke daran, dass ich den Text des Stückes gelesen, aber den meiner Rolle nicht gelernt habe. Ich weiss ihn nur sehr ungefähr [es ist wohl auch nicht geprobt worden], ich werde mit dem Souffleur spielen müssen, wird das gehn? Ich denke mit starkem Unbehagen an den Abend. Ich sage dem Garderobier, dass ich unter diesen Umständen besonders von ihm abhänge (und so, als ob er der Souffleur wäre); er unterbricht mich und beendet selbst den Satz, den ich angefangen habe, so, als kenne er ihn schon, als sagten ihm das alle. Um mir eine Sicherheit zu geben und ihm zu imponieren, erzähle ich, dass grosse Schauspieler unter meinen Freunden, wie Deutsch und Kortner, auch ein schlechtes Gedächtnis hätten (und denke dabei: ist das überhaupt wahr?); ganz wie einem Laien imponiere mir die Fähigkeit der Schauspieler, so viel Text zu behalten, besonders. Muffler fragt mich, ob ich den Bildhauer Plehn kenne, der wohl auch Schauspieler sei; dem Namen nach, sage ich, oder ganz flüchtig, aber ich kenne gut seine Schwester Lotte [gemeint ist Erika Plehn; ich weiss nicht und habe nie gewusst, ob sie einen Bruder hatte], die habe ich gut gekannt, damals, vor dem Kriege, vor den Kriegen, in der Vorzeit, in einer andern Welt –

391

26/5/43

Ich bin in München, in der Redaktion unsrer Zeitung. Sie befindet sich neben den Büros der Nazis, auf demselben Flur. Wir erfahren, dass die Nazis in dieser Nacht losschlagen wollen. Wir hören Lärm nebenan, laute Schreie. Wir müssen uns verteidigen, gegenangreifen. Wir müssen hinaus aus den Zimmern, in denen wir eingeschlossen sind. Ich nehme einen Stuhl und stosse ihn, als Prellbock, heftig gegen die Tür, alle vier Stuhlbeine gleichzeitig. Ich stosse mehrmals; die Tür wankt nicht. Ein Genosse nimmt mir den Stuhl aus der Hand und stösst zweimal langsam, das Gewicht genau berechnend und verteilend; die Tür splittert auf; ich habe etwas gelernt. Ich will hinaus, die Genossen halten mich zurück, wir müssen auf den Setzer warten. Einer von uns schiebt sich die zum hochgelegnen verstaubten bunten Fenster führende Mauer-schräge hinauf [Vergrösserung der Mauerschräge unter den Zellenfenstern]. Der Setzer kommt endlich, und zwar kommt er aus dem Ofen; ich kann nicht sehn, ob er so berusst ist, wie er eigentlich sein müsste. Wir müssen noch das Licht löschen; ich gehe im grossen Zimmer herum und drücke auf eine grosse Zahl von Knöpfen, ich erreiche auch die, die ganz hoch in der Mauer sitzen. »Den schwarzen Knopf!« ruft mir einer zu. Ein Knopf, auf den ich drücke, weicht fast fingertief in die Mauer zurück. (Die Kämpfe draussen haben angefangen; wir entgehn dem faschistischen Angriff merkwürdigerweise wohl grade wegen der Nähe seiner Basis.)

(In derselben Nacht.) Julius Salter hat einen neuen Büh-nenvertrieb eingerichtet. Wir sprechen über seine Aussichten. Er sagt, dass er keine Objekte habe. Ich nenne ihm eins, aus seinem Katalog; »Das gehört Alban«, sagt er [– er scheint es nur im Untervertriebe zu haben]. Wir sprechen von meinen Stücken. Salter schlägt, in verlegner Haltung, vor, das, welches jetzt gespielt werden soll, »Pessimismus« zu betiteln, wohl weil dieser Titel sensationeller sei. »Aber dann werden sich doch die Leute, die im Theater sind, über den Titel totlachen!«, wende ich ein, »und erst mal werden sie gar nicht reingehn!«

392

[Die Notizen über den ersten Komplex sind unleserlich und unverständlich.] Ich muss Mutter anrufen. Ich stehe neben einem altertümlichen, auf einen Seitentisch gestellten Tele-phonapparat. Ich sage die Nummer in die Muschel: OX92, und höre: »Sprechen Sie!«, es ist ganz dunkel, ich taste nach dem Knopf, den ich eindrücken muss, ich höre eine Frau weinerlich mit einem »Lenchen« sprechen, da habe ich den Knopf, den zweiten oben von rechts, ich drücke ein, er fährt nur schief ein, aber ich habe die Verbindung. Ich entschuldige mich bei Mutter, dass ich sie jetzt, gegen Mitternacht, störe. Sie erzählt, dass Vater, obwohl sein Plädoyer beendet sei, abgereist sei; ich stelle ihn mir in seinem ziemlich hellen braunen Anzuge vor. Ich erzähle Mutter, dass mein »Deutsches Wörterbuch« fertig sei. Sie solle nicht enttäuscht sein, dass es nicht die Examensarbeit ist, es sei etwas Wichtiges. Es wird sich nach dem, was mir enthusiastische Sachverständige versichert haben, einführen (wenn sie es nur, denke ich, in ihren Vorlesungen zitieren und empfehlen möchten!). Jetzt könne ich daran gehn, den Plan des Synonymenwörterbuchs auszuführen (jetzt, da ich frei bin, denke ich, kann ich ja in eine Buchhandlung gehn und feststellen, ob es schon ein Deutsches Synonymenwörterbuch gibt). Das sei eine Arbeit, die ich in aller Ruhe und Regelmässigkeit neben meinen andern Arbeiten durchführen könne. Ich will Mutter als Beispiel den Unterschied zwischen »schlafen« und »schlummern« entwickeln [abends habe ich über die Assoziation »schmausen« zu »schmunzeln« gesprochen]. Es bestehe doch übrigens ein merkwürdig fester Zusammenhang zwischen meinen Arbeiten: vom ersten Sprach-Buch über dieses Deutsche Wörterbuch zu diesem künftigen Synonymenbuch. Ich höre ein Stöhnen im Apparat [und werde wohl von einem Räuspern des Bettnachbarn Napirail geweckt. Ich liege auf dem Rücken und halte die linke Hand unter der Schulter, als ob ich einen Telephonhörer hielte].

395

30/5/43

[Die folgenden Motive und Komplexe gehören verschiednen Traumstücken an; ihre Verteilung auf die Traumstücke – das erste Traumstück war, wie meistens, erinnerungslos, nach dem ruckhaften Versinken schon erinnerter Gegenstände – erinnere ich mich nicht mehr, und ihrer Reihenfolge bin ich nicht sicher.]

Es ist spät, die erste Schulstunde habe ich versäumt; und so droht es weiter zu gehn. Ich zögre im Zimmer und zwischen den Gartenbeeten. Es ist nun so viel zu spät, dass ich besser tue, gar nicht zu gehn. Da müsste ich aber eine Entschuldigung haben, einen Entschuldigungszettel, den wird mir Vater ehrlicherweise nicht geben. Könnte nicht Lotte in die Schule telephonieren, dass ich später komme? In der zweiten Stunde, mit der zweiten Stunde habe ich auch das lateinische Diktat versäumt, das hätte ich gebraucht, das wird sehr auffallen. Schliesslich wird das alles nicht mehr lange dauern, das Examen ist nahe, eigentlich ist das alles nur ein Nachholen, ein Lebensnachtrag, nichtsdestoweniger ist dieses Versäumnis, sind solche Geschichten recht unangenehm. Ich komme nach Berlin, heimlich; ich werde bei Lemms übernachten [Erinnerung an den Reklamationsbesuch in Berlin im Frühjahr 1918], es ist mir peinlich, da ich sehe, wie wenig Platz die vielen Leute haben – ich stehe vor einem schmalen Bette –, es ist auch gefährlich, mich zum Gaste zu haben, aber es geht nun nicht anders. Ich bin in eine Kirchengeschichte verwickelt [diese Erinnerung ist ganz undeutlich]. Ich habe Mühe, mich an die Organisation des Lebens bei Lemms anzupassen. Wir versuchen zu einer vernünftigen Einteilung dieses einen Tages zu kommen; während sie dies und jenes tun, kann ich einen – natürlich vorsichtigen – Spaziergang durch die Strassen machen, oder ich kann mich eine Weile in ein Café setzen und die Zeitungen lesen, ich habe noch nicht einmal die Zeitungen von gestern abend gelesen, in dieser Zeit, das ist ein Skandal! Ich frage schon nach Zeitungen. Ich will gegen vier Uhr noch einmal zu Justizrat Fliess gehn, und abends hier bei Lemms essen, zwischen halb sieben und sieben werde ich hierher kommen. Ich bekomme bei Lemms zu essen; und zwar wird mir statt des vorgeschlagnen Kuchens ein sehr grosses – knochenloses – weisses Stück Hühnerbraten gegeben, das oben noch ein Stück des roten Kammes trägt. Das Fleisch ist kostbar, es wird auf auffällige Art gegeben, dieses Stück Kamm ist unheimlich, aber ich habe entsetzlichen Hunger und beisse, nach kurzem Zögern und dem Gedanken, es abzulehnen, hinein wie in Kuchen. Ich gehe mit Alfred Lemm [der in dem ganzen Traume undeutlich bleibt] in ein andres Zimmer. Dort treffen wir Alfred Döblin. Er zeigt zwei grosse, grossflächige, sehr glatte und unpastöse Ölbilder; auf dem einen sind neben je drei Zahlen zwei kleine in einer Farbe stark gezeichnete Würfel aufgezeichnet, das ist eine Darstellung des Dritten Millerkerschen Satzes. Wir diskutieren hin und her, Döblin spricht in plärrender, greller, sehr eigenwilliger, egozentrischer, völlig weltloser Art. Er nimmt aus einer Glaslade zwei kleine plastische Gruppen: eine sieht aus wie eine der Trommeln, in der Kinder durch Ritzen bei schneller Drehung Bilder sich bewegen sehn, und ist ganz unerheblich; die andre heisst »Einheitsstreben« und ist sehr schön: drei Figuren im Stile Archipenkos sind, in wunderbarer Bewegung, an einem Lager aufeinander bezogen. Widerwillig füge ich mich dem Gefühl ihrer Schönheit; »Das kann er nun doch«, denke ich, »das kann er doch auch!« Döblin sagt, ehe er abgeht, spitzig, mein eigner Akt würde beweisen, dass er in unsrer Diskussion recht gehabt habe. In ökonomischer Hinsicht beweise mein Akt gar nichts, antworte ich gereizt, wenn er auch, meinetwegen, in sportlicher Hinsicht alles beweise. Ich geh und fahre dann in der Stadt herum. An einem Platze steige ich eine Eisenleiter herunter, die senkrecht ins Leere führt, und die ich ohne Zweck heraufgestiegen bin. Ich muss beim Hinabsteigen Polster, die um die Leiter gelagert sind, wegdrücken. Dann muss ich die Leiter »auf das Camion des Auswärtigen Amtes« legen, das am Platze halten soll, und das ich auch, nachdem es mehrmals hin und her gefahren ist, entdecke; es sieht wie ein lackierter Feuerwehrwagen aus. Es wird von Rom gesprochen, etwas Wichtiges ist in Rom geschehn; »wie stehn nun dort die Souveräne zu ihren Päbsten!«, wird gesagt. In einer Wohnung wird eine Geschichte abgeschlossen; die Frau, die sie erzählt oder dargestellt hat, sagt und spielt mit heftigen Geberden: »Sie hat ihr Kind erschlagen, die Tochter des Totschlägers«, und lässt jeder Angabe einen volksliedartigen Refrain [etwa: »an der blauen Heide unter dem roten Busch«] folgen. Meine Kreuz-und-Querwege in der Stadt haben den Charakter des Umherirrens angenommen; ich verliere sinn- und planlos den letzten Tag, den ich in der Stadt verbringen kann. Wo soll ich hingehn? Wieder zu Lemm? Ob Lemm übrigens nach Lissa telephoniert hat? Ich müsste wieder zu Justizrat Fliess gehn. Als ich aber in der Nähe seiner Wohnung aussteige, wird mir klar: Justizrat Fliess ist längst gestorben, alle sind gestorben oder ausgewandert. Ich gehe vor das Haus. Ich sehe, an der grossen grauen körnigen Fassade, das kleine weisse Schild seines Nachfolgers, ach, oder schon der Nachfolger seines Nachfolgers, einen gleichgültigen fremden Namen. Zu wem soll ich gehn? Ich denke der Reihe nach an alle Bekannten, die hier in der Nähe des Zoo gewohnt haben; alle sind weggezogen, ausgewandert, fremd geworden, verschollen; ich kenne niemand mehr, ich kann nirgends mehr hingehn. Ich irre umher; die Stadt, die ungeheuer ist, die noch gewachsen und sehr verändert ist, macht mir einen ungeheuren Eindruck. Am Wittenbergplatz führen die Treppen, von denen ich schon gehört hatte, in breit basierter pyramidaler Steigerung über die Untergrundbahn ins Leere, zwar ins Leere, anscheinend aber in grossartiger Anordnung. Überall sehe ich Treppen, Schluchten, Durchblicke. Hier glaubte ich auf einen üppigen tiefgrünen Parkausschnitt zu stossen – es ist nur die herrlich gemachte Auslage eines Gärtners. Ich will an der Tauentzienstrasse die »Neue Kunsthandlung« sehn; auch sie ist entfremdet worden, ich kenne dort niemand mehr, aber ich will sie von aussen sehn – ich laufe durch die Strasse, alle Läden, alle Häuser sind vor dem Morgen geschlossen, sie zeigen prall und grell gleissenden Stein und keine Öffnung. Ich gehe schnell; immer stärker wird in mir die Vorstellung, dass ich erkannt, dass ich gefasst werden werde. Am Zoo sehe ich quadratische, schwarzweisse Blöcke – auch davon habe ich gehört, aber das ist nicht, wie ich geglaubt hatte, eine Brandstätte, das sind schwarz-weiss riesig gewürfelte Gebäude. Es enttäuscht und bedrückt mich, dass die Stadt unter der Tyrannei gewachsen und grösser, moderner und schöner geworden ist; aber eins fällt mir doch auf, und das werde ich überall erzählen: die Strassen sind leer, menschenleer, es fehlen die Menschen in diesen Strassen! Ich sitze mit vielen Menschen in einer amphitheaterartig bestuhlten Halle, nicht grade einem Nachtasyl, aber einem Warteraum. Eine Frau, die ich kennen muss, eine Gymnasiallehrerin, geht durch die Reihen, mehrmals an mir vorbei, um mich herum, und starrt mich an, mit blanken dunklen Augen. Sie sagt dem grossen langsamen Manne, der ihr folgt, und der <vermutl. Wortauslassung> – sie hat einen Ehering am Finger – etwas, wohl über mich; erkennt sie mich etwa? Ich stehe auf und entferne mich unauffällig. Ich höre in der Stadt von Eulenmägen sprechen, die gebracht worden sind – Eulenmägen sind eine gute Nahrung. Wir sprechen von den Kothurnen, von denen die herabsteigen müssen, um zu siegen <?>. Einer begleitet mich [es ist wohl Alfred Lemm]. In der Nähe des Bahnhofs begegnen wir in einem Trupp Sepp Wagner, der hingerichtet werden wird. Er spricht noch mit allen, die dort stehn. Er hat ein Gerät – aber es ist nicht ein Messer, mit dem er sich befreien könnte, sondern eine Schaufel. Wir können Messer nehmen, da stecken, da liegen welche – können wir ihn nicht befrein? Wir haben schon den Bahnhof betreten. Mir fällt ein: der Zug nach Paris, den ich nehmen muss, wird voller deutscher Soldaten sein, das kann doch nicht gut ausgehn – aber in allen andern Zügen, meint mein Begleiter mit einem sonderbaren Versuche, mich zu beruhigen, wird es nicht besser sein. Hat Lemm nach Lissa telephoniert? Und nun fällt mir gar ein, dass wir vergessen haben, meinen Pariser Pass umändern, auf einen falschen Namen umschreiben zu lassen. Ich verlasse die Reihe vor der Bahnhofssperre, in die ich mich schon gestellt hatte.

Gas brennt in den Zellen. [Die nächste, auch auf das Gas bezügliche Notiz ist unleserlich.] Tierleichen liegen herum.

Auch in der Ausstellung, die sich auf Bismarck bezieht,
wird mit Gas erleuchtet. Ich will es anzünden, an einem von
der Decke herabhängenden, kopfgrossen, wie der Siebknauf
einer Giesskanne aussehnden Brenner. Ich muss einen Hahn
an der Wand aufdrehn und mich dann zum Brenner kehren;
inzwischen strömt ziemlich viel Gas aus. Ich reibe ein Streichholz nach dem andern an, das Gas knallt, verbrennt also, entzündet sich also nicht; ich müsste eine Hand mehr haben,
um den Hahn mit ihr zu öffnen, während ich in der linken
Hand die Streichholzschachtel und in der rechten das
Streichholz halte. Ich habe, da die Knalle sich fortsetzen und
die Flamme immer wieder nicht anspringt, Angst vor einer
Explosion. Ich werde die Concierge zu Hilfe rufen müssen.

(In derselben Nacht.) Ein lebhaftes schwarzhaariges Mädchen [es kann Ilonka gewesen sein] erteilt, mit physischer
Eindringlichkeit, Belehrungen. Autogramme mystischen
Inhalts oder von mystischer Bedeutung, plastisch oder relief-
haft, mit seltsam krausen Schriften, erläutern diese Belehrungen, sie handeln über Magnetismus oder wirken magnetisch,
sie werden in dicken, schweren, wie zackigen Aktenstücken
hergereicht. In einem befindet sich die Totenmaske Bismarcks; sie zeigt den »Es-ist-erreicht«-Schnurrbart, dessen
Enden sich von der trocknen faltigen Haut lösen.

Ich gehe in der Türkei hinter einer Beerdigung her. Der
letzte im Zuge, neben den ich gerate, heisst Selen Kan; auf
ihn bezieht sich eine Stelle in einem Briefe Ossietzkys, den
ich in der linken Rocktasche trage; er kennt diese Briefstelle
und spielt mit melancholischer Witzigkeit auf sie an. Er hat
auf gelblicher Haut einen dünnen grauen Schnurrbart und
traurige Augen. Er ist der Sultan. Er führt mich in sein Haus.
Mich geniert, dass er, der mir sympathisch ist, der Sultan ist;
und im engen Treppenschachte fühle ich mich verpflichtet,

ihm auseinanderzusetzen, warum ich ein Gegner jeder Monarchie sei – die Monarchie sei einmal, unter bestimmten Wirtschafts- und Organisationsverhältnissen, die fortschrittliche, die richtige Form gewesen, aber heute, längst, sei sie hoffnungslos falsch, und hoffnungslos. Er lächelt, melancholisch, er scheint ganz meiner Meinung zu sein. Im Teezimmer stellt er mich den Frauen vor, zunächst seiner Schwester Buno [oder Bunote]; diese verhalten sich ablehnend zu mir, da sie erraten, dass ich ein Monarchistengegner bin. Es wird von Cassou gesprochen; eine der Frauen sagt »einen Vierzeiler von Cassou« (es ist aber ein Zwölfzeiler, drei Strophen zu vier Zeilen, ein hübsches Lied), und ich sage die hohe Meinung, die ich von Cassou habe. Selen Kan führt mich in eine Ecke; er setzt mir Kaffee vor; er ist sehr herzlich, besonders herzlich gegenüber der Ablehnung der Frauen; ich müsse mich aber auf die Sessellehne setzen, neben jenen grossen Sessel dort, auf dem er sitzen müsse.

Ich bin in Sofia, im Vorsaal einer Ausstellung, in der auch ein grosses Bild von Sofia gezeigt wird. Ich habe jemand eine Widmung in ein Buch geschrieben; ich höre hinter der Schwelle des Ausstellungssaales über diese Widmung sprechen; mein Name sei gefährlich, wird gesagt. Einer der Veranstalter der Ausstellung kommt zu mir und übergibt mir ein dickes Bündel Lose für die Ausstellungslotterie. Ich frage verlegen, was sie kosten. Für uns seien sie umsonst, antwortet er und der rote Schein dabei sei der Bon für das Bankett.

400

4/6/43

Eine Malerin [Lala?] bereitet das Bild vor, das sie von mir machen will; im Freien; sie richtet das Stück Wiese her, auf dem ich stehn soll, ich helfe ihr dabei. Wir richten es her nach dem Bilde, das sie malen will, nach dem – gegenwärtig schon real sichtbaren – Bild, das wir uns von dem künftigen Bilde machen. Ich entziffere sogar, um sie zu übertragen, die schriftliche Bezeichnung des Bildes: »Aquarell«, lese ich, und etwas wie einen Namen und ein Datum. Sie zaust die kleinen Birkenbäume, die im Hintergrunde stehn; sie kämmt die verstreuten Kräuter, dass sie zackiger starren, rauher sich ausbreiten; kein Stück der Bildwiese bleibt unbewegt, keins zeigt nicht eine grössere Bewegtheit. »Keinen unbewegten Fleck wird das Bild haben«, denke ich, »keine leere Stelle«, und ich finde das sehr schön. Da sehe ich aber, dass das Licht für das Bild gänzlich verändert worden ist, und grade für die Stelle, an der ich stehn soll; das liegt daran, dass sie einen bunten Teppich über ein Geländer gehängt hat. Das ganze Bild, der ganze Vorgang hängt mit dem Sturze des Zarismus zusammen. Ich fahre mit der Malerin weg. Wir liegen nebeneinander auf dem Boden eines Wagens; ich fühle sie neben mir liegen und atmen und leben; ich denke an die Liebe und spreche auf sie ein, ich »bereite das Morgen vor«. Ich treffe bei der Eidechse ein, bei der Gäste essen. Ich habe eine mathematische Zeichnung gemacht, auf der ich einigen »die Substanzlinie V«, die Tangente an eine grosse Kurve, zeige. Eine ältere Frau will, im Trubel, die Zeichnung über die Terrine decken; ich lasse das nicht zu; eine andre Person will mir ein grosses Blatt, zur Vergrösserung, an die an sich schon zu grosse Zeichnung heften, ich will es nicht, ich brauche es nicht. Ich stehe auf, gehe durch den Raum und hänge eine am Ende zu einer Art Krücke eingeknickte Papierrolle über den Stabrand eines fahrbaren Serviertischs. Ich habe das dumpfe, drückende, aber feste Gefühl einer bevorstehnden Trennung; ich halte mich von den Gästen fern; ich beuge mich über meinen Teller und spreche nicht.

Ich sehe ein Bild, viele Figuren »emanzipierter Kinder«, klein und deutlich, bewegt; auf dem Bilde steht die für diese Kinder geltende Devise: »Scire [es kann im Traume statt dessen »sciere« geheissen haben], scilicet laetare, vivere«. Durch die Kinder geht, selbst klein, deutlich und zierlich, schlank bewegt, eine armlose Göttin, eine weisse Figur. Sie wird umbiegen und die Treppe hinabgehn – die grosse weisse Steintreppe, die ich auf dem Bilde sehe und die zugleich die Treppe ist, neben der ich stehe; unten wird der Mann, der schon unten steht, sie aufhalten, ziemlich grob, weil er nicht weiss, dass sie eine Göttin ist. Der Mann wird wieder in den Hades kommen, das ist die Strafe für die Beleidigung der Göttin; aber die Entwicklung geht weiter, und er wird dann, in neuer Kurve, Revolutionär werden. Das ist eine Erzählung Cassous, und zu ihr gehört das Bild. Cassou hat die Programme der Kollektionen geschickt, die er herausgibt. Sie sind dünn und krumm mit Bleistift geschrieben; in keiner der drei Sammlungen ist mein – jeweils für sie bestimmtes und Cassou übergebnes – Buch aufgeführt; will es sie denn, ausser dem ersten schon erschienenen, nicht veröffentlichen, nicht den Novellenband und nicht die andern? Er hätte mir das sagen müssen. Ich finde noch eine neue Sammlung angezeigt, »La Protestantisme«; in der müsste, fällt mir ein, ein Band »Die Frau« heissen, der die spezifische und so grosse Rolle der Frau in der Entwicklung des Protestanismus darstellt; ich will Cassou darauf aufmerksam machen – da sehe ich, dass so ein Band schon im Plane aufgeführt ist.

(In derselben Nacht.) Ich bin eingeladen worden, in Italien eine Rede bei einer Gedächtnisfeier zu halten, wohl der Gedächtnisfeier für einen Dichter. Das ist ganz erstaunlich, das deutet eine Änderung der gesamten Verhältnisse an. Ich werde jedenfalls fahren. Ich öffne das Telegramm, einen sehr grossen bunten Doppelbogen, noch einmal, mit einem grossen Schlage durch die Luft: steht überhaupt die Adresse eines Absenders drauf? Wer wird mich in Rom am Bahnhof abholen? Wie wird er mich erkennen? Da finde ich auf das Telegrammformular gedruckt, dass alle Antworten an einen bekannten – auch mir bekannten – Verlag zu richten sind. Wenn nun aber die ganze Einladung eine Falle ist, wie, wenn sich nichts geändert hat? Die Gestapo ist immer noch auch in Rom mächtig, wenn schon die Römer nicht direkt einem Böses wollen. Wir diskutieren hin und her: Ich müsste sofort zurückfahren, meinen einige. Das will ich aber nicht; einen Spaziergang werde ich doch wenigstens in Rom machen können? Einer der Freunde [wohl Volodja] erkundigt sich nach der Sterblichkeitsziffer in den Lagern; ich weise ihn an den Arzt, der neben mir am Bartische steht, und der ein Spezialist dieser Fragen ist. In der nächsten Szene erweist sich ein Freund, an dem niemand diese Anlage gekannt hat, als homosexuell. Nicht nur berührt er den Freund, neben dem er liegt, sondern er sagt auch, als beide, auftaumelnd, in einem jubelnden Aufschwung sich ergiessen: »Endlich kommt das einmal aus dem Magen, dieser ewige Druck!« Und er fragt den Partner, warum er von dieser Anlage – vielmehr dieser Möglichkeit – nie etwas habe sehn und wissen lassen. Der antwortet: weil er keinen Grund gehabt habe, er habe sich nie verstellt, habe aber auch nichts zu zeigen gehabt. Das gehe, solange nicht die Interessen Dritter im Spiele seien, nur die beiden Beteiligten an. Er habe nie etwas verdrängt, darum sei er auch ein so ganz gesunder Mensch, so völlig unhysterisch. Der andre sagt: »Du hast das nun einmal gemacht, nun hast Du genug und dabei bleibt es«. Der andre, ohne sich festzulegen, begütigt: »Ich komme ja auch zurück!« Ich spreche weiter mit dem Freunde [wohl Volodja]. Ich gebe ihm eine Tierplastik aus gelblich weisser Seife, die er in den Händen dreht. Ich ziehe die Gassparkette herab. Der Freund sagt mir, was Pariser Freunde mir alles nachreden. Es ist ziemlich schlimm. Deshalb habe ich mich ja auch ganz zurückgezogen, ich gehe kaum noch aus, und gar in dieser mondänen Gesellschaft – »Ich muss mich dort bewegen«, sagt der Freund, »ich muss die Menschen der Champs-Elysées photographieren«. Ja, das ist natürlich ganz was andres! Wir sind in einem Etablissement, in dem allabendlich ein Frack als Prämie verliehn wird. Dieser Frack kann auch gegen einen Hut eingetauscht werden. Ein mir bekannter [wie Bilinski aussehnder] Mann fühlt sich der Prämie so sicher, dass er im blossen Pyjama in das Etablissement gekommen ist, um den Frack gleich überzuziehn. Wir sitzen hinter einer Balustrade. Jemand hat, mit einer Erzählung, Erinnerungen an das Harrietlein in mir geweckt, das kürzlich gestorben ist [ich habe wirklich kürzlich erst und zufällig ihren Tod erfahren und war sehr bewegt]. Die Erinnerungen erwachen vielgestaltig, die Liebe zu ihr überwältigt mich wieder; wie schön sie war, wie schön, wie schön. Und wie rührend – Die Liebe zu ihr ist wieder so mächtig in mir, dass mir die Tränen kommen und die Stimme versagt. Ich erzähle von einem Abend, den wir zu dritt oberhalb eines Sees verbracht haben, wie schön sie im Glanze des Seelichts war, und wie der Dunst vom sommerwarmen Wasser um sie aufstieg – ich bin ganz wirr von Liebe und von Erinnerungen. Ich will für jeden von uns hier ein Stück Torte kaufen, von einer Kolporteurin; und ich habe mein Portemonnaie nicht eingesteckt.

405

9/6/43

Stücke werden aufgeführt, aber wirklich Stücke: Fragmente. Eine geniale Regieidee war es, zum Schauplatz der Aufführung die drei Galerien zu machen, also eigentlich das ganze Haus, die Aufführung also in das Publikum hineinzuschlingen. Das erste Fragment ist der Wortwechsel der Mutter mit dem kleine Prinzen Franz I.; das sind klar und ehern gefügte, erschütternd einfache, erschütternde Worte, das Herz schlägt mir hoch, da ich sie höre, ja, das ist schön. Der kleine Prinz ist an ein Tischbein gebunden, der Tisch schiebt sich an den Rand der Galerie, der kleine Prinz hängt, mit dem Kopfe nach unten, ins Leere, das ist sehr gewagt. Das zweite Fragment besteht darin, dass in der Mitte des breiten leeren Fussbodens die Mutter in grauen Strümpfen zu gehn anfängt, in menschengrossen grauen Strümpfen, in denen sie ganz steckt, so dass sie ganz unsichtbar ist. Dann, das ist das dritte Fragment, soll sie mit drei paar Würfeln statt der Füsse gehn. Bilinski, der zusieht, steht auf und schüttelt sich vor Lachen darüber, dass es drei Paar Würfel sind. Ich stehe mit einem blonden Mädchen in grauem Kleid; sie ist eine Hure, weich, gutmütig und gefällig, und sie schreibt einen Roman. Über den sprechen wir. Ich habe ihr versprochen, ihr meine Bücher zu bringen; sie zeigt mir den Eingang des grauen niedrigen, im Viereck um einen breiten grauen Hof gebauten, alten Hauses, in dem sie wohnt – ja, es ist das berühmte »Pott-Haus«. Ich gehe die Bücher holen. Ich habe sie in der Hand, dünne, grosse, fest gebundne Bände, eins heisst »Der Freund«. Und nun finde ich im Schrank auch die Stücke, die ich so lange gesucht habe, von denen ich nicht wusste, wo sie sind, von denen ich schliesslich überhaupt nicht mehr wusste, ob ich sie geschrieben habe. Wir wollen, zu mehreren, diese und die andre Hure in grauem Kleide besuchen gehn. Drei Polizisten stehn neben unsrer Gruppe. »Müssen wir denn bei dem Besuchsgange beaufsichtigt werden?« frage ich spöttisch. »Ihr Kommunisten wollt immer alles allein machen!« antwortet einer der Polizisten mürrisch. Da sich keiner zum Gehn entschliesst, löst sich schliesslich unsre Gruppe wieder auf; die Polizisten sind schon lange weggegangen. Ich sitze an einer Mauer und klopfe den Staub aus meinen Strümpfen; ich trage, obwohl es doch gar nicht mehr kalt ist, noch immer zwei Paar Strümpfe. Bei Age Forster soll eine Aufführung stattfinden, aber es werden nicht »die eigentlichen Sachen« gespielt werden; es wird »eine Plöte« gespielt werden.

407

11/6/43

Ich bin von einer Fusswanderung zurückgekehrt; nach vielen Jahren bin ich wieder in Lissa. Ich muss mich an Lissa wieder anpassen. Das ist sonderbar nicht wegen etwaiger Veränderungen, ich bemerke kaum welche, sondern wegen einer Veränderung des Dimensionsgefühls; der Papierladen von Breslauer ist an derselben Stelle, aber er schien mir früher nicht so klein und dunkel; alle Läden scheinen verkleinert, vereinfacht, verarmt. Ich gehe von einem Schaufenster zum andern, ich möchte irgend etwas kaufen, das soll ein Symbol für die Wiederanknüpfung sein, für die Anknüpfung an alte Freuden – ich finde nichts, was ich brauchen, was ich auch nur in die Hand nehmen könnte. In einem Schaufenster sind nur Schuhputzlappen ausgestellt. Ich trete in einen Eckladen;

aber da ich auch in ihm nichts Kauf- oder Wünschbares sehe, gehe ich, während andre bedient werden, wieder hinaus, als ob ich <im> Schaufenster noch etwas ansehn wollte, und schleiche mich weg. Ich gehe eine Marktseite lang [den »Bummel«]; mir fällt auf, dass ich vielen Uniformen begegne. Das schräg zur Strasse stehnde neue und moderne Haus mit den goldnen Verzierungen ist ein – oder wohl »das« – Hotel-sanatorium; es ist doch ganz ungewöhnlich, ein Sanatorium an die Hauptstrasse zu baun! Neben diesem Haus ist ein Schacht, durch den, kurz sichtbar zwischen zwei Tunneln, eine Bahn fährt; das ist die Stelle, an der sich der Mann hinab vor den Zug geworfen hat, der Luftdruck vor dem aus dem Tunnel stürmenden Zügen soll so stark sein, dass die Leiche – oder die Leichen, denn es war nicht der erste Fall – völlig zu Brei zerquetscht waren. Ich sitze mit Lotte über einer run-den Weltkarte, wir verständigen uns über eine Frage, die uns getrennt hatte. Zum Geburtstage schwören wir uns einen, solche Trennungen ausschliessenden Zusammengehörig-keitseid. Um sieben Uhr soll ich zu Mutter zurückkehren. Ich gehe barfuss durch die Strassen; sonst bin ich ganz, und sogar elegant, angezogen. Jenseits der Strassenecke sehe ich eine mir befreundete Hure stehn, die rauchen will; ich gehe hinüber, ihr ein Streichholz geben. Ich küsse ihr und einer andern die Hand, das wird Skandal machen, aber das ist mir egal. Ich habe ein Instrument in der Hand, das aus rund ge-drehten und mit Schnüren zusammengehaltnen verschlun-gnen Metall- und Kautschukreifen besteht, die muss ich zu-rechtschütteln. Ich muss für irgendetwas zwölf Franken bezahlen, und muss sie in Sous-Stücken abzählen. Des Ex-amens wegen müssen wir uns – im Freien – ruhig verhalten.

411

15/6/43

Jemand verteilt im Lager Butter. Er stellt mir ein Stück auf den langen Tisch, eine dünne winzige Scheibe. Wir kommen heran, viele, und starren sie schweigend an.

In einer Parkbar am Rande Berlins erwarte ich, mit Lotte, Tilla Durieux. Sie fährt in einem grossen Auto vor, steigt aus und setzt sich zu uns. Wir haben viel zu besprechen, Wichtiges, Geheimes, das meinen Aufenthalt betrifft. Wir sprechen herzlich, aber sehr vorsichtig. Meine Situation ist sehr kompliziert. Wir bewegen uns viel während des Gesprächs. Am Anfange habe ich ihr gesagt: »Ich habe fortlaufend gewusst, was Sie gemacht haben; ich habe im Auslande immer deutsche Zeitungen gelesen!« Sie spricht davon, dass ich viel im Auslande erlebt habe: »Sie haben ein Arbeitsjahr gehabt, ein reiches Jahr und ein armes Jahr«. Wer von unsern Freunden ist noch in Berlin? Sie spricht davon, dass Paul Wegener Montag zurückkommen werde; aber Wegener ist sowieso über alles auf dem Laufenden. Ich sehe, dass hinter ihr, die flüssig und moduliert spricht, zwei kleine Automatenfiguren wie bittend die weissen Arme bewegen. Das Gespräch, lebhaft und interessant und anspielungsreich, zieht sich hin; Mutter erwartet mich; aber es steht mir nicht zu, das Gespräch abzubrechen. Schliesslich bricht sie auf. Ich begleite sie zum Wagen. Im Vorgarten frage ich: »Kann ich Sie noch wiedersehn während meines Aufenthalts hier?« »Diesmal nicht«, antwortet sie, mit einem geheimnisvollen, vieldeutigen, wie geschminkten Lächeln. Obwohl ich gar keinen besondern Grund habe, dieses Wiedersehn sehr zu wünschen, empfinde ich diese mysteriöse Ablehnung wie oder sogar als eine Niederlage. Sie hat die Freundin, die sie begleitet hat, nicht mitgenommen. Da ich nun in die Stadt zurückfahren will, biete ich dieser und zwei kleinen, vielleicht buckligen, Frauen an, sie in meinem Taxi mitzunehmen und abzusetzen. Ich werde Mutter wegen das Taxi, das man nicht vorfahren sehn soll, an der Ecke der Derfflingerstrasse halten lassen. Eine von den Frauen will an der Philharmonie [gemeint ist aber die Hochschule für Musik] abgesetzt werden. Der Wagen fährt durch ganze Folgen von Durchfahrten, die ich nicht kenne, und über grosse Plätze. Die Stadt ist völlig verändert, gewachsen, gross und bunt und luftig geworden; am Lützowplatz z. B. sind nur noch anderthalb Seiten bebaut, mit gross geschwungnen Fassaden, der Rest ist Grün und Durchblick. Ich muss die kühne Schönheit dieses Stadtbildes sehr bewundern; sie wird auch erhalten bleiben müssen – wenn es mich auch sehr wurmt, dass dies eine Leistung des gegenwärtigen Regimes ist. Sie ist eine, unbestreitbar; und wenn ich dann, wieder im Auslande, die Aufsätze »Was ich in Berlin gesehn habe« schreiben werde, werde ich das zugeben müssen. Die Frauen sind ausgestiegen, ich habe sie ins Haus begleitet und will das Taxi weiter oder wieder nehmen. Ein Mann geht vor mir durch den Vorgarten, ein sehr grosser weicher gedunsner Mann mit bösem Kindergesicht. Als er bemerkt, dass ich eilig bin und ihn überholen möchte, lässt er sich auf alle Viere nieder und schiebt sich auf den Knien rasch vorwärts; dabei spannt sich sein Fleisch auf eine widerliche Weise, und er zieht ein Kind mit. Ich sage, dass es doch sehr liebenswürdig von ihm sei, sich so zu beeilen, zumal er gelähmt zu sein scheine – und man sagt mir, er sei ein keines Interesses würdiger Mensch, er habe auch eben noch durch antisemitische Bemerkungen Missfallen erregt. Das Taxi scheint schon abgefahren zu sein, ich muss ein andres anrufen. Dort halten welche, die ein aufklappbares Obergeschoss haben. Um das, welches ich nehmen will, scharen sich Menschen: der einzige Überlebende aus dem ganz kürzlich an dieser Stelle verunglückten Autobus will einsteigen. Ich mache mir, im Stehn, Notizen.

414

18/6/43

Ich verlasse eine Serie von Ereignissen und Abenteuern. Ich gehe eine leicht gekrümmte Strasse entlang, auf einem sehr schmalen Damm aus langen schwammigen dunkelbraunen Hölzern, der in kurzen Absätzen von andern gleichen Hölzern noch überhöht wird. Der »Dammgeher«, dessen Beruf es ist, auf diesen Hölzern diese Strasse langzugehn, würde jetzt nicht mit mir tauschen; er würde auch nicht immer die Strassenseiten wechseln wollen, wie ich es tue. In der dunklen Strasse, in die ich gelange, gehe ich einige Male auf der ansteigenden Rampe vor dem breiten Hause und der Kirche auf und ab, allein; plötzlich fühle ich den riesigen Bauch eines dicken Mannes an meinen Beinen, fühle ihn wie einen Ballon an meine Beine schlagen. Ich sehe, dass Professor Hochkirch [eine Mischung von H. H. Houben und Professor Bonin] ungetümlich hinter mir herschwankt. Ich gehe auf die Strassenmitte hinunter und beschwere mich bei Freunden darüber, dass ich Hochkirchs Bauch tragen müsse, der sehr schwer sei; dann entdecke ich: ich muss, um ihn tragen zu können, ihn vor meinen Beinen schlenkern lassen und nicht dahinter. Wir wollen essen gehn; aber in welches Restaurant? Unterwegs macht Robert Breuer eine Andeutung, dass Vorstand und Beirat des Schutzverbandes aufgelöst werden sollen. Ich bin aufs höchste überrascht, peinlich überrascht. Ich werde gefragt, ob ich denn nicht die Zeitungen gelesen hätte, die berichteten doch darüber! Ich schäme mich einzugestehn, dass ich in der Tat die Zeitungen von gestern abend und von heute nicht gelesen habe. Meine Überraschung ist um so grösser, als ich vor zwei Tagen in einem Briefe meine Stellung niedergelegt habe. Muss ich nun, in dieser neuen Situation, meine Absichten ändern? Und da fällt mir ein, dass mein Brief ja schon beim Verbande eingetroffen sein müsste – argwöhnisch frage ich danach, bekomme aber keine Antwort, da wir grade ein Restaurant betreten. Als wir auf es zugingen, fiel auf der Terrasse ein Gast von seinem Stuhle tot zu Boden; wir haben das kaum beachtet, es ist ein ganz gewöhnlicher Vorgang. Im Eintreten rufe ich der Kellnerin zu, dass ich »einen Algebraten« haben möchte. Auf dem Tische, an den wir uns setzen wollen, liegen Zeitschriften; ich will sie beiseite rücken; Kerr [oder Georg Bernhard] möchte sie aufbewahrt haben. Eine fällt zu Boden; Hasenclever, der neben mir sitzt – wir hätten uns gern allein gesetzt, aber das ging nicht an – steht auf und beugt sich unter den Tisch, um sie aufzuheben. Ich will ihm

wehren; er sagt: »Lass doch, ich kniee weniger tief als Du!«
Ich verstehe das nicht; aber ich danke ihm, um die Episode
mit einem Witze abzuschliessen, mit einem feierlichen
Händedruck. Breuer, boshaft zurückgelehnt, macht eine
Anspielung auf ein Zerwürfnis zwischen Hasenclever und
mir; hat er das aus meinem Briefe erschlossen? Ich wiege
mich unschlüssig hin und her, Hasenclever lächelt betreten;
wir müssten etwas sagen und wissen nicht was.

418

22/6/43

Ich bin ganz erfüllt vom Bewusstsein des Mordes, den ich
begangen habe, täglich um dieselbe Zeit wieder begehe, und
täglich wieder begehn muss. Ich stehe an einer verborgnen
Ecke des Parks, auf aufgelockerter fruchtbarer feuchter Erde.
Ich verabschiede mich, wie jeden Abend, und mit den gleichen rituellen Bewegungen wie immer, von dem riesigen
Manne, der um den Mord weiss [wenn er nicht sogar in den
Mord verwickelt ist]. Im trügerisch aufschimmernden grauen
Halblicht sehe ich ihn einen Augenblick nackt; ich sehe, dass
sein Glied verstümmelt, die Spitze abgeschrägt ist. Ein langer
Zweig, der vor mir in der Erde steckte, ist umgefallen; ich
muss ihn aufrichten, denn der Gärtner darf nicht merken,
dass wer an dieser Stelle gewesen ist. Der Zweig, eigentlich
ein doppeltes oder dreifaches Rohr, ist lang, schilfartig, grün.
Ich drücke ihn in den Boden; meine rechte Hand fährt tief in
die fette, schwarze Erde. Hat schon vorher, wie jetzt, seine
Spitze auf einem Zweige der Lärche dort links schräg aufge-
legen, und wenn ja: auf dem unteren oder oberen Zweige?
Der Gärtner wird ihn für anderthalb Franken morgen früh
finden. Meine Geliebte kommt zwischen den Beeteinfas-
sungen langsam zurück zu meiner Stelle, um sich von mir zu
verabschieden. Ihr schweres rotbraunes Haar leuchtet über
dem etwas provokant geschnittnen braunen Schneiderkleide.
Sie geht allein, mit lässigen Bewegungen, weit vor andern
Frauen, die ihr ähnlich sehn. Ich gehe neben ihr auf dem

Parkwege, an ihrer andern Seite geht ihr an <vermutl. Wort-auslassung>. Er spricht von einer Photographie, die sie von mir gemacht hat, »einer echt X-schen Photographie«; aber nein, sie ist besser, viel besser, sie hat nicht »die gefährlichen dreiunddreissig rhythmischen Blutstropfen am Handge-lenk!«

(In derselben Nacht.) Ich habe eine Tochter eines Ullstein geheiratet, »eine Ullstein«, bin also ein Schwiegersohn »der Ullsteins«. Ich bin der – kleinen, zierlichen, beweglichen, neugierig aufmerksamen, ungleichmässigen, meistens sehr kalten, mitunter überschäumenden, interessierten und inter-essanten – Ullsteintochter <gegenüber> voller Höflichkeit; wir kennen einander beinahe nicht. Ich nehme in einem ge-wissen Masse, im Rahmen meiner Anschauungen und Inter-essen, am Leben der Ullsteins teil; oder ihr Leben ist mit meinem vermischt. Es kommt aber an einer Stelle der Hand-lung vor, dass ich zwei Brüder miteinander verwechsle, und dass ich zum einen, der Kommerzienrat ist, »Oberlandes-gerichtsrat« sage. Wir sprechen über Kunstanschauungen und Kunstsammlungen, über Berliner Klassik, oder Klassi-zismus. Ich sage im Gespräch, einen Aphorismus aus einem meiner Bücher nach gedrechselter Entschuldigung zitierend: »Ein Berliner Athener [das soll heissen: mit klassischem grie-chischem Geiste erfüllter Mann] ist etwas andres als ein rei-ner Athener, weil er um soundsoviel Erfahrungen und Um-deutungen des Klassizismus reicher ist« [dieser Satz ist, mit anderm Inhalt bei gleicher Gedankenkonstruktion, ähnlich einem in dem Kapitel des Sprach-Buchs, an dem ich abends gearbeitet habe]. Es klingelt, die Bücher, die diese Sammlun-gen betreffen, werden mir gebracht, zusammen mit einem Paket besonders kostbarer Zigarren. Ich finde den kleinen schwarzrot gezeichneten Schein, den ich dem Boten aushän-digen muss; ich müsste ihm auch zwanzig Mark geben, die habe ich aber nicht. Zum Glück steht einer der Brüder Ull-stein neben der Tür, er wird die Summe auslegen auch ohne dass ich ausdrücklich darum bitte. Ich werde jedem der Brüder und überhaupt jedem Anwesenden eine der kostbaren langen dünnen Zigarren anbieten. Einige, in einer Düte, scheinen zerbrochen zu sein – aber nein, sie sind nur so gewickelt, dass sie in der Mitte eine Einschnürung haben, und man muss sie auseinanderbrechen [wie ich toskanische Zigarren immer in der Mitte zerschnitten habe]. Die Studentengeschichten [des vorigen Traumstücks] spielen in die Handlung herein; in tonaler Beziehung; die Zeugung muss einbezogen werden; Beschränkung auf einen Platz ist nötig. Ich habe beim Telephonieren jemand – ich glaube, Hannsa – elektrisch verbrannt. Ich muss in die Stadt fahren, um etwas zu arrangieren. Die Brüder Ullstein haben, als wir uns im Gespräch nicht einig werden konnten, grosszügig angeboten, die Sache auf einem grossen Sommerfest auf dem Dachgarten ihrer Tochter, meiner Frau, zu ordnen. Ich telephoniere mit einem seltsamen kleinen Hörer am Ohr, der wie eine Garnrolle gestaltet ist. Ich kleide mich um, hinter einem Vorhang; eine Freundin reicht mir die Kleider zu. Ich habe im Bahnhof verrichtet, was ich verrichten wollte. Ich will einen Wagen nehmen, es kommt keiner über den opernhaften kleinen Bahnhofsplatz gefahren, dessen Häuser aussehn, als ob sie Schokoladeschachten wären. Soll ich in ein Café gehn, nicht um zu telephonieren, das ist nicht mehr nötig, nur um das Gefühl zu geniessen, dass ich Zeit habe? Ich sitze in einem Wagen, der die Hauptstrasse lang fährt. An einer Strassenkreuzung wird er aufgehalten. Ich höre Walter Hasenclevers Stimme in einem Wagen, der in der Reihe links hält. Er führt ein Gespräch, das sich auf unsre Angelegenheiten bezieht. Ich höre ein paar helle bestimmte Sätze. Ich mische mich, mit grosser Präzision, fast übermütig, in dieses Gespräch.

421

25/6/43

Eine Frau [Anna Seghers?] zeichnet eine Novelle auf, eine Liebesgeschichte, mit einem am Anfang und am Ende je einmal rechtwinklig gebrochnen, in der langen Mitte ganz gra-

den, durch viele perspektivische Kartenfiguren führenden
Striche. Die letzte dieser Planfiguren, die, in der die Linie endet, ist der Friedhof. Es ist eine Novelle ohne Worte. Ich
beuge mich über das Blatt, ich sehe die winzigen rhythmisch
bedeutenden Abweichungen von der Symmetrie, ich bewundre Ausdruckskraft, Originalität, Reichtum, Einfachheit und
Schönheit dieser stummen epischen Linie. Ich gehe auf der
Strasse mit andern Soldaten. Ich beteilige mich nicht mehr
am Exerzieren, ich gehe hoch und leicht. Zwei Kameraden
sprechen einen Stabsarzt an, der fasst den einen am Arm; der
Arm bricht auf wie ein grosses Geschwür, noch als alle weggegangen sind, sehn wir das ausgeflossne Blut durch Pfützen
in den Rinnstein fliessen und das trübe Wasser färben.

422

26/6/43

Ich sitze an einem Tische in einer Glasveranda, mitten in der
Bewegung von Leuten, nach und zwischen Ereignissen. Eben
ist etwas ganz Ungeheures geschehn: die Darstellung der rei-
nen Materie ist mir gelungen, ich habe das Wesen der Materie
entdeckt! Ich habe sie darstellen können, da ich ein kleines
Stück Zinn anschnitt; aus dem kam die reine Materie heraus,
ein kleines, plattes, dreieckiges, farbloses, geripptes Tier,
zwischen Wurm und Insekt. Da liegt sie vor mir: ein braun-
gelbes ungestaltetes kleines Ding mit grünlichen Lichtern
[nicht unähnlich dem Türkis »à la vieille roche« im Traume
der letzten Nacht]. Lotte soll sofort Carlos Duchâtellier holen, der soll sie sehn. Ich müsste sofort ein Gefäss haben, um
sie zuzudecken, dass sie sich nicht verändert, ihr Volumen
nicht und ihre Erscheinung nicht. Das Häufchen vor mir zit-
tert und bewegt sich, grätenähnliche Organe schiessen
schwach heraus und werden wieder eingezogen, an einer
andern Stelle bäumt sich etwas wie der Kopf eines flachen
Fisches heraus und verschwindet wieder; sie verändert sich,
verändert sich ungeheuer schnell, das kann ich nicht mehr
registrieren, ich muss ein Gefäss haben! Jetzt löst sich ein

vollendetes Insekt, breit, gestreift und breitflüglig, aus der Materie und fliegt vor meinem Gesicht hoch. Ich spreche mit den Leuten in der Veranda. Wie spät mag es sein? Ich habe sieben Uhr, aber ist es sieben Uhr abends oder morgens? Ich habe so an der letzten Phase dieser Darstellung der Materie gearbeitet, dass ich nicht weiss, ob es morgens oder abends ist, und nicht einmal, welcher Tag ist. Ich erwarte Lottes Rückkehr, Carlos, ein Gefäss.

Später soll etwas von mir konserviert werden. Ich bin tot. Eine Bildhauerin soll die Konservierung vornehmen. Sie schneidet die Nägel an meinen Füssen, die noch an mir befestigt sind, zugleich aber losgelöst vor mir liegen. Sie schneidet ins Fleisch der Zehen, das tut weh. Wieso aber spüre ich Schmerzen, da ich doch tot bin? Die Unterhaltungsmomente sollen fixiert werden, auf Tellern; fixiert gegen Dekomposition und gegen schlangenhafte Veränderung.

Ich sehe aus einem fünften Stock hinab. Klein und sonderbar gehn die Menschen unten.

423

27/6/43

Bestimmte Handlungen, die wir vorgenommen haben, werden sehr streng, ja pedantisch nach Analogien zu Punkten der Revolutionsgeschichte beurteilt. Der, der diese Beurteilung vornimmt und eben hinausgeht, urteilt meistens richtig, das muss ich sagen, obwohl sein Urteil scharf grade auch gegen meine Tätigkeit gerichtet ist. Ich habe während des Gesprächs an den Schenkeln ein Gefühl, als ob ich aufgedeckt würde.

424

28/6/43

Ich bin mit andern in einem Laden: Janowitz oder ein andrer Freund hat in München eine Affäre gehabt, wegen einer Unternehmung mit einer Tänzerin, einer Nacktänzerin wohl; er ist sehr heftig angegriffen worden, ist in einer schwierigen Lage. Ich habe die Tänzerin nicht gesehn, kenne aber den Sachverhalt. Man zeigt mir ihr Bild: ein schmales lächelndes Mädchen mit sehr dunklem Kopfe. Ich hätte sie mir anders vorgestellt. Die ganze Sache ist ein Vorwand, und wir müssen sie auch als Vorwand nehmen. Sie kann der Anlass zur Entfaltung eines wirklichen Kulturstreits werden. Ich habe schon Aufsätze darüber für eine Prager Zeitung geschrieben. Die Sache regt mich sehr auf, ich spreche viel, ich schiesse aus dem Laden hinaus und wieder herein. Ich spreche mit zwei oder drei jungen Leuten. Die Aufmerksamkeit des einen wird durch andre, die hereinkommen und Kriegsgeschichten erzählen, abgezogen; der andre kommt jedesmal, wenn der sich abwendet, um ihn herum, stellt sich, mit dem Rücken zu ihm, vor mich, und hört aufmerksam zu. Er trägt einen auffallend hohen Kragen, und sein Gesicht ist spitz und klein.

Ich stehe an einem Wegrande. Der Arzt tritt in das Getreidefeld und wird von einem, der ihn braucht, weggezogen. Mit der Krankenschwester spricht ein Pole, der sich ihr nicht recht verständlich machen kann. Ich muss also als Dolmetscher fungieren, obwohl ich so dringend andres, Wichtigeres zu tun habe. Als ich weitergehe, begegne ich einem Spielkameraden Lottes. Ich frage ihn, was er alles in all der Zeit gemacht habe. Bildungsarbeit, sagt er, er habe sich gebildet. Er habe dies und das, er habe neulich auch die Vorlesung des Münchners Soundso [wohl eines Schauspielers] gehört. Das sei ein Freund von mir, sage ich.

Nun ist es Zeit, dass ich nachhause gehe. Unsre Wohnung liegt in der Nähe des Bahnhofs, ich muss durch die ganze Stadt [es ist Grasse, oder eine ähnliche Stadt] hindurchgehn, durch den Stadtkern sogar – aber wie komme ich hin, wen kann ich um den Weg fragen? Ich sehe mich um. Links von dem – in der Ebene unübersehbaren – Block der Stadtmasse schieben sich völlig nackte, bimssteinfarbene, porös scheinende Felsen hoch, und über sie ragt der Fels, der Aubagne übergipfelt, und nach dessen Namen ich noch kürzlich in einem Briefe Yvette gefragt habe [das habe ich wirklich getan]; nun kann ich ja den Namen direkt erfahren. Vor mir läuft eine lange niedrige schwarzgrüne Fassade lang, das kann eine Fabrik sein. An der Ecke des Gebäudes beginnt ein Gässchen, »Alexandrelet« steht auf dem Schilde, ein armseliges Vorstadtgässchen, es führt bestimmt nicht zur Stadt. Ein paar Soldaten kommen aus der Fabrik, ich will sie nach dem Wege fragen, da höre ich, dass sie deutsch sprechen: ich hatte ganz vergessen, dass jetzt das ganze Land von den Deutschen besetzt ist! Ich muss also, wenn ich mit Soldaten spreche, deutsch radebrechen, als ob ich Franzose wäre, »Eingeborner«; das tue ich, mit so heftiger Gewöhnung, dass ich mich bald dabei erwische, auch statt französisch »Petit-nègre« zu sprechen. Ich gehe durch eine der Tür<en>; was ich für eine Fabrik gehalten habe, ist vielleicht ein Behördenhaus, vielleicht der Justizpalast? Ich geh durch leere Zimmer; dann finde ich in einem ein paar Bürokraten, die dort wie in einem Gemälde sitzen. Im Vorzimmer wende ich mich an einen Mann, der ein Feldwebel sein könnte. Er nimmt eine Zigarette aus dem Etui, während er meine gebrochnen Fragen nach dem Stadtzentrum, Bahnhofsviertel und so weiter anhört; aber als er antworten will und ehe er antworten kann, wird er abberufen und geht mit einem uniformierten Manne mit grossem blondem Vollbart ab. (Sie gehören zur Fliegertruppe, das weiss ich, ohne deren Abzeichen zu kennen.) Vor dem Hause, in einem Gange zwischen Bretterverschlägen, sehe ich einen Mann mit englischer Offiziersmütze und einem Plaid auf den Schultern, über deutscher Uniform; ich frage ihn englisch, ehe ich ihn in gebrochnem Deutsch frage, er geht vorüber, ohne zu antworten. Ich muss schleunigst nachhause, es ist keine Zeit mehr, diesen Stadtteil einfach zu umgehn, das hätte ich eben, trotz der Unbequemlichkeit, längst machen müssen, jetzt kommt auch schon aus Wolken, die sich niedrig über meinem Kopfe, dick und breit, aufdringlich, auffällig ineinander kräuseln, der erste Blitz. Ein Mann in Uniform, ohne besondre Kennzeichen, ist an dem mit der englischen Mütze dicht vorbeigestreift, in entgegengesetzter Richtung; nun ist er neben mir, ich frage ihn, er macht einige Schritte mit mir in einem der langen Gänge zwischen Holzverschlägen, bleibt aber gleich stehn und gibt mir ein Zeichen, ich solle rasch hier durchgehn. Er begleitet mich nicht, wie ich gehofft hatte, da doch an allen Ausgängen Posten stehn. Wird der Posten mich anhalten, so werde ich eben auf ihn, der noch zu sehn sein wird, zeigen und sagen, er habe mir den Durchgang ausdrücklich erlaubt. Es hält mich aber nicht der Posten an, sondern ein Zivilist in Ledermantel, der rauchend eben den Hof betritt und sofort mit knappen Bewegungen und scharfer Frage mir den Weg vertritt. Was ich auch sage, er wird nach meiner Legitimation fragen, und ich bin verloren.

[An einer nicht mehr fixierbaren Stelle dieses Traumstücks kam vor:] Eine Menschengruppe wird von uns als »die Götter« bezeichnet. Wir sollen ihnen »den Strom hinab helfen«. Wir wollen aber grade stromaufwärts etwas gegen sie nehmen!

425

29/6/43

Ich gehe dem Platze zu, auf dem das Tor steht. Im Vorbeigehn trete ich in eine Kneipe, deren grosse Glasscheibe ganz geöffnet ist. Der Wirt händigt mir ein Bündel Papiere ein – es scheinen Formeln auf Glanzpapier zu sein, dick beschrieben – und murmelt: »Für Hannes [Wayers]«. Ich schweige, nicke und gehe sofort weiter. Die Deutschen in der Stadt haben seit zwei Tagen ihr Verhalten völlig verändert, sie machen nationalsozialistische Provokationen. So sitzen dort vor einem Restaurant, wie vor vielen Restaurants, deutsche Frauen in Turnerinnenkleidung, in ziemlich lockerer Haltung, aber doch sichtlich »angetreten«. Ich betrachte sie, ohne mich ihnen zu nähern; eine dicke, junge ruft mir spöttisch und herausfordernd zu: »Essen Männer auch?« Ich muss Aufsehn, und gar erst Zusammenstösse, vermeiden, und entferne mich. Ein vier- oder fünfjähriger Knabe kommt zu mir gelaufen, ein aufgewecktes Kind mit hübschem rundem Gesicht. Es will den Schreibblock sehn, den ich unterm Arm trage. Auf dessen Deckel ist ein locker gezeichnetes Jünglingsporträt gedruckt; ich zeige es dem Kinde und verspreche ihm, dass ich ihm eine ähnliche Zeichnung machen werde, aber diese muss ich mitnehmen, weil ich den Block brauche. Ich überschreite, da die Wagen grade angehalten werden, den Platz, so dicht an der Torfassade, dass ich das Wiederanrücken des Verkehrs kaum bemerke, vor einem Pfeiler von der vorstürzenden Verkehrsflut überrascht werde und vorsichtig in den nächsten Durchgang des Tores blicken muss, um zu sehn, ob noch Wagen kommen. In diesem Augenblick drängt sich ein graugesichtiger kleiner Mann vor mich und mit einer Wendung an mich, murmelt »SCH-A!«, und verhaftet mich. Ich verliere den Kopf nicht, erschrecke nicht einmal, und frage zunächst, was »Sch« und »A« bedeuten solle. »Sûreté Nationale«, höre ich; aber es war so schlecht, vor allem auch so unfranzösisch ausgesprochen, dass ich es nicht verstanden haben will. Ich gehe, da mir ja nichts andres übrig bleibt, mit ihm, und führe ein gradezu heiteres Gespräch mit ihm. Er kommt mir nun viel grösser vor als im Augenblicke der Verhaftung, ja eher gross als klein. Er fragt, ob er mir nicht schon im Verlaufe seiner militärischen Karriere begegnet sei. Ich sage, er werde keine sehr interessante Vernehmung mit mir haben, sage ich, ich hätte die ganze Nacht nicht geschlafen und sei sehr müde. Dabei denke ich mit rasender Schnelligkeit nach, was ich bei mir habe, was mich und andre kompromittieren könne. Wenn ich nur die Papiere los wäre! Schliesslich gelingt es mir, sie unter meiner Mappe zu zerknäulen und sie, ohne dass der Polizeikommissar und sein Begleiter es merken, zwischen Müll und Gerümpel unter einer Auslage zu werfen, dicht an einem Kanalisationsschacht. Dann sage ich, erleichtert und eher noch heiterer also, er habe doch von Begegnungen im Verlaufe seiner militärischen Karriere sprechen wollen. Übrigens sei ich sehr hungrig, er müsse mir unbedingt etwas zu essen besorgen vor dem Verhör. Er führt mich, ohne zu zögern, in ein Restaurant gegenüber der Polizeipräfektur. Er lässt eine

Flasche Perrier [oder Eau de Seltz] vor mich hinstellen, und einen Hühnerknochen. Aber was kann ich mitnehmen? Es gibt ja nichts zu kaufen – Der Kommissar zeigt mir, dass ich »une ampoule« mitnehmen könne, ein kleines eingewickeltes Ding, das schon neben mir liegt, unansehnlich und vertrauensunwürdig. Übrigens scheint er die Sachen bezahlen zu wollen. Plötzlich sagt er, dass er vorangehn wolle, ich solle nachkommen. Das ist die Gelegenheit zur Flucht, ich weiss nicht, ob er sie mir ausdrücklich geben wollte, jedenfalls habe ich sie nun. Ich fliehe aber nicht sofort, sondern gehe in den Keller, auf die Toilette, um noch gefährliche Sachen aus meinen Taschen zu entfernen. Da ist in der linken oberen Westentasche ein Brief für Flürscheim – es war in einem andern Momente [desselben Traumstücks] etwas von aristokratischen Komplikationen mit Flürscheims Mutter erzählt worden –, den muss ich verschwinden lassen. Da ist auch, im Deckel des Notizbuchs, der Plan von Pantellaria – den man für ein politisches Projekt halten wird und nicht für das dramatische, das er war [und der wirklich da ist] – und der Zettel, der Thaelmann betrifft. Ich suche mit fahrigen Händen herum, stecke Bürstenetuis und andres um, und greife nicht in die richtigen Taschen. Als käme die Erregung jetzt nach, zittern mir die Hände, sehr stark, und trotz meiner Erregung und meiner eiligen Beschäftigung muss ich denken: »Das liegt nun an einer lächerlichen Überproduktion von Adrenalin in mir!« Ich hantiere mit meiner Mappe. Ich habe das Klosett benutzt, und nun reisst mir der Gürtel. Ich kann trotz allen Ziehens und Stossens die Gürtelnadel nicht wieder in der Schnalle feststecken. Ich hatte schon Mühe gehabt, den Riegel vor die Glastür zu legen. Und da kommt der Inspektor herein, der den Kommissar bei der Verhaftung begleitet hatte, und sagt: »Das nennen Sie wenige Minuten?« Ich antworte, mürrisch und verzweifelt, dass ich Durchfall hätte. Ich zerre am Gürtel. Wir führen ein Gespräch, in dem von seiner Pünktlichkeit die Rede ist. Neben ihn setzt sich sein schöner Hund, und blickt mich klug an. Dem streichle ich den Kopf. Über den sprechen wir auch.

Endlich, endlich steht die Abreise nach Amerika bevor. Ich bin durch einen langen scheunenartigen Raum gegangen, in dem sich ältere bürgerliche Emigranten, nun schon verwüstete Leute mit schwarzen, melierten und grauen Schnurrbärten, Bekannte aus einem Abfahrtlager, wieder einmal verabschiedet haben, im Glauben, allernächstens wegzukommen. Einer von ihnen war von einem verkrüppelt oder verkümmert aussehnden, blassen, auch schwarz schnurrbärtigen Manne begleitet, und von der Geschichte dieses jungen Mannes aus kam das Gespräch, das ich mit »Onkel Doktor« [oder einem Manne wie »Onkel Doktor«] im Gehn führe, auf die Frage der Abschiebung von Emigranten. Kann man Leute über Wasser abschieben, bis nach Amerika? Nun ich selbst werde diesmal fahren, das Schiff ist schon bereit, die Abfahrtszeit festgesetzt. Zwar bin ich, nach so vielen schlechten Erfahrungen, noch skeptisch; ich sage zu allem, was ich sage, wie abergläubisch hinzu »falls ich wirklich fahre!« Ich kenne das Schiff schon, ich habe es einmal mit Walter Hasenclever besucht [stammt dieses Motiv aus der Erinnerung an die Abholung Walters, der aus Hollywood zurückkam, in Cherbourg?]. Wir gingen – oder gehn – durch einen gelben Korridor, öffnen eine Tür, ich stelle rasch einen gelben Holzstuhl beiseite, wir treten in einen mit grauem Samt ausgeschlagnen Gang, und rufen überrascht: »Was für ein schöner Boudoir-Geruch!« Ich möchte vor der Abreise das Mittelmeer noch einmal sehn, die Provencelandschaft. Wir gehn, obwohl Walter sich sträubt, durch ein braun-grünes heiss duftendes Gehölz; dort liegt schon das Meer, in allen Farben. Links und in der Mitte ist es blau und smaragdgrün, rechts voller Ölflecke, im Süden steht, über Bäumen und Wasser, die volle Sonne. »Alles ist hier. Noch die Metallsparren dieses Fabrikdachs tun sogar ein japanisches Motiv hinzu!« Walter widerspricht, er will das anders benennen. Gleich links an der Buch liegt die »Norwegische Konditorei«, in die wir oft mit Sigrid gegangen sind. Wir gehn noch einmal hin, auf kleine Steine im flachen Wasser tretend. Walter ist unzufrieden. Die Steine sind glitschig. Wir sitzen in einem kleinen Salon – nun nicht der Konditorei, sondern des Schiffes. Nur drei oder vier Leute sind zugegen. Ich nehme Abschied von Mutter. Sie sagt mir, wie ich mich in den nächsten Tagen verhalten solle: an diesen Nagel, neben dem Platze, auf dem ich jetzt sitze, solle ich zum Beispiel allmorgendlich während des Frühstücks meinen Hut hängen. Die Fremden hören stumm zu, ich weiss nicht, ob sie achtungsvoll, spöttisch oder teilnahmsvoll sind. Ich spreche über die nächste Zeit. In den allernächsten Wochen werde ich nicht arbeiten, sondern mich ausruhn; als ich das sage, gerate ich in so tiefe Erregung, dass mir die Tränen in die Augen schiessen und ich nur mit grosser Mühe ein lautes Weinen zurückhalten kann. Ich sage Mutter [aber dabei muss ein Gedanke an Yvette mitgespielt haben], sie solle vor allem immer mit Brauns befreundet bleiben. Sie will es. Sie gleitet aber ab und spricht über die Schwierigkeiten der dauernden Freundschaft. Sie beschreibt die Umstände einer Verabredung mit dem zögernden und strickenden Fräulein Wende [in Wirklichkeit ist die Freundschaft zwischen Mutter und Fräulein Wende immer ungetrübt gewesen und hat nie Schwierigkeiten gekannt].

433

7/7/43

Die Weltbühne ist an den englischen Rundfunk angeschlossen [vielleicht Erinnerung an das Abhören englischer Sendungen bei Budzislawski in Bellevue?]. Ich höre in diesem Rundfunk einen Donnerschlag. »Lieber gar nicht schreiben«, sage ich im Gespräch, »als diese Sachen nicht zu Ende sagen zu können!«

Die Wirtin hat mich rufen lassen. Ich dachte, es kann sich nur um etwas Unangenehmes handeln, um Schulden oder verdächtige Recherchen. Sie empfängt mich mit einem eigentümlich lüsternen Lächeln. Zwei Frauen, die ich kenne, sind bei ihr und gehn hin und her. Sie sind halbnackt. Sie beschäftigen sich damit, einen Hund zu baden. Es schwelt eine Erregung, als bedeute das alles etwas andres.

In einer Gesellschaft bei Georg Bernhard treffe ich mit Karl Strecker zusammen. Wie kann er unter den gegenwärtigen Umständen, im Kriege, nach Paris kommen? Ich habe erfahren, dass Köln viermal bombardiert worden ist, mit fürchterlichem Erfolge. Von den etwa vierhundert angreifenden englischen Flugzeugen sollen mehr als vierzig verloren sein. Das ist enorm, sage ich, ein bis zwei Prozent gebe man normalerweise verloren, fünf Prozent sei schon sehr viel; das zeige die Heftigkeit der Kämpfe an [das bezieht sich auf eine wirklich gestern eingetroffne Nachricht und wirkliche Erwägungen]. Bei Bottheim [oder Buttenheim, oder ähnlich] soll eine Schlacht stattgefunden haben; der Name scheint mir rheinländisch zu klingen. Einer meint, dass man nun versuchen werde, Schweden aus seiner Neutralität herauszuzerren, und dass sich eine Bedrohung der Flanke der Roten Armee ergeben könne; ich meine dagegen, dass doch nun auch die Sowjetdiplomatie im Felde stehe, und die habe der deutsch-nationalsozialistischen gegenüber doch lauter Erfolge davongetragen. Wir sprechen über Schriftsteller, die übergelaufen sind; keiner, der nicht ausgewandert sei, meine ich, sei nicht früher oder später dienstbar geworden, es stehe um Schriftsteller anders als die durch ihre Gebundenheit an die Sprache am Auswandern gehinderten Schauspieler, der Schriftsteller müsse früher oder später dienstbar werden, da er ja Meinungen ausdrücke [Erinnerung an wirklich geführte Gespräche]. Ich brauche für die Überläufer ein starkes Wort, Strecker hört es und bezieht es auch auf sich, ein heftiger Streit zwischen uns bricht aus. Er wird abgebrochen, weil Strecker seinen Trauring zu suchen beginnt. Der ist ihm hinuntergefallen; er hängt an einem Dornzweig, der über Streckers Fuss gebogen ist. Als ich gehe, wird noch von denen gesprochen, die geblieben und reich geworden sind. »Ich glaube nicht, dass mein Freund Harry Arnim reich geworden ist«, sage ich. Im Vorzimmer begegne ich drei schwarzen

Damen aus der Nachbarschaft. Wir wollen ein Taxi nehmen, ein wahrer Hexensabbat von an- und abfahrenden, haltenden, schaukelnden Taxis, von denen einige einstöckig sind, findet statt. Ein junger Bursche, der einsteigen will, droht mit Selbstmord.

435

9/7/43

Wir sind im Tiergarten. Ich sehe zugleich den Garten und seinen Plan, wie er sich in gewissen grossen weit auseinandergezognen grünen Gruppen verdickt, die durch grade Kanäle verbunden sind –, ein skurriles Bild einer Landschaftsanatomie. Es heisst nach Friedrich, ist aber gar nicht von Friedrich geschaffen worden.

Ich gehe zur Vorstandssitzung des Schutzverbandes. Ich habe den Vorsitz niedergelegt und bin durch Marchwitza ersetzt worden; man zeigt mir eine Zeitungsnotiz darüber, die mir entgangen war, und die mich etwas ärgert, weil sie nichts von meiner Initiative des Rücktritts sagt, sondern so verstanden werden kann, als ob ich hinausgedrängt worden sei. Ich habe für alle Tabak mitnehmen wollen; aber Tabak habe ich nicht genug, und Zigarren nur eine sehr schwere Sorte – schliesslich packe ich andre, leichtere Zigarren ein, mag sie einer oder der andre in die Pfeife zerdrücken. Der Vorstand tagt in einem sehr schmalen Hinterraum, im Vorderraum findet eine Sitzung der Firma Bauer statt. Die beiden Diskussionen durchdringen einander. Breuer steht im Durchgange vom vorderen zum hinteren Raume, breit und mächtig, er hat grade gesprochen, für die Firma Bauer oder den Schutzverband?, er drückt mir im Vorbeigehn gönnerisch die Hand. Ich setze mich hinten an den Tisch zu den andern, nach umständlicher Befragung, ob ein Stuhl frei sei. Ich habe Widmungsexemplare eines Buches mitgebracht, adressierte Postkarten und, zu irgendeinem Zwecke, Visitenkarten; die alle ziehe ich aus der Tasche. Später frage ich Mutter, um welche Firma Bauer es sich handle, um »Bauer-und-

was noch« oder um »Kohlenbauer« oder »Was sonst-Bauer«?
Jedenfalls hat dieser Bauer [vielleicht kommt der Name daher in den Traum, dass ich nachmittags über den Schauspieler
Oskar Sauer gesprochen habe und dessen Namen erst suchen musste] uns nicht geliefert, was er hätte liefern müssen,
oder nur eine Scheinlieferung gemacht; das Zimmer, in dem
die gelieferten Sachen liegen müssten, ist ganz leer, mit seinen hellbraunen alten Dielen. Ich bewohne dann ein Eck-
zimmer im zweiten Stock eines alten Hauses, in einer schönen ruhigen alten Strasse; da ist es schön und still, ich
möchte dort wohnen bleiben. Ein guter alter Handwerker –
»ein Handwerker wie es keine mehr gibt« – ist aus dem
Hause fortgezogen, aber er hat alles in grösste Ordnung gebracht und in grösster Ordnung gelassen, auch die Anweisungen für Matthias hat er noch in den vergitterten Kasten
gelegt. Noch andre sind fortgezogen; die Portierfrau kommt
zu mir und zeigt mir zwei grünweisse Decken, eine leinene
und eine seidne, die seidne hat – im Garten hinter dem
Hause – bei den Gartenfesten der Rätin gedient, die wird
nun nicht mehr dienen, die Feste gibt es nicht mehr, die
Portierfrau streichelt die Falten aus der noch bauschig aufge-
breiteten Decke und weint.

436

10/7/43

Ich gehe im Café hinunter in die Toilette, um mich zu waschen. Ich habe mir, um mich zu maskieren, die Haare
schwarz färben lassen. Die Färbung ist schlecht gemacht
worden, dicke Streifen Farbe sind mir ins Gesicht gelaufen,
die Haare sind lang gezogen, feucht und fettig. In der
Toilette sind sehr viele Zellen, ich suche, wie instinktiv, eine
mit einer »günstigen«, mir angenehmen, durch 3 teilbaren
Zahl, und finde auch, obwohl sie nicht in der richtigen Reihenfolge angeordnet sind, 66. Die Toilettenfrau, vor der ich
mich wegen meines Zögerns vor den Zahlen etwas geniert
habe, schliesst mir auf. Im Spiegel sehe ich, dass ich verges-

sen habe, den Schlips umzubinden; ist denn das niemand aufgefallen? Ich mache mir die schwarzen Streifen aus dem Gesicht. Die Haare traufen weiter von Fett. Es steht sogar ein Bett in dieser Zelle. Ich gehe wieder hinauf. Die Freunde telephonieren, sie schrein grade in den Apparat, dass sie »Johann« [Johann Schmidt] sprechen möchten, und sprechen den geläufigen Namen so komisch aus, dass ich laut auflache. Eine Frau zeigt mir eine blaugraue kurzhaarige Katze mit rundem gebuckeltem Kopf, die ist sehr schön; es ist eine indische Katze, nicht wahr? Sie soll mir vom nächsten Wurf dieser Katze ein Kätzchen aufheben, ich kann nicht verstehn, ob sie schon jetzt eins hat, das eine kleine neben dem Muttertier ist schon vergeben. Ich werde Mutter [oder Yvette] schreiben, dass ich eine indische Katze haben kann. Eine Freundin will mir die Haare entfärben. Sie stellt mir ein Butterbrot hin, in das solle ich beissen, um den Schmerz zu verbeissen. »Wird das denn so weh tun?« frage ich erschrocken. »Ja«, antwortet sie trocken.

Ich werde André Gide »Guten Tag« sagen gehn. »Gide ist ein Epirärer«, sagt eine junge Frau; ich weiss nicht, ob sie »Epikurärer« oder einen Angehörigen einer Philosophenschule von Epirus meint. Jedenfalls können wir von ihm mit seiner ausserordentlichen Sorgfalt arbeiten lernen, sage ich, zurückgewendet, im Hinausgehn. Der Chauffeur, der mich hinfahren soll, ist ein Verehrer von Gide. Ich weiss aber genau, dass Gide umgezogen ist, er wohnt dicht hinter seiner früheren Wohnung in einem grossen neuen Hause in der Augustinerinnenstrasse. Ich werde ihm den Chauffeur und einen andern Proletarier zuführen. Der Chauffeur findet übrigens, dass ich Gide ähnlich sähe. Als wir an das Haus kommen, finden wir auf dem etwas wüsten freien Platze einen sehr grossen Tisch aufgestellt, hinter dem steht ein einziger kleiner Stuhl. Gide wird im Freien essen. Seine Vertraute kommt zu mir und sagt, er sei sehr müde, er habe schon gesagt, der Tag <sei> »ganz gut [das heisst ohne Störung] vergangen«, nun käme doch Besuch, ob ich nicht mit meinen Leuten ein andermal kommen könne!? Mit meinen beiden Proletariern kann ich schon sprechen, da ist aber noch ein andrer Mann, ein eleganter Schnurrbärtiger, der gehört nicht zu mir, den kann ich nicht beeinflussen. Ich sehe eine Decke an, wie ein weisses Band geht eine Verletzung über sie, da ist der Bewurf abgefallen.

437

11/7/43

Ich erwache in meiner Zelle. Ich taste nach dem Stuhl. Die Uhr liegt nicht, wo ich sie hingelegt habe. Das Nachtgeschirr ist umgegossen. Wer ist in meine Zelle gekommen? Als es heller geworden ist, sehe ich Lotte stehn. Sie ist gekommen, um mich zur Flucht zu holen. Sie hat den blauen Anzug [den allein ich auf der Flucht tragen könnte, und der im »Magazin« in meinem Koffer liegt] mitgebracht und über eine Stuhllehne gehängt. Wird der Wächter ihn nicht bei der nächsten Runde sehn, wenn er das Guckloch öffnet? Wird er Lotte nicht sehn? Ich ziehe die Bettdecke hoch über die Sachen, die auf dem Bette bereit liegen. Später gehe ich mit Lotte und meinem Anwalt, einem kleinen hellen sehr beweglichen Manne, vor das Zimmer des Richters. Die Flucht wird sehr leicht sein, da das Haus von Besuchern wimmelt; man braucht nur in Stadtkleidern, unter sie gemischt, als einer von ihnen hinausgehn. Der Anwalt gibt mir Instruktionen: ich müsse auf die Ungesetzlichkeit meiner ungerechtfertigten Gefangenhaltung nachdrücklich hinweisen. Ein Rothaariger benimmt sich auffällig. Ein Kamerad unterbricht den Anwalt. Der findet es unangenehm, dass drüben auf der Galerie zehn Kameraden zusammenstehn und so auffällig zu mir herübersehn. Noch später gehn wir eine Allee lang zum Kölner Oberlandesgericht. Lotte und der Anwalt gehn hinein, während ich auf der vor die Fassade des Gerichtsgebäudes langführenden Allee wartend auf und ab gehe. Aus kleinen Fenstern in einem hohen Stockwerk des gotischen Profangebäudes schnellen zwei Köpfe von Richtern hervor, ein schwammiger und ein vollbärtiger, blicken starr auf mich und verschwinden wieder. Ich sehe, wie hinter dem hohen starren Gebäude nahe die Häuser der hinteren Gassen aufwachsen, eng und spitz, rot und grau gegenüber dem frischen Grün der Allee; das Stadtbild ist wunderschön, reich und bewegend. Dann sehe ich, dass die obersten Stockwerke des Gerichtsgebäudes leer, verlassen, ja eigentlich Ruinen sind. Hinter einer der engen, aber tief klaffenden und zernagten Fensterhöhlen sehe ich einen Baum wachsen. Der schüttelt sich – ein Knabe klettert an ihm hoch. »Der hat seine Kindheit in dem phantastischen Reich dieser leeren Stockwerke, das ist wunderbar!« denke ich. Aber nun erkenne ich das Gerichtsgebäude nicht mehr, wenigstens nicht den Flügel, dem gegenüber ich gewartet habe; der, den ich sehe, ist niedriger – bin ich etwa, ohne es zu merken, in eine andre Allee geraten, vor einen andern Flügel? Das ist auch die Allee nicht mehr; das Grün hinter mir ist nicht das von Bäumen, sondern das kurze und schon etwas ergraute unzähliger dicht neben- und übereinander an eine rauhe graue Mauer gehefteter Sportpreise. Ich beginne zu laufen, ich muss die Allee und den Flügel wiederfinden, da die beiden andern mich ja dort suchen werden. Ein Auto, das ein schlanker Mann in elegantem grauen Anzug lenkt, kommt auf mich zu, es fährt in einen Teich; als ich den Lenker nach dem Gerichtsgebäude frage, kehrt er mitten im Wasser schweigend um und fährt davon. Ich biege in einen schmalen Weg. Der Blick in ein Schaufenster hält mich fest: da ist, in bunten Schachteln, »alter Tabak« und »neuer Tabak« gegensätzlich ausgestellt. Auf der andern Seite des kleinen Ladens, in den ich eingetreten bin, werden Parfüms verkauft. Der Laden ist ganz vollgestellt, das ist sehr schlecht für die Kunden; ich schlängle mich hindurch, ohne nach den Waren oder nach dem Gericht zu fragen, und atme auf, als ich draußen bin. Ich frage einen Mann, der mit schwarzen Händen hinter einer Mauer etwas auftürmt. Er ist ein Architekt. Ich laufe zum Gericht zurück. Ich gerate in ein Gespräch über die Besetzung Siziliens [von der wir nachmittags gehört haben]: das ist nun wirklich der Anfang vom Ende; die Meerenge von

Messina ist nicht viel schwerer zu nehmen als ein grosser Strom, die Italiener werden nicht lange widerstehn, der Fall des Faschismus in Italien ergibt notwendig den in allen Ländern, ein Sonderfrieden mit Italien gibt das Durchzugsrecht, das nach Südfrankreich links und nach Österreich rechts führt [genaue Reproduktion von Gedanken aus der Wirklichkeit].

438

12/7/43

Ich träume die Erziehung des Dackels Fumpas und des Katers Noineau. Sie sollen, sie müssen sich daran gewöhnen, an einer bestimmten Stelle zu schlafen. Sie bringen mich mit ihren Ausbrüchen zur Verzweiflung. Ich will keine Gewalt gegen sie brauchen, aber sie müssen das lernen, wie soll ich es ihnen nur beibringen? Ich halte Fumpas an der Nackenfalte mit gestrecktem Arm vor mich, ich fühle, wie er sich versteift, wie seine kurzen Bewegungen meine Muskeln spannen. Ich seh ihm verzweifelt in die knopfkleinen schwarzen harten Augen.

(In derselben Nacht.) Ich fahre über Berlin nach Moskau. Es wäre natürlich vorsichtiger gewesen, Deutschland zu umfahren, aber ich habe die Schnelligkeit und den Leichtsinn der Reise durch Deutschland vorgezogen. Ich übernachte in Berlin, Susanni hat mir, mit andern russischen Notizen, aufgeschrieben, dass der zweite Zug am nächsten Morgen um zehn Uhr von Berlin abgeht, direkt nach Moskau. Ich wohne in einem Hotel unter den Linden, das sehr voll ist. Ich bin nicht sehr beteiligt an einer Szene mit Robert Musil, der geisteskrank ist oder den Geisteskranken spielt. Mein Zimmer öffnet sich in breiter Glasfront auf die Hotelhalle. In der wird nun, abends, die Königshymne gespielt. Da in der Halle alle die Hüte abnehmen und mit steifem Arm weit von den Schultern weghalten und starr stehn, ahme ich sie nach; es ärgert mich, aber es ist eine Höflichkeit, deren ich mich auch in jedem andern Lande befleissigen würde. Ich halte den Zylinderhut steif von mir. Ich sehe, dass ich ihn glattstreichen müsste. Auch andre, in der Halle, ziemlich viele sogar, tragen Zylinderhüte, der Hut ist also nicht auffällig; aber unter dem Hute hatte ich eine kleine schwarze Papiermütze mit bolschewistischem Abzeichen aufgesetzt, die man jetzt sehn könnte. Aber die Tatsache, dass ich den Kopf unter dieser Mütze einer Wunde wegen bepflastert habe, wird die Aufmerksamkeit ablenken. Ich seh dies im Spiegel. Mir fällt auf, dass niemand die Hymne mitsingt, dass alle nur starr stehn. Als die Musik beendet ist, bedecken sich alle schnell und bewegen sich heftig. Zwei Männer dringen ziemlich grob bei mir ein: die – erwartete – Fremdenkontrolle. Ich zeige ihnen meinen Sowjetpass. Sie kramen in meinen Papieren. Die bolschewistischen Notizen habe ich in die Brieftasche gesteckt; aber sie könnten das Mitgliedsbuch des Schutzverbandes Deutscher Schriftsteller finden. Der eine sagt etwas über einen Besuch auf der Polizeipräfektur, wenigstens verstehe ich, dass er das meint; ich hätte keine Zeit dazu, antworte ich, da ich morgen früh weiter führe, sie hätten ja auch als Fremdenpolizei jede Möglichkeit, sich hier zu orientieren. Er fragt brüsk, wovon ich lebe. Ich stelle mich als Privatgelehrten hin; ich hätte an verschiednen Universitäten germanistische und andre Studien betrieben – Da stellt sich heraus, dass er nicht von der Polizeipräfektur gesprochen hat, sondern von Studien an der Berliner Universität. Meine Antwort kann sie misstrauisch gemacht haben. Ich erzähle breit, dass ich schon zu Zeiten Wilhelm II. Schüler eines damals sehr berühmten Germanisten in Berlin gewesen sei, Erich Schmidts. In der Tat weiss ich nicht, wem die Nazis die Lehraufträge der Germanistik anvertraut haben. Ich spreche also viel, in einem weichen, zerknautschten, lehrhaften Ton, ich habe mir für dieses Verhör eine Haltung, mich zu einer Figur zurecht gemacht. Ja, ich lebe von meinen Veröffentlichungen; ich lasse hier und da etwas erscheinen, bald hier bald da, in unregelmässigen Abständen. Die beiden gehn, wohl um meine Angaben zu prüfen. Wenn sie jetzt in den Listen der Polizei nach meinen Veröffentlichungen forschen, finden sie womöglich, was für Veröffentlichungen das in Wahrheit sind, und wer ich bin! Ich tue besser, die Nacht über nicht im Hotel zu bleiben. Übrigens geht das Hotel schlafen. Die Mädchen stellen Krüge und Geschirr in einen Lauf von Trögen; wenn sie an der Winde drehn, werden diese Geschirre alle in den nächsten Trog gehoben, durch ständig laufendes Wasser. Die männlichen Hotelangestellten sind mit schweren krummen Schleppsäbeln bewaffnet. Ich gehe von Unter den Linden nördlich ab; werde ich aber in den Strassen bleiben können, gibt es nicht etwa eine Polizeistunde oder so etwas? Ich finde die Stadt baulich ausserordentlich verändert; ich komme, über die »Gänse-Allee«, zur ihr parallel laufenden »Löwenallee«, deren breite Steintreppen zwischen herrlich bunten Anlagen mächtige, sehr schöne Löwenfiguren tragen. Dahinter liegt ein Schiff aus leuchtendem weissem Granit, das als Nachtasyl dient. Wieder ärgert es mich sehr, dass man die Verdienste der Nazis um die Verschönerung Berlins nicht wird abstreiten können. Ich komme an den Bahnhof; vor den Pfeilern sehe ich Tante Jenny, ihre Tochter Else mit Mann und Kind und »Mata« stehn. Ich stelle mich so an einen Pfeiler, dass ich ihnen auffallen muss. Sie erkennen mich, und erschrecken kaum. Ich kann ungesehn Matas Hand drücken. Else macht ein paar Schritte, wankt und fällt; so kann ich, ohne dass es auffällt, mit ihnen sprechen: »Die Dame scheint Nasenbluten zu haben?«, sage ich. Ich folge ihnen ins Haus. Im Korridor kommt ein Freund Kurts dicht zu mir und sagt strahlend, neidvoll: »Sie fahren nach Moskau – ich bin auch Kommunist!« Ich sehe mit tiefer Freude die schönen kostbaren dunkelroten Möbel: »Das ist Heimat für mich«, sage ich, »wie sehr heimatlich das ist«. Ich will sie abküssen, einen nach dem andern. Mit Mata fange ich an. Als ich Else auf die Backen geküsst habe, biegt sie den Mund unter meinen Lippen weg. Ich seh verkürzt die lange grade weisse, in grossen Abständen zu Dreiecken (deren Spitzen wieder auf ihr liegen) ausgezogne Strasse nach Osten, die die Nazis angelegt haben. Wie können sie diese Strasse angelegt haben, da sie doch den Krieg verlieren? Die Strasse schneidet sogar die – nach oben und unten, Norden und Süden – weit und grade verlaufende Grenze Persiens. Wie konnten sie zu einer gemeinsamen Grenze mit Persien kommen, da sie doch den Krieg verlieren?

(In derselben Nacht.) [Ich träume Ergänzungen zum vorigen Traumstück.] Wir telephonieren wild. Wir müssen Flugzeuge bestellen [nachts waren sehr viele Flugzeuge zu hören]. Die Zeit der Gefahr, dass die Polizei mich vor meiner Weiterreise finden kann, ist vorbei. Da wird das Gespräch anders zusammengelegt.

439

13/7/43

Der Gegen-Reimwall, der Wall, der gegen die Reime geht und sie verhindern will, macht sich breit. Die Reime werden wie Pfeifen oder Patronen aus der Tasche gezogen und neben einander hingelegt.

442

16/7/43

Wir haben den Besuch von Thomas Mann und seiner Familie, und erwarten den von Heinrich Mann. Ich hatte Thomas Mann ein wenig anders in Erinnerung: grösser, dunkler, fester konturiert. Wir sind in einem Gespräch, das nicht abreisst; dabei spielt Thomas Mann, schräg an der Tischecke sitzend, mit seiner Frau Karten, das ist eigentlich sonderbar. Von einem bestimmten Stuhl am Tische sagt er, der müsse unbedingt für mich sein; das ist der Stuhl, für dessen Benutzung immer anderthalb Franken bezahlt werden müssen, und er legt die Münzen, trotz meiner Abwehr, an den dafür bestimmten Platz auf dem Tische. Wir sprechen von den »Baumann-Mördern«; ich tadle diese Abkürzungsformel; es sei nicht klar, ob damit die Mörder eines gewissen Baumann gemeint seien, oder – wie es doch hier sein solle – die Attentäter, die Baumann hiessen. Die Wohnung ist überheizt, und es wird immerfort nachgelegt. Einer aus Thomas Manns Familie [aber nicht Klaus] sitzt mit übergeschlagnen Armen und klagt, dass er friere. Dabei schlagen neben ihm aus dem Heizraum im Keller Flammen hoch, und das Mark eines als Sitz dienenden Baumstumpfes hat neben ihm Feuer gefangen, ich muss es löschen. Wir gehn in den Salon. Ich sehe über die roten Möbel hin [nicht die Plüschmöbel der 1880er Einrichtung, die wirklich zuhause standen, sondern rotseidne und brokatne Barockmöbel, wie die in Tantes Wohnung in einem der letzten Träume] und sage, dass diese roten Möbel doch sehr schön seien. Dann sehe ich das grosse breite, von einem stumpfen Blau und einem plumpen Grau beherrschte Figurenbild an der Mittelwand an [es hat eine vage Ähnlichkeit mit Kompositionen Uhdes] und sage: »Mutter, das Bild von Frau Winter ist wirklich sehr schlecht!« Ich betone das »wirklich« sehr. Es klingelt, das muss Heinrich Mann sein. Wir gehn alle in die Diele. Sie ist erleuchtet, aber ich greife nach den Lichtschaltern, ich möchte, dass für ihn alles Licht im ganzen Hause angedreht wird. Herein kommt Heinrich Mann mit zwei ihm überaus ähnlichen, nur ein wenig verwässerten Brüdern. Einer von denen sagt, wir sollten nicht erschrecken, dass nun drei Junker auf einmal hereinbrächen. Hinter mir sagt Lotte: »Guten Tag, Herr Heinrich Mann, da es nun einmal Heinrich Mann gibt!« Er geht mit ausgestreckter Hand auf sie zu. Ich bin in einer kindischen Art betrübt darüber, dass er mich nicht zuerst begrüsst hat, und stelle ihn mit grosser Betonung Lotte, die er ja gar nicht kennt, vor. Lehmann-Russbüldt, der mit hereingebrochen ist, fragt aufgeregt zwei Male: »Wissen Sie, dass Salomon gestorben ist?« »Welcher«, frage ich dagegen, »der Professor oder der andre [Bruno von Salomon]?« Jedes Zeremoniell, das wir vornehmen, ist bürgerlich gemeint, und jedes muss erst mit den Felsen versucht werden.

[Das heftige Gewitter, das nachts niederging, hatte mich geweckt, wenigstens halb geweckt. Ich wusste eine Weile nicht, ob ich es träumte oder wach hörte. Es ging dann in das Traumstück ein. Ich träumte, dass es wie ein Tier – oder besser als ein Tier – grau, breit und haftend an den Mauern des Hofes niederglitt.]

(In derselben Nacht.) Ich gehe mit Walter Hasenclever schwimmen. Mit einem Anlauf gehe ich ins Wasser, ich fühle den nassen Sand unter den Sohlen knirschend weichen, seine Sprödigkeit weckt in mir ein Gefühl von Unsauberkeit. Ich schwimme Walter gewaltig voraus; ich geniesse das Muskelgefühl ausserordentlich. Wir schwimmen die Seine hinunter. An der rue Jean Goujon, die vor dem Trocadéro liegt, versäume ich es, rechts abzubiegen, ich komme ans Land, und wecke eine Bäuerin, die in einem Garten in einem Kastenbeet schläft; sie weist mich mürrisch zurecht. Ich schwimme weiter bis zur Metrostation »Place Péreire«. Die durchgehe ich. Am sehr schmalen Ausgange des rechten Kais steht angeschrieben »Ce quai mène nulle part«. Auch der linke Kai verengert sich zu einem ganz schmalen Gange; er führt auf den »Chemin de recours du numéro 18«; »so erfahre ich doch endlich, was Landungssteg auf französisch heisst«, denke ich. Ich springe wieder ins Wasser. Ich hatte ein blusenkurzes blaues Seidenhemd [wie ich es eben trage] im Wasser angehabt, das hatte ich, um besser zu schwimmen, ausgezogen und als einen Ringwulst über die linke Schulter gelegt; nun spüre ich wieder ein – hellblaues – Hemd dieser Art [ich habe auch so eins hier], glaube, dass ich es aus Versehn wieder angelegt habe, ziehe es aus, und sehe, dass das erste noch auf der Schulter liegt; ich muss also Place Péreire eine Verwechslung begangen und ein fremdes Hemd genommen haben; ich kann es nun aber nicht zurückbringen, weiss auch nicht, wohin ich es bringen sollte, und winde es um die rechte Schulter. Ich schwimme nun zurück, seineaufwärts.

Ein Stück des Flusses, das völlig trocken ist, durchlaufe ich. Ich schwimme ungeheuer schnell, wenige Stösse bringen mich immer um hunderte von Metern weiter. Dabei ist meine Kraft, ist mein Kraftgefühl, ist das Muskelgefühl um vieles geringer als vorhin; aber eine gewaltige Strömung trägt mich, ja reisst mich fort – eine Strömung, die, das verstehe ich nicht, stromaufwärts geht! Ich werde an Notre-Dame, das [mehr noch als in Wirklichkeit] starr, hoch und zackig steht, vorbeigerissen. Ich müsste die Cité-Insel umschwimmen, um ans andre Ufer zu gehn, ich kann die Strömung nicht durchbrechen. Erst viel weiter hinten gelange ich hinüber, aber noch als ich im schon ganz seichten Wasser auf dem Kieselgrund zu stehn versuche, werde ich vom Gefälle umgerissen [wie es mir in bayrischen Bergwässern gegangen ist]. Ich komme, noch im Flussbett, in einen engen Gang hinter einem schweren Tor. Von der Decke trauft eine gelbe Malzlösung [wie sie Vaia und Oghen auf ihr Brot streichen]. Dieser Gang, das ganze Flussbett soll geschlossen werden. Ich frage einen Mann, ob ich in zehn Minuten noch werde hinausgehn können? Es folgen, unvermittelt, wilde Rüpelszenen mit diesem Manne; ich prügle ihn, er prügelt mich, aber ich fühle seine Schläge kaum, und auch meine schwappenden Schläge sind schwach. In einem korbartigen Gestell sehe ich Rohre stehn, von denen eins mein Spazierstock ist, den nehme ich. Der Mann, gebeugt, hat einen gespenstisch gelbgrünen Hintern. Und sein Junge hilft bei der Prügelei mir.

Später schreibe ich bei Brauns, in Gegenwart von Jean, diese oder andre Abenteuer auf, auf Formulare, die ich dann unterschreibe.

447

21/7/43

»Der Hass zehrt sich selber auf« [Ich erwache mit diesem Satze, oder er formuliert sich, im ersten Wachensstadium, noch aus dem Traum.]

448

Johannes R. Bechers Rache wird genau durchgeführt. Punkt
für Punkt ist aufgezeichnet [wohl im Sande]. Es sind ganz
kleine Punkte.

450

Ich bin in Berlin. Ich stehe an einer Ecke der Joachimsthaler
Strasse mit einem grossen Neger, der sehr lustig ist und sich
viel bewegt. Ich bin sehr befreundet mit ihm; aber es fällt mir
ein: wird nicht in einer vom Rassismus beherrschten Stadt
ein Neger eine seltne und auffällige Erscheinung sein? Werde
ich nicht mit ihm, durch ihn auffällig werden? Ich denke weiter; ich wundre mich sehr, dass man auf den Strassen so
wenig Uniformen sieht. Diese weissen Tellermützen mit
schwarz-weiss-rotem Band, die um die Ecke biegen, müssen
Angehörige von Parteiformationen kenntlich machen. Wir
gehn eine sehr belebte Strasse entlang; der Neger ist zu einer
Negerin geworden. Die bleibt vor der Auslage eines grossen
Ladens stehn. Die Inhaberin des Ladens kommt zur Tür: es
ist Resi Langer. Wie sie mich mit der Negerin sieht, macht
sie eine anspielungsreiche Grimasse. Ich blinzle ein wenig,
ziehe tief meinen Panamahut, und gehe weiter. Mir fällt ein,
wie ich zu einem Ausweispapier kommen kann, das mich
ganz sicher macht: ich bin ja Mitglied der portugiesischen
Botschaft, und ich brauche mir nur eine Karte geben zu lassen, die das bezeugt [hier spielt wohl die Erinnerung an einen
Brief des mexikanischen Generalkonsuls Bosques]. Bisher
habe ich nur einen Brief, aus dem sich das ergibt, den will ich
durch eine ausdrückliche Bestätigung ersetzen. Übrigens
habe ich für die Botschaft auch einiges zu verrichten; ich
müsste überhaupt Dienstag in Warschau schlafen! Das erzähle ich mehreren, mit denen ich spreche. Ich bin im grossen Hause des Ehepaares angekommen, bei dem ich die
Nacht verbringen werde. Wir unterhalten uns sehr lange, in

der Ecke eines prächtigen Saales. [Die Notizen über den Inhalt des Gesprächs sind unleserlich; es ist wohl über Kompositionen und Antisemitismus gesprochen worden, und über eine Musik, die sich auf den Faust bezieht.] Ich erzähle, als es schon sehr spät ist, eine lange und wohl etwas wirre Anekdote; meine Gastgeber scheinen mir müde zu sein; ich breche mit einem vertagenden Satze die Anekdote ab. Ich werde ins Zimmer geführt, in dem ich schlafen soll, durch eine unendlich scheinende Flucht reich ausgestatteter Zimmer. Ich nehme eine Feldflasche, deren Riemen quer über meine Brust geht, und die ich nicht brauche, und gebe sie Lotte, die hinter mir her geht. Vor mir geht ein Diener mit Licht, und ein sehr gewandtes Zimmermädchen; das trägt ein schokoladenbraunes, sonderbar aus Pyjama und Rock kombiniertes System. Sie führen mich durch ein Gartenstück in eine Art Chalet, das nur einen – grossen, freundlichen – Raum enthält; »links ist das Bett, rechts die Toiletteneinrichtung«. Dann wird vom Frühstück gesprochen, es wird um acht Uhr gefrühstückt, »sehr pünktlich«, sagt das Mädchen, als ob das eine Drohung wäre. Und wo? »Hier!« Also muss ich um acht Uhr nicht nur wach, sondern fertig sein. Es ist aber sieben Uhr. Die Stunde von sieben bis acht scheint mir lang zu werden. »Ich werde gar nicht schlafen gehn, sondern ein Bad nehmen!«

454

28/7/43

Ich bin heimlich nach Berlin gekommen. Ich gehe durch die Strassen. Ich höre, wie hinter mir ein Mann angefasst und »zur Kommandantur« gebracht wird. Ich biege sofort in ein Warenhaus, um von der Strasse zu verschwinden. Ich sehe, dass Frauen Hüte aussuchen; ich werde als Ersatz für das Béret, das ich trage, einen Hut kaufen. »Das kannst Du aber erst nach fünf Uhr«, sagt mein Begleiter – richtig, es ist ja Sonntag! Ich gehe aus einem Gebäude des Warenhauses in das andre, ich muss den Potsdamer Platz umgehn, ehe ich wieder auf die Strasse komme. Als ich wieder auf der Strasse bin, die sehr belebt wird, sehe ich drüben Erich Mühsam gehn, mit einer blassen, ihm ähnlich sehnden Frau. Mein Begleiter spricht über sie. Es ist wahr, dass Mühsam sehr auffällig wirkt; wunderbar genug, dass er sich hier so frei bewegen kann! »Er ist kein sehr grosser Dichter«, sage ich heftig, »aber er ist einer der anständigsten und ehrlichsten Menschen, die es überhaupt gibt!« Wir gehn nun durch die Albrechtstrasse, an einem pseudobarocken Riesenbau vorbei, an dem von Meter zu Meter ein Posten in lockerer Uniform lehnt. »Ist das nicht das Hauptquartier [der Nationalsozialisten nämlich]? frage ich Piscator, meinen Begleiter. Der verschwindet, als habe diese Frage ihn entsetzt; und in der Tat war es, so leise ich gesprochen habe, unvorsichtig, sie zu stellen, denn einer der Posten hätte sie hören können, und meine Unkenntnis hätte uns verraten. Ich gehe weiter; ein fadblonder, dünnlippiger Mensch erkennt mich. [Die nächste Notiz ist unverständlich.] Am hellbunten Parkrande treffe ich die Freundin; sie ist ausser sich, sie hat nur von ihrer Mutter die Aufforderung bekommen, sich dort einzufinden, und wusste nicht, dass es sich um mich handelt. Ich frage sie aus, nach vielem und nach vielen. Auf eine Frage antwortet sie »Gestorben, Prinz von Homburg!«; ich suche; von welcher Stelle des Dramas kann sie dieses Zitat genommen haben? Heinrich George kommt zu ihr und mir. Nicht nur dass er mich erkennen und verraten kann: muss ich nun – und das sage ich ihr auch, als er noch einmal weggeht, um wiederzukommen – auch noch dem Lumpen die Hand geben! In der Tat habe ich mit der linken Hand die dargebotne linke Hand fassen müssen. Die Freundin muss mich ihm jedenfalls nachher ausdrücklich unter falschem Namen vorstellen; als – sagen wir, als Journalisten Beerenberg aus Köln – aber ich wüsste auch die einfachste Frage über die Verhältnisse der nationalsozialistischen Presse in Köln nicht zu beantworten – also sagen wir: aus Insterburg, über die Verhältnisse dort wird George selbst nichts wissen.

Wir wohnen mit Reichenbachs zusammen in einer belebten Vorstadt. Nachts habe ich den von unsrer Wohnung weit entfernten St.-Andreas-Turm erstiegen, im Dunkeln. Ich bin von der Anstrengung völlig erschöpft, will aber durchaus noch den Georgsturm besteigen, um alles erledigt zu haben. Der ist viel niedriger und bequemer als der Andreasturm, es ist auch nicht nötig, dass ich die Besteigung jetzt vornehme, aber eigensinnig, keuchend, mit einem zornigen Willen zur Überanstrengung will ich mich nicht zurückhalten lassen. Ich habe einen Bericht über die Unternehmung gemacht, ein Gedicht, für Goll und für Wolfenstein, zwei bis drei Seiten lang, den muss ich auch noch in Ordnung bringen. Die Bedienerin fragt, ob ich Kaffee oder Suppe wolle. Plötzlich finde ich mich in einer wilden Liebesszene mit ihr. Sie spannt sich in meinen Armen, schräg über meinen linken Schenkel gebäumt, ich fühle, während sie mich anfasst, in der rechten Hand ihre riesig vergrösserte Clitoris (oder ist es, obwohl sie ganz und gar eine Frau ist, ein kleiner Penis?). Sie sagt mit schriller strenger Stimme: »Heute wird ... [sie gebraucht den vulgären Ausdruck für den Cunnilingus]!« Mitten in der Wollust ekelt mich der Gedanke; ich sage schroff »Nein«, und füge hinzu, um sie nicht zu verletzen: »Ich bin krank gewesen". Sie kommt zu einer ungeheuerlichen Ejakulation, auf den dünnen Teppich, der bis auf den Fussboden getränkt wird. Ich dränge sie: »Sage, dass es schön ist –.« »Weisst Du, warum ich mich habe schlagen lassen?« fragt sie. Die Spuren darf niemand sehn; ich gehe Papier holen, und nehme die alte Nummer einer Musikzeitschrift, die Mozart-Brahms-Sondernummer. Als ich zurückkomme, scheuert sie schon den Boden. Nun ist es die alte Mascha, mit bekümmertem Gesicht, die Brille auf der blassen Nase, und ich verstehe Vorgang und Situation nicht mehr. Ich will gehn. Im Augenblick, als ich die Haustür öffne, läuft die dickfellige gelbe Katze hinaus. Das ist aber nicht schlimm, das macht sie immer, sie läuft nicht weit, ich muss nur nach einem Augenblick die Tür wieder öffnen, dann kommt sie von selbst zu-

rück. Ich nehme inzwischen zwei Krücken, die in der sonst
leeren Diele lehnen, und stelle sie in den Flur; die will
Reichenbach als Weihnachtsgeschenk herrichten. Daneben
lehnt ein primitiver Besen. Einige Türen stehn halb offen,
einige führen in leere Zimmer. Diese grosse Wohnung ist ge-
mietet worden, um in den einzelnen Zimmern einer Reihe von
Freunden Wohngelegenheit zu geben; in den leeren Zimmern
könnten noch einige untergebracht werden, es herrscht ein
gewisser Anarchismus in diesem unordentlichen Zusammen-
wohnen. Auf der Strasse begegne ich Freunden; einem von ihnen muss ich drei Franken bezahlen. Ich komme an der einer
Freundin gehörigen Bar vorbei, in der sie sich immer versammeln; dort könnte ich einen Schnaps trinken. Als die Strasse
breiter und weniger belebt geworden ist, geht ein hagrer Mann
in Lederjacke und mit kurzem Vollbart vor mir her. Ich sehe
seine grossen knochigen braunen Hände hängen; woher weiss
ich, dass es Soundso [ich weiss nicht mehr, wer; es kann
Richard Dehmel gewesen sein] ist?

459

2/8/43

In amtlicher Stellung [ich hatte abends im Gespräch mit
Oghen eine in diese Richtung gehnde halb scherzhafte
Andeutung Paul Merkers zitiert und entwickelt] schreibe ich
auf einen »Wunschzettel« unter anderm »Kanonenboote«.

(In derselben Nacht.) Ich schreibe Formen auf und verglei-
che sie. Die Situation ist so, dass nur das Futurum gilt.

461

4/8/43

Die Strasse ist breit, ein sehr grade gezognes dunkles Rechteck, und völlig leer. Nur vor einem Hause ziemlich am Ende
steht – so vereinsamt, dass ich das Gefühl habe, ihn von oben
zu sehn, obwohl er doch sogar, wie ich nachher bemerke, auf

einer Rampe steht – ein ganz dünner Mann mit einem dünnen, geschwungnen, fest an die Lippen gepressten, wie geklebten Schnurrbart. Sein Überzieher ist so dünn und sitzt wie eine Gummihaut so fest, dass ich den Frack, den er darunter trägt, erkennen kann. Er bewegt sich nicht. Nach einer Weile tritt ein ihm sehr ähnlicher und ganz gleich gekleideter Bruder, auf den er gewartet hat, stumm neben ihn. Sie sind dabei, Antrittsbesuche zu machen. Ich gehe durch den Park. Die Anlage des Parkes ist verändert worden, bereichert, aber auch so, als wären alle Plätze um ein weniges erhoben, die Laubwände am Grunde gelockert und im Bestande gefestigt. Hinter der Laubwand rechts, erinnere ich mich, führt der seichte Kanal lang, an dem ich dann entlang gehn muss. Vor mir geht eine Frau [es kann die alte Frau Wohl gewesen sein, oder auch die – gegen die Zeit unsrer Bekanntschaft sehr gealterte – Frau von ..., die Schwägerin Professor Kippenbergs] mit einem Kinde; ich höre überrascht, dass sie ihm, statt auf diesen Park zu sehn, von einem Parke in Amsterdam erzählt, Stück für Stück des Amsterdamer Parks analog jedem Detail ihres Weges beschreibend. Ich verlasse den Park eilig, und sehe kaum auf das Denkmal einer Freundin, die kürzlich Selbstmord begangen hat; flüchtig denke ich an ein andres Denkmal, das einer andern Freundin, an einer andern Parkstelle, das zu besuchen ich keine Zeit habe. Mitten auf der Strasse am Rande des Parks steht eine gröbere, buntere Wiederholung des Denkmals, an dem ich eben vorbeigekommen bin, die soll auf das Denkmal aufmerksam machen oder an es erinnern. Ich komme an einen Strassenübergang, über den in breitem schnellem Zuge ein Strom von Wagen tobt. Menschen werfen sich über das glatte nasse Pflaster zwischen die Lücken des rasenden Wagenzuges, manche sind halbnackt, manche sind schweissbedeckt, manche gleiten und taumeln. Manche sind Selbstmörder, sie wollen sich vor die Wagen werfen und müssen von Verkehrspolizisten zurückgerissen werden. Manche verschwinden völlig zwischen den Wagen. Zwei grosse breite Männer sehe ich lachend und aufatmend einander die Hände schütteln, sie beglückwünschen einander dazu, heil hinübergekommen zu sein. Ich stehe ganz dicht am Rande dieser wahnsinnigen Turbulenz, dieser schauerlich grotesken modernen Höllenszene.

464

Die Eigenschaften sind in einem grossen Buche eingetragen. Gott, ein heller Mann, der in einem hoch über das Buch und seine Umgebung hinstreichenden Flugzeug sitzt, lässt die ausstreichen, die einander decken, oder streicht sie selbst aus.

(In derselben Nacht.) Ich bin in das Hotel eingezogen. Während ich mit der Leiterin spreche, drehe ich am Telephon und schraube den Hörer ab; erst später merke ich das, und entschuldige mich umständlich. Ich tue mich mit einem Wundermanne zusammen, wohl zur Erreichung bestimmter propagandistischer Ziele. Er heisst Arkadij Kalstern, und lässt sich manchmal Kal-stern, manchmal Kals-tern nennen. Er tritt in einem Kleide auf, das ihn für einen katholischen Priester halten lässt. Im Verlaufe der Dinge, die er aufführt, kommt aus einem Gange in die Hotelhalle ein Skelett, das nur lose mit seinen vielen Teilen zusammenhängt, und beklagt sich, dass ihm schlecht geworden sei. Kalstern prügelt es, das auf dem Boden liegt und scheppert, mit grotesken Bewegungen. Aus einem Kasten oder Apparat springen Mäuse und laufen um das mit hellen und dunklen Bestandteilen scheppernde Skelett herum. Ich fange einige, und sehe, dass es gar keine Mäuse, sondern ganz winzige junge graue Katzen sind. Während ich eine in der Hand halte, hat sich eine andre in mein After verbissen, ich fühle den Schmerz des Bisses, und habe Mühe, das kleine Tier loszumachen. Das Skelett hat sich platt in den Gang zurückgeschlängelt. Ich muss, etwas zu besorgen, über die Strasse gehn, und ziehe, mitten im Trubel, Espadrillos an. Ich will einen aus zwei Stücken bestehnden grossen Pelz umnehmen; er ist so schwer, als ob er aus Stein wäre, kaum zu erheben. Dieser

Pelz führt – weil er es selbst ist oder weil er daran erinnert – zur Geschichte eines Pelzes von Mara Wend, einer Enthüllung, die dadurch erfolgte, dass der Mann gesehn hat, wie Maras »Bärenpelz« (aber ich habe ihn selbst gesehn, es ist doch eine Tigerjacke!) »aufgekratzt« war. In der Tat hat Maras Pelz, den ich trage und doch sehe, an der rechten Schulter zwei offne – nicht Löcher, sondern Wunden. Ich sehe nun auf einem ziemlich hoch aufgehängten Bilde Mara, im Pelz, auf einem Stadtplatz stehn, wohl der Piazza einer italienischen Stadt; und Maras kleine Pelzfigur, das ist der Kunst des Thaumaturgen zu danken, leuchtet aus dem Bilde hervor. Der Thaumaturg bereitet eine Sitzung vor, ein Gerüst steht in der Mitte der Hotelhalle. Die Frau des Professors Soundso lässt sich bei ihm melden, mit einem umfänglichen Empfehlungsschreiben, und voller Stolz auf die wichtige, interessante und kleidsame neue Bekanntschaft. Ich habe auf den an die Seiten gerückten Banktischen meinen Platz; der ist belegt mittels eines Papiers, das einen schwarzen, einen gleichen Strich auf dem Tische decken müssenden, Strich enthält. Der Thaumaturg hat seine prasselnde schallende Rede angefangen. Da ein richtiger Priester durch die Halle kommt, spricht er plötzlich, als ob er im Sprechen auf ein Biskuit oder eine Pfeife bisse, weniger als halblaut, nur gewisse ganz neutrale Wörter an den Enden der Sätze stösst er, um die Verringerung nicht auffällig werden zu lassen, noch laut hervor.

465

8/8/43

Wir wollen Aufklärung über die Affäre Münzenberg und die Affären Münzenbergs haben und durchsuchen, in grossem Durcheinander, sein Büro.

(In derselben Nacht.) Alle sind zur Treibjagd aufgestellt. Ich springe wie ein Automat in die glitzernde Reihe.

Die Nacht ist noch nicht um, ich habe verfrüht das Licht

angesteckt, ich will es ausblasen, da es die andern wecken könnte. Es steht hinter mir, ich drehe mich aber nicht einfach um, sondern blase, in den verzerrtesten Haltungen, über meine Schulter.

Die konservativen Vertrauensleute haben die Revolutionselemente in ihr Programm genommen; das ist nicht nur klug oder schlau, das sei, sagen sie, der eigentliche Konservatismus.

Die ältere Schwester geht mit einer Freundin vorüber. Sie schlenkert eine Peitsche in der linken Hand. Sie winkt mir mit der rechten. Ich folge ihr. Sie erzählt, leidenschaftlich, fuchtelnd, dass sie am Donnerstag morgen alle in die Intrige Verwickelten, auch ihren Bruder, bestrafen werde. Ich beuge sie zurück und küsse sie auf den weichen vollen Mund. Sie hält lächelnd still.

470

13/8/43

Der Schutzverband Deutscher Schriftsteller veranstaltet eine Feier zum und am 7. November. Ich befinde mich unter den Zuhörern. Hinten auf der Bühne scheint ein Brand auszubrechen, ein paar Flammen schlagen aus den Kulissen hinter dem Redner zusammen. Ich springe mit einem andern auf die Bühne, wir fassen den Redner an den Händen und ziehn ihn nach vorn. Es ist Rudi Feistmann [aber ein dick gewordner Rudi Feistmann, der mit einem Herrn Guggenheim, dem ich in einem Marseiller Komitee begegnet bin, vermischt ist]. Er unterbricht seine Rede nicht; erst ein wenig später beschwert er sich über das Feuerzeug. Ich gehe hinaus und hinunter, auf die Toilette; die Veranstaltung findet in einem neuen eleganten Theater statt, die Wände sind mit edlem Holz verschält, die Türen sind aus demselben Holze. Ich denke, während ich die weisse Steintreppe hinuntergehe: wenn es wirklich brennt, könnte mir das Feuer den Rückzug abschneiden! Ich suche mich im Gange zu orientieren; Theater werden ja nie ganz fertig, denke oder sage ich. Vor dem Spiegel in der Toilette bürste ich mir mit einer langhaarigen weichen Bürste die Haare; sie sind ziemlich lang; war es nicht Yvette, die mich gefragt hat, ob ich jetzt die Haare »nach oben« gekämmt trage? Ich trage sie einfach nach hinten gestrichen. Sie sind sehr dicht und sehr schwarz, und von einem dicken Strich weisser Haare genau umzirkelt, wie manche Kleiderbürsten. Als ich wieder hinaufgehe, überlege ich mir, dass ich von der Veranstaltung dieser Feier nichts gewusst habe; bin ich ausgeschaltet worden? Ich erinnere mich eines Gesprächs mit Kantorowicz, in dem er mir, ziemlich heftig, gesagt hat, er habe dem Schutzverband viel mehr Zeit geopfert als ich; das ist übrigens die lautere Wahrheit. Ich bleibe nun hinter der Bühne; ich setze mich auf einen Sessel, den mir jemand mit einem Winke bezeichnet. Vor mir liegen drei Zigarren, die ich, wie jeder Teilnehmer an der Feier, zugeteilt erhalte. Als ich sie ergreifen will, nimmt ein Nachbar sie weg; aber die drei für mich – oder vielmehr den Inhaber meines Sessels bestimmten – liegen links nebenan. Auf der Bühne, die ich schräg von hinten einsehe, sitzt ein Halbkreis von französischen Schriftstellern; alles Goncourtpreis-Träger. Einer zeigt auf einen jungen Menschen neben mir [der Bredel ähnlich sieht] und ruft: »Der Junge da sieht aus wie mein letztes Buch!« Man hat mich also nicht einmal um die Vermittlung mit den französischen Schriftstellern gebeten, die doch immer meine Aufgabe war – aber ich habe ja auch, daran hatte ich gar nicht gedacht, den Vorsitz niedergelegt! In einer entfernten Loge – hinter der Bühne – spricht jemand ziemlich laut. In der Loge neben mir flüstert Lola mit einem Manne. Ich sehe ihre korallenberingte weisse bewegliche Hand über dem Gesichte des Mannes. Da sie die Hand wegzieht, sehe ich sein Gesicht; er weint. Lola sagt ihm leise, tröstend: »Ich liebe Dich sehr. Liebst Du mich auch ein bisschen?« Ich werde ganz nervös; dieses »sehr«, dieses »ein bisschen«, das habe ich so oft gehört!

473

Erzählt und dargestellt wird: Der Soldat flieht. Seine Mutter sucht ihn in seinem Bett. Ist er so mager geworden, dass er im Bette nicht zu finden ist? Sie hebt ihn mit den Decken hoch. Er ist nicht mager geworden, er ist noch stark. Er legt die Mutter seitlich über das Bett und prügelt sie (das gehört zu seiner Flucht); sie liegt ganz still unter den Schlägen. Sie hat eine alte, graue, harte und doch schlaffe Haut.

476

19/8/43

In der Tschechoslowakei wird eine Sprachenteilung vorgenommen, die Sprachenteilung. Alle europäischen Sprachen sind auf die Aufnahme vorbereitet. Der junge Masaryk sitzt in einer Arabeske und sieht zu. Ich habe einen Teil der Aufsicht über die Abwicklung zugewiesen bekommen, verliere aber dafür die Freude am Pittoresken.

478

21/8/43

Ich bin, während eines Kongresses oder während einer politischen Unternehmung, in einem engen hohen Raume, wohl in einem Café. Ich sehe um die Tische Leute sitzen, die ich alle kenne; manche habe ich jahrelang nicht gesehn. Ich begrüsse umständlich einen nach dem andern, ich erinnere jeden an unsre früheren Begegnungen. Ich spreche mit dem, mit jenem, dann sehe ich über alle hin und frage: »Ist noch einer, den ich nicht begrüsst habe?« Ich habe mein erstes Referat gehalten; zum zweiten, dem über die Kirche, bin ich nicht oder noch nicht gekommen. Ich wollte meine Definition der Religiosität geben, die wahrscheinlich viele Diskussionen erregt hätte, die ich aber durchgesetzt hätte. Ein Satz, in dem das Wort »trèfle« vorkommt, beschäftigt mich sehr.

Ich wohne einem Streit zwischen den beiden Schwestern

bei. Ich will der einen helfen, weil ich in sie verliebt bin. Ich gehe mit ihr weg. Wir gehn über die Äusseren Boulevards, die, kurz und begrünt, wie Gartenwege gekrümmt und verschlungen sind. Diese Boulevards sind, freilich ohne Lärm, sehr belebt, während die inneren Strassen, die ich von der Wohnung aus hatte einsehn können, ganz leer sind. Ich frage, ob denn die Amsterdamer sich nur auf diesen grossen äusseren Boulevards bewegen? »Die Brüsseler«, setze ich hinzu, »machen es so!« Die Frau, die ich begleite (nun sind wir aber in Chalon), will, dass ich ihr schreibe. Nicht mit der Post; sie will zu Frau Menzel gehn und den Brief abholen. Aber Frau Menzel (die meine Mutter ist) wird dann vielleicht in Nordfrankreich sein, und ich werde in Ostdeutschland sein! Die Entwicklung des Klassenkampfes, die mir die grosse Aufgabe stellt, wird noch nicht erreicht sein.

479

22/8/43

Wir stehn auf einer Waldlichtung, wir haben mit der »Weltbühne« und für die Weltbühne, und für andre, einiges besorgt, und ich sage, was ich mir ausgedacht habe: wie heisst doch der Massenmörder, von dessen Fall vor einigen Jahren so viel gesprochen wurde? Nicht Haarmann, nicht – ja, den meine ich; nun, man müsste ein kleines Buch machen »Hundertfünfundzwanzigmal« (oder wieviel man eben ausrechnet) »Soundso«, mit dem Namen dieses Massenmörders, und in dem Buch die genaue, objektive Darstellung aller nationalsozialistischen Morde bringen. Ich möchte Maximilian Scheer für dieses Buch vorschlagen; das wird Schwierigkeiten geben, aber ich will es durchsetzen. Dann habe ich noch einen zweiten Vorschlag zu machen.

Ich stehe mit Chinesen zusammen in meinem Zimmer. Ich trage chinesische Kleidung; im Verlaufe der Ereignisse komme ich dazu, die flatternde Bluse unter den Hosengürtel zu stecken und zu befestigen, und andre Reformen der Kleidung zu erfinden. Während ich sie den andern erkläre, denke ich: »Das wenigstens wird von mir bleiben, so werde ich doch eine ganz kleine zwar, aber doch eine Sache in der Geschichte hinterlassen!« Ich sehe an mir herab, der olivgrüne Kittel geht, so wie ich ihn nun trage, noch schlechter mit der saphir-blauen weiten Hose zusammen als vorher, ich werde die Farbe ändern müssen. Und meine Espadrillos sind zerrissen, ich sehe die nackten Füsse in ihnen spielen. Meine – chinesischen – Schüler werden in Lyon dargestellt, exhibiert werden, das ist sehr schlimm, das geht ganz gegen ihre religiösen Grundsätze. Ich gehe in den Hof. Mitten in ihm steht ein völlig laubloses Kirschbäumchen, das an den Spitzen der Zweige einige grosse dunkelrote Früchte trägt. Wir pflücken die ab. Mutter sagt dabei, auf eine merkwürdig kokette und dem Ernst der Sache erschreckend widersprechende Art, »Morgen habe ich nämlich Hochzeitstag«. Ich spreche vom Fleisch der Kirsche, von ihren Muskeln; ich beobachte zum ersten Male, dass dieser Muskel der Frucht sich noch auf oder unter meiner Zunge kontrahiert; und diese Bewegung gibt wohl grade das starke, wunderbare Gefühl des Fruchtfleisches! Volodja Pozner erzählt, während wir über den Hof gehn, man habe ein Vorurteil gegen Salami; das sei Gehirnwurst, und es bilden sich freilich, wenn sie zu lange jeder Atmosphäre ausgesetzt ist, Dünste in ihr [– oder »Träume«?]. Mutter ruft durch das halboffne Hoftor eine der Krankenschwestern herein; sie hat das Recht, sie einfach »Mademoiselle« zu rufen. Sie setzen sich hin, im Hofe, und schreiben die Menus, erst mit meinem Buntstift, dann, wie ich den an mich nehme, mit meinem weichen kohleartigen dicken schwarzen Bleistift.

Die Gegend ist verändert, prächtiger geworden. Ich biege auf der grossen Grünfläche vor dem Hause der Bank, in der ich früher ein Konto hatte, um. Das Haus ist noch vergrössert, und ein grosses auf zwei Pflöcken stehndes Schild trägt, einige Meter vor der Fassade, den spanischen Namen, den man dem Hause inzwischen gegeben hat. [»Manrico-Haus«, oder so ähnlich]. Eine Angestellte kommt aus dem Büro auf die leere Grünfläche, sagt in bestätigendem, einladendem Tone den Namen, und fordert mich durch eine Handbewegung zum Eintritt auf. Da ich in weitem Bogen über die Grünfläche gehe, umgeht sie selbst, in kürzerem Bogen, das Eckhaus, geht dann also in der Allee vor mir her. Sie spricht mit ihrer jüngeren Schwester darüber, dass sie etwas über japanische Jugenderziehung schreiben will. Sie schreibt also auch und sie ist – ja richtig, das erklärt das Fremdartige der beiden Schwestern: sie sind, ganz einfach, Halbjapanerinnen! Das interessiere mich ausserordentlich, sage ich, und sie müsse mir mehr davon erzählen. Wir verabreden, dass ich sie an einem dieser Abende besuchen solle; »Bringen Sie aber jemand mit«, sagt sie. Ich verstehe, und sage lustig: »Warum? Ich – bin nicht gefährlich!« Und dann setze ich, ernst, hinzu: ich darf mich nur mit Vorsicht zeigen; wenn ich in die Bank nicht mehr gekommen sei, dann sei der Grund nicht nur der, dass ich jetzt in einem entfernten Stadtviertel wohne; und es sei ihr doch wohl aufgefallen, dass ich plötzlich eine Weile einen Schnurrbart getragen hätte – auch das, um mich zu verstecken. Dabei überlege ich mir, dass es vielleicht sehr unvorsichtig ist, einer Japanerin, die ich kaum kenne, einer Angehörigen einer der Achsenmächte diese Umstände zu erzählen. Im Gehn bleiben wir vor Schaufenstern stehn; dabei bedecke ich, fast ohne dass wir es zu beachten scheinen, die gelblich matte und etwas zu weiche Haut ihres Gesichts mit kleinen Küssen [hier kann, sehr transponiert, eine Erinnerung an einen Gang in Marseille mitwirken]. Wir kommen zum erhöhten Ufer des Wassers. Unter den Leuten verliere ich meine Begleiterin für einen Augenblick; als wir einander wiedergefunden haben, kaufen wir Tafeln von Schokoladeneis in Silberpapier. Das Mädchen will nicht dulden, dass ich ihren Teil bezahle, und es entsteht zwischen uns und der Verkäuferin ein komisches kleines Hin-und-her; dabei wechseln die Münzen mehrmals die Hände, viele Zehn-Sous-Stücke, von denen einige halbiert sind. Schliesslich ist alles geregelt, wir haben aber schon während des Verhandelns zu essen begonnen; einige Täfelchen sind zerbrochen, und ein Kind hat die Stücke aufgefangen. Wir gehn weiter. Wir sprechen über Maras Stellung und Tätigkeit in der Bank; sie sei nicht sehr geschickt gewesen, ihre Tätigkeit war auch nicht wesentlich und eher dekorativ, man hatte ihr aber behilflich sein wollen, von einer unfruchtbaren kunsthandwerklichen Tätigkeit wegzukommen, und sie hatte sich, leicht lächelnd wie immer, gefügt. Ich erzähle ihre Vorgeschichte: dass sie aus reichem Hause ist, dass sie auf einem Rittergut mitten in der Stadt Dresden geboren ist – »Stellen Sie sich vor«, sage ich, »ein Tor wie dieses hier links, nicht einmal, weniger hoch und breit – und dahinter liegt nicht der Treppenflur eines Mietshauses, sondern ein Rittergut!« Wir treten in den Torbogen eines Kinos [ich weiss nicht, ob jetzt noch jene Japanerin mit mir ist, oder Mara]. Wir hören Gesang, zwei oder drei Menschen unternehmen unter den Besuchern des Kinos eine Schaustellung, an einem Glaskasten. Ich erkenne Fritz Jessner und seine Frau [eine Pariser Bekannte, die in Wirklichkeit nichts mit Jessner zu tun hat]. Der gebräunte Hals und die gebräunte Stirn der Frau fallen mir auf, ich frage, ob sie aus den Ferien kämen, und sie antwortet, sie sei nur »abgeknillt« [das ist der Theaterjargonausdruck für »nicht abgeschminkt«]. Ich stelle meine Begleiterin vor. Wir gehn zusammen weg, da die Jessners ihren Gesang und ihre Hantierung beendet haben. Sie scheinen so von einem Kinoeingang zum nächsten zu gehn, alle Tage während der Theaterferien. Fritz erklärt mir, dass er damit einen Plan des rothaarigen Pfeifer ausführe. Ich frage, was sie damit verdienen; Fritz antwortet nicht bestimmt; er sagt, sie hätten Unkosten, ja nur durch das Tuch, das jeweils verlost werde.

Ich gehe mit einer Freundin von einem Gelände fort, auf dem wir etwas zu tun gehabt haben. Es ist ein grosser, viereckiger, nicht ganz rechteckiger (die eine Schmalseite ist ein wenig länger als die andre) wüster Platz, braune Erde und Reste von braunen Sträuchern, zwischen Feldern und Scheunen. »Hier«, sage ich, »möchte ich mir ein Arbeitszimmer baun lassen, das wäre mir endlich gross genug, da könnte ich hin- und hergehn. Der Platz ist sechsundsechzig Schritte lang! [So lang ist die Halle des Gefängnisses.] Ich würde nur einen ganz kleinen Hof lassen, in der Schmalseite, zwischen diesem Bau und dem Nebenhause. Alle Möbel würden auf Rollen sein. Auch das Bett könnte man immer umstellen. Wie klein das Bett in dem grossen Raume wirken wird! Schade ist nur, dass die Aussicht nicht schön ist«. In der Tat sieht man nur schmutzig graue Mauern (obwohl ich so viel Häuser vorher gar nicht bemerkt hatte), farblose kahle Felder, und hinten eine spärliche Hügelkette, die abgenagt aussieht. Dann liege ich im Bett. Auf dem Stuhl am Kopfende brennt eine Kerze [der Garde Cheminart hat mir vor einigen Tagen eine Kerze geschenkt, so dass ich sehn kann, wenn ich etwas aufschreibe], und ich muss mich ermannen, um einige Notizen zu machen. Ich höre Stimmen und Schritte auf der Strasse. Mein Zimmer liegt im Parterre, ich sehe aufs Fenster, durch den sehr weissen, sehr leichten Tüllvorhang. Ich sehe Gestalten, von denen einige Gesellschaftsanzüge, einige Badekostüme tragen, vor der Tür hin- und hergehn. Ich denke an die Fassade des vielstöckigen nüchternen Mietshauses. In einem der Stockwerke wohnt Lala. Ob die Leute von Lala kommen? Ich habe Lala lange nicht gesehn. Ich möchte auch ihre Tochter Kissa einmal wiedersehn; sie muss nun schon ein grosses Mädchen sein; ob sie noch die reizende wache Unbefangenheit von früher hat? Ich habe Sehnsucht nach Lala, nach dem Kinde, nach irgendetwas und allem möglichen. Ich halte die Hand vor die Kerzenflamme, damit die Leute von der Strasse nicht ins Zimmer sehn können. Ich sehe deutlicher den weissen Vorhang, und hinten, nicht sehr weit, die beglänzte kristallinisch gebrochne Steinwand des Berges. Also ist die Aussicht doch nicht so hässlich wie ich gedacht hatte!

Dann bin ich in einem Zimmer neben Lalas Schlafzimmer. Aragon [vielleicht kehrt hier ein früheres Gespräch mit Lala über Aragon wieder] ist bei ihr. Ich sehe durch ein mit Karton umrahmtes Loch in einer Kredenz die Dinge im Nebenzimmer wie in einem Verkleinerungsspiegel; ich sehe hin, neugierig, ob Aragon bei Lala am Bett sitzt. Lala stellt mich einer Freundin vor, Frau Soundso, die mich zu kennen behauptet, sie habe mich bei Nürnberg getroffen, ob ich denn Nürnberg nicht kennte? »Ich kenne viele«, antworte ich; »meinen Sie meinen Mitschüler, oder meinen Studiengenossen, oder einen andern?« Aragon kommt heran, er hat sich einige braune Haarflocken – ich sehe Lala, die auf dem Bette sitzt, Strähnen abgeschnittnen Haares strählen – als spärliche Bartflecken an Kinn und Backen geklebt. Er ist sehr verändert, er hat jetzt die Stirn von Hermann Kesten und die Backen von Henri Poulaille. Er reisst sich die Bartflecken vom Gesicht und spricht mit Lala darüber, dass er heute noch sechzig Seiten schreiben müsse oder wolle. Frau Soundso steht rechts hinter mir und kneipt mir ein langes Haar im Nacken aus. Aragon fragt mich, ob ich den »Papiertraumwitz« kenne, und beginnt zu erzählen, wie man Gerhart Hauptmann [oder Goethe?] einen Bogen Goldpapier gebracht habe – er unterbricht sich, als ob es ihm langweilig würde, wirft sich zu Boden und sielt sich herum. Darauf erzähle ich die Geschichte, die ich längst kenne, weiter. Aber ich muss um neun Uhr [früh] in der Redaktion sein. Frau Soundso muss zu Franz, der einen Artikel schreiben muss. Ja, und mich erwartet Franz Dahlem. Wir brechen auf. Beim Abschiede sagt Lala, sehr freundlich, ich solle doch Donnerstag wiederkommen, sie empfange jeden Donnerstag. Ich gehe noch einmal zurück und frage, höchst interessiert: »Warum grade Donnerstag?« Ob sie einen Grund dafür habe, und ihn mir sagen könne? Weil das grade der richtige

mittlere Abstand von Sonntag sei, erklärt sie. Das hatte ich
mir gedacht, und das ist ein ordentlicher Grund.

492

Ich habe Yvette geheiratet. Es hat Verstimmungen zwischen
uns gegeben, wegen meiner »Untreue«; wir haben uns ver-
söhnt; im Gefühl einer grossen und tiefen Liebe habe ich sie
warm in den Armen gehalten, lange, ganz nahe ihrem Herzen. Sie wird morgen verreisen. Ich habe ihr nicht versprochen, dass meine Beziehungen zu andern Frauen aufhören
werden, und ich weiss, dass ich das nicht versprechen kann;
ich weiss aber auch, und nun weiss sie es selbst, dass diese
Beziehungen unsre Gemeinschaft nicht beeinträchtigen können. Ich gehe weg, gehe auf die Strasse. Die Strasse ist warm,
braun, voller Schatten und Gestalten. Ich weiss, ich fühle oder
sehe, dass die andre Frau, die im selben Hause wohnt, in der
Strasse umherstreift und nach mir sucht. Heute abend aber
möchte ich sie vermeiden, möchte das Gefühl der Einigung
mit Yvette ausschwingen lassen. Ich gehe die Strasse entlang.
Die Andre folgt mir, weit. Sie ruft mich halblaut. Ich höre
oder gehorche nicht. Da weicht sie nach hinten auf den
grauen Boulevard, auf dem die Bäume wie Gespenster stehn.
Sie schickt die Concierge hinter mir her, die soll mich zu ihr
unter die Boulevardbäume führen. Die spricht zu mir. Ein
kalter Wind stösst dick gegen meine rechte Hüfte, den fühle
ich wie einen Vorwurf. Ich kann nichts andres tun als der
Concierge folgen. Der Wind drückt mich. Schattengestalten
scharen sich, da ich umgekehrt bin, zu zweien, zu fünfen zusammen, zeigen auf mich und sagen »Der lügt«, und schweigen und verblassen, da ich sie ansehe. Die Andre drängt mich,
zu ihr zu gehn; ich hätte nicht einmal den Renaissancetisch
gesehn, den sie neu angeschafft habe. Ich kann ihr den Besuch
nicht verweigern. Sie führt mich an den wie eine Pumpe vor
dem Hause aufgestellten Eingang zum Kohlenversorgungs-
schacht, unter dem wir ins Haus gehn müssen. Sie wirft der

Concierge vor, dass gestern geheizt worden sei oder dass heute nicht mehr geheizt worden sei. Wir ducken uns in den schmalen Gang unter den leicht glühnden Kohlenschienen. Ich muss die grosse weisse Zeitschrift, die ich in der Hand halte, zusammenfalten, die ist grösser als der Gang breit ist. Wir steigen im Hause hinauf bis aufs Dach. Die Andre wohnt in einem grossen auf das Dach gestellten Zimmer. Ich bin unwillig und besorgt, da wir eintreten. Die Andre hat davon gesprochen, dass sie einem Kommissionär einen Auftrag geben müsse; sie erledigt das an der Tür, und lässt den Kommissionär warten. Im Zimmer gehe ich auf und ab, unwillig und besorgt. Ich stecke mir eine kleine dicke Zigarre an. Ich habe eine Scheibe Pâté in der Hand, die ich zerbröckle und zerknäule. Ich sehe den schweren grossen Renaissancetisch in der Mitte des Zimmers, dessen Platte [sonderbarerweise] leicht geschweift ist, und den ich in der Tat bei meinem letzten Besuche nicht beachtet habe. Eine gestickte Decke hängt allseits über ihn herab. Teppiche von ähnlicher Farbe liegen auf dem Boden gekreuzt, auf denen gehe ich unwillig hin und her. An einer Stelle gleite ich von dem schmalen Teppichstreifen, fast wäre ich gefallen. Ich hebe den Teppich an und sehe, dass die Dielenbalken unter ihm zersplittert und verfault sind. Die Andre ist hinter dem Tisch. Sie macht mir Vorwürfe. Ich sage, dass Yvette meine Frau ist und meine Frau bleibt. Sie sagt, ich hätte jeden Gedanken an »Romanten« [sie meint »Romantik«] in diesem Zimmer unmöglich gemacht. Mit ganz veränderter Stimme fragt sie dazwischen: »Wie stehst Du zur Romantik?« Ich höre dumpfe Stimmen aus den Wohnungen unter dem Dache heraufdringen. Ich streife die Asche von der Zigarre und sage: »Man muss unterscheiden. Die Romantik als historisches Phänomen kann man so wenig ablehnen oder annehmen wie die andern historischen Phänomene. Aber zu jeder heutigen Romantik stehe ich schroff ablehnend – und umsomehr, als ich früher durch zu festen Anschluss an die Romantik selbst sehr gesündigt habe«. Ich sehe im Auf- und Abgehn hinter der Tür die flache Mütze des Kommissionärs; wozu, und für wen steht der eigentlich da? Mir ist aufgefallen, dass die Andre sehr laut gesprochen hat, viel lauter als es zum Übertönen der von unten dumpf her-aufklingenden Stimmen (woher kommen die eigentlich?) nö-tig war. Hat die Andre etwa Zeugen hinter den Türen aufge-stellt? Da sehe ich durch eine andre Glastür, und sehe Yvette, in einem braunkarierten Kostüm, leicht, ruhig und sicher durch den Dachgarten des Hauses gehn, auf einem leicht gebognen schmalen Weg. Ich mache eine unwillkürliche Bewegung nach dem Hintergrunde des Zimmers, Yvette soll mich nicht hier sehn, durch die Glastür, grade heute abend – aber Yvette kommt gradewegs auf die Glastür zu und ins Zimmer herein. Und ich verstehe: die Andre hat den Kommissionär zu Yvette geschickt, sie hat eine Begegnung, eine Auseinandersetzung provozieren wollen! Aber es ge-schieht etwas Wunderbares: Yvette, leicht und zuversichtlich gehend, trägt ein wunderschönes, zuversichtliches, unendlich heitres und liebevolles Lächeln auf dem Gesicht! Ich gehe zu ihr und rühre sie an. Sie berührt mich. Sie ist meine Frau und bleibt es. Ich drehe mich zur Andern und sage: »Das ist das Einzige, das Du nicht hättest tun dürfen. Ich wäre oft zu Dir gekommen, ich wäre gern zu Dir gekommen –« Ich sehe auf dem Tische das Buch liegen, zufällig aufgeschlagen, das ich ihr hatte geben wollen; es wird nun hier bleiben. Ich wende mich mit Yvette zur Tür. Eine Freundin, die sie begleitet hat, eine helle kleine quicke Person, kommt hinter mich, hebt den Arm und schlägt ihn, mit der Geberde des Durchtrennens, in der Luft zwischen mir und der Andern nieder.

494

6/9/43

Mücken stechen. Wir suchen es so einzurichten, dass sie uns, wenigstens, nur in die Mückenstiche stechen, die wir schon tragen.

(In derselben Nacht.) Sieburg hat einen Verrat begangen [nicht den grossen, allgemeinen, den er wirklich begangen hat, sondern einen kleineren, dessen Einzelheiten eine sehr heftige Handlung bildeten; ich habe mit dem Aufschreiben zu lange gezögert und sie nicht halten können]. Ich habe auf der Strasse eine scharfe Auseinandersetzung mit ihm.

500

Ich stehe an einer Brüstung. Tatzenartige Hände haben sich, von der andern Seite, auf diese Brüstung gelegt. Auf jede Hand legt sich eine zweite, und auf diese eine richtige Tatze, krallig und, an einigen Randstellen, schwarz behaart. Ich habe ein Versehn begangen, dass zu dieser Situation geführt hat. Die Krallenhände müssen essbaren Tieren gehören.

(In derselben Nacht.) Ich bin innen in dem engen Turme hochgestiegen und stehe auf der Plattform – oder auf einer Felsenplatte, die nicht einen Turm, sondern einen Schacht im Felsen deckt? Tief unter mir liegt, silbergraublau, das Mittelmeer, schimmernd um viele kleine selbst silberweisse kleine Granitinseln und -blöcke. Auf den Abhängen, besonders auf denen meines Felsens, der der höchste ist, schwellen stumme bunte Gärten. Aus einer breiten Rinne schiesst ein flossartig breites und flaches silbernes Schiff hervor, auf dem einige Menschen zwei grosse silberne Pferdestatuen umstehn [ich habe an einem der letzten Tage irgendwo – in der »Italienischen Reise«? – etwas über eine Statue aus massivem Silber gelesen, und mich lange mit einer Erinnerung an Pferde beschäftigt]. Das Schiff und die Statuen bilden eine mächtig leuchtende Einheit. Es wird von den Menschen mit wunderbarer Geschicklichkeit durch die Schären und Felsblöcke gelenkt, von denen ich dunkel weiss, dass es die Ausläufer der Inseln Capri und Ischia sind, und umfährt mit grosser Schnelligkeit meinen Felsen und einige andre. Dann kehrt es, so sicher zwischen den Felsen in der engen Einfahrt wie beim offnen Umfahren der freiliegenden Felse, in die Bucht zurück, aus der es gekommen ist. Das wunderbare Schauspiel hat aber in allen den stummen Gärten Zuschauer aus den Laubmassen gelockt, und ich sehe jetzt, dass diese Gärten voller Menschen sind. Ich werfe noch einen Blick hinunter: ich sehe das ganz flache Wasser mit grosser Geschwindigkeit über breite, unter ihm wie gewölbt aussehende braune Kieslager schiessen. Es ist nicht das Mittelmeer, es ist der Rhein. Ich steige im Turme oder Schachte herab, mit Zeichnungen in den Händen, die ich unten in Regale zu verstauen beginne. Walter Hasenclever ist überaus beschäftigt und geschäftig. Ich will ihn nicht stören; ich werde, mit Milly Zirker als Sekretärin, die Sachen später ordnen. [Um diese Stelle herum fehlt vieles.] Inzwischen will ich den Frack anziehn. Irgendetwas, an Gürtel oder Hosenträger, stimmt nicht. Ich kniee auf dem Boden. Jemand will eilig das schmale Zimmerstück vor der Tür, in dem ich knie, passieren. »Steigen Sie mir nur ruhig auf den Rücken und gehn Sie über mich hinweg!« ermuntre ich ihn höflich. Ich gehe mir die Hände waschen. Unter dem Wasserhahn steht eine kleine Waschschüssel, in der liegen mehrere Stücke Seife und eine grosse Agraffe aus beschlagnem Leder, in der Form eines dreikantigen Prismas. Auf der steht, neben Buchstabenzeichen, der Name Walter [es ist aber nicht Hasenclever damit gemeint, sondern ein andrer]. Ich wasche mich, zögernd, neben der Schüssel, aber mit der Seife, und ich bin verlegen, als der »Walter« dazukommt. Ich gehe, um einen französischen Genossen für nachmittags um eine Rede zu bitten. Ich klopfe an seine weisse Tür; die Wohnung liegt im selben Hause und entspricht der, die ich eben verlassen habe; neben der Tür muss also an derselben Stelle wie bei uns der Klingelknopf sein. Ich finde ihn, drücke, und werde eingelassen. Ich finde das Zimmer ganz voll; bei dem Franzosen sind lauter Deutsche zu Besuch, ich bin erstaunt, dass die alle ihn kennen. Der Franzose steht mit einigen Mädchen, deren Nacken und Augenbrauen rasiert sind, und fragt lachend: »Was soll man Mädchen sagen? Dass sie hässlich sind?« Der Ton war brutaler als er ihn wohl gewollt hatte. Übrigens sind alle Menschen im Zimmer, auch die Männer, beinahe auffallend schön. Ich müsste mit dem Franzosen verhandeln; aber ich werde ja niemand mehr von der Veranstaltung, die schon am Nachmittage stattfinden würde, benachrichtigen können! Ein Mann geht an mir vorbei, den ich für Jentsch halte; ich rufe ihn an und suche in meiner Mappe nach einem Schriftstücke, das für Jentsch bestimmt ist. Aber ich habe es dem Jentsch schon vor drei Tagen gegeben; und der Mann, der mich mit blassen blauen Augen ruhig ansieht, ist gar nicht Jentsch. Ich habe den Mann mit »Genosse« angesprochen, und denke nun: »Beim Worte Genosse fiel mir ein, dass die alle Sozialdemokraten seien«, und es fällt mir auf, dass sich das beinahe reimt. Ich werde von einer Frau in ein Gespräch gezogen, in dem es darum geht, wie eine genossenschaftliche Klinik die Konkurrenz der Unternehmerklinik bestehn könne. Ich kenne die Frage: »Die Klinik des Unternehmers ist viel zu teuer. Die Kosten der vielen Transporte innerhalb des Hauses liegt viel zu hoch, und sie liegt in einem zu teuren Stadtviertel. Die gewerkschaftliche Klinik hätte das nicht nötig«. Der Verlauf des Gesprächs kränkt die Frau, die mich hineingezogen hat. Sie lehnt sich zurück und spielt mit ihrem Gesichte Schmerz, sie hüllt sich in Schweigen. Ich nehme, mir ist sehr heiss, die Pelzmütze ab und öffne den Pelz; alle im Zimmer tragen Pelze.

501

13/9/43

Ich stehe auf einem Platze der Stadt, der bunt und leicht wie eine Operndekoration wirkt. An der einen Schmalseite liegt ein Kaufhaus. In einer plötzlichen Bewegung laufen alle auf dem Platz Stehnden zusammen, um sich in einer Schlange aufzustellen. Ich lasse mich mitreissen, ich will selbst Einkäufe machen. Ich bin halbbekleidet, ich habe Sachen auf dem linken Arm und in der Hand. Vor mir steht ein Mädchen, das deutsch spricht. Es spricht zu laut, finde ich, wie alle Emigranten. Es spricht von einem Buche, das es grade liest: wunderbar würden darin die Mittel geschildert, mit denen die herrschende Klasse die Weltrevolution bekämpfe.

Ich kenne das Buch; soll ich dem Mädchen sagen, dass man nicht so vereinfachen dürfe, dass es sich in diesem Buche überhaupt nicht um diesen Kampf handle? Ich glaube zu bemerken, dass die Schlange sich gar nicht vor dem Kaufhaus, sondern an einer andern Stelle gebildet habe, und winde mich hinaus; dann sehe ich, dass ich jetzt geirrt habe, dass die Leute doch vor dem Kaufhaus stehn; aber ich kann nicht versuchen, mich wieder in die Schlange einzudrängen. Ich gehe an eine der Längsseiten des Platzes, vor einen Tabakladen – ich erkenne ihn: ich habe kürzlich in ihm nach Zigarren gefragt [aber nicht in diesem Traume, sondern in einem kürzlich geträumten!!] – und vor eine Bäckerei. Inzwischen ist die Restaurierung des Tores, das neben dem Platze steht, fertig geworden. Ich hätte gern seine Einweihung gesehn, die nachmittags stattfinden wird, aber ich muss gehn; Mutter, die bleiben kann, wird sie sehn. Besonders gern hätte ich die Aufrichtung der Säulen unter dem Tordach mitangesehn, eine schwere Sache. Im Vorbeigehn werfe ich einen Blick hinter den Bauzaun. Zypressen und Thuja wachsen um die Steine herum, sehr gepflegt; aber Schutt von den Arbeiten bedeckt noch dick den Boden, man wird wieder die Einweihung mitten im Schutt vornehmen.

Lala steht an der Seite des Zimmers. Sie spricht, lange und lebhaft; beinahe hält sie schon eine Rede. Neben mir auf der Bank sitzt eine andre Frau, zu der hauptsächlich Lala spricht. Ich mache eine Bewegung, und rutsche von meinem Platze; unter der auf der Bank zusammengefalteten Decke liegt ein Buch, von dem bin ich herabgeglitten. Bis zu der andern Frau: ich fühle die Wärme ihres Schenkels an meinen drängen, und mir ist, als ob ich dadurch Lala näher käme. Ich muss sie immer ansehn: wie schön, wie schön sie ist! Sie hat nicht zu reden aufgehört; sie hantiert nun im Reden mit einem Gewehr, dessen blanker Lauf über ihren blassen Händen funkelt. Ich nehme eine Pistole, spanne den Hahn, und entspanne ihn wieder, sehr vorsichtig, obwohl ich genau weiss, dass sie nicht geladen ist. Die Pistole beult sich in meiner Hand ein, als ob sie aus ganz dünnem Blech wäre. Ich lasse den Hahn mehrmals einschnappen; aus der Mündung quillt Werg, Schmutz, Staub heraus. Ich stehe auf und gehe in den Hintergrund des Zimmers. Je öfter ich den Hahn schliesse, um so mehr Zunder, Werg, Schmutz schlage ich aus der Waffe. Ich drehe das Schloss auf; im Innern sehe ich – in einer Höhlung, die viel grösser ist als die Waffe von aussen war – in einer Flüssigkeit Stücke einer Masse schwimmen, die wie Fleisch aussieht. Ein junger Mann springt an mich heran und drängt mich, ich solle, wenn ich doch noch im Konzentrationslager bleibe, für ein Rauchverbot eintreten. »Ich werde wohl noch lange im Lager bleiben«, sage ich, »aber das können Sie von mir, einem Raucher, nicht verlangen, da wir auch grade im Lager den Tabak mehr brauchen als anderswo!«

503

15/9/43

Ich sitze in der Closerie des Lilas. Ich habe ein Manuskript vor mir. Ich habe halbgrosse Blätter, auf deren Rückseiten ich Notizen machen will; Papier ist selten und kostbar, und ich muss es sparen. Aber die Blätter sind schon auf beiden Seiten beschrieben, ich werde sie zerreissen; soll ich sie hier im Café liegen lassen? Ein Freund macht eine Bemerkung darüber, dass ich den Aufsatz hier nicht sehn lassen dürfte. Ich werde eben nicht sagen, dass er für die »Deutsche Volkszeitung« bestimmt ist! Es sei aber erkennbar, wendet der Freund ein; es kämen Namen deutscher Politiker vor, wie Bassermann – »Bassermann kann auch der Name des Schauspielers sein«, meine ich, »und es könnte sich um einen Aufsatz über Theater handeln!« Der Mann, den wir erwarten, kommt nicht; um halb neun Uhr hätte er hier sein sollen, nun ist es schon neun Uhr – »halb zehn sogar«, sage ich, nach einem Blick auf die Uhr. Obwohl der Unterschied dieser halben Stunde ganz unbedeutend ist, sprechen wir eine Weile darüber. Der Freund will dem Erwarteten entgegengehn, oder ihn abholen und bis zum Soundsoplatz bringen, ich solle auch dorthin kommen. Ich will noch eine Weile hier in der Closerie warten, noch den Zeitraum einer Zigarre lang, die ich rauchen will. Ich spreche mit zwei Gelehrten verschiednen Alters. Der eine [es kann Henri Wallon gewesen sein] sagt im Gespräch: »Ein junger Mensch wie Sie ...«, ich wehre mich lächelnd gegen den Ausdruck. Freilich, ich sei verändert, meint er. Verändert eigentlich nicht, erläutere ich, aber ich sei jetzt manchmal ermüdet und deprimiert. Ich verabschiede mich von ihnen, und will mich auch von ihren beiden Frauen verabschieden, die ihre Garderobe holen gegangen sind. Ich sehe sie, in einem gewissen Abstande von einander, auf der Treppe zum ersten Stockwerk stehn. Und nun ist es mit einem Male der nächste Abend schon, genau vierundzwanzig Stunden später. Ich stehe am Fusse der Treppe, die Frau des jüngeren Gelehrten [wenn es sich um Wallon gehandelt hat, so ist dieses ganz und gar nicht die wirkliche Frau Wallon], eine ganz junge Frau, steht auf der fünften Stufe, an die Wand gelehnt, die andre Frau steht oben auf der Treppe. Als ich mich von der Jungen verabschieden will, sagt sie, sie habe mir im Namen ihrer Freundin schwere Vorwürfe zu machen, weil ich gestern abend heimlich zugesehn hätte, »wie zwei Professorenfrauen sich anziehn«. Sie wendet mir voll das geschminkte Gesicht zu; ich sehe, wie die Schminke über dem blass gebliebnen Halse aufhört. Ich verteidige mich, zu ihr herantretend, während die ältere Frau sich langsam von oben nähert; ich hätte gar nicht hinter dem Vorhange gestanden, sondern wie eben – und »gestern« ist identisch mit der Situation »eben« – unten an der Treppe, und sei bis zu ihr auf die fünfte Stufe gekommen, wie sie ja nur noch ihren Mantel erwartete, und von oben sei ihre Freundin gekommen. Wenn das so lange gedauert zu haben scheine, so liege das daran, dass die Szene aus drei geteilten Phasen bestanden habe. Sie hat fast mit einem Lächeln gesprochen und zugehört; nun sagt sie, dann müsse man »einen Beitrag für den Verein homosexueller Studenten geben«, weil grade eine Gruppe junger Leute, von denen einer, ein schief gewachsner Mensch, sich auffällig geberdet, die Treppe herunterkommt. Ich gehe mit ihr. Ich will aber »meine letzte Zigarrenspitze«, das einzige Objekt, das mir noch nicht abhanden gekommen sei, nicht liegen lassen. Sie zeigt sie mir, die in einem eimerförmigen Aschenbecher steckt, eine dünne lange gebogne Spitze aus »Moosholz«. Wir gehn auf die Strasse. Sie heisst Regine, und ich nenne sie beim Vornamen. Wir sprechen leise, zärtlich, ohne Zärtlichkeiten zu sagen. Nach wenigen Schritten stösst ihr Fuss von hinten leicht an meinen, so, dass sich die Füsse fast verschränken. Sie wird glauben, dass ich das in plumper Absicht gemacht habe. »Regine –« beginne ich. Ich will ihr sagen, dass, sonderbarerweise, meine tiefe Zärtlichkeit für sie jetzt noch ganz ohne Verlangen sei. Aber wie soll ich ihr das erklären! Es kommt ein Stück Musik ins Gespräch; ich erwache mit einer Auflösung des Akkords f – b – d – g (der nächsten Oktave).

504

Es ist Feiertag. Ich bin verstimmt und vor Verstimmtheit boshaft. Mutter möchte das Licht gelöscht haben. Ich suche zwei Flammen auszudrehn, an der zweiten drehe ich achtmal, »es ist nicht meine Schuld, dass der Schalter nicht funktioniert«. Mutter möchte noch schlafen. Ich finde – daher kommt wohl meine Verstimmung – nichts auf seinem Platze. Ich werfe ein schmutziges Seidentuch in die Mitte des Zimmers. Ich spreche mit niemand. Die Kinder gehn zur Kirche. Ich sehe sie, wie auf einem lebendig werdenden Bilde, aus zwei schmalen Türen quellen, die grösseren aus der einen, die kleineren aus der andern. So ist es angeordnet; die grösseren sollen die kleineren führen – aber die grösseren sind gar nicht so viel grösser als die kleineren! Ich suche noch. Ich zerre Wäsche, die ich nicht brauche, aus einer Schublade und stopfe sie wieder zurück. Ich will auf einen Zettel aufschreiben, was alles ich nicht finde, und diesen Zettel auf das Seidentuch legen. Mutter sagt jemand, ich sei in die Kirche gegangen; ich bin aber nicht in die Kirche gegangen, nicht! Ich suche meine Regenkapuze. Eine Frau schlägt mit einer zusammengefalteten Kapuze nach Fliegen; das ist aber nicht die meine. Ich öffne die Flurtür und taste nach meinem Regenmantel. Er hängt nicht auf seinem Platze, am ersten Nagel – aber er hängt am zweiten und das verwirrt meine Verstimmtheit. Eine Nachbarin, Fräulein Schönkopf, ein Mädchen mit roten Backen und schönen offnen Haaren, kommt und will zum Feiertage gratulieren. Mutter spricht mit ihr, ich antworte nicht. Die Post ist gekommen. »Die meisten Briefe sind für Rudolf«, sagt Mutter, »einer ist aus Kiel«. Den nehme ich, und nun spreche ich: ich hatte einen Kameraden, der aus Kiel war, ich weiss nicht, was aus ihm geworden ist, sollte ich endlich von ihm Nachricht bekommen?

505

22/9/43

Wald und Lager gehn ineinander. Ein Offizier führt mich, der ich eigentlich noch etwas an meinem Platz hatte nehmen wollen, herum. Er tastet mit seinem Degen an einem Zaundraht entlang, in einer funkelnden Finsternis. Der Degen verwickelt sich im Drahte. Ein Hauptmann mit bleichem weichem Gesicht geht auf einer kleinen, wie aus dem Dunkel herausgeschnittnen Lichtung in einem kleinen Kreise herum, mit etwas verrückten Augen, weil er sich langweilt. Der Brigadier kommt auf mich zu und fragt, warum ich nicht gegrüsst hätte?: weil ich über die Mauer gesprungen sei! Ich widerspreche wütend; ich habe alle umher zu Zeugen, dass das nicht wahr sei.

(In derselben Nacht.) Ich habe ein Zerwürfnis mit Münzenberg. Marianne ist gehässig. Die Gefahr einer Ansteckung ist gross. In den ganz genau rund gewölbten, aber nicht grossen, Himmel sind – wie Bazillen in mikroskopierten Wassertropfen – alle Keilstriche eingeritzt.

23/9/43

Ich werde bei Martha Küntzel aufgehalten. Wir sprechen über Musik, und machen eine komplizierte Musik, wir stellen mit grossen Bewegungen grosse Notenbücher hin und suchen darin. Ich muss zu Professor Beer gehn, der mit einem Freunde [einem Franzosen?] in die Stadt gezogen ist. Ich gerate bei ihnen in eine Versammlung, die sehr ungeordnet verläuft; mehrere sprechen gleichzeitig, sehr heftig. Ich rufe dazwischen: »Ich bitte ums Wort!«, und markiere deutlich, dass ich warte, bis die andern ausgesprochen haben. Dann frage ich: »Wer leitet überhaupt die Versammlung?« Es wird mir ausserordentlich schwer, laut genug zu sprechen. Nachher finde ich Beer und seinen Freund, sie sind sehr gross und mit hellen Mänteln bekleidet, aber Beer ist verändert, er hat ein ganz rundes, beinah ein wenig schwammiges Gesicht und eine Stupsnase, und unruhige Augen. [Beer und sein Freund hatten eine gewisse Ähnlichkeit mit den Pères Henri und Louis, die sich gestern abend, als Photograph und als Bote, mit uns beschäftigt haben.] Ich hatte schon in der Versammlung meine Verehrung für Beer ausdrücken wollen. Ich hatte gedacht, dass eine grosse Wiedersehnsfreude ausbrechen würde, aber es erscheint überhaupt keine Gemütsbewegung. Babette Gross, die auf einem Diwan sitzt, sagt boshaft: »Du bist ja sehr geschickt gewesen!« »Man muss geschickt sein«, antworte ich, »und ausserdem habe ich einfach recht gehabt!«

24/9/43

Ich komme auf eine Waldwiese. Auf ihr, erfahre ich, kommen allsonntäglich arme Menschen zusammen; sie sind so arm, dass sie den Kot der Pferde, auf denen sie ankommen, essen müssen und nichts andres zu essen haben; manche nur können wenigstens den Pferden etwas zu fressen geben und haben infolgedessen reichlicher Kot zu essen. Sie kommen aber doch allsonntäglich, weil jeder mit den Kumpanen sprechen, sich an die andern drängen möchte. Ich sehe wenige Häufchen von Pferdeäpfeln auf dem Boden liegen, die in der Waldluft dampfen, als wären sie eben gefallen. Oberhalb der sehr luftigen Szene steht, in weiträumigem Gelände, das Harrietlein, das irgendetwas mit der Sache der armen Kotesser zu tun hat. Ich werde zu ihr gerufen.

510

27/9/43

Ich reite auf einem braunen ungesattelten Pferde [Anklang an eine Seite von »Das Tier das ich bin«], stundenlang. Im Spiele reite ich von den Freunden, die mich zurückhalten wollen und mir nachrufen, weg. Ich reite lange durch vielfältiges Land. Das Land hebt sich langsam. Ich bin ganz allein. Als sich das Land, braun und sparsam grün und in vielfältiger Formation, wieder neigt, denke ich über den weiteren Weg nach: ich werde, hier in Amerika, an der Chinesischen See, auf die ich noch stossen werde, entlang nach Süden reiten. Ich liebe mein Pferd sehr und bin sehr vertraut mit ihm. Ich reite durch seichte Flüsse. Hinter ihnen wird das Land schlammig, graubraun weich, und immer schlammiger. Der Schlamm klebt, aber mein Pferd gleitet nicht aus. Rechts steht eine grosse schwer erkennbare Fassade, im fast nackten menschenleeren Lande, mit grossen aus Schlamm gebacknen Säulen. Von denen lösen sich breite Gestalten los, die aussehn, als wären sie selbst aus Schlamm, und bewegen sich schwer. Es sind Elefanten.

511

28/9/43

Ich bin in Deutschland, in Berlin [ohne dass die Stadt, in der ich mich aufhalte, deutlich als Berlin charakterisiert ist]. Wohl und andre begleiten mich. Wir gehn auf den [gegen die Wirklichkeit völlig veränderten] Lützowplatz zu. Einer

macht auf einen kniehoch in der Mitte der Strasse langge-
zognen schmalen Ziegelwall aufmerksam, der sei eine Abkürzung des Weges. Ich will einwenden, dass dies nicht der
Abkürzungsweg sei, den wir immer gegangen seien, ich sehe
mich um, und sehe diesen gewohnten Weg, eine Gasse wie in
einer alten südlichen Stadt, in eine Ecke der jetzt von uns begangnen Strasse münden; und befriedigt darüber besteige
und begehe ich mit den andern den Ziegelwall. Am Platze
trenne ich mich von ihnen, wortlos. Ich will ein Stück der
Fahrbahn überschreiten; ich werde mich, der Vorschrift entsprechend, zwischen den blanken den Fussgängerweg be-
zeichnenden Nägeln halten. Übrigens fühle ich mich sicher,
denn ich habe [wie in Wirklichkeit] Papiere bekommen. Der
Platz ist gegen früher ganz verändert, es ist irgend ein
Gebäude in seiner Mitte errichtet worden; ich muss mich
erst orientieren. Eine Frau in losem braunem Kleide, die eine
Art Hausiererbrett voller Instrumente vor den Leib gebunden trägt, drängt sich zu mir und übersprüht mich von unten
mit einem Wortschwall: es sei eine Zeit der Einschränkungen, ich trüge viel zu viel auf mir, das sei verboten – und
schon schneidet sie mir mit einer grossen Schere einige
Knöpfe und Schnallen vom Anzuge ab. Als sie fertig ist, verlangt sie Geld von mir für ihre Arbeit, eine freiwillige Zah-
lung, und drängt mir eine Anstecknadel auf, ein geripptes
braunes Schildchen mit einem verwischten roten Buchstaben. Unwillig gebe ich ihr einen Franken und ein Nickel-
stück, so wenig wie möglich. Ich drehe die Nadel in den
Fingern, ich will sie nicht anstecken, obwohl das ein Schutz
gegen weitere Belästigungen wäre. Ich habe solche Abzeichen gesammelt, soll ich mir dieses aufheben? Ist das Schildchen eigentlich aus Metall oder Pappe? Ich stecke die Nadel
ein und gehe weiter, durch eine breite, helle, bewegte Strasse.
Im Weitergehn sehe ich, dass die Frau mir auch Stücke aus
dem Ärmelrande ausgeschnitten hat; er ist ganz ausgefranst
– oder war er, den ich eben [ich habe in Wirklichkeit gestern
eine Weste geborgt bekommen] bekommen habe, eingerissen? Eine Zeitungsfrau erklärt freudig, sie habe nur noch

eine Zeitung (und die hat sie an einen Querbalken einer Strassenlaterne geklemmt), wer die haben wolle, zum Geburtstag? Ein Mann verlangt, aufzählend, sechs Zeitungen. Die Frau lacht.

512

Mehrere Stämme von Wilden liefern einander, zwischen Wassern und Sümpfen, eine wütende Schlacht, und zwar so, dass jeder gegen jeden kämpft. Die Kämpfe ziehn sich, wie in einem Rhythmus, rechts im Kreise herum. Noch ehe eine Kampfhandlung abgeschlossen ist, beginnt die nächste. Alle Handlungen verlaufen breit und niedrig, und sind so plump und schwer, dass sie bei aller Gewaltsamkeit langsam zu laufen scheinen. Ich nehme an allen teil, immer wieder zu einem Stamme gehörig, so dass ich, da ein kaum errungner Sieg schon von der nächsten Niederlage erdrückt wird, in Siege und in Niederlagen verwickelt bin. Ein riesiger Mann verfolgt mich während der Kampfhandlungen und zwingt mich, mit gewaltigen Tritten, einen grossen Stiefel – es ist ein linker Stiefel – mit im Kampfe fallenden oder den Kämpfenden entrissnen Sachen zu füllen. Ich drehe mich rechts im Kreise. Später bin ich in den dichten Wipfel eines grossen alten Baumes gestiegen. Mit einem grossen Ruder wehre ich zwei schwarze Stiere ab. Ich drücke ihre Köpfe unter das den Stamm des Baumes umströmende Wasser. Aber über uns, in der Krone, erscheint ein Leopard. Dies wird, während es geschieht, zugleich gesprochen.

(In derselben Nacht.) Ich gehe, mit einem Stoss Bücher auf dem linken Unterarm, durch eine Hurengasse. Es scheint mir grotesk, hier mit Büchern, und so viel Büchern, zu gehn, das muss die Witzeleien oder sogar die Feindseligkeit der Frauen, die sich schattenhaft hinten drängen, herausfordern. Dann bin ich in einem Bordell. Es ist ein grosser dunkler Saal, fast eine Fabrikhalle, mit vielen offnen Abteilungen.

Der Patron bedient grade an der zweiundzwanzigsten – der letzten – Station eine junge schlanke Frau; sie steht mit dem Gesicht an die Wand gepresst, hält die Arme erhoben, und der Mann elektrisiert ihr den zuckenden Rücken. Sie windet sich in schwacher Wollust. Alte Leute sitzen umher und warten, bis die Reihe an sie kommt. Ein weisshaariger Mann, den Ellenbogen auf einem Tische und die Blicke an der Decke, raucht seine Pfeife. Zwei blonde Frauen, eine sehr jung und schlank, fahren aufgeregt umher. Der Patron bietet sie, ohne seine Klientin loszulassen, aus, mit einem ganz leicht verächtlichen Ausdruck, wie er als Fachmann ihn Dilettantinnen gegenüber haben kann. Ich entschliesse mich schliesslich, wie in einer zynischen Resignation, und lege den Arm um die Hüften der älteren. Sie fährt zu mir herum, nervös: »Endlich«, schreit sie, »erkennst Du mich!« Es ist Hildegard; und die andre ist ihre Schwester [aber es ist, in der Wirklichkeit, Lolles kleine Schwester]: Sie zittern vor Wollustverlangen. Ich will mit ihnen gehn; aber die Ausschweifung, die mich hier erwartet, und dann diese beiden Frauen, die nicht zu stillen sein werden – ich verabrede mich mit ihnen für morgen. Dann bin ich draussen. Es hat geregnet, Wasser steht in den unsicher schimmernden Strassen. Ich gehe. Die beiden Frauen, die vor mir und in einer andern Richtung gegangen sind, kommen zum zweiten Male zurück, auf eine helle asphaltierte Chaussee. Sie halten einander umfasst, sie schwanken, sie taumeln wie in einem Mänadentanz. Ich will ihnen nicht jetzt, nicht vor morgen wieder begegnen und weiche in tiefen Bäumeschatten aus. Sie schrein, wie betrunken: »Dort sind ja die Häuser eingestürzt an den Strassen!« Ein Mann, dunkle Silhouette, der mit andern am Rande der Chaussee steht, sagt mit tiefer Stimme: »Die haben endlich begriffen, dass hier bombardiert wird!« Die beiden Frauen wenden sich um, eng verschlungen, taumeln ab wie in betrunknem Tanze und verschwinden. Ich gehe weiter. Ich will zur Neustädtischen Kirchgasse, um dort die Tram [wohl ins Hansaviertel] zu nehmen. Ich bemerke, dass meine Uhrkette zerrissen ist. Ich finde die beiden Karneolstücke, die sie abschliessen, am Boden und hebe sie auf. Dabei finde ich auch einen gelblichen und glatten elfenbeinernen Hammerkopf. Ich drehe ihn, weitergehend, in den Händen, und werfe ihn schliesslich in eine Pfütze, zum Andenken.

518

6/10/43

Ich bin auf der Flucht. Ich soll weggebracht werden. Ich soll in die nächste Stadt. Ich kenne Nummern, die mit denen der Mönche identifiziert werden müssen.

520

8/10/43

Ich bin auf der Flucht. Mutter begleitet mich. Wir sind in Fraustadt angekommen. Um sicherer zu sein, verlassen wir heimlich, nach plötzlichem Entschlusse, den Zug. Wir umgehn einen grossen, genau gewinkelten Acker. Wir finden eine grosse, sehr belebte, sehr elegante, sehr modern eingerichtete Pension. Wir gehn eine Treppe hinauf, und noch eine, und immer noch eine, breite, bequeme, aber hohe und steile Treppen [Gingold hatte abends von den achthundert Stufen eines alten Bergwerks gesprochen; ich weiss nicht, ob zwischen der Erzählung, die mich interessiert hatte, an die ich aber nicht weiter gedacht hatte, und dem Traum-Motiv ein Zusammenhang besteht]. Mutter wird es zu viel, sie beklagt sich, und sie bleibt zurück. Oben finde ich ein Zimmer, das mich entzückt, mit festen, behaglichen, gut verteilten Möbeln. Es soll ganz sicher, es soll durchaus geheim sein. [Sicher drückt sich in diesem Motiv das Behagen aus, das ich hier empfinde.] Aber es liegt zwischen Galerien, von denen es nur Glaswände trennen, und die als Speisezimmer dienen – wie sollen die vielen Leute, die in den Galerien hin und her gehn, nicht hereinsehn können? Ich gehe selbst in die Galerien, und gehe auf und ab. Ein Mann in [leicht veränderter] französischer Offiziersuniform hält mich an und fragt nach meinen Papieren. Ich gebe ihm den falschen Personalausweis. Er hält aber plötzlich auch ein Papier mit meinem richtigen Namen in der Hand. Wieso nur habe ich denn auch dieses bei mir gehabt? Er vergleicht die Papiere, ich bin erkannt, ich bin verloren. Ich sage ihm, dass ich, wenn er mich verhaftet, des Todes gewiss sei. »Qu'est-ce que cela peut me faire?« antwortet er. Und beginnt Ausführungen, die mir nur halb verständlich sind: »On était tranquille...«, sagt er. Ich müsste, ich will ihm erwidern: »Wenn Sie es nicht mehr sind, daran ist doch grade Hitler schuld, wir haben doch einen gemeinsamen Feind!« Aber er bricht plötzlich ab, hört nicht und führt mich weiter. Nach einigen Schritten bleibt er vor einem an uns vorübergehnden Manne stehn und zieht dem ein Ausweispapier aus der äusseren Brusttasche. Durch diesen geizigen Willen, auch das noch, auch den noch zu erledigen, unterwegs und nebenbei, wendet er sich halb von mir ab; ich benutze die Gelegenheit und entweiche in einen Nebengang. Ich irre in den Galerien und Gängen umher. Ich will und muss mich verstecken. An der Wand laufen hohe offne Gestelle entlang, auf denen Kisten und Koffer stehn. Ein Koffer scheint gross genug, dass ich mich in ihn legen kann. Ich möchte ein hinten schaltendes Mädchen herbeirufen, dass sie den Deckel über mir schliesst. Da hält mich wieder ein Beamter mit der Frage nach Papieren an, ein junger Mensch mit offnem freundlichen Gesicht. Ein zweiter gesellt sich zu ihm, der Narben über das halbe Gesicht hat, schräg über den Mund, wie Schmisse; wo kann er die her haben?, und ein dritter. Ich sage, dass ich mit ihnen sprechen will, und ziehe sie beiseite. Sie folgen ziemlich willig. Ich sage ihnen [wie den Gendarmen auf der Strasse von Soual nach Encalcat] : »Vous êtes des Français, n'est-ce pas? Vous êtes des fonctionnaires français?«

528

16/10/43

Die Befreiung erfolgt endlich. Die Wachen halten die Namen, Büschel von Namen, in den Händen. Jeder Name – ein Stengel mit einer blütenkolbenartigen Spitze – läuft an dieser

Spitze, in seitlich aus dieser Spitze wie dürre Blätter, oder wie Nadeln, spitz heraussтehende Buchstaben aus. Der Teil zwischen den beiden übereinanderstehenden Buchstaben ist das Tier. Dieser dreiteilige Teil des Namensstengels wird, an jedem Stengel, von den Wachen bei der Befreiung zerschnitten.

530

18/10/43

Als ich durch eine Allee gehe, kommt Lalas kleiner – ganz kleiner, sehr kleiner – Sohn [sie hat keinen; der Traum hat eins der Kinder hier, Claude oder Dany, zu Lalas Sohn gemacht] und sagt mir, dass die beiden Brüder Salomon mich dringend erwarten. Woher wissen sie nur, dass ich grade jetzt grade in dieser Allee gehe? Das winzige Kind, das ich zärtlich streichle, zeigt mir den Fussweg, der mich zur »Königlichen Allee«, in der die Brüder auf mich warten, führen soll. Es lässt das Seil, an dem es einen Spielzeugwagen hinter sich herzieht, nicht los. Ich gehe den Fussweg lang, ich gehe durch weitere Alleen, die sich schön und gross – wie in einen Wald geschlagen – hinziehn. Es ist sehr weit bis zur Königlichen Allee. Ein Windstoss reisst mir das Béret vom Kopfe und wirft es in den Fluss, neben dem ich hingehe. Ich trage neben vielen Büchern unter dem linken Arme ein Béret, das an einem zwischen diese Bücher gelegten Faden hängt, aber das ist ein altes Béret, das in den Fluss gewehte ist besonders gut, ich muss es wieder haben. Ich gehe in den Fluss, und gehe in ihm auf einem schmalen, grade bis zum Wasserspiegel reichenden Schlammgrate entlang. Als ich mich nach dem Béret bücken will, entschlüpft es grade, seitlich, unter eine Art Wehr. Ich betrete dessen Plattform. Ein Haus steht auf ihr, schmal, einfach trotz einiger barocker Schnörkel. Ich sehe wie durch einen Spalt am Fenster rechts in ein Zimmer hinein, das einige schwere Möbel enthält und in dem zwei oder drei Leute sich aufhalten; ich weiss, ohne zu wissen, woher ich es weiss, dass es Junggesellen sind. Ich sehe aber keinen Eingang zu diesem Zimmer; die Haustür links führt in die auch das Zimmer der

Junggesellen überlagernde Wohnung im ersten Stock, die laut Namensschild von Frau Michel [der Name ist mit seiner französischen Aussprache gemeint] bewohnt wird. Ich stehe mit Frau Michel. Ich sehe eine gemeisselte Inschrift am Hause: »Dieses Haus umschliesst die Adolf-Hitler-Quelle«. Wir sprechen über diese Quelle, die ich nicht sehe und nicht sehn will; es wird wohl irgendetwas von der Dankbarkeit Hitlers für diese Inschrift gesagt, und ich spreche vom Hasse, der sich auch auf diese Inschrift ausdehnen wird. Frau Michel führt mich und ist mir behilflich, das Béret aufzuheben. Als ich ihr danken will, lehnt sie jeden Dank schrill und schroff ab und geht, klein und dunkel, durch einen Gang über eine Galerie ab. Ich verlasse Haus und Fluss. Ich komme an die Königliche Allee. Es ist nun schon elf Uhr, werden die Brüder Salomon mich noch erwarten? und wo, in einem Café, auf der Strasse? Dort liegt das Postamt. Ich warte darauf, ihre wartenden Köpfe dicht nebeneinander zu sehn. Ich weiss, sie warten noch. Natürlich kenne ich diese Strasse; ich wusste nur nicht, dass dieses kleine Strassenstück in Auteuil, das sich rasch senkt und die rue Bougainville verlängert, »Königliche Allee« heisst. Ich sehe rote Ziegel schroff in den Häuserecken der kurzen, breiten, ziemlich eleganten, winkligen Strassenstücke, und sehe das grosse von dünnen Arabesken umrahmte Schild, auf dem der Name der Strasse steht.

534

22/10/43

Ein ungarischer Freund soll begraben werden. Wir machen eine Art Generalprobe für die – sehr feierliche – Leichenfeier. Auf der ersten Station wird von jedem ein Text rezitiert. Wenn einer nicht rezitieren kann, dann rezitiert für ihn, der in der Haltung des Darbietenden steht, ein ihm gegenüber im Halbdunkel stehnder Schauspieler; auf der zweiten, im nächsten Zimmer, wird von jedem zeremoniell der Sarg gegrüsst; aus dem dritten Zimmer erfolgt der feierliche Abgang. Diese Verabschiedung wird von drei Uhr bis neun

Uhr dauern. Ich werde gegen acht Uhr an der Reihe sein –
wird es nicht abends sehr kalt sein? –, kann also jetzt weggehn und brauche erst spät wiederzukommen. Die Generalprobe wickelt sich, halblaut, ziemlich schnell ab. Ich bin nach
Wolf Franck an der Reihe, und brauche mir nur das zu merken, um meine Zeit bestimmt zu haben, wie Wolf Franck
selbst, und wie jeder, sich nur seinen Vordermann zu merken
braucht; aber grade Wolf Franck fehlt. Ich werde an dem
Sarge eine Anthologie niederlegen, nach der frage und suche
ich; und ich erfahre, dass ich das Exemplar von Botho
Laserstein nehmen muss. Der wird sie nicht gern hergeben,
da sie ja nach Ungarn mitgenommen werden soll; nun, man
wird es ihm verschweigen, ihm die Wichtigkeit der Nieder-
legung auseinandersetzen und die Mitnahme, den Verlust des
Exemplars eine Überraschung sein lassen. Ich treffe Wolf
Franck in einem Nebenraume. Grade kommt raschen Schritts
Ralf Zahn herein, er ist aus Amerika zurückgekommen, er ist
dicker geworden, frisch, beweglich, tatbereit. Wolf Franck hat
sich am Tisch in einen Sessel geworfen, in fast liegende
Stellung, er ist sehr laut und unmanierlich. Ich überlege mir,
ob ich ihn stellen soll: ihn schroff anfahren und fragen soll, ob
und warum er dieses unmögliche Verhalten fortzusetzen gedenke. In einem andern grossen Raume, einem Schlafsaale,
erzähle ich, dass ich »im Prinzip« befreit worden sei, der Brief
sei gestern angekommen, ich sei sogar doppelt befreit worden, in Verfolg meiner Proteste, auf bürokratischem Wege,
und durch plötzliche Initiative der Regierung; im Prinzip, in
Wirklichkeit aber würde ich, wie man ja sehe, noch festgehalten. Ich habe deutsch gesprochen; ich werde, da französische
Freunde [unter ihnen war wohl Frau Duchêne] dabeistehn,
die Geschichte noch einmal französisch erzählen müssen. Ich
gehe mit Maximilian Scheer, seiner Frau Elli und seinem
Sohne Gerrit über einen freien Platz. Wir wollen zum Herausgeber der Weltbühne gehn. Wie heisst er doch? Der Name
endet auf »Ki«- nein, nicht »Soundsodamm«, das sei nicht der
Name, sondern die Adresse. Aber wir brauchen ja nur Soundsodamm 25 anzurufen, um den Namen zu erfahren!

27/10/43

Ich sitze am Tische, mit andern, und spreche. Plötzlich wird mir klar, was zu den Verwicklungen, in denen wir stehn, geführt haben kann, und ich frage, voller Angst, voll rückwirkender Angst sogar, ob ich etwa geisteskrank geworden bin, oder ob man zumindest glaubt, dass ich geisteskrank geworden sei. Ich verteidige mich, voller Angst, voll rückwirkender Angst, gegen diesen Glauben.

540

28/10/43

Wir sind, lauter Lagergenossen, viele Lagergenossen, unterwegs, und halten uns in einem Schlosse auf. Trotz der Nacht geschieht ein lebhaftes Hin-und-her. Ich höre im Nebenzimmer den Deserteur, der sich Schubert nennt, sprechen; ich gehe in unser Zimmer zurück; Franz Raab hat den Leitungshahn offen gelassen, es steht voller Wasser. Die Räume haben sich sehr gefüllt. Zu meinem Erstaunen finde ich lauter Freunde vor: ein andrer Strom von Emigranten, Flüchtlingen und Internierten ist in unsern gemündet, und ich sehe viele Freunde aus Vernet wieder, von denen wir getrennt worden waren, die wie wir »geheim« gehalten wurden, lauter Freunde aus Vernet, die für uns lange schon verschollen waren, aus allen Nationen, vor allem Jugoslawen. Vielen sind, seit wir uns nicht gesehn haben, Vollbärte gewachsen, einige, die klein sind, sehn mit diesen Bärten erstaunlich aus. [Es waren nur einige wirkliche »Vernetianer« unter den vielen, die meisten waren Phantasiegestalten.] Ich gehe durch die Räume und drücke Hände, lachend, fragend, erfreut. Viele kommen mit leuchtenden Augen zu mir. Ich fühle wieder die Liebe und Zugehörigkeit von Vernet, wie in Vernet. Und die Hilfsbereitschaft von Vernet: manche stellen, ohne zu fragen, mit vielsagendem Blick, Pakete neben mich, für uns. Aber was bedeutet das, wo kommen sie her, wie kommen sie hier her? Wächter sind unter uns gemischt, wir werden streng beobachtet, wir müssen so tun, als ob wir einander nicht kennen. Vertrautheit, Neugier, Erwartung schwimmen durcheinander. Ich gehe über einen Hof, in dem ein Theaterstück geprobt wird. Den Hintergrund bildet eine Hausfassade, die fast nur aus grossen Fenstern besteht; alle diese Fenster sind, in allen Stockwerken, erleuchtet, und Gruppen sitzen plastisch dicht hinter allen Scheiben. Max Reinhardt steht neben mir. Ich habe selbst einmal ein Stück geschrieben, das hinter allen Fenstern spielt [gemeint ist der Film »Das Haus zum Monde«]. Eine Frau kommt dicht zu mir und spricht mich an, mit heiss erinnerndem dunklen Blick. Ich erkenne sie nicht gleich. Sie ist nicht eine Verlegerin, wie ich glaubte, sondern eine Dichterin. Schon springt die Liebe wieder aus uns. Ich will ihr sagen, dass ich verheiratet bin (und meine Frau ist wohl »unten«, im Erdgeschoss oder im Keller des Schlosses). Auch sie ist mit ihrer Familie. Sie sagt, dass sie mich beim Abend mit ganz gleichgültigen Blicken werde ansehn müssen. Sie steht neben mir als ob sie auf meinen Knien sässe. Ihre Blicke sind so dicht an mir als ob sie in mir wären. Sie streichelt mit spitzen Fingern meine Brustwarzen, die ganz flach bleiben. Ich streichle mit vollen Händen ihre festen ziemlich grossen Brüste. Wir sprechen leise. Sie ist ganz heiss, und ist, als ob sie leuchte.

541

29/10/43

Kameraden umdrängen mich – nicht grade mit Vorwürfen, aber sie drängen doch, zu wissen: »Was hast Du gemacht? Und was hast Du da gesprochen?« Nun, wir waren beim Kartoffelschälen – schon werde ich von einem unterbrochen: ob ich das denn noch so genau wisse, ob das auch ganz stimme – ich werde ungeduldig; wir streiten: das sei doch erst ein paar Wochen, nun, ein paar Monate her, das sei doch schon ein paar Wochen, ein paar Monate her. Und wer sei dabeigewesen? Heinz, Siegmund Nielsen, Werner Wohlers [ich hatte vor dem Einschlafen in irgend einem persönlichen Zu-

sammenhange an Werner Wohlers gedacht, an die Möglichkeit eines späteren Zusammentreffens in Hamburg], »die
ganze Küche«. Und was ich da gesagt hätte, warum ich es gesagt hätte? Nun, das fange doch immer so an: einer sagt: »erzähle eine Geschichte«, und da fängt man eben zu reden an. –
Ich werde ungeduldiger, ja wütend bei meinen eignen Antworten: »Wenn man da jedes Wort auf die Wagschale legen
müsste –«.

(In derselben Nacht.) Ich stehe mit einem Kameraden zusammen. Wir lehnen an einer Mauer und unterhalten uns. Wir
sprechen von den Gefahren, die uns drohn, wenn die Gestapo
uns in die Hand bekäme; die Situation ist ganz verändert, wir
nehmen die Gefahren schon nicht mehr so ernst. Ein Mädchen, das in der Nähe wirtschaftet, richtet sich auf und sagt
ernsthaft: »Die Gestapo kann auch hierher kommen!« O
nein, meinen wir, dazu ist es nun schon zu spät. Dann wird
die Suppe ausgeteilt. Ich halte meine in einem grossen eimer-
artigen Gefäss. Frau Duchêne, sehr blass, will ihre nicht essen
und schüttet sie, aus einem ähnlichen Gefäss, in meins. Ich
will sie anhalten, andre haben sie mehr nötig als ich – aber der
Umguss ist schon geschehn, und nun ist keine Zeit mehr zu
einer weiteren Änderung. Mit der Suppe ist eine Dose Kon-
serven in meine Suppe gefallen, die fische ich heraus. Diese
oder ein Stück Brot muss ich in der Bäckerei mittels einer
Zuzahlung, gegen ein andres Brot eintauschen. Als ich, die
Ware in der einen, einen Hundertfrankenschein in der andern
Hand, die Bäckerei betrete, kenne ich den Laden schon, und
ich sehe Frau Duchêne im Hintergrunde; da weiss ich, dass
ich schon hier gewesen bin, dass ich den Umtausch schon
vollzogen habe. Frau Duchêne will nicht weggehn; sie ist sehr
erregt, sie will nicht weggehn, um sofort die neuen Nachrichten zu haben. Denn nun wissen wir es: die Revolution hat
gesiegt! Franz Dahlem geht hin und her.

548

Wir haben Unterlassungen oder Verbrechen zu verantworten. Wir sind in gefährdeter und gefährlicher Spannung; und alles, was geschieht, ist zugleich peinlich. Wir haben einen Tennisplatz zu besetzen – einen zementierten Tennisplatz, nicht einen Rasen- oder Kiesplatz –, der unter einem dicken, starken, fast körperlich sichtbaren grauen Lichte liegt [ich habe die Nachmittage auf dem abgeschlossnen Tennisplatz gesessen, heute mit Lex und Karl.]

550

9/11/43

Walter Hasenclever wird abreisen. Ich bleibe zurück; ich bleibe ohne Geld; ich weiss nicht, was ich machen werde. Wir haben jeder ein Hörspiel geschrieben; wir sprechen über diese Arbeiten. Die Motive der Stücke finden sich, wie wir feststellen, schon bei Ibsen; das ist überraschend, ist aber auch nicht bedauerlich: es gibt bei Ibsen eine Fülle noch höchst lebendiger Motive. Ich setze mich mit einem Mädchen auf eine Bank an der Mauer; ich suche auf dieser gewundnen Bank weiche Stellen; aber die Bank steht nicht, sondern gleitet. es kommt zu einer Liebesszene mit dem Mädchen, zu einer Szene wilder Unzucht. Walter steht hinter ihr, die in meinen Armen liegt, und streichelt sie, während ich sie liebe, mit einem Stabe.

556

4/12/43

Eine Schlacht zwischen Nationalsozialisten und uns geht zu Ende. Die nationalsozialistischen Soldaten brechen in unsre Stellung ein, graugrün uniformierte Gestalten, die sich in einer langen Reihe, im Gänsemarsch, über den graugrünen zerwühlten Boden zu uns herwinden. Ihre Reihe bleibt senkrecht zu unsrer schwachen Verteidigungslinie stehn, und sie setzen sich fest. Einer ruft einem von uns zu: »Zieh Deinen neuen Mantel an, zum Erschossen-Werden!« Wir können uns nur durch einen Ausbruch rechtsseitlich retten; ich halte den rechten Flügel, ich muss anfangen. Ich laufe über das graugrüne schwach zerklüftete Feld. Ich muss einen Haken nach links schlagen und zu einem schräg aus dem nackten Boden wachsenden laublosen Baume laufen, auf diesem Baume bin ich in Sicherheit. Aber ein Stück des Weges dahin wird von den Nationalsozialisten eingesehn und bestrichen. Ich laufe dennoch, es bleibt mir nichts andres übrig. Ich habe den Kontakt mit den Kameraden verloren. Ich werde auf den schrägen Baum nicht klettern, sondern den Stamm hinauflaufen müssen. Zwischen dem Baume und einem Gattertore bewegen sich graugrüne Soldaten mit breiten weichen Mützen; obwohl es nicht viele sind, habe ich den Eindruck eines Gewimmels. Ich kann ihre Gesichter, die mir auch grau und verwischt erscheinen, nicht erkennen. Ich erwarte keine Feindseligkeit von ihnen; ich kann erwarten, dass sie mich nicht beachten werden. Ein uniformierter Vorgesetzter hat das Feld durch das Gattertor verlassen; ein Soldat ruft einem andern zu, was »der Intendanturrat« gesagt habe.

558

8/12/43

Ich bin im Lager. Aus irgend einem Grunde [den ich nicht behalten habe] bin ich von den andern getrennt worden. Ich darf zwischen ihnen herumgehn, aber ich schlafe in einem Nebenzimmer, und ich darf nicht mit ihnen sprechen. Das ist mir ärgerlich und sogar schmerzlich. Ich gehe in den grossen Raum, um meinen blauen Mantel zu holen, der auf dem Bett eines Kameraden liegen geblieben ist. Ich sehe alle an, die sich herumbewegen, und spreche nicht, weil ich beaufsichtigt werde. Es ist eine neue Einrichtung getroffen worden: über jedem Bett ist der Name des Platzinhabers, grosse saubre hellrote Buchstaben, an die Wand gemalt. Und ich habe gar keinen Platz mehr! Im Hofe sehe ich einen meiner Wächter laufen:

ein beinahe menschengrosses Wesen zwischen Laufvogel und Insekt, dem, als zusätzliche Glieder, gebauschte schwarze Bänder die Schultern und den Rücken mit dem Kopfe verbinden. Einer der Kameraden [Max Schroeder? Oder Hermann Schüller?] tritt an mich heran und versichert mir, ich brauchte die Bespitzelung dieser Wächter nicht mehr zu fürchten.

559

12/12/43

Ich bin in einem zu einem Gefängnis ausgebauten Kirchen- oder Klostergebäude [Yvette hatte sich mittags das Gebäude in Castres von mir beschreiben lassen]. Ich gehe auf den breiten Treppen hinauf und hinab, und überlege mir die Anlage des ganzen Gebäudes, um eine bestimmte Treppe und ihre Mündung zu finden: ich habe mir ausgedacht, von der Empore eines hohen Stocks aus Propagandazettel – wir befinden uns in einer sehr gespannten Situation – in eine Versammlung zu werfen. Diese topographischen Überlegungen führen mich richtig: ich öffne oben eine Tür – und finde mich in einer ganz eingerichteten, sogar behaglich eingerichteten kleinen Wohnung. Mehrere Menschen sind an einem grossen Tische beschäftigt. Ich gehe zu ihnen; und der erste von ihnen, den ich erkenne, ist – Kurt Tucholski. Grosse Freude erfasst mich: es ist also nicht wahr, dass er tot ist! Er ist hier, mit andern, seit sehr langer Zeit, versteckt, um der Verfolgung zu entgehn, und die Lösung abzuwarten, die nun wohl nahe ist. Werner Richard Heymann wohnt mit ihm [ich glaube wenigstens, er war es], und Hans Kretschmer. Ich stehe bei ihnen am Tisch, und sie erzählen mir ihr Leben. So nahe waren sie diese ganze Zeit, und ich wusste es nicht! Ein grosser schöner schlanker blonder Mensch stellt sich an die andre Seite des Tisches; ich kenne ihn gut, kann aber nicht gleich finden, wer er ist. Er lacht, er freut sich, mich zu sehn; er spricht über die auf dem Tische aufgestapelten Bücher; er arbeite viel hier, Naturwissenschaften. Während unsres Gesprächs wird die Tür spaltweit geöffnet, und von einem Frauenarm wird ein Korb hereingereicht; so werden die Freunde, hier im Hause, verpflegt. Nachher, unten, ist eine Genossin unzufrieden damit, dass ich sie gefunden habe; ihre Anwesenheit im Hause sollte auch den Nächsten ganz verborgen bleiben.

562

7/1/44

Aus den Gestalten, mit denen ich in vielen Ereignissen verbunden bin, löst sich eine junge dunkle Frau heraus, Olga. Ich gehe mit ihr die Treppe eines Hauses hinauf, wir kommen auf eine quadratische Terrasse, die kubisch erhoben ist. Andre Mauerkuben von verschiedner Höhe umgeben den, auf dem wir sitzen, alle sind mit Terrassen gekrönt, auf denen, wohl in Kästen, dunkellaubige Büsche stehn. Auf einer schräg rechts der unsern gegenüberliegenden Terrasse sitzt ein Paar auf einer Bank. Übrigens muss der – bleibende – Eindruck, dass die Terrassen verschieden hoch sind, auf der sehr einprägsamen ausgesprochen kubischen Erscheinung dieser Landschaft aus weissen Mauern und dunklem Grün beruhn, und falsch sein, denn ich sehe, entgegen diesem Gefühl, eigentlich alle Terrassen in gleicher Höhe. Olga bittet mich, ihr durch einen Buchhändler eine neue Ausgabe der Werke Heinrich IV. zu besorgen; sie sagt den Titel, und ich bemerke erstaunt, der sei weder französisch noch italienisch, das müsse provençalisch sein, und provençalisch habe Heinrich IV. doch sicherlich nicht gesprochen. Ich sitze neben Olga und fühle ihre Wärme. Plötzlich stehe, nein knie ich vor ihr. Ich fasse mit beiden Händen ihre starken, ja dicken, sehr starren, sehr spitzen, weit auseinanderstehnden Brüste und sage »Wie schön Deine Brüste sind!« Sie bewegt sich nicht und schweigt. Ich sitze wieder neben ihr. Ich hebe ihr Kleid auf. Sie trägt keine Wäsche unter dem weichen schwarzen Stoff. Ich streichle ihre prallen hellen Hüften und Schenkel. Ich flüstre ihr zu: »Können wir nicht an einen Ort gehn, wo wir ganz allein sind?« Unklar denke ich: »Das könnte ein ›öffentliches Ärgernis‹ geben«. In diesem Augenblick steht das Paar auf der andern Terrasse auf und geht weg, hinunter. Alle Terrassen sind leer. Ich weiss, dass links, hinter meinem Rücken, Fenster auf die Terrassen hinausgehn, aus denen man uns sehn könnte; ich weiss aber auch, bestimmt, dass niemand aus diesen Fenstern auf uns sieht. Ich streichle, ihr Fleisch ist warm, fest, hingegeben, göttlich. Ich dringe in sie ein. Ich sage, dass ich diese Handspiele über alles liebe. Bereitwillig legt sie ihre heissen Hände an mich.

568

28/2/44

Ich bin auf das Polizeipräsidium gerufen worden und werde von zwei Beamten wegen eines Attentats verhört. Meine Lage ist nur deshalb schlecht, weil ich das Attentat wirklich begangen habe. Sie haben nicht den Schatten eines Beweises gegen mich; aber wo haben sie den Verdacht her, wie sind sie überhaupt auf mich gekommen? Das Verhör, das sehr lange dauert, spielt sich in durchaus gesitteten, sogar wohlwollenden Formen ab, wie eine Unterhaltung. Ich habe mich für einen Engländer ausgegeben und halte diese falsche Identität aufrecht, ich spreche englisch, oft übersetze ich den englischen Satz ins Französische, mitunter tue ich so, als ob ich den französischen Ausdruck suchen muss: »Comment dites-vous en français –« Als von einer Handlung die Rede ist, spreche ich von den Relationen meiner Körperkraft: »I am strong enough, but my arm-muscles are weak« [– ich glaube, dass in der Tat meine Armmuskeln verhältnismässig schwächer sind als z. B. die – freilich durch die Gefangenschaft geschwächten – Brustmuskeln]. Ich komme darauf, von der Kraft der beiden Beamten zu sprechen, die nun lässig unter meinen Augen auf Sofas liegen; vom einen, der breit und blond ist [er erinnert mich, ohne dass mir das deutlich wird, an Reinhold Schairer] sage ich: »He is strong, mais il est mou!« Es ist gegen Abend; die beiden Beamten schicken sich an, wegzugehn. Ich frage direkt, wie sie überhaupt darauf gekommen seien, mich in Untersuchung zu ziehn. Aus nebensächlichen Bemerkungen schliesse

ich schliesslich, dass meine Freunde ein Flugblatt herausgegeben haben, aus dem sich Schlüsse über meine Zeiteinteilung in
bestimmten Abendstunden ziehn lassen. Ich muss mit den
Freunden sprechen, dieses Flugblatt muss sofort zurückgezogen werden. Ich gehe mit den beiden Beamten, die ich von früher kenne [hier spielen wohl Erinnerungen an die zahlreichen
Interventionen mit, die ich in Paris machen musste], weg. Wir
gehn über den mit Wagen dicht besetzten Hof der Pariser
Polizeipräfektur. Wir gehn eine breite rauchgraue Strasse entlang, in der oder neben der irgend etwas lauert. Die beiden
Beamten gehn in einer Gruppe von Menschen ein Stück vor
mir, ich gehe in einer andern Gruppe. Die Strasse ist, von unsern Gruppen abgesehn, bedrohlich leer. Zwischen beiden
Gruppen besteht ein gewisser Zusammenhang. Ich möchte
durchaus wissen, wovon in der Gruppe der Beamten gesprochen wird. Wir gehn ziemlich schnell, und ich beschleunige
den Schritt, um zu besserem Gehör an die Vordergruppe näher
heranzukommen. Ich sehe auf dem andern Ufer des rechts
neben der Strasse laufenden breiten glatten hellgrauen Flusses
eine Art von Zigeunerdorf. Zwischen diesem und der Strasse
ist auf dem Eise, auf Teppichen und Tüchern, eine Auslage
heterokliter Sachen errichtet worden, um die sich einige zer-
lumpte Gestalten bewegen. Ich sage laut, in plötzlichem Hu-
mor: »C'est le marché noirâtre, dirait-on!« In der Vordergruppe macht man, vielleicht machen sie die beiden Beamten
selbst, heftige Zeichen, um Gotteswillen, doch zu schweigen:
aus der anscheinend leeren Strasse, die sich senkrecht klaffend
links in die Uferstrasse öffnet und an deren Übergang die
Vordergruppe schnell und gebückt vorbeischlüpfen will, wird
wohl geschossen werden.

572

24/3/44

Staub und Asche fällt, irgendwo und irgendwie [ich habe den
Grund, falls er deutlich war, vergessen] im Zimmer hernie-
der. Ich sitze am Tisch und mache weiter; nach einiger Zeit

fällt mir ein, dass ich bestaubt oder von Asche bedeckt sein muss, ich streiche mir über den Schädel und fühle in der Handfläche die leichten Körner, die ich abstreife und abschüttle.

(In derselben Nacht enthielt ein andres Traumstück nichts andres als, in geschlossner Darstellung, eine genau ausgeführte, sehr schöne geschlechtliche Ausschweifung.)

574

24/4/44

Ich bin an der Südspitze Afrikas. Ich werde – ich will, ich muss – den ganzen Erdteil nach Norden durchlaufen, dann werde ich, von Süden nach Norden, durch ganz Italien gehn, und in Paris werde ich nach Osten umbiegen und nach Asien gehn. Das wird alles viel leichter sein als ich gedacht hätte, ich werde in ganz grader Richtung gehn, der Weg wird sehr lang, aber ganz glatt sein; ich orientiere mich, ich sehe die Karte des Mittelmeers mit Italien, klein [eine Verkleinerung der Karten von Italien, die im Laboratorium hängen] vor mir. Ich sehe den braunen Weg, Heideboden, wohl mit alten Tannennadeln bedeckt, zwischen Waldstücken vor mir, breit, leicht gewellt, leicht zu begehn. Ich beginne zu gehn. Ich trete bald in einen Flusslauf, der schmal und seicht ist, dessen Wasser aber meine Füsse so umdrängt, dass ich nicht gehn, dass ich mich kaum halten kann. Eine Ladnerin aus Paris reicht mir, hinter dem Ladentisch hervor, die Hand. Ich erkläre ihr, erstaunt, dass der Fluss nur einundzwanzig Zentimeter breit ist und doch so stark sei. Später bin ich in Paris, wo ich nach Osten, nach Asien umbiegen werde. Ich gehe mit einigen über die Strasse. An der Ecke pralle ich zurück, an der Hausmauer: ein riesiger Autobus fährt so dicht an mir vorüber, dass er mich beinahe erdrückt hätte. Ich bin von viel Geschäftigkeit umgeben. Es fällt mir ein, dass ich nun endlich einen andern Erdteil als nur Europa kennen gelernt habe. Da sage ich, unvorsichtig, denn ich hätte es nicht sagen dürfen: »Wisst Ihr, dass ich aus Afrika komme?« Ein Mann, der ziemlich zudringlich ist, legt mir auf den grossen Tisch ein grosses Stück hellbraune Kuchenrinde vor [die Rinde des gestrigen Desserts]; dabei sagt er, dicht neben mir, ohne mich anzusehn, ganz mit dem Hinstellen des Tellers beschäftigt: »Je suis tellement timide!« Freunde [ich glaube, Schairers] warnen mich leise: der Mann wolle mich nur aushorchen.

575

26/4/44

Ich spreche zu einer schönen Frau in einem grauen Kleide über Politik. Sie steht auf ihr hohes Bett gestützt, ihr Gesicht ist ganz nahe an meinem, sie sieht mich sehr aufmerksam aus dunklen Augen an. Ich habe, während ich spreche, die Hand in das Bettzeug getaucht. Ich fühle, wie ihre unsichtbaren Hände meine Hand leicht anrühren und ohne Druck und doch fest ergreifen. Sie ziehn, so langsam, dass es fast unfühlbar ist und die unmerkliche Bewegung wie ein ganz leise schauerndes Wunder wirkt, meine Hand, während ich immer weiter spreche, an ihren Leib hinan, unter das Kleid, das ich nicht sich bauschen sehe. Als ich die Öffnung ihres Geschlechts fühle, hält sie mir, ohne sich zu bewegen, ein fast unsichtbares hohes unergründliches Lächeln entgegen.

<1/7/44>

Ich stehe in einem kleinen durchschnittlichen Parterrezimmer neben dem Bett. Es wird an der Tür geklopft. Eine Stimme sagt: »C'est … [ein unverständliches Wort] et un autre Allemand.« Die Tür geht auf. Eine ziemlich kleine Frau kommt herein, in einem schwarzen Kleide, das Mutter einmal getragen hat. Es ist aber wohl nicht Mutter, ich weiss nicht, wer es ist, ich weiss nur, dass diese Person keinen Kopf hat, sondern einen harten braunschwarzen ungestalten Knollen; ich weiss das, sehn kann ich nichts, denn sie trägt einen grossen schwarzen Hut. Dieser Hut, diese schwarze Gestalt, dieser nicht sichtbare schwarze Knollen, von dem ich weiss, kommt langsam auf mich zu; dieser nicht sichtbare Knollen sieht mich stumm an. Das ist ein unsagbares Grauen, und ich fühle eine unausdrückbar ungeheuerliche Angst. Ich frage etwas, aber Kleid, Frau, Form, Knollen antwortet nicht, sieht mich stumm an und kommt – in dem doch kleinen Zimmer – langsam näher. Ich schreie »Mais qui êtes-vous«, und da ich nun den langsam näher kommenden Knollen auf der Frauenfigur, den ich doch unter dem Hute nicht einmal sehe, auf mich gerichtet fühle, schreie ich, mühsam: »Au secours! Au secours!« – Da fühle ich die Erlösung durch die unendliche Güte einer warmen weichen Hand, die mich streichelt und beruhigt; ich habe wirklich um Hilfe gerufen, und Yvette hat mich geweckt. Ich fühle Angst und Grauen, ungeheuer, noch eine ganze Weile, und bin so erregt, dass ich weinen könnte. Ich schlafe wieder ein und träume:

ANHANG

Anmerkungen

Folgende Abkürzungen werden verwendet:

RL	Rudolf Leonhard
Anm.	Anmerkung
BA	Bundesarchiv Berlin
DFG	Deutsche Friedensgesellschaft
Hg., hg.	Herausgeber, herausgegeben
KAPD	Kommunistische Arbeiterpartei Deutschlands
KJVD	Kommunistischer Jugendverband Deutschlands
KPD	Kommunistische Partei Deutschlands
NKWD	Narodnyj Komissariat Wnutrennich Del (Volkskommissariat für Innere Angelegenheiten)
PCF	Parti Communiste Français
SAdK	Stiftung Archiv der Akademie der Künste, Berlin
SBZ	Sowjetische Besatzungszone
SAPD	Sozialdemokratische Arbeiterpartei Deutschlands
SDS	Schutzverband Deutscher Schriftsteller
USPD	Unabhängige Sozialdemokratische Partei Deutschlands

Aus Platzgründen mußte auf Querverweise weitgehend verzichtet werden. Informationen zu Personen werden in der Regel nur bei deren erster Nennung gegeben; diese ist aus dem Personenregister zu erschließen.

5 *Wurm* – Fritz Wurm (1893–1943?, Auschwitz), Verleger. Gründete 1921 in Berlin den Verlag Die Schmiede, in dem RL bis 1927 als Lektor und Hg. tätig war. Konkurs 1929; 1936 Emigration nach England, 1937 Frankreich. Nach Kriegsausbruch 1939 bis Januar 1940 Haft in Les Milles, Mai 1940 erneute Internierung. Deportation am 13. August 1943.
Salter – Julius B. Salter (geb.1899), Bruder des Buchgestalters Georg Salter (1897–1967); war wie Fritz Wurm Direktor des Verlages Die Schmiede. Emigration nach England, Internierung in Frankreich, emigrierte 1940 in die USA. Arbeitete dort als Metallarbeiter, später als Maschinen-Exporteur.

6 *[es ist eine Situation ... eine Rolle spielten]* – Bei der Überarbeitung seiner Notizen setzte RL zusätzliche kommentierende Passagen in eckige Klammern.

431

7   *parce qu'elle a gentiment consolé un général* – (franz.) da sie so
    freundlich war, einen General zu trösten.
8   *Lotte* – Charlotte Leonhard (1892, Lissa – ?), Schwester von RL.
    Abitur in Berlin, 1912 Übersiedlung nach Bad Pyrmont, wo die
    Mutter ein Obst- und Gemüsegut bewirtschaftete. Nach dem
    1. Weltkrieg Kontakt zur DFG, Mitarbeiterin von Ludwig
    Quidde und Hellmut v. Gerlach. Redigierte das Mitteilungsblatt
    der DFG. 1933 mehrere Monate »Schutzhaft« im Berliner
    Frauengefängnis Barnimstraße. Ein schweres Ohrenleiden er-
    zwang 1936 bis 1938 Erholungsaufenthalt bei Quäkern in der
    Schweiz. Nach Novemberpogromen 1938 Rückkehr zur Mutter
    in Berlin. Im Frühjahr 1939 Ausreise nach England, ausgebürgert
    am 30. 9. 1939. Arbeit als Dienstmädchen, später in der
    Emigrantenfürsorge der Deutsch-Evangelischen St. Marien-
    Gemeinde in London. Lebte von 1970 bis zu ihrem Tod in
    Lübeck.
    Mutter – Laura Levysohn, geb. Diamant (1863, Posen – 1943, KZ
    Theresienstadt). Zog 1912 nach Bad Pyrmont, erwarb nach dem
    Besuch einer Gartenbauschule einen Bauernhof, den sie bis 1928
    führte. Lebte später in einer Pension am Wannsee, nach 1933 zur
    Untermiete bei dem jüdischen Arzt Dr. Ziegelroth in Berlin-
    Zehlendorf, Prinz-Handjery-Str. 76.
9   *Magnus Hirschfeld* – (1868, Kolberg – 1935, Nizza), Nervenarzt
    und Sexualforscher. Gründete 1897 ein Wissenschaftlich-huma-
    nitäres Komitee zur Abschaffung der juristischen Verfolgung
    Homosexueller. 1899–1925 Hg. des »Jahrbuches für sexuelle
    Zwischenstufen«. Ab 1918 Leiter des Instituts für Sexualwissen-
    schaft Berlin.
    aus den Zelten – In den Zelten, Straße im nördlichen Berliner
    Tiergarten.
10 *Professor Zschiedrich* – Hermann Zschiedrich (1842, Guben – ?),
    studierte in Greifswald Mathematik und Naturwissenschaften.
    1893 Professor, seit 1895 Lehrer am Comenius-Gymnasium in
    Lissa.
    Kortner – Fritz Kortner (1892–1970), Schauspieler und Regis-
    seur. Seit 1911 am Deutschen Theater in kleinen Rollen, Arbeit
    in Wien, Dresden, Hamburg, 1919 Durchbruch mit der Haupt-
    rolle in »Die Wandlung« von Toller (Regie: Karlheinz Martin) an
    der Berliner Tribüne. Seit 1919 am Berliner Staatstheater. Von
    1933 bis 1949 in London und den USA. 1949 Rückkehr nach
    Deutschland, arbeitete in den folgenden Jahren zumeist als
    Regisseur.
    noch am Kronprinzenufer? – Georg Zivier erinnerte sich: »Als
    Kortner auf Empfehlung von Deutsch nach Berlin gekommen
    war, ans Staatliche Schauspielhaus zu Leopold Jessner, nahm er

in nächster Nähe seines Freundes Quartier, am Kronprinzenufer 22.« (Zivier, »Ernst Deutsch und das deutsche Theater«, Berlin 1964, S. 58/59)

10 *doch Schauspieler geworden statt Autor?* – Die Überlegung muß bestanden haben, RL kam mehrmals darauf zu sprechen.
an der Alsenstrasse, an Ernst Deutschs – Ernst Deutsch (1890 bis 1969), Schauspieler und Regisseur. Erstes Engagement an der Volksbühne Wien. Hauptrolle in Hasenclevers Stück »Der Sohn« im Dresdner Alberttheater. Beginn der Freundschaft mit RL. Engagement durch Max Reinhardt am Deutschen Theater, Staatstheater Berlin unter Jessner. 1932 Burgtheater Wien. 1933 Emigration: London, New York, Hollywood. 1947 Rückkehr nach Europa, erst in die Schweiz, dann nach Österreich und Deutschland. Nach Zivier wohnte Deutsch in den ersten Jahren seiner Berliner Karriere in einer 2-Zimmer-Wohnung am Kronprinzenufer 20, eine Spreepromenade, auf die die Alsenstraße führte.

11 *Bredel* – Willi Bredel (1901–1964), Schriftsteller. 1917 Spartakus-Bund, 1919 KPD. Wegen Teilnahme am Hamburger Aufstand 1923 zu zwei Jahren Gefängnis verurteilt. Nach Amnestierung zur See. 1930/32 zwei Jahre Festungshaft wegen »Vorbereitung zum literarischen Hoch- und Landesverrat«. 1934 nach 13 Monaten Haft im KZ Fuhlsbüttel Emigration nach Prag, dann nach Moskau. 1937/39 bei den Internationalen Brigaden in Spanien. 1941 Mitbegründer des Nationalkomitees Freies Deutschland in der Sowjetunion. 1945 Heimkehr nach Deutschland. 1962 Präsident der Akademie der Künste der DDR.

12 *in Begleitung Yvettes* – Yvette Leonhard, geb. Prost (1899–1963), Sekretärin. Heiratete RL am 15. 9. 1935. Im Juli 1936 zogen beide von Paris nach Hyères bei Toulon. – Yvette Leonhard unterstützte aufopferungsvoll RL und seine Freunde während Internierung und Illegalität.
die Quäker – Society of friends. In den USA beheimatete protestantische Gruppierung, die sich gegen Kriegsdienst, Sklaverei und jegliche Unterdrückung richtete. Ihre Hilfssendungen, Lebensmittel und Kleider wurden von Emigranten in- und außerhalb der Internierungslager geschätzt.
in der russischen Kiste – Am 27. 1. 1942 erwähnt RL die Verteilung einer sowjetischen Lebensmittelsendung im Schutzverband Deutscher Schriftsteller, Paris.

13 *Dr. Heidler* – Max Heidler, Arzt aus Berlin, in Le Vernet wie RL im Quartier B interniert. Mitglied des Verbandes Deutscher Journalisten in der Emigration. In den zwanziger Jahren u. a. tätig für »Hackbeils Illustrierte Aktuelle Wochenschrift«. Neben allgemeinärztlichen Fähigkeiten wurde auch sein Rat als Graphologe eingeholt. Alphonse Kahn, Häftling in Le Vernet, erinnerte sich

später: »Wir hatten z. B. einen Arzt namens Heidler in der Baracke. Ein alter, netter, bürgerlicher, uns sehr nahe stehender Mann. Ich kannte ihn schon von früher aus Paris, der hin und wieder auch mal einen Garde Mobile pflegte, der sich irgendwelche Verletzungen zugezogen hatte. Das fiel dem Lagerarzt, dem offiziellen Militärarzt, auf, und er wurde eines Tages ins Gefängnis gebracht. Zu jener Zeit war er schon kein junger Mann mehr, und in den Tagen, die er dort in dem Gefängnis verbracht hat, ist es ihm sehr schlecht gegangen. Er kam völlig demoralisiert in die Baracke zurück, hat so gut wie mit niemandem mehr gesprochen und ist dann später in die Altersbaracke überführt worden. Er ist im Lager gestorben.« (BA SgY 30/1868)

13 *Hugo Salzmann* – (1903–1979), Gewerkschaftsfunktionär; Metalldreher, bis 1933 im Beruf tätig. 1920 KJVD, 1923 Rote Hilfe, 1933 Illegalität und Flucht nach Frankreich. Zusammenarbeit mit Siegfried Rädel in der Pariser KPD-Emigrationsleitung. Mitglied des SDS. September 1939 Internierung, Le Vernet, Castres. Auslieferung an die Gestapo, über Paris und Trèves nach Deutschland. März 1943 durch Volksgerichtshof zu acht Jahren Zwangsarbeit verurteilt. 1945 aus Zuchthaus Butzbach befreit. Später Gewerkschaftsarbeit in Bad Kreuznach. Begann in Le Vernet mit Schnitzereien, ab 1956 intensivere Beschäftigung mit Bildhauerei und bildender Kunst.

14 *Julius Goldstein* – Kurt Julius Goldstein (geb 1914, Dortmund), Journalist. Mitglied beim deutschjüdischen Wanderbund »Kameraden«, 1928 KJVD. KPD-Mitglied mit 16 Jahren. 1933 Emigration nach Frankreich, Berufsausbildung durch sozialistisch-zionistische Organisation Hechalutz, 1934 Palästina, 1936–1939 Interbrigadist in Spanien; Internierung in Gurs und St. Cyprien, bis Juli 1942 in Le Vernet. Deportation über das Durchgangslager Drancy bei Paris nach Auschwitz. Arbeit in der Kohlengrube, Nebenlager Jawischowitz. Überlebte den Todesmarsch im Januar 1945 nach Groß-Rosen und Buchenwald. Nach der Befreiung politische Arbeit in Thüringen, später im Rundfunk der DDR, zuletzt Intendant des Deutschlandsenders.

15 *Richard Leipziger* – (1874, Breslau – ?), Cousin von RL, wohnte in Bremen. Emigrierte mit seiner Familie nach Frankreich.
Tante Fanny – Fanny Leipziger aus Breslau, Schwester der Mutter RLs. Wohnte in Breslau, Menzelstraße 6.
Tante Jenny – Halb gelähmte Schwester der Mutter.
Alfred Leipziger – Cousin, zweiter Sohn von Fanny Leipziger, wohnte möglicherweise in Köln. Seine letzte ermittelte Anschrift war in Holland.

16 *dem Entziffrer der Hieroglyphen* – Jean François Champollion (1790–1832), Begründer der Ägyptologie.

16 *Nürnberg oder Nürnberger* – Sigbert Nürnberg (1889, Lissa, bis 1976, Haifa), Mitschüler am Comenius-Gymnasium, Sohn des Kaufmanns Berthold Nürnberg; wohnte Markt 11. Doktor der Medizin. 1914–1918 Landsturm-Oberarzt, Eisernes Kreuz; 1919 Approbation in Würzburg. Überzeugter Zionist, April 1933 Auswanderung nach Palästina.

Michel – Richard Michel (1889, Lissa – ?), Freund und Klassenkamerad, Sohn des Prokuristen und Kaufmanns Leo Michel; wohnte Comeniusstr. 20. RLs Adreßbuch nennt eine Anschrift in London, N.W. 11, Coringham Road 111. (SAdK-RL-802)

Dickstein – Möglicherweise Leopold Dickstein, studierte Medizin in Wien; ab 1936 Mitglied des dortigen »Jüdisch-Politischen Cabarets«, einem Laien-Ensemble. Schrieb die Musik zu der im Winter 1937 uraufgeführten Revue »Rassisches und Klassisches«.

17 *Évêché in Marseille* – Sitz der Polizei, rue de l'Évêché.

Laszlo – László Deutsch, ungarischer Häftling in Le Vernet. Interniert in Tanger (Marokko), wohnte später in Budapest.

18 *Jean und Madeleine* – Jean (1904–1980) und Madeleine Braun (1907–1980), PCF-Politiker. Engagiert in verschiedenen Hilfskomitees, u. a. im Comité d'Entre-Aide, das RL 1937 nach Spanien delegierte. Beide gehörten zur Führung der Résistance in der Südzone. Nach dem Krieg war Jean Braun Finanzberater der PCF und Direktor des Centre d'Études et de Recherches économiques et sociales, Madeleine Braun war 1945–1951 Mitglied der Französischen Nationalversammlung, 1946 Vizepräsidentin der Deputiertenkammer.

Bergerys Armee – Gaston Bergery (1892–1974), franz. Anwalt und Politiker. 1918 Arbeit im Sekretariat der Friedenskonferenz, 1924–1925 Tätigkeit im Außenministerium. Erwirkte 1933 für Willi Münzenberg die Genehmigung, sich in Frankreich niederzulassen. Einer der Initiatoren der Front commun contre le fascisme. Gründete die Zeitschrift »La Flèche«. Botschafter der Vichy-Regierung in Moskau (1940) und Ankara (1942–1944).

19 *Quai de Rive-Neuve* – Südliche Uferpromenade am Alten Hafen von Marseille.

Pharo – Anhöhe an der Hafenausfahrt von Marseille.

elle est embuée, je ne peux rien voir – (franz.) Sie ist beschlagen, ich kann nichts sehen.

embuée – (franz.) beschlagen.

20 *ESI* – »Éditions sociales internationales«, der PCF nahestehender Verlag für politisch-philosophische Literatur. Autoren waren u. a. Paul Nizan und Jean Cassou.

Intermédiaire – (franz.) Zwischen.

Franz – Franz Dahlem (1892, Rohrbach/Lothr. – 1981, Berlin), KPD-Funktionär. 1914–1918 Soldat. 1917 USPD. 1918 Redak-

teur der Zeitung »Sozialistische Republik«; 1920/21 Vereinigte
KPD; 1927 ZK der KPD; 1928–1933 Reichstagsmitglied; 1937
Zentrale Politische Kommission der Internationalen Brigaden;
1938–1939 Leiter des Pariser Sekretariats der KPD. Le Vernet,
Castres, 1942 Auslieferung. Gestapo-Haft in Berlin, KZ Mauthausen. Nach 1945 Parteiarbeit in Berlin. 1953 aus allen Partei-
funktionen entfernt; 1956 rehabilitiert, 1967–1974 Stellvertreter
des Ministers für Hoch- und Fachschulwesen der DDR.

21 *Mon Colonel, vous me dites des énigmes* – (franz.) Mein lieber
Oberst, Sie sprechen in Rätseln.
devinettes – (franz.) Scherzfragen, Rätsel.
Pour ce qui ... moi-même – (franz.) Also, wenn jemand gut
schwimmt, dann er; ich weiß das, da ich selbst ein guter
Schwimmer bin.
des Herzogs von Angoulême – Angoulême, Hauptstadt des
Départements Charente. Es ist unklar, welchen Herzog RL vor
Augen hatte: Charles de Valois (1573–1650) oder Louis Antoine
de Bourbon (1775–1844).

23 *»Weltbühne«* – Wochenschrift für Politik, Kunst und Wirtschaft,
gegründet 1905 von Siegfried Jacobsohn unter dem Titel »Die
Schaubühne«. 1927–1933 geleitet von Carl von Ossietzky. Nach
Verbot ab 1934 in Prag als »Neue Weltbühne« von Hermann
Budzislawski weitergeführt. 1946 neu begründet von Maud von
Ossietzky. 1993 eingestellt.
Budzislawskis Frau – Hermann Budzislawski (1901–1978), Jour-
nalist. 1932–1933 Mitarbeiter der »Weltbühne«. Emigration nach
Zürich, Prag, Paris. 1934–1939 Hg. der »Neuen Weltbühne«.
Nach Internierung 1940 Exil USA. 1948 Rückkehr. Professor an
der Leipziger Universität. – Verheiratet mit Johanna (Hanna)
Budzislawski (1901– ?).
Feuchtwanger – Lion Feuchtwanger (1884, München – 1958, Los
Angeles); Schriftsteller. Lebte während seines französischen
Exils in Sanary-sur-Mer. RL war mehrfach Gast in der Villa
Valmer.
Aragon – Louis Aragon (1897–1982), Schriftsteller; Dadaist,
Surrealist. Freundschaft mit André Breton von 1917 bis 1932.
PCF 1927. Mitbegründer der Zeitungen »Ce soir« und »Lettres
Françaises«. Mitglied der Résistance. Gehörte seit 1954 zum ZK
der PCF.
Siegfried – Siegfried Rädel (1893, Pirna – 1943, Berlin), KPD-
Funktionär. Früh gewerkschaftlich aktiv, 1909 Sozialistische
Arbeiterjugend. 1915 Kriegsteilnahme, mehrfach verwundet.
Soldatenrat in Pirna 1918, USPD, 1920 KPD. Reichstagsabge-
ordneter bis 1933. Exil in Frankreich. Teilnahme an Flüchtlings-
konferenzen in Evian 1938 und London 1939. Kam im Novem-

ber 1941 aus Le Vernet nach Castres. August 1942 Auslieferung an die Gestapo, in Berlin-Plötzensee hingerichtet.

24 *Die Deutschen kontrollieren im Lager* – Siehe zweite Anm. zu S. 221.

25 *Friedrich [oder Philipp] Hebel* – Möglicherweise Bezug auf den von RL geschätzten Dichter Johann Peter Hebel (1760–1826).
ça n'y paraît guère – (franz.) Das sieht man ihm gar nicht an.

26 *chaise percée* – (franz.) Liege- bzw. Nachtstuhl.
samedi – (franz.) Sonnabend.

27 *D'abord, tu es nul là-dedans* – (franz.) Zunächst mal, du bist darin eine Null.
Ernst Zöllner – (geb. 1902, Halle), Spanienkämpfer, interniert in Le Vernet und Djelfa (Algerien). Lebte nach 1945 in Berlin.
der Neunte November – Am 9. 11. 1918 verkündete Reichskanzler Prinz Max von Baden die Abdankung Kaiser Wilhelms II.; Friedrich Ebert übernahm das Kanzleramt, Philipp Scheidemann rief die »deutsche Republik« aus, Karl Liebknecht proklamierte am gleichen Tag die »freie sozialistische Republik«.

28 *Nun musst Du aber auch ein Geschenk für Spanien machen* – Gemeint sind Spenden für das republikanische Spanien.

29 *ich sah vor einigen Tagen … chinesischen Kaisermantels* – Die Gefangenen hatten Erlaubnis, Literatur unpolitischen Inhalts zu empfangen.

30 *Age* – Spitzname von Georg Forster, Pseud. von Kurt Kersten (1891, Wehlheiden b. Kassel – 1962, New York), Schriftsteller und Publizist. Studium der Germanistik und Geschichte in München und Berlin. Erste Veröffentlichung in der Zeitschrift »Pan«, gefördert durch Alfred Kerr. 1915 Frontoffizier. Seit 1919 freischaffend. Publizistisch für KPD tätig. Reisen in die UdSSR. 1925 Studie »Der Moskauer Prozeß gegen die Sozialrevolutionäre« in der Reihe »Außenseiter der Gesellschaft«, die RL im Verlag Die Schmiede herausgab. Frühjahr 1934 Exil, erst Zürich, dann Prag, ab 1937 Frankreich. Mitunterzeichner des Volksfront-Aufrufs. Mitarbeiter an verschiedenen Exilzeitschriften, u. a. »Pariser Tageszeitung«. Maßgeblich beteiligt an der Entstehung der Münzenberg-Schrift »Propaganda als Waffe« (1937). Hielt seine Beziehung zu Willi Münzenberg auch nach dessen Bruch mit der KPD aufrecht. 1939 in Südfrankreich interniert. 1940 Flucht nach Martinique. 1946 Übersiedlung nach New York. Redakteur der Zeitung »Aufbau«.
Mit Weinhubers ist etwas vorgekommen – Heinrich Weinhuber, Bankier und Börsenmakler. Organisierte u. a. Hasenclevers Finanzen. Emigrierte nach Frankreich. Anni Weinhuber: seine Frau.
Hasenclever – Walter Hasenclever (1890, Aachen – 1940, Internierungslager Les Milles), Dramatiker und Lyriker. 1908 Freund-

schaft mit Kurt Wolff, Kurt Pinthus, Ernst Rowohlt. Lernte RL Silvester 1914/15 auf einem von ihm initiierten Dichtertreffen in Weimar kennen. 1916 Uraufführung des Dramas »Der Sohn« in Dresden. 1924–1930 Korrespondent des »8-Uhr-Abendblatts« in Paris. Nach 1927 gemeinsame Wohnung mit RL in Clamart bei Paris. Ab Mitte der zwanziger Jahre erfolgreich als Komödien-Schreiber. 1930 drei Monate Hollywood; wechselnde Wohnsitze in Frankreich und Berlin; Zusammenarbeit mit Tucholsky. 1933 Nizza; Côte d'Azur. Kaum Kontakt zur deutschen politischen Emigration. Bruch mit RL. 1935/36 in London. 1936 Kauf eines Landhauses in Italien, kurzzeitige Verhaftung. September bis Ende Oktober 1939 Internierung in Antibes; ab 21. 5. 1940 Lager Les Milles. Selbstmord am 21. 6. 1940.

30 *Alice* – Alice Verden (1885–1956), Schauspielerin, gehörte zum Ensemble der Dresdner Uraufführung von Hasenclevers Drama »Jenseits« (1920). Reiste 1938 nach Frankreich und Italien, hatte dort Kontakt zu RL und Hasenclever.

Edith – Martha David, geb. Kristeller (1880–1971), Frau von Kurt Kersten.

31 *in der Art Walter von Hollanders* – Walter von Hollander (1892–1973), Schriftsteller.

LICA – Ligue internationale contre le racisme et antisémitisme, 35 rue des Francs-Bourgeois, Paris. In RLs Adreßbuch steht auch die Anschrift: 176 rue Montmartre; gegründet 1926/28. (SAdK-RL-802)

Toller – Ernst Toller (1893, Samotschin/Posen – 1939, New York), Dichter. Studium in Grenoble/Frankreich. Kriegsfreiwilliger, 1915 als dienstuntauglich entlassen. Mitglied der USPD. Bekanntschaft mit Kurt Eisner. Einer der Führer der Münchner Räterepublik 1919. Fünf Jahre Festungshaft in Niederschönenfeld/Bayern. Mitglied der »Gruppe 1925«, in der RL eine treibende Kraft war. 1927 Uraufführung von »Hoppla, wir leben!« in Piscators Theater am Nollendorfplatz. 1933 Ausbürgerung. Reden auf dem 1. Allunionskongreß der Sowjetschriftsteller, Moskau 1934, und dem Kongreß zur Verteidigung der Kultur, Paris, 1935. Engagierte sich für die Spanische Republik. Selbstmord.

Est-il toujours aussi fou? – (franz.) Ist er immer so verrückt?

33 *Erich* – Erich Lehmann, Politemigrant, interniert im Quartier B in Le Vernet.

34 *Lilith* – Schauspielerin, möglicherweise Lily Ackermann aus dem Ensemble der Tribüne.

Georg Zivier – (1897–1974), Autor. Studium in Greifswald, Berlin: Naturwissenschaft, Philosophie. Journalist: »Der Feuerreiter«, »Vossische Zeitung« als Kritiker und Korrespondent.

Gehörte zum Freundeskreis RLs um Kortner, Deutsch und Hasenclever. Hatte zwischen 1933 und 1945 Publikationsverbot, schrieb gemeinsam mit Hans Nowack mehrere Unterhaltungs-Romane. 1946/47 »Telegraf«, 1947/55 Theater- und Ballettkritiker für »Der Tagesspiegel« und »Die Zeit«, Novellen: »Die Tänzerin und der Tod«, »Licht und Schatten«; Hörspiele und Features für RIAS, SWF, WDR. Biographie über Ernst Deutsch.

34 *Lene Rado* – Helene (Lene) Rado, geb. Jansen (1901, Frankfurt/Main – 1958, Budapest), Journalistin, Sekretärin und Fremdsprachenkorrespondentin. KPD-Mitglied ab Gründung. 1924 bis 1926 Moskauer Korrespondentin für »Die Welt am Abend«, Berlin. Mitarbeit in der Agitationsabteilung des ZK der KPD. 1933 Emigration über Belgien nach Frankreich, zeitweilig in Wien. Beiträge für verschiedene Exil-Zeitungen: »Deutsche Volkszeitung«, »Pariser Tageszeitung«. Mitarbeit am Informationsdienst »Impress«, hg. v. Kurt Rosenfeld und Sándor Rado. Gemeinsam mit Sándor Rado ab 1936 in der Schweiz nachrichtendienstliche Tätigkeit für die UdSSR. September 1944 Flucht nach Frankreich. Mitarbeit am Unitarian Service Committee. 1947 in der Schweiz in Abwesenheit zu 1 Jahr Gefängnis wegen Militärspionage verurteilt. 1955 Übersiedlung nach Ungarn.

37 *das »Litotia-Haus« [oder Livotia-Haus, oder Litovia-Haus]* – Klangliche Nähe zum Lutetia-Haus, dem Hotel Lutetia am Boulevard Raspail in Paris, in dem am 6. 2. 1936 RL der Gründungsversammlung des Komitees zur Gründung der Deutschen Volksfront beiwohnte.
und wohl auch Bismarck ist – Otto Eduard Leopold von Bismarck (1815–1898), deutscher Staatsmann.

38 *Renaud de Jouvenel* – Franz. Publizist, Sohn des Politikers Henry de Jouvenel, sympathisierte mit der Linken, Mäzen verschiedener Kulturprojekte der deutschen Emigration; finanzierte die 2-Wochen-Schrift »Das blaue Heft«, an der RL und Maximilian Scheer maßgeblich mitarbeiten.

39 *in Philippe Lamours Büro* – Philippe Lamour (1903–1992), Publizist und Politiker. Leitete die Zeitschrift »Plans« 1930–1931. Nach dem Krieg Führer der »Confédération générale de l'agriculture«, der Landwirtschaftsgewerkschaft. Am 10. 9. 1937 erschien in der »Pariser Tageszeitung« eine Kritik RLs über »Sauvons la France en Espagne« von Philippe Lamour und André Cayatte.
St.-Joseph – rue St.-Joseph, Straße im 2. Arrondissement von Paris.
»Homme de lettres« und »écrivain« – Während »écrivain« in erster Linie Schriftsteller und Poeten bezeichnet, schließt der Begriff »Homme de lettres« Publizisten und Journalisten mit ein.

39 *in der Wohnung Onkel Alfreds* – Vermutl. Alfred Levysohn,
Bruder des Vaters von RL, lebte in Berlin.
»mer Peyréenne« – (franz.) das Peyréennen-Meer, vermutl. Anspielung auf den franz. Schriftsteller Joseph Peyré (1892–1968).
Hedda Gabler – Stück (1890) von Henrik Ibsen (1828–1906),
norweg. Dramatiker.
Tante Lucy – Möglicherweise zweite Frau von RLs Onkel Alfred.

40 *in der Wohnung am Kurfürstendamm* – Zwischen 1919 und 1922
lebte RL in Berlin-Charlottenburg, Kurfürstendamm 14/15.
ein Mann in der Art Rechbergs – Vermutl. Arnold Rechberg
(1879–1947), Bildhauer, Industrieller und Politiker. Brachte
Hitler mit französischer Rüstungsindustrie in Verbindung.
Baccalaureus – Bakkalaureus, ursprüngl. Inhaber einer baccalaria,
d. h. eines ländlichen Grundstücks, das der Grundherr gegen
Zins verlieh, später akademischer Grad, Vorstufe zum Doktorat.

41 *Tienes … Tengo* – Span. Fragekonstruktion: Hast du …? bzw.
Antwort: Ich habe …

42 *Willi Münzenberg* – (1889, Erfurt – 1940, Südfrankreich), Politiker und Publizist. 1906 Arbeiterbildungsverein »Propaganda«.
1910/18 tätig im sozialistischen Jugendverband in der Schweiz.
Gründung der Zeitschrift »Jugend-Internationale«. Kontakt zu
Lenin. November 1918 Abschiebung nach Deutschland. 1919
KPD. 1919/21 Leiter des Exekutivkomitees der Kommunistischen Jugend-Internationale. Seit 1923 Mitglied des Reichstags.
Leiter verschiedener Zeitschriften und Verlage, Initiator kul-
tureller Vereinigungen, u. a. einer proletarischen Buchgemein-
schaft. Februar 1933 Emigration nach Paris. Leiter des Welthilfs-
komitees für die Opfer des deutschen Faschismus. Arbeit im
Volksfrontausschuß. Verlag »Éditions du Carrefour«. Konflikte
mit der Parteiführung. Verweigerte sich mehrfacher Aufforderung, nach Moskau zu reisen. Gründung der Deutschen Frei-
heitspartei. März 1938 Ausschluß aus dem ZK, März 1939 aus
der KPD. Internierung im Mai 1940, im Juni Flucht. Wird im
Oktober 1940 im Wald von Caugnet bei Lyon tot aufgefunden.

44 *rue Lepic* – Straße in Montmarte, Paris.
rue La Bruyère – Straße in Montmarte, Paris.
Kalte Ente – Cocktail.
Roger Martin du Gard – (1881–1958), franz. Schriftsteller. 1937
Nobelpreis für Literatur. Sein Romanzyklus »Die Thibaults« ging
in Le Vernet von Hand zu Hand. RL, der während der Haftzeit mit
Martin du Gard korrespondierte, erhielt von ihm u. a. im November
1940 Strümpfe, Handschuhe und einen warmen Pullover, Geschenke, die er nicht allein ihrer Nützlichkeit wegen sehr schätzte.

45 *Onkel Martin* – Das genauere Verwandtschaftsverhältnis konnte
nicht ermittelt werden.

45 *Werner Richard Heymann* – (1896, Königsberg – 1961, München), Komponist. 1918 wie RL im »Rat geistiger Arbeiter«; 1919 Musik für Tollers Stück »Die Wandlung«, Eröffnungsinszenierung der Berliner Tribüne. Kontakt mit Deutschem Theater, Berliner Kabarettszene und Boheme. UFA-Filmmusiken und Erfolgsschlager. 1933 Exil Frankreich. 1936 in die USA, lebte in Hollywood. Rückkehr nach Deutschland 1950.
das Hexlein – Nach Georg Zivier ein Mädchen aus dem Romanischen Café.

47 *Rassemblement* – (franz.) Versammlung, Auflauf.
Bruno Frei – Eigentl. Benedikt Freistadt (1897– 1988), Schriftsteller und Journalist. Studium der Philosophie. 1922–1925 Korrespondent des Wiener »Abend« in Berlin. 1921 zusammen mit Leo Lania Hg. des Nachrichtenbulletins »ABC«. Gründete 1929 auf Vorschlag Münzenbergs die Zeitung »Berlin am Morgen«. Februar 1933 Emigration nach Prag, 1934 KPD-Mitglied, 1936 Paris. Volksfront-Arbeit. Sekretär des SDS, enger Kontakt mit RL. Ende August 1939 Internierung in Le Vernet und Les Milles. Anfang 1941 Ausreise nach Mexiko. Arbeit in verschiedenen Exil-Gremien, u. a. Heinrich-Heine-Klub, »Menorah«. Rückkehr nach Österreich im April 1947. Arbeit als Journalist und Autor.
Gerhart Eisler – (1897–1968) KPD-Funktionär und Publizist. Früh aktiv in sozialistischer Jugendbewegung. Soldat. 1918 Mitglied der KP Österreichs. 1921 Redakteur der »Roten Fahne« in Berlin. Propagandist. Ab 1928 Mitarbeiter der Komintern in Moskau. März 1933 USA. Ab 1936 Parteiarbeit in Prag, Paris und Spanien; Freiheitssender 29,8. 1939 Internierung: Roland Garros, Le Vernet, Les Milles. Mai 1941 Ausreise nach USA. 1947 Verhaftung als »Agent Moskaus«. Gefängnisstrafe auf Kaution ausgesetzt. Flucht auf polnischem Frachtschiff. 1949 Rückkehr nach Berlin. Journalist und Funktionär in der DDR.

48 *Bruno Meisels* – (1902, Wien – ?); emigrierte mit seiner Familie 1933 aus Berlin nach Frankreich, arbeitete wahrscheinlich im Verlag »Éditions du Carrefour«. 1940–1942 interniert im Quartier C in Le Vernet, exilierte 1942 nach Mexiko.

49 *Lise Meisels* – Elisabeth Meisels (1903, Wien – 1978, Mexiko). Lebte von 1940 bis 1942 mit ihrem Sohn Alexander in Montauban (Tarn-et-Garonne). Emigrierte nach Mexiko.
Hertwig – Hugo Hertwig (1891–1959), Schriftsteller. Studierte in Jena und Göttingen Naturwissenschaften, 1915–1918 Soldat im Weltkrieg, 1918 als Soldatenrat in Schwerin Teilnahme an der Novemberrevolution, Mitbegründer der dortigen Ortsgruppe der USPD, später KPD. Lebte einige Jahre illegal, beteiligte sich an alternativen Siedlungen und Kommunen. Schrieb Reiseliteratur, Romane, Lyrik.

49 *Ernst Fuhrmann* – (1886, Hamburg – 1956, New York), Schriftsteller und Philosoph. Begann mit Lyrik, in den frühen zwanziger Jahren Arbeit für das Folkwang-Museum, Hinwendung zu kulturhistorischer Forschung, übernimmt den Folkwang-Verlag (später Auriga-Verlag). Die Herausgabe einer ersten Gesamtausgabe »Wege. Einführung in die Biosophie« unterstützten Theodor Däubler, Alfred Döblin, Hugo von Hofmannsthal, Emil Nolde u. a. Emigration in die USA.

50 *zwischen den Quartieren B und C* – Das Lager Le Vernet bestand aus drei Teilen: Quartier A: »Nach Landesrecht Verurteilte« (kleinere und größere Kriminelle); Quartier B: »Besonders gefährliche Politische« (unter ihnen RL); Quartier C: »Weitere politische Flüchtlinge und Spanienkämpfer«.

51 *Cassou* – Jean Cassou (1897–1986), franz. Schriftsteller und Kunstkritiker. Engagierte sich im Comité de Vigilance des Intellectuels Antifascistes (C.V.I.A.) und für die spanische Republik. Er eröffnete am 21. 6. 1935 den Pariser Kongreß zur Verteidigung der Kultur. Seit 1937 Konservator des Musée du Luxembourg. Brach mit der PCF nach dem deutsch-sowjetischen Nichtangriffspakt 1939. Teilnahme an der Résistance. Geriet im Dezember 1941 in Gefangenschaft. Schrieb in Einzelhaft den Gedichtzyklus »Trente-trois sonnets composés au secret«, den RL nach dem Krieg übersetzte.

52 *Ich bin in Spanien* – RL reiste vom 9. bis 16. 8. 1937 mit einer Delegation des französischen Comité d'Entre-Aide nach Spanien.
Charcuterieladen – charcuterie (franz.) Schweinemetzgerei.

53 *Carlos* – Carlos Duchâtellier, malender Mitgefangener in Le Vernet.

56 *la bourre <?> doit être droite* – (franz.) Der Pfropfen <?> muß gerade sein. – Man kann sich durchaus vorstellen, daß »la bourre«, der Pfropfen (zum Laden alter Vorderlader) hat gerade sein müssen; sollte RL aber doch an »la bourse« gedacht haben, hätte »die Tasche« gerade sein müssen.
»Œuvre« – »L'Œuvre«, bis 1940 linksbürgerliche französische Zeitung. Während der Besatzung unter der Leitung des Faschisten Marcel Déat Propagandablatt der Kollaboration.
rue Farini – Zumindest keine Straße in Paris.
die wir vorgestern beim Aussteigen sahn – Am 19. (oder 20.?) 12. 1941 wurde RL mit weiteren politischen Flüchtlingen aus Le Vernet in das Auslieferungsgefängnis Castres überführt.

57 *Bilder in der Art Rouaults* – Georges Rouault (1871–1958), franz. Maler.

58 *ob es bei der Abreise nach Südamerika bleibe* – RL war am 28. 11. 1940 zur Vorbereitung seiner Ausreise nach Mexiko aus Le

Vernet nach Les Milles verlegt worden. Anfang März 1941 verweigerte ihm die Marseiller Präfektur die Ausreise mit der Begründung, die deutsche Waffenstillstandskommission habe ihr Veto eingelegt. RL tauchte unter, versteckte sich als blinder Passagier auf einem Frachtschiff, das nach Martinique auslaufen sollte, wurde jedoch vor der Abfahrt entdeckt und zurück nach Le Vernet transportiert.

59 *den Hugo mir im Lager geschnitzt hat* – Um der Langeweile des Lageralltags zu widerstehen, suchten die Häftlinge Ablenkung und Beschäftigung. »Kahle bleiche Knochenstücke waren an einem Müllhaufen in einer Ecke des Lagers noch zu finden. Ich besaß zum Glück ein kleines Taschenmesser mit 2 Klingen [...] Für mich selbst waren die paar Knochen, so kahl – so trocken, mit einem mal – sehr wertvoll [...]. Mit dieser Beschäftigung – kamen die Ideen für Ringe – Buchzeichen, Brieföffner – Armbänder – Halsketten – Gürtelschnallen – Blumenornamente – Einlegearbeiten – kleine Skulpturen usw.« (Hugo Salzmann, »Die Künstler in Vernet«, BA NY 4072 /161)

60 *Schairers* – Reinhold Schairer (1887 Pfeffingen/Württ. – 1971, Kopenhagen), Bildungsexperte. Studierte Rechts- und Staatswissenschaft in Tübingen, Genf und Berlin, 1915–1920 Leiter des Deutschen Sonderausschusses für Kriegsgefangenenhilfe in Kopenhagen. 1919 Mitglied der deutschen Delegation in Versailles. Ab 1921 Geschäftsführer der »Wirtschaftshilfe der deutschen Studentenschaft« bzw. des »Deutschen Studentenwerks« in Dresden. Unterstützte die Zeitschrift »Neue Blätter für den Sozialismus«, Mitarbeiter der »Frankfurter Zeitung«, 1934 Niederlassung in London, 1937 britische Staatsangehörigkeit, 1940 nach USA, 1949 Erziehungssachverständiger bei der US-Hochkommission in Deutschland, 1950–1954 Mitglied der deutschen Mission bei der Marschallplan-Verwaltung in Washington, D.C. – Seit 1920 verheiratet mit Gerda Schairer, geb. Schack-Schou, Verlagsangestellte, die in erster Ehe mit dem Schriftsteller Erich de Mendelssohn verheiratet war.
Jüdische Telegraphenagentur – Niederlassung in Paris, 40 rue du Colisée, Dependancen in New York, Paris, Berlin, Warschau, Jerusalem, Prag.
das eine ist zwischen zwei Holzdeckel gebunden – RL verschnürte das Manuskript seiner Traumnotizen jeden Abend zwischen zwei Holzdeckel.
Roma – Roma Bahn (1896–1975), Schauspielerin. 1913–1914 Max-Reinhardt-Schule Berlin. 1914/15 Engagement in Frankfurt/Main, am Thalia-Theater, Berlin. Spielte u. a. an der Tribüne, am Lessing-Theater, Schiller-Theater. Ihr erster Ehemann war Karlheinz Martin.

61 *Dieses Wasser ... lässt sich nicht abstellen* – Im Original: Dieses Wasser lässt, das im dicken Strahle läuft, lässt sich nicht abstellen ...

62 *Polgar* – Alfred Polgar (1875, Wien – 1955, Zürich), Schriftsteller. Exil in Frankreich, 1940 USA. 1947 Rückkehr nach Europa.
Marcuse – Ludwig Marcuse (1894–1971), Publizist. In den zwanziger Jahren Arbeit als Journalist und Theaterkritiker für »Berliner Tageblatt«, »Vossische Zeitung«, »Die Weltbühne«. Schrieb Aufsätze und Essays, u. a. über Börne, Heine und Büchner. Emigrierte 1933 nach Frankreich (Sanary-sur-Mer). Mitarbeit an verschiedenen Exil-Zeitschriften, u. a. »Neue Deutsche Blätter«, »Die Zukunft«, »Das Wort«. Teilnahme am Kongreß zur Verteidigung der Kultur, Paris, 1935. Reiste 1937 mit Feuchtwanger in die Sowjetunion. 1939 Emigration in die USA. Mitarbeit am »Aufbau«, New York. 1940 University of Southern California. Institute of Social Research. 1960 Gastprofessur Universität Frankfurt/Main. 1963 Rückkehr nach Deutschland. Lebte zuletzt in Bad Wiessee.

63 *San Bonaventura* – Wahrscheinlich das Kloster San Bonaventura auf dem Monte Palatino in Rom.
Cenakel – Auch Cénacle, gesellige Vereinigung französischer Dichter und Künstler der Romantik.

64 *Canebière* – Rue Canebière, Prachtstraße von Marseille.
Kaethe Wurm – Ehefrau von Fritz Wurm, in zweiter Ehe mit Julius B. Salter verheiratet. Exil in England, Frankreich, USA.

65 *Joliette* – Bassin de la Joliette, Hafenbecken in Marseille, war vorzugsweise für überseeische Personendampfer bestimmt.
die Erinnerung an die verfehlte Abfahrt – Siehe Anm. zu S. 58.
oberhalb des Dôme – Gemeint ist wohl die im Norden des Alten Hafens von Marseille gelegene Kathedrale Ste-Marie-Majeure (auch Cathédrale de la Major).

66 *Willys Hände* – Gemeint ist Willi Münzenberg. S. Anm. zu S. 42.

67 *Siegmund Nielsen* – (eigentl. Rudolf Stender), Dreher (1899, Hamburg – ?, Bützow). KPD-Mitglied, Leutnant der Internationalen Brigaden. Internierung in Le Vernet; war in Castres längere Zeit RLs Zellengenosse. Wahrscheinlich im November 1942 an die Gestapo ausgeliefert, starb im Zuchthaus Bützow.
Délicieux, n'est-ce pas? – (franz.) Reizend, nicht wahr?

68 *Max Schroeder* – (1900–1958), Publizist, Verleger. Im 1. Weltkrieg Soldat, danach Student der Kunstgeschichte in Rostock, München, Berlin und Göttingen. Arbeit als Journalist. 1932 KPD. 1933 Emigration nach Frankreich, Mitarbeit am »Braunbuch über Reichstagsbrand und Hitlerterror«. Redakteur bei »Deutsche Informationen«, Aufbau der Deutschen Freiheits-Bibliothek, SDS. Bei Kriegsausbruch Internierung in Nordfrankreich, dann in Les Milles. 1941 nach Zwischenaufenthalt im Lager

Oued Zem/Marokko Flucht nach New York. Stellvertretender Chefredakteur von »The German American«. 1947 Rückkehr nach Deutschland. Cheflektor des Aufbau-Verlags, Theaterkritiker und Essayist.

69 *Sidonie Natal* – Spottwort für Sûreté Nationale, franz. Sicherheitspolizei.

70 *Änne Sonntag* – Emma Wilhelmine Anna Leipziger (1871, Naumburg – 1940, Marseille), Tochter des Dompredigers Sonntag aus Bremen, Richard Leipzigers Frau.
Grossvater – Wahrscheinlich Rudolph Levysohn, Großvater väterlicherseits, Buchhändler aus Posen (Poznań), verheiratet mit Emma Levysohn, geb. Falk.
Vater – Eugen Levysohn (1858, Posen – 1905, Berlin), Rechtsanwalt und Notar.
Dr. Hirschler – wahrscheinlich Franz Sali Hirschler (1881, Mannheim – 1956, Buenos Aires), seit 1907 Rechtsanwalt. 1919–1933 Stadtverordneter, zuletzt Fraktionsvorsitzender der SPD in Mannheim. Besonders auf kulturpolitischem Gebiet tätig. Emigrierte März 1933 nach Saarbrücken, 1934 nach Paris. 1940 Ausreise nach Argentinien.
ein aus drei Michelinen gebildeter Zug – micheline (franz.) Schienenbus, Triebwagen.
der Zug von Toulouse hierher war so geformt – Der Transport von Le Vernet nach Castres ging über Toulouse.

71 *Lola* – Lola Humm-Sernau (1895–1989), seit 1926 Sekretärin von Lion Feuchtwanger in Berlin und Sanary-sur-Mer. Lebte seit Oktober 1940 in der Schweiz. Stand mit RL auch nach 1945 in brieflicher Verbindung.

72 *Philemon und Baucis als Marxforscher* – Bejahrtes Ehepaar in Phrygien, siehe Ovid »Metamorphosen«.

73 *Heinrich Mann* – (1871–1950), Schriftsteller; 1930–1933 Präsident der Preußischen Akademie der Künste. Exil ČSR, Frankreich, 1940 USA. Prominenter Vertreter der Volksfrontbewegung. RL (»Das Werk Heinrich Manns«, Essay, 1917) hatte in Frankreich regelmäßig mit ihm Kontakt.
gare Montparnasse – Pariser Bahnhof.
Ernst Pinner – Ernst Ludwig Pinner (1889, Kosten/Kościan – ?), Mitschüler am Gymnasium, Sohn des Rechtsanwalts und Notars Siegismund Pinner. Wohnte in Kosten, Markt 14/15.
das bonnet de police – (franz.) Dienstmütze der Soldaten.

74 *als Prestatär* – prestataire (franz.) Leistungserbringer, Leistungspflichtiger. Im Januar 1940 wurden jüngere Internierte in sogenannten »prestataires«-Gruppen zu halbmilitärischen Diensten verpflichtet, u. a. zu Befestigungsarbeiten in der Normandie, unter Aufsicht britischer Truppen.

74   *Naturalisierter* – Eingebürgerter.
     rue Guénégaud – Pariser Straße im Quartier Latin.
     Milly Zirker – (1888–1971), Journalistin, Pseud. Johannes Bückler.
     Redaktion »8-Uhr-Abendblatt« Berlin, emigrierte nach Frank-
     reich, Mitarbeiterin von Hellmut von Gerlach, Deutsche Sektion
     der Liga für Menschenrechte. Beiträge u. a. in »Pariser Tageblatt«
     und »Die Neue Weltbühne«. Vorstandsmitglied im Verband
     deutscher Journalisten im Ausland. Gehörte zum Lutetia-Kreis.
     November 1938 Mitunterzeichnerin des Gründungsaufrufs für das
     Hilfskomitee ehemaliger Spanienkämpfer. Organisierte Hilfssen-
     dungen für Internierte, half bei der Beschaffung von Ausreise-
     papieren. 1941 Exil USA, lebte in New York und Miami.

75   *gegen [den Verleger] Stegemann* – Paul Steegemann (1894–1956),
     Verleger. 1911–1918 Buchhandlungsgehilfe. April 1919 Grün-
     dung seines Verlages in Hannover, 1927 Umzug nach Berlin.
     Nach 1934 Berufsverbot. Freier Verlagsmitarbeiter. 1943 Umzug
     nach Böhmen, 1946/47 Internierung bei Prag. Am 22. 9. 1947
     schrieb er an RL: »... 1919 erschien als erstes Buch bei mir Dein
     ›Briefe an Margit‹. Jetzt, nachdem ich vor ein paar Wochen aus
     der ČSR zurückkam, möchte ich wieder als erstes Buch damit an-
     fangen.« (SAdK-RL-825)
     Humanitasverlag – Humanitas Verlag Zürich, Dianastr. 3. Der
     Leiter des Verlages, S. Menzel, bedauerte in einem Brief vom 2. 4.
     1937 an RL, die angebotene Novellensammlung »Der Tod des
     Don Quijote« nicht in sein Programm übernehmen zu können.
     (SAdK-RL-825)

76   *Schlenther* – Möglicherweise Bezug auf Paul Schlenther (1854 bis
     1916), Theaterkritiker, seit 1898 Direktor des Wiener Hofburg-
     theaters.

77   *Marianne Oswald* – Eigentl. Alice Marianne Collin (1903–1985),
     Schauspielerin, Chansonsängerin, Autorin. Begann ihre Karriere
     in den Berliner Kabaretts »Korso« und »Anti«. Auftritte an wei-
     teren Berliner Bühnen, u. a. mit Songs aus der »Dreigroschen-
     oper«. 1933 Emigration nach Paris, 1934 im Kabarett »Die La-
     terne«. Januar 1938 in Paris Teilnahme an einem Gala-Abend zur
     deutsch-französischen Zusammenarbeit unter der Leitung von
     Jean-Richard Bloch und Erwin Piscator. Blieb zu Beginn des
     Krieges nach Gastspiel in den USA, nahm dort den Künstler-
     namen Marianne Lorrain an. 1945 Rückkehr nach Frankreich.

79   *Geniek* – Offenbar einer der zahlreichen in Le Vernet internier-
     ten poln. Spanienkämpfer.
     exempt de tous travaux – (franz.) von allen Arbeiten befreit.

80   *Pelote* – pelota (span.) Ball, tennisartiges Rückschlagspiel, bei dem
     ein Ball von zwei Spielern oder Mannschaften mit einem oval
     geschwungenen Schläger gegen eine Mauer geschlagen wird.

80 *Edgar Linik* – (1903 – ?) Textilangestellter aus Heidelberg. War
vom Mai 1937 bis Februar 1939 bei den Internationalen Brigaden
in Spanien, zuletzt im Rang eines Leutnants. Internierung in
Gurs. Ging aus Le Vernet als Prestataire zu den englischen
Pioniertruppen in Frankreich.
Place Dauphine – Dreieckiger Platz zwischen Pont Neuf und
Palais de Justice in Paris.

81 *Sieburg* – Friedrich Sieburg (1893–1964), Schriftsteller; Flieger-
offizier im 1. Weltkrieg. Ab 1920 freier Journalist, Theater- und
Filmkritiker, u. a. »Weltbühne«. Widmete einen Gedichtband
Rosa Luxemburg. Seit 1924 Auslandskorrespondent der »Frankfurter Zeitung«, u. a. in Oslo und Paris. Freundschaft mit RL und
Hasenclever zerbrach nach S.s Hinwendung zum Nationalsozialismus Anfang der dreißiger Jahre. 1940 neben Ernst Jünger
im kulturpolitischen Koordinierungsstab der Besatzungsmacht
in Frankreich. 1941 NSDAP. 1940 bis Ende 1942 Botschaftsrat in
Paris. Bis 1943 in der Redaktion der »Frankfurter Zeitung«. 1945
Schreibverbot durch franz. Militärregierung. Seit 1948 Hg. der
Wochenschrift »Die Gegenwart«, 1956–1964 Leiter der Litera-
turbeilage der FAZ. 1956 Mitglied der Akademie der Künste in
Berlin (West). RL über Sieburg: »[...] er gehörte zu dem Trupp
der Schwerarbeiter, die über der Barbarei das zerfetzte Kultur-
mäntelchen festhalten mußten.« (SAdK-RL-325)
vaincu – (franz.) besiegt.
im alten Hause am Markte – Von 1889 bis 1903 wohnte RLs
Familie in Lissa, Am Markt 19.

82 *Walt Whitman* – (1819–1892), amerik. Dichter.
Stefan George – (1868–1933), dt. Lyriker. RLs Haltung zu
George war distanziert. Im Tagebuch 1944 formuliert er seine
Vorbehalte: »Die Konventionalität, Flächigkeit und Gewunden-
heit lassen mich diese so reich instrumentierte und so sorgsam,
oft mühsam, bunt bemalte Lyrik als dürftig empfinden. Ihre
Bemühtheit, ihre Mühsamkeit ist sehr deutlich, und sehr charak-
teristisch.« (SAdK-RL-764)
in der Schlossstrasse – Straße, die vom Lissaer Marktplatz nach
Norden führte.
durch den Herrnstadtschen Schuhladen – Die Firma F. W. Herrnstadt in Lissa galt als moderne und bedeutende Schuhfabrik.
Julius Herrnstadt betrieb Am Markt 14 ein Geschäft.

88 *Kisch* – Egon Erwin Kisch (1885–1948), Schriftsteller, Journalist.
1914/15 Soldat, 1917/18 Kriegspresseamt Wien. 1918 Mitbegründer der Wiener Roten Garde. Seit den zwanziger Jahren
zahlreiche Reportage-Reisen. Nach 1933 Tätigkeit in Prag und
Paris. 1937/38 Frontbesuche in Spanien. 1939 Flucht über USA
nach Mexiko. 1946 Rückkehr in die ČSR.

88 *Lothringer* – Vermutl. Paul Lothringer, um 1920 Geschäftsführer der 1919 gegründeten Berliner Tageszeitung »12-Uhr-Mittagsblatt«.
Fritz Delius – Frederick (Fritz) Theodore Albert Delius (1862 bis 1934), engl. Komponist dt. Herkunft; studierte 1896/97 am Leipziger Konservatorium. Erblindete infolge einer Syphiliserkrankung in den Jahren nach dem 1. Weltkrieg. Verwandtschaft mit RL konnte nicht nachgewiesen werden.

89 *Avez-vous une pierre polonaise?* – (franz.) Haben Sie einen polnischen Stein?
On les amènera d'abord à Toulon! – (franz.) Wir werden sie erst einmal nach Toulon bringen!
Bistrot – RL bevorzugt hier, wie an anderer Stelle, die franz. Schreibweise.
La Seyne – Ort auf der Halbinsel des Kap Cicié, an der Bucht von Toulon gelegen.

90 *Où voulez-vous aller?* – (franz.) Wohin wollen Sie denn gehen?
D'abord je veux aller embrasser ma femme! – (franz.) Zuerst möchte ich meine Frau küssen!
Kurt Pinthus – (1886–1975), Autor und Hg. 1910–1915 freiberuflicher Autor, Arbeit für Rowohlt und Wolff, 1914–1918 Soldat, 1918 Mitglied im Obersten Soldatenrat des 4. Armeekorps. Hg. der Lyrik-Anthologie »Menschheitsdämmerung« (1919), in der auch RL vertreten ist. 1920–1923 Journalist bei »Die literarische Welt« und »Das Tagebuch«, ständiger Mitarbeiter am »8-Uhr-Abendblatt«, 1920–1922 Dramaturg bei Reinhardt, 1938 Emigration in die USA, Vorlesungen an Universitäten, Beiträge in Zeitschriften wie »Aufbau«, »Esquire« und »Coronet«. Mitarbeit bei Voice of America. 1967 Rückkehr nach Deutschland.

91 *liegen Stangen und Stöcke* – Im Original: liegen Stangen und Röcke.
Lex – Lex (Alexander) Ende, eigentl. Lex Breuer (1899–1951), Publizist, 1919 KPD; Arbeit an verschiedenen Parteizeitungen. 1934 Emigration. Chefredakteur der »Deutschen Volkszeitung«, Mitarbeiter der KPD-Auslandsleitung. 1939 Internierung, entkam aus dem Lager Marolle. Blieb illegal in Südfrankreich, verhalf in Zusammenarbeit mit ausländischen Hilfsdiensten zahlreichen Emigranten zu Flucht und Ausreise. Organisierte 1944 in Marseille den Druck des Gedichtbandes »Deutschland muß leben …«, mit dem sich RL unter dem Pseudonym Robert Lanzer an deutsche Soldaten wandte. 1946 Chefredakteur des »Neuen Deutschland«. 1950 Parteiausschluß im Verlauf der Noel-Field-Affäre. Arbeit als Betriebsbuchhalter bei der Wismut.

92 *Kurt Wolff* – August Paul Kurt Wolff (1887–1963), Verleger; ab 1908 Teilhaber des Ernst-Rowohlt-Verlages, übernahm den

Verlag 1912 und führte ihn bis 1930 als Kurt-Wolff-Verlag weiter. Veröffentlichte expressionistische Dichtung und moderne Kunstbücher (1917/18 zwei Gedichtbände von RL). 1916–1918 Kriegsteilnehmer als Offizier. Bereits 1929–1932 in Frankreich lebend, entschied er sich im März 1933 für die Emigration. Aufenthalte in Nizza, Florenz, ab 1938 an der Riviera und in Paris. 1939 und 1940 Internierung. März 1941 Emigration nach USA über Spanien. Gründung von Pantheon Books New York; weitere Verlagsunternehmungen. Ab 1959 in der Schweiz.

92 *Palais Aschberg* – Olof Aschberg (1877–1960), schwed. Bankier; seit 1917 enge Geschäftsbeziehungen mit Sowjetrußland. Sympathisierte mit schwedischer Sozialdemokratie. Kontakt mit Willi Münzenberg. Stellte seine Pariser Villa, rue Casimir-Périer, für Tagungen der Weltfriedensbewegung (RUP) und nach 1937 der Münzenberg-Gruppe zur Verfügung.

93 *Simon Guttmann* – Wilhelm Simon Ghuttmann (auch Guttmann) (1890, Wien – ?, London?), Schriftsteller, Journalist, Fotograf. Veröffentlichungen in »Die Aktion«, »Revolution«, »Mistral«. Mitbegründer des Neuen Clubs. Lebte bis 1914 in München, während des 1. Weltkrieges in der Schweiz, nach 1918 in Berlin. Emigrierte nach Frankreich, später nach England. (Lebte noch 1989 in London.)

94 *Mitglieder der Internationalen Brigaden* – August 1936 erster KPD-Aufruf zur Sammlung Freiwilliger für den Kampf in Spanien; am 7. 11. 1936 Einmarsch der ersten Internationalen Brigaden in Madrid.
zwei Bücher – 1938 erschienen von RL: »Spanische Gedichte und Tagebuchblätter«, Éditions Prométhée, Paris, und »Der Tod des Don Quijote. Geschichten aus dem spanischen Bürgerkrieg«, Stauffacher, Zürich.

95 *Massilia* – Römischer Name von Marseille, 600 v.d.Z. von Griechen als Massalia gegründet.
meine Sprach-Arbeit – Neben dem Traumbuch arbeitete RL während der Haft an dem sogenannten Sprach-Buch, einer Überarbeitung und Weiterführung seiner 1932 im Berliner Verlag Graetz veröffentlichten Schrift »Das Wort. Versuch eines sinnlichen Wörterbuchs der deutschen Sprache«.

96 *aus den Meistersingern* – Am 22. 1. 1944 notierte RL in sein Tagebuch einige Kommentare zu Richard Wagners »Rheingold«: »Starke Empfindung, raffiniert, und in ihrer Massenhaftigkeit (in jedem Sinn; das, und nicht esoterisch, ist Wagners Musik, in jeder guten und schlechten Bedeutung) eine metaphysische Jahrmarktsmusik. Einige Motive sind bestürzend schön; viele sind nichts als prätentiöse Kavalleriesignale. Das Blech erschlägt alles.« (SAdK-RL-764)

96 *Walter Schlieper* – D. i. Maximilian Scheer (1886, Hahn/Rhein-
land – 1978, Berlin), Schriftsteller, Journalist. Kurzer Wehrdienst
im 1. Weltkrieg. Verschiedene Bürotätigkeiten in Industrie-
betrieben. Emigration 1933. Zusammen mit RL Hg. der Wochenzeitung »Die Aktion. Organ zur Verteidigung der deutschen
Flüchtlinge und zum Kampf gegen den Hitlerfaschismus«, »Das
Blaue Heft«. 1933/36 Redakteur der Presseagentur »Impress«.
Volksfrontausschuß. 1939 Internierung. Via Spanien und Portugal Anfang 1941 nach New York. 1947 Rückkehr nach Berlin.
Freier Journalist und Autor. Hg. der Werke RLs.
Ellis – Elisabeth Schlieper (1900–1967), zweite Ehefrau von
Walter Schlieper (Maximilian Scheer). Emigrierte nach Frank-
reich und in die USA.

97 *Gerrit* – Sohn von Walter Schlieper (geb. 1923); von 1935 bis Juni
1940 Schulbesuch in Frankreich, 1941 Emigration in die USA,
Student an der High School of Commerce, New York. Dienst in
der US-Army. Nach 1945 Lehrer in Frankreich.
Spanisch-Marokko – Ehemals span. Kolonie in Nordwestafrika.

98 *Torundzyk* – Henryk (Heniek) Torundzyk (1909, Włocławek/
Polen – 1966 vermutl. Warschau). Aktiv in der Jugendbewegung.
Militärdienst in Polen. November 1936 illegal in die Tschecho-
slowakei, durch Schweiz und Österreich nach Paris. Mai 1937
Interbrigadist in Spanien. Leitender Offizier der Dombrowski-
Brigade. 1939 Internierung, erst Gurs, dann Le Vernet, 1941
Djelfa/Algerien. Im Mai 1943 als Kommandant einer Gruppe
Freiwilliger durch Libyen, Ägypten, Palästina, Syrien, Irak und
Iran in die Sowjetunion. Offizier im polnischen Korps der Roten
Armee. Teilnahme an der Befreiung Polens. Später General-
direktor im Ministerium für Leichtindustrie.

99 *Ich gehe … und beruhige sie* – Im Original: Ich gehe in einem
Gang einigen Leuten nach, unter denen Andrée Viollis nach, und
beruhige sie.
Andrée Viollis – (1879–1950), franz. Journalistin; schrieb u. a. für
»Petit Parisien«, 1935–1938 Mitherausgeberin der Volksfront-
zeitschrift »Vendredi«. Kritisierte in ihrem Buch »Indochine
S.O.S.« (1935) die franz. Kolonialpolitik.

100 *Tragödie von Heute* – Das Stück erschien 1927 im Verlag Die
Schmiede. Die erwähnte Figur darin hieß: Robert Dobernlugg,
Monteur.
Solis Suisse – Colis Suisse (franz.) Schweizer Paket, vom Schwei-
zer Arbeiterhilfswerk organisierte Lebensmittel- und Kleidersen-
dungen.

101 *Walter Landauer* – (1902, Berlin – 1945, Bergen-Belsen), Verleger, Lektor. Volontär im Verlag Die Schmiede. Lektoratsarbeit
neben RL, 1928 Prokurist im Kiepenheuer-Verlag. Ab April 1933

450

Exil in Frankreich. September 1933 Leiter der deutschen Abteilung des holl. Verlages Allert de Lange. 1940 bis Herbst 1943 illegal in Amsterdam. Versuche, über Belgien und Frankreich in die Schweiz zu fliehen. Verhaftung; Straflager Westerbork. Hungertod im KZ Bergen-Belsen.

103   *den Sang an Ägis* – Ägis, in der griech. Mythologie Schild und Brustpanzer der Pallas Athene mit dem Kopf der Medusa, bei dessen Anblick Menschen versteinert wurden.

104   *Vetter Heinz* – Sohn von Onkel Otto, einem Bruder von RLs Vater, der als Privatier in Berlin lebte.

       er hat heute … Problem gelöst – Im Original: er hat heute, eben, ein uraltes mathematisches Problem gelöst habe.

       das Fermatsche Problem – Begriff in der Zahlentheorie. Bezeichnung für die von Pierre de Fermat ausgesprochene Behauptung, daß die Gleichung $a^n + b^n = c^n$ in ganzen Zahlen a, b, c für ganzzahlige Exponenten n, die größer als 2 sind, nicht lösbar ist (dagegen zum Beispiel: $3^2 + 4^2 = 5^2$).

105   *Tante Natalie* – Verwandtschaftsverhältnis konnte nicht ermittelt werden.

       Swann – Held in Marcel Prousts Romanzyklus »A la recherche du temps perdu« (1913, dt. »Auf der Suche nach der verlorenen Zeit«).

       Charles Haas, das Urbild Swanns – (1832 oder 1833–1902) Sohn eines Wechselagenten, Mitglied des »Jockey-Clubs«.

108   *Michael Flürscheim* – Schauspieler (geb. 1905, Coronado/Kalifornien). Studierte Schauspiel und Regie an der Reicherschen Hochschule für dramatische Kunst in Berlin, 1926 Mitglied der Roten Hilfe, 1927–1929 Engagement am Kleinen Theater in Berlin, 1929–1931 Taxifahrer, 1932 Arbeit am Züricher Schauspielhaus, Mitglied der Schweizer Sozialdemokratischen Partei, 1936 Teilnahme am Spanischen Bürgerkrieg, Oktober 1939 bis Februar 1942 Internierung in Le Vernet, 1942 Emigration nach Mexiko, Mitarbeit im Heinrich-Heine-Klub, Arbeit als Privatdozent, mit Theatergruppen in Puebla und Monterrey, 1946 bis 1957 Hühnerzüchter, 1948 Verkäufer verschiedener medizinischer Geräte, Deutschlehrer an technischen Colleges in Mexico-City, 1960 bis 1969 Buchhändler.

       von der Art des Grafen Schack – Adolf Friedrich Graf von Schack (1815, Schwerin – 1894, Rom), Schriftsteller. Beschäftigte sich stark mit der Literatur Spaniens und des Orients. Gründete die später nach ihm benannte Gemäldesammlung.

       von den Quatre Chemins hinter den Zoologischen Garten – Der Zoo von Marseille befindet sich im nordöstlichen Zentrum. Stadtauswärts in dieser Richtung, im Viertel Montolivet, liegt die Verbindungsstraße Traverse des Quatre Chemins.

110 *gegenüber der Eichhornstrasse* – Straße in der Nähe des Potsdamer Platzes in Berlin.

Montessori-Methode – Maria Montessori (1870–1952), ital. Ärztin und Pädagogin. Errichtete 1907 in Rom das erste Kinderhaus für drei- bis sechsjährige Arbeiterkinder. Ihre Erziehungsmethode orientiert auf Selbsterziehung und Schulung kindlicher Kreativität.

111 *en grande tenue* – (franz.) in Paradeuniform.

Wilhelm II. – Deutscher Kaiser und König von Preußen (1859–1941), mußte am 9. 11. 1918 seinen Thron verlassen, exilierte einen Tag später nach Holland.

Nadars Photographie – Eigentl. Gaspard Félix Tournachon (1820–1910), franz. Karikaturist und Fotograf.

112 *Pastor Bickerich* – Dr. Wilhelm Bickerich (1867–1934), ab 1897 Pastor der evangelisch-reformierten Johannisgemeinde in Lissa.

Fräulein Winter – Paula Winter, Witwe aus Lissa, möglicherweise Erzieherin. Wohnte Kirchring 20.

113 *aus der Köthener Strasse* – Nähe Potsdamer Bahnhof in Berlin.

115 *Anna Seghers* – Eigentl. Netty Radvány, geb. Reiling (1900 bis 1983), Schriftstellerin; Studium der Sinologie, Kunstgeschichte, Geschichte. 1928 Mitglied der KPD, Kleist-Preis, März 1933 Emigration nach Paris. Mitarbeit an verschiedenen Exil-Zeitschriften u. a. »Neue Deutsche Blätter«, »Das Wort«, »Internationale Literatur«. Teilnahme an den Schriftstellertreffen in Paris 1935, Madrid 1937 und Paris 1938. Mitglied im Volksfrontausschuß. 1940 Flucht in den unbesetzten Teil Frankreichs, 1941 nach Mexiko. 1947 Rückkehr nach Deutschland. Wichtige Positionen im DDR-Kulturbetrieb.

den grossen Garten des portugiesischen Konsulats – Bezug auf das mexikanische Konsulat in Marseille, das vielen Emigranten die Ausreise ermöglichte.

un toit pour une nuit seulement – (franz.) eine Bleibe, nur für eine Nacht.

116 *Bismarcks ... Favres Tränen* – Möglicherweise Bezug auf die Gesprächsnotiz des amerik. Journalisten John L. Motley, der Bismarck im Juli 1872 traf: »Favre fing an zu weinen oder tat so, und gab sich sehr pathetisch und heldenhaft. Bismarck sagte ihm, er möge nicht zu ihm reden wie zu einer Volksversammlung, sie seien einfach zwei Männer, die miteinander Geschäfte machten, und er sei völlig abgehärtet gegen jede Art von Beredsamkeit. Favre bat ihn, seinen Tränenerguß nicht zu erwähnen, und Bismarck war dann sehr erheitert, als er in dem später von Favre veröffentlichten Bericht sah, daß dieser sich seiner vergossenen Zähren rühmte.« (Bismarck, Werke in Auswahl, Bd. 5, Stuttgart, Berlin, Köln 1973, S. 216)

116 *Jules Favre* – (1809–1880), franz. Politiker, Führer der demo-
kratischen Republikaner. Gegner Napoleons III. Handelte den
Waffenstillstand vom 28. 1. 1871 aus. Unterzeichnete den Frankfurter Frieden. Rücktritt am 2. 8. 1871.
Mais si c'est très urgent? – (franz.) Auch wenn es sehr dringend
ist?
Gilberto Bosques – (1892–1995), mexikanischer Konsul in
Marseille in der Zeit der Okkupation. Bewahrte durch freizügige
Visaerteilung eine große Zahl von Emigranten vor dem Zugriff
der Deutschen. Paul Merker in einem Brief aus Mexiko an RL
(11. 10. 1945): »Auch der mexikanische Konsul Bosques, der
seinerzeit sich um Deine misslungene Abreise bemühte, war
ausserordentlich glücklich über Deine Rettung.« (SAdK-RL-820)
et je serai obligé de me vanter – (franz.) und ich werde mich rüh-
men müssen.
Vous en avez l'habitude, sans doute – (franz.) Das sind Sie doch
zweifellos gewöhnt.

117 *un toit pour une journée seulement* – (franz.) eine Bleibe, nur für
einen Tag.
Je sais, vous êtes un de ces pauvres hommes … – (franz.) Ich weiß,
Sie sind einer dieser bedauernswerten Männer …
pour une journée – (franz.) für einen Tag.
pour une nuit – (franz.) für eine Nacht.
J'ai cent francs sur moi – (franz.) Ich habe hundert Francs bei mir.
et j'ai … me faire envoyer – (franz.) und ich habe zwanzigtausend
Francs in New York, die ich mir schicken lassen kann.
oder ich habe es vergessen – Im Original: oder ich habe sie
vergessen.

118 *Vichy* – Stadt im Département Allier, 1940–1944 Sitz der Kol-
laborationsregierung Pétain.
Heiner Rau – Heinrich Rau (1899–1961), Politiker; 1919 KPD,
Mitglied im Preußischen Landtag. 1933 Schutzhaft, 2 Jahre
Zuchthaus. 1935 Emigration in die ČSR, Sowjetunion. 1937/38
Politkommissar der XI. Brigade in Spanien. 1939 Internierung in
Frankreich, 1942 Auslieferung an die Gestapo. 1943–1945 KZ
Mauthausen. 1948/49 Leiter der Deutschen Wirtschaftskommis-
sion. Hohe staatliche Funktionen in der DDR.

119 *Erinnerung an den »Negerbahnhof« in Zürich* – Möglicherweise
Bezug auf den nördlich des Zürichsees gelegenen Bahnhof Enge
(»Enger Bahnhof«).
Göttingen – 1907 studierte RL an der Universität Göttingen Ger-
manistik, wechselte später zu Jura. 1916/17, nach Fronteinsatz
und Lazarett, war er in der Stadt beim Ersatzbataillon. »Dort be-
gann ich gegen den Krieg, die Monarchie und das preussische
Militär zu arbeiten. Ich fand Anschluss an politische Kreise, die

in der USPD und im Spartacus-Bund organisiert waren oder ihnen nahe standen.« (SAdK-RL-803) Er wohnte Nikolausberger Weg 33.

121 *in der Wanne Sos* – Vermutl. Josef Soos (? –1968), in Le Vernet interniert 1940–1944, beteiligte sich nach Flucht an der Résistance. 1950 Ausweisung aus Frankreich, Rückkehr nach Ungarn. Von ihm stammen verschiedene Zeichnungen über den Lageralltag sowie ein Öl-Porträt RLs.

122 *Ein Kind … mit mir eingetreten ist* – Im Original: Ein Kind neben mir, das mit mir oder gekommen oder zur gleichen Zeit mit mir eingetreten ist …
eine Choucroute – (franz.) Sauerkraut.

123 *Heinz Neumann* – (1902–1937), KPD-Funktionär. Studierte von 1920 bis 1922 Philosophie und Nationalökonomie in Berlin. Ab 1919/20 Mitglied der KPD. Redakteur der »Roten Fahne«. 1922/23 Anschluß an linke Parteiopposition um Ruth Fischer und Arkadi Maslow. Später Hinwendung zur sogenannten Mittler-Gruppe. Wegen illegaler Tätigkeit während des KPD-Verbots polizeilich verfolgt, Flucht nach Wien. 1924 Teilnahme am 5. Komintern-Kongreß, 1925–1928 deutscher Vertreter bei der Komintern. 1929 ZK-Mitglied. Chefredakteur der »Roten Fahne«. 1930–1932 Reichstagsmitglied. Prägte die Parole: »Schlagt die Faschisten, wo ihr sie trefft!« 1932 Ausschluß aus ZK und Politbüro. 1935 Arbeit in der Verlagsgenossenschaft ausländischer Arbeiter. Lebte mit seiner Frau Margarete Buber-Neumann im Moskauer Hotel Lux. Verhaftung am 27. 4. 1937, zum Tode verurteilt.

125 *treille* – (franz.) Weinlaube.

126 *Je ne vois que des couilles!* – (franz.) Ich sehe nur Hoden!

127 *die christliche Formel … mit unserm Programm* – Im Original: sie bringen die christliche Formel ihrer Charta in Einklang zu bringen mit unserm Programm.

128 *die Linie der Baie des Anges* – Strandlinie bei Nizza.
Alfred Mombert – (1872, Karlsruhe – 1942, Winterthur/Schweiz), Rechtsanwalt, Schriftsteller. Seit 1906 freier Autor. 1933 Ausschluß aus der Preußischen Akademie der Künste; lehnte es ab, aus Deutschland zu emigrieren. 1940 Verhaftung. Deportation ins südfranz. Lager Gurs. Im Oktober 1941 Ausreise in die Schweiz.
die Ausgabe … Morgensterns – Christian Morgenstern (1871 bis 1914), Dichter. Seine grotesken Verse erschienen im Verlag Bruno Cassirer.

129 *Lolle* – Lolle Margules, RL lernte sie durch den Verleger Paul Steegemann kennen, sie wohnte unter vielen Adressen in Berlin, emigrierte in die USA.

130 *Philipp Dengel* – (1888–1948), KPD-Funktionär. Seit 1919 in der Partei, ab 1925 Mitglied des ZK, 1928 Mitglied des Exekutivkomitees der Kommunistischen Internationale (EKKI). Nach Rückkehr aus Paris 1937 bis Juni 1938 KPD-Vertreter bei der Komintern in Moskau. 1947 Rückkehr nach Berlin.

134 *Elsa Brandström* – (1888–1948), schwed. Philanthropin. Als Delegierte des Roten Kreuzes 1914–1920 maßgeblich an der Versorgung der Kriegsgefangenen in Rußland beteiligt.
in ihrem Kinderheim – Brändström engagierte sich nach dem 1. Weltkrieg für die Gründung von Arbeitssanatorien und Waisenhäusern in Deutschland, u. a. in Marienborn in Sachsen und Schreibermühle in Brandenburg.

136 *lese den Simplizissimus* – »Simplicissimus«, 1896 in München gegründete politisch-satirische Wochenschrift, erschien bis 1944, erneut von 1954–1967.

137 *Danton* – Georges Jacques Danton (1759–1794), franz. Revolutionär.
St.-Just – Louis Antoine de Saint-Just (1767–1794), franz. Revolutionär.

138 *Courgettes* – (franz.) Zucchini.

139 *mein Vetter Kurt* – Kurt Leipziger, wohnte in Breslau, Hohenzollerndamm 22, später in Paris, 2 rue Lhomond.
Ehrenstein – Albert Ehrenstein (1886, Wien – 1950, New York), Dichter; 1915–1916 Lektor bei Kurt Wolff, später beim S. Fischer Verlag. Wortführer des Expressionismus. Nach dem 1. Weltkrieg freier Schriftsteller in Berlin, Reisen nach Afrika und China. 1932 Emigration in die Schweiz, 1941 in die USA. Lebte dort in Existenznot, starb verbittert und verarmt. – RL widmete ihm in seinem Gedichtband »Das Chaos« (Heinrich Böhme Verlag Hannover, 1919) den Text »12. Februar 1915«.

140 *Bormes* – Kleinstadt unweit Hyères.
dem »Monument aux morts« Bartholomés – Albert Bartholomé (1848–1928), franz. Bildhauer und Maler; 1895 erfolgte der erste Bronzeabguß seines Monuments.

142 *Susanni* – Susanne Köhler (1895, Oschatz/Sachsen – 1984, Stuttgart), Schriftstellerin, Publizistin. Studierte Mathematik und Philosophie an den Universitäten Göttingen, Berlin und Wien. 1916 Mitglied der Liebknecht-Jugend der Spartacus-Gruppe. Heiratete 1918 RL, Scheidung 1919. 1919–1920 Redaktionssekretär der illegalen »Kommunistischen Räte-Korrespondenz«. 1920–1921 Leitung der Presseabteilung der sowjetrussischen Botschaft in Wien. Partnerschaft mit Bronski-Warszawski, 1921 Geburt des Sohnes Wolfgang Leonhard. Von 1919 bis 1925 KPD. Ab 1922 wieder in Berlin. 1933 Berufsverbot, Tänzerin, Kuriertätigkeit für die KPD. März 1935 nach Schweden, dann Sowjet-

union, Sprachlehrerin. Oktober 1936 Verhaftung durch NKWD, bis 1948 Haft in verschiedenen Gulags. Danach Rückkehr nach Berlin-Ost, bis 1949 Lektorin. Flucht in die BRD. Wichtigstes Buch: »Gestohlenes Leben« (Erinnerungen), 1956.

144 *Mentone* – Ort an der Riviera, zwischen Monaco und San Remo.

145 *im Elysée und am Quai d'Orsay* – Elysée-Palast, Amtssitz des franz. Präsidenten. Quai d'Orsay, Sitz des franz. Außenministeriums.
Concillogen – conseil (franz.), council (engl.), Rat, Bezeichnung für verschiedene Körperschaften der Freimaurer. Der Conseil Fédéral bezeichnet die Grande Loge de France.
Tour de l'horloge – (franz.) Turmuhr.
Marie-Christine – Marie-Christine Prost, Tochter von Yvette Leonhard.

147 *»Erzählung ohne Deutung«* – In einer der seinen Aufzeichnungen vorangestellten Traum-Thesen notiert RL dazu folgende aufschlußreiche Bemerkung: »Das Symbol im Traum ist nicht in erster Reihe Symbol, sondern erst in zweiter; in erster Reihe ist es Gegenstand. Ein Haus ist erst ein Haus, und erst dann – und ein Haus bleibend – bedeutet es etwas andres; zugleich etwas andres. (Grade dieses ›Zugleich‹ gibt dem Symbol erst den Charakter des Symbols und unterscheidet es von allegorischen und ähnlichen Formen.) Die Bedeutung des Symbols im Traum ist nicht konstant – wenn sie auch eindeutig sein kann und wenn sie auch oft wiederholt wird. Sie hängt nicht nur vom träumenden Individuum und seinen Umständen ab, sondern auch von ihrer Umgebung, von ihren Beziehungen zu andern direkten und vor allem zu andern symbolischen Gegenständen. Die Symbole bedeuten einander. Es ist also mit den Symbolen im Traum genau wie mit denen in der Kunst und im Leben.«

148 *rue des Francs-Bourgeois* – Straße im Marais-Viertel, Paris.

149 *Edition Peters* – Wohlfeile Klassikerausgaben des Leipziger Musikverlages C. F. Peters, erschienen erstmals 1867.
rue Bonaparte in St.-Sulpice – Straße im 6. Pariser Arrondissement.
die Mairie – (franz.) Rathaus, Bürgermeisteramt.

150 *St. Pierre-et-Miquelon* – Französisches Übersee-Département; Inselgruppe südlich Neufundlands.
Ich sehe ... aus Messing an – Im Original: Ich sehe die dicke Wasserleitungsröhre an Messing an, ...

151 *Piscator* – Erwin Piscator (1893–1966), Regisseur; seit 1918 Mitglied des Spartakusbundes und der KPD. Inszenierte 1924–1927 an der Volksbühne, danach im Theater am Nollendorfplatz. RL kannte ihn spätestens seit der Uraufführung seines Stückes »Segel am Horizont« (Uraufführung: Volksbühne, 14. 3. 1925),

1931–1936 Theater und Filmarbeit in der Sowjetunion. 1936 bis 1939 Exil in Frankreich, 1939 Leitung des Dramatic Workshop an der New School for Social Research, New York. 1951 Rückkehr nach Deutschland. Arbeit als Regisseur und Theaterleiter.

154 *wie Krusepuppen* – Käthe Kruse (1883–1968), Kunsthandwerkerin; schuf seit 1902 in ihrer Werkstatt in Bad Kösen individuell gestaltete Puppen aus Stoff.

157 *Clyoes Mund* – Freundin RLs, arbeitete offenbar im franz. Außenministerium als Sekretärin.
De quelle nationalité? – (franz.) Welcher Nationalität?
sauvage girls – Sprachmontage: sauvage (franz.) wild, ungezähmt, auch unzivilisiert, girls (engl.) Mädchen: wilde Mädchen.
Dachau – Feuchtwanger, in München geboren und dort zu verschiedenen Zeiten lebend, hatte nachweislich keine Wohnung in Dachau. Die Stadt wurde bekannt durch das seit März 1933 am Ortsrand gelegene erste KZ Deutschlands.

158 *in einer früheren Kirche [wie unser Gefängnis]* – Das Gefängnis von Castres war bis zur Revolution 1789 eine Kirche gewesen. Am 19. 9. 1942 bemerkte RL in einem Traumnotat: »[…] ich bin vorgestern seit dreiviertel Jahren zum ersten Male auf der Strasse gewesen, beim Holzabladen, und habe den kirchenartigen Eingang des Gefängnisses gesehn.« (SAdK-RL-873)

159 *le fleuve charrie* – (franz.) der Fluß treibt.

160 *Leo [Lambert]* – D. i. Leo Zuckermann (1905 – ?), Rechtsanwalt und Journalist; SPD-Mitglied, ab 1927 KPD, 1933 Emigration nach Frankreich, Mitarbeit im Beirat des Hochkommissars des Völkerbundes für die Flüchtlinge aus Deutschland, journalistische Tätigkeit u. a. »Pariser Tageblatt«. Nach Kriegsbeginn Internierung, 1941 Ausreise nach Mexiko. Ausschußmitglied der »Bewegung Freies Deutschland«, Mitarbeit im »Heinrich-Heine- Klub«, 1947 Rückkehr in die SBZ, 1949–1950 Leiter der DDR-Präsidialkanzlei im Rang eines Staatssekretärs. Wird in Nachvollzug des Prager Slánský-Prozesses »zionistischer Abweichungen« beschuldigt. 1953 Flucht nach West-Berlin, später Mexiko. Lebte dort noch 1977.

161 *Erinnerung an die Verkleidung in Marseille* – Anfang März bis 21. 5. 1941 lebte RL illegal in der Hafenstadt. Die Verkleidung bestand nach Erinnerungen Max Schroeders aus Schnurrbart, Brille und Hut (Maximilian Scheer, »Freunde über Rudolf Leonhard«, Berlin 1958, S. 51).

162 *Monet-Ausstellung* – Claude Monet (1840–1926). franz. Maler.
Grosser Stern – Platz um die Berliner Siegessäule.
Viktoriastrasse – Nähe Potsdamer Bahnhof in Berlin.
der katalanische Justizminister – Pere Bosch i Gimpera. Historiker, erster Rektor der Universität Autònoma de Barcelona; 1937 bis 1939 katalanischer Justizminister.

162 *wir sind nicht hingeworfen worden, sondern. Im Unerkennba-*
ren ... – So im Original. Offenbar wurde der Satz nicht zu Ende
geführt.

163 *Da ich im Auswärtigen Amt gearbeitet habe* – Während der
Novemberrevolution war RL für einige Wochen im Amte tätig.
in der avenue Matignon – Straße, die auf die Champs-Elysées
führt.
der Präsident Friedrich Ebert – (1871–1925), Politiker. Am 9. 11.
1918 Reichskanzler; am 11. 2. 1919 von der Weimarer Nationalversammlung zum Reichspräsidenten gewählt.
einen neuen Brief an den Innenminister – Ab 25. 2. 1941 war
François Darlan (1881–1942) Chef der Vichy-Regierung, gleichzeitig Außen-, Innen-, Marine- und Propagandaminister.
Botho Laserstein – (Pseud. Georg Lisau, 1901–1955, Selbstmord),
Rechtsanwalt, Journalist. Anwalt in Berlin. Pazifist. Verfaßte
populäre Handbücher zu Rechtsfragen. Mitglied der KPD.
Flüchtete im März 1933 in die ČSR. 1934 nach Paris. Mitarbeit
am »Gegen-Angriff«. Überlebte die dt. Besetzung im Kloster En
Calcat, wo RL 1943 auf der Flucht aus Castres Aufnahme fand.
1951 Rückkehr ins Rheinland.

164 *Erinnerungen an die Weimarer Nationalversammlung* – Verfas-
sunggebendes Parlament der Weimarer Republik, am 19. 1. 1919
gewählt, am 30. 9. 1919 nach Berlin verlegt; löste sich am 21. 5.
1920 auf.
Besuche im Hotel Matignon – Hotel Matignon, seit 1935 Residenz
des Vorsitzenden des Ministerrates, heute des Premierministers.
an den Besuch bei Moro-Giaffieri – Vincent de Moro-Giaffieri
(1878–1956), franz. Rechtsanwalt, radikalsozialistischer Politiker. Prägte die Losung: »Göring, der Angeklagte bist du!«
Akte über den Reichstagsbrand – Moro-Giaffieri, der mit zwei anderen Anwälten die Verteidigung von Georgi Dimitroff im Leipziger Prozeß übernehmen wollte, wurde von deutscher Seite die
Einsicht in die Anklageakten verweigert. In seiner Rede am 11. 9.
1933 in der Salle Wagram, Paris, sagte er dazu: »Das hindert nicht,
dass trotzdem die Akten in meinem Besitze sind. Sie möchten
wissen, wie ich zu denselben kam? Das ist mein Geheimnis.«
(Moro-Giaffieri, Göring, der Brandstifter bist du!, Strasbourg,
1933.) Die von RL übergebene Akte enthielt wahrscheinlich Teile
der Anklageschrift und Kartenmaterial, das durch illegale KPD-
Quellen aus Deutschland geschleust wurde.

165 *Kerr* – Alfred Kerr (1867–1948), Schriftsteller. 1911–1914 Hg.
der Zeitschrift »Pan«, 1919–1933 Mitarbeiter am »Berliner Tageblatt«, bedeutender Theaterkritiker, emigrierte 1933 über Prag,
Wien, Zürich nach Paris. Seit 1935 in England, ab 1939 Vor-
standsmitglied des Freien Deutschen Kulturbundes (London).

166 *Strausberg* – Östlicher Vorort Berlins, 1910–1911 verbrachte RL
dort seine Referendarzeit.

169 *avenue de Versailles* – Straße am nordöstlichen Seineufer in Paris.

170 *Mussolini* – Benito Mussolini (1883–1945), ital. Faschistenführer.
Kennen Sie Lania? – Leo Lania, d. i. Hermann Lazar (1896,
Charkow – 1961, München), Schriftsteller. Kindheit in Charkow
und Wien. 1915 Kriegsfreiwilliger. Nach Demobilisierung »Arbei-
ter-Zeitung«, 1919 KP Österreich, Verbindungsmann zur Unga-
rischen Räterepublik Béla Kuns, 1920 bei Karl Radek in Berlin.
Verschaffte sich 1923, getarnt als ital. Faschist, Zugang zu Adolf
Hitler und dem »Völkischen Beobachter«, veröffentlichte eines
der ersten international beachteten Interviews mit Hitler. Ab
1926 freier Journalist und Schriftsteller. Mitarbeiter »Die Weltbühne«, »Das Tage-Buch«. Zusammenarbeit mit Piscator, Kortner, Reinhardt. Verfasser des Drehbuchs für die Filmfassung der
»Dreigroschenoper«. 1933 Exil Frankreich. »Pariser Tageszeitung«. 1939 und 1940 Internierung. Flucht nach Südfrankreich,
illegal durch Spanien nach Lissabon, vermutlich Ende 1940 Über-
fahrt nach New York. Journalistische Arbeit in den USA,
Rückkehr in den fünfziger Jahren.

172 *das Ideal der Karolingerzeit* – Karolinger, fränk. Hochadels-
geschlecht, benannt nach seinem bedeutendsten Repräsentanten,
Kaiser Karl der Große (747–814).
Eidechse – Zweite Ehefrau RLs, mit Nachnamen Riess, Malerin
und Mode-Fotografin.

173 *Fontenelle* – Bernard Le Bovier de Fontenelle (1657–1757), franz.
philosoph. Schriftsteller.
Drecoll – Christoph Freiherr von Drecoll, um 1900 bekannter
Modemacher.

174 *Übersetzung des Verhältnisses Beate–Ruth* – Ruth Hermann (1906
bis ?), Gefährtin Friedrich Wolfs während seines franz. Exils,
lebte in Sanary-sur Mer, emigrierte 1941 nach Kuba, lebte nach
1946 in Dresden, hatte enge Beziehungen zu RL und seiner Frau
Yvette.

175 *Edschmid* – Kasimir Edschmid, eigentl. Eduard Schmid (1890,
Darmstadt – 1966, Vulpera/Schweiz), Schriftsteller.
Babette – Babette Lisette Gross (1898–1990). 1919 Lehrerexamen.
1920 KPD. 1921 kurze Ehe mit dem Schriftsteller Fritz Gross.
Seit 1922 bei der Internationalen Arbeiter-Hilfe. Bekanntschaft
mit Willi Münzenberg. Leitete offiziell den Verlag »Éditions du
Carrefour«. Nach Internierung 1940 Emigration via Portugal
nach Mexiko. Beziehung mit Otto Klepper. Nach 1945 Rückkehr. 1949–1951 in der Geschäftsleitung der »Frankfurter Allgemeinen Zeitung«. In ihren Erinnerungen »Willi Münzenberg«
(1967) wird RL nicht erwähnt.

176   *er meint den Carrefour-Verlag* – Éditions du Carrefour; wichtigster Verlag der dt. Emigration in Frankreich, von Münzenberg 1933–1937 geführt. In dieser Zeit erschienen ca. 50 deutschsprachige Broschüren und Bücher.

Grandi – Vermutl. Dino Grandi (1895–1988), ital. Politiker. 1929 bis 1932 Außenminister, 1939–1943 Justizminister.

177   *Sans participation des conquérants* – (franz.) Ohne die Beteiligung der Eroberer.

des occupants – (franz.) der Besatzer.

mégot – (franz.) Zigaretten-Kippe.

dans la bouche d'un soldat – (franz.) in den Mund eines Soldaten.

178   *Schwarzschild* – Leopold Schwarzschild (1891, Frankfurt/M., bis 1950, Santa Margherita/Italien), Publizist. Kaufmännische Ausbildung, Studium der Geschichte und Volkswirtschaft. 1914 Kriegsteilnahme. 1919 Sondermission für Reichsfinanzministerium. 1920 Mithg. der Zeitschrift »Das Tage-Buch«. März 1933 Flucht nach Wien, im Sommer nach Paris. Hg. von »Das Neue Tage-Buch«. Mitarbeit im Vorläufigen Ausschuß zur Vorbereitung einer Deutschen Volksfront; neben Georg Bernhard und Otto Klepper Vertreter der »Bürgerlichen« im am 16. 9. 1935 gewählten Lutetia-Komitee. In der Affäre um das »Pariser Tageblatt« Parteinahme gegen Georg Bernhard. Abrücken von Volksfrontbewegung. Mitbegründer des »Bundes Freie Presse und Literatur« als Gegenorganisation zum SDS. 1940 Emigration in die USA. Ab 1942 Kommentator bei »Voices from America«.

Mehring – Walter Mehring (1896, Berlin – 1981, Zürich), Schriftsteller. Gründete 1920 das linksradikale »Politische Cabaret« in Berlin; Texte für »Schall und Rauch«. Exil in Frankreich, 1939 Internierung u. a. in St. Cyprien. 1941 Emigration nach Martinique, 1942 in die USA. 1951 Rückkehr in die Schweiz.

ich wohne wohl also noch in der Badenschen Strasse – In Berlin-Wilmersdorf. RL wohnte 1915/16 in der Badenschen Str. 33.

Arne – Arne Forster, offenbar Sohn von Kurt Kersten.

Max Rafael – Bezug auf Max Raphael (1889, Schönlanke – 1952, Selbstmord in New York), Philosoph und Kunsthistoriker. Unterrichtete 1920–1933 an der Volkshochschule Berlin, Entlassung 1932 aus politischen und rassischen Gründen. Emigration nach Frankreich 1933. 1940 Internierung in Gurs, seit Februar 1941 in Les Milles. Juni 1941 Ausreise nach USA.

180   *Oberlehrer Ronke* – Lehrer aus RLs ersten Schuljahren. Am Comenius-Gymnasium gab es keinen Lehrer diesen Namens.

Peter Mendelsohn – Peter de Mendelssohn (1908–1982), Schriftsteller, Journalist. Arbeit am »Berliner Tageblatt«, 1927–1928 Korrespondent in London, 1929 »United Press of America«, Berlin. Emigration nach Frankreich (1933), Österreich (1934),

England (1936). 1939 Angestellter des brit. Informationsministeriums. Ab Januar 1944 Arbeit für die alliierten Streitkräfte. Juli 1945 als US-Presseoffizier in Berlin. Mitbegründer der Zeitung »Der Tagesspiegel«. Berichterstatter vom Nürnberger Prozeß. 1949 Rückkehr nach England. 1954–1970 Korrespondent für den Bayrischen Rundfunk. 1970 Rückkehr nach Deutschland. 1975 Präsident der Deutschen Akademie für Sprache und Dichtkunst.

181 *de menthe* – (franz.) Pfefferminz.
Pastilles – (franz.) Tabletten.
vom Typ André Gides – André Gide (1869–1951), franz. Schriftsteller; 1947 Nobelpreis. Sein Reisetagebuch »Retour de l'U.R.S.S.« (1936) führte unter den linken Intellektuellen zu einer heftigen Debatte über die Stellung zur Sowjetunion und Parteifragen. Gide selbst wurde in verschiedenen Exil-Zeitschriften scharf attackiert.

183 *Lo Heymann* – Lotte Heymann (1896? – ?), erste Frau des Komponisten Werner Richard Heymann, Scheidung 1930.
stultus – (lat.) der Einfältige, der Tor.

185 *Paul Hahn* – Zellengenosse in Castres. Gehörte nicht zur kommunistischen Gruppe. RL stand zu ihm »ausgesprochen freundschaftlich«. Am 13. 4. 42 notiert er über ein Gespräch: »... wir haben abends ein leidenschaftliches Gespräch über musikalische Geschmacksdiktatur geführt.« (SAdK-RL- 873) Weiteres konnte nicht ermittelt werden.
der Schwester von Rausch von Traubenbergs Göttinger Assistentin – Heinrich Rausch von Traubenberg (1880–1944), Physiker; Hochfrequenztechniker in der Industrie, 1910–1922 Assistent und Dozent an der Universität Göttingen, Kontakt zur freideutschen Jugendbewegung, Mitglied der DFG und Liga für Menschenrechte, seit 1931 Professor an der Universität Kiel, wurde 1937 zur Aufgabe seines Lehrstuhls gezwungen, da er sich nicht von seiner jüdischen Frau trennte. – Über die erwähnte Assistentin und ihre Schwester ist nichts bekannt.

186 *am selben Tage ... wie Yvette.* – Hasenclever wurde am 8. 7. 1890, Yvette Leonhard am 7. 7. 1899 geboren.
Carl Einstein – (1885, Neuwied – 1940, Lestelle-Bétharram), Kunsttheoretiker, Schriftsteller. Mitarbeit an verschiedenen expressionistischen Zeitschriften, u. a. »Neue Blätter«, »Die Aktion«. Kriegsfreiwilliger, Verwundung. 1918 Mitglied des Brüsseler Soldatenrats. Rückkehr nach Berlin, Spartakusbund. Kunstkritische und literarische Arbeiten. 1928 Übersiedlung nach Paris. Zusammenarbeit mit Georges Bataille. 1935 Vortrag im SDS, sonst Distanz zur deutschen Emigration. 1936 in Barcelona, Kontakt zu anarchistischen Gewerkschaften. Milizionär der Kolonne Durruti. 1939 Frankreich, Internierung in Argelès,

danach mittellos in Paris. 1940 Internierung bei Bordeaux. Beging auf der Flucht vor deutschen Truppen Selbstmord.

186 *Wolffenstein* – Alfred Wolfenstein (1883, Halle/Saale – 1945, Selbstmord in Paris), Schriftsteller. Gedichte und Aufsätze in »Die Aktion«. Beteiligung an expressionistischen Zeitschriften wie »Die Neue Kunst«, »Die weißen Blätter«, »Das Ziel«. Ging 1915 nach München. Hg. von »Die Erhebung. Jahrbuch für neue Dichtung und Wertung«. 1924 Rückkehr nach Berlin. 1933 Emigration nach Prag. Radiojournalist. 1938 in Frankreich. Schrieb für »Pariser Tageblatt« und »Pariser Tageszeitung«. 1940 Flucht aus Paris. Internierungshaft. Bis 1944 illegal in Paris.

von dem Österreicher König – Möglicherweise Verwechslung mit Erich Baron, dem Herausgeber der Zeitschrift »Neue Blätter«.

188 *Me voilà!* – (franz.) Das bin ich!

191 *Goering* – Hermann Göring (1893–1946), Politiker, NSDAP. Von 1933 bis 1945 preuß. Ministerpräsident. Beging vor seiner Hinrichtung Selbstmord.

193 *auf einem Bilde von Teniers* – David Teniers d. J. (1610–1690), fläm. Maler.

meines Sprach-Buchs – Siehe zweite Anm. zu S. 95.

194 *Gilbert Lesage* – Mitglied der Quäker, 1933 aus Deutschland ausgewiesen. Unterstützte 1933 bis 1939 als Mitarbeiter der Société de amis Emigranten verschiedener Länder. Versuchte diese Tätigkeit unter der Vichy-Regierung fortzusetzen. Leiter des Service social des étrangers (Sozialamt für Ausländer). 1944 Verhaftung wegen des Einsatzes gegen die Deportation der Juden und Polen. Internierung im Lager Tournelles bei Paris. Entging der Deportation dank der Befreiung durch die Résistance im Frühsommer 1944. Starb 1989 in Paris

Laval – Pierre Laval (1883–1945), franz. Politiker; seit 1914 Abgeordneter (bis 1919 Sozialist, dann parteilos). 1927–1940 Senator, mehrfach Minister. 1931 und 1932 sowie 1935 und 1936 Ministerpräsident. Trat ab 1940 für Zusammenarbeit mit Deutschland ein. 1942–1944 Premier der Kollaborationsregierung in Vichy. 1945 als Hauptkollaborateur zum Tode verurteilt und erschossen.

Manfred Fürst – (1895–1973), Schauspieler. Nach Engagements in Trier, Göttingen, Breslau, Hamburg 1919–1933 in Berlin, erst an der Tribüne, dann an größeren Häusern; 1928 im Ensemble der »Dreigroschenoper«-Uraufführung, Arbeit mit linken Theaterkollektiven. 1933 Frankreich, 1939 England, 1940 USA, Versuche, deutschsprachiges Theater zu machen; Taxifahrer, Verkäufer, Bauarbeiter, später Theateragent; 1955 Rückkehr nach Deutschland, Filmagentur in München, kleinere Rollen am Residenztheater, Kammerspiele, sowie Radio- und Fernsehproduktionen. RL kannte Fürst seit seiner Göttinger Studentenzeit.

197 *Du müsstest ihn doch aus Dresden kennen!* – Hasenclever wohnte ab November 1917 öfter im Dresdner Stadtteil »Weißer Hirsch«, in der »Pension Felsenburg«, zu deren Stammgästen bald auch E. Deutsch, K. Pinthus und RL wurden. Später bezog Hasenclever dort eine Wohnung, Robert-Koch-Straße 9.
Je vous ai télégraphié aujourd'hui … – (franz.) Ich habe Ihnen heute telegraphiert.

198 *Frau Oettlinger* – Pensionswirtin RLs in der Berliner Wichmann-straße während seiner Studentenjahre zwischen 1908 und 1914.

199 *Caamaño* – Antonio Caamaño, span. Internierter, kam von Le Vernet nach Castres, entkam beim Ausbruch September 1943 und schloß sich der Résistance an.

200 *Jean Sylveire* – französischer Journalist, u. a. Redakteur der Zeit-schrift »Franchise«.
Théâtre Pigalle – 1926–1929 erbaut, galt Anfang der dreißiger Jahre als das technisch modernste Theater von Paris.
Hotel Adlon – Erste Berliner Adresse, Unter den Linden Ecke Pariser Platz.

201 *le lit Voltaire* – (franz.) das Bett Voltaire.

204 *Bernhard Reichenbach* – (1888–1975), Journalist. Aktiv in der Jugendbewegung, wie RL ständiger Mitarbeiter der Monats-blätter »Der Aufbruch«, »Freie Studentenschaft«. 1915–1917 Feldsanitäter, dann bis 1919 Pressestelle Auswärtiges Amt; 1917 Gründungsmitglied der USPD, 1920 KAPD, 1921 Teilnehmer am 3. Weltkongreß der Komintern in Moskau. Ausschluß aus KAPD, 1925 SPD. Rege Vortragstätigkeit. Kurze Mitgliedschaft in SAPD. 1934 Berufsverbot. 1935 Exil England. 1940–1941 Internierung Isle of Man. 1941–1942 Kriegsgefangenenschulung. Nach 1945 Korrespondent für verschiedene deutsche Zeitungen und Sendeanstalten.
Die Reisenden müssen den »Steuerschein« – Bereits 1933 wurde in einem Runderlaß des Reichsministers der Finanzen die Auswan-derung der Juden aus Deutschland befürwortet, gleichzeitig aber eine »Reichsfluchtsteuer« für Personen erhoben, die durch ihre Auswanderung die deutsche Steuerbasis verringerten.

205 *noch dazu den »Judenbrief«* – Erstmals von den Karolingerkaisern eingeführte Schutzbriefe garantierten einzelnen Juden oder Gemeinden Privilegien und Sicherheiten, für die sie den jeweili-gen Herrschern allerdings regelmäßige Zahlungen zu entrichten hatten.
aus dem Büro von Duclos – Jacques Duclos (1896–1975), Funk-tionär der PCF, 1931–1964 im Politbüro.

206 *Klapper* – Arzt aus der Berliner Boheme der zwanziger Jahre. »Fast immer gegen Mitternacht kam der Doktor Klapper ins Café, ein begabter Mediziner, der ein bedeutender Mediziner

hätte werden können. Aber Spielleidenschaft und Erotomanie hielten ihn in den Klauen.« (Georg Zivier, Das romanische Café, Berlin, o. J.)

206 *Rehfisch* – Hans José Rehfisch (1891, Berlin – 1960, Schuls/ Schweiz), Schriftsteller. 1912 Referendar am Kammergericht Berlin, 1914–1918 Soldat, 1920 Assessor, 1922 Anwalt, Vizepräsident der Bühnengewerkschaft, Ko-Regisseur mit Piscator am Berliner Zentraltheater, 1933 kurzzeitig verhaftet, Emigration nach Wien, 1938 England. Arbeit für das deutsche Programm der BBC, nach 1945 Emigration in die USA. Leitete die Produktionsklasse in Piscators Drama Workshop, New York. 1947–1949 Vorlesungen an der New School for Social Research, 1950 Rückkehr nach Deutschland, Präsident der Gesellschaft zur Verwertung literarischer Urheberrechte. Diverse Stücke und Hörspiele.

207 *Place Péreire* – Place Péreire im 17. Arrondissement von Paris.
Levallois – Nordwestlicher Vorort von Paris.
Clichy – Nordwestlicher Vorort von Paris.
rue La Boétie – Im 8. Arrondissement von Paris.
rue Cambronne – Im 15. Arrondissement von Paris.
Frau Rjabuschinski – RLs Adreßbuch nennt: E. Riabouchinsky, wohnhaft in Plessis-Robinson (Seine).
Am 30. Januar 1933 – Ernennung Hitlers zum Reichskanzler durch Hindenburg.
Nein, mein Verlag ... nach Wien geflüchtet. – RL hatte 1933 keinen deutschen Verlag, an den er fest gebunden gewesen wäre.

208 *Mascha* – Alte Köchin der Familie in Lissa.
Dein dummes und rücksichtsloses Davonlaufen – Kurt Kersten hielt seine Beziehungen zu Willi Münzenberg auch nach dessen Bruch mit der KPD aufrecht. Er beteiligte sich am Bund Neues Deutschland, den Münzenberg initiiert hatte. Ein internes Papier kennzeichnete seine Teilnahme an einer Versammlung des Bundes am 26. 7. 1938 im RUP-Gebäude am Pariser Cercle des Nations als »Verrat an der Partei«. (BA RY I 2/3/405)
das ist mein kleiner Sohn – Wolfgang Leonhard (geb. 1921), Historiker, Publizist; ging mit seiner Mutter Susanne Leonhard 1935 in die Sowjetunion, Karl-Liebknecht-Schule Moskau, 1942 Kominternschule Ufa, kam 1945 mit der Gruppe Ulbricht nach Berlin, verließ die SBZ 1949 und kam über Jugoslawien in die Bundesrepublik. Längere Studienaufenthalte in England und den USA. Lebt in Manderscheid /Eifel.

210 *Was ich neulich über das Schloss Opitz veröffentlicht habe* – Daß RL die Schlösser von Branitz, Pillnitz und Wörlitz kannte, ist anzunehmen. Ein Ort Opitz war nicht nachweisbar.

211 *Ernst von der Decken* – (1894–1958), Journalist, Schriftsteller. Stieß 1916, zur Zeit der Inszenierung von Hasenclevers Stück

»Der Sohn« in Dresden, auf RL, Deutsch und Hasenclever. Kritiker an verschiedenen Zeitungen, u. a. »BZ am Mittag«. Blieb in Deutschland. Nach 1945 Journalist u. a. für »Welt am Sonntag«. Ernst Deutsch schrieb ihm zum Gruß: »Als Jünglinge sind wir von Dresden nach Berlin gekommen und haben grosse und herrliche Jahre im grossen und herrlichen Berlin in wahrer Freundschaft verbunden gelebt. Tausende und abertausende Anekdoten gibt es aus dieser reichen Zeit, bis die Emigration uns trennte. In New York gab es noch ein kurzes Wiedersehen, dann eine Trennung auf Jahre. Über Meere und Länder bist Du der edelste und nobelste Freund geblieben, den ich hatte.« (SAdK-ED-60/81/1311)

211 *1933 nicht bei der B. Z. bleiben sollen* – Tageszeitung des Ullstein-Verlages. Die erste Nummer der »B.Z. am Mittag« erschien am 22. 10. 1904. Die »Gleichschaltung« und »Arisierung« des Verlages begann mit der Machtübernahme der Nazis, 1934 wurden die Ullsteins zum Verkauf gedrängt, 1938 erhielt das Unternehmen den Namen »Deutscher Verlag«.
Arnold Zweig – (1887, Glogau – 1968, Berlin), Schriftsteller. Emigrierte 1933 nach Palästina, kehrte 1948 nach Ost-Berlin zurück.

212 *Simone Téry* – Franz. Schriftstellerin und Journalistin, Tochter von Andrée Viollis; arbeitete für »L'Œevre« und »L'Humanité«.

214 *Du hast mich im Lessing-Theater letztens überschätzt* – Ernst Deutsch spielte vor allem am Deutschen Theater und im Staatlichen Schauspielhaus.
Bessmertnys Schwester – Alexander Bessmertny (1888, St. Petersburg – 1943 Berlin, hingerichtet), Journalist, Autor. Kindheit und Jugend in Hamburg. Literarische Arbeiten in expressionistischen Zeitschriften. Lebte nach dem 1. Weltkrieg in Berlin. Mitarbeiter von »Der Querschnitt«, veröffentlichte mehrere Bände der »Autographen-Rundschau«. Linker ohne Parteizugehörigkeit. 1933 Emigration via Frankreich nach Prag. Beiträge für »Das Wort« und »Die Neue Weltbühne«. Zusammenarbeit mit tschechischem Geheimdienst. Wahrscheinlich ab Mai 1938 Teilnahme an Verteidigungsmaßnahmen gegen die drohende deutsche Invasion. Nach deutscher Besetzung mit Hilfe von Wilhelm Sternfeld versteckt. 1939 von der Gestapo verhaftet, vom »Volksgerichtshof« zum Tode verurteilt. Wichtigstes Buch: »Das Atlantisrätsel. Geschichte und Erklärung der Atlantishypothese«, Leipzig 1932.

215 *Peter Bach* – (1896– ?), Sänger, Komponist. Vor 1933 als Konzertsänger tätig, emigrierte nach Frankreich, 1935 aus Reichsmusikkammer ausgeschlossen. Trat in Paris zunächst mit dem »Wiener Künstler-Club« im Restaurant Chez Lurion auf, später im »Künstler-Club Paris-Wien«, wohin er mit anderen Künstlern

Leon Askenasy gefolgt war. Mai 1934 Revue »Wie der kleine
Moritz sich die Welt vorstellt«, Auftritte mit der Kabarettgruppe
»Les Sans-Culottes«.

215 *Bechen Bessmertny* – Vermutl. identisch mit Berta Bessmertny,
zeitweilig wohnhaft in Issy-les-Moulineaux (Frankreich), Ärztin.
Möglicherweise Schwester von Alexander Bessmertny.
Karlheinz Martin – (1888–1948), Regisseur. 1909–1915 Direktor
des Komödienhauses Frankfurt/Main, ab 1915 in Hamburg. 1919
mit RL Gründer der Tribüne. Regieführung an verschiedenen
Berliner Theatern, 1929–1931 Direktor der Volksbühne. Bis 1941
Berufsverbot. 1945–1948 Hebbeltheater.

216 *eine Karte des Stalingrader Sektors* – »Stalingrad darf nicht vom
Feind erobert werden«, telegrafierte Stalin am 5. 10. 1942 aus
Moskau. Hitler erklärte am 6. 10. 1942 die »völlige Inbesitz-
nahme« der Stadt zur Hauptaufgabe der Heeresgruppe B und der
6. Armee. Die Rote Armee begann mit der Vorbereitung ihrer er-
folgreichen Gegenoffensive »Uranus«.

217 *bonnet de loutre* – (franz.) Mütze aus Otterfell.

219 *Ringelnatz* – Joachim Ringelnatz, eigentl. Hans Bötticher (1883
bis 1934), Schriftsteller.
Paul Hase – Paul Haase (1873–1925), Maler und Karrikaturist.
Vladimir Pozner – (auch: Volodja) (1905–1992), franz. Schriftsteller; russ. Herkunft; ließ sich 1921 endgültig in Frankreich
nieder, Arbeit als Journalist und Übersetzer, u. a. in der Zeitschrift »Commune« und mit Maximilian Scheer in der Agentur
»Impress«. Lernte RL bei einem Treffen mit Ernst Toller 1930
kennen. 1934 Gast auf dem Moskauer Schriftstellerkongreß.
1937 Ausschluß aus der PCF, 1940 Emigration in die USA. 1947
Rückkehr nach Frankreich. Film-Arbeit. 1962 bei einem Spreng-
stoffattentat der rechtsradikalen Untergrundbewegung O. A. S.
schwer verletzt.

221 *Georg Bernhard* – (1875, Berlin – 1944, New York), Publizist,
Wirtschaftspolitiker. Handelsredakteur verschiedener Ullstein-
blätter. Mitarbeiter an Maximilian Hardens »Zukunft«. 1906
SPD-Ausschluß. 1914–1930 Chefredakteur der »Vossischen
Zeitung«. 1933 Paris. Hg. von »Pariser Tageblatt« und »Pariser
Tageszeitung«. 1935 Mitglied im Volksfrontausschuß. Vorsitzender des »Verbandes deutscher Journalisten im Ausland«. 1941 in
die USA.
Kundt-Kommission – Untersuchungskommission unter Leitung
von Ernst Kundt, Legationsrat im deutschen Auswärtigen Amt,
kontrollierte im Juli/August 1940 die südfranzösischen Internierungslager. Ihre Aufgabe bestand darin, rückkehrwillige Internierte zu repatriieren und Hitler-Gegner festzustellen, deren
Auslieferung nach Deutschland im Waffenstillstandsvertrag ver-

einbart worden war. Die Kommission, bestehend aus Medizinern, Vertretern der NSDAP-Auslandsorganisation, Gestapo-Beamten sowie niederen SS-Chargen, inspizierte am 17. und 18. 8. 1940 das Lager Le Vernet.

221 *Pariser Tageszeitung* – Tageszeitung der dt. Emigration, ging im Juni 1936 aus dem »Pariser Tageblatt« hervor. Georg Bernhard leitete die Redaktion bis 1937.

223 *Siegfried Jacobsohn* – (1881–1926), Publizist. Gründete 1905 die Theaterzeitschrift »Die Schaubühne« (ab 1918 »Die Weltbühne«).

224 *Nebenan arbeitet Wilhelm Band* – Vermutl. Wilhelm Bendt, Angestellter im Kurt Wolff Verlag.

225 *Clamart* – Südwestlicher Vorort von Paris. RL lebte dort ab 1927 längere Zeit in Walter Hasenclevers Wohnung in der Avenue Victor Hugo 233.
   »Du hast Dich also engagiert?« Es war allen Freunden dringend empfohlen worden, es nicht zu tun – Wilhelm Pieck berichtete am 29. 4. 1940 in einem Brief Georgi Dimitroff von der angeblichen Fehleinschätzung der politischen Lage durch die Pariser Auslandsleitung unter Franz Dahlem. »Von besonderem Interesse [...] sind die Diskussionen im Sekretariat über die Einschätzung der Entwicklung vor Ausbruch des Krieges, aus der die völlige Verkennung der Lage durch die Genossen hervorgeht und die schließlich auch zu der falschen Beurteilung des Krieges auf der Seite Frankreichs und Englands führte. Daraus entsprang auch die Idee, an Daladier zu schreiben, um die Freiheit zur Fortsetzung des Kampfes gegen das Hitlerregime in diesem Kriege zu erlangen.« (BA RY 5/1, 6/10/69)

226 *Friedrich Ebbecke* – Verlags- und Sortimentsbuchhandlung in Lissa, gegründet 1826. Erste und älteste Buchhandlung der Provinz Posen.
   Étoile – Place de l'Étoile in Paris, Standort des Arc de Triomphe.

227 *avenue Niel* – Straße nördlich des Place de l'Étoile.
   Björnstjerne Björnson – (1832, Kvikne – 1910, Paris), norweg. Dichter.
   André Wurmser – (1899–1984), franz. Schriftsteller und Journalist.
   Werner Wohlers – Ernst Werner Wohlers (1915 – ?), ausgebürgert am 24. 7. 1940. Am 3. 10. 1943 von Le Vernet nach Castres überführt.

228 *es ist Ziegenhals* – In Ziegenhals bei Niederlehme, südöstlich von Berlin, tagte am 7. 2. 1933 letztmalig (und bereits illegal) das Thälmannsche ZK der KPD.
   Wohl – Paul Wohl, Freund, der 1936 erfolglos versuchte, mit Yvette Leonhard in Paris ein Geschäft aufzubauen. Ging 1938 in

die USA. Nach einem Bericht von Helmut Hirsch schrieb er dort eine Wirtschaftskolumne. (»Exil«, Nr 1, 2000)

230 *Select* – Café am Boulevard du Montparnasse, Ecke Rue Vavin.
Plivier – Theodor Plivier (1892, Berlin – 1955, Avegno/Italien), Schriftsteller.
Nico – Nico Rost (1896–1967), holl. Schriftsteller und Journalist, vor 1933 Korrespondent für niederländische Presseorgane in Berlin, Übersetzer von Döblin, Seghers, Kisch, Roth u. a., 1933 mehrere Monate Haft im KZ Oranienburg, Mitarbeit am Aufbau des Querido-Verlages Amsterdam, überlebte die KZs Vught und Dachau, lebte nach dem Krieg in Belgien und der Tschechoslowakei, kam 1949 in die DDR, verließ sie nach politischen Verleumdungen 1951.

231 *Banlieue* – (franz.) Vorortzone.
Cornu – Auguste Cornu (1888, Beaune – 1981 Berlin/Ost) franz. Historiker. Mitglied der Sozialistischen Partei (1913) und der KPF (1923). Arbeiten über das Werk von Karl Marx. Vorlesungen an der Leipziger Universität 1949–1950, an der Humboldt-Universität 1951–1959.
ein Pneu – Rohrpostbrief. Die Rohrpost (poste pneumatique) beförderte in Paris und einigen Vorortgemeinden Karten (»petite bleue«) sowie Briefe bis 7 Gramm.

235 *René Blech* – Franz. Schriftsteller. Im Tagebuch 1944 schrieb RL über ihn: »Ich las eine sympathische Novelle des so sehr sympathischen René Blech – und sah, was ›sozialistischer Realismus‹ (der Name wird viel zu viel, viel zu formelhaft angewandt, viel zu vage postuliert) – wäre: die kleine Geschichte spielt in zwei Etagen, die Elemente berühren einander nicht, die Faktoren bleiben ohne Zusammenhang; aber wie stark, wie erzählenswert wäre das gewesen[…].« (SAdK-RL-764)

236 *Pabst* – Georg Wilhelm Pabst (1885–1967), Filmregisseur; wichtiger Vertreter des Stumm- und frühen Tonfilms. Aus der Zusammenarbeit von RL und Pabst entstand nachweislich der am 15. 10. 1929 in Berlin uraufgeführte Streifen »Tagebuch einer Verlorenen«, für den RL (nach einem Roman von Margarete Böhme) das Buch schrieb und Pabst Regie führte.

237 *Cilly Lwowski* – Cäcilie Lvovsky, später Celia Lovsky (1897, Wien? – 1979, Los Angeles), Schauspielerin. Ausbildung an der Akademie für Kunst und Wissenschaft in Wien, 1917 bis 1927 Deutsches Volkstheater Wien, 1927/28 Schauspielhaus Frankfurt/Main. Arbeit an verschiedenen Theatern in Berlin, darunter an der Tribüne 1931/32. Ging 1933 nach Wien zurück. 1934 Dreharbeiten in England »The man who knew too much« (Regie: Alfred Hitchcock). Heiratete Peter Lorre. Nach Emigration in die USA Film- und Fernsehkarriere in Hollywood.

238 *Annemarie Korff* – (1903 oder 1909 – 1976), Schauspielerin. Reichersche Schauspielschule, Filmarbeit bei UFA und Terra bis 1940, 1939–1944 Sprecherin beim Fernsehsender Berlin, 1945 bis 1947 Kammerspiele Spandau, dann Engagements in Gießen, Oldenburg, Pforzheim.

239 *Frau Duchêne* – Gabrielle Duchêne (1870–1954), franz. Pazifistin und Frauenrechtlerin; seit 1915 Vorsitzende der Vereinigung »Welt der Frauen«, gehörte in den dreißiger Jahren verschiedenen Hilfsorganisatioen und antifaschistischen Gremien an. 1940 Flucht vor der Gestapo in die Südzone. Nach 1945 Präsidentin der franz. Sektion der Frauenliga für Frieden und Freiheit.

240 *Hans Namuth* – (1915, Essen – 1990, East Hampton/New York), Fotograf, Filmemacher, Maler; 1928–1933 Arbeit in einem Buchladen. Von der Gestapo verhaftet wegen Verbreitung illegaler Literatur. September 1933 Emigration nach Frankreich. Lernt Georg Reisner kennen. Beschäftigung mit Fotografie. 1935 mit Reisner Fotoreportage über Spanischen Bürgerkrieg. 1939–1940 Fremdenlegion. 1941 Emigration in die USA. 1941–1942 Arbeit in verschiedenen Foto-Ateliers in New York. 1942–1945 Dienst in der US-Army. Ab 1947 Fotograf und Maler in New York.
Tolstoi – Lew Nikolajewitsch Tolstoi (1828–1910), russ. Schriftsteller.
Maxim Gorki – Eigentl. Alexej Maximowitsch Peschkow (1868 bis 1938), russ. Schriftsteller.

241 *La science et la vie* – Zeitschrift, erschien in Paris seit 1913 als »Magazin für Wissenschaft und deren Anwendung im modernen Leben«.

244 *Lene Jansen* – Siehe dritte Anm. zu S. 34.

245 *Philipp Daub* – (1896–1976), Parteifunktionär; Metallarbeiter. 1918 USPD, 1921 KPD. Gewerkschaftsarbeit. 1934 Beauftragter der Politbüros der KPD in der Saarabstimmung. 1935 Emigration nach Holland, 1936 nach Frankreich. Unterzeichner des Volksfrontaufrufs. Bei Kriegsausbruch Internierung in Le Vernet. 1940 Emigration in die USA. 1945 Rückkehr nach Deutschland. Zentralverwaltung für Umsiedler. 1950–1961 Bürgermeister in Magdeburg.
Maria Osten – (1908, Muckum/Westfalen – 1942, erschossen in Saratow), Schriftstellerin; 1925 Kontakt zu Berliner Künstlerkreisen, 1928 Malik-Verlag, 1932 lernt sie Michail Kolzow kennen, mit ihm nach Moskau, 1934 Saarland. 1936–1938 mehrmals als Korrespondentin in Spanien. 1938/39 Pariser Redaktion »Das Wort«. Mai 1939 nach Verhaftung Kolzows Rückkehr nach Moskau. 1941 Verhaftung durch das NKWD.

246 *On peut toujours aller boire un demi, tous!* – (franz.) Wir können immer noch ein Bier trinken gehen, alle zusammen!

246 *Pont de l'Alma* – Pariser Seinebrücke.

Jakob Bührer – (1882–1975), Schweizer Schriftsteller.

Jakob Bührers Tochter– Selma Bührer (geb. 1913?), in erster Ehe mit dem Arzt Harold Winter verheiratet, berichtete als Journalistin über die Flucht und Internierung der spanischen Republikaner in Südfrankreich. Mit RL traf sie u. a. in Sanary-sur-Mar zusammen.

247 *Trocadéro* – Platz in Paris.

RUP-Kongresse – »Rassemblement Universel pour la Paix«, Weltfriedensbewegung. Der erste RUP-Kongress tagte am 7. und 8. 9. 1936 in Brüssel.

248 *ähnlich sprach Sadowski* – Die Verhaftung erfolgte am 29. 9. 1939 in Paris. Ob und inwieweit der Polizeibeamte Sadowski RL bekannt war, konnte nicht ermittelt werden.

die Erinnerung an meinen einstigen Bundesbruder Jürgens – Der Kommentar läßt die Mitgliedschaft in einer studentischen Verbindung vermuten, RLs Annäherung an die freideutsche Jugendbewegung begann wahrscheinlich erst mit Beginn des 1. Weltkriegs.

»Patrie Humaine« – Die Zeitschrift »La Patrie Humaine« wurde 1931 von Victor Méric (1876–1933) gegründet, ihre Tendenz war pazifistisch und anarchistisch.

mit dem Namen Kurt Hillers – Kurt Hiller (1885–1972), Schriftsteller. 1909 Gründung des expressionistischen »Neuen Clubs«, des »Neopathetischen Cabarets« und des literarischen Kabaretts »Gnu«. Mitarbeiter der Zeitschriften »Die Aktion«, »Sturm«, »Die weißen Blätter«, »Die Weltbühne«. Kriegsgegner, Desertion aus dem Heeresdienst. 1918 Vorsitzender des »Rats geistiger Arbeiter«, in dem auch RL mitwirkte. 1922 Bund der Kriegsdienstgegner. Juni 1932 Mitunterzeichner des Aufrufs des Internationalen Sozialistischen Kampfbundes für eine Einheitsfront gegen den Nationalsozialismus. März 1933 schwere Mißhandlungen, Flucht nach Holland, nach Rückkehr bis April 1934 im KZ Oranienburg. Emigration nach Prag; Mitarbeit »Die Neue Weltbühne«. Kritik an der Volksfronttaktik von KPD und SPD. Januar 1938 gemeinsames Manifest mit Otto Strasser. Emigration nach London. April 1940 Bemühungen um Bildung eines »Deutschen Freiheitsrats«. 1955 Rückkehr nach Deutschland. Ab 1956 Vorsitzender des Neusozialistischen Bundes in Hamburg.

249 *Margulies* – Moritz Margulies (später Fels-Margulies) (1910, Czernowitz – 1964, Wien), Parteifunktionär, Polizeibeamter. Mitglied der HaSchomer HaZair, 1925 (?) nach Wien, 1930 KP Österreich, ab 1933 illegale Arbeit, Oktober 1936 Verhaftung, nach Ausweisung (Juni 1937) im Parteiauftrag nach Zürich. 1938 Handelsvertreter in Brüssel, Mai 1940 Flucht nach Frankreich,

470

Internierung in Toulouse, Villemur und St. Cyprien. Juli 1940 Entlassung, Tätigkeit in jüdischen Hilfskomitees. Einreisebewilligung in die UdSSR, da aus Czernowitz gebürtig. Juni 1941 erneut Internierung in Gurs, Les Milles und Le Vernet. 1942 Überführung nach Castres. Ausbruch. Illegal in Paris. Résistance. August 1944 von der Gestapo verhaftet, Folter, Transport nach Deutschland, Flucht aus fahrendem Zug. Januar 1945 Politkommissar des 2. Österreichischen Bataillons im Verband der jugoslawischen Volksbefreiungsarmee, 1945 Rückkehr nach Wien, Juli 1945 Eintritt in den Polizeidienst, April 1950 Ernennung zum Polizeirat, ab 1957 Mitglied des ZK der KPÖ.

251 *Vierländerinnen* – Vierlande: Elbmarschniederung im südöstlichen Teil von Hamburg, zwischen Elbe und Geestrand.

der Professor Hadamard ähnelt – Jacques Salomon Hadamard (1865–1963), franz. Mathematiker; trat für die Volksfront ein.

253 *Bergson* – Henri Bergson (1859–1941), franz. Philosoph. Seine Idee einer schöpferischen Grundkraft (élan vital) wurde in expressionistischen Kreisen stark beachtet.

Herr von Bismarck – Hartmann von Bismarck, Generaldirektor, lebte in Antonshof bei Lissa.

Ich erzähle das seinem Sohne Armin – Sohn von Hartmann von Bismarck, Freund und Mitschüler RLs; im 1. Weltkrieg Leutnant im Husarenregiment 10, Kompanieführer im 4. Thüringer Infanterieregiment 72, später bei einer Feld-Flieger-Einheit, EK Erster Klasse 1915. Das Gemeindeblatt meldete stolz: »Flog als erster deutscher Flieger über Valona«.

254 *Langevin* – Paul Langevin (1872–1946), franz. Physiker. 1934 Mitbegründer des Comité de Vigilance des Intellectuels Antifascistes (C.V.I.A.), 1943 Mitglied der PCF. RL, mit ihm gut bekannt, widmete ihm nach 1945 einen würdigenden Aufsatz.

Georg Kaisers – Georg Kaiser (1878, Magdeburg – 1945, Ascona/ Schweiz), Dramatiker. Zunächst Kaufmannslehre, ab 1898 drei Jahre Kaufmann in Buenos Aires, Spanien und Italien. 1921–1938 freier Schriftsteller in Grünheide (bei Berlin) und Berlin. Werkbetreuung durch den Verlag Die Schmiede. 1933 Aufführungsverbot. 1938 Emigration über Holland in die Schweiz.

Leni Bloch – Freundin aus Berlin-Schöneberg, Zahntechnikerin. Emigrierte im März 1938 nach Holland, von dort im Juli 1938 in die USA. Letzter bekannter Wohnsitz war New York.

255 *Dahlmannstrasse* – Straße in Berlin-Charlottenburg.

256 *HICEM-Schiff* – HICEM, Hebrew Immigration Aid Society of America/Jewish Colonisation Association/Emigrationsdirektion, wichtige jüdische Hilfsorganisation.

Monty Jacobs – Monty Jacobs (1875–1945), Journalist, Schriftsteller. 1905–1910 Theaterkritiker für »Berliner Tageblatt«, ab

1914 »Vossische Zeitung«, dort 1921–1933 Feuilletonredakteur. Erhielt 1937 als britischer Staatsbürger in Deutschland Schreibverbot. Ging 1938 nach England.

257 *den Charakter des Rowohltschen Verlages* – Verlag für moderne deutsche und ausländische Literatur, durch Ernst Rowohlt von 1919 bis 1938 (Berufsverbot) geleitet. 1945 Neugründung.
Emil Ludwig – (1881–1948), dt.-schweizer. Schriftsteller.

258 *die, im Koffer, in Dakar verloren gegangen ist* – Wahrscheinlich ging das Gepäck im Hafen von Dakar verloren, wo es die Besatzung des Frachters, mit dem RL hatte fliehen wollen, vor der Weiterfahrt nach Martinique den Hafenbehörden übergab.

259 *Erich Kretschmer* – Mitschüler auf dem Gymnasium, Sohn des Kaufmanns Karl Kretschmer. Wohnte in Lissa, Markt 22. Studierte Chemie, lebte in Basel und München.
Portépée – Porte-épée: Faustriemen mit Quaste an der Seitenwaffe als Halterung für Degen und Säbel.

260 *Erinnerung wohl an das tägliche schwierige Verknoten der Manuskriptdeckel* – RL verschnürte die losen Seiten seiner Traumaufzeichnungen täglich zwischen zwei dünne Holzbretter.

261 *Die Näherin muss erst einen »Malraux-Faden« bestellen* – André Malraux (1901–1976), franz. Schriftsteller und Politiker. Engagierte sich stark für die Volksfront und die Spanische Republik. Mitorganisator des Pariser Kongresses zur Verteidigung der Kultur, 1935. Distanzierte sich nach dem deutsch-sowjetischen Nichtangriffspakt von der kommunistischen Bewegung. 1940 Mitglied der Résistance. 1945–1946 Informationsminister unter Charles de Gaulle. 1958–1969 Kulturminister.

262 *Helft mir doch, Heinz!* – Heinz Renner (1892–1964), Parteifunktionär; Ausbildung zum Dentisten. 1913 SPD; im Krieg schwer verwundet. 1919 USPD, Herbst 1919 KPD, Parteiarbeit im Rheinland und Westfalen. 1933 Emigration ins Saargebiet, 1935 nach Frankreich, Arbeit für »Internationale Arbeiterhilfe« und »Spanienhilfe« in England, 1937–1939 Sekretär der KPD-Emigrationsleitung Frankreich. September 1939 verhaftet, Internierung in Le Vernet, kam mit RL nach Castres. Auslieferung nach Deutschland im Juli 1943, bis März 1945 Gefangener in Saarbrücken und Landau. 1945 Bürgermeister in Essen. Für die KPD im Bundestag.
Helft mir doch, Kardum – Ivan Kardum, Mithäftling in Castres.
Qu'est-ce que c'est que cela – (franz.) Was ist denn das?
Salle Wagram – Großer Veranstaltungssaal in Paris.
Übrigens lese ich wieder Bromfields »Monsun« – Louis Bromfield (1896–1956), amerik. Schriftsteller. Der Roman »The rain came« (engl. 1937, dt. »Der große Regen« 1939) erschien in Frankreich unter dem Titel »La mousson«.

262 *in dem ich wirklich mit Hasenclever gewohnt habe* – Siehe erste Anm. zu S. 225.

265 *Heinz Priess* – (1915–2001), Journalist. Maler-Lehre, KJVD, 1933 Haft, 1934 Emigration nach Dänemark, 1936–1939 Interbrigadist in Spanien, Internierung in St. Cyprien, Gurs, Le Vernet. Mit RL nach Castres. Nach Ausbruch Teilnahme an der Résistance in Südfrankreich. 1945 Rückkehr nach Deutschland, Chefredakteur der »Hamburger Volkszeitung«, 1952 Übersiedlung in die DDR, Arbeit beim Rundfunk in Leipzig und Berlin.
Hermann Wittmann – Parteiname von Ernst Buschmann (auch Hugo Wittmann) (geb. 1914), Parteifunktionär. Früh im KJVD, Arbeitersportbewegung; 1933 Flucht in die Niederlande, 1936 Teilnahme am 6. Weltkongreß der Komintern, anschließend bis Januar 1937 Leninschule Moskau; März 1937 Spanien, Kommandeur, Februar 1939 Internierung St. Cyprien, Gurs, Mai 1940 bis November 1942 Le Vernet. Mit RL Ausbruch aus Castres. Mitglied der KPD-Leitung Lyon, Ab März 1944 Koordinator der deutschen Maquis-Einheiten. Juli 1945 nach Koblenz, Mitbegründer der Gewerkschaftsbewegung Rheinland-Pfalz, Mitarbeiter des KPD-Parteivorstands. Lebte in Düsseldorf.
Maximo Balbueña oder einer seiner Freunde – Offenbar einer der in Le Vernet internierten spanischen Häftlinge.

266 *rue du Faubourg St.-Honoré* – Straße nördlich der Champs-Elysées.
St. Philippe-du-Roule – Basilika im 8. Arrondissement von Paris.
avenue Marigny – Zwischen Champs-Elysées und Innenministerium.

268 *eines Buches von Zischka, »La guerre sécrète pour le pétrole«* – Anton Zischka (1904–1997), österr. Schriftsteller. »La guerre sécrète pour le pétrole« (»Der Kampf um die Weltmacht Öl«) erschien zuerst 1934 bei Payot in Paris.
der Komponist Nelson – Rudolf Nelson (ursprüngl. Lewysohn), (1878–1960), Komponist, Pianist; schrieb für Revuen, Kabaretts, leitete das »Chat Noir« (1907–1914) und das »Nelson-Theater« (1919–1933). Emigrierte über die Schweiz, Österreich nach Holland. Überlebte das KZ Westerbork. 1949 Rückkehr nach Berlin.
Käte Erlholz – (1876–1958), Schauspielerin; ging mit ihrem Mann, Rudolf Nelson, ins holländische Exil. Kehrte nach 1945 nicht nach Deutschland zurück.

270 *»Voulez-vous dire … est incompétent?«* – (franz.) »Wollen Sie damit sagen«, frage ich langsam mit Zorn, »daß dieses Militärgericht nicht zuständig ist?«

271 *Duhamel* – Georges Duhamel (1884–1966), franz. Schriftsteller. Engagierte sich in der franz. Volksfront, aber auch für die Entlassung von Victor Serge aus sowjetischer Haft.

271 *Giraudoux* – Jean Giraudoux (1882–1944), franz. Dichter. Stipendiat in Deutschland. Feuilletonist beim Pariser »Matin«. Ab 1910 im diplomatischen Dienst; Pressechef des Außenministeriums. Als Leiter des Informationsministeriums orrganisierte er im August 1939 eine Abteilung für Gegenpropaganda, in der RL als Redakteur des Freiheitssenders 29,8 bis zu seiner Verhaftung im September mitarbeitete. Im Tagebuch 1944 erinnerte er sich des Treffens mit Giraudoux: »Als ich nun kurz vor dem Kriege mit Mendès-France zu ihm ins Hotel Matignon ging, um mit ihm (und Jean-Paul Boncour, der ihm assistierte) wegen des Freiheitssenders zu sprechen, dachte ich, die Wiederbegegnung nach dieser langen Pause würde, so unwichtig das in jenem Augenblick auch gewesen wäre, peinlich sein. Aber er überbrückte sehr geschickt Peinlichkeit und Pause dadurch, dass er, als wir eintraten, um den grossen Tisch herum eilig auf mich zukam und bei der Begrüssung das ›Monsieur‹ wegliess.« (SAdK-RL-764)

Est-ce qu'on délibère encore? – (franz.) Beraten sie sich noch?

272 *Elixiere des Teufels* – »Die Elixiere des Teufels«, Roman (1815/16) von E. T. A. Hoffmann (1776–1822).

273 *Wirtschaftsemigranten* – Der Begriff diente der Politemigration zur Abgrenzung gegen Flüchtlinge mit »bloßen Vermögensinteressen«. Die Formulierung unterschlug, daß auch diese Exilanten Opfer der antisemitischen Verfolgungen in Hitlerdeutschland waren.

Es fährt bis Vigo – Vigo: Hafenstadt in Galicien, Spanien.

Pessach – Jüdischer Feiertag, erinnert an den Auszug der Kinder Israels aus Ägypten.

274 *Er wird endlich die Deutsche Volkszeitung wieder herausgeben* – »Deutsche Volkszeitung«: Wochenzeitung der antifaschistischen Emigration, erschien von März 1936 bis August 1939, erst in Prag, später in Paris. Lex Ende war Chefredakteur. Siehe zweite Anm. zu S. 91.

275 *ich halte in meinem Literaturkursus bei Schiller* – RL hielt für seine Zellengenossen nicht nur Vorträge zu literarischen Themen, sondern auch einen Kurs in französischer Konversation.

Hugo Simon – (1880, Usch/Posen – 1950, São Paulo/Brasilien), Bankier, Politiker. Mitbegründer der Privatbank Carsch, Simon & Co., ab 1911 Bett, Simon & Co. Mitglied der SPD. Kriegsgegner. »Bund Neues Vaterland«. USPD. November 1918 bis Januar 1919 im preußischen Finanzministerium. Aufsichtsratsmitglied im S. Fischer Verlag. Kunstsammler und Mäzen, befreundet mit Heinrich und Thomas Mann, Stefan Zweig u. a. 1933 über die Schweiz nach Paris. Zusammenarbeit mit Willi Münzenberg. Ab 1935 Teilnahme an den Gesprächen zur Bildung einer Deutschen Volksfront. 1940 Flucht nach Südfrankreich. Mit falschem Paß über Spanien nach Brasilien. Seidenraupen- zucht, Gartenbau auf eigenem Gut, literarische Tätigkeit.

277 *Carrefour de Buci* – Kreuzung im 6. Pariser Arrondissement, zwi- schen der Seine und dem Boulevard Saint-Germain.

den Chauffeur da-vier dorthin geschickt – Möglicherweise Anspie- lung auf davier (franz.): Zahnzange.

in der Nähe von St.-Augustin – St.-Augustin, unweit des Bahn- hofs St. Lazare, Paris.

279 *C'est donc pour moi que vous êtes venu* – (franz.) Sie sind also um meinetwillen hier?

280 *Bilinski* – Häftling in Castres, möglicherweise gefangener polni- scher Offizier.

281 *Sanitätsrat Goder* – Hubert Goder (geb. in Oberglogau), Arzt in Lissa. Machte am Comenius-Gymnasium 1889 sein Abitur.

283 *Johann Schmidt* – Auch Johann-Lorenz Schmidt, d. i. László Radványi (1900, Budapest – 1978, Berlin), Philosoph, Wirt- schaftswissenschaftler. 1925 KPD, Agitprop-Abteilung des ZK. Marxistische Arbeiterschule (MASCH). Publizistik. 1933 Exil mit seiner Frau, Anna Seghers. Dozent »Freie Deutsche Hoch- schule« Paris. Sommer 1941 Emigration Mexiko. 1952 Rückkehr. Prof. an der Humboldt-Universität Berlin.

287 *Henry Reynaud* – Mitglied der Parteiführung der PCF. Be- schäftigte sich nach dem Krieg mit dem System der Sozial- versicherung.

288 *Trude Pabst* – Offenbar Ehefrau von Georg Wilhelm Pabst. Siehe Anm. zu S. 236.

Münchner Scholle – Künstlerverband, 1899 gegründet unter der Bezeichnung »Gruppe G«, Umbenennung in »Scholle«. Stim- mungsvoller Naturalismus, flächiger Jugendstil.

Utrillo – Maurice Utrillo (1883–1955), franz. Maler.

289 *Maupassant* – Guy de Maupassant (1850–1893), franz. Schrift- steller.

die Krönigsche Apotheke – Der Apotheker Paul Krönig war Vater von RLs Mitschüler Karl Krönig (geb. 1888).

291 *Ramuz' Buch über Paris* – Charles-Ferdinand Ramuz (1878 bis 1947), französischsprachiger Schweizer Schriftsteller. Lebte 1902 bis 1914 in Paris. Schrieb neben Romanen und Essays u. a. das Schauspiel »L'histoire du soldat«, das Igor Strawinsky vertonte. Wahrscheinlich meint RL hier das Erinnerungsbuch »Paris. Notes d'un Vaudois« (1938).

Kathedrale von Bourges – Kathedrale St-Etienne, eine der bedeu- tendsten Bischofskirchen Frankreichs.

292 *Tucholsky* – Kurt Tucholsky (1890, Berlin – 1935, Selbstmord in Göteborg/Schweden), Schriftsteller und Journalist. 1920–1922

USPD, in den zwanziger Jahren einer der wichtigsten politischen Publizisten, 1923 Pariser Korrespondent der »Vossischen Zeitung«, Mitarbeiter der »Weltbühne« (1926 Chefredakteur), »Arbeiter-Illustrierte Zeitung«. Seit Mitte der zwanziger Jahre Freundschaft mit RL und Hasenclever. Lebte ab 1929 in Schweden. Ging Anfang der dreißiger Jahre auf Distanz zur KPD.

293 *Hans Nowack* – Publizist und Erzähler, schrieb während der Nazizeit einige Romane gemeinsam mit Georg Zivier, der Publikationsverbot hatte.

294 *Professor Kurth* – Otto Kurth (geb. 1863), Lehrer am Comenius-Gymnasium, seit 1897 in Lissa, unterrichtete Geschichte, Latein und Turnen.

295 *Erinnerung an mein Zimmer im Hotel St.-Paul im September 1939* – Vom August bis zu seiner Verhaftung am 29. 9. 1939 arbeitete RL als Redakteur und Sprecher beim Sender 29,8, der antifaschistische Propaganda gegen Deutschland betrieb. Die Büros des von Giroudoux geleiteten Informationsdienstes, dem der Sender unterstand, lagen im Hotel Matignon. Wo sich Redaktion und Senderäume befanden, blieb unermittelt.

296 *Hermann Schäfer aus Pyrmont* – Hermann Schäfer, Nachbar in Bad Pyrmont, wohin RLs Mutter und Schwester 1912 übersiedelten.

Resi Langer – Resi (Maria Theresa) Langer (1890, Breslau – ?), Schriftstellerin, Schauspielerin, Vortragskünstlerin. Theaterschule Breslau, 1907 Heirat mit Alfred Richard Meyer (1882 bis 1956). Nach der Trennung befreundet mit RL; Vortragsabende, Filmarbeit. Heiratete später den Arzt Meisel, emigrierte mit ihm nach New York. War einige Zeit Zeitungsverkäuferin. Lebte zuletzt in einem katholischen Altersheim.

Kurt Lubasch – Verleger und Hg., u. a. von Alfred Lichtenstein und Paul Scheerbart.

297 *Ruth Adler* – (geb. 1904), Journalistin. Mitarbeit an verschiedenen literarischen Zeitschriften, Mithg. »Das Blaue Heft« Paris; emigrierte über die Tschechoslowakei und Holland nach England, unterstützte die Arbeit ihres Mannes Ignaz Zollschan (1877–1948), der besonders durch seine Kritik der faschistischen Rassentheorie bekannt wurde. Lebte 1978 in London.

299 *Toulouse-Lautrec* – Henri de Toulouse-Lautrec (1864–1901), franz. Maler.

Robert Breuer – D. i. Lucien Friedländer (1878, Rzeki b. Tschenstochau – 1943, Martinique), Publizist. Mitbegründer des SDS, 1918 stellvertretender Pressechef der Reichskanzlei, Vertrauter Eberts. Anfang 1933 Emigration über Tschechoslowakei nach Frankreich. Mitunterzeichner des Volksfrontaufrufs. »Pariser Tageszeitung«. 1939 Internierung, 1940 Ausreise nach Martinique.

299 *Ich begegne »Onkel Doktor«* – So genannter Hausarzt der Familie Leonhard, Jakob Herrnstadt, Sanitätsrat in Lissa.

300 *Erinnerung an den von mir organisierten Heine-Preis* – Den vom SDS gestifteten Preis erhielt 1936 Henry William Katz für seinen Roman »Die Fischmanns«. In der Jury saßen neben RL u. a. Anna Seghers, Bruno Frank, Ernst Leonard und Hans Sahl. 1937 wurde der Ideengeber RL nicht mehr als Juror nominiert, eine Zurücksetzung, die er am 13. 5. 1937 in seinem Tagebuch reflektiert: »Dass unter den Mitgliedern der Jury des Heine-Preises grade mein Name fehlt, der ich allein den Preis ausgedacht und zustandegebracht habe, mag hingehn, wenn es nicht Absicht ist; mir sind solche Unterlassungen in letzter Zeit zu oft vorgekommen als dass ich nicht an Absicht glauben müßte.« (SAdK-RL-726)

Ebstein – Heinrich Eppstein (1900, Berlin – ?, Auschwitz), Journalist. Kämpfte (laut Karteiblatt der KPD-Kaderabteilung) von Mai 1936 bis Februar 1939 als Soldat in Spanien. Mitglied der Vereinigten KP Kataloniens, Redakteur der Brigadefrontzeitung, Exil in Frankreich und Spanien. Inhaftiert in Gurs, Le Vernet und Castres. Konnte, körperlich geschwächt, die Flucht nicht mitmachen. Sicherte mit V. Ribar RLs Traumbuch und andere zurückgelassene Manuskripte. Wurde nach Auschwitz deportiert und ermordet.

301 *Vossische Zeitung* – Älteste Berliner Tageszeitung, seit 1824 erschienen, 1914 vom Ullstein-Konzern übernommen, 1934 eingestellt, da fast alle Redakteure mit Berufsverbot belegt wurden.

Kantorowicz – Alfred Kantorowicz (1899–1979), Schriftsteller. 1924–1933 Kulturredakteur in Mannheim, Pariser Korrespondent für die »Vossische Zeitung«, Kritiker. 1931 KPD. 1933 Exil in Frankreich. Mitarbeit am »Braunbuch« und dem »Internationalen Antifaschistischen Archiv«. 1936–1939 Internationale Brigaden, Spanien. Internierung. 1941 Emigration in die USA. Bis 1946 Arbeit für CBS. 1947 Rückkehr nach Deutschland. Hg. der Zeitschrift »Ost/West«. 1950–1957 Prof. an der Humboldt-Universität Berlin. Ab 1957 Publizist und Hg. in der Bundesrepublik.

304 *Eugen von Anhalt* – Möglicherweise Bezug auf Prinz Eugen von Anhalt (1903–1980).

Albert Schweizer – Albert Schweitzer (1875–1965), Theologe und Arzt.

306 *Hermann Reichenbachs Frau* – Hermann Reichenbach, Aktivist der freideutschen Jugendbewegung, leitete 1919 in München mit Eckart Peterich die Zeitschrift »Der neue Anfang«.

Wendeli – Schwester von Hermann Reichenbach.

von den Formularen, die »advising« heissen – advise (engl.) benachrichtigen, avisieren.

306 *de taille* – (franz.) Hier im Sinne von »gewaltig, riesengroß«, auch »Manns genug«.

307 *Striesewitzer Chaussee* – Straße in Lissa.

308 *Vous n'y couperez pas* – (franz.) Sie werden daran glauben müssen.
Musset – Alfred de Musset (1810–1857), franz. Schriftsteller.
Jean Racine – (1639–1699) franz. Dramatiker. Zog sich nach seiner Eheschließung von der Bühne zurück und verfaßte nur noch zwei religiöse Dramen.

309 *Viktor Barnowsky* – (1875, Berlin – 1952, New York), Schauspieler und Regisseur. Leitete von 1905 bis 1913 das Kleine Theater in Berlin, von 1913 bis 1924 das Lessing-Theater. Inszenierungen mit Elisabeth Bergner, Kortner, Moissi u. a. 1933 Emigration nach Österreich. 1937 USA. Lehrtätigkeit.

310 *Hebbel* – Friedrich Hebbel (1813–1863), deutscher Dramatiker.
Hébertisten – Anhänger von Jacques-René Hébert (1757–1794), franz. Revolutionär; seine Zeitschrift »La père Duchesne« war eines der wirkungsvollsten Organe der Volksaufklärung, er selbst Hauptorganisator von »Vernunftkult« und Entchristlichungs-Kampagne.
»déchristianisation« – (franz.) Entchristlichung. Kampagne der franz. Revolution (1793), die dem Klerus den Kampf ansagte, Rechte der Priester einschränkte, Kirchenschließungen und die Einführung des Revolutionskalenders zur Folge hatte. Robespierre verurteilte die Maßnahmen im November 1793 als politischen Fehler und forderte das Prinzip der Religionsfreiheit.

312 *ein neues Maria-Stuart-Drama* – Das Trauerspiel »Maria Stuart« von Friedrich Schiller wurde 1800 uraufgeführt. Interessanterweise plante auch Walter Hasenclever eine dramatische Neubearbeitung des Stoffes, ließ den Plan jedoch 1935 fallen.
mit Darlen [für: Darnley]... Bothwell – Henry Stuart, Lord Darnley, Earl of Ross, Duke of Albany, zweiter Gemahl der schottischen Königin Maria Stuart, fiel in Ungnade und wurde von deren Geliebten Bothwell, den sie dann heiratete, 1567 ermordet.
die Übersetzung der »Chimères« – Die Chimären (1843–1854), Sonettzyklus von Gérard de Nerval (1808–1855).
Die Übersetzung der Gedichte der Maria Stuart – Maria Stuart Königin von Schottland. Sämtliche Gedichte. Die Übersetzungen RLs erschienen 1921 bei A. R. Meyer, Berlin-Wilmersdorf.

315 *Place du Panthéon* – Im 5. Arrondissement von Paris.

316 *Les fesses des frères Untel* – (franz.) Das Hinterteil der Brüder Soundso.
von der Art der »Mille Colonnes« – Les Mille Colonnes, Restaurant in Draguignan (Var), nördlich von Hyères.

317 *Oberlandesgerichtsrat Bielschowsky* – Vermutl. Emanuel Seeligmann Bielschowsky (geb. 1872, Breslau, ausgebürgert 4. 5. 1940). Rechtsanwalt, Oberlandesgericht Breslau.

317 *Rommel* – Erwin Rommel (1891–1944, Selbstmord), General-
feldmarschall, Februar 1941 bis März 1943 dt. Oberbefehlshaber
der Heeresgruppe »Afrika«, von Dezember 1943 bis Juli 1944
Kommandant der Heeresgruppe B in Nordfrankreich.
Herrn von Hellmann – Erst Landrat in Lissa, von 1898 bis 1906
Polizeipräsident in Posen.

318 *369* – Statt Nummer 639 schreibt RL, die Ziffern verdrehend, die
Zahl 369; er bemerkt die Verwechslung nicht und behält die
falsche Numerierung bei.
Alle Traumstücke ... enthielten Hinrichtungsgeschichten – Im Original: Alle Traumstücke ... erhielten Hinrichtungsgeschichten.
Léon Herzkowiz – Auch Leo Herškovici, rumänischer Spanienkämpfer, Internierter in Le Vernet und Castres. Beteiligte sich
nach der Flucht wahrscheinlich am Kampf der Résistance. Auf
ein Tagebuchblatt notierte RL am 18. 10. 1944: »Herzkowitz
gefallen«.
parfumer – franz.) parfümieren, schmackhaft machen.

319 *um den belgischen König* – Der belgische König Leopold III. unterzeichnete als Armeeoberbefehlshaber am 28. 5. 1940 die Kapi-
tulation seiner Streitkräfte, blieb aber bis 1944 im Land.
die Chaussee von Fontainebleau nach Melun – Südöstlich von
Paris gelegene Orte in waldreicher Gegend.
Brockdorff-Rantzau – Ulrich Graf von Brockdorff-Rantzau (1869
bis 1928), Diplomat. Leiter der deutschen Delegation bei den
Versailler Verhandlungen; erster deutscher Botschafter in Sowjetrußland (1922–1928).

320 *Francis Jourdain* – (1876–1958), franz. Maler und Architekt.
Mitglied der PCF, engagierte sich für franz. Volksfront und antifaschistische Komitees.
Priacel – Stéfan Priacel, franz. Journalist und Schriftsteller. Veröffentlichte 1934 in der Zeitschrift »L'Europe« eine Reportage
über das KZ Oranienburg.
auf dem Dache des Ullsteinhauses – Verlagsimperium, 1877 von
Leopold Ullstein gegründet. Zum Konzern gehörten in den
zwanziger Jahren neben Buchverlagen verschiedene Zeitungen
(u. a. die »Vossische Zeitung«) sowie Reisebüros und ein Nach-
richtenbüro. Bis 1926 war der Stammsitz der Firma Ecke Koch-
und Charlottenstraße in Berlin-Mitte. Das 1925/26 am Teltow-
Kanal in Tempelhof errichtete neue Druckhaus galt als Beispiel
moderner Industriearchitektur (Entwurf: Eugen Schmohl).

321 *Die Brüder Ullstein* – Die fünf Söhne Leopold Ullsteins: Louis
Ferdinand Ullstein (1863, Berlin – 1933, Berlin), Franz Edgar
Ullstein (1868, Berlin – 1945, New York), Rudolf (1874, Berlin
bis 1964, Berlin), Hermann Ullstein (1875, Berlin – 1943, New
York) und Hans Ullstein (1899, Berlin – 1939, Berlin).

321 *Langevin-Florissonschen Ultraton-Lotungsapparate* – Siehe erste Anm. zu S. 254.

323 *Ribar* – V. Ribar (d. i. vermutl. S. Djordjenitsch), jugoslaw. Häftling in Castres. Hugo Wittmann erinnerte sich an ihn als »Professor« und »Trotzkist« (BA SgY 30/1400/40). Rettete mit Heinrich Eppstein das Traumbuch. Schrieb in einem Brief an RL am 15. 9. 1944: »Was betrifft der Hauptsache, nämlich Deiner Manuskripten, sie sind gerettet und ich übermittle sie Dir zusammen mit diesem Brief. Für die Aufbewahrung des Manuskripts du sollst am meisten dem guten M. Panier, der in der letzten Zeit chef des prison in Gaillac (wohin wir im Oktober 1943 überführt wurden) war, danken. In Castres rettete die Manuskripte Epstein (er war geschickt nach Vernet und von dort nach Deutschland).« (SAdK-RL-824)
Dr. Edel – Dr. Emanuel Edel (1910–1991), Mediziner. 1934 KP Österreich, 1937–1939 Arzt bei den Internationalen Brigaden. Internierung in Gurs, St. Cyprien und Le Vernet; Februar 1942 Überführung nach Castres. Nach der Flucht Teilnahme an der Résistance. Mitarbeit am Aufbau österreichischer Bataillone der jugoslaw. Volksbefreiungsarmee. Von 1945 bis 1972 Mediziner im Polizeidienst in Wien.

324 *Viliker* – Vermutl. Aufseher in Le Vernet. Ein Gedicht von RL aus dem Lager hat den Titel »La première condamnation, celle de Viliker«.
eine Abwandlung von Schrecker – Vermutl. Hans (Theo) Schrecker (1899–1983), Journalist. Kam über die zionistische Bewegung zur Arbeiterjugendbewegung; 1928–1933 »Rote Fahne«. Exil in Frankreich; Mitarbeit beim »Internationalen Befreiungskomitee für Dimitroff«; Tätigkeit in der KPD-Auslandsleitung Paris. Nach Münchner Abkommen Emigration nach England. Vermutl. 1946 Rückkehr nach Berlin. Wurde in Zusammenhang mit der Noel-Field-Affäre verhaftet. Später DDR-Journalist, u. a. Wochenzeitung »Horizont«.
Lherman – Joe Lhermann; in den zwanziger Jahren Regisseur, u. a. in Thüringen und Berlin. In Paris Hg. der Zeitschrift »Das Blaue Heft«, die Scheer und RL redigierten. Nach Scheers Einschätzung eine hochstaplerische Existenz (Maximilian Scheer, »So war es in Paris«, Berlin 1964, S. 57).

325 *Quidde* – Ludwig Quidde (1858, Bremen – 1941, Genf), Historiker und Politiker. Setzte sich für Abrüstung ein; 1914–1929 Vorsitzender der DFG. 1927 Friedensnobelpreis (mit F. Buisson), 1930 Mitbegründer der »Vereinigung Deutscher Demokraten«. März 1933 Emigration nach Genf.

326 *Erich Kretschmer* – Mitschüler am Gymnasium, eine Klassenstufe über RL. Bruder von Hans Kretschmer.

326 *über das Wort Kretscham und die Ableitung des Namens Kretsch-mer gesprochen* – Kretscham, Dorfschenke, ist slawischen Ursprungs.

327 *Claire Goll* – Claire (Clara) Goll (1890, Nürnberg – 1977, Paris), Schriftstellerin, seit 1921 mit Iwan Goll verheiratet.
Iwan Goll – (1891–1950), Dichter; bedeutender Expressionist. Ende der zwanziger Jahre arbeiteten er und RL an der Nach-dichtung eines Kapitels aus »Anna Livia Plurabella« in der Woh-nung und in Anwesenheit des zu übersetzenden Autors: James Joyce.

328 *meine Gedächtnisrede nach Tucholskys Selbstmord* – Am 20. 1. 1936 fand im Pariser SDS eine Gedächtnisfeier für Tucholsky statt. RL notierte in sein Tagebuch: »[...] zum ersten Male sprach ich länger als ich wollte und sollte, ich sprach anderthalb Stun-den. Kisch fasste seine Rede in eine wundervolle Fabel zusam-men, die Geschichte des Knaben, der vor dem Denkmal fragt: »Darf man denn das, am gebrochenen Herzen sterben, mitten im Kampfe –?« (SAdK-RL-761)
Hans Kretschmer – Mitschüler am Gymnasium. Eine Klassen-stufe unter RL. Bruder von Erich Kretschmer.
der alte Barrel – Wahrscheinlich Aufseher in Castres.
als Einwohner von Marseille – Yvette Leonhard wohnte zu dieser Zeit in der Rue Christophe Colomb Nr. 12 in Marseille.

329 *dass alle das Tageblatt lesen* – »Berliner Tageblatt«, liberale Tages-zeitung, gegr. 1872 von Rudolf Mosse, erschien bis 1939.
Soll ich den Lokalanzeiger nehmen? – »Lokalanzeiger«, aus-schließlich durch Anzeigen finanzierte Tageszeitung, seit 1885.
Mobilisations-Extrablatt – Der »Berliner Lokalanzeiger« meldete die deutsche Mobilmachung am 30. 7. 1914, d. h. 1 Tag bevor sie wirklich verkündet war.
Frau Récamier – Madame Récamier, eigentl. Juliette Bernard (1777–1849), führte einen berühmten literarischen Salon. Jacques Louis David malte sie. RLs Traum-Bild spielt allerdings eher auf ein Gemälde François Gérards an.

330 *Mademoiselle Neuchouandre* – Genannt Mata (oder Matta), franz. Gesellschafterin der Familie in Lissa.

332 *Georges Valois* – (1878, Paris – 1945, Bergen-Belsen), Schrift-steller und Politiker. Seit 1903 im Verlagswesen tätig. Bewegte sich zunächst in anarchistischen Kreisen, schloß sich 1906 der Action française an, gründete 1925 das Faisceau des combattants, einen faschistischen Kämpferbund nach dem Modell Mussolinis. Ab 1932 erneut Hinwendung zum Syndikalismus und Prou-dhonismus. Stellte sich als Pazifist gegen das Münchener Abkommen, starb in der Deportation.

333 *Emma* – Hausmädchen der Familie und frühe Geliebte.

333   *Rowohlt* – Ernst Rowohlt (1867–1960), Verleger. Bei ihm erschienen von RL: »Kampf gegen die Waffe« (Rede, 1919) und »Alles
und Nichts« (Aphorismen, 1920).

334   *Ich bin an der Volksbühne engagiert* – RL hatte intensive Arbeits-
kontakte zur Volksbühne unter Piscators Leitung 1924–1927.
Zyromski – Jean Zyromski (1890–1975), franz. Politiker. Seit 1912
Mitglied der Section Française de l'Internationale Ouvrière. Weg-
bereiter der Volksfront 1934, Arbeit im Comité International de
Coordination et d'Information pour l'Aide à l'Espagne Républi-
cain. RL lernte ihn im Januar 1937 in Paris kennen, anläßlich einer
Rede des spanischen Außenministers del Vayo. Im August reisten
beide mit anderen Vertretern des Komitees nach Spanien.
1943–1944 in Haft. 1945 Mitglied der PCF.

335   *Erika Plehn* – Zeichnerin, Buchgestalterin. Im Apri 1937 erfuhr
RL durch Lola Humm-Sernau von ihrem Tod. (SAdK-RL-762)

337   *dass mein »Deutsches Wörterbuch« fertig sei* – Siehe zweite Anm.
zu S. 95.
Napirail – Zellengefährte in Castres.

338   *ich werde bei Lemms übernachten* – Alfred Lemm, eigentl. Leh-
mann (1889–1918), Schriftsteller. Mitarbeiter von »Die Aktion«,
»Die weißen Blätter«, »Ziel«. Korrespondent der »Vossischen
Zeitung«. Im Band »Das Chaos« widmete ihm RL das Gedicht
»Abendmahl«. Seine Wohnung lag in Berlin-Schöneberg, Eisen-
acherstr. 29.

339   *Alfred Döblin* – (1878–1957), Schriftsteller, Nervenarzt. Mitbegründer der Zeitschrift »Der Sturm« (1910). Mitglied der
Gruppe 25, Zerwürfnisse mit RL, der die Vereinigung im Januar
1927 verläßt. 1933 Emigration nach Frankreich. 1940 in die USA.
1945 im Auftrag der franz. Militärregierung Literaturinspektor
in Baden-Baden.
Darstellung des Dritten Millerkerschen Satzes – Konnte nicht
nachgewiesen werden.
im Stile Archipenkos – Alexander Archipenko (1887, Kiew, bis
1964, New York), russ. Bildhauer und Maler.

340   *die »Neue Kunsthandlung«* – Verlag Neue Kunsthandlung, 1918
gegündet, Inhaber: Samuel Margules, Tauentzienstraße 6/7 in
Berlin.

341   *Sepp Wagner* – Joseph (Sepp) Wagner (1897, Lockweiler/Saar, bis
1943, Berlin, hingerichtet), Parteifunktionär, Bergmann. 1917 bis
1919 Soldat, 1923 Rote Hilfe, ab 1924 KPD-Funktionär. 1932 bis
1933 Parteischule in Berlin. 1933 Arbeit im Saargebiet. 1937 Mitglied des Pariser Volksfrontausschusses »zur Vorbereitung einer
Volksfront für das Saargebiet«. Mai 1940 Internierung. Le Vernet,
Castres. Am 16. 6. 1942 Auslieferung an die Gestapo. KZ Mauthausen. Todesurteil durch »Volksgerichtshof«.

342　*in einem Briefe Ossietzkys* – Carl von Ossietzky (1889–1938), Publizist, Pazifist. 1926–1933 Chefredakteur der Zeitschrift »Die Weltbühne«, 1931 Gefängnis wegen Landesverrats, 1932 amnestiert. Nach Reichstagsbrand 1933 verhaftet, 1934 KZ Papenburg-Esterwegen, 1935 Friedensnobelpreis. Starb an den Folgen der Haft.

343　*Eine Malerin [Lala?]* – Lala Pozner, wahrscheinlich identisch mit Ida Liebmann, deutsche Staatsbürgerin russ. Herkunft, seit 1927 Mitglied der KPD (Ausschluß 1937), emigrierte 1933 nach Frankreich, heiratete 1937 Vladimir Pozner.

344　*Scire [es kann im Traume statt dessen »sciere« geheissen haben], scilicet laetare, vivere* – (lat.) Im Sinne von: Wissen heißt jubeln und leben.

345　*Volodja* – D. i. Vladimr Pozner, siehe dritte Anm. zu S. 219.

347　*mit dem kleinen Prinzen Franz I.* – Wahrscheinl. meint RL Francesco Sforza (1401–1466), der 1450 durch Staatsstreich die Herzogwürde gewann.

348　*der Papierladen von Breslauer* – Samuel Breslauer, Papierhandlung, Lissa, Markt 34.

350　*Tilla Durieux* – (1880–1971), Schauspielerin. 1934–1952 in der Emigration. Verheiratet mit Paul Cassirer, beförderte maßgeblich den Wechsel Hasenclevers vom Kurt Wolff Verlag zum Unternehmen ihres Mannes.
　　Wir haben viel … das meinen Aufenthalt betrifft – Im Original: Wir haben vie! zu besprechen, Wichtiges, Geheimes, das meinen Aufenthalt bespricht.
　　Paul Wegener – (1874–1948), Schauspieler; wirkte am Deutschen Theater unter Reinhardt und am Staatstheater.
　　Philharmonie … Hochschule für Musik – Die Philharmonie befand sich in der Bernburger Straße 22/23, die Hochschule für Musik in der Hardenbergstraße.

352　*H. H. Houben* – Heinrich Hubert Houben (1875–1935), Literaturwissenschaftler und Kritiker; 1898–1905 Dozent an der Humboldt-Akademie und Reinhardts Theaterschule in Berlin, ab 1921 Direktor des Deutschen Verlages, Berlin.
　　Professor Bonin – Arthur Bonin (1857 – ?), Klassenlehrer von RL. Studierte in Berlin und Tübingen. Ab 1899 am Comenius-Gymnasium. Unterrichtete Latein, Deutsch und Griechisch.

355　*dass sie in der Mitte eine Einschnürung haben* – Im Original: dass man sie in der Mitte eine Einschnürung haben.
　　Studentengeschichten – Das betreffende Traum-Stück wurde nicht in die Auswahl aufgenommen.
　　Hannsa – Freundin von RL, mit der er noch 1937 in intensivem Briefwechsel stand.

356　*à la vieille roche* – (franz.) Wörtlich: »in der Art eines alten Felsens«.

357 *Janowitz* – Hans Janowitz (1890, Poděbrad/Böhmen – 1954, New York) Schriftsteller. Lebte in seiner Heimat und in Wien, Beiträge in »Die Weltbühne«. Seine »Asphaltballaden« (1924) und der Roman »Jazz« (1927) erschienen im Verlag Die Schmiede. Zusammen mit Carl Mayer Verfasser des Filmschauspiels »Das Cabinet des Dr. Caligari«. Emigration in die USA.

358 *Grasse* – Stadt unweit von Cannes.
ragt der Fels, der Aubagne übergipfelt – Aubagne, Kleinstadt zwischen Toulon und Marseille.

359 *dass jetzt das ganze Land … besetzt ist* – Im November 1942 besetzten deutsche Truppen auch die bis dato »freie« Südzone Frankreichs, die unter der Verwaltung der Vichy-Regierung stand.
Petit-nègre – Kauderwelsch, schlechtes Französisch.

360 *Für Hannes [Wayers]* – Hannes Wayers (auch Hans Weyers); kam mit RL aus Le Vernet nach Castres, beteiligte sich am Ausbruch.

362 *une ampoule* – (franz.) eine Blase.
der Plan von Pantellaria – Pantellaria: Insel im Mittelmeer. RL schrieb über ihre strategische Bedeutung 1937 einen Beitrag für die »Neue Weltbühne«.
der Zettel, der Thaelmann betrifft – Ernst Thälmann (1886–1944), Politiker. Seit 1925 KPD-Vorsitzender; 1933 Verhaftung, im KZ Buchenwald ermordet.

363 *die Abholung Walters … in Cherbourg?* – Am 10. 5. 1930 unterzeichnete Walter Hasenclever in Berlin einen Vertrag mit der Filmgesellschaft Metro-Goldwyn-Mayer, der ihn für drei Monate als Autor nach Hollywood verpflichtete. Trotz einer phantastischen Gage von 350 US-Dollar wöchentlich war Hasenclever glücklich, im Herbst 1930 wieder in Frankreich zu landen. RL sowie Gerda und Reinhold Schairer empfingen ihn in Cherbourg.
Sigrid – Sigrid Engström (geb.1905), schwed. Schauspielerin. Absolventin der Dresdner Wigman-Tanzschule. Von 1926 bis ca. 1930 Geliebte von Walter Hasenclever.

364 *Fräulein Wende* – Klavierlehrerin aus Lissa, Freundin von RLs Mutter.
Bellevue – Pariser Vorort, Richtung Versailles.

365 *Karl Strecker* – (1862–1933), Schriftsteller; Theaterkritiker der »Täglichen Rundschau«, Verfasser von Romanen und Dramen.
[das bezieht sich auf eine wirklich gestern eingetroffne Nachricht und wirkliche Erwägungen] – Am 3. 7. 1943 verkündete das Oberkommando der Wehrmacht: »Im Monat Juni wurden über dem Reich und den besetzten Westgebieten von Luftwaffe und Kriegsmarine 614 britische und nordamerikanische Flugzeuge abgeschossen, darunter 408 viermotorige Bomber.« (»Archiv der Gegenwart«, Wien, 1944)

484

366 *Marchwitza* – Hans Marchwitza (1890–1965), Schriftsteller. Bergarbeiterkind, arbeitete mit 14 Jahren unter Tage. Kriegsfrei-williger. 1919 USPD, 1920 Rote-Ruhr-Armee gegen Kapp-Put-schisten. KPD, 1933 Emigration Schweiz, 1935 Frankreich, November 1936 Spanien, Verwundung. 1939 Internierung in Frankreich, 1941 Exil USA. Rückkehr 1946. Lebte in Potsdam.

367 *Oskar Sauer* – (1856–1918), Schauspieler u. a. am Deutschen und Kleinen Theater Berlin.

Anweisungen für Matthias – Leo Matthias (1893, Berlin – 1970, Ascona/Schweiz, Selbstmord) Schriftsteller und Publizist. Stu-dierte Jura und Nationalökonomie, 1920–1933 Reisen u. a. nach Indien, Persien, der Türkei und in die Sowjetunion. »Ausflug nach Mexiko« erschien 1926 im Verlag Die Schmiede. 1933 Emi-gration nach Mexiko, 1938 Venezuela, 1940 USA. Arbeit als Pro-fessor für Soziologie. Ging 1950 in die Schweiz.

368 *Philosophenschule von Epirus* – Epirus, Region im Nordwesten Griechenlands.

370 *über die Besetzung Siziliens* – Am 10. 7. 1943 erfolgte die Landung der Alliierten unter General Sir Harold Alexander, dem Ober-befehlshaber Mittlerer Osten.

371 *des Dackels Fumpas und des Katers Noineau* – Leonhards Dachs-hund in Pyrmont und die Katze aus dem Haushalt mit Yvette in Paris und Hyères.

Robert Musil – (1880–1942), österr. Schriftsteller. 1935 Teilnahme am Pariser Kongreß zur Verteidigung der Kultur, 1938 Exil in der Schweiz.

372 *Schüler... Erich Schmidts* – Erich Schmidt (1853–1913), Pro-fessor in Berlin.

374 *Thomas Mann und seiner Familie* – Thomas Mann (1875–1955), Schriftsteller.

375 *aber nicht Klaus* – Klaus Mann (1906–1949, Selbstmord), Schrift-steller. Sohn Thomas Manns.

Ähnlichkeit mit Kompositionen Uhdes – Fritz von Uhde (1848 bis 1911) dt. Maler.

Lehmann-Russbüldt – Otto Gustav Albert Willy Lehmann-Russ-bueldt (1873–1964), Schriftsteller. Mitgründer des Bundes Freies Vaterland. Mitarbeiter an der »Weltbühne«. Herbst 1933 Emigration nach Holland, dann England. Schrieb für verschiedene Exil-Zeitun-gen, u. a. »Pariser Tageszeitung«. 1935/36 Beteiligung an Volksfront-ausschuß. Verbindung zu Hillers »Freiheitsbund deutscher Sozia-listen«. Radikaldemokratische Position. 1951 Rückkehr nach Berlin.

Bruno von Salomon – (1900 – ?), Journalist; in der Weimarer Republik aktiv in nationalrevolutionärer Bewegung. 1931 KPD, 1933 Emigration Saargebiet, Januar 1935 Frankreich. Volksfront-ausschuß. Nach 1945 Rückkehr nach Deutschland.

376 *rue Jean Goujon* – Pariser Straße, Nähe Champs-Elysées.
Ce quai mène nulle part – (franz.) Dieser Kai führt nirgendwohin.
Chemin de recours du numéro 18 – (franz.) Etwa: Rückzugsweg
der Nummer 18.

377 *Vaia und Oghen* – Alessandro Vaia und Joseph Oghen, ital. Häftlinge in Castres. Oghen, halb Italiener, halb Jugoslawe, kämpfte
in Spanien in der Brigade »Garibaldi«. Vaia (1907 – ?) kam nach
kurzer militärischer Ausbildung in der Sowjetunion zu den Internationalen Brigaden. 1939 Internierung in Le Vernet, 1942 in
Castres. Nach Flucht Teilnahme an Résistance und ital. Parti-
sanenbewegung. Besetzte wichtige Funktionen innerhalb der KP
Italiens.

378 *Johannes R. Bechers Rache* – Johannes R. Becher (1891–1958),
Dichter.

380 *Als ich wieder auf der Strasse bin* – Im Original: Als ich wieder auf
den Strassen bin.
Erich Mühsam – (1878, Berlin – 1934, ermordet im KZ Oranienburg), Schriftsteller und Anarchist.
Prinz von Homburg – Drama (1809) von Heinrich von Kleist
(1777–1811).
Heinrich George – (1893–1946), Schauspieler. Seit 1922 in Berlin,
Theater- und Filmarbeit. 1936–1945 Intendant des Schiller-
theaters. Mitwirkung an NS-Propagandafilmen, u. a. dem antisemitischen Hetzfilm »Jud Süß« (1940). 1945 von der Roten
Armee inhaftiert, starb im Lager Sachsenhausen.

382 *Richard Dehmel* – (1863–1920), Schriftsteller.
Andeutung Paul Merkers – Paul Merker (1894–1969), Politiker.
Frühzeitig Gewerkschaftsbewegung, 1918 USPD, ab 1920 KPD,
Mitglied des Preußischen Landtags. 1934 Emigration nach Frankreich; 1939 Internierung, Flucht, von RL Frau Yvette Prost versteckt; 1942 Ausreise nach Mexiko; 1946 Rückkehr nach Deutschland. Mitglied des ZK der SED, 1950 Parteiausschluß in
Zusammenhang mit Noel-Field-Affäre; 1952 Verhaftung; 1955 zu
8 Jahren Zuchthaus verurteilt, 1956 entlassen und rehabilitiert.

383 *die alte Frau Wohl* – Mutter von Paul Wohl, wohnte ab September
1936 für ca. ein Jahr bei RL in Hyères zur Untermiete.
die Schwägerin Professor Kippenbergs – Anton Kippenberg (1874
bis 1950), Verleger; seit 1905 Mitbesitzer und Leiter des Insel-
Verlages Leipzig.

385 *Mara Wend* – Mara Wendt, Schauspielerin u. a. am Leipziger
Städtischen Theater. Hatte eine Ferienwohnung in Nizza, die
Hasenclever öfter nutzte.

386 *eine Feier zum und am 7. November* – Am 7./8. November 1917
(neuer Zeitrechnung) begann die russische Oktoberrevolution,
später Tag der Parade in Moskau.

386 *Rudi Feistmann* – (1908–1950, Selbstmord) Schriftsteller, Publizist. 1929 KPD, seit April 1933 in Frankreich. Mithg. des »Braunbuches über den Reichstagsbrand«, 1941 über USA nach Mexiko. In der »Weltbühne« vom 14. 6. 1950 erinnerte RL: »Ich gedenke des Moments, da ich in das Lager eingeliefert wurde, in dem er schon war. Seine erste Frage war nicht: ›Was gibt es draußen?‹ oder ›Was geschieht mir?‹ oder ›Was weißt Du Neues von dem Leben draußen?‹, sondern ›Was brauchst Du?‹ Ich brauchte nichts; daß ich noch nichts brauchte, genügte ihm nicht. Bei der zweiten Begegnung drückte er mir unversehens die Hand, und in meiner Hand blieben Zigaretten und Schokolade. Er hat mich nicht einmal gefragt, ob ich sie nötig hatte, es war ihm selbstverständlich zu geben …«

mit einem Herrn Guggenheim – Vermutl. Hans Guggenheim, der vor seiner Abreise als Fremdenlegionär ein Päckchen Tabak an RL ins Lager schickte. (Brief von Yvette Leonhard, 21. 12. 1940, SAdK-RL-819)

387 *alles Goncourtpreis-Träger* – Der Prix Goncourt, angesehenster franz. Literaturpreis, wird jedes Jahr in der ersten Dezemberwoche für das beste französischsprachige Buch des Jahres verliehen.

388 *Der junge Masaryk* – Tomáš Garrigue Masaryk (1850–1937), Politiker; erster tschechoslowakischer Präsident.

trèfle – (franz.) (botan.) Klee; (arch.) Dreipaß; (Kartenspiel) Treff, Kreuz.

389 *nun sind wir aber in Chalon* – Unklar, ob Chalon-sur-Saône (südlich von Dijon) oder Châlon-sur-Marne (östlich von Paris) gemeint ist.

und ich werde in Ostdeutschland sein – Der Begriff Ostdeutschland stand auch für die Gebiete östlich der Oder, d. h. die Gegend, in der RL seine Kindheit verbrachte.

Haarmann – Friedrich Heinrich Karl Haarmann (1879–1925, hingerichtet), legendärer Serienmörder.

391 *Achsenmächte* – Die Achse Berlin–Rom–Tokio wurde am 27. 9. 1940 durch die Unterzeichnung des Dreimächtepaktes zwischen Deutschland, Italien und Japan vertraglich fixiert.

392 *Fritz Jessner* – Leopold Jessner (1878, Königsberg – 1945, Los Angeles), Regisseur und Theaterleiter. 1919–1928 Intendant, 1928–1930 Generalintendant der Staatlichen Schauspiele Berlin, emigrierte 1933 nach Palästina, später in die USA.

393 *der Garde Cheminart* – Aufseher in Castres.

394 *Hermann Kesten* – (1900, Padwołoczyska – 1996, Riehen b. Basel), Schriftsteller. 1928 Kleistpreis. 1928 Lektor (später Cheflektor) des Kiepenheuer-Verlages. März 1933 Emigration nach Frankreich. Lektor bei Allert de Lange, Amsterdam.

Henri Poulaille – (1896–1980), franz. Schriftsteller. Anfang der dreißiger Jahre auf anarchosyndikalistischen Positionen. Engagierte sich seit 1933 für die Freilassung des in der UdSSR verhafteten Publizisten Victor Serge (1890–1947). Vertrat diese Forderungen auf dem Pariser Kongreß zur Verteidigung der Kultur, 1935. Mitunterzeichner des pazifistischen Flugblatts »Paix immédiate!« (1939).

398 *in der »Italienischen Reise«* – Prosa (1816/17) von Johann Wolfgang Goethe (1749–1832). Eine Silber-Statue konnte nicht ermittelt werden.

dass es die Ausläufer der Inseln Capri und Ischia sind – Inseln in der Bucht von Neapel. 1920 besuchten RL und Klabund (1890 bis 1928) den für drei Monate auf Capri weilenden Komponisten Werner Richard Heymann.

402 *Closerie des Lilas* – Zeitungscafé, Carrefour de l'Observatoire, Nähe Jardin du Luxembourg.

es kämen Namen deutscher Politiker vor, wie Bassermann – Friedrich Daniel Bassermann (1811–1855), liberaler Politiker; Ernst Bassermann (1854–1917), nationalliberaler Parteiführer.

kann auch der Name des Schauspielers sein … – Albert Bassermann (1867–1952), Schauspieler; 1890–1895 in Meiningen, 1900 bis 1914 am Deutschen Theater und Lessingtheater in Berlin, später an verschiedenen Bühnen. Emigrierte 1934, bis 1946 in den USA.

403 *Henri Wallon* – (1879–1962), franz. Arzt und Psychologe. Gründete 1921 ein medizin.-pädagog. Beratungszentrum, leitete ein Forschungszentrum für Kinderpsychologie. Beteiligte sich an verschiedenen Gremien der Volksfront und antifaschistischen Komitees. Teilnahme an der Résistance.

404 *504 … 16/9/43* – Nach dieser Stelle unterbrechen die Aufzeichnungen für einige Tage, drei Manuskriptseiten (2403–2405) »existieren nicht«, wie RL später im Text vermerkt; am 17. 9. 1943 gelang ihm mit weiteren 35 Internierten die Flucht aus dem Gefängnis Castres, er entging so knapp der drohenden Auslieferung an die Gestapo, Deportation und Vernichtung. Er fand zuerst Zuflucht im Benediktinerkloster En Calcat, dann in Gémenos und Marseille. Er blieb bis zur Befreiung versteckt und verfaßte unter dem Namen Raoul Lombat Aufrufe und Flugblätter für die Résistance. Die folgenden Aufzeichnungen sind die eines nicht mehr gefangenen, aber noch immer unter Bedrohung lebenden Mannes.

406 *Professor Beer* – Paul Beer, Oberlehrer am Comenius-Gymnasium. Unterrichtete Deutsch, Griechisch, Latein; leitete szenische Darstellungen.

Ähnlichkeit mit den Pères Henri und Louis – Henri de Morant, Pater des Benediktinerklosters En Calcat, half jüdischen und politischen Flüchtlingen. Über Bruder Louis konnte nichts ermittelt werden.

407 *»Das Tier das ich bin«* – Prosaarbeit, an der RL während der Haft arbeitete. Das Manuskript konnte nicht nachgewiesen werden.

408 *Übrigens fühle ich mich sicher, denn ich habe [wie in Wirklichkeit] Papiere bekommen* – Die Mönche hatten Kontakt mit der Widerstandsbewegung und versorgten RL und seinen Begleiter noch im Kloster mit gefälschten Ausweisen.

viel zu viel auf mir – Im Original: viel zu mir auf mir.

410 *zur Neustädtischen Kirchgasse* – Neustädtische Kirchstraße, Nähe Friedrichstraße, Berlin.

Hansaviertel – Wohngegend um den Hansaplatz, südlich der Spree, Nähe Schloß Bellevue.

411 *Dabei finde ich ... elfenbeinernen Hammerkopf* – Lotte Leonhard berichtete, daß RL lange Jahre einen kleinen Hammer als Talisman bei sich trug.

Fraustadt – Stadt östlich von Lissa, heute Wschowa.

Gingold – Peter Gingold (geb. 1916), Publizist; 1933 nach Haft Ausweisung nach Frankreich. Tätigkeit beim »Pariser Tageblatt«. Mitglied der »Freien Deutschen Jugend«. 1940 Teilnahme an Flugblattaktionen gegen die deutsche Besetzung, 1943 Gefangenschaft in Dijon. Flucht. Nach 1945 Rückkehr nach Deutschland, Aktivist der KPD, später DKP.

412 *Qu'est-ce que cela peut me faire?* – (franz.) Was kümmert mich das?

On était tranquille ... – (franz.) Wir hatten unsre Ruhe ...

auf der Strasse von Soual nach Encalcat – Der Weg in die Abtei En Calcat (Monastère bénédictin d'En Calcat) führte über das Städtchen Soual.

Vous êtes des Français ... fonctionnaires français? – (franz.) Sie sind Franzosen, nicht wahr? Sie sind französische Beamte?

413 *Claude oder Dany* – Nach dem Aufenthalt im Kloster lebte RL in einem Haus im Osten Marseilles, in unmittelbarer Nähe des Flüßchens Jarret. Als Illegaler hatte er zu seinen Mitbewohnern nur vorsichtigen Kontakt.

Lalas Sohn – Über Kinder von Lala Pozner konnte nichts ermittelt werden.

414 *Auteuil* – Pariser Viertel südlich des Bois de Boulogne.

rue de Bougainville – Pariser Straße in der Nähe des Hôtel des Invalides. Heute rue Louis-Codet.

415 *Wolf Franck* – (1902 – ?), Publizist, Rundfunkredakteur. Emigrierte 1933 nach Frankreich, Unterzeichner des Volksfrontaufrufs, 1934/35 Hg. der Zeitschrift »Heute und Morgen«, 1937 bis 1939 Mitarbeiter der »Neuen Weltbühne«.

Ralf Zahn – Rudolf Zahn, nach 1945 Intendant des Rundfunks in Schwerin.

415 *Herausgeber der Weltbühne* – Hermann Budzislawski, Hg. der »Neuen Weltbühne« 1934–1939. Siehe zweite Anm. zu S. 23.

416 *den Deserteur, der sich Schubert nennt* – Zu den ca. 60–70 Insassen von Castres gehörten zwei desertierte Wehrmachtssoldaten, denen die politischen Gefangenen mit Mißtrauen begegneten. Beide wurden vor dem Ausbruch in ein anderes Gefängnis verlegt oder ausgeliefert; einer davon war Schubert.
Franz Raab – (1904 – ?), Elektromonteur; KPD, Bataillonskommandeur der Internationalen Brigaden in Spanien, Internierter in Le Vernet und Castres. Flüchtete aus dem Gefängnis, ging in die Résistance.

417 *Max Reinhardt* – (1873, Baden bei Wien – 1943, New York), Regisseur. Mitbegründer der Kabaretts »Schall und Rauch«, 1905–1920 und 1924–1933 Direktor des Deutschen Theaters. Emigrierte nach Österreich, 1937 in die USA.
»Das Haus zum Monde« – Expressionistischer Film, Neos-Film GmbH Berlin, Premiere am 28. 1. 1921. Buch: RL, Regie: Karlheinz Martin, Darsteller u. a. Erich Pabst, Fritz Kornter, Rosa Valetti, Annemarie Mörike, Gustav von Wangenheim. RL später in einem Wangenheim gewidmeten Text: »Erinnerst Du Dich des Filmes ›Das Haus zum Monde‹, der durchgefallen ist wie nie ein Film vorher und nachher, und der ein schöner Film war?« (RL, »Der Weg und das Ziel«, Berlin 1970, S. 57)

419 *Lex und Karl* – Lex: Lex Ende (s. zweite Anm. zu S. 91), Karl: Hermann Burkhardt (»Karl« oder »Studentenkarl«) (geb. 1910), KPD, seit 1933 in Frankreich, 1939–1941 interniert, 1943/44 Résistance, organisierte Flüchtlingshilfe. Nach 1949 DDR-Journalist und Auslandskorrespondent. Lebte nach 1990 in Saarbrücken.

421 *Hermann Schüller* – Mitglied der freideutschen Jugend. 1919 wurde er in Berlin Leiter der Geschäftsstelle des »Zentralrats der entschiedenen Jugend«, einer Fraktion, die Verbindungen zu proletarisch-sozialistischen Gruppierungen suchte.

422 *Heinrich IV.* – Vermutl. Heinrich IV., König von Navarra (1589 bis 1610), von Heinrich Mann in seinem Roman »Jugend und Vollendung des Königs Henri Quatre« beschrieben.

423 *Comment dites-vous en français* – (franz.) Wie sagt man auf französisch.
I am strong enough, but my arm-muscles are weak – (engl.) Ich bin stark genug, aber meine Armmuskeln sind schwach.
He is strong, mais il est mou! – (engl./franz.) Er ist stark, aber willenlos.

424 *C'est le marché noirâtre, dirait-on!* – (franz.) Sieht so aus, als wäre das der schwärzliche Markt!

426 *Je suis tellement timide!* – (franz.) Ich bin so schüchtern!

426   *<1/7/1944>* – Das folgende Traum-Notat befindet sich nicht im
      Manuskript des Traumbuches. Es ist dem Tagebuch des Jahres
      1944 entnommen. Erwachend registrierte RL, daß es der 1. Juli
      war, der Geburtstag seiner Mutter. (SAdK-RL-764)
      C'est ... [ein unverständliches Wort] et un autre Allemand. –
      (franz.) Das ist ... [ein unverständliches Wort] und ein anderer
      Deutscher.

427   *Mais qui êtes-vous* – (franz.) Aber wer sind Sie.
      Au secours! Au secours! – (franz.) Hilfe! Hilfe!

STEFFEN MENSCHING

Somnio ergo sum. Das Lager als Traumfabrik

> »... at the wrong time
> on the wrong day
> all the lights are fading now
> if I'm dreaming my life ...«
> *David Bowie*

Das Paket aus holzig-grauem Packpapier auf dem Arbeits-
tisch des Lesesaals barg einen dreißig Zentimeter hohen Pa-
pierstapel, jeweils oben und unten von einem etwas größeren
Holzdeckel umschlossen. Durch in die Brettchen gebohrte
oder geschabte Löcher fädelte sich eine zerschlissene Hanf-
schnur, verhindernd, daß ein Blatt herausrutschen oder entnommen werden konnte. Ich löste mehrere Knoten mit dem
deutlichen Gefühl, Ungewöhnliches zu berühren; daß mir
der Zufall oder meine chaotische Recherche-Methodik einen
einmaligen Text in die Hände gespielt hatte, begriff ich wenig
später. Ein Konvolut von mehr als 1200 Blättern, beidseitig
handbeschrieben, begonnen im Mai 1941, abgebrochen im
April 1944. Das Traumbuch des Rudolf Leonhard.

Auf einem Stich Moritz von Schwinds »Der Traum des
Gefangenen« liegt ein bärtiger Mann auf dem Steinboden
einer Gefängniszelle, gelehnt gegen einen Strohballen, den
Kopf gehoben in Richtung des vergitterten Fensters, durch
das ein breiter Lichtkegel fällt. In diesem Sonnenstrahl
schwebt, im Zentrum des Raumes und der Zeichnung, eine
Frau – im Verhältnis zur Größe des Gefangenen puppenhaft
klein – mit lockigem, aufgelöstem Haar, in weichfallendem
Kleide, barfüßig – eine anziehende Justitia bleichen englischen Typus, deren Augen unverbunden sind, hält sie in der
linken Hand einen Becher, in den sie mit der rechten aus
einem Krug Wein schenkt. Vor dem hoch in der massiven
Außenwand eingelaßnen schmalen Fenster hat sich eine

Leiter aus Gnomen aufgebaut, fünf Zwerge, die mit äußerster Kraftanstrengung übereinander stehen, damit der oberste mit einer Feile, die für ihn das Maß eines Schwertes hat, die Eisenstäbe zersägen kann. Der Grundmann dieser Fluchthelferbande, der die Last trägt und ausbalanciert, ist ein König mit langem weißem Bart und Krone, der sich winkend dem Häftling zuwendet. An der wuchtigen, mit Bandeisen und einem mächtigen Schloß versehnen Zellentür hängt, so daß er gerade hindurchsehn kann, ein sechster Zwerg und lugt in den Gang hinaus. Dies alles geschieht vor den Augen des Gefangenen, in seinem Blickfeld, sieht man aber genauer hin, erkennt man, daß die Augen – sie sind offen, er tagträumt – zwar auf das Tableau gerichtet scheinen, die Pupillen jedoch die Raumdecke treffen.

L. wird dieses Blatt gekannt haben, nicht, weil er ein Kenner der Bildkunst der Romantik gewesen ist, der war er auch, vielmehr weil die Zeichnung den »Vorlesungen zur Einführung in die Psychoanalyse« Freuds, zumindest ab der fünften Auflage, 1926, vorangestellt war. Diese Edition kannte er sicherlich. Möglicherweise gewahrte er, an seinem Traumbuch arbeitend, die Koinzidenz von Bild und Erfahrung und sehnte sich, die eigenen Haftbedingungen mit der idyllisch anmutenden Szenerie Schwinds vergleichend, nach einem gediegenen Kerker. Denn im Mai 41, als die systematische Traum-Protokollierung beginnt, lagen bereits zwanzig Monate Haft in verschiedenen Internierungslagern hinter ihm. Den Überfall Deutschlands auf Polen, den Beginn des Zweiten Weltkriegs, erlebte er in Paris; als Programmgestalter des »Freiheitssenders 29,8«, der über Radio France antifaschistische Propaganda in deutscher Sprache »ins Reich« ausstrahlte. Nach Frankreichs Kriegserklärung (am 3. September 1939) galt L. im Gastland als »feindlicher Ausländer« – und teilte das Schicksal der meisten Exilierten, verhaftet und interniert zu werden. Die Tatsachen: ausgebürgert, Jude, erklärter Antifaschist, seit 1927 in Frankreich lebend, mit einer Französin verheiratet zu sein, entlasteten ihn nicht. Im Gegenteil. Die Securité schätzte ihn als »gefährlich« ein, als

»überzeugten Kommunisten (›stalinien convaincu‹)«, der er – obwohl nie eingeschriebenes Parteimitglied – in der Tat war. (Ein Stalinist, der, in einem Brief aus dem Lager Le Vernet d'Ariège, den befreundeten Verleger Jean Ballard bittet: »Ich bräuchte vor allem den ontologischen Gottesbeweis des Hl. Anselm. Wie soll ich ihn hier auftreiben?«)

Die Konfusion der Septembertage 1939. Daladier, Frankreichs Regierungschef, der ein Jahr zuvor das Münchner Abkommen signierte, in der Illusion, Hitler durch die Opferung der Tschechoslowakei »befrieden« zu können, erließ am 29. September ein Gesetz zum »Verbot aller Organisationen der Komintern«, eine Reaktion auf die Besetzung ostpolnischer Gebiete durch Sowjettruppen, die in der Geheimklausel des von Ribbentrop und Molotow unterzeichneten Nichtangriffspaktes vereinbart worden war. Das Gesetz vom 29. September basierte auf einer logischen Konstruktion: Da die Kommunisten, so antinazistisch sie sind oder sich geben, in der Sowjetunion ihre eigentliche Heimat sehen, da sie dieser und ihrem Führer Stalin Ergebenheit schwören, muß man sie, durch die besiegelte, alle Welt – auch die Kommunisten selbst – überraschende, wie ein Geist aus der Flasche erschienene, deutsch-sowjetische Freundschaft, automatisch zu den Gegnern Frankreichs rechnen. Daß Paris und Moskau ebenfalls ein Pakt gegenseitiger Hilfe verband, blieb dabei ebenso unberücksichtigt wie der Umstand, daß zahlreiche deutsche kommunistische Emigranten sich sofort freiwillig zum Kriegsdienst in der französischen Armee meldeten.

»Drôle de guerre«. Der »komische Krieg« war erklärt, kein Schuß fiel, aber in allen Zeitungen wurden Männer deutscher Herkunft aufgefordert, sich in Sammellagern einzufinden. Wer nicht selbst kam, wurde geholt. Obwohl viele Emigranten häufig den Wohnsitz wechselten – aus ökonomischen, weniger aus konspirativen Gründen –, obwohl die Meldepflicht, soweit möglich, umgangen wurde, viele illegal oder halblegal in Paris lebten, verliefen die Razzien der Polizei schnell und erfolgreich, so daß bald das – von KPD-Seite in

Umlauf gebrachte – Gerücht die Runde machte, die Adressenlisten wären von Abtrünnigen der Bewegung an das Deuxième Bureau verkauft worden. Die »Trotzkisten« allgemein oder namentlich Willi Münzenberg, der Paria der Pariser Parteigenossen, wurden verdächtigt, jene ehemalige Nummer 5 des Politbüros, der propagandistische Kopf der KPD, der, von Stalin nach Moskau beordert, die Einladung ausschlug, dann, aus der Partei ausgestoßen, auf eigene Faust, mit neuen Verbündeten, die nicht immer seine Wunschkandidaten gewesen sein dürften, Anti-Hitler- und Anti-Stalin-Propaganda leistete, und – wenn die Legende stimmt – an L.s Demission im Freiheitssender nicht unbeteiligt gewesen war, um den Apparat in seinem Sinne zu nutzen. Mancher wurde in der Wohnung, im Hotelzimmer, mancher auf der Straße verhaftet, Familien wurden getrennt, Väter von Frauen und Kindern, um sich, spät, an fremden Orten, manchmal nie, wiederzusehen. L. geriet an dem Tag in Haft, als das Gesetz erlassen wurde. Seine erste Station hieß Rolland Garros, das Fußballstadion im Süden des Bois de Boulogne. Die Methode, im Ausnahmezustand, Staatsfeinde in Sportanlagen zu sammeln, wenn die Kapazität der Gefängnisse ausgeschöpft war, fand hier erstmals erfolgreich Anwendung; eine Technik, die Nachahmer finden sollte. »Camp des indésirables« stand auf der Tafel am Eingangstor, der Klub der Unerwünschten.

Aus dem Lager von Colombes kam Franz Dahlem nach Le Vernet. Der ehemalige KPD-Reichstagsabgeordnete und Leiter des Pariser Sekretariats hatte sich am 4. September 1939 mit einem Brief an Daladier gewandte, mit der Bitte, sich und seinen politischen Freunden die Möglichkeit einzuräumen, ihre politische Arbeit gegen das Hitlerregime fortsetzen zu können. Auf das Schreiben erfolgte keine positive Antwort, statt dessen Internierung, als sich Dahlem gemeinsam mit Paul Merker und Paul Bertz den Behörden stellte. Man wollte dem Gastland seine Loyalität beweisen, ihm seine Dienste anbieten. Die Entscheidung wurde von den Moskauer ZK-Mitgliedern Pieck, Florin, Ulbricht, Dengel,

Funk nach einem Monat Schweigen als Fehler verurteilt, an den sich die Partei in den Jahren 1949–1951, im Zusammenhang mit den Prozessen gegen Rajk und Slánský, auf verhängnisvolle Weise erinnern sollte. Die Exil-Genossen waren die Karten, die Stalin beim diplomatischen Poker mit den Westmächten unter den Tisch fallen ließ. Ihr hilfloser Gang in die Internierung wurde dafür mit vernichtenden Zensuren bedacht: Selbstliquidation, Verlassen des Klassenstandpunktes, Kapitulantentum. Man habe – so urteilte Moskau – völliges Unverständnis für die Sowjetunion und ihre Friedenspolitik (d. h. den Pakt) gezeigt, die Politik Frankreichs und Englands dieser gleichgestellt, mehrfachen Aufforderungen der EKKI, zur Rechenschaftslegung in die proletarische Hauptstadt zu reisen, sei man nicht nachgekommen. In der Stellungnahme des ZK, das am 12. August 1940 an Dimitroff gesandt wurde, wird der West-Leitung vorgeworfen, durch Vermittlung eines parteilosen Schriftstellers an der Einrichtung eines Rundfunksenders beteiligt gewesen zu sein, dazu den Namen des 1937/38 in Spanien tätigen antifaschistischen »Freiheitssenders« mißbraucht zu haben. Der erwähnte, suspekte Autor war L. Die Sendungen hätten, unter der Zensur der Daladierschen Regierung stehend, im Gegensatz zur Parteilinie, den deutsch-französischen – noch nicht offen geführten – Krieg als Angriffskrieg Deutschlands, anstatt als imperialistischen Krieg von beiden Seiten, gezeigt.

L. war ein kleiner Mann, Liebling der Frauen, Zahlenmystiker und Erotomane, ein Dichter, der auf das »image« des Dichters Wert legte, ein charismatischer Redner (der gern das Wort nahm), ein Dandy mit Stöckchen, Handschuhen, Seidentuch, Siegelring; korrekte Kleidung, Umgangsformen, regelgemäßer sprachlicher Ausdruck waren ihm selbstverständlich. Zu dieser schöngeistigen, esoterischen Seite gesellte sich eine hemmungslos hedonistische, eine Sinneswut, die das Prinzip lebte: alles, was Lust gebiert, ist gestattet. Wie viele Zeitgenossen (die den Schlachten des Ersten Weltkrieges entronnen waren) studierte er eifrig in der Schule der freien Liebe. Tabus waren abgeschafft. Sinn des Lebens ist Suche nach Schönheit (im Gegensatz zum Grauen und Irrsinn des Massensterbens), dieser Genuß wird um so größer sein, je mehr Menschen daran teilhaben. L. gelangte über eine romantische Konzeption (man könnte auch sagen: über die Libido) zum Sozialismus. Das abschätzige Wort vom Gesinnungs-Ästheten beschreibt ihn treffend. Politökonomie, marxistische Kategorien wird man bei ihm kaum finden. Daß er, Individualist, Einzelgänger, Eigenbrötler, sich trotzdem in die Bewegung, in Parteidisziplin und Dogma einfügte, mag verwundern, vielleicht aber erkannte er in dem puritanischen Korsett eine rettende Maßnahme, die ihn vor Vereinzelung, Wahnsinn, Verzettelung im Rausch schützte. Der Versuch, beides auszuleben, Revolutionär und Dekadent zu sein, geriet zu einem Spagat, schmerzhaft, anstrengend, unbequem, der viele Träume bestimmte. »Der Arzt sagt, die Operation müsse vorgenommen werden, damit ich wieder meinem inneren Menschen ähnlich werde«, träumt er am 9. Oktober 1942. Der Widerspruch ist offenbar, wird aber verdrängt: »Jedenfalls ist der Arzt ein Scharlatan.«

Überfüllte Baracken. Auf engstem Raum 50 Männer verschiedenster Herkunft und Couleur. Ein babylonisches Stimmengewirr am Tag: polnisch, russisch, spanisch, jiddisch, serbisch, ungarisch, nachts eine Collage dumpfer Geräusche: Husten, gepreßter Jammer, Flüche über Wanzen, Flöhe, Mücken, Sommerhitze, Frost der Wintermonate, die Schritte der Latrinengänger, das Stöhnen der Onanisten und Traumverfolgten. Luft, zum Schneiden, stickig, ein Pritschenplatz am Fenster galt als Privileg, die Schlafkurven der unterernährten, an Bewegungsmangel und Askese leidenden Männer blieben flach. Die Tage glichen sich, der Vorrat an Gesprächen war bald erschöpft. Einzige Abwechslung: Briefe, Bücher, die, wenn sie eintrafen, von Hand zu Hand gingen, gelegentlich ein Besuch der Frauen. Da die Haft kein Urteil begründete, war ihre Länge unabsehbar, die politische Lage veränderte sich vom Schlechten zum Schlimmeren. Die erste Phase (vom Herbst 39 bis zum Juni 40), ein diffuses Stadium, in dem sich die Gedanken an Freilassung, plötzliche

Einsicht der Behörden mischten mit der Erwartung eines Ausreisevisums. Anfang 1940 wurden »unverdächtige« Emigranten in sogenannten Prestatairegruppen zu paramilitärischen Hilfsdiensten verpflichtet. Dann: die kurze, Tage oder Stunden während Hoffnung, Frankreichs Armee würde auf den deutschen Einmarsch mit entschlossenem Widerstand, gar Gegenangriff, antworten. Die große Illusion (5.–22. Juni 1940). Die dritte Phase (vom Waffenstillstand bis zur Besetzung der Südzone, November 1942): Verschärfte Internierung, bei ständiger Drohung, gemäß dem Waffenstillstandsabkommen, nach Deutschland ausgeliefert zu werden.

In der Prosaskizze »Die erste Lüge« erzählte L. eine Geschichte, die ihm als siebenjährigem Knaben geschah: ein Kartenspiel war aus einem Koffer verschwunden und die Erwachsenen kamen in ihrer »voreiligen Logik« darauf, er müsse, wenn er es denn nicht ohnehin genommen habe, wissen, wo es sich befände. Als er, wahrheitsgemäß, jede Verwicklung in die Affäre bestritt, entschied man, er lüge, und verdächtigte, als man, Tage später, im Nachbargarten einen halbwüchsigen Jungen mit den Karten spielen sah, nicht jenen, sondern war seiner, Rudolfs, Schuld sicher, er solle endlich zugeben, was er angestellt habe, damit die Karten in die Hände des fremden Jungen hatten fallen können. Und nun begann er – zur Zufriedenheit der Familie – zu lügen, er erklärte, er habe im Koffer gewühlt, hätte die Karten herausgenommen, und sie, als er Schritte hörte, über den Hofzaun geworfen. »Mein Vater, ein wunderbarer Mensch, glänzender Jurist und grade auch hervorragender Verteidiger in Kriminalprozessen, kam nicht darauf, daß bei diesem Wurf die Karten doch hätten auseinanderfliegen müssen! Ich damals übrigens auch nicht. Diese Sache hatte noch ein sonderbares Nachspiel. Als ich einige Tage später aufwachte und noch ein Nachgefühl des Traumes der Nacht hatte, fiel mir plötzlich ein, ja es fiel mir auf eine gewaltige Art ein: vielleicht war es umgekehrt, vielleicht habe ich den Tag geträumt, vielleicht waren alle Tage und auch diese schreckliche Angelegenheit geträumt, und in Wahrheit werde ich wach, wenn ich einschlafe?«

Er war ein Mann ausgesuchter Höflichkeit und Hilfsbereitschaft, der sich für einen ebenso begabten wie ungenü-
gend beachteten Schreiber, einen besonderen Menschen
hielt. (8. August 1942: »… ich bin einer der besten Kritiker
unsrer Zeit, wenn ich auch meine Kritiken nicht veröffent-
liche, sie bleiben in meinen Notizen, man wird sie später finden.«) Diese Bewunderung eigener Leistung ist, wie wir seit
Cervantes' Don Quijote wissen, nicht ungewöhnlich, »denn
es gibt keinen Vater und keine Mutter, denen ihre Kinder
häßlich vorkommen, und bei den Kindern des Geistes ist
dieser Irrtum noch häufiger«. L. aber besaß die Chuzpe,
Gedanken, die er sich über sich machte, öffentlich zu machen, eine Offenherzigkeit, die nicht immer auf Gegenliebe
gestoßen sein wird. Er nahm sich wichtig, ohne sich auszuschmücken, zu rechtfertigen. Dieser Neugier oder Egozen-
trik danken wir die Protokolle. Ein weniger Selbstbewußter
hätte dieses Werk nicht schaffen können (und hätte so auch
nie geträumt). Dabei sind die Beschreibungen emotionslos,
ohne Glorie, auch ohne Selbstironie. Überhaupt scheint L.
sich den Dingen eher mit protestantischer Strenge denn mit
dialektisch-jüdischem Witz genähert zu haben. (Spät erst,
schrieb er einmal, habe er sich mit Heine, den anfänglich ver-
achteten Kollegen, anfreunden können.) Schon als Kind, berichtete die Schwester Lotte, sei sein mustergültiger Ord-
nungssinn aufgefallen, Fotografien des Schreibtischs belegen
dies, jeder Stift liegt da an seinem Platz, die Blätter sind
akkurat gestapelt. Auch das Manuskript des Traumbuchs be-
sticht – trotz Lager- und Gefängnisbedingungen, Papier-
mangel, kratzenden Federn – durch präziseste Korrekturen;
So »seelenbeladen« das Material ist, der Gestus der Erzählung ist nüchtern, analytisch, bezeugend.

Schon als junger Mann protokollierte L. Träume. Ignaz
Ježower nahm in seine Sammlung »Das Buch der Träume«,
die 1928 bei Rowohlt erschien, Protokolle L.s aus den Jahren
1910–1924 auf. (Sie standen in unmittelbarer Nachbarschaft
mit Traum-Notaten Walter Benjamins.) Ježower erklärte in
den Anmerkungen des Bandes, viele Träume L.s aus dessen

unveröffentlichten Tagebüchern zu kennen. L. selbst schrieb: »Es kann ein äußerer Anlaß gewesen sein, der mich auf den Gedanken brachte, Träume regelmäßig aufzuzeichnen; soweit ich mich erinnere, war es die Lektüre der Traumaufzeichnungen Friedrich Huchs, lange vor der Lektüre von Traumberichten der Psychoanalytiker.« Möglicherweise studierte L. bei Huch auch die Technik der getreuen Wiedergabe eines Traumes, die dieser im Vorwort seines erstmals 1904 publizierten Bandes »Träume« formulierte. Wie jener setzte er auf Einprägung über Stichworte, wobei die Fixierung so sachlich als irgend möglich zu erfolgen habe, bei der Niederschrift auf alle schmückenden und erklärenden Redewendungen zu verzichten sei.

»›Es ist nun so‹, schreibt Goethe am 31. März 1776 an Frau von Stein, ›das Würkliche kann ich so ziemlich meist tragen, Träume können mich weich machen, wenn ihnen beliebt.‹ Nun, wann beliebt es ihnen? Und können sie's auch, wenn's mir nicht beliebt? Schon das wäre ein Grund das Traummaterial wirklich zu sammeln; aber es gibt noch mehrere, unter andern auch den, dass sie uns hart machen können, das sie jedenfalls das Weiche und das Harte in uns herausstellen. Und nicht nur in uns. Nur die Verbindungen im Traume sind subjektiv, nicht die Substanz; der Mörtel, nicht das Material. Deshalb konnte Hegel sagen, dass, wer die Träume seiner Zeit zusammen hätte, seine Zeit hätte. Die Aufgabe wäre nicht nur überindividuell, sondern übermenschlich. Aber es hat ja jeder – zwar nicht alle Träume seiner Zeit, aber die Träume seiner Zeit. Wer alle Träume eines Individuums hat, der hat schon ein bedeutendes Bild der Zeit. Die Umformung im lockeren Wurfe des Traumes macht uns die Welt deutlicher, im ganzen Traummaterial eines Individuums schon die ganze Welt. Die ganze Realität der Zeit ist auch im Traume. Die ›Confessions‹ eines Unterbewusstseins können ungeheuer viel über das Leben aussagen, wenn sie genau sind und so aufrichtig, wie Konfessionen sein sollen und wie die guten und wichtigen Konfessionen waren.«

L. glückte das Werk eines Dichters, als er sich als Dichter

völlig zurücknahm. Mit an naturwissenschaftliche Akribie grenzender Nüchternheit hielt er die Traumbilder fest, bewahrte ihre poetisch-bizarre Schönheit, ohne der Verlockung zu erliegen, das Material dichterisch zu gestalten, auszuschmücken, literarisch weiterzuträumen. Wenn an diesem Werk Moral festzumachen ist, so liegt sie in der Erbarmungslosigkeit, mit der ein Autor sich selbst zum Untersuchungsfeld erklärt. Der Überzeugung in die eigene Wichtigkeit (die mit großen Selbstzweifeln gepaart war) und der miserablen Not-Lage des Lageralltags ist zu danken, daß L. die Kraft fand, den uferlosen Text zu beginnen und voranzutreiben. Die Arbeit am Manuskript verstärkte die Traumaktivitäten, schärfte das Bewußtsein für Inhalt und Struktur der Visionen. L. geriet auf elementarer Ebene Gedankenkonstruktionen Walter Benjamins nahe. Suchte der in seinem Passagen-Werk den Trauminhalt einer Epoche aus zurückbelassenen gegenständlichen Trümmern zu rekonstruieren, so sammelt L. Relikte einer individuellen Traum-Biographie, in denen er neben Privatem das Zeitalter sich ausdrücken sieht; um so mehr, als der Träumer aktiv in die jeweilige Epoche verwickelt war. Das Material strukturiert die Geschichte, nicht vorgedachte oder im nachhinein hineinprojizierte großen Linien. Bruchstellen, Auslassungen werden nicht verdeckt, sondern ausgestellt. Der Gesamttext gleicht einem Traum, ist Ausriß einer Erzählung ohne Botschaft, deren Anfang und Ende fehlen, un- oder vormoralisch, sensationelle Chronik.

Angeblich sehen Sterbende ihr Leben in schneller Bilderfolge Revue passieren. L.s Aufzeichnungen – in Todesgefahr entstanden – sind solche Retrospektive. Wichtigste Stationen seines Daseins scheinen auf, Orte, Begebenheiten, Personen, Landschaften, Gewohnheiten, Ängste, Vorlieben, Stimmungen, Leidenschaften. Eine ungestalte Autobiographie. Kindheitstage in Lissa, der deutsch-polnischen Grenzstadt, das Labyrinth der elterlichen Wohnung, die Villa in der Roonstraße, die auch die Kanzlei des Vaters barg, dessen früher Tod, der die Mutter mit beiden Kindern, Rudolf und Lotte, zurückließ. Kleinstadtstraßen, Ohnsteins Gemischtwarenladen, Markttage, Händlerinnen, Pastor Bickerich, dem man die Wange küssen muß, Dr. Herrnstadt, der Hausarzt, die Großeltern, die aus Posen (Poznań) anreisen, das Gymnasium (dessen Listen ihn noch als R. Levysohn führten), Mathematik-Professor Zschiedrich, die Mitschüler Armin von Bismarck, Richard Michel, Krönig, Kretschmer, Berger, die ihn lebenslang (in Träumen) begleiten sollten, Mata oder Mascha, die Köchin, Emma, Haushälterin und erste Geliebte, der Umzug der Familie nach Pyrmont, Klavierstunden, Fumpas, der Dachshund, die Cousins Heinz und Alfred, Tanten, Onkel, Theaterbesuche, Göttingen, Jura-Studium, Referendarzeit in Strausberg, Krieg, Wachdienst, Lazarett, Irren-Anstalt, die Berliner Boheme, Exzesse, Ernst Deutsch, Kortner, Toller, Piscator, Heymann, Theaterarbeit, Film bei Pabst, die Ehe mit der »Eidechse«, die Wohnung am Kurfürstendamm, Susanne, Verlagsgeschichten, Rowohlt, Ullsteins, Weltbühne, Bücher, Bibliotheken, Editionen, die Reise zu Hasenclever, Clermont, Frankreich, die zweite Heimat, Schutzverband Deutscher Schriftsteller, Pariser Straßen, Cafés, Freundschaften, Sitzungen, Kurt Kersten, Heinrich Mann, Kisch, Milly Zirker, Jean und Madeleine Braun, Pozner, Affären, Yvette, Hyères, die Riviera, Volksfrontversammlungen, Internierung, Lager, Flucht, Gefängnis.

In Nebensätzen, Anmerkungen, Kommentaren beschreibt L. den Haftalltag: banale quälende Rituale, Schikanen, Hoffnungsschimmer, Verzweiflungen: »die Umdrängung des Pissoirs abends, wenn wir eingeschlossen waren, und ehe wir hinauf in die Zellen gehn«; »das Grün, das wir heute, in meiner Wut, in den Höfen jäten mussten«; »ich bin vorgestern seit dreiviertel Jahren zum ersten Mal auf der Strasse gewesen, beim Holzabladen, und habe den kirchenartigen Eingang des Gefängnisses gesehn«; »der viel besprochne Eierschaum, der neulich auf der Suppe schwamm«; der Duschgang, alle zwei Wochen, die grausame Exekution einer Katze durch Kameraden, um an Fleisch zu gelangen, die Beschäftigung mit den letzten Kreaturen, dem Rattenloch im Gefängnishof, Blumen am Stacheldraht, die Kälte der Winternächte,

Schwüle des Sommers, das Dröhnen der englischen Bombenflugzeuge, das kollektive Schnarchen der Mitgefangenen, der Garde Mobile, der seine Runde macht, der mit dem Lichtlöschen wartet, bis L. eine Seite zu Ende gelesen hat, der Mangel an Kleidern, Streichhölzern, Tabak. »Wir entbehren hier Zeitungen sehr.« In der erwähnten Lektüre dominieren historische Stoffe: Meyers »Angela Borgia« »Napoléon intime« von Arthur-Lévy, Fichte, Tolstoi-Briefe, eine Biografie Mazzinis, Selbstbiografie Carnegies, Gérard Walters Robespierre-Biografie. Die meisten dieser Bücher dürften kaum aus dem Bestand der Anstalts-Bibliothek entnommen worden sein; Sendungen von Freunden wie Roger Martin du Gard oder Professor Ragaz werden mehrmals als »Schatzkartons« gewürdigt.

L.s Wendung zur organisierten kommunistischen Bewegung wurde von vielen dem bürgerlichen Milieu verhafteten Freunden selten verstanden, häufig mißbilligt. Hier dürfte – L. deutet es an – der erste Grund für das Zerwürfnis mit dem Gefährten Walter Hasenclever zu finden sein. Der Bruch mit intimen Freunden der Nach-Kriegs- und Nach-Revolutionsjahre, mit denen er die Erfahrung von Caféhaus-Debatten, Theaterskandalen, Manifesten und Festen teilte, wird nie verwunden, träumend werden verlorene Freundschaften weitergeführt, mit Toten findet Aussöhnung statt wie es mit längst geschiedenen Geliebten zu anmutig-lustvollen Wiederbegegnungen kommt. Im Traum sind alle Beziehungen lebendig, seine Zeitform ist immerwährende Gegenwart. Die Renitenz gegen Vergänglichkeit macht die Verführungkraft des Träumens aus, daß wir wünschen nicht unterbrochen zu werden, daß wir das Erwachen als Schmerz empfinden, der uns von den Liebsten trennt. Auch L.s neugewonnene »Freunde« – wie sich KP-Genossen in der Emigration nennen – können den Verlust der früheren nicht aufwiegen. Sie erscheinen als bewußt gewählte Mitstreiter, verläßliche Nebenmänner eines Marschblocks, Pflicht- und Tatmenschen, doch wirkt die Beziehung zu ihnen kühler, pragmatischer, weniger durch Leidenschaften, Emotionen geprägt, ärmer an Hingabe, nicht an Vertrauen. »Die Freunde« erscheinen im Gegensatz zu den Freunden in Zusammenhängen jenseits von Körperlichkeit und Erotik. Im Verhältnis zur Partei sieht sich L. als Lernender, Unvollkommner, Zweifelnder – nicht an der Sache, an der eigenen Fähigkeit, zu dienen.

Dem schriftlichen Urteil des Polizei-Hauptkommissars Ludmann vom Januar 1942, L. sei im Lager Le Vernet als überzeugter Stalinist aufgefallen, hätte dieser kaum widersprochen. Im gleichen Jahr schreibt er am 21. Dezember eine Hymne, die (was nicht ungewöhnlich ist) zwischen den Traumaufzeichnungen steht, später aber (mit allen andern nicht zum Traumbuch zählenden Passagen) ausgestrichen wird. »Der Mann, der heute Geburtstag hat / Denkt an den Geburtstag keine Minute. / Er steht im Kampfe, er steht im Blute / und denkt nur: dass der Sieg sich spute – Den er berechnet und vorbereitet hat! // Der Mann, der heute Geburtstag hat, / Wird aber von Millionen Herzen und Zungen / Begrüsst und gepriesen, bedacht und besungen: / Er schrieb für die Zukunft aller Jungen / Im Weltenbuche ein ganzes ganz neues Blatt. // Der Mann, der heute Geburtstag hat, / Hat Ungeheures getan in seinem erfüllten Leben. / Er, vor dem unsre Feinde erbeben, / Hat auch seinen Namen gegeben / Der Schlüsselstellung, der Heldenstadt! // Die heute mit ihm ihre Feier hat, / Die schauerlichste Kämpfe umtoben, / Die auch in den feindlichen Ländern unten und oben / Alle Herzen unsrer Kämpfer lieben und loben –: / An ihr, vor dem Manne, wendete sich das Blatt. // Der Mann, der heute Geburtstag hat, / Den müssen wir ganz besonders lieben; / Denn wir sind die besten Deutschen geblieben, / Und es steht in der Geschichte geschrieben: / Unsre Freiheit hat mit seinem Siege statt! // Vom Manne, der heute Geburtstag hat, / Von unserm Genossen uns zu trennen, / Haben sie uns mit Ländern und Mauern umschlossen. / Wir hören nicht auf, uns zu ihm zu bekennen, / Seinen Sieg, für den unsre Fäuste nicht brennen / können, doch unsern Sieg zu nennen. / Wir, Kriegs-Gefangne, wir werden nicht matt, / An diesem

Tag wie an allen Tagen / Einander zu ihm uns den Glück-
Wunsch zu sagen.«

Niemand zwang L. zu dieser Eloge auf Josef Dschugasch-
wili, er schrieb sie im eigenen Auftrag, aus innerer Überzeugung in der Zelle Nr. 23 des Gefängnisses von Castres. Dies
war nicht Ort noch Zeit, um an der Richtigkeit und Gerechtigkeit der eigenen Bewegung zu zweifeln, wollte man sich
Mut zum Überleben bewahren. Jeder Tag konnte die Auslieferung nach Deutschland bringen, eine Heimreise, die
einem Todesurteil gleichkam. Hitler hielt Europa in der
Hand, wenige freie Inseln waren geblieben (England, Schweden, die Schweiz), entschiedener Widerstand mobilisierte
sich einzig im Osten: Stalingrad – obwohl noch unentschieden, war die Schlacht schon in aller Munde. Daß zur gleichen
Zeit seine ehemalige Frau Susanne in einem Gulag im Fernen
Osten ums Überleben kämpfte, konnte L. nicht wissen.
Hätte das Wissen seine Haltung geändert? Kaum. L. und
seinesgleichen hatten den Terror Ende der dreißiger Jahre
durchaus zur Kenntnis genommen. Am 4. Januar 1937 notierte er in sein Pariser Tagebuch: »Früh kam Solinger …
Wovon wir auch sprechen, wir kommen auf die Sowjetunion;
es ist zum Verzweifeln, wenn er und Erwin [Piscator] mir
immer sagen ›X ist verhaftet‹ und ›Y ist weggegangen‹.« Aus
»tapferen, disziplinierten, sich haltenden, energischen Partei-
soldaten« wurden über Nacht »versumpfte, versöhnlerische
Abenteurer, Nörgler, Ausgeschlossene«, »Erkrankte«, letztes der Code-Begriff für vom NKWD Verhaftete. Man räso-
nierte: Über die Verdachtsmomente ist nichts bekannt, aber,
daß sie schwerwiegend sein müssen, beweist die Entschie-
denheit der »Maßnahmen«. Jeder weitere »Fall« stützte die
Theorie gewaltigster Verschwörung: »die neuen Geständ-
nisse beweisen die Echtheit und Aufrichtigkeit der alten.
Zweimal könnte man ja den ›Coup‹, den viele vermuteten,
nicht machen«, faßte der Jurist L. die neuen Prozesse, Januar
1937, im Diarium zusammen. Selbst wenn die Säuberungen
auch Unschuldige trafen, blieb die Sache im Kern unange-
zweifelt. Der proletarische Staat muß sich schützen, wo ge-

hobelt wird, fallen Späne, der heilige Zweck rechtfertige die Mittel usw. Dies war das Fundament einer Ideenkonstruktion, die am Ende noch die abstrusesten Projektionen des Generalissimus als geniale Schachzüge deuten würde. Pervertierte Dialektik. Stalin, letzte Instanz, unfehlbarer Gott.

»Sie sind glücklich, Sie sind Kommunist!« zitierte L. eine Bemerkung, die Ernst Weiß ihm gegenüber machte. Daß der sie ausgerechnet im Jahr des großen Terrors aussprach, ist mehr als ein Aberwitz der Geschichte. Die neidvolle Bewunderung, die aus Weiß' Worten herausklingt, beschreibt weniger eine Sehnsucht nach Ideologie, vielmehr den Wunsch, Teil einer verschworenen Gemeinschaft zu sein. Tatsächlich waren die Kommunisten, trotz und wegen aller Doktrin, Loge, exklusiver Klub, Familie, Verein, am straffsten, effektivsten organisierte Partei, diszipliniert, überzeugt, solidarisch, mit klaren umstürzlerischen Zielvorstellungen. Ihr oft zitierter Hochmut rührte aus dem Selbstbild, Avantgarde, Elite zu sein, der Sicherheit einer »wissenschaftlichen Weltanschauung«. Für die meisten war die Partei Lebenszentrum, das alle anderen Bindungen bestimmte oder ersetzte: Herkunft, Heimat, Freundeskreis. Wer verstoßen wurde, verlor sämtliche Bindungen. Die Partei verlassen hieß nie ins neutrale Lager wechseln, ein Verstoßener wurde zum Feind (erklärt). Andere linke Gruppen trugen zur Proselytenmacherei bei, indem sie Ausgeschlossenen skeptisch begegneten, immer eine (nicht unbegründete) Gefahr der Unterwanderung vor Augen. Viele, die in Ungnade fielen, klammerten sich verzweifelt an die Organisation, erbaten Vertrauen, Wiedereingliederung, schworen Überzeugungen ab, statt der Gemeinschaft aufzukündigen. Das Trauma hieß Abgehängtwerden, Isolation, Ich statt Wir.

Die Partei bot L. eine Sonderrolle, er fungierte als eine Art Joker: im Pariser Volksfrontausschuß saß er in der bürgerlich-demokratischen Gruppe, vertrat inhaltlich aber KPD-Positionen, wurde von ihr als Vermittler zu deutschen und französischen Intellektuellen gern bemüht. (Allerdings zeigt die Bemerkung Ernst Weiß', daß man in diesen Kreisen um

L.s Gesinnung wußte – er besaß zur Konspiration wenig Talent –, der Vorwurf, er hätte mit liberaler Maske Parteiinteressen durchgesetzt, ist realitätsfern.) Die Volksfrontidee entsprach L.s innerstem Streben, aktive Politik gegen Rassismus, Antisemitismus, Kriegshetze, Nationalismus, Zensur, auf der Basis eines offenen Austauschs der Strömungen, die er in sich selbst zu vereinigen suchte, der revolutionären, auf soziale Chancengleichheit, Kollektivität, Diktatur des Proletariats gerichteten, und einer libertinären, an Individualität, Kultur, Kosmopolitismus, Demokratie orientierten. Die Weltrevolution werde endlich einen Zustand allgemeiner menschlicher Freiheit herstellen. Für die Zwischenphase der Diktatur müsse Gewalt als Mittel erlaubt sein. Dieser vom Wachbewußtsein vollzogenen Abwendung vom Pazifismus widersetzt sich das Traumbewußtsein. Gewalthandlungen erscheinen generell als das Abnorme, Störende, Unsinnliche, sie bedrohen Schönheit, Freundschaften, schaffen Konflikte. »›Nach dem Zusammenbruch wird ein furchtbares Blutbad in den besetzten Gebieten erfolgen‹, sage ich, ›kein deutscher Soldat wird lebend vom Balkan zurückkehren!‹ Diese Vorstellung erschüttert mich so, dass ich mich schluchzend, fast erstickt, in die Wagenkissen zurückwerfe.« (20. Mai 1942) Auch Schläge, unter denen andere leiden, schmerzen den Träumer. Alles trifft ihn. Rache-Gefühle oder -Bilder sucht man vergeblich. Wurden sie ausgeblendet? Aber warum sollte L. diese zensiert haben, wo er sonst rücksichtslos Offenheit walten ließ. Niemand hätte ihm und seinesgleichen solche Visionen verargen können? Kennt der Traum keine Rache? Löst er die Spannungen, indem er das Ereignis der Schmach, den zu rächenden Anlaß, vorab korrigiert?

L. schätzte Willi Münzenberg. Beide trafen sich in den französischen Exil-Jahren regelmäßig. In Verlagsangelegenheiten, im SDS, in Volksfrontkreisen, bei Treffen zur Unterstützung der Spanischen Republik, gemeinsamen Bekannten: Heinrich Mann, Feuchtwanger, Piscator. L. war auch mit Babette Gross vertraut, mehrmals nennt er sie in seinen Tagebüchern. Ihre Erinnerungen »Willi Münzenberg. Eine politische Biografie«

erwähnen L. hingegen an keiner Stelle. In ihrem Leben scheint es L. nie gegeben zu haben. Schnelles, gründliches Verschwinden aus Geschichte und Geschichtsbüchern. Über die, vielleicht privaten, Gründe dieser Ausgrenzung kann man nur mutmaßen. Vielleicht war sich die Autorin über L.s Rolle in dem grausamen Verwirrspiel, das Münzenbergs Ende umrankt, im unklaren. Der »Fall M.« steckt voller Spekulationen. Selbstmord? Mord? Gestapo? NKWD? KPD-Abwehr? Die Lektüre der Traumnotate legt nahe, daß L. und einige Genossen in Le Vernet um die Todesumstände Willi Münzenbergs wußten. »Am nächsten Morgen bin ich im selben Zimmer mit einem Genossen allein. Er sitzt am Tisch, über Papieren und stellt mir viele Fragen. Ich antworte auf alle rasch und bereitwillig … An einer Stelle des Gesprächs leitet er seine Frage ein: ›Wir haben Dir infolge der Umstände von einer Handlung gegen einen Mann Kenntnis geben müssen, von der sonst nur die Mitglieder des engsten Kerns des Vereins unterrichtet werden –‹. Ich verstehe seine Absicht und antworte: ›Ich weiss natürlich nichts davon; ich werde immer sagen, dass mir der Mann nichts davon erzählt hat, obwohl ich ihn oft gesehn habe‹. Aber nun erst ist mein Misstrauen geweckt, und ich frage ihn: ›Sag mal, ist das eine Besprechung oder ein Verhör?‹« (14. April 1942) Man darf annehmen, daß die erwähnten Handlungen sich gegen einen wichtigen Kader des »Vereins«, das heißt der Partei, richteten, vielleicht eine Aktion ähnlich der am 22. Mai 1942 geträumten Szene: »Später kommt Münzenberg selbst, durch einen engen Korridor, in das Zimmer, wie in einen Hinterhalt; es soll mit ihm abgerechnet werden. Ich selbst habe eine Pistole bekommen, mit der ich ihn von seinem Eintritt an in Schach halte. Als er am Tische sitzt, will ich diese Pistole einstecken, es gelingt mir aber nicht, sie zu sichern, und ich habe das – doch irrtümliche – Gefühl, dass sie losgehn wird. Die Auseinandersetzung verläuft programmgemäss … bis es zur Geldfrage kommt, da begehrt Münzenberg, der mit blassem, nervös bewegtem, ein wenig verfallnem Gesicht vor dem Tische sitzt, auf; er werde den Laden <er meint den

Carrefour-Verlag> weiterführen, erklärt er.« Wo und wann immer Münzenberg in den Träumen auftaucht, ist die Atmosphäre verdächtig, halbillegal, von Verrat, Agententätigkeit, Abweichung umwittert. Keine der von der Parteiführung ausgestreuten Unterstellungen fehlt. Aber auch der Ort, an dem Münzenberg gefunden wurde – der Wald von Caugnet – scheint zitiert: »Es ist ein Mord begangen worden; ich kenne die Mörder und die Gründe des Mordes, ich bin aber an dem Morde selbst nicht beteiligt. In einem spärlichen Walde höre ich sagen: ›Aber es ist unverzeihlich, dass sie die Pferdehaut über die Stelle‹ (– an der der Mord geschah –) ›deckten, an der es nun ewig nach Blut riechen wird.‹« Die Leiche Münzenbergs – unter einem Eichbaum liegend, mit Laub bedeckt, um den Hals noch die tödliche Schlinge – wurde Mitte Oktober 1940 in der Nähe von Grenoble entdeckt. L.s Teilnahme an einem möglichen Feme-Mord ist ausgeschlossen, da er bis November 1940 in Le Vernet inhaftiert war und dort eine zeitweilige Beurlaubung (im Gegensatz zum Lager Les Milles) nicht oder nur schwer möglich war, dennoch wurde er – weil oder obwohl er mit Münzenberg gut bekannt war, also früher oder später nach ihm befragt werden würde – von den Genossen in den Kreis der Eingeweihten aufgenommen. Befand sich ein Täter unter den Internierten? »Einer von uns hat einen Totschlag begangen, einen ganz [so formulierte es sich im Erwachen] ›formalistischen‹ Totschlag, im Verlaufe einer Flucht. Die Tat wird nicht herauskommen, wenn wir Dinge (wie kleines Gebäck) wie Vorgänge jeweils richtig parallel schalten.« Nicht allein die Aktion wurde besprochen, auch die Technik ihrer Geheimhaltung. Aber gab es in der Tat eine Tat? Träume können unter Umständen Indizien sein, Beweise niemals.

Der Brisanz seiner Aufzeichnungen war sich L. bewußt. Am 14. Dezember 1942 erwähnt er »das täglich schwierigere Verknoten der Manuskriptdeckel«. Die Arbeit am Traumbuch, zum geringsten Teil im Schlaf vollzogen, ging einher mit der ständigen Sorge um die Sicherung des Konvoluts, der Bereitstellung von Schreibutensilien – Bleistifte für Notizen,

510

Federhalter für Reinschriften –, Papier, Kerzen, Streichhölzer. In jeder nächtlichen Wachphase (drei Jahre lang) skiz-
zierte L. in Stichworten den jeweiligen Trauminhalt. Bei
schlechter oder fehlender Beleuchtung schrieb er blind, um
später die Unleserlichkeit der Aufzeichnungen zu beklagen,
da sich die Zeilen überdeckten. Die Mithäftlinge in Baracken
und Zellen dürften die schlafwandlerischen Ambitionen
ihres Kameraden kaum begrüßt haben, zumal es vorkam, daß
L. in einer Nacht sechs oder sieben abgeschlossene Traum-
phasen registrierte. Die Notate (die nicht überliefert sind,
wohl auch, weil L. die Zettel nach Abschrift ausradierte und
neu benutzte) wurden am nächsten Morgen ausgewertet, ab-
geschrieben, zusammengefaßt. Die Stichwortliste bildete das
Gerüst, an dem das Gedächtnis assoziativ das Traum-Haus
rekonstruierte. Leerstellen, Sprünge wurden gekennzeich-
net, im Wach-Zustand gemachte Kommentare erschienen in
eckigen Klammern. Die Protokolle beeindrucken durch
Stilsicherheit, Präzision in Rechtschreibung und Zeichen-
setzung. Verstellungen, falsche Zeitformen, Doppelungen
finden sich frappierend selten, Abkürzungen kaum. Zahlreiche Redigierungen, Umstellungen, Einschübe wurden mit
preußischer Genauigkeit ausgeführt. Die benutzte Blatt-
größe war DIN A 5, glatt weiß oder kleinkariert. Je nach
Papiervorrat schwankte die Zeilenanzahl pro Seite zwischen
20 und 50, die Schrift ist lateinisch Kurrent, mit gewissen
Eigenarten, Schnörkeln behaftet, durchaus lesbar. Die Methode, die losen Blätter jeden Abend einzuschnüren, muß L.,
besonders bei Frost, mit klammen Fingern, schwergefallen
sein, da er auf bemerkenswerte Weise unpraktisch war, wie
Lotte L., die Schwester, berichtete. (»Er war wohl weit über
zwanzig, als es einer Freundin endlich gelang, ihm beizubrin-
gen, sich eine Tasse Tee zu machen.«) Seine Texte vor neu-
gierigen Augen zu schützen, schien ihm indes notwendig.

Anders als der Arrestant auf dem Blatt von Schwind sah
L. in seinen Flucht-Träumen den Ausbruch aus dem Gefängnis nie. Falls er ihn träumte, verweigerte die Erinnerung die
jeweiligen Anfänge, der Befreite – nicht entlassene, aber ent-

kommene – erschien stets bereits jenseits der Gefängnismauern, in Freiheit, irrend durch Straßen, in denen Lissa, Berlin, Paris, Marseille zusammenflossen, unheimliche Heimat, in die er zurückkehrend nicht mehr paßte. Nicht die veränderten Orte verunsicherten ihn, mehr die eigene Unkenntnis, die ihn als Fremden verriet. Der Alltag als Falle. Die Order einer Zigarre, die es in Kriegszeiten nicht mehr frei zu kaufen gab, die Frage nach einer Zeitung, die Jahre zuvor das Erscheinen eingestellt hatte, der Leichtsinn, ein öffentliches Pissoir zu betreten, wo jeder neben ihm Stehende ihn als beschnitten erkennen konnte, die falschen, in Deutschland verdächtig machenden französischen Münzen im Portemonnaie usw., Bagatellen, die das Ende hätten bedeuten können, das wirkliche Lebens-Ende. Der Feind war ohne Erbarmen, in Wirklichkeit wie im Traum. Die Todesdrohungen hatten grausam reale Hintergründe. Im August 1942 wurden Heinrich Rau, Franz Dahlem und Siegfried Rädel von der Regierung Pétain-Laval an Deutschland ausgeliefert, Rädel, zum Tode verurteilt, starb am 10. Mai 1943 in Berlin unter dem Fallbeil. Julius Goldstein und Heinrich Eppstein kamen aus der Internierungshaft nach Auschwitz. Eppsteins Todesdatum ist unbekannt. Auch L.s Auslieferung und Ermordung wurde – in verschiedenen Zeitungen des Auslands – vermeldet. Er aber lebte in stets unsicherer Erwartung und träumte seine Befreiung. Amerika, New York, England, Brasilien, Übersee hießen die Auswanderungsziele. Ein einziges Mal, am 12. Juli 1943, floh L. (im Traum) via Berlin nach Moskau. Zwei Monate später – die Rote Armee hatte das Donezbecken zurückerobert, Engländer und Amerikaner kämpften in Italien, Mussolini stürzte, Hitler entwaffnete die italienischen Truppen – gelang ihm die wirkliche Flucht aus Castres. Am 17. September 43, wenige Tage vor der geplanten Deportation. In einer spektakulären Aktion erfolgte ein Massenausbruch, Wachmannschaften wurden überwältigt, 36 Internierte entkamen. L. fand zunächst Zuflucht in einem Kloster, dann bei seiner Frau Yvette Prost, erst in Gémenos, später in Marseille. Dort blieb er bis zur

Befreiung Frankreichs versteckt und nahm unter dem Namen Raoul Lombat an der Résistance teil.

Das Traumbuch verblieb bei seiner Flucht im Gefängnis. Nach vier Jahren Haft kehrte L. zurück in eine noch unsichere, gefährdete, aber freie Normalität. Keine einfache Rückkehr. »Ich kann die Zeit nicht nützen, ich kann nicht arbeiten. Ich habe mich in der Baracke unter hundertfünfzig Menschen, fast ohne Licht und richtigen Tisch, konzentrieren können, und in der engen Tageszelle; hier kann ich es nicht mehr.« Am 4. Januar 1944 beklagt er im Tagebuch den Verlust der Manuskripte: »Ich mache ununterbrochen Pläne für den Versuch ihrer Beschaffung – die alle jetzt undurchführbar sind. Ich versuche mir alle Möglichkeiten ihres Schicksals (das wohl längst entschieden ist, aber, wenn ich nichts unternehme, sich noch verschlechtern kann) auszudenken. Hier schreibe ich noch Träume auf, wenn sie mir ohne Konzentration, ohne Geistesanstrengung im Gedächtnis bleiben …, aber schlaff, und in tiefer Traurigkeit.«

Gott offenbart sich nur im Traume den Propheten. So läßt er seine Geschöpfe die Zukunft schauen. »Im Traum, im Nachtgesicht, wenn der Schlaf auf die Menschen fällt, wenn sie schlafen auf dem Bett, da öffnet er das Ohr der Menschen und schreckt sie auf und warnt sie« (Hiob, Kapitel 33). Es gibt in L.s Protokollen prophetische Augenblicke, in denen er Dinge und Vorgänge sieht, die er nicht wußte, wissen konnte, aber vorausschaute, z. B. die vorgenommene Sprachenteilung in der Tschechoslowakei, die Erfindung des Auto-Radios, Entfremdungsphänome: »Der neue Ingenieur hat gearbeitet. Er hat ›geniale Einrichtungen‹ geschaffen. Wir sind in einem hochmodernen Badezimmer. Es ist sogar viel zu kompliziert; ich will etwas ausspülen, und finde an den vielen spezialisierten Apparaten nicht einen einzigen einfachen Hahn, der bloss aufzudrehn ist und Wasser laufen lässt.« Der Traum, in dem aus einem an der Decke angebrachten Gießkannenkopf Gas ausströmt, Tierleichen herumliegen, eine Explosion droht, erinnert an Bilder aus den Vernichtungslagern, die L. nicht gekannt haben kann. Am 21. August 1943, mehrere Monate vor der Konferenz von Teheran, wo erstmals über die Aufteilung Deutschlands in Besatzungszonen gesprochen wurde, träumt L., daß er einst in »Ostdeutschland« sein werde. »Die Entwicklung des Klassenkampfes, die mir die grosse Aufgabe stellt, wird noch nicht erreicht sein.«

Im Frühjahr 1950 siedelte L. aus Paris nach Berlin zurück, in die eben gegründete DDR, mit der Hoffnung, erstmals in seinem Leben »bedingungslos, vorbehaltlos zu meinem Vaterlande ja sagen« zu können. Es sollte keine konfliktfreie Rückkehr werden: Susanne, L.s geschiedene Frau, lebte seit 1949 in West-Deutschland, der Sohn Wolfgang L., jüngstes Mitglied der sogenannten Ulbricht-Gruppe, der ersten KPD-Heimkehrer aus Moskau, hatte sich nach Jugoslawien abgesetzt, ausgerechnet ins Lager der »Titofaschisten«, gegen die eine heftige Propagandaschlacht im Anlaufen war, László Rajk, Ungarns volksdemokratischer Außenminister, Spanienkäpfer, Häftling in Vernet wie L., war nach einem Schauprozeß vom »Volksgericht« abgeurteilt und hingerichtet worden. Im Zusammenhang mit der Affäre um den angeblichen Agenten Noel Field gerieten L.s engste politische Freunde, die gesamte südfranzösische Exil-Leitung der KPD, ins politische Abseits, verloren jeglichen Einfluß, wurden vor die Zentrale Parteikommission zitiert, verhört, ausgeschlossen, verhaftet, in Isolation oder Selbstmord getrieben: Franz Dahlem, Lex Ende, Paul Merker, Rudolf Feistmann. Die Kampagne gewann (wie auch der wenig später in Prag abrollende Slánský-Prozeß) deutlich antisemitische Tendenzen, ein kollektiver Nachvollzug der Stalinschen Pogrome gegen das Jüdische Antifaschistische Komitee (JAFK), dem man eine angebliche zionistische Verschwörung unterstellte. Während viele Frankreich-Exilanten unter Rechtfertigungsdruck gerieten (Abusch, Renn, Kurella, Buschmann, Zuckermann), blieb L. vor direkten Untersuchungen, die auf Parteiebene verliefen, verschont, Denunziationen gab es trotzdem. Der kranke Heimkehrer erwog die Rückkehr nach Frankreich. Nach Dokumenten von Franz Dahlem bezichtigte man ihn grober Fehler als Programmgestalter des Pariser

Freiheitssenders im Jahre 1939. Nicht genug, daß er (wie die Gruppe Dahlem) die französische Außenpolitik falsch eingeschätzt habe, zudem seien von ihm anti-sowjetische Kommentare im Sinne der Abweichler und Trotzkisten verfaßt und abgesegnet worden. Letztere Vorwürfe beruhten auf einer Verwechslung. Offenbar erinnerten sich eifrige Genossen an Sendungen von »29,8«, in denen – schon unter Münzenbergs Leitung – militant, ohne Diplomatie, Stalin und die Sowjetpolitik als »russischer Dolchstoß« scharf attackiert worden waren. »Der Verräter, Stalin, bist du.« L., damals bereits vom Sender entfernt, hatte an diesem »Fehler« keinen Anteil. Der Bannstrahl, der Münzenberg 1940 vernichtet hatte, sollte ihn zehn Jahre später nur noch streifen.

L. glaubte an eine Veröffentlichung des Traumbuchs. Der Text war komponiert, für eine Edition vorbereitet. Mehrere Vor-Worte versammelten Gedanken von Diderot, Pascal, Hegel, Goethe zum Thema, Reflexionen über eine »Methodik des Erinnerns«, »Halbtraumphänomene« sowie 48 Traum-Thesen, in denen erneut Parallelen zu Benjaminschen Konstruktionen auffallen. An mehreren Stellen erklärt L., daß irgendwann irgendwer kommen werde, dies oder jenes in seinem Werk zu untersuchen. Ein unerschütterlicher Glaube in den Sinn und die Kraft von Literatur, der L. als einen wahrhaften »homme de lettres« auszeichnete. Habent sua fata libelli. Auch das Traumbuch hatte sein Schicksal. Auf der Flucht aus dem Internierungsgefängnis mußte L. das Konvolut zurücklassen, um sein Leben zu retten. Ribar und Eppstein, Gefährten in Castres, bewahrten es. Nach L.s Tod 1953 ging das Manuskript über in die Hände seines Freundes Maximilian Scheer, der sich wie kein zweiter um die Edition der Werke L.s verdient machte. An eine Herausgabe des Traumbuchs, das Scheer wohl als einziger kannte, wagte er sich nicht. Der Sammelband »Rudolf Leonhard erzählt« aus dem Jahr 1955 stellte immerhin eine Auswahl von 25 Träumen vor, die in ihrer metaphysisch-existentiellen Manier mit dem damals propagierten Formenkanon kaum harmonierten. Immerhin, das Traumbuch war erwähnt, man konnte darum wissen. L. spielte im

Osten eine kurze, im Westen überhaupt keine Rolle. (Einzig der Band »Exil in Frankreich« der Reclam-Reihe sowie der Essay »Gedichteträumer« von Bernd Jentzsch, 1984 bei Hanser erschienen, bilden das Leben und Werk L.s würdigende Ausnahmen.) Das Traumbuch blieb über Jahre ungelesen, obwohl es seit 1986 im Archiv der Akademie der Künste der DDR zugänglich war. L., der Engagierte, der Menschenfreund, der sich so nach einem Regime sehnte, das seine Talente brauchen könnte, behielt auch im Tode den Status des Außenseiters, Nicht-Erfolgreichen, unbestechlich Eigenwilligen, der keiner Literaturgesellschaft als Säulenheiliger paßte. Auf der einen Seite zu viel Parteilichkeit, Revolutionspathos, auf der andern zu viele Selbstzweifel, Neurosen, da zu viel Marxismus, dort zu viel Psychoanalyse, zu viele Abseitigkeiten, Tabubrüche, sexuelle, politische, kulturelle Exzesse, Leidenschaften, Verwicklungen, Querverbindungen, zu wenig Fixpunkte, Erzähllinien, Ordnung in der Geschichte, zu viel Material, zu wenig Ideologie, zu viele Personen, zu wenig Handlung, zu viele Fragen, zu wenige Antworten.

Am 20. Juni 1999 träumte ich, Toller habe entdeckt, daß Leonhard gar nicht Leonhard sei. Diese oder jene Angabe, die er über sich gemacht habe, sei falsch, grundfalsch. Er sei gar nicht 1,74, sondern 1,76. (L. war gut zehn Zentimeter kleiner.) Auch andere Dinge stimmten nicht. Ich wunderte mich im Traum, daß diese Mutmaßungen nicht zu Verstimmungen zwischen Toller und L. geführt haben sollten und beschloß daraufhin, im Traumbuch noch einmal alle Stellen, die Toller erwähnen, genauer nachzulesen.

»Der Traum ist nicht deutbar, weil er keinen ›Sinn‹ hat; er hat keinen Sinn, denn er ist Gestalt.« R.L.

Personenregister

Abraham, Schuhhändler (Traum-
gestalt?) 121
Ackermann, Lily (Lilith) 34 77
178
Adler, Ruth 297 325
Age – s. Forster, Georg
Alban (Traumgestalt?) 336
Aloys (Traumgestalt?) 150
Ancel 170
Anna 330
Aragon, Louis 23 282 394
Archipenko, Alexander 339
Arnim, Harry (Traumgestalt?)
365
Aschberg, Olof 92

B., Jeanne 65
Bach, Peter 215 267 293
Bahn, Roma 60 200 277 f. 280 f.
Balbueña, Maximo 265
Band – s. Bendt, Wilhelm
Barnowsky, Viktor 309
Baron, Erich (König) 186
Barrel 328
Bartholomé, Albert 140
Bassermann, Albert 402
Bassermann, Ernst Daniel 402
Bassermann, Friedrich Daniel
402
Bauer (Traumgestalt?) 366 f.
Baumann (Traumgestalt?) 375
Becher, Johannes R. 378
Beer, Paul 406
Bendt, Wilhelm 224
Bergery, Gaston 18 64 f.
Bergson, Henri 253
Bernard, Juliette – s. Récamier
Bernhard, Georg 36 221 f. 352
365

Bertrand, Lucien 311
Bessmertny, Alexander 214 f.
Bessmertny, Berta 214 f.
Bickerich, Wilhelm 112
Bielschowsky, Emanuel Seelig-
mann 317
Bilinski 280 346 f.
Bismarck, Armin von 253
Bismarck, Hartmann von 253
328
Bismarck, Otto Eduard Leopold
von 37 116 195 342
Björnson, Björnstjerne 227 f.
Blech, René 235
Bloch, Leni 254
Block (Traumgestalt?) 306
Boccaccio, Giovanni 327
Bodur (Hofrat) (Traumgestalt?)
216
Bonin, Arthur 352
Bosch i Gimpera, Pere 162 235
Bosques, Gilberto 116 f. 378
Bothwell 312
Boucher 259
Brahms, Johannes 381
Brändström, Elsa 134 f.
Braun, Jean 18 58 78 213 229
258 313 328 364 377
Braun, Madeleine 18 206 213
219 f. 229 258 294 328 364
377
Bredel, Willi 11 387
Breslauer, Samuel 348
Breuer, Lex (Lex Ende) 91 99
161 f. 274 419
Breuer, Robert 299 352 f. 366
Brockdorff-Rantzow, Ulrich
Graf von 319
Bromfield, Louis 262

Budzislawski, Hermann 23 222 f. 364

Budzislawski, Johanna 23 222 f.

Bührer, Jakob 246

Buno (Bunote) (Traumgestalt?) 343

Burkhardt, Hermann 419

Buschmann, Ernst – s. Wittmann, Hermann

Caamaño, Antonio 199

Cassou, Jean 51 343 345

Chapollion (Traumgestalt) 16

Champollion, Jean François 16

Cheminart 393

Cholenko (Traumgestalt?) 203 f.

Claude 413

Clyoe 157 163 f. 320

Cohn (Traumgestalt?) 104

Collin, Alice Marianne (Marianne Oswald) 77 f. 297 405

Cornu, Auguste 231

Dahlem, Franz 20 91 99 f. 265 394 418

Danton, Georges 137 f.

Dante Alighieri 82

Dany 413

Darnley 312

Daub, Philipp 245

David, Martha 30 122 f.

Decken, Ernst von der 211

Dehmel, Richard 382

Delius, Frederick (Fritz) Theodore Albert 88 f.

Dengel, Philipp 130

Deutsch, Ernst 40 43 131 f. 178 213 f. 335

Deutsch, László 17 19 79 84 ff. 265

Dickstein, Leopold 16

Döblin, Alfred 339

Doll 51 f.

Drecoll, Christoph Freiherr von 173

Duchâtellier, Carlos 53 57 356

Duchêne, Gabrielle 239–241 320 415 418

Duclos, Jacques 205

Duhamel, Georges 271

Durieux, Tilla 350

Ebbecke, Friedrich 226

Ebert, Friedrich 163 f.

Ebstein – s. Eppstein, Heinrich

Edel, Emanuel 323

Edschmid, Kasimir 175 331

Ehrenstein, Albert 139

Eidechse – s. Riess

Einstein, Carl 186

Eisler, Gerhart 47 136 261

Else (Tochter v. Tante Jenny) 373

Emma 333

Ende, Lex – s. Breuer, Lex

Engström, Sigrid 363

Eppstein, Heinrich 300 f.

Erlholz, Käte 268

Eugen von Anhalt 304

Ewald (Frau Dr.) 300

Faust, Paul (Traumgestalt?) 252

Favre, Jules 116

Feistmann, Rudolf 386

Fermat, Pierre de 104

Feuchtwanger, Lion 23 157

Fliess (Justizrat) 338 340

Florisson 321

Flürscheim, Michael 108 202 362

Fontenelle, Bernard Le Bovier de 173

Forster, Arne 178 201

Forster, Georg (Age, Kurt Kersten) 30 122 f. 169 f. 206 208 334 348

Franck, Wolf 415

Franz I. – s. Sforza, Francesco

Fred (Traumgestalt?) 329

Frei, Bruno 47 115 162 177 275 306 324

Friedenthal (Traumgestalt?) 138

Friedmann, Rudi 206 f.
Friedrich (Traumgestalt?) 366
Fuhrmann, Ernst 49
Fürst, Manfred 194

Ganganoff (Traumgestalt?) 245
Geniek 79
George, Heinrich 380
George, Stefan 82
Gerhard (Traumgestalt?) 64
Ghuttmann, Simon – s. Gutt-
    mann
Gide, André 181 368
Gingold, Peter 411
Giraudoux, Jean 271
Glancer 49 f.
Goder, Hubert 281
Göring, Hermann 191
Goerz, Graf (Traumgestalt?)
    257
Goethe, Johann Wolfgang 195
    201 394
Gohlen (Traumgestalt?) 330
Goldstein, Kurt Julius 14
Goll, Claire 327
Goll, Iwan 327 381
Gorki, Maxim 240
Goupil, Nikolaus (Traumgestalt?)
    106
Grandi, Dino 176
Gross, Babette Lisette 175 276 f.
    406
Großmutter 107 237 311
Guggenheim, Hans 386
Gustav (Traumgestalt?) 136
Guttmann (Ghuttmann), Wilhelm
    Simon 93 245

Haarmann, Friedrich Heinrich
    Karl 389
Haas, Charles 105
Haase, Paul 219
Hadamard, Jacques Salomon 251
Hahn, Paul 185
Halm, von 46

Hannsa 355
Hans (Traumgestalt?) 280
Harrietlein 331 346 f. 407
Hasenclever, Walter 30 37 60
    66 74 f. 135 146 f. 170 178
    184 ff. 189 196 f. 199 206
    230 250 262 264 275 f. 331
    352 f. 355 363 f. 376 399
    419
Hauptmann, Gerhart 394
Hebbel, Friedrich 310
Hebel, Johann Peter 25
Hébert, Jacques-René 310
Heidler, Max 13
Heine, Heinrich 308 310
Heinrich IV. 422
Heinz (Vetter) 104
Hellmann, von 317
Hermann, Ruth 174
Herrnstadt, Jakob (Onkel Dok-
    tor) 299 363
Herrnstadt, Julius 82 f.
Hertwig, Hugo 49
Herzkowiz, Léon 318
Herzog von Angoulême 21 f.
Hexlein 45 f. 215
Heymann, Lotte 183
Heymann, Werner Richard 45 f.
    183 215 321 421
Hildegard (Traumgestalt?) 410
Hiller, Kurt 248
Hirschfeld, Magnus 9 196 246
    282 298
Hirschler, Franz Sali 70
Hitler, Adolf 80 133 167 234 f.
    257 412 414
Hochkirch (Traumgestalt?) 352
Hollander, Walter von 31
Houben, Heinrich Hubert 352
Hoyer, Christel 212
Humm-Sernau, Lola 71 387

Ibsen, Henrik 419
Ilonka 342
Irene 86 200

Jacobs, Monty 256
Jacobsohn, Siegfried 223
Janowitz, Hans 357
Jansen, Lene – s. Rado, Helene
Jeher, Klas (Traumgestalt?) 31
Jenny (Tante) 15 317 330 373
Jentsch (Traumgestalt?) 400
Jessner, Leopold 392
Jourdain, Francis 320
Jouvenel, Renaud de 38
Jürgens 248
Jutta 185

Kaffan (Kaftan) (Traumgestalt?)
    26
Kahn, Fräulein (Traumgestalt?)
    251 f.
Kaiser, Georg 254
Kalstern, Arkadij (Traumgestalt?)
    384
Kan, Selen (Traumgestalt?) 342 f.
Kantorowicz, Alfred 301 387
Kardum, Ivan 262 283
Katz (Traumgestalt?) 235
Kerr, Alfred 165 293 352
Kersten, Kurt – s. Forster, Georg
Kesten, Hermann 394
Kippenberg, Anton 383
Kisch, Egon Erwin 88 189 230
Kissa (Traumgestalt?) 393
Klapper 206
Kleist, Heinrich von 279
Kluge, von (Traumgestalt?) 197
Kogan 291
Köhler, Susanne 142 371
Korff, Annemarie 238
Kortner, Fritz 10 335
Kretschmer, Erich 259 326
Kretschmer, Hans 328 421
Krönig, Paul 289
Kruse, Käthe 154 249
Kundt, Ernst 221
Küntzel, Martha 406
Kurt 373
Kurth, Otto 294

La Bolde (Traumgestalt?) 284 f.
Lambert, Leo – s. Zuckermann,
    Leo
Lamour, Philippe 39
Landauer, Walter 101
Langer, Resi 296 378
Langevin, Paul 254
Lania, Leo 170
Laserstein, Botho 163 f. 415
Laval, Pierre 194
Lehmann, Erich 33 50
Lehmann-Russbüldt, Otto Gustav
    Albert Willy 375
Leipziger, Alfred 15 f.
Leipziger, Fanny 15 f. 305
Leipziger, Kurt 139
Leipziger, Richard 15
Lemm (Lehmann), Alfred 338–
    341
Lenchen (Traumgestalt?) 337
Lenin 46
Leonhard, Charlotte 8 15 24 27
    29 96 f. 105 145 147 171
    187 196 201 227 264 274
    281 f. 309 326 333 338 349 f.
    356 ff 369 375 379
Leonhard, Wolfgang 208
Leonhard, Yvette 12 14 26 f. 42
    65 68 88 95 105 107 118 ff.
    145 169 175 186 188 200
    207 214 223 f. 262 280 282
    309 316 f. 323 330 359 364
    368 387 395 ff. 421 427
Leopold III. 319
Lesage, Gilbert 194
Levysohn, Alfred 39 f.
Levysohn, Eugen (Vater) 70 132
    183 221 242 ff. 333 337 f.
Levysohn, Heinz 104
Levysohn, Laura (Mutter) 8 f.
    13 ff. 21 f. 30 59 69 f. 73 ff.
    82 92 f. 95 105 108 143 146
    169 174 182 197 217 219
    259 278 f. 282 296 303 316
    324 330 333 336 f. 347 349 f.

364 366 368 375 389 390 401 404 f 411 426

Levysohn, Rudolph (Großvater) 70 148

Lhermann, Joe 324 f.

Lilith – s. Ackermann, Lily

Linik, Edgar 80

Liszt, Franz 149

Lothringer, Paul 88

Lotka (Traumgestalt?) 134

Lotte – s. Leonhard, Charlotte

Louis (Père) 406

Lubasch, Kurt 296

Luce (Traumgestalt?) 198 f.

Lucy (Tante) 39 ff.

Ludwig, Emil 257

Lvovsky, Cäcilie (Cilly Lwowski) 237 f. 300

Mahrhorst, von (von Mahrholz) (Traumgestalt?) 319

Malraux, André 261

Mann, Heinrich 73 135 298 374 f.

Mann, Klaus 375

Mann, Thomas 374 f.

Marchwitza, Hans 366

Marcuse, Ludwig 62 64 190 258

Margules, Lolle 129 410

Margulies, Moritz 249 299

Martin (Onkel Martin) 45

Martin du Gard, Roger 44

Martin, Karlheinz 215 f. 230 310 f.

Marx, Karl 72 182

Masaryk, Tomaš Garrigue 388

Mascha 208 381

Mata (Matta) – s. Neuchouandre

Matthes, Erich 257

Matthias, Leo 367

Maupassant, Guy de 289

Mehring, Walter 178

Meisels, Bruno 48

Meisels, Elisabeth 49

Mendelsohn, Franz (Traumgestalt?) 75

Mendelssohn, Peter de 180

Menzel, Frau 389

Merker, Paul 382

Michel, Frau (Traumgestalt?) 414

Michel, Richard 16

Mietek 79

Minna 14 34 f.

Mirjon (Traumgestalt?) 150 f.

Mombert, Alfred 128 f. 131

Monet, Claude 162

Monselet, Frau 179

Montessori, Maria 110

Morant, Henri de (Père Henri) 406

Morgenstern, Christian 128

Moro-Giaffieri, Vincent de 164

Mozart, Wolfgang Amadeus 381

Muffler (Traumgestalt?) 334 f.

Mühlestein (Traumgestalt?) 187 f.

Mühsam, Erich 380

Münzenberg, Willi 42 66 106 156 175 f. 178 257 271 277 385 405

Musil, Robert 371

Musset, Alfred de 308

Mussolini, Benito 170

Mutter – s. Levysohn, Laura

Nadar 111

Namuth, Hans 240

Napirail 337

Napoleon I. (?) 57

Napoleon III. 111

Natalie (Tante) 105

Nelly 5 268

Nelson, Rudolf 268

Neuchouandre (Mata/Matta) 303 330 373

Neumann, Heinz 123

Nielsen, Siegmund 67 162 200 242 259 417

Noailler, Frau de (Traumgestalt?) 126

Nowack, Hans 293

Nürnberg, Sigbert 16 394

Oettlinger, Frau 198 279
Oghen, Joseph 377 382
Olga 138 422
Ossietzky, Carl von 342
Osten, Maria 245 f.
Oswald, Marianne – s. Collin,
    Alice Marianne

Pabst, Georg Wilhelm 236 288
Pabst, Trude 237 288
Pancini 261
Paul (Merker?) 162
Péreire, Prof. (Traumgestalt?) 251
Pernier, Georges 235
Peyré, Joseph 39
Pfeifer (Traumgestalt?) 392
Pinner, Ernst Ludwig 73 f.
Pinthus, Kurt 91
Piscator, Erwin 151 156 f. 217
    263 288 380
Plehn, Erika 335
Plivier, Theodor 230
Polgar, Alfred 62
Poulaille, Henri 394
Pozner, Lala 343 393 ff. 401 413
Pozner, Vladimir (Volodja) 219 f.
    345 f.
Priacel, Stéfan 320
Priess, Heinz 265 301
Proprofesch (Traumgestalt?) 178
Prost, Marie-Christine 145

Quidde, Ludwig 325

Raab, Franz 416
Racine, Jean 308
Rädel, Siegfried 23 78 113 143
Rado, Helene 34 f. 244
Radványi, László 283 368
Ramuz, Charles-Ferdinand 291
Raphael, Max 178
Rau, Heiner 118 f. 139 198 265
Rauchbach, Dany 250
Rausch von Traubenberg 185
Récamier (Bernard, Juliette) 329

Rechberg, Arnold 40
Regine (Traumgestalt?) 404
Rehfisch, Hans José 206
Reichenbach, Bernhard 204
Reichenbach, Hermann 306 381f.
Rein, Luise 76
Reinhardt, Max 417
Renner, Heinz 262 279 330 417
Reynaud, Henri 287
Rjabuschinski, Frau 207
Ribar, V. 323 329
Riess (Eidechse) 172 f. 254 290
    296 344
Ringelnatz, Joachim 219
Robespierre, Maximilien de 120
    310
Rommel, Erwin 317
Ronke 180
Rosenthal, Jacques 143
Rost, Nico 230
Rouault, Georges 57
Rowohlt, Ernst 333

Sachs, Victor 323
Sadowski 248
Saint-Just, Louis Antoine de 137
Salomon, Bruno von 375 413 f.
Salter, Georg 261
Salter, Julius B. 5 127 336
Salzmann, Hugo 13 f. 59
Sauer, Oskar 367
Sautreau, Frau 227
Schack, Adolf Friedrich Graf
    von 108
Schäfer, Hermann 296
Schairer, Gerda 60 f. 129 f. 170
    281 f. 426
Schairer, Reinhold 60 f. 281 f.
    423 426
Scheer, Maximilian – s. Schlieper,
    Walter
Schiller, Friedrich 275 312
Schlenther, Paul 76
Schlieper, Elisabeth 96 f. 415
Schlieper, Gerrit 97 188 296 415

Schlieper, Walter 96 f. 137 223 296 389 415
Schmidt, Erich 372
Schmidt, Johann – s. Radványi, László
Schönkopf, Fräulein 405
Schorres (Traumgestalt?) 251
Schrecker, Hans (Theo) 324
Schreitger 331
Schroeder, Max 68 229 421
Schubert 416
Schüller, Hermann 421
Schwarzschild, Leopold 178
Schweitzer, Albert 304
Seghers, Anna 115 355
Sforza, Francesco 347
Shakespeare, William 251
Sieburg, Friedrich 81 121 397 f.
Simon, Frau 275 f.
Simon, Hugo 275 f.
Soltau, Walter 289
Sonntag, Änne 70 112
Sonntag (Domprediger) 70
Soos, Josef 121
Spalantani (Traumgestalt?) 236 f.
Stalin 36
Steegemann, Paul 75
Stefan (Traumgestalt?) 26
Stein (Traumgestalt?) 243
Strecker, Karl 365
Stuart, Maria 312
Stücklen, Gerda 269
Sylveire, Jean 200

Teniers, David d. J 193.
Téry, Simone 212 215
Thälmann, Ernst 362
Toller, Ernst 31 225 f. 278 f.
Tolstoi, Lew Nikolajewitsch 240
Torundzyk, Henryk 98 f.
Toulouse-Lautrec, Henri de 299
Trentow, Jürgen (Traumgestalt?) 248
Tschu 247
Tucholsky, Kurt 292 328 421

Uhde, Fritz von 375
Ullstein, Franz Edgar 321 354 f.
Ullstein, Hans 321 354 f.
Ullstein, Hermann 321 354 f.
Ullstein, Louis Ferdinand 321 354 f.
Ullstein, Rudolf 321 354 f.
Utrillo, Maurice 288

Vaia, Alessandro 377
Valois, Georges 332 f.
Verden, Alice 30 296
Verdi, Guiseppe 96
Viliker 324
Viollis, Andrée 99
Volodja – s. Pozner, Vladimir

Wagner, Joseph (Sepp) 341
Wallon, Frau 403
Wallon, Henri 403
Warschauer (Traumgestalt?) 222
Wayers, Hannes 360
Wegener, Paul 350
Weinhuber, Anni 30 33 144–147 189 250 264 272 f.
Weinhuber, Heinrich 30 144 ff. 250
Wendt, Mara 385 392
Wende, Fräulein 364
Wendeli 306
Werni, Herr (Traumgestalt?) 5
Whitman, Walt 82
Wilhelm II. 111 205 296 372
Winter (Traumgestalt?) 296 375
Winter, Selma 246
Winter, Paula 112 239 241
Wittmann, Hugo (Hermann) (Buschmann, Ernst) 265
Wohl, Frau 383
Wohl, Paul 228 407
Wohlers, Ernst Werner 227 230 417
Wolf 229
Wolfenstein, Alfred 186 381
Wolff, Kurt 92 197

Wurm, Fritz 5 f. 64 101 127
Wurm, Kaethe 64 86 307
Wurmser, André 227

Yvette – s. Leonhard, Yvette

Zahn, Ralf 415
Zirker, Milly 74 399

Zischka, Anton 268
Zivier, Georg 34 293
Zöllner, Ernst 27
Zschiedrich, Hermann 10
Zuckermann, Leo 160
Zweig, Arnold 211
Zyromski, Jean 334

Bildnachweis

Zu dieser Ausgabe

Die vorliegende Ausgabe folgt dem in der Stiftung Archiv der Akademie der Künste, Berlin, aufbewahrten Original-Manuskript von Rudolf Leonhard.

Es umfaßt 2507 handschriftlich geschriebene Seiten.

Für diese Ausgabe mußten Kürzungen vorgenommen werden, wobei die einzelnen Notate vollständig erhalten blieben. Die Auslassung von Notaten ist an der von Leonhard vorgenommenen Numerierung zu erkennen. Am 4. Mai 1943 numerierte Leonhard irrtümlich mit 369 statt 639 und setzte diese falsche Zählung fort.

Die Wiedergabe der Notate erfolgt buchstaben- und zeichengetreu. Offensichtliche Flüchtigkeitsfehler wie fehlende Buchstaben sind stillschweigend korrigiert, satzverändernde Korrekturen durch Wortumstellungen oder Tilgung doppelter Wörter sind in den Anmerkungen ausgewiesen. Hinzufügungen oder Bemerkungen des Herausgebers sind in spitze Klammern gesetzt, nicht lesbare und nicht mit Sicherheit zu entziffernde Wörter durch <?> kenntlich gemacht.

Hervorhebungen sind kursiv wiedergegeben. Eckige Klammern entsprechen dem Originalmanuskript.

Die Schreibweise der Datierung wurde nach der am häufigsten vorkommenden Form vereinheitlicht.

Der Herausgeber dankt folgenden Personen für Hinweise und Unterstützung:

Gilbert Badia (Fressac), Rudolf Bussmann (Basel), Gerhard Brack (Berlin), Dariusz Dzwojdrak (Wschowa), Anni Edel (Wien), Huldrych Gastpar (Bern), Almut Giesecke (Berlin), Jonny Granzow (Berlin), Hervé Fuchsmann (Paris), Kiki Heymann-Trautwein (Berlin), Lili Hull (Alpine, N. J.) Hans Landauer (Wien), Wolfgang Leonhard (Manderscheid), Jean Mortier (Paris), Maria Salzmann (Bad Kreuznach), Silvia und Dieter Schlenstedt (Berlin), Hartmut Schönfuß (Berlin), Amelie Thoma (Berlin), Lilianna Zimniak (Leszno) sowie den Damen und Herren der Stiftung Archiv der Akademie der Künste sowie des Bundesarchivs, Sitz Berlin.

Ergänzungen und Korrekturen zum Anhang werden gewünscht und erwartet.

Berlin, Mai 2001   *St. M.*

Inhalt

Traum-Notate 28/5/41 – <1/7/44>   5

ANHANG
Anmerkungen   431
Steffen Mensching: Somnio ergo sum.
   Das Lager als Traumfabrik   493
Personenverzeichnis   517
Zu dieser Ausgabe   526